Richard Wagner · Briefe

Richard Wagner
Briefe

Ausgewählt und herausgegeben
von Hans-Joachim Bauer

Mit 21 Abbildungen

Philipp Reclam jun. Stuttgart

Universal-Bibliothek Nr. 5658
Alle Rechte vorbehalten
© 1995 Philipp Reclam jun. GmbH & Co., Stuttgart
Umschlagabbildung der kartonierten Ausgabe:
Richard Wagner. Radierung von Emil Orlik
Satz: Wilhelm Röck, Weinsberg
Druck und buchbinderische Verarbeitung: Reclam, Ditzingen.
Printed in Germany 1995
RECLAM und UNIVERSAL-BIBLIOTHEK sind eingetragene
Warenzeichen der Philipp Reclam jun. GmbH & Co., Stuttgart

ISBN 3-15-005658-6 (kart.)   ISBN 3-15-025658-5 (geb.)

Einleitung

Da alles Wichtige in Wagners Leben und Schaffen stets etwas größer dimensioniert war als bei anderen Komponisten, kann nicht verwundern, daß auch Wagners Briefe ein Volumen umfassen, das als Gesamtausgabe noch gar nicht bewältigt wurde und in der begonnenen Ausgabe *Richard Wagner. Sämtliche Briefe* (Leipzig 1967 ff.) erst bis zum Jahrgang 1858 (Wagner starb 1883) vorangeschritten ist. Zahlreiche Einzelausgaben an bestimmte Adressaten ersetzen teilweise diese noch unvollständige Gesamtausgabe, die freilich – erst einmal vollständig – nichts weniger als eine hochdifferenzierte Autobiographie von Wagners eigener Hand darstellen wird. Daraus wenigstens die Schlaglichter zu entnehmen und die wichtigsten Akzente (in einer Auswahl aus den mindestens 10 000 bekannten Wagner-Briefen) zu setzen ist Zweck der vorliegenden Briefausgabe, die wie im Zeitraffer besonders charakteristische Situationen in Wagners romanhaftem Leben zusammenzufassen vermag.

Davon abgesehen, daß bei einem musikdramatischen Dichterkomponisten der Zusammenhang zwischen Leben und Bühnenwerken nicht nur leichter vorstellbar ist – wegen der erforderlichen lebensnahen Handlungen und der Charakterisierungen der Personen auf der Bühne – als bei einem Sinfoniker, sondern auch dieser Zusammenhang bei Wagner in seinen Briefen gelegentlich direkt beschrieben wird, gibt es bei ihm einige Lebensumstände, die seine große Korrespondenz als notwendig umfangreich und ihm durchaus zeitweise auch als Last erscheinen ließ.

Wagners früher Briefverkehr mit seinen Jugendfreunden (z. B. mit Theodor Apel) entspricht noch am ehesten dem, was man als allgemeines Mitteilungsbedürfnis zur gegenseitigen geistigen Anregung bezeichnen könnte, birgt aber bereits eine Übung des schriftlichen Gedankenaustausches, den Wagner aus verschiedenen Gründen bis in seine letzten

Lebensjahre nicht mehr missen mochte. Als er sich 1831 in die Leipziger Universität zum Studium der Musik eingeschrieben hatte, mußte sich Wagner irgendwie selber durchs Leben schlagen, denn der sowohl vom Vater als auch vom Stiefvater entblößte und nur durch eine Schwester aufrechterhaltene Familienclan konnte nur wenig zu Richard Wagners Ausbildung und Bildung beitragen. Sich auch beruflich auf eigene Füße zu stellen geschah aus purer Not, die dann freilich nicht geringer wurde, als Wagner Ende Juli 1834 seine erste Musikdirektorenstelle in Lauchstädt antrat, die Schauspielerin Minna Planer dort kennenlernte und zwei Jahre später in Königsberg heiratete. Die Entfernung zu seiner Familie und seinen Freunden in Sachsen (auch immer öfter von seiner Frau) überbrückte Wagner mit zahlreichen Briefen; ebenso verfuhr er mit seiner Vereinsamung und Not in den Pariser Hungerjahren 1839–42. Wagners winzige Handschrift in Sütterlin-Buchstaben aus dieser Zeit scheint darauf hinzuweisen, daß er sogar mit dem Briefpapier sparen mußte. Später, nach dem Dresdener Maiaufstand von 1849 und Wagners Flucht in die Schweiz, war er schon ein bekannter Opernkomponist geworden, dessen *Rienzi*, *Tannhäuser* und *Lohengrin* immer öfter auf deutschen Bühnen aufgeführt wurden. In größter Sorge um die sinngemäßen Interpretationen seiner Werke mußte Wagner als politischer Exilant ohne Besuchserlaubnis in Deutschland immer öfter zur Feder greifen, um den deutschen Intendanten, Regisseuren und Kapellmeistern seine Vorstellungen von seinen Werken begreiflich zu machen. Nebenbei zeigen Wagners Briefe auch aus dieser Zeit eine orthographische Besonderheit, da er den allgemeinen Empfehlungen der Brüder Grimm folgte und zur Kleinschreibung von Hauptwörtern (außer bei Namen und Satzanfängen) überging sowie gleichzeitig in die Schreibweise mit lateinischen Buchstaben wechselte. Da – wie in dieser Zeit des Exils – die Verständigung über die Inszenierungen seiner Werke notgedrungen brieflich stattfinden mußte, steht entsprechend viel Sachdienliches und Werkbezogenes in diesen Briefen, wenig privat Belangloses. Besonders mit seinen Intimfreunden Theodor Uhlig, Hans von Bülow und Franz Liszt tauschte Wagner weitschweifige Theorien über Kunst und Politik aus. Die Korrespondenz mit dem jungen Bayernkönig Ludwig II. ist dagegen von einem schwärmerischen Enthusiasmus getragen, an den Wagner wohl kaum selber glaubte, den er aber zum Rollenspiel gebrauchte, wie bei anderen Adressaten auch, die oft schon durch die Farbe des gewählten Briefpapiers einen speziellen »Grundton« signalisiert bekamen: gelbes Briefpapier für Mitteilungen an seine Frau Minna bedeutete meist nichts Gutes, während rosa Papier schon äußerlich versöhnlich stimmen sollte. An Liszt schrieb Wagner meist auf blauem Papier.

So wie Wagner in seinen Werken und auf der Bühne seine Rollen verteilte, formulierte er oft auch in stereotypen Anreden, Redewendungen und Briefformeln Rollen der brieflichen Verständigung und speicherte diese Verhaltensmuster über Jahrzehnte hinweg. Da er sich jedoch nur in einem relativ kleinen Segment seiner Korrespondenz mit ungeliebten »Geschäftsangelegenheiten« befaßte, kommt dem weitaus größeren Teil seiner Briefe die Funktion einer Zeitgeschichte in Miniaturen zu, denn Wagner dachte natürlich nicht daran, sich nur um seine privaten und beruflichen Angelegenheiten zu kümmern: er dachte, redete und schrieb über Gott und die Welt an mindestens zwölf Stunden am Tag; ein Teil verfestigte sich in die tägliche Korrespondenz.

Da dreißig Bände Wagner-Briefe (so viele Bände wird einmal die Gesamtausgabe umfassen) auch für den geduldigsten Wagnerianer einmal eine recht zeitraubende Lektüre sein dürften, ist eine exemplarische Briefauswahl für den interessierten Leser um so stichhaltiger als Extrakt aus dem Leben des größten deutschen musikdramatischen Genies im 19. Jahrhundert.

1 An B. Schott's Söhne, Mainz[1]

Leipzig, den 6. Oktober 1830

Wohlgeborner Herr,

Schon lange habe ich mir Beethoven's letzte herrliche Sinfonie[2] zum Gegenstand meines tiefsten Studium's gemacht, und je mehr ich mit dem hohen Werthe des Werkes bekannt wurde, desto mehr betrübte es mich, daß dies noch vom größten Theile des musikalischen Publikum's so sehr verkannt, so sehr unbeachtet sei. Der Weg nun, dieses Meisterwerk eingängiger zu machen, schien mir eine zweckmäßige Einrichtung für den Flügel, die ich zu meinem großen Bedauren noch nie antraf; (denn jenes Czerny'sche vierhändige Arrangement kann doch füglich nimmer genügen.) In großer Begeisterung wagte ich mich daher selbst an einen Versuch, diese Sinfonie für *zwei Hände* einzurichten, und so ist es mir bis jetzt gelungen den ersten, und fast schwierigsten Satz mit möglichster Klahrheit und Fülle zu arrangiren. Ich wende mich daher jetzt mit diesem Antrag an die resp. Ver-

---

1 Es handelt sich um den ersten erhaltenen Brief Richard Wagners.
2 Der Autodidakt Wagner hatte sich leidenschaftlich mit Beethovens Sinfonien beschäftigt und festgestellt, daß ein Klavierauszug der 9. Symphonie zu zwei Händen noch fehlte. Wagner schrieb im Herbst 1830 an diesem Klavierauszug und bot die Arbeit dem Musikverlag Schott in Mainz an. Den 1. Satz hatte er bereits fertig. Auch die übrigen Sätze wurden vollendet, obwohl erst nach zwei Monaten eine – zudem ausweichende – Antwort kam. Wagner gab nicht auf und überreichte seine Handschrift dem Verleger persönlich, der gerade zur Ostermesse 1831 in Leipzig weilte. Am 6. August 1831 stellte Wagner brieflich die Honorarforderung von einem Louisdor pro Bogen und erhielt daraufhin sein Manuskript im Dezember 1831 wieder zurück. Am 15. Juni 1832 schickte Wagner den Klavierauszug nochmals ohne Geldforderungen an Schott und hörte 40 Jahre lang nichts mehr von der Angelegenheit. 1872 gab der Verlag das Autograph an Wagners Frau Cosima zurück, wofür sich Wagner mit einem *Albumblatt für Betty Schott,* die Frau des Verlegers, bedankte.

lag'shandlung, indem ich frage ob sie geneigt sein würde ein solches Arrangement aufzunehmen? (denn natürlich möchte ich mich jetzt nicht ferner einer so mühvollen Arbeit ohne dieser Gewißheit unterziehen.) So bald ich dieser versichert sein werde, setze ich mich unverzüchlich an die Arbeit, um das Angefangene zu vollenden. Daher bitte ich ergebenst um schleunige Antwort, was mich betrifft soll Ew. Wohlgeb. des größten Eifer's versichert sein.

Adresse: Ew. Wohlgeb.
Leipzig, im Pichhof vor'm   ergebener Diener
hallischen Thore 1 Treppe.   Richard Wagner.

2 AN OTTILIE WAGNER, KOPENHAGEN[1]

Leipzig, den 3. März 1832

Meine liebe, gute Ottilie,

[...] Ach, wie schmerzt es mich Dir sagen zu müssen, daß ich wohl eine Zeitlang recht liederlich war, und durch den Umgang mit Studenten sehr von meinem Ziel entfernt worden war, und deßhalb der guten Mutter recht viel Sorgen und Noth machte; bis ich mich endlich ermannte, und durch meinen neuen Lehrer[2] so in meiner Besserung befestigt wurde, daß ich jetzt auf *dem* Punkte stehe, von dem aus ich mei-

---

1 Wagners Schwester Ottilie lebte ab Frühjahr 1831 für etwa ein Jahr in Kopenhagen bei ihrer Freundin Charlotte, der Tochter des dänischen Dichters Adam Gottlob Oehlenschläger.
2 Weinlig war nach Christian Gottlieb Müller Wagners zweiter und letzter Musiklehrer, der den begabten und gelegentlich fleißigen, wenn auch nicht immer gehorsamen Schüler schließlich aus der Lehre mit dem Hinweis entließ, daß er ihm ein solides kontrapunktisches Rüstzeug mit auf den Weg gegeben habe, sonst ihm aber nichts mehr lehren könne.

Ottilie Brockhaus geb. Wagner
Graphisches Bildnis von unbekannter Hand

nen höheren Lebensplan schon für fest betreten halten kann.
Du mußt nämlich wissen, daß ich schon über ein halbes Jahr
her der Schüler des hiesigen Cantor's *Weinlig* bin, den man
wohl mit Recht für den *größten jetzt lebenden Contrapunk-
tisten* halten kann, und der dabei als Mensch so ausgezeichnet ist, daß ich ihn durchaus wie einen Vater liebe. Er hat
mich mit einer solchen Liebe herausgebildet, daß ich schon
jetzt meine Lehrzeit, nach seinem eigenen Ausspruche, für
beendet betrachte, und er mir jetzt nur noch als rathender
Freund zur Seite steht. Wie sehr er mich selbst liebt, kann
Dir das beweisen, daß er, als ihn die Mutter nach halbjähri-
gem Unterricht, um die Bestimmung des Honorar's fragte,
äußerte: es würde unbillig von ihm sein, wenn er für die
Freude, mich unterrichtet zu haben, noch Bezahlung annehmen wollte; mein Fleiß und seine Hoffnungen von mir be-
lohnten ihn hinlänglich. – Nun kannst Du Dir wohl auch
denken, daß das alles Früchte getragen hat: – Vergangene
Weihnachten wurde im Theater eine Ouvertüre von mir aufgeführt, und vorige Woche sogar eine im *großen Conzert*[3];
– Du mußt nämlich wissen, daß das letztere keine Kleinigkeit ist; denn ehe etwas für das Conzert von einem jungen
Componisten angenommen wird, muß das Werk von allen
Musikverständigen von der Conzert-Direktion für würdig
gehalten werden; daß meine Ouvertüre also angenommen
wurde kann Dir beweisen, daß etwas dahinter ist. – Jetzt
muß ich Dir aber den für mich gewiß wichtigen Abend der
Aufführung berichten: – Rosalie und Luise[4] waren zugegen.
Von lebhaftem Erfolg konnte ich mir keinesweges etwas erwarten, da erstlich in Conzert selten Ouvertüren applaudirt
werden, und zweitens kurz vorher neue Ouvertüren von
Marschner und *Lindpaintner* ohne eine Hand in Bewegung
zu setzen, aufgeführt worden waren; – meine Spannung war

3 Die ursprüngliche Bezeichnung der Gewandhauskonzerte war »Großes
  Konzert«.
4 Zwei ältere Schwestern Wagners.

aber demongeachtet ungeheuer, und ich verging fast vor
Angst und Zagen; (Ach, wärst Du nur da gewesen!). Denke
Dir also mein freudiges Erstaunen, als nach dem Schluß
meiner Ouvertüre der ganze Saal zu applaudiren anfängt,
und zwar so, als ob sie das größte Meisterwerk gehört hätten; – ich wußte nicht wie mir zu Muthe war, das kann
ich Dir versichern! – Luise war so ergriffen, daß sie
weinte: – Wie hab' ich mir da gewünscht, daß Du zugegen
wärst gewesen, Du hättest Dich gewiß auch ein wenig
gefreut! –

Genug davon! – – Noch eine andere Nachricht: – in dieser
Woche ist eine Claviersonate[5] von mir in Druck erschienen,
die ich meinem *Weinlig* dedicirt habe. Ich habe dafür für 20
Thaler Noten bekommen. – Gern würd' ich Dir ein Exemplar davon zuschicken, wenn ich nicht bedächte, daß der
Transport fast noch den Preis übersteigen würde, für den
Du sie in Copenhagen selbst bekommen kannst; gehe deshalb nur in eine Musikhandlung, und laß Dir sie unter dem
Titel: »SONATE für das PIANOFORTE von RICHARD WAGNER
1stes Werk, LEIPZIG bei BREITKOPF und HAERTEL« aus LEIP-
ZIG verschreiben. Sie ist nicht sehr schwer, und im Fall Du
sie selbst nicht gleich solltest spielen können, so bitte nur in
meinem Namen Fräulein Lottchen[6], Dir dieselbe vorzuspie-
len; – es soll mich sehr freuen wenn sie Dir gefällt. – Neuerdings habe ich auch zu *König Enzio*, einem neuem Trauer-
spiele von Raupach[7], eine Ouvertüre komponirt, die bei je-
desmaliger Darstellung des Stückes, im Theater aufgeführt
wird. Sie gefällt allen. – Nun aber nichts weiter von meinen

5 Diese *Klaviersonate B-Dur* (WWV 21) hatte Wagner als sein Opus 1 bezeichnet und dem Lehrer Weinlig gewidmet, der sie bei Breitkopf & Härtel
  1832 zur Veröffentlichung empfahl.
6 Charlotte Oehlenschläger.
7 Für Benjamin Ernst Salomon Raupachs *König Enzio* (1831), in dem seine
  Schwester Rosalie die Hauptrolle spielte, hatte Wagner auf Vermittlung seiner Schwester eine *Ouvertüre in e-Moll* und *eine Theatermusik* geschrieben
  (WWV 24), die am 17. Februar 1832 erstmals im Königlich Sächsischem
  Hoftheater unter der Leitung von Heinrich Dorn erklangen.

Produkten, sobald Du wieder bei uns sein wirst, wird es mir
unendliche Freude machen, Dir, meine gute Schwester, alles
mitzutheilen.

3 An Theodor Apel, Heidelberg

Leipzig, den 16. Dezember 1832

Endlich, endlich, mein Theodor, empfängst Du nach so un-
seelig langem Schweigen ein kleines Pfand meiner ungetrüb-
ten Liebe und Freundschaft zu Dir, und kannst Du jenes
Gefühl erklären, welches die kaum angesetzte Feder wieder
stocken macht, während doch das Herz vor lauter Mitthei-
lungslust zerspringen möchte, so wird Dir auch der Grund
meines langen Zurückhaltens völlig klar sein. In jeder der
unendlich verschiedenen Stimmungen und Empfindungen,
die während unsrer langen Trennung sich meiner bemächtig-
ten, war es stets mein erstes Verlangen, Dich mit mir klagen
und entzücken zu lassen. O hätte mir ein Zauberstab zu Gebote gestanden, der mich zu Dir, oder Dich zu mir zaubern
konnte, wie hättest Du mein Innerstes überströmen sehen
sollen! Aber so, die weiten Räume mit dem langweiligen Fe-
derkiel zu durchschiffen! – Wie oft, wenn es mich am Äußersten drängte, hatte ich schon einen halben Brief vollendet, ihn aber völlig zu Ende zu bringen war stets unmöglich!
– Zu was das Alles!

Empfange jetzt von mir einen flüchtigen Abriß meiner
jüngst verlebten Zeit: –

Nach Deinem Fortgang von hier, mein Lieber, war mir
Alles öde und todt, das äußere Leben stand für mich völlig
verschlossen da – desto mächtiger lebte es *in* mir. Mutter
und Schwester waren für eine ziemliche Zeit nach Wien gereist: – ich war von Gott und aller Welt verlassen! Da mußte
denn meine göttliche Musik her, und solltest Du wohl glau-

ben, daß ich in diesem Zustande mein bis jetzt kräftigstes
Werk, meine Symphonie[1], arbeitete, und in einem Zeitraum
von 6 Wochen vollendete. – Sie war fertig, und jetzt sollte
mir das Außen-Leben aufgehen. – Ich reiste nach Wien, lebte dort vier Wochen, und alles war gut. Aber jetzt! – Von
Wien reiste ich nach *Pravonin,* einer Herrschaft des Grafen
Pachta in Böhmen. Dort, im Schooße der herrlichsten Natur, verlebte ich 5 Wochen. O ihr herrlichen Tage! Denn
nicht nur die Natur, auch die – daß ich es sage – Liebe ver-
edelte mich. Aber wie! – Denke Dir unter Jenny[2] ein Ideal
von Schönheit, und meine glühende Fantasie, so hast Du alles. In ihrer Schönheit glaubte meine Leidenschaft alles andre zu sehen, was sie zu einer herrlichen Erscheinung erheben konnte. Mein idealisirendes Auge erblickte in ihr alles
das, was es zu erschauen wünschte, und dieß war das Unglück! – Ich glaubte Erwiederung zu gewahren, und in der
That fehlte es nur von meiner Seite an meinem kühnen Ent-
gegenkommen, um mich ihrer Erwiederung zu versichern!
Aber welche Erwiederung! – Eine bange Ahnung hielt mich
davon ab; – und dennoch, welchen Kampf habe ich mit meinen ungestümen Leidenschaften zu bestehen gehabt. Meine
nächtlichen Träume wurden unruhvoll; – wiederholt erwachte ich, wenn ich von einem Geständniß meiner Liebe
geträumt, und gewahrte nichts, als die Nacht, die mich mit
schmerzlicher Ahnung erdrückte. – Da endlich, – es konnte
konnte ja nicht mehr länger währen! – endlich mußte mir es
klar werden! – Wir reisten nach Prag, – ach und – Du wirst
Dir alles, was eine glühende Liebe verwunden kann, denken
können; – was sie aber töden kann, ist fürchterlicher als Al-

1 Vor seiner Reise nach Wien im Sommer 1832 hatte Wagner seine *Sinfonie in
C-Dur* (WWV 29) komponiert, die erstmals im November 1832 im Ständi-
schen Konservatorium von Prag aufgeführt wurde.
2 Über seine Schwester Rosalie, die als Schauspielerin in Prag engagiert war,
lernte Wagner Auguste und Jenny (Raymann), die unehelichen Töchter des
Grafen Pachta, kennen. Auf dessen Schloß Pravonín bei Prag war Wagner
1826 erstmals zu Besuch; bei einem zweiten Besuch 1832 verliebte er sich unglücklich in Jenny.

les! – Vernimm es denn, und schenke mir Dein Mitleiden: –
sie war meiner Liebe nicht werth! –

Eine Todes-Kälte kehrte in mein Gemüt ein. O aber, hätte
ich sogleich allen schönen Hoffnungen entsagen können,
und wär ich erstarrt vor Kälte, so hätte ich mich glücklich
geschätzt! – Aber jeden Funken der sonst so hellen Flamme
einzeln verlöschen zu fühlen, jedes Athom einer blühenden
Hoffnung nach und nach hinsterben zu sehen, Stunde für
Stunde den Nimbus geistiger Schönheit zerfließen zu sehen,
ach! das zwingt Thränen ab, deren Herbheit nur gefühlt, nie
ausgesprochen werden kann! – Wenn ich mich noch mit dem
letzten Überrest meiner Gluth erwärmen wollte, und fühlte
sie so immer mehr vom Hauche des Todes verlöschen, wie
gelähmt schauten dann meine Blicke in den Feuerstrom der
Vergangenheit, in die Eisgruften der Zukunft! – Genug, –
genug, und schon allzuviel! – Denn trotz der unendlichen
Leere in meinem Busen, finde ich noch ein Verlangen nach
Liebe in mir; – und was mich am meisten empört, ist, daß
ich so überaus wohl und gesund aussehe! – – –

Unter solchen Verhältnissen nun setzte ich die Dichtung
zu meiner Oper[3] auf, und kam damit fertig vor etwa 14 Tagen nach Leipzig zurück.

Den 3ten Januar.

Den Operntext habe ich kassirt und zerrissen.[4] Bald sollst
Du ein weiteres hören. – Adieu, Adieu!

Dein
Richard Wagner.

3 Es handelt sich um Wagners unvollendeten ersten Opernversuch *Die Hochzeit* (WWV 31), verfaßt nach Johann Gustav Gottlieb Büschings *Ritterzeit
und Ritterwesen* (1823). Der Text entstand im Oktober und November 1832
auf Schloß Pravonín.
4 »Meiner Schwester gefiel das Buch nicht; ich vernichte es spurlos«, hielt
Wagner auch in seiner *Autobiographischen Skizze* fest; einige Szenen sind jedoch bis heute erhalten geblieben und wurden sogar am 13. Februar 1933 im
Stadttheater von Rostock aufgeführt.

Leipzig, März 1834

Verehrtester Herr,

Ich wähle hiermit den jüngst von Ihnen selbst vorgeschlagenen Weg, meine Ideen, Erwiderungen und Entschlüsse in Bezug auf das, was Sie mir in den letztverflossenen 3 Tagen hinsichtlich meiner Oper mit ebenso tiefverständigem Urtheile mittheilten, als mit warmer Offenherzigkeit anriethen, – schriftlich und zwar mit der dabei weit eher zu gewinnenden Ruhe u. Klarheit vor zu legen. Zuvor aber kann ich nicht anders, als meinen herzlichsten und tiefgefühltesten Dank für eben jene vortrefflichen Urtheile und Bezeugungen der offensten FreundschaftsLiebe auszusprechen, mit denen Sie mich auf immerdar Ihnen verpflichtet halten; – Glauben Sie mir, ich weiß den Werth jener Offenherzigkeit, und möge sie auch für den Augenblick die schmerzlichsten Gefühle getäuschter Hoffnung erzeugen, um so mehr zu schätzen, um so vertrauter ich mit *ihr* u. dem ihr Verbundenen bin, denn eben diese war meine Schule; – Glauben Sie mir, daß ich diese keinesweges durch Schmeicheleien geleitet gemacht habe; – Ich hatte das Glück, die offenherzigsten u. strengsten Lehrer zu haben; eine ganze Reihe von fast niederdrückenden Beweisen einer fast pedantisch strengen Offenherzigkeit waren meine Unterrichtsstunden bei Herrn Müller[2]; er härtete mich ab gegen die verletzendsten u. zurückschreckendsten Angriffe meines jugendlichen Streben's, indem ich in ihnen nur die belehrenden Beweise der Offenherzigkeit erkennen lernte, selbst wenn diese nicht immer

---

1 Der Adressat, Regisseur am Theater in Leipzig, sollte 1834 erstmals *Die Feen* inszenieren und lehnte dies ab.
2 Christian Gottlieb Müller.

aus der lautersten Quelle entsprang. Als ich bei Herrn Müller die Studien der Harmonielehre vollendet, und das Gebiet des Contrapunktes betrat, fühlte ich und fühlten die darüber um Rath Befragten, daß jener Lehrer mir jetzt nicht mehr vollkommen ausreichen könnte, und so begann ich meine Studien bei Herrn Weinlig fortzusetzen. Dieser Mann, dem ich mehr zu verdanken habe, als je meine Leistungen hinreichend ausgleichen werden können, fühlte nun wohl richtig, wo es mir zunächst noch fehle; – er setzte das Erlernen des eigentlichen Contrapunktes hier erst noch bei Seite, um vorher meine Harmonie-Kenntnisse auf das gründlichste zu befestigen; so nahm er zunächst den strengen, gebundenen Styl der Harmonie mit mir vor, und wich nicht eher davon, als bis er mich darin für vollkommen befestigt hielt, denn seiner Ansicht nach war dieser gebundene Styl die erste und einzige Grundlage zur Handhabung freier u. reicher Harmonien sowohl, als wesentlich auch zur Erlernung des Contrapunktes. Das Studium des Contrapunktes nahm er nun nach der festesten Richtung und den strengsten Grundsätzen mit mir vor, und nachdem er mir durch die Vervollkommnung in diesem letzten u. schwierigsten Theil des allgemeinen Musikstudium's den sichersten Grund gelegt zu haben schien, und die Erlernung dieses zur Ausbreitung in den schwersten Feldern der Composition für abgeschlossen hielt, entließ er mich mit diesen seinen Worten: »Ich thue Sie hiermit aus der Lehre, wie der Meister seinen Lehrling, wenn dieser das gelernt hat, was jener ihn lehren konnte.«

Durch dieses tiefe und ernste Studium fühlte ich mich ungemein erkräftigt; ich fühlte mich im Besitz jener Mittel, durch die ich mich zu meinem Fortschritt, meiner freieren Welt-Ausbildung ermächtigt hielt. Zu dieser glaubte mein Lehrer und ich durchaus den Weg der Oeffentlichkeit betreten zu müssen, weil in dieser eben das weltbildende Prinzip liegt. So war Herr Weinlig selbst im Laufe meiner Studien bei ihm nicht nur nicht gegen die Aufführung meiner wäh-

rend jener Zeit gearbeiteten Instrumental-Compositionen,
sondern er wünschte und förderte sie sogar lebhaft. So wurden während u. nach jener Zeit mehrere Ouvertüren, und
zuletzt eine Symfonie, von mir in unseren Abonnements-
Conzerten aufgeführt, und freue mich sagen zu können, mir
nie dadurch geschadet zu haben, sondern neben dem großen
Vortheile, mich durch Anhörung jener Sachen immermehr
über die Mittel klarer gemacht zu haben, die zur Erreichung
meines Zweckes nöthig sind, auch noch *den* genossen zu haben, die Augen des Publikum's mit Theilnahme auf mich zu
richten. Dieselbe Meinung u. dasselbe Verlangen hege ich
nun auch in Bezug auf meine Oper. Sie, verehrtester
Freund, wünschen nun, wie mich dünkt, Ihrer innigsten
Ueberzeugung nach, mir diese Meinung u. dieses Verlangen
durchaus zu benehmen. Ihnen gefällt meine Oper nicht,
noch mehr, Ihnen gefällt meine ganze Richtung nicht, indem
Sie dieselbe Ihrer eigenen Kunstansicht für zuwider erklären. In diesem zweiten liegt natürlicher Weise das erstere
nothwendig begründet. Unsere Stellung ist jetzt so, daß ich
hierin durchaus auf keine Einzelnheiten eingehen kann, da
jedes einzelne Urtheil in jenem allgemeinen Urtheil als na-
turgemäße Folge schon enthalten ist, und eben jenes allgemeine Urtheil, Sie erlauben, schien mir schon bei Ihnen als
unerschütterlich festzustehen, noch ehe Sie auf mein Werk
eingingen, da es eben meine allgemeine Richtung – ich
möchte sagen, – die Richtung der Zeit betrifft. Sie hätten mir
jedes Einzelne schon voraussagen können, und hatten auch
es so ziemlich schon gesagt, ehe Sie eben die Einzelheiten
meiner Arbeit kannten. Sie finden in ihr alle Gebrechen unserer Zeit, indem Sie zugleich jedes Berufen auf dieselbe für
nichtig erklären. Sie halten, um eine innerste Ueberzeugung
auszusprechen, nur jene Form für zulässig, in denen sich jene unerreichbaren Vorbilder der älteren Zeit aussprachen,
und finden selbst schon in Mozart eine überladene Anwendung der äußeren Mittel, wodurch es mir scheint, daß sie
nur diejenige Gluck's für angemessen erklären. Sie fragen

mich, warum ich nicht instrumentire wie Haydn? Aber
noch mehr; – Sie finden in alledem, was diesem entgegen ist,
nicht nur die Einwirkungen desjenigen, was man in unserer
Zeit für etwas Angenommenes hält, (wiewohl ich mich be-
strebt zu haben glaube, mich von den Ausschweifungen derselben noch so fern wie möglich zu halten, und z. B. vermuthe, mich dem, was sich z. B. ein *Marschner* erlaubt, noch
enthalten zu haben), – wie gesagt, – Sie schreiben dieß nicht
nur diesen Einwirkungen zu, sondern dem Mangel eines inneren Haltes; – Sie werfen mir gänzliche Unkenntnis der
Handhabung der Mittel, Unkenntnis der Harmonie, den
Mangel des gründlichen Studium's vor; – Sie finden nichts
aus dem Herzen gedrungenes, Sie gehen auf nichts ein, was
von einer innigen Begeisterung geschaffen sein könnte. – –
Wenn ich nicht irre, ist dieß ungefähr, was den Werth der
Arbeit betrifft, die Summe Ihrer Einwürfe, die mir das Resultat Ihres Urtheiles erscheint. Ich habe mir sie hiermit etwas zusammenzustellen bemüht, – und finde nichts, – das
ich Ihnen entgegnen könnte! Es ist dieß die Stellung des Getadelten gegen den Tadler u. den Tadel selbst! Die Bemühung den Tadel zu wiederlegen, selbst nur sich gegen ihn zu
entschuldigen, ist für den Getadelten wohl unzuläßlich u.
unmöglich! – Ich schweige, – denn jedes Auflehnen erscheint mir Anmaßung.

Da es aber dennoch mein Entschluß und Wunsch ist, in
den angefangenen Weg der Unterhandlungen wegen der
Aufführung meiner Oper nicht einzuschreiten, ja da es meine Ueberzeugung ist, daß eben grade nur durch eine Aufführung derselben der Zweck erreicht wird, den ich mir gesetzt habe, so fühle ich mich durchaus in der bescheidensten
Stimmung, Ihnen über die Ansicht der Praktikabilität derselben so viel mir möglich ist zu entgegnen. Es stößt mir soeben ein Brief meines Bruder's[3] auf, der mich angelegentlich
fragt, wie es um die Aufführung meiner Oper beschaffen sei.

3 Albert Wagner.

Es kommt mir dabei manches zur Erinnerung, was mir einigermaßen Muth und Trost giebt. Ich hatte an meinem Bruder, auf den ich hierbei nur als praktischen Sänger Rücksicht
nehme, den strengsten, ich möchte sagen den grausamsten
Kritiker: er bekämpfte lebhaft die theilweise Unausführbar-
keit meines Gesanges, unter seinen Augen habe ich verbes-
sert und eingerichtet, was ich grade konnte, und ich erkläre
Ihnen hiermit, daß ich mich in diesem Bezug zu jedweder
Veränderung bereit halte, die der Sänger von mir wünscht;
daß ich demongeachtet auf diese Art in dieser Oper die italienische Gesangs-Schönheit nicht herstellen kann, versteht
sich von selbst; – jedoch geräth mir darin das End-Urtheil
meines Bruder's zum Trost, welches ungefähr so ausfiel:
»Die Sänger werden viel über ihre Sachen schimpfen, und so
viel er ihnen auch immer noch ändern werden muß, so wird
es ihnen immer noch schwer bleiben; – wer es jedoch geistig
aufzufassen weiß, wird doch immer noch Effect damit machen.« – Daß die Oper sich sehr schwer einstudiren lassen
wird, ist gewiß; ob aber schwerer als Marschner's Opern,
die doch an vielen Orten die Aufführung erleben, wage ich
wohl zu bezweifeln. Ich sollte doch meinen, daß man von
einem auf das Andere schließen könne. Auch ich habe darin
schon eine kleine Praxis mitgemacht; – ich übernahm es aus
Gefälligkeit, im Würzburger Theater die Chöre einzustudiren; ich habe dabei oft mit auf das Studiren der ganzen Oper
gewirkt; – wir führten Marschner's Vampyr, Hans Heiling,
Meierbeer's Robert[4] unter andern auf, – worin ich allerdings
die ungemeinen Schwierigkeiten ebenfalls fand, über die diejenigen meiner Oper gewiß nicht gehen, – wenigstens
scheint mir das ein ganz ruhiger Vergleich zu sagen. Ich habe
aber auch schon einige Nummern meiner Oper einstudirt u.
aufgeführt, – ein Terzett u. eine Arie, – wir haben es mit
nicht zu großer Mühe zu Stande gebracht und es mit glückli-
chem Erfolg im Conzert hören lassen. – Ich habe meinem

---

4 Meyerbeers Oper *Robert le diable* (1831).

Bruder eine eingelegte Arie[5] geschrieben, die gewiß nicht
besser u. leichter ist, als jede Nummer meiner Oper, – und
es schmeichelt mir, sowohl Zeuge des Effektes gewesen zu
sein, als auch jetzt wiederum von Würzburg davon benachrichtigt zu werden, daß sie fortwährend mit großem Beifall
gesungen wird! – Sie werden, verehrtester Freund, auf keinem Fall, in dieser kleinlichen Aufzählung meiner geringen
Erfahrungen, Züge einer erbärmlichen Eitelkeit entdecken
wollen; – aber jetzt, da es in meiner Stellung zu Ihnen auf
die Lebens-Frage meiner Oper ankommt, können Sie mir
wohl auch keines Falls verdenken, wenn ich wie der Schiff-
brüchige den kleinsten Balken, der mein Leben u. meine
Hoffnung rettet, heranziehe. So klein u. unbedeutend jene
geringen Erfahrungen sind, so lassen sie mich doch, wenn
ich den Maßstab von dem Kleinen auf das Große anlege, einigermaßen Hoffnung schöpfen, und eine Aufführung meiner Oper nicht für unmöglich halten. – Wenn Sie meinen
Wunsch und mein Streben, dieselbe eifrig zu betreiben, als
toll u. verderblich verwerfen sollten, so fürchte ich allerdings, daß mich dieß bei meiner Unternehmung immer als
ein Fluch begleiten würde, – um ihn abzuwenden, kann ich
daher nur inständigst bitten, die Sache ein wenig leichter zu
betrachten, und mir im Uebrigen Ihre gütige und nachsichtsvolle Gesinnung nicht zu entziehn. Für meine Stellung
und den Weg, den ich mir bahnen muß, fühle ich und fühlen
es die Meinigen durchaus für nöthig, diese Bahn einzuschlagen, und – die Täuschung siegt zwar überall, – aber ich denke, – sie soll mich nicht ganz zum Verderben führen. Legen
Sie, ich bitte, dem jetzt betretenen Weg der Unterhandlungen kein entschiedenes Hindernis in den Weg, und genehmi-
gen Sie, um auf der gleichsam amtlichen Bahn ruhig fortzu-

---

5 Das neue *Schlußallegro zur Arie Nr. 15* (Aubry) für Marschners Oper *Der
  Vampyr* (1828) komponierte Wagner 1833 während seines Aufenthalts in
  Würzburg bei seinem Bruder Albert, der dort die Partie des Aubry zu singen
  und mit Wagners Arie offenbar auch Erfolg hatte.

fahren, daß ich die Partitur abholen lasse, um sie in die offiziellen Hände des Herrn Capellmeisters[6] zu legen. Lassen
Sie mich diesmal noch Gott versuchen.

Gar sehr sollte es mich indeß schmerzen, wenn Sie glaubten, daß ich leichtsinnig über alles das hinwegschlüpfe, was
Sie mir so innig überzeugt mittheilten, – es ist Alles tief in
mir aufgenommen, und ich hoffe, daß auf Ihre mitgetheilten
Aussprüche gegründet, mir ein ganz neues, sicheres und rei-
neres Kunststreben aufgehen wird. Es würde mich untröst-
lich machen, wenn Sie meine hier niedergelegte Ansicht,
und die Offenheit, zu der mich die herzliche Art antrieb,
mit der Sie mich belehrten, irgend übel deuteten. Ich sehe
diese Zeilen als eine Grundlage an, auf die sich ein ebenso
offenes Verhältnis der Belehrung als des willigen Eifers, sie
anzunehmen, gründen soll. Nur in dieser Hoffnung u.
Ueberzeugung wage ich es, Ihnen diesen Brief zuzusenden,
und verbleibe

W

5 AN MINNA PLANER, MAGDEBURG[1]

Leipzig, den 6. Mai 1835[2]

Mein liebes, liebes einziges Mädchen, schon über vierund-
zwanzig Stunden von Dir, nachdem ich vorher so oft nach
einer Minute geizte. Wie soll das werden! Ich bin durch und
durch voll Wehmuth und Thränen, und kann mich über

6 Ferdinand Stegmayer.
1 Erster erhaltener Brief an Wagners spätere erste Ehefrau.
2 Wagner ging nach der Spielzeit 1834/35 nach Leipzig zurück, weil sich das
  Ensemble in Magdeburg auflösen mußte; der Theaterdirektor Bethmann war
  bankrott. Er erhielt jedoch unerwartet für die folgende Spielzeit neue Geld-
  mittel, so daß auch Wagner wieder eingestellt werden konnte.

nichts freuen, über nichts, – nichts! Du bist mir zu lieb geworden, – das empfinde ich wol, Du feinstes, liebes Kind!
Wie soll ich mich sobald an die Trennung von Dir gewöhnen, wie könnte es mir möglich sein, Dich zu missen! Du
bist ein Stück von mir geworden, und ich fühle in allen meinen Gliedern eine Verstümmelung, wenn Du mir fehlst! –
Ach, wenn Du nur halb meine Wehmuth theiltest, so wärest
Du ganz Liebe und Andenken an mich.

Ich habe noch viel geweint, – sag', warst Du mir bös, über
den Brief, den ich Dir noch so spät zukommen ließ? – O, ich
wär' noch bald selbst zu Dir gekommen, – aber dann wär'
ich bei Dir geblieben, – das wußte ich wohl, – und hätte Reise u. Alles aufgegeben! – Ach, – wer beschreibt meinen einsamen Zustand! – Ja, meine Minna, – ich liebe Dich, – und
bin dabei ein wenig eitel, – sieh – ich bilde mir nun ein, – ich
hätte Dir Leben und Seele eingehaucht, die Du früher nicht
hattest, – oder die ich wenigstens nicht bei Dir kannte; – ich
glaubte auch oft, Du liebtest mich doch nicht, – aber ich
glaube es jetzt, – ja, als ich Dir den letzten Kuß gab, – da
drang all' Deine Liebe doppelt u. tausendfach in mich! – O
mein Leben, – vergiß mich nie, – verrathe mich nie, – halte
treu an mir, – bleib' meine Minna, und wenn Du je Liebe
empfandest, so wende Alles mir ganz zu, – und laß mich *nie*
mit jemand theilen, – Du hast ja selbst mein ganzes Herz! –
Hörst Du? Hörst Du? Verrathe mich nie! –[3]

Du kannst nicht glauben, mit welch' schmerzlichem Gefühl ich auf Euch Alle zurückblicke; – tief in meine Seele
geht mir's, Euch in diesen jämmerlichen, entwürdigenden
Verhältnissen zu wissen; – ich will mir alle Mühe geben, um
etwas für die Haas[4] zu thun, – Du hast ja meinen Wunsch re-

---

3 Wagners Eifersucht war damals durchaus begründet, zumal er selbst mit seiner zuvor gelebten Einstellung von »freier Liebe« den Eindruck von Unge-
bundenheit erweckt hatte. Obwohl sie einige Liebschaften ihres Mannes hinnehmen mußte, blieb Minna ihrem Mann letztlich treu.
4 Mathilde Haas war seit 1835 Schauspielerin in Magdeburg und Geliebte
Heinrich Laubes; sie starb dort bereits am 19. August 1837.

füsirt, etwas für Dich zu thun. – Fort müßt Ihr von dort, – das ist klar! – Ich hasse jetzt Leipzig u. Magdeburg u. Alles, – nur Dich liebe ich, – o, komm' bald hieher, daß ich Dich sehe u. mich überzeuge, – ob Du mich noch liebst! – Schreib' mir umgehend, ob Du mich liebst, ob Du an mich denkst! Schreib! Schreib! und stärke mich, mein Engel! Bald mehr! Bald mehr! Adieu! Adieu! Gedenke mein, gedenke

Reichels Garten, Hintergebäude,
pro Adre.: Rosalie Wagner.

Deines
Richards.

6 An Johanne Rosine Geyer, Leipzig

Karlsbad, den 25. Juli 1835[1]

Nur an Dich, liebste Mutter, denke ich mit der innigsten Liebe und der tiefsten Rührung zurück; – ich weiß wohl, Geschwister gehen ihren eigenen Weg, – jedes hat sich u. seine Zukunft, und die Umgebungen, die mit beiden zusammenhängen, im Auge; es ist so u. ich fühle das selbst, es ist eine Zeit, in der sich eine Trennung von selbst findet; – wir gehen dann in unsren gegenseitigen Beziehungen nur noch vom Standpunkte des äußren Lebens aus; wir werden unter einander befreundete Diplomaten, – wir schweigen da, wo es uns politisch erscheint, – und sprechen da, wo es unsre Ansicht von der Sache verlangt, und wenn wir von einander entfernt sind, sprechen wir am meisten. Ach, wie steht doch aber über alle dem die Liebe einer Mutter! Ich gehöre wol auch zu denen, die nicht immer so sprechen können, wie es

1 Wagner war auf Dienstreise durch sein »altes Wunderland Böhmen«, um neue Sänger für das Magdeburger Theater zu engagieren.

ihnen im Augenblick um's Herz ist, – sonst würdest Du
mich wol oft von einer viel weicheren Seite kennen gelernt
haben. Aber die Empfindungen bleiben dieselben, – u. sieh
Mutter, jetzt, – da ich von Dir fort bin, überwältigen mich
die Gefühle des Dankes für Deine herrliche Liebe zu Deinem Kinde, die Du ihm zuletzt wieder so innig und warm
an den Tag legtest, so sehr, daß ich Dir in dem zärtlichsten
Tone eines Verliebten gegen seine Geliebte davon schreiben
und sagen möchte. Ach, aber weit mehr, – ist denn nicht
die Liebe einer Mutter weit mehr – weit unbefleckter als jede andre? – Nein, ich will hier nicht filosofiren, – ich will
Dir nur danken, u. wiederum danken, – und ich möchte
Dir gern alle die einzelnen Beweise Deiner Liebe aufzählen,
für die ich danke, – wenn es nicht deren zu viel wären.
Weiß ich doch, daß gewiß kein Herz so innig theilnahmvoll, so sorgenvoll mir jetzt nachblickt, wie das Deine, – ja,
daß es vielleicht das einzige ist, das jeden meiner Schritte
bewacht, – u. nicht etwa um kalt über ihn zu kritisiren, –
nein, sondern um ihn in Dein Gebet einzuschließen. Warst
Du nicht immer die Einzige, die mir unverändert treu blieb,
wenn Andre, blos nach den äußeren Ergebnissen aburthei-
lend, sich filosofisch von mir wandten? Ich wäre ja auch
über die Art anmaßend, wollte ich von Allen gleiche Liebe
verlangen, ich weiß sogar, daß das gar nicht möglich ist –
ich weiß es selbst. Dir dringt Alles aus dem Herzen, aus
dem lieben, guten Herzen, das Gott mir immer geneigt
erhalten möge, – denn ich weiß, wenn mich Alles verließe,
würde es immer meine letzte, liebste Zuflucht sein.
O Mutter, wenn Du zu früh stürbest, eher, als ich Dir vollkommen bewiesen, daß Du einem edlen, gränzenlos dankbaren Menschen so viel Liebe gewährt hast! Nein, das kann
nicht sein, Du mußt noch viele schöne Früchte genießen! –
Ach, wenn ich an die letzten acht Tage Deines Umganges
gedenke! Es ist mir ein völliges Labsal, eine Erquickung,
mir jeden einzelnen Zug Deiner liebenden Güte vor die Seele zu rufen! Meine liebe, liebe Mutter, – welch' ein Erbärm-

licher wäre ich doch, wenn ich je gegen Dich erkalten könnte! –

Ich werde Euch für die Zukunft wenig von meinem Thun u. Treiben berichten, – sie urtheilen nach den äußeren Ergebnissen, u. die werden sie erfahren ohne mein Dazuthun. Sei es nun, wie und auf welche Art es wolle, ich bin nun einmal selbständig, u. will mir allein genug sein. O diese Demüthigung vor Brockhaus[2] ist tief in mein Herz gegraben, u. die bittersten Vorwürfe peinigen mich, daß ich ihm das Recht in die Hände gab, mich zu demüthigen. Ich werde mich ganz mit ihm ausgleichen, aber nun und nimmermehr mit ihm einigen, und wenn ich darum Unrecht hätte, so will ich lieber mit diesem Unrecht sterben. Ich entziehe mich ihnen gänzlich. Recht kann nicht jeder Mensch haben, u. ich hatte Unrecht; – aber ich werde es *ihnen* – nie gestehen, sondern mich so stellen, daß ich ihnen nichts zu gestehen habe, – und dieß ist jetzt meine große Sünde gewesen, daß ich mich ihnen in die Hände spielte, daß ich mich so weit brachte, ihnen auch nur das mindeste Recht über mich einräumen zu müssen. Wir stehen übrigens einander so fern, daß es lächerlich wäre, mich mit ihnen einigen zu wollen. Und doch, wie freue ich mich über diese Katastrofe, die mich nun zur vollkommnen Erkenntniß brachte, daß ich von Niemand in dieser Welt etwas zu erwarten habe, sondern ganz allein auf mich angewiesen bin. Nun fühle ich mich erst selbstständig. Denn das war es, was mir mangelte, und was mich erschlaffte und fahrlässig machte; – es war ein gewisses unbestimmtes, bewußtloses Vertrauen auf einen Rückhalt, das sich dummer Weise nicht nur auf Apel beschränkte, sondern auch noch andere baroke Richtungen nahm, über die ich fast lachen muß, meiner Dummheit wegen. Ich bin jetzt über

---

2 Friedrich Brockhaus unterstützte gelegentlich seinen Schwager Wagner, war aber darauf bedacht, daß sein Geld nicht dem damals leichtsinnigen Lebenswandel des jungen Musikers zum Opfer fiel, und machte aus seiner Kritik kein Hehl. Wagner freilich war zu stolz, sich den Vorschriften von Verwandten zu beugen, und tat beleidigt.

Alles enttäuscht, und bin deshalb sehr froh. Meine Weichheit mußte diese Erfahrung machen, – sie wird mir in jeder
Beziehung nützen. Ich bitte sie nur vor der Hand, mir ihre
Theilnahme zu versagen, – sie würde mir lästig sein, – Du,
– Dein Herz – Deine Liebe sei mein einziger Rückhalt, in
denen ich in allen Nöthen meines kommenden Lebens Trost
und Hoffnung suchen werde–; Mutterliebe bedarf keiner
Gründe, – jede andere will wissen warum sie liebt, u. wird
daher nur zur Achtung.

Ich war in Teplitz und Prag, u. fand nichts weiter für meine Besorgungen, als die Bestätigung meines Planes, nicht
nach Wien zu gehen, sondern nur noch mehr Hinweisungen
auf die Richtung, die ich jetzt eingeschlagen. *Moritz*[3] war in
Prag u. hat mir in dieser Hinsicht viel an die Hand gegeben.
Ich habe an alle Individuen, auf die ich reflektire, von Prag
aus geschrieben, damit ich im Voraus weiß, woran ich mit
ihnen bin, und keinen Weg umsonst mache. In Nürnberg erwarte ich ihre Antworten, wohin ich morgen oder übermorgen abgehe, da ich nur noch einen Brief aus Magdeburg erwarte, um mein hiesiges Geschäft in Ordnung zu bringen.
In Nürnberg werde ich mich aufhalten; wenn ein Theater in
der Auflösung ist, erwischt man manches leicht; – auch können mir Wolfram's[4] über vieles Auskunft geben, so daß ich
auf ihr Urtheil hin vielleicht manche Reise erspare. –

Meine liebe, liebe Mutter, – mein guter Engel, – leb' herzlich wohl, u. betrübe Dich nicht; – Du hast einen dankbaren
Sohn, der nie, nie vergessen wird, was Du ihm bist; – mit
der innigsten Rührung gedenkt Deiner

Dein
Richard.

---

3 Es handelt sich um den Prager Schauspieler Heinrich Moritz, mit dem sich
  Wagner angefreundet hatte, einen Kollegen von Wagners Schwester Rosalie,
  als diese 1826 ebenfalls am Deutschen Theater in Prag engagiert war.
4 Wagners Schwester Klara war mit Heinrich Wolfram verheiratet und beide
  damals in Nürnberg engagiert. Wegen der Auflösung des dortigen Theater-
  personals ließen sich Wolframs von Wagner nach Magdeburg abwerben.

Magdeburg, den 2. Oktober 1835

Lieber Theodor, meinen Brief hast Du doch jedenfalls erhalten, u. zwar wahrscheinlich an demselben Tage, an dem ich den Deinigen erhielt; u. ich hoffe, daß dieser Umstand mehre Vorwürfe widerlegt oder wenigstens besänftigt haben wird. Ich bin hier in einen gräßlichen Strudel von Arbeit u. Plackerei gerathen; alle unsre Oper-Angelegenheiten waren mir auf den Nacken gewälzt; endlich haben wir gestern zum ersten Mal mit Zampa[1] losgedrückt, u. der Erfolg kann wirklich bedeutend genannt werden. Von dieser Seite habe ich also endlich etwas Ruhe; nach allen andern hin habe ich Festigkeit; nur nach einer hin werde ich wohl ein Schurke werden, – u. nur *Dir allein* theile ich mich darüber mit. Du kennst meine modernen Liebes-Gefühle[2] die mich zuerst an Minna knüpften; mein bürgerlicher Jammer hat das Moderne bald verjagt, u. es blieb nur noch die Liebe; – ich kam zum Stadium der Eifersucht, stieß mich an Minna's Ruf, u. habe mich endlich zu meinem glücklichen Unglück überzeugt, daß Minna nie schlecht war u. ist; weiter nichts, – als: ich bin es überzeugt u. überwiesen. Dieses früher so kalte, unzugängliche, indifferente Geschöpf hat mir ihr gränzenloses Vertrauen geschenkt, – ich kenne jeden Zug ihres Lebens: – ich habe sie erwärmt bis auf das innerste Mark ihres Daseins, ich habe sie zum weichen hingebenden Weibe gemacht, – sie liebt mich bis zur Krankheit, ich bin ihr Despot geworden; – es tritt Niemand mehr über ihre Schwelle, den ich nicht will; sie opfert mir alles; sie ist auf der Bühne gegen sonst nicht mehr zu erkennen, sie hat Leben, Wärme,

---

1 Oper von Hérold.
2 Wagner hat eine Zeitlang die von Heinse und Laube propagierte »freie Liebe« praktiziert und auch mit Minna Planer anfangs eher ein unverbindliches Liebesverhältnis eingehen wollen als ernste Absichten verfolgt.

Theodor Apel. Lithographie von August Hunger
nach C. Schaufuß. Um 1840

Gluth. Sie hat *Barby's*[3] Hand um meinetwillen ausgeschlagen; ein Kerl wie *Lauer*[4] vergeht vor Platonismus, u. wird zum Dichter; je mehr sie meinen bürgerlichen Jammer erkannte, desto mehr fühlte sie sich an mich gezogen; – sie kennt nur noch einen Wunsch, nur noch ein Glück, – die Verbindung mit mir, – sie möchte es mit allen Opfern erkaufen. Sie ist zart dabei; sie sagte mir unter den heißesten Thränen: »Richard, sei ehrlich; – nähre keine Hoffnungen in mir, die Du vielleicht nicht gesonnen bist, zu erfüllen; – sage mir, daß mich Du liebst, mich aber nicht zum Weibe haben willst, so will ich meine schönsten Hoffnungen u. Wünsche als durch Deinen Willen unabänderlich vernichtet u. zerstört beklagen u. beweinen, u. nur allein in Deiner Liebe glücklich sein, so lange Du mir sie schenkst, – nie aber einem Andern meine Hand geben. Aber sieh, wenn Du jetzt diesen meinen Hoffnungen schmeichelst, u. mich darin bestärkst, so daß ich mich sicher in ihnen wähne, u. Du doch vielleicht *jetzt* selbst nicht einmal ernst daran denkst, so sündigst Du schrecklich!« Und was denkst Du, daß ich erwiderte? Um das gute Mädchen nicht zu kränken, schwieg ich bejahend, und sie glaubt mir, während ich nur daran denke, wie ich sie am sichersten verrathe. Und ich freue mich noch über die Kraft meines Innern, daß ich ihr nie ernstlich Gehör gebe; – s'ist so eine Art von Schurkerei. – Ich genieße ihre Gunst völlig u. fast ausschweifend, u. fühle mich dabei immer kräftiger u. wohler; anstatt mich ihr Genuß sättigen u. ermüden sollte, knüpft er mich nur immer noch fester u. wärmer an sie. Was meinst Du? Wenn ich sie so recht absichtlich hintergangen haben werde, habe ich da nicht ein Meisterstück gemacht?[5] Oder soll ich ein Filister werden? Ihr Leipziger werdet es entscheiden!

3 Ein Herr von Barby war ein Liebhaber Minna Planers in Magdeburg.
4 Ein weiterer Liebhaber Minna Planers in Magdeburg.
5 In Gedanken spielte Wagner noch mit dem Triumph, sein Mädchen zur gefügigen Geliebten umgeformt zu haben und beliebig auf diesen Genuß auch wieder verzichten zu können. In Wirklichkeit war der unbehauste, unzufrie-

Diese Liebe mit ihrem Anfang und Ende wird eine Novelle werden, – ein moderner Zustand; – knüpfe das ganze Misere noch mit daran, nimm meinen ganzen Bildungsgang durch dasselbe mit dazu, so hast Du einen Roman.

Adieu.   Dein
                                               Richard.

8 An Minna Planer, Berlin

Magdeburg, den 5. November 1835[1]

Nein, Minna, es kann nicht sein, ich kann es nicht glauben, daß Du von mir gegangen wärest, um nicht wiederzukehren! –[2] O dieser gestrige Tag! Schon um des Jammer's dieses Tages willen, müßtest Du wissen, was Du zu thun hättest! – Wie mein Schatten wankte ich hier herum; – nichts hat mehr Bezug, nichts mehr Interesse für mich. Mein Streben, – die Oper – meine Geschäfte, – existiren für mich nicht mehr, wenn Du mich verläßt; denn Du warst ja der Brennpunkt –, in dem sich mein ganzes Streben u. Wirken dahier konzentrirten; – denn nur um Dich zu besitzen, übernahm

---

dene Kapellmeister den sowohl jugendlichen als auch bereits mütterlichen Reizen seiner Geliebten völlig verfallen und trotz aller Anflüge von »freier Liebe« willens, die Konsequenzen zu tragen und den »bürgerlichen Jammer« in Form einer ganz normalen Ehe möglichst schnell auf sich zu nehmen.

1 Wagner schreibt versehentlich »Dezember«.
2 Minna nahm ein Gastspiel im Königstädter Theater in Berlin zum Anlaß, ihren Kontrakt mit Magdeburg zu brechen, weil sie dort nicht nur große Schwierigkeiten mit einer Konkurrentin hatte, sondern auch die unsicheren Verhältnisse des Magdeburgers Theaters bedenken mußte. Daß sie allerdings auf ihren Verlobten keinerlei Rücksicht zu nehmen schien, verstörte Wagner sehr, der bald Nachforschungen über ihren Umgang in Berlin anstellen ließ.

ich es ja. Mein Kind, noch eine Woche wie diesen Tag, und
ich habe mich verzehrt vor Gram u. Kummer; selbst auf der
Straße konnte ich meinen Thränen nicht wehren; ach, und
Deine Wohnung, – wenn ich sie betrete, zerknirscht mich
der Schmerz. O Minna, Du machst mich elend, u. bedauerst
mich nicht einmal! Mein Herz ist mir gebrochen, Alles liegt
farblos u. freudenleer vor mir; – u. diese Zukunft; was soll
ich noch hier? Was? – Kehrst Du mir nicht zurück, u. erfahre ich, daß Du Dich fest in Berlin gebunden hast, so muß ich
das als den Treubruch unserer Liebe ansehen; u. dann hält
mich auch kein Gott mehr hier; – ich bin dann fest entschlossen, einen Verzweiflungsstreich zu begehen; – wohin?
– mir gleich viel, ich stürze mich dann mit Willen in meinen
Untergang, – denn es ist unmöglich, daß Du mich noch lieben solltest, nachdem Du *diese* Thränen u. *diese* Bitten kalt
von Dir gewiesen. – Ich werfe mich dann in ein ganz neues
Leben, u. *will* darin untergehen – – O Minna, – Mädchen,
– mit aller Inbrunst, deren die auf den höchsten Punkt gesteigerten Liebe fähig ist, sieh mich Deine Knie umfassen, u.
wie ein Verzweifelnder von Todesangst Dich anflehen: –
kehre zu mir zurück; – komm wieder! So lacht uns bald eine
glückliche schöne Zukunft, – kommst Du nicht, so ist
mein Verderben gewiß! – O komm! Komm! – Höre diesmal
nicht auf die Stimmen der Eitelkeit, – mögen sie von Deiner
Mutter, oder wem sonst kommen; – höre die Stimme der
Liebe! – – Und, warum muß ich denn darum anflehen?
Könnte ich denn nicht in einem ganz anderen Tone sprechen? Könnte ich denn nicht auf das Recht der Liebe hin sagen: – Minna komm zurück, ich biete Dir hiermit förmlich
u. nach dem Gebrauch meine Hand u. den Ring u. Du gehörst mir.[3] Und, bei Gott, so will ich jetzt sprechen, u. mit
Deiner Mutter ebenfalls so. Und jetzt höre: – Bethmann war
außer sich, u. wollte den Contract als gebrochen ansehen, –

---

3 Wagner macht hier schriftlich zum ersten Mal einen Heiratsantrag und äu-
ßert den festen Entschluß, die vier Jahre ältere Minna zu heiraten.

doch habe ich ihn schon insoweit umgestimmt, daß er Dir diesen widerrechtlichen Streich vergeben wird. Er hat mir bewiesen, daß Romeo u. Julia[4] noch nicht von ihm, sondern von Grabowsky auf seine eigene Hand ausgetheilt sei; – u. wenn er auch selbst die Julia, die er nicht ganz für Dich geeignet hielt, an die Grabowsky austheilen würde, so solltest Du doch jedenfalls das Gretchen[5] u. die Luzia haben; – das sei gewiß. Im übrigen solle der Glöckner[6] wieder daran kommen, damit Du immer in Deinem vollen Rechte bliebest. Das sind seine eigenen Worte, u. er sprach sie in der Absicht, daß ich sie Dir mittheilen solle. – Und Minna, gesetzt auch, Du könntest Dich selbst mit hier nicht wieder einigen, – nun, gehörst Du denn mehr dem Theater als *mir*? Wir verloben uns, Du bleibst bei mir, u. der Rest dessen, was mir noch zu Gebote steht, soll uns so lange durchhelfen, bis uns eine sichere Stellung ganz vereinigt. – Minna, – – – *mehr kann ich Dir nicht bieten, verschmähst Du dieß Alles, u. verläßt Du mich dennoch, so wirst Du wohl begreifen, daß ich dann nicht mehr an Deine Liebe glauben kann. – Gott sei mit Dir! Amen!* –

Und damit bin ich zu Ende; – ich kann nichts mehr hervorbringen; – ich habe jetzt als Liebender u. als Mann gesprochen u. Alles wohl überlegt. Thue Du dieß auch u. sprich als Weib.

Dein
Bräutigam,
Richard Wagner.

---

4 Minna war besonders deshalb gekränkt, weil man nicht ihr, sondern Frau Grabowsky die Hauptrolle in William Shakespeares Tragödie *Romeo und Julia* gegeben hatte.
5 Die weibliche Hauptrolle in Goethes *Faust I* (1808).
6 Im romantischen Drama *Der Glöckner von Notre-Dame* (1837) von Charlotte Birch-Pfeiffer nach Victor Hugo spielte Minna – wie früher schon ihre Schwester Amalie – die Esmeralda.

Berlin, den 23.–27. Mai 1836

Gestern war mein Geburtstag, – das war ein übler garstiger Tag. Keinen, keinen theilnehmenden Menschen! Ach Minna, es ist doch recht elend, – ich wüßte nicht, was aus mir werden sollte, wenn mir der Himmel meine Vereinigung mit Dir noch lange vorenthalten sollte. Ich bin stumpf für Alles, mein Inneres verzehrt sich, u. ich sehe mehr als jemals ein, – nur ein *glückliches* Leben mit *Dir* kann mir meine Kraft wiedergeben; – dann auch erst, fühle ich, werde ich kräftig u. glücklich als Mann handeln u. wirken können. Jede Hoffnung, die mir einzeln winkt, existirt für mich gar nicht. – Mein Kind, – ich las eben Deine *sämmtlichen* Briefe der Reihe nach durch, u. freue mich wie ein Seeliger über unsre Liebe; – wie hat sie sich entfaltet, u. immer inniger, fester geschlossen! Es rührt mich bis in das innerste Mark. Sieh, meine Minna, ich kann jetzt wieder schmachten, so jugendlich u. sehnsüchtig, wie vor einem Jahre; – so heiß, so jung ist noch meine Liebe. Und welch' eine Liebe! Welch' ein Paar hat sich mehr bewährt als wir? Mitten unter den niederdrückensten Drangsalen des Leben's, fast erliegend der Last der niedrigsten Bekümmernisse, schmachten wir u. lieben wir uns, als ob uns das Leben gar nichts anginge. Meine Liebe zu Dir ist so kräftig u. kräftiger als sie je gewesen. Ist das nicht schön? – Und was haben wir erlebt? Sind wir denn blos ein Liebespaar; sind wir denn nicht geprüfter u. inniger verschmolzen als manches Ehepaar? Nun denn, wir wollen es durchkämpfen, wir wollen ein Beispiel geben, was wahre Liebe ist u. vermag! – – Letzthin sah ich im Opernhaus *Fidelio*[1]; – Schwabe[2]

---

1 Oper (1804–14) von Beethoven, mit den Hauptrollen Leonore und Florestan.
2 Ein Kaufmann aus Magdeburg, der als Verehrer Minna Planers galt und 1836 mit Wagner in Berlin zusammentraf.

saß neben mir. Bei der Stelle, als Leonore ihren Florestan gerettet hat u. ihn umarmt, stürzten mir die heißen Thränen
aus den Augen. – Schw: glaubte, daß mich das Spiel so ergriffen hätte; oh, aber was war Alles in mir vorgegangen!
Wie diese Leonore, dachte ich, ließe wol auch deine Minna
für dich ihr Leben, oder es würde ihr gewiß kein Leiden,
kein Drangsal groß genug sein, um dich, wüßte sie dich im
Verderben, zu retten, – u. diese Minna solltest du verlassen,
wie einige kalte Menschen es wünschen? – Ein Weib, das mir
überall hin standhaft u. liebend folgen würde? Und nicht
wahr, meine Minna, das würdest Du? Ich weiß es, Du würdest es, – Du hast es mir bewiesen, – u. ich? – Was will ich
denn, – sind wir denn nur noch zu trennen, – sind wir denn
nicht schon vereinigt, welch ein Band ist denn fester als Unseres? Giebt es ein festeres als das, welches Leiden u. Theilnahme knüpft? Es hat uns vereint, Du bist mein Weib!

Den 24sten Mai.

Jeden Morgen werde ich Dir etwas schreiben, mein Engel,
so daß Du ein völliges Tagebuch von mir haben sollst. Nie
hatte ich einen so unruhigen Schlaf als jetzt; es peinigt mich
früh aus dem Bett heraus, das mich in seiner Einsamkeit nie
mehr erquicken kann. Ich kann sagen, ich träume nur von
Dir, aber immer beängstigende Träume. Wie wird es werden? Mit Cerf[3] stehe ich auf dem besten Fuß der Welt; er
hält sehr viel von mir, u. hat gestern im Kronprinzen laut
davon gesprochen, daß Gläser bald verreisen würde, u. ich,
so lange er wegbliebe, seine Stelle einnehmen u. meine
Oper[4] aufführen sollte. Die Oper ist mir natürlich die
Hauptsache, denn auf ein längeres Engagement kann es hier
unmöglich abgesehen werden. Meine Hoffnung u. mein
Zweck ist höchstens das, daß ich, falls ich mein Engagement

---

3 Der Direktor des Königstädter Theaters in Berlin hieß Karl Friedrich Hirsch
(frz. *Cerf*). Er war Mitbegründer dieses Theaters.
4 Es handelt sich um Wagners Oper *Das Liebesverbot*, die am 29. März 1836
in Magdeburg unter Wagners Leitung uraufgeführt wurde.

in Königsberg nicht *sogleich* antreten kann, ungefähr 6 Wochen oder 2 Monate hier in Gläser's Stelle bleibe, was mir doch gewiß viel Ehre u. Ruf machen wird; während dieser Zeit führe ich nun hier meine Oper auf u. sind dann die Leute, wie ich hoffe, recht mit mir zufrieden, – wofür meine schriftstellerischen Bekannten schon sorgen werden, – so schließe ich, eh' ich hier fortgehe, mit Cerf einen Contract von künftigem Jahre an ab, – denn da ist Kugler's[5] Contract um; versteht sich aber, daß ich mir dann mehr Gewalt als Kugler geben lassen werde, so daß ich mit Gläser alternire, u. auch eine bedeutendere Gage als jener, bekomme. Demnach würde ich Ende Sommers nach Königsberg[6] kommen, u. Dich *schnell* heirathen, u. dann in einem Jahre mit Dir nach Berlin zurückkehren, wo Du dann allenfalls auch gar nicht beim Theater zu sein brauchst, denn bis dahin, denke ich, sollen mir auch meine Kompositionen etwas einbringen. Das ist nun Alles recht gut, – u. besser als ich mir erwartet habe. – Das Liebste aber wäre mir doch, wenn ich *gleich* nach Königsberg kommen könnte; Berlin läuft mir doch nicht fort, u. in Königsberg weiß ich jemanden, der mir lieber ist als Berlin u. die ganze Welt, u. das bist *Du*, mein *Einziges*, mein *Alles*. Berlin ist mir weniger wichtig für die Gegenwart, als für die Zukunft. – Ach, meine Minna, – dürfte ich Dich denn auch solange allein lassen, könnte ich es denn auch? – Du weißt, wie unentbehrlich Du mir bist, – Du weißt, was ich ohne Dich bin, – ein trostloser, verlassener u. unglücklicher Mensch, dem Athem, Luft u. Alles fehlt, wenn Du ihm fehlst. Und das ist keine hole Redensart, – das weißt Du wohl, wie wahr, wie natürlich das ist! – O meine Minna, meine Minna! Bist Du jetzt froh, oder leidest auch Du? –

5 Vincenz Kugler war seit 1833 und blieb bis 1847 Musikdirektor am Königstädter Theater; Wagners Vorstellung von einer Anstellung in Berlin blieb Wunschdenken.

6 Minna war inzwischen ein Engagement am Theater in Königsberg eingegangen, ohne Rücksicht auf Wagners berufliche Pläne.

Den 25sten.

Von nun an erwarte ich täglich einen Brief von Dir; o, das
ist eine peinliche Zeit! Kannst Du es wol glauben, daß das
ganze große Berlin für mich zu weiter nichts da ist, als in Allem nur eine Erinnerung an Dich zu fühlen. Was ist doch im
Ganzen dieser Schwabe für ein unbedeutender Mensch, u.
doch bin ich viel mit ihm zusammen, weil er unsre Liebe
kennt, u. weil ich immer mit ihm von Dir reden kann. Gestern fuhr ich mit ihm, Dedel[7] u. einem Königsberger nach
Charlottenburg; es war unter uns unausgesetzt nur von Dir
die Rede; es wurde mir auch gesagt, daß Hr. Hübsch, ein
sehr hübscher Mann, junger Mann sein solle, u. man wollte
mich nun durchaus eifersüchtig machen; – diesmal gelang es
ihnen aber nicht, denn ich weiß wol, daß, wenngleich Du
auch Dein Bild Hr. v. Barby[8] überlassen hast, was Du mir
doch durchaus läugnen wolltest, – eine völlige Untreue Dir
jetzt jedoch unmöglich sein dürfte, weil ich Dich kenne, daß
Du mir herzlich gut bist. – Das Verhältnis u. Leben in Königsberg ist mir von mehreren dortigen durchaus nicht so
unangenehm geschildert worden, im Gegentheil weiß ich
ganz bestimmt, daß es mir dort mit Dir vereint, wie überall,
recht gut gefallen würde. Von Wohlbrück[9] aus *Riga* habe ich
erfahren, daß L. Schubert[10], euer Musikdirektor, jedenfalls
zum Herbst nach Riga geht, u. ich demnach, wenn nicht

---

7 Eine Berliner Bekanntschaft Wagners.
8 Ein früherer Liebhaber Minnas, Herr von Otterstedt, hatte sie einst in
  Lauchstädt porträtiert. Das Ölbild schenkte Minna jedoch nicht etwa Wagner, sondern ihrem Magdeburger Liebhaber Barby. Selbstverständlich fühlte sich Wagner brüskiert, durfte aber seinen Ärger nicht an Minna auslassen, die er ja möglichst bald heiraten wollte.
9 Wilhelm August Wohlbrück, ein Schwager Heinrich Marschners, war
  Opernlibrettist. Er schrieb u. a. das Textbuch der von Wagner in Riga für
  die Uraufführung am 1. November 1838 einstudierten Oper *Der Schöffe
  von Paris* von Heinrich Dorn.
10 Louis Schubert war 1830–37 Musikdirektor am Königsberger Theater. Auf
   seine Stelle hatte Wagner große Hoffnungen gesetzt, um mit Minna in Königsberg leben und arbeiten zu können.

früher, doch dann gewiß zu Dir kommen könnte. Aber bis dahin noch von Dir getrennt zu sein, halte ich nicht aus. – Thue alles mögliche, um mich bald zu Dir zu bringen, ich trag' es sonst nicht. Wie gesagt, Berlin läuft mir nicht davon, – Cerf wird meine Oper am Ende auch ohne mich geben, und einen Contrakt vom künftigen Jahre an will ich schon herauskriegen. Es hat mir aber Jemand gesagt, wir würden uns in Königsberg so gefallen, daß wir nicht so bald fortgehen würden. Nun, Schwabe hat mir schon den schönsten, schwersten weißen Atlas für Dein Brautkleid zurückgelegt; – das bring' ich Dir mit. – Minna, Minna, mein Engel, nur bald, bald. Ich vergehe vor Sehnsucht! –

Den 26sten schreibe ich nun schon, u. ich habe noch keinen Brief von Dir; Du wirst meinen ersten Brief nun schon lange empfangen haben. Ach Minna, meine Unruhe wird nun schon peinlich; – es ist mir jetzt nicht nur schon alles andere gleichgültig, sondern es ekelt mich schon alles jetzt an. Nein, Minna, Du kannst die Gewalt meiner Liebe kaum ermessen; vereint mit Dir muß ich sein, oder ich bin für Alles todt; ich habe für nichts Sinn, für nichts Lust, nichts hat Bedeutung für mich. Ich bin jung, aber schon hat das Leben kein Interesse mehr für mich allein. Wenn mir irgend etwas glückt, wie jetzt meine Unterhandlungen mit Cerf, so freut mich das nur insofern, weil ich darin einen Schritt zu unsrem gemeinschaftlichen Glück erblicke. Ich weiß doch nun, daß meine Oper hier aufgeführt wird, u. das ist doch schon viel werth. Wenn wir nun auch weit fortgehen, so habe ich nun doch hier etwas hinterlassen, was uns wieder die Rückkehr erleichtert. Gefällt nun hier die Oper, wofür mir nicht bange ist, welch einen Schritt habe ich dann vorwärts gethan! Denn das bleibt dann der Welt nicht verschwiegen; ich gebe dann hier meine Oper in Commission, lasse sie in die Zeitungen setzen, u. den Direktionen anbieten, gewinne Ruf u. Geld, u. Du hast einen tüchtigen Mann. Auf jeden Fall bleibt mir dann auch von künftigem Jahre an ein Engagement hier gewiß, u. unter solchen Aussichten kann ich

Dich nun gewiß mit gutem Gewissen heirathen, denn ich
habe nun auch etwas für unsre Zukunft gethan. Um die
nächste Zukunft mußt indessen Du noch Sorge tragen,
denn, wenn ich nicht spätestens in 14 Tagen bei Dir sein
kann, so komme ich zu Fuße hin u. bettle mich zu Dir. – Du
mußt mich dann aufnehmen u. pflegen, mich armen Sünder,
denn länger halte ich es nicht mehr ohne Dich aus, u. Berlin
ist mir gesichert u. läuft mir nicht davon. Schreiben, Schreiben, – hörst Du? Recht viel, recht Gutes, Alles schreiben,
mein süßer Engel, u. Dich nicht vor mir verbergen! Sieh
Minna, ist das nicht recht abscheulich, daß ich heute noch
nicht erfahren kann, wo Du hier abgestiegen bist? Ich bin
nun erst Mittwoch früh hier angekommen, – wäre ich aber
meiner Abrede gemäß schon Dienstag früh hier angekommen, so wärst Du noch hier gewesen, u. ich hätte nicht gewußt, wo, u. hätte Dich nicht noch einmal sehen können.
Ist das Dein Wille gewesen, Du Abscheuliche? Sag' mir! O
Du begehst mitunter so eigenthümliche Handlungen, daß
ich oft nicht recht weiß, was ich davon denken soll! – Das
solltest Du denn doch vermeiden, – Du weißt, wie empfindlich ich bin. Geh – Du, Du abscheuliches – – liebes, gutes,
süßes Mädchen! – Aber nun, – schreib' bald, u. laß mich
nicht länger hier zittern u. zagen!

Den 27sten: Heute muß wol ein Brief kommen; – o mein
Gott, wie peinlich! Gestern las ich in der Königsberger Zeitung vom 21sten: »Dem Theaterfreunde die freudige Nachricht, daß Fräulein Planer, die liebenswürdige Schauspielerin, die von Magdeburg für die hiesige Bühne gewonnen ist,
hier eingetroffen.« Ach, diese Nachricht hat mich höchst
unangenehm berührt. Ich sehe Dich schon fern, fern von
mir, als das Eigenthum fremder, roher Menschen betrachtet,
Du kommst mir gleich gar nicht mehr wie *meine* Minna vor.
Ich sehe, wie sich Alle Deiner freuen, u. misgönne Allen
diese Freude, ich will mich ja nur allein Deiner freuen! Du
hast jetzt einen schlimmen Stand bei mir, Minna; – vielleicht, wenn es Dir mit dem besten Willen nicht möglich

sein sollte, mir augenblicklich das Königsberger Engagement zu verschaffen, werde ich nun doch argwöhnisch, u.
glaube, Du *wolltest* mich nicht bei Dir haben. Du wirst Dir
am Ende recht gefallen, u. vergißt mich, denkst nicht mehr
an mich! – – Nein, Minna, – das ist wohl nicht möglich, das
kann ja wohl gar nicht mehr sein, daß wir uns noch vergessen könnten? Was will ich denn? Verzeih' mir, – nicht wahr,
das ist nun nicht mehr möglich, – das geht ganz und gar
nicht mehr! – Nicht wahr, nicht wahr? Du liebst mich ja, Du
bist mir wenigstens *herzlich* gut; – u. dafür danke ich Dir
Zeit meines Lebens! – Mein Engel! –

Nach Tisch: Heute Mittag erhielt ich Deinen Brief. Der
Eindruck, den er auf mich machte, war zu stark, als daß ich
mich nicht auf eine Zeit lang sprachlos gemacht hätte. Ich
bin selbst jetzt noch zu sehr erschüttert u. bewegt, um Alles
ganz beantworten, u. mich ganz aussprechen zu können; –
ich will es thun, wenn ich ruhiger bin. – Ein Geschöpf so zu
lieben, nein *anzubeten,* wie ich Dich liebe u. anbete, – zu
wissen, wie warm sie mich wieder liebt, u. doch noch einer
längeren Trennung entgegensehen zu müssen, – das ist mehr
als hart, das ist *schrecklich.* O, mein süßes, wonniges Weib,
– mein Alles, mein Alles! – Du bist mir mehr, als Du fassen
u. ahnen kannst, – ein Brief, wie der Deinige, den ich in den
Händen halte, ist mir mehr als eine Welt; – oh ich könnte rasen vor Liebe zu Dir! – Meine Minna, – unsre Liebe *muß* belohnt werden, u., glaube mir, eine Treue wie die unsre, ist
in diesen Tagen selten. Nun, so bauen wir denn auf den
Himmel, auf den Himmel, den wir in unserm Herzen tragen, er muß uns glücklich, – glücklich machen! – Standhaf-
tigkeit, festen Muth, festes unwandelbares Vertrauen zu uns,
u. Fluch u. Schande in alle Ewigkeit, wer die Treue bricht!
Harre aus, mein Kind, – habe nur *einen* Gedanken, Deinen
Richard, mit all seinem Gram, seinem Schmerz u. seiner
Liebe, u. sei eingedenk des Schwur's, den wir unter heißen
Thränen wechselten, als wir uns gelobten, *nie,* nie im Leben
uns zu verlassen, voll Muth Alles zu tragen, nie in Treue u.

Glauben zu wanken! – Nun, helf uns Gott, also Treue u.
Glauben, – feste Treue, fester Glauben, – dieß sei unser
Wahlspruch, u. nun muthig den Schmerz ertragen, – möge
er mir auch den Schlaf meiner Nächte rauben, ich werde jeden wachen Moment mit Deinem süßen Bilde beleben, u.
will dann nicht mehr schlafen, – es ist erquickender, an Dich
zu denken. [...]

10 An Giacomo Meyerbeer, Paris[1]

Königsberg, den 4. Februar 1837

Verehrter Herr,

Möge es Sie nicht zu sehr befremden, wenn Sie aus einer so
fernen Gegend u. von einem Ihnen gewiß so unbekannten
Menschen, als ich, mit einem Briefe belästigt werden; indeß
ist dieß nun einmal etwas, was mit der Berühmtheit, wie der
Ihrigen, zusammenhängt, daß sie selbst in den ungekannte-
sten Gegenden Jedem nah ist, ein Jeder auf sie wie auf etwas
ganz genau Bekanntes hinblickt, u. sich ihr selbst als etwas
ganz unbekanntes naht. Ich muß dennoch vor Allem eilen,
Sie mit mir u. meinem Interesse bekannt zu machen, u. will
dieß mit einem einfachen Signalement beginnen. Ich bin
noch nicht 24 Jahre alt, in Leipzig geboren, u. habe mich, als
ich bereits daselbst die Universität besuchte, vor ungefähr 6
Jahren für die Musik bestimmt; mich trieb eine leidenschaftliche Verehrung Beethoven's dazu, wodurch auch meine erste Produktionskraft eine unendlich einseitige Richtung bekam; – seitdem, u. besonders seit ich in das eigentliche Leben u. die Praxis trat, haben sich meine Ansichten über den

1 Erster Brief Wagners an Meyerbeer.

gegenwärtigen Standpunkt der Musik u. zumal der dramatischen, bedeutend geändert, u. soll ich es leugnen, daß gerade Ihre Werke es waren, die mir diese neue Richtung anzeig-
ten? Es wäre hier jedenfalls sehr am unpassenden Orte, mich
in ungeschickten Lobeserhebungen Ihres Genius aus zu lassen, nur so viel, daß ich in Ihnen die Aufgabe des Deutschen
vollkommen gelöst seh, der sich die Vorzüge der italienischen u. französischen Schule zum Meister machte, um die
Schöpfungen seines Genie's *universell* zu machen[2]. Dieß hat
mich denn ungefähr auf meine jetzige Bahn gebracht. Das
unerhörte Darniederliegen unsrer jetzigen deutschen Bin-
nen-Componisten hat mich zunächst auf das aufmerksam
gemacht, was jetzt zu ergreifen ist; daß unsre Deutschen
nach Paris wandern müssen, um von da aus erst auf
Deutschland wieder zu kommen, ist allerdings eine schlim-
me Erscheinung, aber sie ist begründet.[3] Mir kam denn auch
ein abentheuerlicher Gedanke, vielleicht sind Sie schon davon unterrichtet: – ich fand in einem neueren deutschen Ro-
mane[4] ein vortreffliches Sujet für eine große Oper auf; es fiel
mir jedoch gleich in die Augen, daß eine Verarbeitung desselben für die französische Oper von weit größerer Wirkung
sein würde, als für die deutsche. Ich setzte demnach selbst
einen Entwurf auf, der jetzt nur noch der Versification bedarf, u. komponirt werden zu können, u. übersandte ihn
schon im August vorigen Jahres an Hr: Scribe nach Paris.
Ich ersuchte ihn, diesen Entwurf einer Durchsicht zu würdi-

---

2 Zunächst sah Wagner in Meyerbeer tatsächlich ein erstes großes Vorbild für
die Oper von europäischen Dimensionen. Danach hat Wagner seine Oper
Das Liebesverbot komponiert, aber nicht den Bruchteil von Meyerbeers Erfolgen damit erringen können.

3 Zweifellos hatte Wagner die Situation der zeitgenössischen Oper in Deutschland richtig analysiert und zunächst daran geglaubt, daß die kompositorische
Verschmelzung der einzelnen Nationalstile zur wahren europäischen Kunst
führen müsse. Da ein deutscher Komponist im eigenen Land nichts werden
könne, habe Meyerbeer genau das Richtige getan und mit seinen Erfolgen in
Paris größte Aufmerksamkeit in Deutschland hervorgerufen.

4 *Die hohe Braut* von Heinrich Joseph Koenig.

gen, u. falls er ihm gefiele u. er glaube, daß er daraus ein ef-
fektvolles Opernbuch machen könnte, sich ihn anzueignen,
mir dann die Composition desselben zu überlassen, u. seine
Autorität dazu zu verwenden, daß eine Aufführung einer
solchen Oper in Paris zu Stande käme. Bis jetzt erhielt ich
noch keine Antwort[5], u. ich sah wohl ein, daß ich insofern
unüberlegt gehandelt hatte, als ich nicht zugleich Hrn: Scribe von meiner Fähigkeit, eine gute u. effektvolle Composi-
on liefern zu können, zu überzeugen gesucht hatte. Ich habe
demnach in diesen Tagen ihm die Partitur einer von mir
komponirten großen komischen Oper Das Liebesverbot zugesandt, mit der Bitte, sie Ihnen zur Prüfung vorzulegen.[6]
Falle Ihr Urtheil zu meinen Gunsten aus, so legte ich ihm
meine frühere Bitte von neuem ans Herz. So wäre also eine
schickliche Gelegenheit gefunden, Ihnen, verehrter Herr,
mich nähern zu können. Wie unendlich viel für meine ganze
Laufbahn, für mein ganzes Leben, demnach von Ihrem Urtheil, falls Sie es der Mühe werth halten, eines über mein
schwaches Werk zu fällen, abhängt, können Sie leicht ermessen, wenn ich Ihnen eröffne, daß mein glühendster
Wunsch u. all meine Anstrengung dahin geht, nach Paris
kommen zu können, denn ich spüre etwas in mir, was dort
gute Früchte bringen müßte. Die Oper, die Ihnen vorgelegt
werden soll, habe ich selbst nach einem shakespearischen
Stücke, Maß für Maß, bearbeitet; die etwas freien u. fast frivolen Anklänge, *sowie das ganze Colorit in derselben,* über-
zeugte mich schon, während ich daran arbeitete, daß sie
nicht so ganz für unsren deutschen Boden geschaffen sei; ich
dachte schon dabei lebhaft an Frankreich, u. ließ sie deshalb
noch nicht in Deutschland aufführen.[7] Wäre es denn wol

5 Wagner erhielt nie eine Antwort Scribes, der später behauptete, die Sendung
   nicht erhalten zu haben.
6 Meyerbeer hat offenbar diese Partitur Wagners nicht bekommen, und
   Eugène Scribe hat nie ein Textbuch für Wagner verfaßt.
7 Die Aufführung vom 29. März 1836 in Magdeburg unter seiner eigenen Leitung verschweigt Wagner.

möglich, dieses Süjet von einem geschickten Manne französisch bearbeiten zu lassen, u. sie so der OPÉRA COMIQUE zur Aufführung anzubieten? Wenn Ihnen diese Oper gefallen sollte, wäre es vielleicht grade Ihnen eher als irgend jemand anderen möglich, soetwas zu bewerkstelligen. Der Ruf bezeichnet Sie als einen so edlen, großmüthigen Mann, daß ich fast die Unbescheidenheit soweit treiben möchte, Sie wirklich zu bitten, mir ein solches Interesse zu widmen; u. was bleibt einem Manne wie Ihnen auch schon Schöneres übrig? Künstlerruhm kann Ihnen fast nicht *mehr* zu Theil werden, denn Sie erreichten schon das Unerhörteste; überall, wo Menschen singen können, hört man Ihre Melodien; Sie sind ein kleiner Gott dieser Erde geworden; – wie herrlich ist es nun für den, der diesen Standpunkt erreicht hat, zurückzublicken, u. denen, die er soweit hinter sich ließ, die Hand zu reichen, um auch sie wenigstens in Ihre Nähe zu ziehen. Dieß fühlen Sie gewiß schon Alles schöner u. klarer in sich, als es Ihnen ein so unbedeutender Mensch, als ich, sagen kann, u. ich bin überzeugt, es handelt sich hier nur darum, Ihre Gunst verdienen zu müssen. Nun wohlan, – würdigen Sie mein Werk einer Durchsicht, – ersehen Sie daraus, daß ich mich in mir selbst getäuscht habe, so werden Sie mir dieß klarer als Jeder Andre machen können; halten Sie es aber für werth, unter Ihren Schutz genommen werden zu dürfen, dann versagen Sie mir ihn auch nicht. Mit einem solchen Glücke, wie Sie mir es bereiten können, hängt nicht nur Ehre u. äußerer Wohlstand zusammen, sondern es erregt, weckt u. bildet oft erste Kräfte in uns aus, die wir in unsrer schlimmen Lage im lieben Vaterlande oft versauern u. untergehen lassen müssen. Die bloße Nothwendigkeit der Selbsterhaltung trieb mich hieher in das unwirthliche u. unbedeutende Ostpreußen; u. hält mich hier fest; was kann in einer solchen Lage aus einem werden? Es liegt vielleicht nur an einer Erklärung Ihrer Theilnahme, die Sie an meinem Talent, meinen Fähigkeiten nehmen, u. Sie stoßen wohl etwas aus mir, was sonst spurlos vergehen würde;

werden Sie mir dieß verweigern, wenn Sie mich ihrer werth
halten?

Wie sehr werde ich aber wohl um Verzeihung zu bitten
haben, daß ich mir eine solche Freiheit nahm, Sie durch meine etwas zudringliche Annäherung vielleicht um ein paar
kostbare Minuten gebracht zu haben; können Sie sich aber
in den Seelenzustand eines jungen Mannes versetzen, den es
in allen Nerven u. Fasern nach Bewegung zur Entwickelung
seiner Kräfte drängt, u. dem noch immer die Hand fehlt, die
diesem Drange den Weg zeigt, so würden Sie mir gewiß Entschuldigung gewähren, Sie werden mir vielleicht gar diese
Hand reichen. – Sollten Sie von Herrn Scribe meine Partitur
noch nicht bereits erhalten haben, so hätten Sie wohl die
Güte, ihn deshalb befragen zu lassen. Sind aber dann auch
diese Antwort mir bekannt geworden, so darf ich wohl auf
die kühne Hoffnung bauen, von Ihnen selbst über mein
Schicksal benachrichtigt zu werden, das ich hiermit ganz in
Ihre Hand u. an Ihr Herz lege.[8]

11 AN MINNA WAGNER, DRESDEN

Berlin, vor dem 21. September 1837

Meine Minna,

Soeben habe ich Deinen Brief gelesen; – meine beiden letzten werdet Ihr bereits erhalten haben; vielleicht bist Du
schon mit Amalien[1] auf der Reise begriffen, – was das

---

8 Wie Scribe reagierte auch Meyerbeer auf diese erste Kontaktsuche Wagners
  nicht. Wagner ließ aber nicht locker und erhielt schließlich durch Meyerbeer
  sehr wichtige Empfehlungen, während mit Scribe auch später nicht einmal
  eine nennenswerte Korrespondenz zustande kam.

Schönste wäre, obgleich Dich dann dieser Brief nicht mehr
treffen könnte; – oder Du bist noch in Dresden, jedenfalls
aber, hoffe ich, in der Abreise begriffen; solltest Du damit
noch zögern, mein Weib, so gebe Gott meinen Zeilen Kraft,
Dich schnell dazu anzuspornen, u. jede Stunde, die Du noch
zögern könntest, Dir zu entführen. – Nichts mehr von Allem, mein armes Weib, ich kenne keine Vergangenheit, keine
Gegenwart, – nichts, nichts mehr, – nur *ein* glühender
Wunsch, eine Sehnsucht lebt noch in mir, u. dies zählt jede
Minute, bis ich Dich in meine Arme werde schließen kön-
nen². Was soll denn bis dahin mit mir werden? – Krank bin
ich auch wieder, ich habe ja keine Pflegerin mehr! – Ach,
haltet Euch nur warm, nur hab' mich lieb, u. habt Eile, u.
komme bald! – Der garstige weite Weg! Sieh mal das dumme
Zeug, was ich da in der Rührung u. Freude herausbringe, –
schönes dummes Zeug, u. immer weine ich! Du hast mich
Deiner gränzenlosesten Offenheit gewürdigt, hast jede Falte
ausgeglättet, die doch so vielen Jammer u. Schmerz verbar-
gen; bin ich dessen werth? Nein: unbegrenzte Treue kann
ich Dir nur dagegen schenken, nichts weiter. – Sieh, was Du
damit anfängst! Aber dazu mußt Du ja hieher kommen, –
wie oft ich Dir das sagen muß. Du hörst gar nicht; Du
denkst wohl, ich hätte nicht schon längst daran gedacht, wie
wir hier wohnen wollten? Sieh, wie ich mir mein Logis mie-
thete (auf ein Jahr), da habe ich gleich auf die beiden großen
Stuben gesehen, auf die Küche, damit Du mir doch man-
chesmal Abends was machen kannst, eine Bratwurst oder

---

1 Amalie Planer, Minnas Schwester, hatte Wagner für das Theater in Riga als
  Sängerin verpflichten können. Sie kam auch mit, um einen gemeinschaftlichen Haushalt zu führen, bis sie 1839 den späteren General der russischen
  Armee, Karl von Meck, kennenlernte und heiratete.
2 Nachdem Minna am 21. Juli 1837 eine erneute Flucht mit dem Kaufmann
  Dietrich nach Hamburg unternommen hatte, war Wagner allein nach Riga
  gegangen, um dort seine neue Stelle als Musikdirektor anzutreten. Ein er-
  schütternder Beichtbrief Minnas leitete die Rückkehr zu ihrem Ehemann
  ein; sie kam, zusammen mit ihrer Schwester Amalie, am 19. Oktober 1837
  in Riga an.

ein bischen Eierkuchen, – oder Käsekeulchen, u. nun habe
ich auch schon in unsrem Haus, gleich an unsrer Treppe eine
Wohnung für Amalien gemiethet, da sind wir dann doch
gleich zusammen, wenn wir mal recht schlampamben wollen. Aber über's Jahr da miethen wir uns gleich eine großes
LOGIS, wo wir Alle noch mehr zusammenhocken können,
u. wenn die Amalie dummes Zeug macht, da kriegt sie was,
– nicht wahr? – Na, packt sie nur gut ein, daß die Stimme
nicht unterwegs bleibt, denn hier bekommt man nichts mehr
nachgeschickt; – deswegen mußt Du auch unsere Sachen
von Königsberg mitbringen. Mach's nur so, wie ich's Euch
geschrieben habe, wenn Du auch den alten Möller nicht leiden kannst. Es ist so die einzige Art wie wir die Sachen her-
einbekommen. Du kannst ja da gleich dem alten Kerl tüchtig
Deine Meinung sagen. Fahrt nur gleich vor meine Wohnung
hier vor, auf der großen *Schmiede-Straße*, bei dem Weinhändler *Zau* (– aber daß Du nicht etwa glaubst, daß ich pich-
le!!!). Da fragt nur nach dem schlechten Kapellmeister, der
gar nichts kann. Bringe nur auch die Betten mit, denn die
sind hier sappermenst theuer, wir wollen sie ja auseinander
schneiden, – ja doch, ja doch! – Na, was soll ich denn nun
noch schreiben, – meine Minna, laß mich nur ja aufhören,
denn es kommt doch nichts als Unsinn heraus; – ich bin
ganz verdreht! – Die Minna kommt wieder, die Minna
kommt wieder! – und was sie mir für einen schönen Brief
geschrieben hat! – Wie wahr, wie offen, wie richtig, – und
o mein Gott – wie unglücklich! – Du arme, arme Minna, – –
schrei nur nicht so, guter Gnaugust[3]! – Ich habe mir auch
schon 2 schwarze Pudel gekauft; wir haben ja doch noch
keine Kinder, mit weißen Schnauzen; aber wenn die Kinder
kommen, da müssen die 2 schwarzen Pudel fort, nicht
wahr? Das wären sonst ein bischen zu viele Pudeln? Nicht

---

3 Vermutlich die Verschmelzung der Wörter *Gnau* und *August,* eine scherz-
   haft-mundartliche Bezeichnung für einen Menschen, der sich ständig be-
   schwert.

wahr? – Ihr werdet doch mit dem Gelde auskommen? Ich
will die beiden schwarzen Pudel »Dreck u. Speck« nennen,
meinst Du nicht auch! – Packt Euch nur warm ein! und laß
mich jetzt um Gottes Willen aufhören, es hält mich nicht
länger auf dem Kanappee; – ich muß nun mit Deinem Briefe
ein bischen in der Stube herumtanzen. –

Mein Gott, komm nur, – komm nur u. zahle tüchtige
Trinkgelder, sonst werd' ich toll. – Verzeihe mir schon hier
meinen vielen Unsinn, – Du bist schuld, Du bist schuld, –
warte nur, – nein, nein, komm nur, – u. warte ja nicht, –
komm, komm, mein liebes einziges Weib zu Deinem

Richard W. W. W. W. W. W.

Hab' nur keine Angst für meine Schulden, ich einige mich
mit ihnen auf das Anständigste, – wie, das sollst Du erfahren!

12 An Eduard Avenarius, Paris

Boulogne, den 23. August 1839

Verehrtester Herr und Freund,

Erlauben Sie mir, daß ich Sie jetzt schon bei diesem vertrau-
lichen Namen nenne, da ich für meine Person durch Alles,
was ich von der Liebenswürdigkeit und Redlichkeit Ihres
Charakters vernommen habe, mich bereits so sehr für Sie
eingenommen fühle, daß ich Alles aufbieten werde, ebenfalls den Namen und die Rechte eines Freundes zu verdienen. Im Voraus darauf Anspruch machend habe ich Sie
durch meine gute Schwester Cäcilie schon wiederholt belästigt, und die Bereitwilligkeit, mit der Sie schon eine ziem-

lich schwierige Besorgung für mich übernahmen, ist mir
Bürge, daß ich auch mit *der* Bitte, die wohl der nächste Anlaß dieses Briefes ist, keine völlige Fehlbitte thun werde.
Durch Cäcilie sind Sie wohl bereits davon in Kenntniß gesetzt, daß jetzt mein etwas kühner, ja vielleicht abentheuerlicher Plan auf Paris geht; in wie weit ich vorbereitet bin, der
Unmasse von Hindernissen keck entgegen zu gehn, mögen
Sie selbst beurtheilen, wenn Sie die Gefälligkeit gehabt haben werden, in Paris meinen Mittheilungen und Ansichten
Gehör zu schenken; wobei ich denn hauptsächlich auf Ihren
guten Rath mit rechne, um dessen Ertheilung ich Sie im Voraus sehr bitte.

Ich bin vor ungefähr 12 Tagen, nach einer gräßlichen und
sehr gefahrvollen Reise von beinahe 4 Wochen, auf einem
Segel-Schiffe in London angekommen, auf dessen theurem
Pflaster ich durch die Confusion meines Capitäns, der mit
meiner Bagage dummes Zeug angefangen hatte, 8 Tage,
gold-schwere Tage, zubringen mußte.[1] Den 20sten kam ich
mit dem Dampfschiff in BOULOGNE an, wo ich mich denn
nun so schnell wie möglich auf dem Lande, d. h. ungefähr
eine kleine halbe Stunde von der Stadt, so wohlfeil wie möglich auf einige Wochen eingemiethet habe. Ich habe diesen
Aufenthalt aus mehreren Rücksichten gewählt; 1. glaube
ich, daß ich jetzt wohl manche für mein Project wichtige
Person noch nicht in Paris antreffen würde;[2] 2. habe ich

---

1 Die abentheuerliche Seereise nach der Flucht aus Riga über die russische
  Grenze nach Königsberg und dem Hafen Pillau war für Minna lebensgefähr-
  lich, weil sie beim Umstürzen des Reisewagens so unglücklich fiel, daß sie
  wahrscheinlich eine Fehlgeburt hatte. Gleich anschließend mußte die eigentliche Seereise auf einem kleinen Segelschiff, das an der norwegischen Küste
  wegen eines schweren Sturmes fast strandete, erst noch bestanden werden.
  Der erzwungene Aufenthalt in London kostete das Ehepaar die halbe Bar-
  schaft.
2 Im Sommer pflegten die gutsituierten Pariser einige Zeit aufs Land zu ziehen. Giacomo Meyerbeer weilte in Boulogne-sur-Mer zur Kur. Wagner
  konnte in der Nähe eine billige Wohnung finden, sich mit Meyerbeer persönlich bekannt machen und um seine Protektion bitten, die er in Form einiger Empfehlungsschreiben auch erhielt.

noch ein paar Wochen an dem zu arbeiten, was ich gern *fertig* mit nach Paris brächte[3], um sogleich nach meiner Ankunft daselbst unverzüglich meine Machinationen beginnen zu können; 3. aber wünschte ich mich wirklich hier erst etwas von den Strapazen ausruhen zu können, die ich überstanden, bevor ich mich wieder von neuem in einen solchen Wirrwarr stürze, wie doch jedenfalls der Pariser werden wird. Dürfte ich Sie demnach wohl bitten, mir während dem in Paris eine Wohnung zu besorgen, dabei aber folgendes gefälligst zu beachten: – ein gewöhnliches Zimmer mit einem Alkoven ist natürlich für mich und meine Frau völlig hinreichend; ein größeres Zimmer *allein* würde es am Ende auch thun; – meublirt muß es nun freilich sein, jedoch besitzen wir selbst Betten, sowie Bett-Wäsche, Tischzeug, Leuchter, Geräthschaften, da wir unsre kleine Wirthschaft so ziemlich ganz mitgebracht haben, und nur das intransportabelste in Rußland verkauften. Meine Frau wird selbst Wirthschaft führen, d. h. Lebens-Mittel einkaufen, kochen u. s. w.; bedarf daher keiner weiteren Bedienung, als einer Aufwärterinn, die ihr nur in den gröbsten Arbeiten behülflich ist. Das Logis kann ich natürlich nur immer von Monat zu Monat miethen, und da ich im Uebrigen den Preis nicht recht kenne, für den man in Paris dergleichen erhält, so setze ich auch hiermit keinen fest, sondern überlasse das der Nothwendigkeit und Ihrer gefälligen Einsicht. Daß ich es natürlich in jeder Hinsicht gern sehen würde, wenn ich nicht zu weit von Ihnen wohnte, brauche ich wohl nicht erst zu versichern. – Hätten Sie also wohl die Güte, sich in einer Muße-Stunde darnach, worum ich Sie ersuche, umzusehen, und mir darüber hieher nach BOULOGNE POSTE RESTANTE zu berichten? Ich würde Ihnen dann vor meiner Abreise von hier noch

---

3 In Boulogne-sur-Mer arbeitete Wagner an der Partitur zu *Rienzi*. Am 12. September schloß er den 2. Akt ab. Übrigens war es nicht erforderlich, eine vollständig fertige Partitur bei den Theaterintendanten vorzulegen; für das Aufführungsgesuch genügte es, einzelne Nummern einer Oper und ihres Textbuchs bei den maßgeblichen Theaterleuten vorzustellen.

einmal schreiben, um Ihnen genau den Tag meiner Ankunft in Paris zu melden, damit Sie gefälligst das Logis von dem Tage an miethen könnten, um uns das Absteigen in einem Gasthofe zu ersparen?[4]

Ich weiß wohl, daß ich hiermit keinen geringen Dienst von Ihnen erbitte, hege aber dennoch das vielleicht unbescheidene Vertrauen, daß grade Sie mir das Opfer zu bringen im Stande sind. Zugleich aber bitte ich Sie nun auch recht sehr, mir doch zu schreiben, wie jetzt Ihre und Cäcilien's Angelegenheiten stehen. Gar sehr würde es mich freuen, darüber etwas Erfreuliches zu vernehmen, um so mehr, als ich jetzt leider sehr lange keine Nachrichten von zu Hause erhalten konnte. Wenn ich Hoffnung hätte, die gute Cäcilie bald in Paris sehen zu können, sollten mir wirklich alle Hoffnungen auf einen günstigen Erfolg meiner zukünftigen Bestrebungen um ein nicht Geringes theurer und werther werden. Gott gebe seinen Segen, und lasse es allen Rechtschaffenen wohl ergehen!

Mit freudiger Spannung hoffe ich auf einen Brief von Ihnen, und empfehle mich Ihnen mit aller Innigkeit, deren mein Herz fähig ist.

Ihr
ergebenster
Richard Wagner.

---

4 Avenarius bemühte sich tatsächlich um eine billige Wohnung. Was er fand, war aber so klein und unfreundlich, daß sich Wagner selbst auf die Suche nach einer größeren machen mußte, die er am 15. April 1840 in der Rue du Helder 25 fand.

Paris, den 3. Mai 1840

Mein innig verehrter Herr und Meister,

wenn ich mir anmaßen wollte, in individueller Beziehung Ihrem Interesse näher zu liegen, als dieß billiger Weise der Fall sein kann, so könnte ich annehmen, daß Sie vielleicht ein wenig unmuthig u. verwundert wären, von mir noch keine Nachricht erhalten zu haben; – indeß nun u. nimmermehr darf ich mich, – *mich selbst* – so hoch anschlagen, daß ich glauben sollte, es könnte Ihnen um Nachrichten über mein persönliches Thun u. Treiben gelegen gewesen sein. Nur das entschiedene Reüssiren oder Nicht-reüssiren dessen, was Sie für mich eingeleitet hatten, konnte Sie zu erfahren interessiren. Da das vorläufige Ziel nun aber erst gegen Mittag erreicht worden ist, so kann ich Ihnen erst heute darüber berichten. – Damals, als ich Ihren Brief[1] erhielt, mein angebeteter Gönner, – als ich in einem Nu vollkommen erkannte, was Sie für mich thaten, – als Sie anstatt des kleinen Fingers, den ich mir erbeten, mir zwei volle Hände reichten, – und da sank mir, wie von Wollust erschlafft, der Muth, Ihnen dafür zu danken. Ich fühlte sogleich, daß es sich hier nicht mehr von mir u. meinem Danke handelte, – sondern von Ihrer Engelsgüte, die eben als ein Theil Ihres schönen Selbstes von Ihnen ausging, um zu beglücken, da, wo sie hinrührt; sie berührte denn nun mich, – aber deshalb halte ich mich noch nicht für berechtigt Ihnen zu danken; das

---

1 Nachdem Meyerbeers Empfehlungsschreiben anfangs keine Wirkung taten, hatte er auf weitere Hilferufe Wagners hin von seinem Hauptwohnsitz Berlin aus seinen Sekretär Gouin in Paris angewiesen, etwas für Wagner zu unternehmen. Gouin, der im Hauptberuf bloß Postbeamter war, erreichte die Zusage der Aufführung des *Liebesverbots* im Renaissance-Theater, freilich mit den hier von Wagner geschilderten negativen Folgen.

Giacomo Meyerbeer. Lithographie von Kniehuber

kann blos der Segen, der daraus entsteht, u. der Sie erfreut, wie es Gott erfreut, wenn seine gelungene Schöpfung ihm entgegenlacht. Fürchten Sie also nicht, selbst jetzt von faden Dankes-Ergüssen hören zu müssen; jetzt, so wenig, wie da, als ich Ihren Brief erhielt, halte ich mich für würdig, Ihnen zu danken; denn dasselbe Gefühl, das mich zwang zu schweigen, bis ich Ihnen den Erfolg zu melden hätte, hält mich auch jetzt, Ihnen statt Allem einfach zu berichten: – es ist gelungen. – Um tüchtig zu werden, gegen Sie einmal von Dank reden zu können, muß erst noch Vieles mit mir vorgehen. Ja, – wenn ich bewiesen habe, daß ich tüchtigen Kern in mir trage, – wenn ich einen braven Namen habe, – wenn ich das bin, was ich sein möchte, – dann erst, weiß ich, würde ich einen Theil der Kraft in mir fühlen, die Ihnen danken könnte, – nämlich dadurch, daß ich Ihnen zum Eigen gäbe, was ich eben sein würde. – Jetzt aber, mein theurer Meister, muß ich noch darüber schweigen; – denn mit einem gebrechlichen Wesen, das Ihr leisester Fingerdruck noch zerdrücken kann, kann ich Ihnen noch kein Opfer anbieten. – Deshalb folgt denn hier nur ein einfacher Bericht.

Sie hatten in Wahrheit so vortreffliche u. erschöpfende Dispositionen getroffen, daß ich nicht anders glaubte, als nach den ersten 14 Tagen Ihnen schon berichten zu können, wie Alles gut abgelaufen sei. Indes erfuhr ich wieder von Neuem, daß selbst der liebe Gott Mühe haben würde, in Paris seinen Willen schnell u. ohne Widerstand durchzusetzen. Die Hauptsache war der von Anténor *Joly* fast entschieden zugestandene, nächstens bevorstehende Banqueroute[2], der ihm allen Willen und alle Disposition raube, sich auf etwas, wie meine Angelegenheit einzulassen. Wunderbar ist aber des Geschickes Fügung. Ihre wundervolle Weisheit hatte mir Ihren Freund, Herrn *Gouin* zugewiesen. Nun muß ich gestehen, daß, *wenn* es eine Möglichkeit gewesen wäre, mir

---

2 Gemeint ist der Bankrott des Renaissance-Theaters.

Ihre persönliche Anwesenheit zu ersetzen, dieß aber nur durch Hrn. Gouin hätte geschehen können. Mit voller Rührung erkannte ich von Neuem, welch ein herrlicher Mensch Sie sein müssen, daß sich ein Mann zu einer Freundschaft *der* Art zu Ihnen hingezogen fühlen muß, daß er, wie Hr. Gouin, mit einer so liebenswürdigen Aufopferung sich eines rein Fremden annimmt, der, hätte er nicht den Vorzug von Ihnen empfohlen zu sein, sonst auch nicht das entfernteste Interesse einflößen könnte.

Schon ließ mir Joly's Banqueroute den Muth sinken, als mich Herr Gouin auf den Gedanken brachte, daß, da noch einmal eine so gute Disposition getroffen sei[3], da ich Sänger habe, die bereit seien etwas von mir hören zu lassen, ich doch den möglichst größten Vortheil daraus ziehen müßte, um mich einflußreichen Personen bekannt zu machen. Herr Schlesinger hatte mich einmal flüchtig mit Hrn. Edouard *Monnaie*[4] bekannt gemacht; – meine Sänger waren die von der Oper; – also warum nicht dieß benützen? – Hr. Gouin forderte Herrn Monnaie auf, mir im Foyer der Oper diese Audition zu bewilligen; – was bei seiner Fürsprache der Name: Meyerbeer – für Wirkung gethan hat, können Sie daraus ermessen, daß Hr. Monnaie sogleich seine Zustimmung gab, ja, noch mehr, – mir Hrn. *Scribe's* Anwesenheit bei der Audition verschaffte. Hr. Habeneck hatte mir nämlich vorher einmal vorgestellt, daß, wenn ich mich einem Auteur, wie Hrn. Scribe, günstig bekannt machen könnte, ich auf diesem Wege am ersten einmal zu etwas kommen dürfte; er wußte nämlich, daß die Administration der Oper wünsche, kleinere 1actige Opern zu haben, um für Ballet-Abende nicht Acte aus großen Opern herausreißen zu müssen; – daß nun, da

---

3 Gouin hatte auch erreicht, daß für die Bewerbung beim Renaissance-Theater mit Nummern aus dem *Liebesverbot* einige Meyerbeer verpflichtete Sänger gewonnen werden konnten, die sonst für Wagner den Mund nicht aufgemacht hätten.

4 Edouard Monnais war seit 1839 provisorischer Direktor der Großen Oper in Paris.

die eigentlichen Herren der Oper sich nicht sonderlich mit
dergleichen Kleinigkeiten beschäftigen könnten, mir es am
ersten gelingen könnte, eine solche Oper zur Annahme zu
bringen, so bald ich einen AUTEUR für mich habe, der mir ein
LIBRETTO anvertraue. Dieß leuchtete mir sehr ein, u. ich beschloß diese Gelegenheit zu benützen, um mich diesen Herren bekannt zu machen; – daß dieß natürlich nicht im Interesse *der* Oper geschehen konnte, von der ich etwas zu hören
gab, versteht sich von selbst. Indeß dachte ich bei mir: wenn
den Herren meine Musik gefällt, warum sollten sie dann
nicht das Vertrauen erhalten, daß ich eine kleine, ein-aktige
Oper componiren könne? Dieß also war meine Intention.
Ich hoffe damit reüssirt zu haben; die Herren Scribe u.
Monnaie haben mir die unzweideutigsten Beweise ihres Bei-
falls gegeben, und in diesen Tagen habe ich die Erlaubniß,
Herrn Scribe einen Entwurf zu einer Oper in 1 Akte[5] mittheilen zu dürfen. Welche Aussichten, welche Hoffnungen!
Und was mich dabei so innig erfreut, ist die Ueberzeugung,
daß auch *diese* Wendung der Dinge eigentlich einzig u. allein
nur von Ihnen geleitet worden ist: Ihr Geist schwebte darüber. Mit Herrn *Monnaie* zu gewinnen, hatte *ein* Name hin-
gereicht: – *Meyerbeer;* als ich mich Hrn. *Scribe* vorstellte u.
auf meine frühere mystische Correspondenz anspielte, unterbrach er mich: – ich solle nur annehmen, daß ich ihm bereits auf das Vortheilhafteste bekannt sei, – Herr *Meyerbeer*
habe ihm von mir gesprochen. Als Dem. Nau[6] noch vor der
Audition nach London reisen mußte, u. ich mich zu ihrem

---

5 Es handelt sich hier bereits um den ersten kurzen Prosaentwurf zum *Fliegenden Holländer.* Aus dem in diesem Brief genannten Zusammenhang der
plötzlich sich eröffnenden Gelegenheiten, mit einer einaktigen Oper in Paris
auf Erfolgskurs zu kommen, weil die maßgeblichen Theaterleute sich zu-
stimmend äußerten, ist erst so richtig verständlich, weshalb Wagner in aller-
größter Eile seinen *Holländer*-Stoff bearbeiten und komponieren mußte.
Er konnte ja darauf hoffen, daß man ihm nicht nur den Prosaentwurf abkaufen – was später unter veränderten Bedingungen immerhin geschah –,
sondern sogar seine vollständige Oper im Theater aufführen würde.
6 Eine zeitgenössische Sängerin in Paris.

Ersatze an Mad. Dorus-Gras[7] wandte, so war es der Brief,
den mir Herr Meyerbeer gelassen hatte, welcher sie sogleich
günstig für mich disponirte. Sie sehen, es ist *Meyerbeer* u.
nur *Meyerbeer*, u. werden wohl begreifen, daß ich mich der
gerührtesten Thränen nicht enthalten kann, wenn ich des
Mannes gedenke, der mir *Alles, Alles* ist.

Eine große Kluft ist also übersprungen, – schon bin ich
auf dem Scribe'schen Terrain angekommen, – aber – hier
verlassen mich meine Kräfte; weiter kann ich nicht, wenn
Gott mir nicht eine außerordentliche Hülfe bereitet. Mit
welchen, – ach! mit *welchen* Opfern mir es möglich ward,
mich bis hieher zu erhalten, wird nur *der* errathen können,
der die Anstrengungen eines Menschen kennt, der von aller
Hülfe verlassen ist. Die wunderbare Exaltation, in die mich
stets Ihr Andenken versetzt, macht mich auch in *diesem* Augenblicke das vielleicht Unschickliche meiner Eröffnungen
vergessen, wenn ich hinzufüge, daß sich grade jetzt die letzte Aussicht zu meiner Weiter-Erhaltung gänzlich verschlossen hat, – jetzt, wo ich im Vertrauen auf diese Aussicht meinem hiesigen Aufenthalte etwas mehr Bequemlichkeit zu geben im Begriffe war. Von Verdienst ist nun keine Rede; Hr.
Schlesinger kann mir auch nicht das Mindeste zuweisen. Ich
bin auf dem Punkte, mich an Jemand verkaufen zu müssen,
um Hülfe im substantiellsten Sinne zu erhalten. Mein Kopf
u. mein Herz gehören aber schon nicht mehr mir, – das ist
Ihr Eigen, mein Meister; – mir bleiben höchstens nur noch
meine Hände übrig, – wollen Sie sie brauchen? – Ich sehe
ein, ich muß Ihr Sclave mit Kopf und Leib werden, um
Nahrung u. Kraft zu der Arbeit zu erhalten, die Ihnen einst
von meinem Danke sagen soll. Ich werde ein treuer, redli-
cher Sclave sein, – denn ich gestehe offen, daß ich Sclaven-
natur in mir habe; mir ist unendlich wohl, wenn ich mich
unbedingt hingeben kann, rücksichtslos, mit blindem Ver-

7 Julie-Aimée Joseph Dorus-Gras war 1830–50 die erste Koloratursängerin an
   der Großen Oper in Paris.

trauen. Zu wissen, daß ich *nur* für Sie arbeite u. strebe,
macht mir Arbeit u. Streben bei weitem lieber u. werthvoller. Kaufen Sie mich darum, mein Herr, Sie machen keinen
ganz unwerthen Kauf! – Frei, wie ich noch bin, verkomme
ich u. mein Weib mit dazu; u. ist das nicht vielleicht Schade?
Sollte man nicht zu etwas Besserem dasein? Dieser Sommer,
aus dem Sie vielleicht schon recht gesunde Einkünfte von
mir ziehen könnten, wird mich zu Grunde richten, denn ich
habe nicht mehr, um das Ende des schönen Mai's sehen zu
können. Bringen Sie mich wieder in den schönen Winter
hinein, vielleicht zahle ich da schon Zinsen! Nüchtern heraus: – mir kann kein Wucherer mehr helfen, mir kann selbst
ein gewöhnlicher braver Mann nicht mehr helfen; denn der
kann nicht erkennen, wie ich ihm wiederzahlen soll; – dieß
kann also nur Jemand, dessen klares Auge u. volles Herz ersieht u. fühlt, daß ich einen guten Baum abgeben kann, der,
wenn ihm nicht der Regen fehlt, auch Früchte tragen kann.
Göthe ist todt, – er war auch kein Musiker; mir bleibt Niemand als Sie. Ein fünf u. zwanzig hundert Franken werden
mir in dem nächsten Winter helfen; – wollen Sie mir sie
leihen?[8]

Und vor diesem Winter soll ich Sie denn nun auch nicht
wiedersehen? Es steht so zu vermuthen u. zu befürchten;
keiner will glauben, daß Sie eher erscheinen würden. Nur
Eines, was mich tröstet, ist, daß ich nun durchaus glaube,
daß Sie nicht anders, als sehr gesund hier eintreffen werden;
u. mit Gott ist ja wohl zu hoffen, daß es eben so mit Ihrer
verehrten Frau Gemahlin der Fall sein werde. Ich bilde mir
ein, daß ein Deutscher wirklich dann u. wann einmal wieder
deutsche Luft einathmen muß, um sich zu stärken. Sie sind
jetzt etwas gereist, wie ich höre, u. ich habe schon aus die-

---

8 Wagner hat sich hier in einen wahren Rausch von Bettelei hineingeschrieben,
dessen Peinlichkeit er später selbst merkte und wofür er sich im Brief vom
4. Juni 1840 entschuldigte. Wagners Notlage war allerdings so groß, daß er
diese Erniedrigung seiner selbst in Kauf nahm.

sem Umstande geschlossen, daß Ihr Leiden, welches mich in
Ihrem letzten Briefe so erschütterte, gewichen sein müsse.
Wie sehne ich mich, darüber völlig beruhigt zu werden! Sei-
en Sie versichert, daß für Ihre Gesundheit u. Ihr Wohlsein
gute, treue Herzen beten; ich bin zu dringend verpflichtet
Ihnen dieß von Seiten meiner Mutter u. meines Weibes zu
versichern, als daß ich es umgehen könnte, Ihnen diesen
redlichen Dankes-Erguß mitzuteilen. Meine gute Mutter,
der ich im Uebermaße der Freude Ihren Brief nach Leipzig
schickte – (Verzeihung, mein theurer Meister, es geschah zu
ihrer Erquickung!) – so wie mein armes Weib, sind zu tief
von der rührenden Ueberzeugung durchdrungen, daß mir
Gott in Ihnen meinen mächtigsten Schutzengel zugesandt
habe, als daß sie Ihnen nicht als solchem ihr stilles Opfer
darbringen sollten. – Ist die übrige Welt Ihres Ruhmes voll,
warum sollten diese Frauen nicht für Sie beten?[9] – Mit mir
ist's ein Anderes, ich muß für Sie arbeiten, d. h.: mich würdig machen, Ihnen danken zu können. – Hier bin ich; hier
ist der Kopf, das Herz u. hier die Hände

Ihres Eigenthumes:

Richard Wagner

Ich wohne jetzt: 24 RUE DU HELDER.

14 AN ERNST BENEDIKT KIETZ, PARIS

Paris, den 3. Juni 1840

Falls wir uns heute nicht sehen sollten, guter Kietz, zwei
Worte schriftlich! – Ich habe heute Nachricht erhalten, u.
bin nun sicher, daß ich vor 14 Tagen – 3 Wochen kein Geld

---

9 Diese rührselige Einlassung von den beiden fürbittenden Frauen war offen-
  sichtlich Wagners Dramaturgengehirn entsprungen und erschien wohl auch
  Meyerbeer zu dick aufgetragen.

erhalte, warum? werde ich Ihnen sagen. Nun bitte ich Sie, schlagen Sie einem bedrängten Freunde seine Bitte nicht ab, u. – wenn Sie Ihr Geld haben – lassen Sie um's Himmels Willen Ihren Schneider noch diese 14 Tage oder 3 Wochen warten, u. helfen Sie mir bis dahin damit aus; um diese Zeit haben Sie's wieder.

Gott befohlen!

Mittwoch 3 Juny.

In Herzensnoth
Ihr Richard Wagner

15 AN THEODOR APEL, LEIPZIG

Paris, den 20. September 1840

Mein Theodor,

in einer Lage, von der Dir selbst vielleicht der Begriff fehlt, – u. in der ich mich gleichsam als am äußersten Ende der unglücklichsten Möglichkeiten angelangt betrachte, ist es der Freund meiner – leider hingeschwundenen Jugend, an den ich mich wieder wende, an ihn, der selbst durch die härtesten Schickungen geprüft wurde. Um allen Schein von Heuchelei zu vermeiden, schicke ich, was als der egoistischste Theil füglich zuletzt erwähnt werden sollte, sogleich an die Spitze dieses meines Briefes, nach Jahren wieder des *ersten:* das ist: – *ich bin im äußersten Unglück, u. Du sollst mir helfen!* – Dich wird eine trübe Bitterkeit anwandeln. Warum aber, oh mein Gott, – geht es mir so, daß ich selbst dieser Bitterkeit zu trotzen im Stande bin? – Was sollte ich nicht, wenn ich sagen muß: – seit einem Jahre lebe ich mit meiner Frau ohne einen Groschen verdienen zu können, ohne einen Pfennig mein nennen zu dürfen? Ueberdenke, was in diesem

Bekenntnisse liegt, u. Du wirst begreifen, was mich vermag, den ersten Brief seit Jahren an Dich so zu eröffnen, wie es hier geschieht. –

Es ist über 4 Jahre, daß wir uns nicht sahen: – *Du* bist während dem *blind* geworden,[1] u. *ich* muß meinen ersten Brief an Dich *so* beginnen; – da hast Du ein Stück Schicksal, genug für uns Beide! –

Kaum hatten wir begonnen zu fühlen, daß wir in der Jugend unsres Lebens lebten, so sollten wir auch schon erfahren, daß sie zertreten werden könne; Dein Aufschwung sollte mit Blindheit, der meinige durch ewigen Mangel gelähmt werden. Als wir uns damals trennten, u. ich dem Norden zuwanderte, – weißt Du, was mich damals für eine trübe Ahnung durchzuckte? – Es war die Ahnung, daß sich zweie die Hände drückten, die sich *so* nie wieder sehen sollten. Mein leichtsinniger Muth war längst angefressen durch das Misere, das sich meiner natürlichen, sanguinischen Schwungkraft anhängte. Mein Kampf war schwer und bittrer Folgen voll, denn ich sollte *entsagen* lernen, ich sollte meine ganze Natur bekämpfen. In keiner meiner Unternehmungen, mein höheres Künstler-Ziel zu erreichen, war ich glücklich; ich war so weit, daß man meine Oper[2] in Berlin angenommen hatte; es bedurfte weiter nichts, als daß ich ein halbes Jahr dort mich aufhalten konnte, um den schwachen und wankelmüthigen Direktor[3], auf den ich jedoch persönlichen Einfluß hatte, immer unter Augen u. Händen zu haben; – doch war ich arm, keiner wollte mich unterstützen. Ich gab es auf, wie ich seitdem so vieles aufgegeben habe, u.

---

1 Im Mai 1836 hatte Apel durch einen Sturz vom Pferd eine schwere Gehirnerschütterung erlitten und erblindete im Laufe der folgenden zwei Jahre. Deshalb unterblieb auch zwischenzeitlich der früher gepflegte lebhafte Briefwechsel mit Wagner.

2 *Das Liebesverbot* wurde von Wagner selbst am 29. März 1836 in Magdeburg uraufgeführt, da seine Bemühungen in Berlin und Leipzig erfolglos geblieben waren.

3 Karl Friedrich Cerf (vgl. Brief Nr. 9, Anm. 3).

ging nach *Königsberg*, wo mir eine Stelle zugesichert war. Dort heirathete ich; aber Mangel u. Noth verfolgte mich. Zu der mir versprochenen Stelle konnte ich nicht gelangen, ich mußte mich so durchhelfen. – Damals erhielt ich endlich die erste Nachricht über Dich von Jemand, der Dich eben in Leipzig gesehen hatte. Von der Stunde an wußte ich, was meine Ahnung zu bedeuten gehabt hatte, aber nimmer hatte ich geglaubt, daß sie eine so grausame Erfüllung erhalten solle. – Wenn wir uns einmal wiedersehen, so frage mein Weib, wer ich von dieser Stunde an wurde! Die Aermste hat sehr darunter gelitten! Aller Frohsinn, alle Freiheit, alle Offenheit wich von mir; ich kann Dir meinen Zustand nicht besser schildern, als wenn ich Dir sage, daß dieses das Jahr meines Lebens war, in dem ich fast keine Note komponirt habe, nichts entworfen, nichts erfaßt.[4] Ich war sehr unglücklich! – Nach diesem Leidensjahr verbesserte sich meine Lage wenigstens im Aeußeren; ich erhielt eine gute u. ehrenvolle Musikdirektor-Stelle in Riga. Dort habe ich zwei ziemlich ruhige Jahre verlebt; ich würde sagen können, daß ich dort anfing, mich wieder zu erholen, wenn ich nicht immer mehr hätte einsehen müssen, daß ich zu dieser Art, mein Brod zu verdienen, nicht gemacht bin. In der fast leidenschaftlichsten Thätigkeit suchte ich Betäubung; mein Körper war aber nicht dazu gemacht, dem das nördliche Klima überhaupt ungünstig war. Ich verfiel in eine schwere Krankheit, ein Nervenfieber drohte mich für immer darnieder zu werfen. Kaum hatte ich mich ein wenig erholt, so traf mich die Nachricht, daß mich während meiner Krankheit mein scheinbarer Freund *Dorn* auf die perfideste Weise

---

4 Wagner hatte in dieser Zeit tatsächlich wenig komponiert. Nach der noch in Berlin 1836 entstandenen *Ouvertüre »Polonia«* (WWV 39) komponierte Wagner im Sommer 1836 in Königsberg lediglich die *Ouvertüre »Rule Britannia«* (WWV 42) und die Prosaskizze zur Fragment gebliebenen Oper *Die hohe Braut* (WWV 40), abgesehen von einer unbedeutenden Theatermusik zu Singers *Die letzte Heidenverschwörung in Preußen* (WWV 41).

um meine Stelle gebracht hatte![5] – Es war fürchterlich; in meiner Exaltation suchte ich mir aber Gottes Willen so zu deuten, als ob dieß Ereigniß mir ein Wink sein sollte, noch nicht still zu stehen, und meinem höheren Lebensziel wieder nach zu streben. Ich raffte ein paar hundert Rubel zusammen, u. erklärte meiner Frau, daß es nach Paris gehen sollte. Sie, die niemals leidenschaftliche Hoffnungen hegt, u. voraussah, welchem Jammer wir entgegen gingen, stimmte aus Liebe zu mir ein. Wir bestiegen ein Segelschiff u. langten nach einer furchtbaren Seereise von 4 Wochen, nachdem wir dreimal durch Sturm an den Rand des Todes gebracht worden waren, in London an, von wo wir zunächst nach BOULOGNE SUR MER gingen. Schon war unsre Baarschaft so geschmolzen, daß ich fast für unmöglich hielt, uns nur ein paar Wochen in Paris halten zu können. Da führt mir mein wunderliches Schicksal in BOULOGNE *Meyerbeer* entgegen; ich mache ihn mit mir u. meinen Compositionen bekannt, er wird mein Freund u. Protector. Nun wußte ich, daß nur durch eine Protection, wie die *Meyerbeer's,* meine Angelegenheiten in Paris beschleunigt werden könnten; ich faßte Muth u. beschloß es zu wagen. Was mir nun hier in Paris begegnet ist, oh, welch' ein Gemisch von Hoffnungen u. Niederschlagungen ist dieß! Meyerbeer ist unermüdlich meinem Interesse treu geblieben, – leider aber haben ihn Familien-Verhältnisse gezwungen, die meiste Zeit im Auslande zuzubringen; u. da hier nur *persönlicher* Einfluß nützen kann, so konnte dieser Umstand nicht verfehlen, den lähmendsten Einfluß auf meine Angelegenheiten hervorzubringen. – Was mich aufrecht erhält, sind immer nur neue Hoffnung, im übrigen kann sich jeder wohl leicht denken, daß meine Lage mit einer Frau u. ohne einen Heller Verdienst – die fürchterlichste von der Welt sein muß. Mehr als einmal habe ich mir

---

5 Dorn hatte hinter Wagners Rücken mit dem Theaterdirektor Karl von Holtei einen Vertrag abgeschlossen, der ihm ab Herbst 1839 Wagners Stelle als Musikdirektor zusicherte.

den Tod gewünscht; wenigstens bin ich gänzlich gleichgültig gegen ihn geworden. –

Mein Gedanke an Dich, mein Theodor, war stets nur dumpfe Wehmuth. Ausführliche Nachrichten über Dich erhielt ich nie, u. was mir gemeldet worden war, – war entsetzlich! – Ist es wahr, daß Du Deine Freunde nicht mehr erkanntest?! – Mir war jedes Mittel benommen, Dich selbst nur zu trösten; und was konnte *ich, ich* Aermster! Du warst mir ein Freund, den ich betrauerte, der mir aber nicht mehr gehörte! – – Da, ganz vor Kurzen, erhalte ich umständliche Nachrichten über Dich durch eine Dame aus Leipzig, die Paris besuchte. Was ich da hörte, wie hat es mich tief erschüttert u. gerührt, aber wie hat es mich auch erquickt u. mit Hoffnung erfüllt! Ich erfuhr, daß Dein Uebel nur noch körperlich sei, u. daß man selbst die gegründetste Hoffnung hege, auch davon Dich genesen zu sehen. Oh, wisse, daß dieß die einzige Nachricht war, die mich mit einem Ruck aus dem Abgrunde meiner Lage zu reißen im Stande war! Zur Bestätigung aller Aussagen, fügte man mir sogar hinzu, daß Du einen Band Gedichte herausgegeben habest. Du bist noch Dichter! Armer, armer Freund, – jetzt kannst Du singen, – sieh', Du hast das tiefste Leiden gelitten! Lass' mich auf einen Augenblick mich aus meinem Pfuhl herausreißen u. Dir erklären: daß ich auch noch Dichter bin, oder vielleicht sind wir Beide jetzt erst es geworden. – Gott, wird mir doch in diesem Augenblicke als ob wir eben wieder vor einer schönen Aussicht zusammen dasäßen, u. Du könntest sie wieder sehen! – – Und siehst Du, wie ich *in Dir,* ganz Eins *mit Dir* gelebt habe; – mein eben fertig gewordenes Werk heißt: *Rienzi, der letzte der Tribunen!*[6] Wer hatte die erste Idee davon? – Ich glaube auch, wir haben die Arbeit zusam-

---

6 Die Orchesterskizzen zu seiner »Großen tragischen Oper in fünf Akten«, *Rienzi, der letzte der Tribunen,* hat Wagner am 19. September 1840 abgeschlossen; am folgenden Tag, eben dem Datum dieses Briefes an Apel, begann er mit der Kompositionsskizze der Ouvertüre.

mengemacht! Wenigstens ist sie meine beste. – Lass' Dir sagen, (– Sieh', ich fange schon an zu plaudern, als ob eben gar nichts vorgefallen sei! –) – unser *Rienzi* ist eine Oper in fünf Akten geworden. Ich hatte sie zur Hälfte fertig mit nach Paris gebracht; in der Anlage bestimmte ich sie wohl für hier. Bald aber lernte ich einsehen, daß ich wohl 2 bis 3 Jahre noch warten könne, ehe ich hier ein so *großes* Werk zur Aufführung bekäme, denn dazu muß ich mir hier erst durch kleinere Opern Ruf gemacht haben; ich entschloß mich also, um meine liebste Arbeit nicht umkommen zu lassen, die Oper im Deutschen fertig zu machen, u. sie für ein deutsches Theater zu bestimmen. Ich habe Dresden gewählt; es ist gewissermaßen meine Vaterstadt u. ich habe bereits allerhand vorbereitet, um zumal mit *Meyerbeer's* Hülfe, die Oper dort zur sicheren Annahme zu bringen. Dazu erhält Dresden jetzt ein großes, würdiges Theaterhaus, – Tichatschek, u. die Devrient sind geeignet für meine Parthien; somit will ich hoffen, dort zu reüssiren. In einem Monat schicke ich meine Partitur ab,[7] Anfang künftigen Jahres kann sie vielleicht schon ausgeführt werden, u. ich würde dazu selbst hinreisen. – – Sieh', da sind wir wieder die Alten; Du hättest das Alles nicht gehört, wenn Du nicht einen Band Gedichte herausgegeben hättest! –

Sieh, mein Theodor, das sind so Blitze, wie sie manchmal aus meiner Nacht aufsteigen; sie erhellen mir aber dieses Düster noch nicht, denn, oh mein Gott, – welche Hoffnungen sind mir nicht alle schon zu Grunde gegangen! Fast würde ich einen gewissen Tod vorziehen; aber hier scheint man nicht so bald sterben zu können. Paris ist zu reich, zu reich an Aussichten u. zu verschiedenartig, als daß es nicht

---

7 Seine Partitur zum *Rienzi* schickte Wagner erst am 4. Dezember ab; die Uraufführung fand am 20. Oktober im neuen Hoftheater von Dresden statt, mit Carl Gottlieb Reißiger als Dirigenten, Joseph Tichatschek in der Titelrolle und Wilhelmine Schröder-Devrient als Adriano.

immer wieder Hoffnungen darbieten sollte. So stehe ich gegenwärtig wieder in ziemlich günstigen Relationen mit der *großen Oper* wegen einer 2 oder 3 actigen Oper, – »der fliegende Holländer« – von welcher mein eingereichter Entwurf des Sujet's den größten Beifall erhalten hat. – Was ist da nicht wieder alles zu hoffen? –

Für jetzt hätte ich aber gern meinem armen Weibe *Medicin* gekauft! Wird sie diesen Jammer überleben, u. werde ich den ihrigen ertragen? – Herr Gott, stehe mir bei! Ich weiß mir nicht mehr zu helfen! – Alles, Alles, – alle letzten Quellen eines Hungernden habe ich erschöpft; ich Unglücklicher hatte bis jetzt die Menschen leider noch nicht gekannt. Geld – ist das Fluchwort, was alles Edle vernichtet; mancher dienstwillige Freund erkaltet bei diesem Worte; Verwandte sind schon starr, ehe man es ausspricht; – u. doch, mein Himmel, was ist oft alle Hülfe, ohne dieser wirklichsten vor Allen. Wer wahre Noth kennt, fühlt, daß sie nur *damit* gelöst werden kann. Damals, als Du mir ein Opfer nach dem andern brachtest, glaubte ich wirklich schon Noth zu empfinden. Oh, ich Blödsinniger, der ich Verlegenheiten für Noth hielt, jetzt habe ich sie kennen lernen. Den letzten kleinen Schmuck, das letzte nothwendige Geräth seiner Frau zu Brod gemacht haben zu müssen, u. sie dann krank, leidend ohne Hülfe lassen zu müssen, weil der Erlös der Trauringe nicht zureichte Brod *und* Arznei anzuschaffen, – wie soll ich dieß nennen, wenn ich früher schon von Noth sprach! – Mit einem Wort – Gott verzeihe mir's – ich habe dem Leben geflucht; – was kann ich Aergeres thun! Mein erstes Wort an den kaum wiedergefundenen Freund ist: – sende mir schleunige Hülfe; mein Leben ist verpfändet, löse es ein! Somit: – ich gehe Dich um *dreihundert Thaler* an, u. sei versichert, daß wenn Du sie mir schickest, ich bereits über 8 Monate davon gelebt habe, denn seit dieser Zeit habe ich außer Brod nichts mehr bezahlen können. Drehe auch Du mir den Rücken, – dann kenne ich mein Schicksal!

Sieh, das ist mein Ruf aus dem Elend![8] – Wird es weichen?
Soll ich noch das Glück sehen? – Ich habe für diese Fragen
nichts als einen bittren Seufzer! – Und doch giebt es Stunden, in denen ich mit einem Blick auf die Erbärmlichkeit so
Vieler, die mir jetzt begegneten, stolz auf meine Lage sein
könnte, wenn ich nicht mein gutes, armes Weib sehen müßte; – sie hat mir ihre Jugend geopfert, u. ich kann nichts für
sie thun, als – Dir diesen Brief schreiben. Ich thue dieß hinter ihrem Rücken, denn ich weiß, sie würde mir abrathen,
weil sie *keine* Hoffnung mehr kennt. – Ich thue es dennoch,
– schreiben *mußte* ich Dir jetzt, – mein Herz war zu voll,
Dir dem Genesenden nach 4 Jahren voll Unheil – Glück zu
wünschen; – und konnte ich Dir schreiben, ohne *so* zu
schreiben, wie es eben geschieht? Nein, – dann hätte ich Dir
nicht als Freund geschrieben, – dann wäre mein Brief eine
Visitenkarte geworden. Die wirst Du schon genug erhalten
haben; – nimm dafür hier ein altes Theil Deiner selbst hin;
ein neuaufgefundenes Stück mit dem alten Inhalt.

Willst Du mir wieder einmal einen glücklichen Tag machen, schreibe mir umgehend; bis dahin will ich mich freuen
u. hoffen, daß wir uns *wiedersehen* mögen! Ach! Wiedersehen! Wiedersehen! Im Glücke? – Mein Theodor, hoffen wir!
Jedenfalls werden wir dann unendlich mehr werth sein! Mögen wir es auch *uns* sein!

Gott befohlen, mein Freund!

Dein
Richard Wagner.

Paris; 25 RUE DU HELDER.

8 Apel bekam wegen Abwesenheit in einer Kur Wagners Brief erst verspätet
zu lesen, übergab dann aber sofort den Gegenwert von 125 Franken an
Heinrich Laube, der jedoch mit der Sendung noch wartete, weil er zusätzli-
ches Geld aufzutreiben versuchte. Dadurch verzögerte sich die so dringend
nötige Geldsendung an Wagner über einen Monat lang.

Paris, Dezember 1840

Allerdurchlauchtigster Herr!
Allergnädigster Herr und König!

Wenn ich es wage, aus Frankreich's Hauptstadt mich unmittelbar an Ew: Majestät mit einem unterthänigsten Gesuch ehrfurchtsvoll zu wenden, so möge vor Allem meine Kühnheit darinnen eine Entschuldigung finden, daß ich als Sachse und Ew: Majestät treuergebenster Unterthan es unmöglich über mich gewinnen konnte, eine wenigstens für mich so außerordentlich wichtige Gelegenheit vorübergehen zu lassen, ohne mein in fremden Landen immer steigendes und dringenderes Verlangen zu stillen, gegen meinen Allergnädigsten Herren und König unmittelbar meine tiefste und feurigste Verehrung auszusprechen.

In Leipzig geboren, bezog ich noch als Kind mit meiner Familie Ew: Majestät Residenz Dresden, wo mein Stiefvater, Ludwig Geyer, als Hofschauspieler bei Ew: Majestät Hoftheater angestellt, das unschätzbare Glück hatte, durch die huldreichste Gunst des Allerhöchsten Hofes ausgezeichnet zu werden, daß, da er zugleich Portraitmaler war, er mit dem Allerhöchsten Auftrage beehrt wurde, die Allerdurchlauchtigste Familie zu porträtiren.

Ich selbst habe mich der musikalischen Composition gewidmet und hatte bereits vor 10 Jahren das Glück, einige meiner Instrumental-Compositionen mit Beifall in meiner Vaterstadt aufführen zu sehen.[1] Seitdem habe ich in mehre-

---

1 Es handelt sich um folgende Jugendwerke Wagners: die *Ouvertüre in B-Dur* (WWV 10), die *Ouvertüre zu Friedrich Schillers Trauerspiel mit Chören* »Die Braut von Messina« (WWV 12), die *Ouvertüre in d-Moll* (WWV 20), die *Ouvertüre in e-Moll zu Ernst Raupachs historischem Trauerspiel* »König Enzio« (WWV 24) und die *Konzert-Ouvertüre Nr. 2 in C-Dur* (WWV 27).

ren Städten Deutschland's das Amt eines Musikdirectors
verwaltet;[2] da mich aber namentlich der Drang beseelte,
mich durch dramatische Compositionen auszuzeichnen, ich
aber die kleineren Provinzbühnen Deutschland's keineswegs
für geeignet halten durfte, vermöge erster Aufführungen auf
ihnen den nöthigen Ruf zu begründen, ich leider damals
noch nicht den Muth besaß, mich wie jetzt mit ehrfuchts-
vollem Vertrauen an Ew: Majestät selbst zu wenden, so entschloß ich mich endlich, dem Beispiel so vieler Deutschen
zu folgen und mich in der erwähnten Absicht nach Paris zu
wenden.

Hier wurde die Aussicht auf ein Gelingen meines Planes
zunächst durch den glücklichen Umstand fester gegründet,
daß es mir gelang, die Freundschaft des rühmlich bekannten
Herrn Meyerbeer zu gewinnen, durch dessen thätigste
Theilnahme ich auch bereits dahin gelangt, daß ich jetzt mit
der ADMINISTRATION der ACADÉMIE ROYALE DE MUSIQUE in
den freundschaftlichsten Unterhandlungen über eine für
dieses Theater eigens zu componirende Oper stehe.[3]

Nichtsdestoweniger ist mir der feurige Wunsch immer lebendig geblieben, meine besten künstlerischen Kräfte meinem deutschen Vaterlande zu widmen. Von diesem Verlangen getrieben, habe ich hier in Paris eine große Oper unter
dem Titel *Rienzi* vollendet, und zwar in der besonderen Absicht, sie dem Hoftheater Ew: Majestät zur ersten Aufführung anzubieten, weshalb ich denn namentlich auch einige
wichtige Partieen derselben bereits im Voraus für mehrere
ausgezeichnete Künstler berechnete, die das unschätzbare
Glück genießen, Mitglieder des Hoftheaters Ew: Majestät
zu sein.[4]

Dieß, mein Allergnädigster Herr und König, ist die Ange-

2 Wagner meint Bad Lauchstädt, Magdeburg und Königsberg.
3 Es handelt sich um den *Fliegenden Holländer*.
4 Wagner hatte vor allem Joseph Tichatschek, Wilhelmine Schröder-Devrient
   und Anton Mitterwurzer im Sinn.

legenheit, wegen deren huldvoller Entscheidung ich mich erkühnt habe, mich unmittelbar an Ew: Majestät, den großmüthigen Schützer und Beförderer vaterländischer Kunst, zu wenden. Von dem jedem Sachsen angeborenen innigen und unbedingten Vertrauen zu seinem angebeteten Landesvater beseelt, fasse ich den Muth, mein unterthänigstes Gesuch in tiefster Ehrfurcht vorzutragen:

ich ersuche Ew: Majestät, daß Allerhöchstdieselbe geruhen wolle, eine erste Aufführung meiner Oper Rienzi, deren Partitur ich zugleich Ew: Majestät Hofmarschall und Hoftheater-Intendanten Sr. Excellenz Freiherrn von Lüttichau zusende, auf Ew: Majestät Bühne zu Dresden Allergnädigst zu gestatten.[5]

Würde mir mit der huldreichen Genehmigung dieses Gesuchs noch das unaussprechliche Glück zu Theil, daß Ew: Majestät geruhen wollte, mir zu gestatten, Allerhöchstderselben mein Werk in tiefster Ehrfurcht widmen zu dürfen,[6] so würden die glänzendsten Erfolge vor dem Publikum mir matt und nichtig scheinen gegen das erhebende Gefühl, mein erstes größeres Produkt unter der besonderen huldreichen Protektion meines Allergnädigsten Herrn und Königs auf dem Boden meines Vaterlands in das Leben treten zu sehen.

5 Erst am 29. Juni 1841 bestätigte der Intendant des Dresdener Hoftheaters, August Freiherr von Lüttichau, die Annahme des *Rienzi*.
6 Tatsächlich erhielt der Klavierauszug des *Rienzi* die Widmungsadresse an den König.

17 An Robert Schumann, Leipzig[1]

Paris, den 29. Dezember 1840

Allervortrefflichster Herr Schumann,

seit fast anderthalb Jahren bin ich in Paris. Es geht mir herrlich, da ich noch nicht verhungert bin. Nächstens werden Sie wichtige Dinge von mir hören, denn ich stehe im Begriff, gränzenlos berühmt zu werden. – Vorläufig – die Veranlassung dieser Zeilen. Ich höre daß Sie die Heineschen Grenadiere componirt haben, u. daß zum Schluß die Marseillaise darin vorkommt. Vorigen Winter habe ich sie auch componirt, u. zum Schluß auch die Marseillaise angebracht. Das hat etwas zu bedeuten! Meine Grenadiere habe ich sogleich auf eine französische Uebersetzung componirt, die ich mir hier machen ließ u. mit der Heine zufrieden war. Sie wurden hie u. da gesungen, u. haben mir den Orden der Ehrenlegion u. 20 000 fr. jährliche Pension eingebracht, die ich direkt aus Louis Philippe's Privat-Casse beziehe.[2] – Diese Ehren machen mich nicht stolz u. ich dedicire Ihnen hiermit ganz privatim meine Composition noch einmal, trotzdem sie schon Heine gewidmet ist. Sie werden diese Auszeichnung anzuerkennen wissen, u. davon die gehörige Anzeige

---

1 Wagner stand seit 1834 mit Robert Schumann als dem Herausgeber der *Zeitschrift für Musik* in Kontakt. Nach langer Pause wandte er sich wieder einmal brieflich an den Kollegen, dabei einen vertraulich-ironischen Ton anschlagend, weil er wußte, daß Schumann ihn verstehen und angemessen reagieren würde.

2 Selbstverständlich hatte Wagner für *Les deux grenadiers* (WWV 60) nach einem Gedicht von Heinrich Heine, dem er das Lied – in der französischen Übersetzung von François Adolphe Loeve-Veimar – widmete, keinen einzigen Sou bekommen, sondern im Gegenteil für den Druck bei Maurice Schlesinger bezahlen müssen. Der Satz vom »Orden der Ehrenlegion u. 20.000 fr. jährliche Pension« aus der Privatschatulle des französischen Königs ist nichts als bittere Ironie.

machen.[3] In Gleichem erkläre ich Ihnen, daß ich die Privat-Dedication Ihrer Grenadire herzlich gern annehme, u. das Widmungs-Exemplar erwarte.

Beginnen Sie gefälligst, mich ein ganz klein Wenig in Ihr Herz zu schließen u. seien Sie versichert, daß u. s. w.

Ihr Verehrer
Richard Wagner,
25, RUE DU HELDER.

P. S. Lassen Sie doch Meyerbeer nicht mehr so herunterrei-ßen;[4] dem Manne verdank' ich Alles u. zumal meine sehr baldige Berühmtheit.

R. W.

3 In der Nr. 14 des Jahrgangs 1841 seiner *Neuen Zeitschrift für Musik* brachte Schumann dann folgende, ebenfalls ironisch eingefärbte Notiz über Wagner: »In dem 9ten Concert, das Hr. Schlesinger in Paris den Abonnenten seiner Zeitung am 4ten gab, kam u. A. eine Ouvertüre von Richard Wagner zur Aufführung, einem Sachsen, wenn wir nicht irren, der seit längerer Zeit verschollen schien und zu unserer Freude sich wieder thätig zeigt.«
4 Durch die von Schumann 1837 veröffentlichte Kritik an Meyerbeers Oper *Les Huguénots* sah dieser in Robert Schumann seinen schlimmsten Feind. Wagner war aus Dankbarkeit gegenüber Meyerbeer damals noch der Ansicht, daß man Meyerbeer öffentlich nicht so schaden solle, bis er sich später aus künstlerischen Überzeugungen Schumanns Meinung anschloß bzw. seine Ansichten zum Musikdrama der veralteten Opernästhetik Meyerbeers gegenüberstellte.

Paris, den 27. März 1841

Mein verehrtester Herr Heine,

[...] Ich war so glücklich, gezwungen zu sein, mir sechs Jahre lang mit dem Tactstock mein Leben zu verdienen, u. das anfänglich bei Bühnen, deren unzureichende Mittel mich, damals oft zu meinem größten Misvergnügen, zwangen, Erfahrungen im Gebiete der Praxis zu machen, denen vielleicht manche andere meines Faches fremd blieben. Ich darf mir schmeicheln, zumal auf diesem Wege, Kenntnis des Effectes u. der Wirkung auf das Publikum erlangt zu haben, u. dieß besonders bei einer beachtungswerthen Gelegenheit: Mir kam nämlich die Partitur der Jüdin[1] zum ersten Male zu Händen; gewohnt, wie ich war, die schwierigsten Partituren mit ziemlicher Uebersicht zu lesen, konnte ich doch nicht umhin, dem Erfolge dieser Oper ein übles Prognostikon zu stellen, als ich die aphoristischen Wirren dieser Partitur durchlief, die mir aller populären Klarheit zu entbehren schienen. Ich muß aber gestehen, daß ich bei den Proben u. der Aufführung endlich vollkommen andrer Meinung ward, u. umsomehr, da ich dieß von dem Publikum allgemein bestätigt fand. Die Schwierigkeiten einer Aufführung sind immer nur relativ, u. sind nur da von Belang, wo es sich um den guten Willen, die Zeit u. die Mühe handelt. Möge mir daher ein glückliches Loos beschieden sein, indem ich zumal auf guten Willen rechne; darin beruht Alles, u. meine eigene Erfahrung berechtigt mich, diejenigen, die über mein Werk abzustimmen haben, u. deren Meinungen über den Erfolg desselben getheilt sein sollten, auf die wohlwollende Maxi-

---

[1] Halévys Oper *La Juive* (1835) hat Wagner erstmals 1836/37 in Königsberg kennengelernt.

me hinzuweisen, ein entscheidendes Urtheil erst nach der Aufführung auszusprechen.

[...] Sie wollten, wir mir Kietz[2] einigemal mittheilte, meine Ansichten über BERLIOZ[3] u. die mit ihm zusammenhängende neuere französische Musikschule erfahren. Ich habe mir vorgenommen, nächstens in die Abendzeitung[4] darüber zu berichten; deshalb erlauben Sie mir nur hier einiges über den persönlichen Eindruck mitzutheilen, den die Bekanntschaft BERLIOZ auf mich machte. Das erste, was ich von ihm hörte, war seine ROMEO- u. JULIA-Symfonie, in der mich der Ungeschmack der äußern Oekonomie heftig von dem genialen Musiker zurückstieß. Die Sache ist die: BERLIOZ steht unter den Franzosen so ganz *allein* da, daß er, alles nothwendigen Stützpunktes entbehrend, gezwungen ist, in einer fantastischen Irre umherzutappen, die ihm eine *schöne* Entwickelung seiner enormen Kräfte äußerst erschwert, ja vielleicht unmöglich machen wird. Er ist u. bleibt eine abgerissene Erscheinung, aber er ist Franzos in vollem Sinne des Worts. Wir Deutschen sind glücklich; denn wir haben unsren Mozart u. Beethoven im Blute, u. wissen, wie wir unsre Pulse schlagen lassen sollen. Berlioz hat aber keinen Vorgänger, u. er ist zu einem ewigen Fieber verdammt. Nichtsdestoweniger aber thun wir in Deutschland BERLIOZ ein himmelschreiendes Unrecht, wenn wir ohne den geringsten Grund ihn uns als einen Charlatan vorstellen. Im Gegentheil steht seine äußere Erscheinung in einem seltenen Einklange mit seinem inneren Genius. Was er giebt, giebt er aus seinem innersten Innern, er verzehrt sich u. ist der einzige französische Componist, der nach seinem Succes nicht fett wird. Er ist eine hochpoetische Natur, u.

2 Ernst Benedikt Kietz (vgl. Brief Nr. 14).

3 Wagner kannte Hector Berlioz zu dieser Zeit noch nicht persönlich. Zu einer ersten Begegnung kam es erst 1855 in London.

4 Am 5. Mai 1841 erschien in der *Dresdener Abendzeitung* ein Teilbericht aus Paris.

dieß ist umso wunderbarer, da er im Uebrigen so ganz Franzos ist, u. sich nur in den äußersten Extremen aussprechen
kann. Es ist nicht lange her, daß ich meine Ansicht über Berlioz begründete, – eigentlich erst, seit ich vor ungefähr 3
Monaten seine SYMFONIE FANTASTIQUE hörte. Zugleich aber
habe ich dabei auch gefunden, daß eine große Rechtfertigung für die excentrischen Mittel, sich äußerlich auszusprechen, in den verführerischen Kräften des Orchester's liegt,
für das er componirt; unwillkürlich hat er sich verleitet gefühlt, die Instrumentale Musik in die Virtuosität hinüberzu-
führen. – Auf einem andren Wege thut dieß VIEUXTEMPS⁵
auch, nur fing dieser von dem andren Extreme an. Er redu-
zirt die Virtuosität, u. wenn ich VIEUXTEMPS' späteres Wirken beurtheilen soll, wie ich es voraussehe, so wird dieß ein
reductives sein, u. sein Triumph darin bestehen, daß er auf
die Urverhältnisse der keuschen Schönheit *zurückführt.*
Vordringen u. erweitern wird jedoch VIEUXTEMPS nicht; seine Leistungen werden stets nur negativen Werth erhalten.
Zum Schaffen fehlt ihm die *Leidenschaft;* obgleich 20 Jahre
alt, ist er doch schon Mann; er hatte keine Jugend; ihm ist
das Reich der Ahnung unbekannt, er sieht überall Tag u.
kann deshalb die Wonne der Wärme nicht fühlen. So aber
muß er sein, um seine Aufgabe zu vollenden, die er klar
fühlt, u. die er mit vollem, ruhigen Bewußtsein löst. Solche
Naturen müssen als weise Sendungen der Vorsehung betrachtet werden und müssen umso stärker sein, da sie den
Enthusiasmus zu bekämpfen haben. VIEUXTEMPS' Name ist
überaus characteristisch. Sein letztes Concert ist schön, u.
würde mich noch mehr erbauen, wenn ich eine größere In-
tension in den Motiven wahrgenommen hätte. Von dem
Einfluß der BERLIOZ'schen Musik auf ihn haben Sie nichts
zu fürchten, denn VIEUXTEMPS ist fertig u. seiner bewußt.
Ueberhaupt stellen Sie sich vielleicht das Pariser Unwesen

5 Der belgische Violinvirtuose Henri Vieuxtemps war Wagner seit 1840 persönlich bekannt.

verwirrter u. verführerischer vor, als es ist. BERLIOZ steht,
wie ich sagte, völlig allein; – das Uebelste aber ist hier die ra-
sende Oberflächlichkeit, der sich Alles überliefert, was dem
Publikum gefallen will; jeder opfert ihr seinen innern Werth
auf u. wird platt mit Ueberzeugung. Und dennoch – ich gestehe es – ist die dramatische Musik der Franzosen weit über
der Deutschen. Ich habe mit Entsetzen hier wieder ein paar
deutsche Opern von REISSIGER[6], LOBE[7] ETC. unter den
Händen gehabt. Ist es möglich, daß die Ansichten der deutschen Componisten über Gesang u. Melodie sich dahin verirrt haben, daß sie glauben, dem melodiösen Bedürfnis Vor-
schub zu leisten, wenn sie die ordinärsten Conversations-
Phrasen, als: »wie geht's dir?«, »wo kommst du her?« zu gewissen thematischen Ausspinnungen verwenden, die *da* einen scheinbaren Fluß unterhalten sollen, wo kurze, markige
Striche von der Natur verlangt werden? – Natürlich sind
dann auch immer die melodiösen Ergüsse darnach; das, was
wir sehr gut »Nölerei« nennen, entsteht daraus, u. aus dem
Gesang wird *Singerei*. Dramatische Wahrheit ist aber das,
was am fernsten bleibt, u. wenn sich die Franzosen auch
noch so weit in ihren tausend coquetten Nüancen verlieren,
so verstehen sie es doch immer, am rechten Ort mit einem
kurzen Strich abzufertigen, was keiner weiteren Ausdehnung fähig ist.   [...]

6 Wahrscheinlich die Oper *Die Felsenmühle zu Etalières* (1831).
7 Es könnte sich um Johann Christian Lobes *Die Fürstin von Granada* (1833)
  handeln.

Meudon, den 12. September 1841

Mein bestes Mütterchen,

endlich komme auch *ich* einmal dazu, Dir einen ebenso freudigen als herzlichen Glückwunsch zu Deinem Geburtstage darbieten zu können! Möchtest Du ja nicht glauben, daß ich Dich jemals vergessen hätte, auch wenn ich schwieg und nichts von mir hören ließ! Ach, ich glaube Dir ja schon gesagt zu haben, daß es Zeiten für mich gab, in denen ich wirklich vermied, Deine Theilnahme für mein Schicksal von Neuem anzuregen. Ich habe da im Stillen zu Gott gebetet, daß er Dir Dein Leben und Deine Gesundheit erhalten möge, denn mit der Zeit hoffte ich schon selbst meinem Streben einen Preis zu gewinnen, der es mir erfreulicher machen sollte, mich Dir einmal wieder zu zeigen. Mögen, die mich nicht kennen, immerhin sagen: »er hätte es so machen sollen, – er hätte Dieß oder Jenes thun sollen!« – sie haben alle Unrecht! Jeder Mensch, der zur wahren – inneren und äußeren Selbständigkeit gelangen will, soll durchaus so lange, als sich dieß mit dem angeborenen Gefühl von Recht und Unrecht verträgt, den Weg gehen, den ihn seine ernstere Neigung, und ein gewisser innerer, unwiderstehlicher Trieb gehen heisst. Die Leiden, die er sich dadurch erschafft, kann ihm die Welt, ohne besonders großmüthig zu sein, gut und gern vergeben; bloß wer diese Leiden mildern mögte, hat das Recht, Rath zu ertheilen, – wer sie trotz dem aber nicht mildern *kann*, muß es sich auch gefallen lassen, seinen Rath am Ende nicht befolgt zu sehen. Ich bin gewiß keiner von den starren, unbeugsamen Characteren, im Gegentheile wird mir mit Recht eine zu weibliche innere Beweglichkeit vorgeworfen. Wohl aber habe ich genug ausdauernde Leidenschaft, um von dem einmal Erfaßten nicht eher abzustehen,

Johanne Rosine Geyer. Gemälde von Ludwig Geyer
(Nationalarchiv der Richard-Wagner-Stiftung Bayreuth)

als bis ich mich gänzlich vom Wesen desselben überzeugt habe. So ist es mir mit Paris ergangen: – ich habe die feste Ueberzeugung gewonnen, daß es mir, wenigstens so lange ich nur mit meinen eigenen Kräften in den Kampf gehen kann, durchaus unmöglich ist durchzudringen. Denjenigen, die mir dieß ungefähr voraussagten, gebe ich zurück, daß ihre blos auf Hörensagen gegründete Voraussage für mich von keinem Belang sein konnte. Da mir im Gegentheil ein Mann, wie Meyerbeer, Muth machte, den Kampf aufzunehmen, so wird sich wohl keiner verwundern, daß ich als junger Mann es vorzog, zu versuchen – als ohne Versuch feig abzustehen. Und Meyerbeer hatte Recht; das, was mir an eigenen Kräften und Eigenschaften mangelte – Geld und Ruf, konnte mir recht gut durch Andere ersetzt werden, und er selbst bot mir die Hand, durch seinen bedeutenden Einfluß mir behülflich zu sein. Daß nun Meyerbeer genöthigt war, grade diese ganze Zeit von Paris entfernt zu bleiben, das war nun das Unglück, das ich haben sollte; denn Einwirkungen aus der Ferne gelten in Paris nichts, – die Persönlichkeit thut Alles.

Ich mußte somit bald einsehen, daß ich dahin gedrängt sei, den Kampf, den ich im Vertrauen auf fremde Hülfe unternommen hatte, mit meinen eigenen Kräften fortzuführen. Auch *den* Versuch mußte ich wagen. Wäre ich eines von jenen frivolen Geschöpfen der heutigen Mode, hätte ich irgend eine glänzende Gabe für den Salon, so würde es mir wohl möglich gewesen sein, mich in diese oder jene Coterie[1] hineinzupoussiren, die mich endlich vielleicht auch ohne inneres Verdienst gehoben haben würde. – Wohl darf ich sagen: Gott sei Dank, daß ich dazu *nicht* gemacht war! Wen ich noch auf diesem Wege reussiren gesehen habe, habe ich verachten müssen! Mich hat ein so unwiderstehlicher Ekel für diese Nichtswürdigkeiten erfaßt, daß ich mich wirklich glücklich preise, ihnen keinen Geschmack abgewonnen zu

1 Sippschaft.

haben. – Was mir für Paris nun doch übrig bleibt, ist, die Quelle eines mühsamen Verdienstes, die ich mir bei einem hiesigen Musikverleger[2] geöffnet habe, für meinen kärglichen Unterhalt zu benutzen, und so ruhig die Zeit abzuwarten, bis mir Glück und Umstände dahin verhelfen, wohin ich will. Dieß werde ich auch nothgedrungen ergreifen müssen, sobald das Glück, welches sich mir auf einer anderen Seite zeigt, nicht vollständig in Erfüllung gehen sollte. –

Dieses Glück ist die definitive Annahme meiner Oper in Dresden. Ich machte in meinem letzten Briefe Euch mit dem Stande meiner Angelegenheiten in Dresden bekannt, zugleich theilte ich die Schritte mit, die ich zum Gelingen meines Unternehmens eingeschlagen. Diese Schritte, meine gute Mutter, herzlich freut es mich, Dir es sagen zu können, – haben vollkommen reussirt. Schon Anfang July habe ich den Brief *Lüttichau's* erhalten, worin er mir in den schmeichelhaftesten Ausdrücken anzeigt, daß meine Oper »Rienzi« nach vorangegangener reiflicher Prüfung des Textes und der Partitur, zur Aufführung in Dresden angenommen worden sei, und daß diese spätestens bis Anfang künftigen Jahres bewerkstelligt werden solle.[3] –

Schon in dieser Erklärung, meine beste Mutter, habe ich ein großes, außerordentliches Glück zu erkennen. Bedenkt man, daß ich als Componist noch ohne allen Ruf bin, und überlegt man, von welchem Genre meine Oper ist, so wird man verstehen, was ich meine. Ich habe mich schon in meinem letzten Briefe darüber ausgesprochen. Winkler hat mich versichert, daß man bei meiner Oper Alles entfalten würde, um das neue Theater in aller Pracht zu zeigen. Entspricht man meinen Anforderungen, so wird man enorme Kosten haben, denn die *erste* Aufführung einer solchen

2 Maurice Schlesinger.
3 Der Brief des Intendanten des Dresdener Hoftheaters datiert vom 29. Juni 1841. *Rienzi* wurde dann am 20. Oktober 1842 mit großem Erfolg zur Uraufführung gebracht.

Oper, die ich eigentlich für Paris berechnet hatte, muß mit allem Luxus von Statten gehen. Nirgends aber, – selbst in Berlin und Wien nicht – könnte ich ein ausgezeichneteres Personal für die Hauptpartien meines Rienzi haben, als in Dresden: – die *Devrient* und *Tichatschek* – mehr brauche ich wohl nicht zu sagen. – Kurz, wenn Gott Alles glücklich fügt, so kann dieß der glückliche Wendepunkt meines Lebens werden. –

– Ich habe mir vorgenommen, etwa 14 Tage vor der Vorstellung nach Dresden zu reisen: – mein gutes Mütterchen, – so werde ich Dich also endlich – endlich wiedersehen! Du kannst Dir denken, welches Entzücken mir dieser Gedanke, diese Aussicht bereitet! – Der Himmel wird geben, daß ich Dich recht gesund und wohl antreffe, möge nun dann noch ein recht glücklicher Erfolg in Dresden vorbehalten sein, – so glaube ich schon jetzt mit diesen Wünschen Dir am besten zum Geburtstag gratuliren zu können! – Wie viele, viele Jahre habe ich gewartet, gekämpft und gestrebt, um Dich einmal mit solch einer Nachricht erheitern zu können. Es verursacht mir einen völligen Schrecken, wenn ich daran denke, daß, wenn ich Dich nun wieder sehen werde, fast *sechs* Jahre verstrichen sein werden, seitdem ich das letztemal von Dir schied! Großer Gott, wer hätte sich das gedacht! Ich werde Euch Alle wieder treffen, – nur die gute *Rosalie*[4] soll ich vermissen!! Ach, es war mir immer so ein schöner Gedanke, gerade *sie*, die den Krämpfen meiner Entwicklung so nahe und oft unter so empfindlichen Berührungen, zugesehen hatte, auch zum Zeugen der glücklicheren Wendungen meiner leidenschaftlichen Bestrebungen zu machen, – – nun muß ich ihr Grab besuchen! – – Gott, Gott! erhalte mir nur mein Mütterchen gesund, und laß ihr die Kraft, sich des Gedeihen's ihrer Kinder zu erfreuen!

Wir werden nicht verkommen! Auch Albert wird, soll,

---

4 Wagners Schwester Rosalie starb am 12. Oktober 1837, fünf Tage nach der Geburt ihrer ersten Tochter.

darf und kann nicht verkommen!⁵ Möge nur Einem von uns
das Glück lächeln, – das Glück des Einen ist das des Anderen! Vielleicht macht selbst *mich* der Himmel zum Vermittler, und bereitet mir eine Stellung, in der ich Alberts besten
Wünschen aushelfen kann! – Ich will nicht thöricht erscheinen und aussprechen, woran ich denke, – worauf ich hoffe,
– denn was sind Gedanken und Hoffnungen! Es *muß* aber
einmal gut werden, und der ist der Würdigste das Glück zu
genießen, der aus dem Sturme heimkehrt und das Unglück
kennen lernte! – –

Allen, Allen meine herzlichsten Grüße! Wir werden uns
bald wiedersehen, und mag es dann um uns aussehen, wie es
will, – die Herzen sind die alten geblieben, und – – es *muß*
gut werden!

Erhalte Dich, liebes Mütterchen,

Deinem
treuen Sohne
Richard.

---

5 Das brüderliche Einvernehmen war gelegentlich getrübt, aber nicht Richard,
sondern Albert Wagner muß des öfteren Anlaß zur Sorge gehabt haben.

Meudon, den 13. Oktober 1841

Guter Kietz!   PS: Wir haben eine Flasche
  Bester Ernst!   Rhum zum Present bekom-
    Geliebter Benedict!   men; – wollen künftigen
      Werther Freund!   Sonntag Punsch machen –
        Theuerster Bruder!   Du *kommst doch* heraus?[1]
        etc.
          etc.
            etc.

Noch einmal greif' an das bewährte Schwert u. haue den Knoten meines Misgeschickes durch! – Die einliegenden Briefe sind für mich von großer Wichtigkeit, – Du kannst Dir's leicht denken: – sie müssen mit der nächsten Post fort, – das Porto kann ich aber in diesen Tagen noch nicht erschwingen: – greif' in den Wundersäckel u. – leg' es aus, – thue mir noch diesen Gefallen! – Ende des Monates kommt Erlösung u. auch Geld für Dich, – Du weißt's – habe keine Sorgen! – Du wirst meine Bitte erfüllen, ich zähle auf Dich! –

Des Weiteren: –

Ein Gang für mich: –

Ich habe mich jetzt in meinem Landhause eingemauert, um den »Holländer« fertig zu machen, – die Stadt sieht mich nicht eher wieder, als bis *er fliegt*.[2] Dennoch hätte ich ein dringendes Geschäft: – Sieh diesen Leihhaus-Zettel: – am

---

1 Zu den wenigen Geselligkeiten, die sich Wagner damals überhaupt leisten konnte, lud er selbstverständlich seine engsten Freunde ein. Kietz wohnte in Paris und hatte jedesmal einen größeren Fußmarsch nach Meudon zu bewältigen, wenn er Wagner besuchen wollte.

2 Bis zum 21. Oktober 1841 hatte Wagner bereits die Partitur zum *Fliegenden Holländer* beendet und hatte lediglich bis Mitte November noch die Ouvertüre dazu zu komponieren.

15ten vorigen Monates wäre der Termin zur Auslösung oder
Erneuerung eigentlich schon um gewesen; als ich jedoch
darum anging, hat man mir ohne alle Beschwerde noch 4
Wochen, die ich verlangte bewilligt: – bis diesen 15ten ist das
Pfand also sicher; – nun weiß ich aber, daß man mir gewiß
auch noch einen Verzug bis Ende dieses oder Anfang künftigen Monates bewilligen wird, – ich weiß dieß vom vorigen
Male, – man muß nur mit den Leuten sprechen. Da Du nun
eine wahre Passion besitzest, Dich in französischer Beredt-
samkeit zu ergießen, so thue mir den Gefallen, gehe dahin,
wohin die Adresse des Zettel's verlautet, RUE ST. HONORÉ,
und sprich mit den Leuten, oder frage vielmehr, welches der
äußerste Termin sei, den man mir aussetzen könne? – Ver-
stehst Du? – – Solltest Du fürchten, mit Deiner Eloquenz
stecken zu bleiben, so bitte wenigstens LEHRS, der allerdings wiederum vor Heiserkeit nicht wird reden können. –
Beide zusammen werdet Ihr es aber jedenfalls möglich machen. – – Habe dann aber die Güte, mich schnell von Allem
zu benachrichtigen! Hörst Du! – Die Landluft ist herrlich,
frisch u. gediegen! uns klappern die Zähne, – hätte ich 100
Fr:, um JADIN[3] bezahlen zu können, so zöge ich auf der Stelle in die Stadt, – Du weißt doch, wo ich wohne, – 14, RUE
JACOB? – Die ganze Geschichte nächstens, sobald wir uns –
wiedersehen. Wann wird das sein? Hast Du Noth mit dem
Ausziehen? – Du bist doch nicht schon abgereist? ETC. ETC.
ETC.

Herzlichen Gruß von mir u. Minna! Gott erhalte Dich u.
Deine Haare!

                                                    Dein
MEUDON, 13 OCTOBRE 1841.   Richard W.

3 Vermutlich einer von Wagners Vermietern in Paris.

Dresden, den 6.–7. September 1842

Liebster,

gestern – am Geburtstage meiner Frau – erhielt ich Deinen
letzten Brief vom 18 Aug. Das war ein schlechter Tag für
uns, u. jedenfalls der schlechteste Geburtstag, den ich je mit
Minna erlebt habe. Unser ganzes Vermögen bestand in einem Thaler (3 fr. 50 ctms.). Wenn ich an den 5 September
vorigen Jahres gedenke!! – Dein Brief war der Erste u. Einzige, was uns heiter machte u. uns sogar ein Lachen abgewann. Ich hatte ihn über drei Stunden uneröffnet mit mir
herumgetragen, denn ich ängstigte mich unsäglich, den Inhalt desselben zu erfahren: unter Befürchtungen aller Art
waren wir aber wahrhaft überrascht, als wir endlich sahen,
was Du schriebst. Trotz Deiner Fassung, trotz des leichten
Sinnes, der Dir zurückgekommen scheint, glaube aber
nicht, daß mir der Stein vom Herzen gewälzt sei. Noch
wollte ich Dir eigentlich nicht schreiben, da mir noch ein –
möglicher – Ausweg offen steht, etwas für Dich zu erlangen:
vielleicht sähe ich in 8 Tagen auch darin schon ganz klar, u.
ich würde gescheuter thun, meine Mittheilung bis dahin auf-
zusparen: jedoch, es drängt mich zu sehr, – Dir u. Euch Allen[1] einmal etwas von mir wissen zu lassen, u. auf die Gefahr hin, nächstens einen zweiten Brief an Dich schreiben zu
müssen, will ich endlich nicht länger mehr zögern. Aus
dem, was ich Dir nun zunächst mitzutheilen habe, wirst Du
ersehen, was für eine abscheuliche Täuschung ich Dir dadurch erspart habe, daß ich nicht zu schnell mit Brief-
Schreiben bei der Hand war. – Also vor allem zu Deiner Angelegenheit! –

---

1 Gemeint sind vor allem Lehrs und Anders.

– Am 18ten July verließ ich schon Teplitz, wo jedoch meine Frau noch auf 2 Wochen zurückblieb. Deinen zuletzt dorthin adressirten Brief schickte mir Minna nach Dresden nach: was ich Dir auf denselben zu antworten hätte, kann unter den jetzigen Umständen gar nicht in Erwähnung kommen. Augenblicklich ging ich aber zur Devrient, die ich im Theater bei der Probe fand: in größter Kürze setzte ich ihr auseinander, daß es sich ernstlich um Dich handle, u. sie gab mir sogleich für den Mittag ein Rendezvous bei Heine: dort stellte ich ihr dann vor, was sie für Dich zu thun habe, u. auch Heine – wiewohl in Geldangelegenheiten etwas befangen gegen die Devrient – half mir redlich: sie zeigte sich auch gar nicht abgeneigt, Dir zu helfen, u. bat mich nur um einige Tage Zeit, um ihre Geldangelegenheiten zu ordnen. Beim Abschied frug ich sie, ob ich Dir immer schreiben dürfte, daß sie »gnädig gegen Dich gesinnt sei?« – worauf sie mir scherzhaft antwortete: »vermelden Sie ihm meine Gnade.« – Ich hielt die Sache für so gut als abgemacht, u. hatte allerdings große Lust, Dir zu Deinem Troste sogleich einen *guten* Erfolg zu berichten. Jedoch – warum sollte ich nicht noch die »einigen Tage« abwarten, um Dir dann *vollwichtig* schreiben zu können? Ich wartete also; da ich aber gerade an meine Schwester Luise zu schreiben hatte, konnte ich mich nicht enthalten, ihr der Devrient »großmüthiges« Benehmen gegen Dich mitzutheilen. - Der Zufall fügte es nun, daß ich volle zwei Wochen mit der Devrient zu keinem gehörigen Gespräch gelangen konnte, endlich aber war ich heftig erstaunt, sie in Bezug auf Dich völlig umgestimmt zu finden: vergebens habe ich eine ganze Stunde mehr als Beredsamkeit gegen sie verschwendet, sie blieb unverändert dabei: »sie könne nicht«, »es wäre doch vergebens, Dir helfen zu wollen« »Du würdest dennoch nicht kommen« »sie habe schon zuviel Geld auf ähnliche Weise eingebüßt« »warum hülfe denn nicht Brockhaus?« »warum« ETC. ETC. Endlich, als sie dabei verblieb »sie hätte auch im Augenblick das Geld gar nicht einmal liegen« – u. ich ihr dagegen vorstellte, das sei

das Geringste, Credit wollten wir ihr schon verschaffen, –
bat sie mich ganz ernstlich, nicht länger mehr in sie zu drin-
gen. – Von Heine erfuhr ich nun, was jedenfalls an der Um-
stimmung der Devrient Schuld war. Sie hat jetzt seit ziemlich zwei Jahren eine »ernsthafte« Neigung zu einem Lieute-
nant Müller, den sie unbedingt heirathen will: dieser, dem
sie ihre ökonomischen Angelegenheiten, weil sie wohl viel
betrogen wird, zur Ueberwachung übergeben hat, u. den
um Rath zu fragen, sie sich auch in Deiner Sache vorbehalten hatte, hat, da er Dich weiter gar nicht kennt, ihr schlechterdings abgerathen – oder besser gesagt – verboten, Dir
Geld zu schicken. Nun war ich überzeugt, daß nichts auszu-
richten sei. – War dieß so interessant, daß ich es Dir sogleich
hätte schreiben sollen? Ich fand es sehr langweilig. Dagegen
entwarf ich neue Pläne, Dir Geld zu verschaffen. Reissiger
jammerte mir seine Noth um gute Opern-Texte: ich las ihm
meinen Entwurf zur »hohen Braut«[2] vor, u. er ward Feuer
u. Flamme dafür, bot mir, wenn ich ihm das Textbuch machen wollte, die Hälfte alles Gewinnes an, den er aus der
Oper ziehen würde ETC., was ich natürlich ablehnte. Nun
fiel mir aber ein daß, wenn ich Reissiger das fertige Textbuch
übergäbe, dieß vielleicht die günstige Gelegenheit sei, zu
ihm zu sagen: »Sie halten meinen Text für gut, u. für einen
guten Text, weiß ich, würden Sie gern ein gutes Honorar
zahlen: das sollen Sie nun nicht; dafür aber Kietz auf 2 Jahr

---

2 *Die hohe Braut*, nach Heinrich Joseph Koenigs gleichnamigem Roman, hatte
   Wagner für seinen Kollegen Reißiger als Libretto verfaßt um sowohl dessen
   Bitte nach einem geeigneten Text zu entsprechen als auch, wie er hier berichtet, als Gegenleistung ein Darlehen von 200 Talern für seinen Freund Kietz
   in Paris zu erwirken. Den ersten Entwurf dazu hatte Wagner bereits 1836 in
   Memel verfaßt und an Eugène Scribe geschickt, um sich von ihm eine Übersetzung in französischen Versen zu erbitten. Scribe reagierte jedoch nicht.
   Reißiger hingegen war zuerst begeistert, zögerte dann lange, weil seine Frau
   dunkle Machenschaften hinter Wagners Freundlichkeit vermutete, und
   schlug schließlich das Angebot aus. Erst 1847 vertonte Wagners Freund Johann Kittl in Prag diesen Text als *Bianca und Giuseppe oder Die Franzosen
   vor Nizza* und führte die Oper am 19. Februar 1848 in Prag auf.

zu 5 PROCENT 200 Thr. borgen, u. somit ist die Sache abgemacht.« In dieser Aussicht setzte ich mich denn hin u.
machte meine Verse: der Text ist fertig u. Reissiger hat ihn
bereits; er soll sich noch ordentlich damit bekannt machen,
diese u. jene Meinung noch darüber hören; kommen wir
dann zum Abschluß, so kennst Du die Bedingung, die ich
ihm vorlegen will. Zweifelsüchtig, wie ich nun aber geworden bin, gebe ich leider aber auch darauf nicht recht viel; ich
habe Reissiger natürlich schon von Dir gesprochen, u. er
zuckte stets die Achseln – »ja, wenn man so könnte, wie
man wollte! Ach, du lieber Gott!« ETC. – Ich glaube, wenn
es zum Ausschlag kommt, verzichtet er lieber auf eine
glückliche Oper, als daß er in den Geldsack greift. Man weiß
ja, wie unbegreiflich dumm die Menschen sind! Dennoch ist
dies die einzige Hoffnung, die ich vor mir sehe, u. noch habe ich keinen *Grund* sie aufzugeben. Binnen 8 Tagen muß es
sich entscheiden. – Jetzt gehe ich in eine Probe zu Rienzi. –
Nachmittag will ich weiter schreiben!

7. Sept. – Es ist ein Tag später geworden; was liegt daran?
Was ich Dir mitzutheilen habe, ist von der Art, daß es immer noch zeitig genug kommt. Reissiger sagte ich, daß Du
mir wieder geschrieben hättest u. ihn grüßen ließest. Antwort: »Der arme Kerl! Ja, wer ihm helfen könnte!« – Ueber
meinem Text, sagt er, studire er noch. Studire zu, Du Philister! – Ach! Was ist das hier für ein verfluchtes Philisterland!
Wir grämen uns vor langer Weile krank.   [...]
Ich muß Dir doch aber auch ein Wort über meine Opern-
Angelegenheiten sagen. Für den Holländer kann ich jetzt
gar nichts thun, da erstlich das Berliner Hoftheater gegenwärtig noch in einem so desorganisirten Zustande ist, daß
Küstner mit dem besten Willen noch nichts Neues studiren
lassen kann, u. da zweitens Meyerbeer, als er nach Paris
ging, mir mittheilen ließ, daß er meine Oper selbst einstudiren wollte, u. zwar als die erste unter seiner Direktion zu ge-
bende, u. daß dies sogleich nach seiner Zurückkunft aus Paris – November – geschehen solle. Somit kann ich darin

nichts weiter mehr thun als abwarten, da es zumal unhöflich gegen Meyerbeer sein würde, wollte ich darauf bestehen, der Holländer sollte noch vor seiner Zurückkunft gegeben werden. Uebrigens denke ich, die Pariser Aufführung soll mir keinen Schaden machen; es wäre in der That die *erste* Oper *dieser* Art, die nach Deutschland gekommen wäre; jedenfalls geht es nicht so *schnell* damit; ein Jahr würde es immer dauern, ehe sie in Deutschland gegeben würde, u. bis dahin kann im glücklichen Falle die meinige schon an mehreren Theatern gegeben sein. Meine ganze Thätigkeit widme ich für jetzt daher nur meinem *Rienzi;* u. bei Gott, es thut Noth! Wäre ich nicht hier, u. wachte nicht mit der gespanntesten Aufmerksamkeit über mein Interesse, Gott weiß, wann dann meine Oper zur Aufführung kommen würde. Und dabei habe ich noch den großen Vortheil, daß das gesammte Opern-Personal, Sänger, Kapellmeister u. Regisseur, mit so vortrefflichem Willen an die Arbeit gehen, daß mir allgemein versichert wird, es habe eine so günstige Uebereinstimmung noch niemals stattgefunden! Aber diese zahllosen Confusionen, die täglich von der ungemeinen Borniertheit u. Albernheit des Intendanten ausgehen, stellen mir beständig Hindernisse in den Weg, an denen ich immer wie an einem Miststalle auszuräumen habe. Sie aufzuzählen, führte mich hier jedenfalls zu weit; genug – wir haben jetzt 14 Proben am Klavier gehalten, u. in 4 Wochen, ungefähr in der ersten Hälfte des October wird die Aufführung stattfinden: wenn mich nicht Alles täuscht, muß diese nun aber ausgezeichnet werden: von der Devrient brauch' ich Dir nur zu sagen, daß mir versichert wird, sie habe noch nie eine Partie mit solchem Eifer angefangen, da es ihr fast immer ungemein schwer falle, sich ganz vom Anfang herein mit etwas Neuem vertraut zu machen: ganz zum Schlusse der Oper will sie, als *Mann* reitend, zu Pferde hereingesprengt kommen! – Tichatschek hat meinetwegen einen Urlaub nach Salzburg aufgegeben: er ist mit seiner Stimme wie gemacht zu meinem Rienzi, u. so sieht er diese Partie als die glän-

zendste an, die er je gesungen habe. Er läßt sich zu dieser
Rolle eine Rüstung aus Neu-Silber, mit massivem echten Sil-
ber reich verziert, machen, die ihm gegen 400 Thaler kosten
soll. Das Uebrige Personale ist vortrefflich gewählt, u. namentlich verspreche ich mir auch von der *Wüst* sehr viel Gutes, der ihre Partie ausgezeichnet in der Stimme liegt.[3] Außerdem soll nun wirklich nichts gespart werden, u. meine
Oper wird – dem hiesigen Ausdruck nach, – die *stärkste*, die
sie noch gehabt. Hie u. da zeigen sich auch schon günstige
Notizen in den öffentlichen Blättern. – Da hast Du Alles,
was ich Dir über meine Oper sagen kann; theile es meinen
Freunden gehörig mit!

Nun etwas über meine äußeren Verhältnisse! Sie sind
nicht zum Besten bestellt. Wir haben das hiesige Leben für
viel wohlfeiler gehalten, als es ist. Seitdem ich von Teplitz
zurück bin, habe ich eine bessere Wohnung als die frühere
beziehen müssen, weil ich es nicht mehr umgehen konnte,
Besuche von Leuten zu empfangen, denen meine wahren,
bettelhaften Verhältnisse verborgen bleiben müssen; endlich
habe ich auch einen Flügel miethen müssen, den ich bereits
4 Monate entbehrt. Logis u. Flügel nehmen mir nun monat-
lich 16 Thaler hinweg. 30 Thr. beziehe ich, – somit habe ich
14 Thr. zum Leben, Schuhwerk u.s.w. Schließe daraus, wie
bei der jetzigen Theuerung unser Auskommen beschaffen
ist, u. in welche gränzenlosen Verlegenheiten ich daher mitunter an einem Orte gerathe, wo von Borgen unter keiner
Bedingung die Rede sein kann. Meine *drei* Hemden fallen
mir buchstäblich »vom Leibe«. Das Schlimmste bei dem
Hinausschub meiner Oper ist nun die Unmöglichkeit, mich
in der gesetzlichen Frist meiner Verbindlichkeiten gegen
Loizeau[4] zu entledigen. Ich muß den armen Menschen jedenfalls bitten, die Wechsel entweder bis Ende October

---

3 Henriette Wüst, mit dem Schauspieler Hans Kriete verheiratete Sängerin,
   sang in der Uraufführung des *Rienzi* die Irene.
4 Es handelt sich um Wagners Schneidermeister in Paris.

Ernst Benedikt Kietz. Foto

prolongiren zu lassen, oder ihren Betrag auf einen Monat für mich auszulegen: – es ist schlechterdings nichts anderes zu thun. – Meine Leihhausscheine verfallen jetzt noch nicht; der eine ist erst den 8 NOVEMBER, der andere d. 9 JANUAR um. *Ich danke Dir für Deine Besorglichkeit, kannst Du, löse sie ein!* [...]

Das Einzige, was ich in diesem Sommer für mich gemacht habe, ist der vollständige scenische Entwurf des »Venusberg's«[5]. Ich halte ihn für vollkommen gelungen, u. bin überzeugt, daß diese Oper mein originellstes Product wird. Wenn ich Muße gehabt haben werde, die Verse auszuführen – (u. ich will mich bemühen, sie so gut wie möglich zu machen –) schicke ich Euch eine Abschrift zu. Ich begann den Entwurf auf einer kleinen Fußreise auszuarbeiten, die ich von Teplitz aus in die Gebirge nach Aussig u.s.w. machte; – auf dem Schreckenstein (– wenn Du ihn kennst) – übernachtete ich u. fing die Arbeit an. Kinder, dort ist es reizend! Anders, Lehrs u. Ihr Alle, betet für *Rienzi,* so wollen wir nächstes Jahr auf dem Schreckenstein ein Fest feiern! –

– In der Stadtkirche von Aussig ließ ich mir die Madonna von CARLO DOLCI zeigen: das Bild hat mich außerordentlich entzückt, u. hätte es *Tannhäuser* gesehen, so könnte ich mir vollends ganz erklären, wie es kam, daß er sich von Venus zu Maria wandte, ohne dabei zu sehr von Frömmigkeit hingerissen zu scin. – Jedenfalls steht nun die *Heilige Elisabeth* bei mir fest. – – [...]

---

5 So lautete der ursprüngliche Titel von *Tannhäuser,* der wegen möglicher Anzüglichkeiten entsprechend geändert werden mußte.

Dresden, den 5. Oktober 1842

Geehrtester Freund,

wenn Sie mir Ihre Theilnahme bewahrt haben,[1] so erlauben Sie mir, Sie recht angelegentlich zu bitten, der Aufführung meiner Oper »Rienzi« in Dresden beizuwohnen. Nach dem sorgfältigsten, und von dem sämmtlichen Opernpersonale mit größter Liebe betriebenen Studium ist nun der 16te dieses Monates zur ersten Aufführung mit Bestimmtheit festgesetzt.[2] Ich gestehe, daß ich derselben mit Freude entgegensehe, da ich sehe, daß sie in jeder Hinsicht ausgezeichnet werden wird. Alles verspricht einen tüchtigen Erfolg. Gott möge ihn mir geben, ich schmachte seit zehn Jahren darnach, so wie ich möchte, – hervorzutreten. Ganz abgesehen von der Wichtigkeit, die Sie als Redacteur der respectirtesten musikalischen Zeitung für mich in solchem Falle haben müssen, liegt mir aber natürlich besonders auch daran, mich einem Künstler, wie Sie, recht nah bekannt zu machen, und da ich unter einem ganzen Publikum nur auf *sehr* wenige Personen in diesem Sinne etwas zu geben habe, so können Sie leicht ermessen, wie glücklich Sie mich machen würden, wenn Sie durch Ihre Gegenwart die so schwache Anzahl dieser Personen vermehren wollten. Die Aufführung fällt *Sonntag*, also an einem Tage, wo Sie sich am leichtesten von etwa-

---

1 Wagner hatte Schumann nach der Rückkehr aus Paris am 18. April 1842 in Leipzig besucht, also bereits sechs Tage nach seiner Ankunft in Dresden, wie aus Schumanns Besucherbuch ersichtlich ist.
2 Die Uraufführung des *Rienzi* wurde nochmals verschoben und fand nicht am 16., sondern erst am 20. Oktober 1842 in Dresden statt. Schumann war nicht dabei.

igen Beschäftigungen frei machen können; die Generalprobe
ist Sonnabend Vormittag. Wollen Sie mir die Freude machen, zu kommen, so könnten Sie mir schreiben, ob ich Ihnen einen guten Platz besorgen soll.

Auf ein freundliches Wiedersehen hoffend bleibe ich wie
immer

Ihr
ergebenster Freund
Richard Wagner.

23 AN FELIX MENDELSSOHN BARTHOLDY, LEIPZIG

Dresden, den 17. November 1842

Hochgeehrter Herr,

soeben werfe ich nochmals einen Blick in die Partitur meiner Ouvertüre[1], u. erschrecke ernstlich davor, sie Ihrem gütigen Anerbieten gemäß in einem Leipziger Gewandhaus-
Conzert aufführen zu lassen: ich sehe ein, sie ist *nur* für das
Opern-Haus u. nicht für den Conzert-Saal, u. jedenfalls,
wenn Ihre gütige Gesinnung gegen mich in Bezug auf die
Aufführung einer meiner Compositionen unter Ihrer mei-
sterlichen Leitung dieselbe bleiben sollte, verspare ich die
mir zugedachte Ehre für eine andere Arbeit, die eher geeignet sein dürfte, Ihren nachsichtigen Ansprüchen zu genügen, vielleicht die Ouvertüre zu meinem »fliegenden Holländer«, sobald diese Oper, was Mitte künftigen Monates

---

1 Es handelt sich um die noch in Paris komponierte Ouvertüre zur Oper *Rienzi*, die am 20. Oktober 1842 in Dresden uraufgeführt wurde.

geschehen soll, auf der hiesigen Hofbühne in Scene gegangen sein wird.[2]

Wenn ich wegen meines so abscheulich schwankenden Benehmens gegen Sie mich entschuldigen könnte, so würde dies allein nur dadurch möglich sein, daß ich Sie auf das Gefühl hinweise, welches mich für einige Zeit in Unklarheit befangen hielt, als mir ein so ehrenvolles Anerbieten gemacht wurde, welches ich jedoch nach reiflicher Ueberlegung für *diese* meine Arbeit nicht annehmen kann.

Beweisen Sie mir Ihre Güte auch dadurch, daß Sie mir mein unziemliches Benehmen verzeihen, u. seien Sie versichert, daß ich nie aufhören werde zu sein

Ihr
glühendster Verehrer
Richard Wagner.

Dresden, 17 NOVEMBER, 1842.

24 AN ROBERT SCHUMANN, LEIPZIG

Dresden, den 25. Februar 1843

Werthester Freund,

erst ein wenig spät komme ich dazu Ihren von Ihrer lieben Frau mir überbrachten Brief zu beantworten. Auf welche Weise jetzt meine Zeit so belästigend in Anspruch genommen wird, können Sie leicht errathen, und ich bedarf daher wohl keiner weiteren Entschuldigung.

---

2 In dem Gewandhaus-Konzert, das am 26. November 1842 stattfand, sangen Wilhelmine Schröder-Devrient und Joseph Tichatschek je eine Arie aus Wagners *Rienzi*; der Komponist dirigierte selbst. In derselben Veranstaltung dirigierte Mendelssohn seine Ouvertüre zu Victor Hugos Drama *Ruy Blas*. *Der fliegende Holländer* hingegen war zwar schon seit dem 5. November 1841 fertig, wurde jedoch erst am 2. Januar 1843 in Dresden uraufgeführt.

Der kurze Besuch, den Ihre liebe Frau den Dresdenern machte, hätte nur länger u. in Ihrer Begleitung sein sollen. Zumal wünschte ich recht sehr, Sie veranstalteten hier einmal vor dem großen Publikum – will sagen: öffentlich – eine musikalische Unterhaltung, worin Sie den Leuten Ihre Sachen, u. namentlich auch Ihr neues Quintett[1] zu hören gäben. Es sollte mich freuen, wenn Sie bei einer solchen Gelegenheit erführen, daß Sie über die jetzige Geschmacks-Richtung unsres Publikum's in einem heute nicht mehr gerechtfertigten Vorurtheil befangen sind. Die Zeit des Bellinismus hat sich hier gänzlich überlebt, und wenn er vielleicht noch irgendwo haftet, so ist dies bei einer gewissen Clique der hohen Welt, die, was triviale Geschmacks-Richtung betrifft, sich ja wohl überall gleich ist – aus Ursachen, die ich Ihnen nicht erst anzuführen brauche. An einem Orte, wo lange Zeit nur eine italienische Oper existirte,[2] ist es wohl nicht zu verwundern, wenn die Vorliebe für italienische Musik auch später noch rege blieb, als zumal eine Schröder-Devrient, nirgends in deutschen neueren Werken Nahrung für ihr großartiges Darstellungs-Talent vorfindend, sich mit halb und halb gezwungenem, Enthusiasmus auf die Darstellung Bellini'scher Partien warf. Sie hat in diesen Rollen überall entzückt, – so auch hier.[3] Seitdem nun aber von unsren Künstlern selbst diese Vorliebe aus endlich hervorgerufenem Ekel aufgegeben, und sie sich mit ausschließlichem Behagen dem Studium ächterer Musik hingegeben haben, ist denn auch das Publikum willig und gern auf Veredelung in der Geschmacks-Richtung eingegangen. Es

---

1 Das *Klavierquintett Es-Dur,* op. 44 (1842).
2 Bis zu Carl Maria von Webers Aufbau einer deutschen Oper in Dresden ab 1817 war selbstverständlich – wie in anderen bedeutenden Opernstädten Europas auch – die italienische Oper gepflegt worden, die in Dresden bis zum Frühjahr 1832 neben der deutschen bestehen konnte.
3 Die ebenfalls in der Tradition der italienischen Oper stehende Schröder-Devrient hatte mit ihrer sängerschauspielerischen Gestaltungskraft in der Rolle des Romeo in Bellinis *I Capuleti e i Montecchi* (1830) bereits im Frühjahr 1834 Wagner ein unvergeßliches Bühnenerlebnis verschafft.

ist im Gegensatz zu früher hier ein wahres, überall sich aus-
sprechendes Verlangen entstanden nach Kunst-Genüssen
höchster Art, und hier ist allerdings der Punkt, wo eingestanden werden muß, daß unsre Kunstfreunde in arger Ver-
kümmerung liegen. Etwas ähnliches wie Eure Gewandhaus-
Conzerte kennen wir hier nicht und der einzige kümmerli-
che Ersatz dafür – Abonnements-Conzerte, veranstaltet von
dem Musikdirektor eines Militär-Musik-Corps – wird dennoch von unsrem Publikum mit einem Interesse beachtet,
welchem billig würdiger zu entsprechen wäre. Daß von Seiten unsrer Kapelle noch nichts geschehen konnte, um dem
Verlangen des Publikum's nach öfter zu hörenden Aufführungen gediegener Instrumental-Werke zu genügen, beruht
auf einem Uebel, welches jedenfalls bald gehoben werden
muß.[4] – Für jetzt kann nur von unsren Opern-Aufführun-
gen die Rede sein, u. was dies betrifft, muß Ihnen einfach
ein Blick auf unser Repertoir lehren, daß die Zeit des Bellinismus vorbei ist: halten Sie, um Gottes Willen! damit zusammen, was jetzt an anderen Orten, z. B. in Berlin geboten
wird! Gehen Sie das Repertoir des letzten Winters durch,
und Sie werden meist finden: Iphigenia, Fidelio, Freischütz,
Jessonda, Templer, Blaubart ETC.[5] – Erlauben Sie mir selbst
anzuführen, daß es gewiß wenigstens für den Ernst unsres
Publikum's spricht, daß eine Composition, wie mein »flie-
gender Holländer« hier eine so warme Aufnahme fand. Ihre
Mittheilungen über diese Arbeit, nachdem Sie die Partitur

4 Wagners beständiges künstlerisches Engagement war nicht nur auf komposi-
  torischem Gebiet avantgardistisch, sondern bezog auch das Angebot für das
  Publikum und vor allem die künstlerische Qualität durch möglichst gute
  Musiker und deren bessere Bezahlung mit ein. Gegen routinemäßige Gewohnheiten – auch das Repertoire eines Opernhauses oder Orchesters betreffend – konnte er sich leidenschaftlich erregen.
5 Es handelt sich um die Opern *Iphigénie en Tauride* (1779) von Gluck, *Fidelio* (1804–14) von Beethoven, *Der Freischütz* (1821) von Weber, *Jessonda*
  (1828) von Spohr, *Der Templer und die Jüdin* (1829) von Marschner und
  Raoul Barbe Bleue (*Ritter Blaubart*, 1789) von Grétry.

derselben durchgesehen haben, bestätigen diese meine Bemerkung, u. nach den Einwendungen, die Sie mir über das
zu düstere Colorit machen, sollte, da ich sie für begründet
erkenne, eher die Meinung erweckt werden, daß eine solche
Arbeit hier durchaus nicht hätte ansprechen können. Da
nun aber, je öfter die Oper hier gehört wird, das Publikum
immer mehr sich damit befreundet, so glaube ich, war es
nicht unpassend, auch dies zu citiren, um Ihnen eine bessere
Meinung über den Ernst der jetzt hier immer mehr um sich
greifenden Geschmacksrichtung zu erwecken. – Uebrigens
stimme ich Ihnen in Allem bei, was Sie – Ihrer jetzigen
Kenntnisnahme nach – über meine Oper sagen; nur das Eine
hat mich erschreckt, u. – ich gestehe es Ihnen – der Sache
selbst wegen, erbittert: daß Sie mir so in aller Ruhe hin sagen, manches schmecke oft nach – Meyerbeer. Vor Allem
weiß ich gar nicht, was überhaupt auf dieser weiten Welt
»Meyerbeerisch« sein sollte, außer vielleicht *raffinirtes* Streben nach seichter Popularität: etwas wirklich Gegebenes
kann doch aber nicht »Meyerbeerisch« sein, da in diesem
Sinne Meyerbeer ja selbst nicht Meyerbeerisch, sondern
Rossinisch, Bellinisch, Auberisch Spontinisch ETC. ETC. ist.
Gäbe es aber wirklich etwas Vorhandenes, Consistentes –
was »Meyerbeerisch« zu nennen wäre, wie man etwas
»Beethovenisch« oder meinetwegen »Rossinisch« nennen
kann, so gestehe ich, müßte es ein wunderbares Spiel der
Natur sein, wenn ich aus *dem* Quelle geschöpft hätte, dessen bloßer Geruch aus weiter Ferne mir zuwider ist; es wäre
dies ein Todesurtheil über meine Productions-Kraft, und
daß Sie es aussprechen zeigt mir deutlich, daß Sie über mich
durchaus noch keine unbefangene Gesinnung haben, was
sich vielleicht aus der Kenntnis meiner *äußeren* Lebensver-
hältnisse herleiten läßt, da diese mich allerdings zu dem
Menschen Meyerbeer in Beziehung gebracht haben, durch
die ich ihm zu Dank verpflichtet worden bin.
   – Was überhaupt ein öffentlich festzustellendes Urtheil
über meine Arbeit betrifft, bin ich froh jetzt in der Aussicht

leben zu können, meine Opern bald durch die Aufführung
verbreitet zu sehen: denn was von hier aus die Localkritik
vermeldet, kann leider für mich und die Sache nicht eines
Heller's Werth haben. Von denen, die in auswärtige Blätter
berichten, sind die Einen arme Teufel, die das Theater nicht
bezahlen können und deshalb berichten »ich konnte die
Oper zwar noch nicht sehen, sie soll aber« ETC. – die Andern, gar selbst praktizirende Musiker, können offenbar den
Brodneid nicht verheimlichen, – so haben Sie unsres Freundes *Bank* Meisterstück in der Wiener musik. Zeitg. wohl gelesen.[6] Charakteristisch ist es übrigens auch, daß die Härtel'sche Mus. Ztg., die sich aus Gott weiß was für Nestern
Berichte einschicken läßt, so gut wie noch kein Wort über
die Erscheinung meiner Opern gemeldet hat.[7] Wenn ich nun
weiß, daß hinter dieser Zeitung ein großer, weithin angebeteter Tonfürst steckt, so erweckt mir dies keine sehr freundliche Meinung über dessen wahren Charakter.[8] Stünde ich so
wie Er, so würde ich den Teufel danach fragen, was dieses
oder jenes Blatt über mich sagt: wie es jetzt steht, muß mir
aber noch daran gelegen sein, empfohlen zu werden, u. zwar
rein der Verbreitung wegen, die für mich und meine Opern
ein Lebensbedürfnis ist. – –

Ihr Quintett, bester Schumann, hat mir sehr gefallen: ich
bat Ihre liebe Frau, es zweimal zu spielen. Besonders schweben mir noch lebhaft die zwei ersten Sätze vor. Ich hätte den
vierten Satz einmal zuerst hören wollen, vielleicht würde er
mir dann besser gefallen haben. Ich sehe, wo hinaus Sie wol-

---

6 Wagner bezieht sich auf den mit C. B. (d. i. Carl Banck) in der *Allgemeinen
Wiener Musik-Zeitung* vom 18. Januar 1843 unterzeichneten Verriß seiner
Opern *Rienzi* und *Der fliegende Holländer.*

7 In der Leipziger *Allgemeinen Musikalischen Zeitung* wurden die für Wagner
so entscheidenden Uraufführungen seiner Opern in Dresden mit Schweigen
übergangen.

8 Wagner lastete das Verhalten der Zeitung seiner Vaterstadt Leipzig zu Recht
dem Einfluß von Felix Mendelssohn Bartholdy an, der gegen Wagners
avantgardistische Musik große Bedenken hegte.

len, u. versichere Ihnen, da will auch ich hinaus: es ist die
einzige Rettung: *Schönheit!*

Leben Sie wohl, werthester Freund, und empfehlen Sie
mich bestens Ihrer verehrten Frau. Stets

Ihr
ergebenster
Richard Wagner.

Dresden, 25 Februar 1843.

25 AN MINNA WAGNER, TEPLITZ

Dresden, den 8. Juni 1843

Bestes Minel!

In aller Schnelligkeit eine kleine Nachricht von mir! – Das
Fest ist gestern sehr gut abgelaufen, *mein* Gesang hat entschieden den Sieg über den Mendelssohn'schen davon getragen, der ohne Wirkung u. unverständlich blieb.[1] – Lindenau
hat mir dieß heute auch ganz unumwunden erklärt u. mir
versichert, daß der ganze Hof derselben Meinung sei. – Der
Oberhofmeister hat mir nun soeben im Namen des Königs
eine

goldene Dose

sehr gediegen mit herrlicher ziselirter Arbeit, zugestellt. –
Also, – auch eine *goldene Dose* ist da, – aus der mußt Du allemal auch eine Prise nehmen, u. wenn der Tabak noch so
stark ist. Du gutes, dumbes, allerbestes Minel, Du!

---

1 Zur Enthüllung des von Ernst Rietschel geschaffenen Denkmals für König
  Friedrich August II. von Sachsen im Dresdener Zwinger komponierten sowohl Wagner als auch Mendelssohn festliche Chormusikstücke: Wagner seinen *Festgesang* (WWV 68), Mendelssohn eine Bearbeitung des Textes *Heil
  Dir, im Rautenkranz* auf die Melodie der englischen Nationalhymne *God
  save the King.*

Du schreibst ja garnicht? Was heißt denn das? Hältst Du
es schon mit einem Andern? Warte, Du sollst's schon krie-
gen! –

Jetzt geht's nun mit aller Gewalt an die Apostel[2]! Heute
Abend ist *Norma* mit der Werthmüller[3] – das Luder! –

Grüße schönstens die Mama! – Pebs[4] soll sich gut aufführen, sonst zeige ich ihm meine goldene Dose nicht.

Adieu, Du liebes, liebes gutes Weib! Immer u. stets bin
ich bei Dir mit ganzem, vollem Herzen!

Dein

Richard.

Dresden, 8 Juni

Ihre Wohlgeboren

Madame

Minna Wagner

»Zur Eiche«

in Schönau bei

Teplitz

---

2 Die nächste Komposition – anläßlich des sächsischen Sängerfests in Dresden
  – war *Das Liebesmahl der Apostel,* Wagners einziges oratorisches Werk. Es
  wurde am 6. Juli 1843 in der Dresdener Frauenkirche uraufgeführt.
3 Die Sängerin Elise Werthmüller war in der Spielzeit 1843/44 am Dresdener
  Hoftheater und sang damals die Titelrolle in Vincenzo Bellinis Oper *Norma*
  (1831).
4 Wagners Hund.

Teplitz, den 27. Juli 1843

Hochgeehrte Herren,

Ihr Werthes vom 25 d. M. läßt mich ersehen, daß Sie meine Oper »der fliegende Holländer« wohl der – wie ich recht wohl weiß – bedeutenden Kosten der Herausgabe, nicht aber eines Honorares, wie Sie es für Opern schon oft gezahlt haben, für werth halten. So sehr mich dieß wundert, weil ich nicht begreifen kann, wie man ein größeres Kapital für eine Sache wagen kann, von der man noch nicht überzeugt ist, ob sie des Ankaufes werth sei, so vollkommen bestätigt es doch meine bisher gehegte traurige Meinung, daß eine, unter noch so günstigen Auspicien in's Leben getretene, deutsche Original-Oper einem deutschen Verleger doch kein so sicheres Geschäft erscheint, als eine französische, sei sie auch – wie Charles VI von Halévy – unter den zweideutigsten Anzeigen zu Tage gekommen.[1] Da ich bei Ihnen, den Eigenthümern der ehrenwerthesten u. reichsten Musikhandlung Deutschland's, diese meine Befürchtung bestätigt sehe, nehme ich dies für ein Zeichen, daß es für mich gerathener sein wird, mit anderweitigen Anbietungen meiner Oper für jetzt noch zurückzuhalten, u. ich nehme mir die Freiheit Ihnen somit anzuzeigen, daß ich dieselbe nirgends weiter zum Verlag anbieten werde, sondern ruhig abwarten will, bis ein weiterer Erfolg derselben auf den Theatern Ihnen eine günstigere Meinung von ihrem Werthe für den Verlag erweckt

---

1 Wagners Kritik war durchaus berechtigt, denn im Gegensatz zu seiner bald erfolgreichen eigenen Oper war z. B. Halévys fünfaktige Oper *Charles VI*, die am 15. März 1843 in Paris ohne Erfolg uraufgeführt worden war, selbst in der Neufassung vom 4. Oktober 1847 (wieder in der Grand Opéra) keineswegs mehr prädestiniert für die Drucklegung.

haben wird. Jedenfalls aber bin ich gesonnen, diese Oper entweder nie, oder nur gegen ein gutes Honorar einem Verleger zu überlassen, da mir – abgesehen von allem Uebrigen – der Gedanke widerwärtig sein müßte, einem Verleger die bedeutenden Kosten der Herausgabe zu verursachen, ohne daß er den Glauben habe, ein gutes u. ehrenvolles Geschäft zu machen, was er nur dadurch beweisen kann, daß er auch den Autor nach Kräften honorirt.[2]

Mit vorzüglicher Hochachtung empfehle ich mich als

Ihren
ergebensten

Teplitz, 27 Juli 1843.   Richard Wagner.

27   AN AUGUST FREIHERRN VON LÜTTICHAU, DRESDEN

Dresden, den 11. März 1844

Excellenz!

Im Begriffe von einem abermaligen Beweis Ihrer großen Güte Gebrauch zu machen und einen Urlaub zu einer Reise nach Hamburg anzutreten, vermag ich nicht zu verhehlen, daß ich diesmal mit sehr schwerem Herzen mich zu einem Zeitpunkte entferne, in welchem die wichtigsten Entscheidungen gefaßt werden sollen. Als eine der wichtigsten betrachte ich die über die Anstellung des provisorischen Mu-

---

2 Weitere Briefe nach der Uraufführung hatten bei Breitkopf & Härtel vorerst auch keinen Erfolg. Auf ein ungünstiges Honorarangebot des Verlags vom 27. Januar 1844 schließlich konnte Wagner nicht eingehen. So kam es, daß auf Jahre hinaus mit dem Leipziger Musikverlag keine Geschäftsbeziehung zustande kam, übrigens auch nicht mit dem Verlag Schott in Mainz.

sikdirector's Röckel[1]; sie wird ein für allemal darüber beschließen, ob eine mit Talent und Kenntnissen nicht gering
ausgestattete Künstler-Natur zu einer höheren Entwickelung und Reife gelangen, oder für das ganze Leben einem
empfindlichen, fast vernichtenden Stoße erliegen soll.

So unverholen ich hiermit meine Theilnahme an dem
Schicksale Röckel's selbst ausspreche, so offen erkläre ich
jedoch auch, daß ich mein eigenes Interesse bei dem vorliegenden Falle als nicht wenig betheiligt erkenne. Die ausführliche Unterredung, deren mich Ew. Excellenz am vergangenen Sonnabend würdigten, hat auf mich einen Eindruck
hinterlassen, dessen Peinlichkeit mich seit dem Augenblick,
wo ich die Schwelle der Expedition verließ, bis jetzt, wo ich
mir die Freiheit nehme, mich schriftlich an Ew. Excellenz zu
wenden, so unablässig eingenommen und bewältigt hat, daß
ich, ohne mich gegen irgend Jemand, selbst nicht gegen meine Frau, darüber ausgelassen zu haben, durch genaues Zura-
thegehen mit meinem Innern endlich zu dem vollsten Bewußtsein dessen gelangt bin, was mir als unverbrüchliche
Pflicht erscheint.

Ew. Excellenz haben mir vorigen Sonnabend mit deutli-
chen Worten gesagt, daß ich das Vertrauen des allerhöchsten
Hofes und somit nothwendig auch das Ew. Excellenz nicht
in dem Grade besäße, als es zu wünschen wäre; daß dieses
noch fehlende Vertrauen zunächst meine Fähigkeiten als Dirigent beträfe, und daß Ew. Excellenz es demnach für nöthig
hielten, zur Direction der Kapelle noch einen Mann zu berufen, von dem Ew. Excellenz gewiß sein könnten, daß er
das mir noch fehlende Vertrauen für sein Theil sicher erwerben werde. Ew. Excellenz haben mir wiederholt versichert,

---

1 Röckel war 1843 wenige Monate Musikdirektor in Bamberg, um noch im
  gleichen Jahr nach Dresden zu gehen, wo er bis Frühjahr 1849 in gleicher
  Stellung fest engagiert war. Er verzichtete auf eine Aufführung seiner Oper
  Farinelli, nachdem er Wagners Musik kennengelernt hatte, und korrespondierte noch viele Jahre mit ihm.

daß, besäße ich das mir nöthige Vertrauen des allerhöchsten Hofes in dem Maaße, als es zu erwünschen wäre, Sie
Sich keineswegs versucht finden würden, Sich nach einem
noch talentvolleren Dirigenten umzusehen, als Röckel es
ist; somit liegt nach genauerer Prüfung hier der Fall vor,
den ich bei meiner Anstellung selbst in Möglichkeit stellte,
und für welchen ich schriftlich Ew. Excellenz versicherte,
daß, träte er ein, es sich nie mit meinem Ehrgefühl vertragen würde, ferner auf Vortheilen einer Anstellung zu
bestehen, für welche ich nicht das nöthige Vertrauen
besäße.

Besteht nun der Tadel, der gegen mein Dirigenten-Talent
ausgesprochen wird, nur in den hie und da gegen mich zu
äußernden Wünschen in Bezug auf gewisse TEMPI in den
Opern der neueren italienischen MAESTRI, so könnte sich ein
deutscher Musiker, der sonst Tüchtiges zu leisten im Stande
ist, dadurch im Ganzen nur wenig betroffen fühlen, ebensowenig, als dies bei Weber und Mendelssohn, hätten sich diese mit ähnlichen Aufgaben zu befassen gehabt, von großem
Belang gewesen sein würde, und zwar aus Gründen, die ich
einem Theile des musikalischen Publikum's gegenüber, der
jene Opern vorzugsweise liebt, gern verschweige. Man kann
nur einem Gott dienen, und das ist der wahre, den man erkennt und verehrt! – Geht jener Tadel aber weiter, und er-
streckt er sich auf die – leider nur wenigen – Leistungen, bei
denen mir und der Kapelle Aufgaben gestellt wurden, wie
sie z. B. Mendelssohn ausschließlich sich nur stellt, und bei
denen einzig die wahren Kräfte eines Künstler's in Anspruch
genommen werden, so ist er allerdings von mir in ernsten
Betracht zu ziehen, und ich kann nicht anders glauben, als
daß es sich um einen solchen Tadel handle, da Sich Ew. Excellenz gedrungen fühlten mir die Erklärung zu machen, ich
besäße das Vertrauen des allerhöchsten Hofes nicht in dem
Maaße, als daß Ew. Excellenz es nicht nöthig halten sollten,
noch einen ganz besonders befähigten Dirigenten zur Leitung der Kapelle zu berufen.

Fühlen Sich nun Ew. Excellenz bewogen diese Ansicht
von der Sache zu bestätigen, so halte ich es für meine Pflicht,
Sie darauf aufmerksam zu machen, daß dann auch die Anstellung eines zwar wackern, aber ziemlich gewöhnlichen
Musiker's, wie Herr Bach es ist, der Sache und dem Institute
nicht entsprechen würde; vielmehr könnten Ew. Excellenz
dann Ihr Augenmerk auf einen bedeutenderen und renomir-
teren Dirigenten richten, da Ihnen durch meinen nothwendigen Zurücktritt dann leicht die Mittel an die Hand gegeben würden, den Gehalt für die zu besetzende Stelle reich-
licher auszustatten, als er es jetzt ist, und für welchen Ew.
Excellenz es immer als einen glücklichen Zufall ansehen
müßten, einen bedeutenden Künstler für die Dauer zu gewinnen. Ich für mein Theil würde nämlich mein allerunter-
thänigstes Gesuch an Se. Majestät dahin stellen, daß Aller-
höchstdieselben die Gnade hätten, mich meiner Funktionen
so weit zu entbinden, als es mir gestattet sein sollte, um meine Opern einzustudiren und zu dirigiren, sowie vielleicht in
besonderen Fällen nach dem Wunsche Sr. Majestät diese
oder jene Aufführung zu leiten, sobald sie der Specialität
meines geringen Talentes angemessen erscheinen sollte, wofür mir dann natürlich nur ein beliebiger kleiner Gehalt zu-
zugestehen sein würde.

Der von mir unter den bezeichneten Bedingungen gewünschte Zurücktritt vom eigentlichen activen Dienste als
Vorstand der Kapelle, wird mir aber auch aus anderen Rücksichten unter den mir von Ew. Excellenz vorgestern darge-
thanen Umständen zu einer Gewissens-Pflicht. Die Kapelle
bedarf jetzt eines Vertreter's, der das Vertrauen Sr. Majestät
und Ew. Excellenz im *vollsten* und *höchsten* Maaße besitzt,
weil es die höchste Zeit ist, daß ein solcher endlich, und
zwar nur unter dem Ausspruche des vollsten Vertrauen's,
beauftragt werde, einen gründlichen Bericht über den Zustand dieses Institutes und über die unumgänglich nothwendige, unserer Zeit und ihren Ansprüchen gemäße Abhülfe
der in demselben wurzelnden Uebelstände abzugeben. Es

liegt am Tage, daß mit einem solchen Auftrage, wenn er Erfolg haben soll, nur ein Mann beehrt werden kann, der, wie erwähnt, das vollste und unbedingteste Vertrauen seiner hohen Vorgesetzten inne hat, ein Mann, von dem man auf Treue und Glauben annimmt, daß er der Sache vollkommen gewachsen ist und ohne Uebertreibung nur das wahrhaft Nöthige beansprucht. Nach meinen neuesten Erfahrungen gestehe ich zu, daß ich sehr eitel war, als ich mir schmeichelte, nicht weit mehr von dem Ziele entfernt zu sein, an welchem ich die unschätzbare Ehre eines solchen Auftrages beanspruchen dürfte. Ich hatte (trotz der wirklich nur sehr spärlichen Gelegenheiten, im Dienste des Hof-Theater's ächt Künstlerisches zu leisten, zumal da auch die wenigen Gelegenheiten, würdige und wahrhaft lohnende Aufgaben zu lösen, stets nur in gedrängter Zeit und eingeengt zwischen den trivialsten Tages-Bedürfnissen eines Theater's sich darboten) mir rastlose Mühe gegeben den künstlerischen Sinn der Kapelle, der wohl oft unter der Last der ordinärsten Tagsarbeit zu erliegen drohte, zu beleben und guten Muthes zu erhalten, so daß wir zu unsrem eigenen Verwundern oft von unsrer Leistungen selbst mehr überrascht wurden, als wir der Abspannung nach von uns selbst erwartet hatten. Durch stetes und aufmerksames Bestreben habe ich die Anfangs zwischen mir und der Kapelle bestehenden Differenzen soweit zu beseitigen gewußt, daß ich mir jetzt schmeicheln darf, von ihr als Derjenige angesehen zu werden, von dem sie sich mit vollstem Vertrauen die Abhülfe ihrer Leiden verspricht. Dennoch muß ich nun einsehen, daß mir das Wichtigste noch fehlt, und Ew. Excellenz könnten zwar in Ihrer mir stets bewiesenen großen Güte mir die Hoffnung machen, das mir fehlende volle Vertrauen des allerhöchsten Hofes noch erwerben zu können, ja, Ew. Excellenz haben mir bei der letzten Unterredung sogar diese Hoffnung für spätere Zeiten schon übrig gelassen: – ich aber theile diese Hoffnung nicht, da ich mir bewußt bin, unter den gegebenen Umständen (– und andere Umstände herbeizuführen steht nicht in meiner Macht, –) nicht mehr leisten zu können, als ich bisher geleistet habe; und sollte ich den Glauben haben, mir später noch das fehlende Vertrauen erwerben zu können, so würde dies doch jedenfalls zu spät für den wichtigen Dienst sein, welcher der Kapelle sehr bald geleistet werden muß. Da mir außerdem Ew. Excellenz auch oft den Vorwurf meiner Neuheit in den hiesigen Verhältnissen machen, so muß ich bekennen, wie ich selbst nicht hoffe, durch Aelterwerden in denselben zu gewinnen: das Auge, welches sich gewöhnt eine längere Zeit hindurch täglich dieselben Uebelstände zu sehen, wird wohl endlich matt und stumpf, und gewahrt sie nicht mehr so, als damals wo es frisch und scharf war.

Es könnte auffallend erscheinen, daß die Sache des Musikdirector's Röckel somit zu der meinigen geworden ist, und um nicht den Schein einer blinden Parteilichkeit für irgend Jemand auf mich zu laden, mußte ich mich offen nach allen Richtungen hin aussprechen; Ew. Excellenz haben mir durch die Erklärung, daß die fragliche Anstellung Röckel's mit meiner eigenen Stellung in unmittelbarem Zusammenhange stehe, dazu die vollste Veranlassung gegeben, und ich glaube nicht anders als vollkommen meiner inneren Pflicht getreu und als Ehrenmann zu handeln, wenn ich dieser Veranlassung als Wink wahrnahm, über meine eigene Stellung zu Ew. Excellenz dem allerhöchsten Hofe gegenüber ernstlich und entscheidend nachzudenken. Mögen Ew. Excellenz das Resultat des Nachdenken's, welches mich nun zwei volle Tage unablässig beschäftigt hat, gütig und wohlwollend aufnehmen, vor Allem aber auch versichert sein, – (und ich lege Gewicht darauf, daß Ew. Excellenz dieser Versicherung Glauben beimessen, –) daß ich mit Niemand über diese Angelegenheit Rücksprache genommen habe.

Ich spreche auf meine gehorsamste Mittheilung durchaus keine schnelle Entschließung von Seiten Ew. Excellenz an; ja, Ew. Excellenz würden mich sogar verbinden, wenn Sie vorläufig selbst mündlich keine weitere Besprechung über diesen Gegenstand mit mir anzuregen belieben wollten. Ich werde, von Ihrer außerordentlich gütigen Zusage Gebrauch machend, vierzehn Tage von Dresden entfernt sein, während welcher Ew. Excellenz von meiner Seite gänzlich ungestört, und durch den von mir gemachten Vorschlag eines freiwilligen Zurücktrittes sogar zu freieren Maaßregeln in Bezug auf die Besetzung der fraglichen Stelle veranlaßt, nach Ermessen beschließen werden.[1]

Mit tiefster Verehrung und Ergebenheit verharre ich als

Ew. Excellenz
unterthänigster Diener,

Dresden, d. 11. März, 1844.   Richard Wagner.

28 AN CARL FRIEDRICH MESER, DRESDEN

Marienbad, 20. Juli 1845

Verehrtester Freund, Leidens- u. Freudens-Genosse für dieses Leben,

könnten Sie mir sogleich, oder doch in einigen Tagen 100 Thaler zu beliebigen Prozenten bis zu deren von mir hiermit feierlich verbürgten Zurückzahlung am 1 September d. J. leihen oder verschaffen, so würden Sie dadurch außerordentlich verbinden[1]

---

1 Obgleich Wagner inzwischen ein gutes und festes Gehalt als Musikdirektor am Hoftheater Dresden bezog, gab er offen zu, gelegentlich nicht mit seinem Geld auskommen zu können. In der Regel wandte er sich bei derartigen Geldverlegenheiten an seinen Freund Pusinelli, der im Brief als »Freundschafts-Bankier« angesprochen wird, aber gerade nicht erreichbar war.

Ihren, im sehr teuern Bade Marienbad[2] mit seinem
Gelde nicht auskommenden ganz ergebensten

Marienbad, 20 July 1845.   Richard Wagner.

P. S. Ich ersuche Sie im günstigen Falle, mir das Geld in 5
Thaler-Kassenscheinen unter meiner Adresse hieher-
zuschicken.

                                              Derselbe.

P. S. Ist es Ihnen nicht möglich, meine Bitte zu erfüllen, so
ersuche ich Sie dringend, mir das schleunigst anzeigen
zu wollen.

                                          Ebenderselbe.

P. S. Ich weiß sonst zwar nicht sogleich, an wen ich mich
wegen dieser Kleinigkeit wenden soll, da mein Freundschafts-Bankier im Seebade ist.

                                    Wiederum derselbe.

P. S. Uebrigens bekommt mir das Bad sehr gut; meine Laune ist besser u. bereits habe ich – ohne mich damit beschäftigen zu wollen – zwei neue Opernbücher entworfen.

                                    Ebenfalls derselbe.

P. S. Ueber's Jahr gehen *Sie* ins Seebad u. *ich* schicke Ihnen
dann hundert Thaler nach.

                                        Ich gleichfalls.

Adresse: Marienbad im Kleeblatt.

---

2 Gerade dieser Kuraufenthalt in Marienbad war weniger ein kostspieliger Lu-
xusurlaub, sondern ganz im Gegenteil eine der fruchtbarsten Freizeiten, die
Wagner jemals als Vorbereitungsphasen für sein Lebenswerk genützt hat.
Denn nicht nur die angesprochenen konkreten Entwürfe zu *Die Meistersinger von Nürnberg* und *Lohengrin* entstanden hier, sondern auch die gedank-
lichen Vorarbeiten für weitere Werke bis hin zum *Parsifal*.

Dresden, den 3. November 1845

Mein lieber, werther Freund,

ich habe mit meinem Tannhäuser einen großen Prozeß gewonnen![1] Lassen Sie sich in größter Kürze einiges Thatsächliche berichten! Die zweite Aufführung zögerte sich durch Heiserkeit mehrerer Sänger über acht Tage nach der ersten Vorstellung hinaus – das war sehr schlimm, denn in dieser langen Zwischenzeit hatten Unverständnis, irrige und alberne Ansichten, genährt von meinen rüstig sich erhebenden Feinden, vollen Raum sich breit zu machen, und als es endlich zur zweiten Vorstellung kam, stand meine Oper wirklich auf dem Punkte zu fallen: das Haus war nicht stark besetzt, Opposition, Vorurtheil! Glücklicher Weise blieben die Sänger aber in vollem Enthusiasmus, das Verständnis brach sich Bahn und besonders der etwas gekürzte 3te Akt schlug vollkommen durch – nachdem die Sänger hervorgerufen, wurde ich noch stürmisch verlangt. Nun hatte ich mir einen Kern im Publikum gegründet: die dritte Vorstellung fand ein gut besetztes Haus und enthusiastische Aufnahme. Nach jedem Akte Sänger und Autor stürmisch applaudirt – im dritten Akte bei den Worten: »Heinrich, du bist erlöst!« erscholl das Haus von enthusiastischem Ausbruch. Nun hat gestern endlich die 4te Vorstellung vor brechend vollem Hause stattgefunden, nach jedem Akte die Sänger und nachher jedesmal noch der Autor gerufen: nach dem 2ten Akte ein wahrer Tumult! Wo ich mich blicken lasse, rufen mir die Leute begeistert entgegen. – Lieber Gaillard, das ist in der That ein seltener und nach den Umständen von mir kaum

---

1 Wie die weiteren Ausführungen zeigen, handelte es sich nicht etwa um einen juristischen Prozeß, sondern um den Bühnenerfolg mit dem *Tannhäuser*.

mehr gehoffter Erfolg! Mein Dienstmädchen, die im 4ten
Range war, versichert mir, die Leute um ihr herum hätten
die Oper noch schöner als den *Rienzi* gefunden. Was will
man mehr? –

Ich mußte Ihnen dieß in der Freude meines Herzens mittheilen! Wenn ich an Sie denke, beschleicht mich immer ein
großes Gefühl von völliger Wehmuth, das aus dem Bedauern darüber entspringt, daß ich Sie zur ersten Vorstellung
hierher gesprengt hatte, zu dieser ungenügenden ersten Vorstellung – denn Tichatschek ist in den folgenden Vorstellungen bei weitem besser, ja oft ausgezeichnet gewesen. Wie
elend habe ich Sie hier aufgenommen, wie ledern und langweilig kam ich Ihrer großen Aufopferung entgegen. Es ist
für mich ganz niederdrückend, wenn ich daran denke! Ich
war eben in diesen Tagen wie vor den Kopf geschlagen: wie
soll ich denn das einmal wieder gut machen? Können Sie mir
das nicht sagen?[2]

Adieu, mein lieber, edler Freund! Ich bin für immer

Ihr
treu ergebener
Richard Wagner.

Dresden, 3 Novbr. 1845.

---

2 Einige Wochen später hat Gaillard dem Komponisten sein Theaterstück
Norbert Schreck, eine Räubergeschichte, mit der Bitte zugeschickt, sich für
eine Aufführung in Dresden einzusetzen, was Wagner trotz sachlicher Bedenken auch tat, aber keinen Erfolg damit hatte.

Groß-Graupe, den 30. Mai 1846

Geehrtester Freund!

Ich weiß nicht, wo Sie sind, und kann dennoch dem Drange nicht widerstehen, mich mit Ihnen zu unterhalten.[1] Eben habe ich viel mit Ihnen disputirt: das gilt noch immer dem Lohengrin; mit größter Frische habe ich mich wieder darüber hergemacht, und bin nun mit *mir* im Reinen: ich habe mein Gedicht nach einiger Unterbrechung, soviel dies möglich ist, als unbefangener Fremder angesehen, und seine poetische Absicht spricht sich mir so aus: Die Sühne für Elsa's Vergehen kann nur in ihrer Bestrafung liegen, und selten kann ein Vergehen eine consequentere und somit unerläßlichere Strafe nach sich ziehen, als sie hier in der *Trennung* ausgesprochen ist: keine Züchtigung, kein Tod (unmittelbar) kann ihre Strafe sein, – jede andere Strafweise wäre Willkür und müßte empören, nur – die allerdings härteste – die Strafe der *Trennung* erscheint als die unerläßlichste, und sie kann nicht *zu* hart erscheinen, weil sie die gerechteste, die folgerichtigste ist. *Elsa* hat *Lohengrin* verwirkt, ihr Vereinigtbleiben ist unmöglich, denn als Elsa die Frage an ihn richtet, sind Beide bereits geschieden: die *Trennung*, die Idee der Trennung, erschien mir von Anfange her beim ersten Bekanntwerden mit dem Stoffe als das Eigenthümliche, besonders Bezeichnende desselben, und nachdem ich jede andere Möglichkeit einer Lösung durchlaufen habe, komme ich immer deutlicher wieder auf diese Trennung zurück, –

---

1 Bei anregenden Gesprächen mit Wagner über die *Lohengrin*-Dichtung hatte Franck die Einwendung gemacht, daß »die Bestrafung Elsas durch Lohengrins Scheiden verletzend« erscheinen müsse, worauf sich Wagner tatsächlich veranlaßt fühlte, einen anderen Schluß zu suchen, aber schließlich doch beim ursprünglichen blieb (wie im vorliegenden Brief ausgeführt).

die, wenn sie ausfallen sollte, eine totale Umgestaltung des Stoffes verlangen und wohl nur die Beibehaltung der äußersten Aeußerlichkeiten desselben gestatten würde. Als Symbol der Fabel kann ich nur festhalten: die Berührung einer übersinnlichen Erscheinung mit der menschlichen Natur und die Unmöglichkeit einer Dauer derselben. Die Lehre würde sein: der liebe Gott* thäte klüger, uns mit Offenbarungen zu verschonen, da er doch die Gesetze der Natur nicht lösen darf: die Natur, hier die menschliche Natur, muß sich rächen und die Offenbarung zu nichte machen. Dies scheint mir der Sinn der Meisten jener wundervollen Sagen, die nicht von Pfaffen gemacht worden sind. Wie ging es der *Semele* mit *Zeus?* – Nun fragt es sich allerdings, ob mein Gedicht auf dieser Basis der dramatischen geschlossenen Wirksamkeit fähig ist, und dies war ja auch eigentlich Ihre Sorge. Ich gestehe, daß ich darüber zweifellos bin, wie gewagt es auch sein mag, den ersichtlichen Abschluß einer Handlung aus den Augen zu rücken, wie es hier durch das Fortziehen des *Lohengrin* geschieht: indeß hier muß es gewagt werden, den endlichen Moment der *Trennung* zur That zu erheben, und dies muß dadurch ermöglicht werden, daß wir über den Abschluß des Schicksales *beider* Getrennten vollkommen im Klaren sind. Hier hat mir nun Ihr Zweifel sehr viel genützt, indem er mich dringend darauf hingewiesen hat, *Lohengrin's* Betheiligung an dem tragischen Ausgange deutlicher zu machen, als dies der Fall war.

Lohengrin's großen (auch passiven) Antheil an der Entwickelung des Schicksals glaube ich vollkommen genügend festgestellt zu haben: – in seinem ersten Auftreten habe ich Nichts geändert, – ich darf hier das schöne Vorrecht der Musik nicht schmälern, die hier vollständig ergänzen wird, was der Dichter nur ungern in Worten ausführen muß: die

---

* Ich meine: der Christengott. –
   (Ich fürchte, bei dieser Gelegenheit viel Unsinn gesagt zu haben: es fehlt mir da recht am Zeug, um mich ausdrücken zu können.)

Ueberraschung bei Elsa's Anblick, das *unvermuthete* und
schnell entflammte Feuer der Liebe. – In der Entgegnung
Lohengrin's, als ihn Elsa das zweite Mal nach seiner Her-
kunft gefragt, will ich auch Nichts ändern; er antwortete
nach einem ernsten Verweise:

> An meine Brust, du süße Reine!
> Sei meines Herzens Glühen nah,
> Daß mich dein Auge sanft bescheine,
> In dem ich all mein Glück ersah.
> O gönne mir, daß mit Entzücken
> Ich deinen Athem sauge ein;
> Laß stets, ach! stets an mich dich drücken,
> Daß ich in dir mög' glücklich sein!
> Dein Lieben muß mir hoch entgelten
> Für das, was ich um dich verließ,
> Kein Loos in Gottes weiten Welten
> Wohl edler als das meine hieß!
> Böt' mir der König seine Krone,
> Ich dürfte sie mit Recht verschmähn;
> Das Einz'ge, was mein Opfer lohne,
> Muß ich in deiner Lieb' ersehn etc.[2]

Es widersteht mir, hier ebenfalls in Worten mehr anzu-
deuten, und behalte ich es mir ausdrücklich vor, hier durch
die Musik den Ausdruck so zu vervollständigen, daß Niemand im Zweifel sein soll, wie Lohengrin zu Muth ist. Eben
dies scheint mir der große Vorzug des vereinigten Ausdruk-
kes des Gedichtes und der musikalischen Composition zu
sein, daß die Menschen, die sich durch ihn aussprechen, in
einer gewissen plastischen Unzerflossenheit und Ganzheit
sich geben können, die durch zu vieles Nebenher-Motiviren
nothwendig nur geschwächt werden kann. (Gott weiß, ob

---

2 Verse aus der Dichtung zum *Lohengrin,* aus dem 3. Aufzug, 2. Szene, der
  sogenannten Brautgemachszene.

ich mich richtig ausdrücke!) – Nachdem ich nun aber Lohengrin ruhig und würdevoll seinen erhabenen Beruf ver-
künden ließ, soll er nun – statt daß er sich in der früheren
Abfassung nur mit schmerzlichem Vorwurfe an Elsa wandte
– in größter Ergriffenheit sich folgendermaaßen auslassen:

> O Elsa! was hast du mir angethan!
> Als meine Augen dich zuerst ersahn,
> Fühlt’ ich, zu dir in Liebe schnell entbrannt,
> Mein Herz des Grales keuschem Dienst entwandt;
> Nun muß ich ewig Reu’ und Buße tragen,
> Weil ich von Gott zu dir mich hingesehnt,
> Denn ach! der Sünde muß ich mich verklagen,
> Daß Weibeslieb’ ich göttlich rein gewähnt! –[3]

Halten Sie es dazu nun noch für nöthig, daß er eines besonderen Gral-Gesetzes erwähne, welches dergleichen Ausschweifungen den Grals-Rittern zwar nicht verbiete, aber
auch nicht vergönne? Ich sollte meinen, es müßte genügen,
wenn man an diesem Lohengrin faktisch die Erfahrung mache, daß die weltlichen Liebesbande streng genommen einem Grals-Ritter nicht zukämen. (Uebrigens erfinde ich in
dieser schwankenden Gesetzbestimmung Nichts, – es ist
ganz in dieser Weise schon von Wolfram angeführt.) Nachdem *Elsa* nun Lohengrin angerufen hat, sie für ihr Vergehen
zu züchtigen, antwortet dieser:

> Nur eine Strafe gibt’s für dein Vergehen,
> Ach! mich wie dich trifft ihre herbe Pein!
> Getrennt, geschieden sollen wir uns sehen,
> Dies muß die Strafe, dies die Buße sein.

Elsa: Weh mir, wie sollt’ es härtre Strafe geben?
> Getrennt von dir bleibt einzig nur der Tod!

3 *Lohengrin*, 3. Aufzug, 3. Szene.

Lohengrin: Muß göttlich fern des Grales Ritter *leben,*
            Dein Gatte, ach! erlag der Trennung Noth. – [4]

Nun genug, geehrtester Freund! Ich erzähle Ihnen am Ende die ganze Geschichte noch einmal. – Geht es mit Ihrem
Gewissen, so geben Sie mir nun Ihren Segen zu meiner Arbeit, denn ich gehe jetzt mit unsäglicher Lust und großer
Hoffnung daran: – meine Musik soll Ihnen diesmal Freude
machen, – ich glaube, wieder Viel gelernt zu haben. –
Hoffentlich verwenden Sie einmal ein paar Zeilen auf
mich, damit ich erfahre, wo Sie jetzt sind, und wie Sie sich
behagen. Weiß Gott, woher es kommt, daß ich immer so ge-
sprächig werde, wenn ich bei Ihnen bin: – Sie haben schon
viel dummes Zeug von mir anhören müssen! Wenn Sie diesen Brief aufschlagen, werden Sie gar erschrecken und glauben, ich habe Sie auch noch besungen? Sie sehen aber, das
habe ich Ihnen erspart! –
Die verbindlichsten Grüße an Ihre werthe Frau Gemahlin, wenn ich bitten darf!
Hochachtungsvoll und ergebenst

                                               der Ihrige
Groß-Graupe 30 Mai 1846.   Richard Wagner.

---

4 Während die ersten vier Verse dieses Textes aus der 3. Szene nur leichte Vari-
anten zur endgültigen Dichtung darstellen, fehlen die beiden Zweizeiler Elsas und Lohengrins dort ganz.

Dresden, den 1. Januar 1847

Nehmen Sie, bester Herr Hanslik, meinen aufrichtigsten Dank für Ihre Zusendung, die heute früh am Neujahrstag bei mir eintraf.[1] Die mir so höchst günstige Intention Ihrer so umfangreichen Besprechung meines »Tannhäuser's« ist mir besonders aus der Rücksicht erfreulich, daß sie mich über den Eindruck nicht zweifeln läßt, den meine Arbeit auf Sie machte. Ein Urtheil über Ihr Urtheil, wie Sie es so bescheiden von mir wünschten, kann ich Ihnen natürlich nicht geben, denn welches Urtheil müßte befangener sein als dies? Wollen Sie die Wirkung erfahren, die ich bei Durchlesung Ihres Aufsatzes empfing, so muß ich der Wahrheit zulieb gestehen, daß diese eine sehr beängstigende war. Mag ich Lob oder Tadel über mich lesen, mir ist es immer, als ob Einer in meine Eingeweide griffe, um sie zu untersuchen; ich kann mich in diesem Punkte einer jungfräulichen Scham noch nicht erwehren, in der ich meinen Leib für meine Seele halte: eine Aufführung meiner Opern vor dem Publikum ist für mich stets ein Kampf so gränzenloser innerer Aufregung, daß ich öfters schon zu Zeiten, wo ich mich diesem Kampfe nicht gehörig gewachsen fühlte, Aufführungen, wenn sie bestimmt waren, zu verhindern suchte. Vollkommen bin ich überzeugt, daß Tadel dem Künstler selbst weit nützlicher ist als Lob: wer vor dem Tadel zu Grund geht, war dieses Unterganges werth, – nur wen er fördert, hat die wahre innere Kraft: Daß Lob wie Tadel aber dem Künstler, dem

---

1 Wagner kannte Hanslick seit einer Begegnung im Sommer 1845 während seines Kuraufenthalts in Marienbad. Im Herbst 1846 hatte Hanslick eine Aufführung des *Tannhäuser* in Dresden besucht, seine in den Nummern 143 bis 145 und 148–156 der *Allgemeinen Wiener Musik-Zeitung* veröffentlichte ausführliche Besprechung hatte er Wagner als Neujahrsgruß geschickt.

die Natur selbst den heftigsten Sporn der Leidenschaft gab,
auch am peinlichsten berührt, muß erklärlich gefunden
werden.

Je mehr ich mit immer bestimterem künstlerischen Bewußtsein produzire, je mehr verlangt es mich einen *ganzen*
Menschen zu machen; ich will Knochen, Blut u. Fleisch geben, ich will den Menschen gehen, frei u. wahrhaftig sich
bewegen lassen, – und nun wundre ich mich oft, wenn sich
Viele nur noch an das Fleisch halten, die Weiche oder Härte
desselben untersuchen. Lassen Sie mich deutlicher reden: –
nichts hat mich – um von einem einzelnen Gliede zu sprechen – mehr befriedigt, als die Wirkung, die in den meisten
Vorstellungen des *Tannhäuser* (– ob grade auch in der Vorstellung, welcher Sie beiwohnten, entsinne ich mich nicht
genau –) die ganze Scene des Sängerkrieges auf das Publikum
hervorbrachte: ich habe erlebt, daß jeder der einzelnen Ge-
sänge darin mit lebhaftem Beifall aufgenommen wurden,
daß dieser sich bei den letzten Gesängen u. dem schließli-
chen Ausbruche des Entsetzen's der Versammelten auf das
Ungewöhnlichste steigerte; – ich sage, mich befriedigte diese
Wahrnehmung in hohen Grade, weil mich diese Wahrnehmung größter Naivetät des Publikum's darin bestätigte, daß
jede edle Absicht erreicht werden kann. Die Wenigsten
konnten sich klar sein, wem sie diesen Eindruck verdankten,
dem Musiker oder – dem Dichter, u. mir kann es nur darin
liegen, diese Bestimmung unentschieden zu lassen. Ich kann
nicht den besonderen Ehrgeiz haben, durch meine Musik
meine Dichtung in den Schatten zu stellen, wohl aber würde
ich mich zerstücken u. eine Lüge zu Tage bringen, wenn ich
durch meine Dichtung der Musik Gewalt anthun wollte. Ich
kann keinen dichterischen Stoff ergreifen, der sich nicht
durch die Musik erst bedingt: mein Sängerkrieg, wenn das
dichterische Element darin vorwaltet, war meiner höheren
Absicht nach aber auch ohne Musik nicht möglich. – Ein
Kunstwerk existirt aber auch nur dadurch, daß es zur Erscheinung kommt: dies Moment ist für das Drama die Auf-

Eduard Hanslick. Foto

führung auf der Bühne, – so weit es irgend in meinen Kräften steht, will ich auch diese beherrschen, u. ich stelle meine Wirksamkeit zu diesem Zwecke den übrigen Theilen meiner Productivität fast vollständig zur Seite. In diesem Sinne kann mein Gelingen sich nur in dem unmittelbaren Erfolg der Aufführung, – sobald das Fremdartige u. Ungewohnte derselben von der größeren Masse überwunden ist, – aussprechen, u. es beruhigt mich, bei edlem Zweck dies Gelingen nur durch edle Mittel erreichbar zu wissen. Wo ich dies Gelingen nicht erreicht sehen konnte, erkannte ich stets einen Fehler, nicht jedoch in dem einzelnen Mittel, sondern im wesentlichen Ganzen.

Eines noch ist wohl zu erwägen: da, wo die Musik mitwirkt, drängt sich dieses mächtig sinnliche Element so lebhaft in den Vordergrund, daß die Bedingungen ihrer Wirksamkeit fast als einzig maaßgebend erscheinen müssen. Ob nun aber die Musik durch ihr eigenstes Element im Stande ist überall dem zu entsprechen, was eine Dichtung – so musikalisch sie auch immer sei – darbietet, ob sie im Stande sei, zumal der dramatischen Leidenschaft überall u. vollständig zu genügen, wage ich noch nicht zu entscheiden. Gluck's Dichtungen machten keinesweges einen erschöpfenden äußersten Anspruch an die Leidenschaftlichkeit der Musik, sie bewegen sich mehr oder weniger in einem gewissen gefesselten, conventionellen Pathos – dem der Racine'schen Tragödie – u. da, wo dieser vollkommen zu überschreiten war, bleibt Gluck's Musik uns unverkennbar viel schuldig. Die Dichtungen der Mozartischen Opern rührten noch weniger an diesen äußersten Grundfesten der menschlichen Natur: die »Donna Anna« ist ein einzelner Moment, der dies Gebiet bei weitem noch nicht erschöpft. Dem, was sich Spontini im zweiten Acte der Vestalin (Scene der Julia) u. Weber in Einzelnem der Euryanthe (z. B. der Moment nach dem Verrath ihres Geheimnisses an Eglantine pp) bot, konnten beide nur mit jener so getadelten »verminderten Septimen-Accort-Musik« entsprechen, u. ich meines Theiles muß wenigstens

an dem, was unsre Vorgänger geleistet, hier eine Gränze der
Musik erkennen. Daß wir bei solchen Vorgängen das höchste u. wahrste der Oper – nicht für ihren rein musikalischen
Theil, sondern als dramatisches Kunstwerk im Ganzen – bei
weitem noch nicht erreicht haben, muß unbezweifelt bleiben: u. in diesem Sinne u. von dem Standpunkt meiner von
mir selbst weit eher bezweifelten als überschätzten Kräfte
aus, gelten mir meine jetzigen u. nächsten Arbeiten nur als
Versuche, ob die Oper möglich sei?

Schlagen Sie die Kraft der Reflexion nicht zu gering an;
das bewußtlos produzirte Kunstwerk gehört Perioden an,
die von der unseren fern ab liegen: das Kunstwerk der höchsten Bildungsperiode kann nicht anders als im Bewußtsein
produzirt werden. Die Christliche Dichtung des Mittelal-
ter's z. B. war diese unmittelbare, bewußtlose: das vollgülti-
ge Kunstwerk wurde aber damals nicht geschaffen, – das
war Goethe in unserer Zeit der Objectivität vorbehalten.
Daß nur die reichste menschliche Natur die wunderbare
Vereinigung dieser Kraft des reflectirenden Geistes mit der
Fülle der unmittelbaren Schöpferkraft vereinigen kann, darin ist die Seltenheit der höchsten Erscheinungen bedingt, u.
wenn wir mit Recht bezweifeln müssen, daß für das von uns
besprochene Kunstgebiet eine solche Begabtheit sobald sich
zeigen werde, so ist doch die mehr oder weniger glückliche
Mischung beider Geistesfähigkeiten schon jetzt in jedem
Kurs wirklich förderlich sein sollenden Künstler als auffind-
bar vorauszusetzen, – und die Getrenntheit dieser Gaben als
zum höheren Zweck – genau genommen – unwirksam anzusehen.

Was mich um eine Welt von Ihnen trennt ist Ihre Hoch-
stellung Meyerbeer's;[2] ich sage dies mit vollster Unbefan-

2 Unter anderem hatte Hanslick – später einer der schärfsten Wagner-Gegner
 – »in der neuen Behandlung des Orchesters« den *Tannhäuser* in den Rang
 von Webers *Freischütz*, Mendelssohns *Sommernachtstraum*-Musik (1842)
 und eben Meyerbeers *Hugenotten* (*Les Huguenots*, 1836) erhoben.

genheit, denn Meyerbeer ist mir persönlich sehr befreundet, u. ich habe allen Grund ihn als liebenswürdigen, theilnehmenden Menschen zu schätzen. Aber wenn ich Alles zusammenfasse, was mir als innere Zerfahrenheit u. äußere Mühseligkeit im Opern-Musikmachen zuwider ist, so häufe ich dies in den Begriff »Meyerbeer« zusammen, u. dies um so mehr, weil ich in der Meyerbeer'schen Musik ein großes Geschick für äußerliche Wirksamkeit erkenne, die um so mehr die edle Reife der Kunst zurückhält, als sie mit aller Verläugnung der Innerlichkeit in jeder Farbe zu befriedigen sucht: – wer sich in das Triviale verirrt, der hat es an seiner edleren Natur zu büßen; – wer es aber absichtlich aufsucht, der ist – glücklich, denn er hat es an *nichts* zu büßen. – –

Sie sehen, wie geschwätzig Sie mich gemacht haben! Lassen Sie dabei schließlich aber die Hauptsache nicht vergessen, damit ich Ihnen nochmals meinen Dank für die große Mühe, die Sie sich um mich gegeben haben, u. um der schönen Absicht willen, die dieser Bemühung zu Grunde lag ausspreche: nun ich mich etwas ausgeplaudert, fühle ich auch, wie nützlich Sie Ihre Absicht für mich in jeder Hinsicht erreicht haben.

Leben Sie wohl u. lassen Sie mir bald wieder etwas von sich hören.

Der Ihrige
Richard *Wagner.*

Dresden, den 18. Juni 1848

Eure Excellenz

ersuche ich ganz gehorsamst um die Vergünstigung eines vielleicht 14tägigen Stadturlaubes, um mich durch genaue Beobachtung einer geeigneten Diät vor einem den Anzeichen nach mir drohenden gastrischen Uebel zu bewahren.

Zugleich erachte ich es für meine persönliche Schuldigkeit mich wegen eines Schrittes zu rechtfertigen, der zwar mit meinem künstlerischen Dienstverhältnisse durchaus nichts gemein hat, wegen dessen ich aber gerade auch von Ihnen nicht misverstanden zu sein wünschte.[1]

In einer Zeit, wo auch dem Ungebildetsten das Recht zugestanden ist, über die Angelegenheiten unsrer staatlichen Verhältnisse sich auszusprechen, erkennt der Gebildete um so mehr seine Pflicht, sich dieses Rechtes ebenfalls zu bedienen. Die Partheireibungen der letzten 14 Tage haben unter

---

1 Wagners Vortrag seines Aufsatzes *Wie verhalten sich republikanische Bestrebungen dem Königtum gegenüber?* bei der großen Versammlung des Vaterlandsvereins am 14. Juni 1848 hatte einen Sturm der Entrüstung ausgelöst. Lautes Geschrei nach Wagners Entlassung und Verleumdungen waren zu hören. Um sich der anonymen Angriffe zu erwehren, ließ Wagner am 18. Juni 1848 folgende aggressive Annonce in den *Dresdener Anzeiger* setzen: »Öffentliche Erklärung. Den Schurken und Halunken zur Nachricht, daß ich auf ihre anonymen Angriffe nicht antworte. Richard Wagner.« Im Brief an Lüttichau freilich liefert Wagner einen ganzen Kommentar zur Rechtfertigung seiner Haupthese, daß Republik und Königtum sich nicht gegenseitig ausschließen müssen. Dennoch wurde das meiste von Wagners Argumentationen mißverstanden. Der erbetene Urlaub freilich war – wohl auf Drängen Minnas – bereits ein Rückzugsgefecht nach jenen impulsiven Äußerungen, die ihn seine Stellung hätten kosten können. Der gewünschte Urlaub immerhin wurde gewährt und sogar noch bis in die zweite Junihälfte verlängert. Aber weniger der Hoftheaterintendant als vielmehr der König – wie sich erst später herausstellte – ließ dabei sein Wohlwollen durchblicken.

den Einwohnern unsrer Stadt die sich entgegenstehenden
Ansichten so auf die äußerste Spitze getrieben, daß der Beobachter einer ängstlichen Spannung nicht entgehen konnte.
Ich schloß mich demjenigen Vereine an, indem die Fortschrittsparthei am entschiedensten sich ausspricht: eines
Theiles weil ich erkenne daß die Fortschrittsparthei die der
Zukunft ist, andres Theiles aber auch aus der Rücksicht, daß
es gerade dieser Parthei am Nöthigsten ist, durch Geist u.
Milde der Gesinnung vor rohen Ausschweifungen zurückgehalten zu werden. Ich habe diese Versammlungen selten
besucht und nie in ihre Debatten mich gemischt, sondern
nur beobachtet: so gewann ich in der letzten Zeit die Einsicht, daß gerade durch die heftigen Angriffe der sogenannten Monarchisten dort ein trotziger Geist sich immer be-
denklicher herausgestellt hat: mit der Erklärung, die Republik für die beste Staatsform zu halten, ist an und für sich
nach den jetzigen Begriffen kein Verbrechen begangen: die
nächste Verbindung, in welche der Gedanke an die Republik
bei den Allermeisten gesetzt wird, ist aber der Glaube an die
Nothwendigkeit der Aufhebung des Königthumes. Ich sah
nirgends einen Redner oder politischen Schriftsteller den
Gedanken in das Auge fassen, daß das Königthum immer
der heilige Mittelpunkt bleiben könnte, um den sich alle nur
erdenklichen volksthümlichen Institutionen errichten ließen, sondern immer wurde mit dem Begriff der Republik
unmittelbar die Annahme des Aufhörens des Königthumes
verbunden: nur diese Annahme hielt daher auch die Masse
u. ihre Führer ab, sich für sofortige Einführung jener Staatsform zu entscheiden, sondern man knüpfte sie an allerhand
Bedingungen, bei denen allerdings nichts verbrecherisches
ausgesprochen ist, die aber doch zu allen erdenklichen Mis-
deutungen führen können u. müssen. Es lag mir nun daran,
den Leuten einmal recht klar zu zeigen, daß, wir möchten
erreichen wollen was nur irgend erreichbar sei, das eigentliche Königthum an und für sich doch diesem Streben nie unmittelbar entgegenstünde: daß *mit* dem Königthum eben Al-

les sehr wohl u. nur noch dauerhafter zu erreichen sei. – Der
Volksparthei ist die noch bestehende Gestalt des Hofes mit
all seinen, einer früheren Zeit entsprungenen, Aeußerlichkeiten ein Aergernis: ich habe von Leuten, die keineswegs
blos der rohesten Klasse angehören, Aeußerungen in diesem
Bezug gehört, die mich tiefe Blicke in den Volksgeist haben
werfen lassen; sie sagen nun ohngefähr: »ist der König fort,
so hört auch dieser Hof auf.« Jetzt frage ich: soll um solcher
Aeußerlichkeiten Willen dem Königthume selbst zu nahe
getreten werden? Nein! Diese Aeußerlichkeiten können
schwinden, u. mit ihm eine Quelle des Unmuthes, der endlich auf den König selbst bezogen wird. In diesem Verhältnisse u. nach dieser Richtschnur fortschreitend erwog ich
Alles das, was eigentlich angegriffen wird, u. gelangte endlich dahin, daß, wenn dies schwinden könnte, eben auch Alles schwinden würde, was gegen das Königthum verstimmt.
Hiermit mußte natürlich der Wunsch in mir entstehen, beide
Partheien, Monarchisten wie Republikaner, von dieser mir
beigekommenen Ansicht zu überzeugen, um, gelänge mir
dies, beide Partheien nach einem Ziele hinzulenken: der Erhaltung des Königthumes u. mit ihm des inneren Friedens.
Es mußte mir zugleich daran liegen, die edle, von ihrer eigenen Parthei so misverstandene Bedeutung des Wortes »Republik« zu beleuchten, u. dann zu zeigen, daß in ihr das Königthum erst seine schönste Stellung finden würde. Dieser
einzige Wunsch drängte mich zu der Abfassung jenes Aufsatzes: mußte ich, um zu meiner erzielten Schlußfolge zu
kommen, hier u. dort gegen Bestehendes anstoßen, so durfte mich die Furcht vor Verfeindung nicht abhalten eine tief
empfundene Ueberzeugung auszusprechen, mit der nicht
Unfrieden, sondern Frieden u. Vereinigung erzielt werden
sollte. Die Wärme dieser Ueberzeugung ist daran Schuld,
daß ich sogar mit meiner Person dafür eintrat. Als ich letzthin zu der Versammlung des Vereines eintrat, hörte ich eben
wieder jene Reden, die den Begriff der Republik, der jetzt
nun einmal ganz unläugbar zum Hauptgedanken eines gro-

ßen Theiles des Volkes geworden ist, stets in unmittelbare
Verbindung mit der Abschaffung des Königthumes bringen:
in dem vollen Bewußtsein, gerade jetzt vor dieser Versam-
melung einen guten u. wohlthätigen Gedanken auszusprechen, entschloß ich mich schnell meinen Aufsatz sogleich
vorzulesen, u. hätte dieser Schritt alle gute Absicht verfehlt,
so hat er doch die *eine* ganz unläugbar erfüllt: noch nie ist
nämlich in diesem Vereine ein so enthusiastisches Lob unsres Königs ausgesprochen, noch nie mit solcher Begeisterung aufgenommen worden, als es nach der Stelle in meiner
Rede der Fall war, welche seine hohen Tugenden pries. –
Gerade dieser Beifall nun, sowie auch der Grund desselben,
hat mir Neider u. Gegner erweckt: ich will meine Ansicht
über viele dieser Volksführer hier nicht weiter aussprechen,
– sie erfüllt mich mit den trübesten Befürchtungen, denn namentlich meine Begeisterung für das Königthum hat ihnen
nicht gefallen. Was ich von dieser Seite her erfahre, könnte
mir persönlich sehr gleichgültig sein: anders verhält es sich
damit, wenn ich befürchten müßte von der anderen Seite her
gänzlich misverstanden worden zu sein, wenn selbst der König, möge Ihm auch immerhin das Formelle meines Planes
unausführbar dünken, auch darin, daß ich mich unterfing einer sehr prosaisch geleiteten Masse ein poetisches Bild davon vorzuhalten, wie ich mir das Königthum denke, etwas
übel Erfundenes ersehen sollte. Ich gestehe, daß ich jetzt
herzlich betrübt darüber werde, aus mancherlei Anzeichen
zu ersehen, daß ich in der That sehr misverstanden worden
bin: ich erkenne darin das Gefährliche, in diesen Zeiten einen selbständigen Gedanken auszusprechen, wenn er nicht
der Firma der einen oder der andren Parthei vollständig angehört, u. es bedurfte nicht erst der Bitte meiner Frau um
mir das Versprechen abzunehmen, mich mit meiner Person
nie wieder in den Fragen des Tages zu betheiligen. Ich ersehe
zu meinem großen Kummer, daß es jetzt nicht mehr an der
Zeit ist, mit den Waffen des Geistes zu kämpfen: eine dü-
stre, schreckliche Ahnung haftet auf meinem Gemüthe, daß

der Kampf jetzt bald nur von dem rohen Elemente der Massen geführt werden wird: – wir haben Prag nicht fern von uns, in Berlin bereiten sich schreckliche Dinge vor, die eine grausenhafte, Königsmörderische Wendung nehmen können: ich habe einen Blick auch in die Masse der Bevölkerung Dresdens geworfen: nichts Verbrecherisches liegt in ihr am Tage: wer will aber für den Sturm des Wahnsinnes stehen, wenn er sich von da oder dort auch zu uns herüberzieht?

In dieser Angst, dieser tiefen Beklemmung glaube, glaubte ich mir durch jenen besprochenen Schritt Luft zu machen: nach meiner innigsten Ueberzeugung erschien er mir als der geeignete Weg zur Versöhnung. War nun meine schwarze Vorstellung unbegründet, – o, desto besser! Hat dagegen mein Schritt Ärgernis erregt, hat er seine Absicht nicht erfüllt, hat er nicht versöhnt und *nur* beleidigt, – so beruhte er allerdings auf einer Täuschung, für die ich Jeden, den ich beleidigte, herzlichst um Verzeihung bitte!

In größter Hochachtung und Ergebenheit habe ich die Ehre zu verbleiben

Eurer Excellenz
gehorsamster Diener
Richard Wagner.

Dresden, 18 Juni 1848.

33 An Eduard Devrient, Dresden

Weimar, den 17. Mai 1849
Weimar, Himmelfahrtstag 49.[1]

Theuerster freund!

Mit schwerem herzen aber festem entschlusse wende ich mich heute an Sie – nochmals um hülfe in rath und that.[2] Nach langer, martervoller schwüle ist endlich so viel heftiges und gewaltsames geschehen, daß wohl ein jeder, der in der nähe der explosion war, nach charakter und wesen davon berührt worden ist. Hoffentlich – und das möchte ich zugleich gern erfahren – sind Sie mit Ihrer familie ohne schaden von der Dresdener katastrophe entkommen. Mich hat sie in mancher hinsicht stark berührt, wie es zufall und sympathie wollte. So lange ich die Dresdener erhebung zu verfolgen vermochte, war ich von vorn herein mit voller sympathie bei ihr, die ich zwar in keiner that – aber in der gesinnung gegen manchen einzelnen – nie gegen die menge (etwa als redner!) unverholen zu erkennen gab. Ich gewahrte nichts von den fabeln der rothen republik, sondern sah mit klaren offenen augen unter dem banner der »deutschen verfassung« (von dem ich gern zugeben will, daß die masse grade nicht um seinetwillen sich todtschießen ließ!) die ganz na-

---

1 Wagner befand sich schon auf der Flucht, nachdem am 9. Mai der Dresdener Maiaufstand mit preußischem Militär niedergeschlagen worden war und am 19. Mai Wagners Steckbrief im *Dresdener Anzeiger* erschien.

2 Angeregt von den damals sehr unkonventionellen Vorschlägen für eine neue deutsche Orthographie durch die Gebrüder Grimm, hat Wagner sofort die Neuerungen (lateinische Schrift, Kleinschreibung von Substantiven) in seine Korrespondenz ab Mitte Dezember 1848 übernommen. Ab Mitte Mai 1851 kehrte Wagner schließlich wieder zur üblichen Großschreibung zurück, blieb aber bei der lateinischen Schrift statt der alten Sütterlin, in der er nur noch seiner Frau Minna schrieb.

türliche entrüstung des bürgers und des volkes gegen einen fürsten[3], der fremde truppen in sein land rufe zur bezwingung der öffentlichen meinung, sowie die ganz lokal patriotische wuth darüber, daß gerade »Preußen«, an die Sachsen schon so viel verloren – jetzt den rest des landes besetzen sollten. Kein vernünftiger wird glauben, daß die revolution conspirirt war, da sonst jedenfalls die wichtigsten posten des platzes nicht von vornherein dem militär überlassen worden wären. Der zeughaussturm war der ungestüme akt eines waffenlosen volkes, welches sich nach der verhinderten parade der bürgerwehr für verrathen hielt. Mit ungeheurer spannung verfolgte ich in der nähe alle die öffentlichen akte, namentlich die einsetzung des sicherheitsausschusses auf dem rathause, von denen ich mir nach abscheulichen vorfällen eine zweckmäßige concentration der bewegung versprach, und zwar in dem sinne, daß die größte einmüthigkeit sämmtlicher behörden und des volkes nicht nur weiteres blutvergießen unmöglich machen, sondern auch ein rechtzeitiges nachgeben des königs endlich herbeiführen sollte. In diesem sinne war mein vereinzeltes bestreben am zweiten tage, nachdem bereits die stadt verbarrikadirt war, darauf gerichtet, was mir einzelnen möglich war – ohne mich laut hinzustellen – zu thun, um einem ferneren conflikte zwischen volk und militär vorzubeugen. Zweien soldaten, die ich an der kaserne beim zeughause traf, stellte ich vor, daß – bei erneutem zusammentreffen mit dem volke – sie diesem nur zu erklären hätten, wie sie mit ihm vereint sein würden, wenn es gegen fremde truppen gelte; bei den barrikaden, die ich passirte, sprach ich eben so mit einzelnen und machte sie darauf aufmerksam, sie sollten das militär nicht reitzen, dagegen ihnen die einfache frage vorlegen, ob es mit ihnen gegen fremde truppen sein würde. Diese frage wurde sogar auf einem zettel an den barrikaden angeheftet, und über alles wichtig erschien es mir, daß auf diese oder eine andere weise

3 Friedrich August II. von Sachsen.

eine vereinigung der truppen und des volkes zu stande kommen möchte, nicht nur um der preußischen invasion gehörig entgegnen zu können, sondern namentlich auch um dadurch die heimische bewegung selbst im ursprünglichen richtigen geleise zu erhalten. Eine wirkliche vereinigung der sächsischen truppen mit dem sächsischen volke hätte nämlich jedenfalls nur zu dem einzigen zwecke des gemeinsamen widerstandes gegen die preußische invasion und für die deutsche verfassung zu stande kommen können: eine darauf erspießende gemeinsame vorstellung des militärs und des volkes an den könig von Sachsen hätte nothwendig den ersehnten erfolg haben müssen, diesen aus dem erdrückenden preußischen einflusse zu befreien, und somit war die ganze bewegung vor jeder abschweifung nach andren gebieten hinüber auf das energischeste bewahrt. Einem der stadträthe, den ich von lange her genauer kenne, äußerte ich auch meinen inständigsten wunsch, man möge mit dem militärgouverneur dahin verhandeln, daß in den sicherheitsausschuß eine anzahl militärischer mitglieder eintreten möchten. Die wahl einer provisorischen regierung machte mich noch nicht irre, da Heubner und Todt in ihr garantien boten die bewegung von ihrem wahren ziele nicht abkommen zu lassen und unterhandlungen mit dem könig zweckmäßig zu leiten. Ganz beseligt fühlte ich mich, als ich erfuhr, daß das zeughaus zur hälfte der bürgerwehr mit eingeräumt worden war, und schon hoffte ich, die preußische kabinetsverschwörung würde von Sachsen aus – vielleicht selbst unblutig – zurückgewiesen werden. – Der dritte tag sollte meine hoffnungen allerdings zu nicht machen: der waffenstillstand war gekündigt, preußische truppen langten an, und im *verein mit ihnen* schlugen sich unsre truppen gegen das volk. Die erbitterung hierüber war grenzenlos, und so wenig von da ab ich noch in der nähe der bewegung blieb, kann ich Ihnen doch mit gewißheit versichern, daß nicht rothe nicht blaue republik, nicht Polen, nicht Russen von da ab den antrieb zu dem erbittertsten und schonungslosesten widerstande der barrikadenkämpfer abgaben, sondern lediglich die ganz subjective, persönliche wuth der bürger und des volkes gegen das militär, die ihre nahrung noch in dem besondern hasse gegen die aus Leipzig eingetroffenen schützen erhielt, in deren corps eine alte persönliche rancune, gegen die Dresdener bürger, vor denen sie 1830 einmal hatten weichen müssen, von ihren befehlshabern unnatürlich genug genährt worden war. Als ruhiger beobachter des kampfes verhielt ich mich sonnabend und sonntag in der objectivsten stellung von der welt – auf dem thurme der kreuzkirche, da es mir – trotz der bitten meiner frau – unmöglich war, es ruhig zu hause auszuhalten. Montag früh suchte ich nochmals auf dem rathhause erkundigungen über den stand der dinge einzuziehen, und sah da allerdings manches sehr geändert: der drang der umstände, die nothwendigkeit in der vertheidigung völlig militärisch zu verfahren, hatte erkundigungen nach strategen herbeigeführt, da dem commandanten der bürgerwehr an einsicht und energie es zu fehlen schien: ein strategisch gebildeter Pole war empfohlen und dringend um übernahme der anfertigung eines militärischen vertheidigungsplanes angegangen worden. Daß Polen von anfang an sich betheiligt hätte, ist unwahr. Schwankend und unsicher über meine jetzige subjective Stellung zu der bewegung, verließ ich die stadt montag früh um 8 Uhr, und brachte meine frau, die bereits vorher schon gepackt hatte, nach Chemnitz, zu einer meiner dort verheiratheten schwestern[4]. Auf dem wege begegneten uns zahlreiche scharen von zuzüglern aus den fernsten punkten des landes: diese große theilnahme, der muth und die ausdauer, auf die ich überall stieß, machten auf mich einen hinreißenden eindruck: ich theilte ihnen auf ihre erkundigungen mit, was ich von stande des kampfes in Dresden wußte, und die bestätigung der nackten wahrheit reichte hin, sie zu eiligem marsche anzufeuern. Gegen abend begegnete ich in Oederan der ganzen Chemnitzer communalgar-

4 Klara Wolfram.

de: man umringte unsren wagen und verlangte nach neuig-
keiten aus Dresden; auf meine mittheilungen versetzten mir
einige, sie haben andere nachrichten, nämlich die, daß Dresden bereits an die Preußen über sei. Man nöthigte mich auf
das rathhaus, dort meine aussagen zu berichtigen: dort erkannte ich denn, daß ich mit leuten zu thun hatte, welche
zum zuge nach Dresden *gezwungen* worden waren und jetzt
begierig jede falsche nachricht aufgegriffen hatten als vorwand zur augenblicklichen umkehr nach der heimath. Meine nachrichten störten ihr vorhaben, und man hatte lust,
mich zu verhaften, da ich ihnen als ausreißer verdächtig vor-
kam: ich konnte mich hiervon nur dadurch lösen, daß ich
versprach, morgen früh, nachdem ich meine frau nach
Chemnitz gebracht haben würde, wieder nach Dresden zurück zu kehren; mein ehrenwort hierauf ward mir abgefor-
dert, und ich hielt es für nöthig es nicht zu versagen. Zu
meiner umkehr nach Dresden bestimmte mich außerdem
noch die sorge um einige zurückgelassene verwandte, sowie
auch der wunsch, genau zu wissen wie es dort stehe. Der
postwagen führte mich bis an das feldschlößchen und von da
aus erfuhr ich daß man wohl mit größter sicherheit nach
dem rathhause, nicht aber in andere stadttheile gelangen
könnte. Auf dem rathhause angelangt, hatte ich gelegenheit
den stand der dinge genauer kennen zu lernen: der ängstli-
che Todt und der feige Tzschirner waren geflohen, und der
mann des linken centrums, Heubner, war der einzige, der
mit würde, ausdauer und besonnenheit auf dem platze ver-
blieben war. Eine ergreifende veranlassung schaffte mir gelegenheit, Heubner etwas näher kennen zu lernen: ein dem
theaterpersonal angehöriger communalgardist wandte sich
an mich mit der bitte, mich für den jungen Fürstenau zu verwenden, der, im verdachte vom fenster aus auf das volk ge-
schossen zu haben, von diesem ergriffen und zur haft gebracht worden sei. Sogleich bat ich Heubner um gehör, und
suchte ihn aus vielen vorliegenden gründen meiner eigenen
überzeugung theilhaftig zu machen, daß der gefangene un-

schuldig sei: Heubner beruhigte mich und versicherte mich
der befriedigenden lösung dieser angelegenheit. Nach dem
aufenhalte einer stunde suchte ich, zumal da der weg zu den
meinigen mir doch versperrt war, nach einer gelegenheit zur
rückkehr nach Chemnitz: allein, wie in der nacht und bei
der unmöglichkeit wagen oder post zu bekommen, dies bewerkstelligen? Ein mir von der universität her bekannter,
jetzt adjutant beim bürgerwehrcommando, erhielt den auftrag schleunigst nach Freiberg als courier zu gehen, um die
Chemnitzer communalgarde zum eiligsten marsche aufzufordern; hierzu erhielt er eine anweisung auf postwagen und
pferde, und ich benutzte diese gelegenheit zum fortkom-
men. Andern tages benutzte ich den von Freiberg leer nach
Tharand zurückgehenden postwagen, noch einmal bis dahin
zurückzukehren, um etwas genaueres zu erfahren über den
verlauf der nacht: auf halbem wege begegnete mir plötzlich
der vollkommen geordnete rückzug von ungefähr 2000 bar-
rikadenkämpfern: ich steige aus, gelange an Heubners wagen und erfahre daß man beabsichtige, Freiberg zum sitz der
provisorischen regierung zu bestimmen. Vor Freiberg begegnet *Heubner* ein abgesandter der Chemnitzer bürgerwehr, welcher ihn einlädt, den sitz der provisorischen regierung in Chemnitz aufzuschlagen: von reichen Freibergern
bestürmt, ihre stadt nicht ruiniren zu wollen, giebt Heubner
nach, läßt die freischaaren nach kurzer rast nach Chemnitz
abziehen, er selbst – um endlich ruhig sich auf einige stunden in ein bett legen zu können, reist schnell voraus nach
Chemnitz, nennt sich am thore – denn es erschien im theils
unnöthig, theils niederträchtig, sich zu verläugnen – und
legt sich mit einigen begleitern im gasthof schlafen. Die reichen fabrikherren von Chemnitz halten es für gut Heubner
durch gensd'armes wecken, nach Altenburg bringen und
dem preußischen militär ausliefern zu lassen.

An Heubner fesselte mich bei so flüchtig angeknüpfter
bekanntschaft das höchste persönliche interesse: er war der
edelste, festeste, ehrlichste – und unglücklichste held der re-

volution. Mein schmerz um ihn ist groß. Bakunin mit seiner furchtbaren energie, war ihm vom drange der umstände, indem alles feig um ihn wurde, aufgedrungen: er konnte ihn, dessen ziel allerdings über das seinige weit hinaus lag, in augenblicken nicht von sich weisen, wo energie und nur energie an der zeit war. Wäre Heubner aber der – in der zukunft einzig siegreiche! – blanke, nackte revolutionär gewesen, der den sieg, und nur den sieg will, – hätte er nichts nach dem wimmern der Freiberger oder Chemnitzer reichen bürgerschaft gefragt, sondern nur die furchtbare klugheit der revolution walten lassen, – er wäre nicht gefallen und die sache nicht verloren. Aber hier habe ich ersehen, daß wir alle keine revolutionäre sind, und ich am wenigsten: wir wollen die revolution um schnell auf ihr etwas gutes aufbauen zu können, – und diese rücksicht läßt sie uns vollkommen verkennen: der ächte, siegreiche revolutionär kann nur zerstören wollen, und seine einzige kraft wird der *haß*, nicht die *liebe* sein, die uns leitet.[5] –

Ich habe diese genaue darstellung vorausgesandt, um Sie genau in kenntniß meiner theilnahme an dem vorgefallenen zu setzen. Mit voller sympathie war ich anfänglich bei der erhebung, mit erbitterung die zwei mittelsten tage, mit höchst aufgereger spannung und neugierde die beiden letzten tage. Nirgends bin ich aber thätig gewesen, weder mit den waffen noch mit öffentlicher rede: nie habe ich zu der provisorischen regierung irgend eine officielle stellung eingenommen. Welcher niederträchtigkeit und gemeinheit aber die reaction unter dem schutze preußischer bayonete in Sachsen fähig sein wird, bleibt mir nicht schwer zu errathen: bereits fühlte ich mich in Chemnitz bei meinen verwandten

---

5 Mit dieser nüchternen Schlußfolgerung aus einer klaren Analyse der revolutionären Ereignisse in Dresden entlarvt Wagner in diesem einzigartigen Briefdokument – zwar aus seiner eigenen subjektiven Erlebnissphäre, aber doch recht typisch für das Geschehen – den sächsischen Schildbürgerstreich einer Revolution, die eigentlich keine war, sondern eben bloß ein Aufstand aus verschiedensten Motivationen, die oft nur Mißverständnisse waren.

nicht sicher, meine begegnung mit der bürgerwehr dieser
stadt war mir von dem jetzt lauten theile derselben als hoch-
verrath ausgelegt worden. Nachrichten meiner Leipziger
verwandten lassen mich schließen, daß ich auch von Dresden aus verklatscht und denuncirt werde. Schon aus sicher-
heitsgründen wäre daher an eine rückkehr nach Dresden
jetzt und unter den vermutlich lange dauernden gegenwärtigen umständen für mich nicht zu denken. Aber auch andere
rücksichten drängen mich jetzt zu einem entscheidenden
entschlusse für mein zukünftiges leben. Sie kennen das dor-
nenvolle wesen der künstlerischen bahn, die ich eingeschlagen habe: der wunden würde ich nicht achten, aber der zer-
bröckelung meiner ganzen künstlerischen natur kann ich
endlich nicht mehr gleichgültig zusehen. Das grauen an meiner amtlichen stellung, der druck unter dem ich in ihr
schmachte, das nichtswürdige alles beginnens in dem kreise
dieses amtlichen wesens – hat mich schon seit jahren in den
tiefsten mißmuth gebracht, der von jahr zu jahr nur wachsen
konnte. Das einzige, was mich wahrhaft lebendig erhielt,
war – allerdings der zweck meines lebens – mein künstlerisches produciren: auch dieß haben mir nun die zeit und die
umstände verleidet: seit zwei jahren bin ich mit einer neuen
oper[6] fertig: nirgends her erhalte ich die aufmunterung, sie
an den tag treten zu lassen, und seit zwei jahren zersplittere
ich denn meine künstlerischen kräfte ohne lust und freude.
So bin ich denn endlich revolutionär geworden – wenn nicht
mit der that doch mit der gesinnung –, und kann zu keiner
freude am schaffen mehr kommen. Die letzte katastrophe
hat mich hierin in soweit zu mir selbst gebracht, als ich mir
dieses traurigen, zerstörten zustandes vollkommen gewiß
ward, und bereits hatte ich keine andere hoffnung oder
sehnsucht mehr, als mit meiner armen vielgeprüften frau in
stiller abgeschiedenheit irgendwo grade nur mein leben fristen zu können, ohne that, aber auch ohne schuld. – In Wei-

6 *Lohengrin.*

mar angekommen, wurde ich durch die freunde, die ich
mich hier durch meinen Tannhäuser gewonnen habe, sogleich auf eine andere bahn getrieben. Liszt, der hierin im
einverständniß mit der großherzogin[7] steht, kündigte mir
sogleich an, ich müsse nach Paris und London: dort sei jetzt
mein platz um für die zukunft zu wirken und meine kräfte
auch für die gegenwart zu nutzen, nicht in Deutschland, wo
ich ja – wie ich es selbst an meiner letzten vergangenheit be-
wies, zu grunde ginge, wenigstens als künstler. Die mittel
und jede sonstige einflußreiche unterstützung sind mir geboten, mein ziel dort zu verfolgen und den aussichten nach
auch schnell zu erreichen. Nun fühle ich, so schwer es mir
noch ankommt; mit außerdeutschem wesen mich zu befassen, daß die angeregteste künstlerische thätigkeit doch einzig mein leben ausmachen kann: Deutschland in seiner grauenvollen verwirrung bietet jetzt dem künstler vielleicht auf
lange keine fruchtbare Heimath dar: es ist ein trauriger trost,
aber es ist ein trost, seine künstlerschaft wenigstens auf
fremden boden noch retten zu können. Aber auch meine
zerrütteten vermögensverhältnissen gegenüber kann nur ein
energisches veranschlagen meines talentes mir noch aussicht
auf eine dereinstige bessere zukunft verschaffen. Ich bin daher entschlossen den aufforderungen und den anerbietungen
meiner hiesigen freunde zu entsprechen: nach geringen vor-
kehrungen trete ich meine reise – wahrscheinlich zunächst
nach London an. Es fragt sich daher nur noch, wie soll meine stellung zu Dresden bleiben? Ich würde schon jetzt völlig
mit Dresden zu brechen glauben müssen, wenn ich nicht annehmen dürfte, daß – so hart ich auch jetzt vielleicht ver-
klagt bin – es sich doch aufklären müsse, wie eigentlich eine
wirklich strafbare schuld an mir nicht hafte; ich hege die volle gewißheit, wenn man in mir selbst nach den begriffen der
jetzt siegreichen partei einen verbrecher zu behandeln zu
müssen glaubt, die halfte der bevölkerung Sachsens müßte

7 Großherzogin Maria Pawlowna von Sachsen-Weimar-Eisenach.

dann mit derselben strenge zur rechenschaft gezogen werden müssen. Es wäre daher wohl der versuch zu machen, auf
grundlage der hier Ihnen wahrheitsgetreu gemachten angaben, vermittlungsweise zu ersehen, ob ein dem gesetz genü-
gender grund gegen mich vorhanden wäre. Niemand als Sie,
theurer freund, dürfte im stande sein, hier das richtige verfahren einzuschlagen, und die irgend möglichen schritte zu
ergreifen, die mir eine rückkehr in mein vaterland, vielleicht
selbst eine motivirte erhaltung meiner dortigen stellung bewahren könnten. Wenn alles gut und günstig sich gestaltete,
müßte die formel des vertrages etwa dahin lauten, daß mir
zunächst ein urlaub auf ein halbes jahr ertheilt würde, um in
London und Paris für die aufführung meiner opern an den
dortigen theatern, auch zur erwirkung von aufträgen für eine neue oper an einem dieser orte thätig sein zu können. Zunächst besteht die absicht, meine letzte oper: Lohengrin in
das englische übersetzt in London zuerst zur aufführung zu
bringen.[8] – Nehmen wir an, daß die jetzigen stürme vorübergehen werden, daß ich auch gar bald wahrscheinlich als
weit weniger politisch compromittirt erscheinen werde, als
es jetzt der fall sein mag, – warum sollte dann ein Dresdener
kunstinstitut für immer mich von sich entfernen, während es
vielleicht schon jetzt ihm nicht zur unehre gereichen würde,
wenn eines seiner mitglieder in den hauptstädten der welt
sich ruhm erwürbe? – Ich wenigstens biete von ganzem herzen zu einer späteren rückkehr nach Dresden die hand, vielleicht dürfte dieses es nicht zu bereuen haben, diese hand angenommen zu haben. Von welchem nutzen und troste dies
mir wäre, liegt klar zu erkennen: nur jetzt, jetzt laßt mich
frei, – frei in jeder hinsicht.

Gott weiß ob alle diese vorschläge nicht bereits viel zu
spät kommen! Ob ich jetzt nicht schon alberner weise als

---

8 Bekanntlich hat sich weder Devrient für Wagner in Dresden einsetzen können, noch wurde der *Lohengrin* ins Englische übersetzt oder gar in London
uraufgeführt.

hochverräther oder dergl. verurtheilt bin; – es fehlt mir aus Dresden an allen nachrichten, und auch von meiner armen frau weiß ich seit 4 tagen nichts, was mich unmäßig ängstigt.

Ach, lieber Devrient zürnen Sie mir nur jetzt nicht um der wild beunruhigenden freundschaft willen, in die ich Sie zu mir hingerissen habe! Machen Sie, daß ich wieder ganz künstler sein kann, nichts anderes als künstler und mensch – Sie sollen dann auch mit mir zufriedener werden.[9]

Einen brief an mich schicken Sie unter dem couvert an Liszt hierher nach Weimar: entweder er trifft mich selbst hier, oder er wird mir nachgeschickt. Aber bald – bald eine nachricht!

Gott möge Sie bewahrt haben, edler freund, und bewahre Sie und die Ihrigen ferner Ihren freunden – zu lieb!

Gott befohlen, Bester!

Ihr
Richard Wagner.

9 Devrient blieb skeptisch, da er auch gegenteilige Informationen über Wagner hatte, was dessen Beteiligung am Dresdener Maiaufstand betraf: »Ich erspare Ihnen die Aufzählung, aber daß es Ihnen nicht gelingen würde, eine Untersuchung, wenn Sie sich ihr stellten, bestehen zu können, beweist mir Ihr eigener Brief; Ihre Verteidigung darin ist eine vollständige Selbstanklage. Sie können und dürfen sich darüber nicht täuschen: eine Reinigung in dem Maaße um einen Anspruch auf Beibehaltung Ihres Postens in der Hofkapelle zu begründen, ist unmöglich; nicht auf Rechtfertigung, nur auf Amnestie kann unter den gegenwärtigen Umständen die Hoffnung, Sie unsrem Institute für die Zukunft zu erhalten, sich stützen.« (Brief an Richard Wagner vom 19. Mai 1849.)

Reuil, den 18. Juni 1849

Liebster freund!

Bald ist es vier wochen her daß ich meine frau verließ, und noch habe ich nicht die mindeste nachricht von ihr erhalten: meine pein und niedergeschlagenheit ist groß! – Ich muß einen neuen häuslichen herd gewinnen, sonst ist es aus mit mir: mein herz ist größer als mein verstand.

Mit Belloni[1] bin ich genau zu rath gegangen und bin mit ihm zu folgender ansicht und dem daraus sich ergebenden entschluß gelangt: –

In Paris bin ich jetzt ganz unnütz: meine sache ist – eine oper für Paris zu schreiben, zu allem andren bin ich untauglich. Dieser zweck läßt sich nicht im sturm erreichen; im glücklichen falle habe ich in einem halben jahre die dichtung, in einem und einem halben jahre die aufführung. In Paris und ohne häuslichkeit – ich will sagen: herzens-ruhe kann ich nichts arbeiten: ich muß einen neuen punkt gewinnen, wo ich daheim bin und mir vornehmen kann, daheim zu bleiben. Als solchen punkt habe ich mir Zürich erlesen: meiner frau habe ich geschrieben, sie möge mit ihrer jüngsten schwester[2] und den letzten resten unsres hausstandes dorthin kommen um sich wieder mit mir zu vereinigen; dort habe ich einen freund, Alexander Müller, der mir wegen der einrichtung einer möglichst wohlfeilen wohnung u.s.w. an die hand gehen wird. So wie ich nur *kann*, gehe ich von hier dorthin ab. Habe ich dort meine frau wieder, so geht es frisch und froh an die arbeit: den entwurf zu meinem Pariser

1 Gaetano Belloni war Franz Liszts Sekretär in Paris.
2 Natalie Planer, in Wirklichkeit die Tochter.

sujet[3] schicke ich von dort an Belloni, der mir die französische bearbeitung durch Gustave Vaez besorgt. Im October
kann dieser seine arbeit fertig haben, dann gehe ich auf kurze zeit von meiner frau hinweg nach Paris, suche durch alle
mögliche mittel mir den auftrag zur composition des betreffenden sujets zu verschaffen, führe vielleicht auch etwas auf,
und kehre dann nach Zürich zurück um die musik zu machen. Meine zeit bis dahin wende ich aber dazu an, meine
letzte deutsche dichtung: »Siegfrieds tod« endlich zu componiren; in einem halben jahre sende ich Dir die oper fertig
zu. Ich *muß* jetzt an eine tüchtige arbeit gehen, sonst vergehe ich: um jetzt aber arbeiten zu können bedarf ich der ruhe
und einer heimat: ist meine frau bei mir – und in dem
freundlichen Zürich – werde ich beides finden. Nur Eines
habe ich vor mir, und Eines kann und will ich immer froh
und freudig thun: *arbeiten*, d. h. für mich: opern schreiben.
Zu allem übrigen bin ich untauglich: eine rolle spielen, eine
stelle einnehmen – kann ich nie, – und ich würde diejenigen
betrügen, denen ich versprechen wollte, mich einer andren
thätigkeit hinzugeben. Ihr, die Ihr mich liebt, – helft mir, ein
leben führen zu können, bei dem ich am glücklichsten sein
und zugleich den größten gewinn aus meinen geringen fähigkeiten ziehen werde!

Schafft mir also ein kleines jahrgehalt, das eben nur ausreicht, in Zürich – da es jetzt noch nicht in Deutschland in
Eurer nähe sein kann – mir mit meiner Frau ein ruhiges leben zu sichern. Ich sprach Dir in Weimar von einem gehalt
von 300 thalern, den ich mir gegen meine opern, abänderun-

---

3 Noch bevor Wagner wegen seiner Beteiligung am Maiaufstand 1849 in Dresden seine Heimat fluchtartig verlassen mußte, hatte er sich den Opernstoff
zu *Jesus von Nazareth* mit weitschweifigen Bibelexzerpten zurechtgelegt.
Zeitweise glaubte Wagner, dieses globale Sujet für eine erfolgreiche Oper in
Paris ausarbeiten zu können. Das sicherlich sehr problematische Opernpro-
jekt wurde nie verwirklicht.

gen derselben u. dergl. von der Großherzogin[4] erbitten
möchte: würde dem vielleicht der herzog von Coburg[5],
oder gar auch die prinzessin von Preußen[6] etwas hinzufügen, so würde ich gern all meine künstlerische thätigkeit an
diese drei beschützer gewissermaßen als ersatz und gegenleistung hingeben, und sie hätten die genugthuung, mich rüstig
und frei meiner kunst erhalten zu haben. *Ich* – kann nicht
für mich bitten und die schickliche form zu der nöthigen
übereinkunft finden: *Du* kannst es, *Du* und Deine fürsprache wird sie zu stand bringen. – Etwaige einkünfte einer
oper, die ich für Paris schreibe, würde ich somit auch unver-
mindert zur tilgung meiner in Dresden hinterlassenen schulden verwenden können. –

Lieber Liszt, – genügt Dir das hier ausgesprochene? –

Mit der zuversicht eines *gänzlich* hülflosen bitte ich Dich
nun noch: mache es möglich mir schnell geld zukommen zu
lassen, damit ich hier fortgehen, nach Zürich reisen und dort
so lange leben kann, bis ich den gewünschten gehalt beziehe:
Du wirst selbst am besten beurtheilen können, wie viel ich
dazu bedarf. – Ob meine frau, wenn sie meinen heißen bitten nachgiebt und nach Zürich zu reisen gedenkt, das nöthige dazu wird auftreiben können, weiß ich leider nicht: frügst
Du wohl schnell bei ihr an, ob sie etwas braucht? Schreibe
ihr durch die adresse: Eduard Avenarius, Marienstraße № 2
in Leipzig. –

Gott, welche mühe gebe ich mir immer, nicht zu weinen!
– Meine arme frau!! –

Das beste was ich je schaffen kann, will ich schaffen – Alles, Alles! Nur nicht in dieser großen welt mich herumtrei-
ben, – laßt mich wieder irgendwo daheim sein! – –

4 Großherzogin Maria Pawlowna von Sachsen-Weimar-Eisenach.
5 Herzog Ernst II. von Sachsen-Coburg-Gotha.
6 Prinzessin Augusta von Preußen, die spätere Kaiserin.

Ich konnte heute nur von mir schreiben, – sei mir darum
nicht böse! Aber ich kenne Deine güte und vertraue mich ihr
ganz!

Nimm tausend grüße von

Deinem

Reuil, 18 Juni 49.   Richard Wagner.

35 An Franz Liszt, Bückeburg

Zürich, den 14. Oktober 1849

Mein lieber Freund!

Nach einem mehrmonatlichen schweigen kann ich mich
nicht wieder an Dich wenden, ohne zuvörderst Dir nicht
nochmals von ganzem herzen für die äct freundschaftliche
unterstützung zu danken, durch die es mir zunächst möglich
geworden ist meine arme frau wieder zu erhalten: durch diese hülfe wurde es meinem weibe namentlich auch möglich,
einige liebgewonnene kleinigkeiten aus unsrer früheren einrichtung, vor allem aber meinen flügel mir zu erhalten und
hierher zuzuführen. Wir sind nun hier so gut wie möglich
häuslich niedergelassen, und nach langer qual- und unruh-
voller unterbrechung bin ich nun wieder im stande an die
ausführung größerer künstlerischer pläne für die zukunft zu
gehen.

Nichts konnte mir nach der endlichen wiedervereinigung
mit meiner schwergeprüften frau größere freude gewähren,
als von dem schaffen Deiner künstlerischen thätigkeit zu erfahren: die zur 100jährigen geburtstagsfeier Göthe's von Dir

Franz Liszt. Gemälde von Miklós Barabás. 1846
(Nationalgalerie Budapest)

verfaßten musikstücke[1] sind mir nun auch im klavierauszug
zu gesicht gekommen, und ich habe mich aufmerksam mit
ihnen beschäftigt. Von ganzem herzen heiße ich Dich willkommen! und freue mich – namentlich auch mit in das herz
Deiner freundin[2] hinein – auf dem von Dir mit so ruhmwür-
diger consequenz erwählten feld Deiner ehre Dich so rüstig
bewähren zu sehen. Das lebhafteste gefühl, mit dem ich vom
bekanntwerden mit diesen compositionen schied, war aber
der wunsch, Dich bald eine oper schreiben, oder die begonnene vollenden zu wissen:[3] das aphoristische wesen, das den
aufgaben, wie sie Dir bei dieser Göthegelegenheit gestellt
wurden, zu grunde liegt, muß sich wohl unwillkürlich auch
auf die künstlerische production übertragen, die es nicht zur
vollkommenen wärme kommen läßt. Die musikalisch schaf-
fende kraft dünkt mich wie eine glocke, die – je umfangrei-
cher sie ist – ihren vollen ton erst von sich giebt, wenn sie
durch die gehörige kraft in vollen schwung gesetzt ist: diese
kraft ist eine innerliche, und wo sie nicht als innerliche vorhanden, da ist sie garnicht vorhanden: das rein innerliche
wirkt aber nicht eher, als bis es durch ein verwandtes und
doch unterschiedenes von außen her erregt wird. Die musikalisch schöpferische kraft bedarf dieser anregung wahrlich
nicht minder als jede andere künstlerische: große kraft wirkt
aber nur durch große anregung; – habe ich nun vollen grund
die Deinige für groß zu halten, so wünsche ich ihr nun auch

---

1 Zu Goethes 100. Geburtstag hatte Liszt für ein in Hamburg 1849 erschiene-
   nes Festalbum folgende Werke komponiert: einen Festmarsch, den Männer-
   chor *Licht, mehr Licht* (nach Goethes angeblichen letzten Worten), die Di-
   thyrambe für Baßbariton und Orchester *Weimars Tote* (nach Franz von
   Schober), das Soloquartett *Über allen Gipfeln ist Ruh* und den Chor der Engel *Rosen, ihr blendenden* aus *Faust II*.
2 Carolyne von Sayn-Wittgenstein.
3 Liszt hat seit seinem Jugendwerk *Don Sanche* (1825) keine Oper mehr komponiert, so an seinem Entschluß, »nie wieder eine deutsche Oper zu komponieren«, den er Wagner am 3. Januar 1851 verkündete, festhaltend. Am
   8. Oktober 1850 empfahl Wagner dem Freund seinen Textentwurf *Wiland*
   dringlich zur Vertonung, wofür sich besonders die fürstliche Freundin
   Liszts, Carolyne von Sayn-Wittgenstein, einsetzen sollte.

die entsprechende große anregung; denn hier ist nichts willkürlich zu ersetzen oder zu ergänzen, wirkliche kraft kann
nur aus nothwendigkeit schaffen. Sowie in der reihenfolge
Deiner musikstücke Göthe selbst endlich Deine kraft an-
regt, da klingt die glocke in ihrem ganz natürlichen vollen
tone, und der klöpfel schlägt in ihr wie das herz im leibe:
hättest Du nun aber auch da vollends die ganze Faustglocke
(ich weiß, es ist unmöglich!) sich schwingen lassen können,
hätte sich das einzelne nur zu einem großen ganzen verhalten dürfen, das große ganze würde dann auch auf dieses einzelne einen reflex haben werfen müssen, der eben das gewisse *etwas* ist, was nur aus dem großen ganzen, nicht aber aus
dem einzelnen sich gewinnen läßt. Im einzelnen, aphoristischen, gelangen wir nicht zur ruhe, erst im großen ganzen
ist eine große kraft ganz bei sich, mächtig und daher bei aller
erregtheit auch ruhig. Die unruhe in dem was ich thue, bezeugt mir aber, daß ich in meinem thun nicht vollkommen
bei mir bin, daß nicht meine ganze kraft, sondern nur ein
zersplitterter theil meiner kraft in ihm thätig ist. Diese unruhe ist mir in Deinen compositionen begegnet – wie sie Dir
in den meinigen ohne besseren grund nur zu oft auch begegnet sein wird! –; dieser unruhe freute ich mich aber mehr,
als wenn genügsames behagen statt ihrer der hervorstechen-
de zug gewesen wäre: sie ist mir als die klaue erschienen, aus
der ich den löwen erkannt habe, – nun aber rufe ich Dir zu:
zeige uns vollends den ganzen löwen! – d. h. schreibe oder
vollende bald eine oper! – – –

Lieber freund, wirf nun auf mich einen ernsten, aber gütigen blick!

Alle übel, die mir widerfahren sind, waren die naturnoth-
wendigen folgen der entzweiung meines eigenen wesens: die
kraft, die meine eigene ist, ist eine durchaus unnachgiebige
und untheilbare; sie rächt sich mit ungestüm durch ihre natur, wenn ich sie durch äußeren zwang ableiten oder theilen
will. Ganz *der* sein, der ich sein kann und daher jedenfalls
auch sein soll, vermag ich nur dann, wenn ich allen den äu-

ßerlichkeiten entsage, die für mich nur unter jenem äußeren
zwange zu gewinnen sind: ich würde um ihretwillen immer
und ewig meine kraft zersplittern, immer und ewig dieselben übel über mich herauf beschwören. Ich bin in allem was
ich thue und sinne nur künstler, einzig und allein künstler:
soll ich mich aber in unsre moderne öffentlichkeit hinein-
werfen, – ich kann ihr nicht als künstler beikommen, nun –
und um als politiker mich mit ihr zu befassen – davor bewahre mich gott! – Grundarm und mittellos für das nackte
leben wie ich nun bin, ohne gut und erbe wäre ich daher einzig nur auf den erwerb angewiesen; ich habe aber nichts er-
lernt als meine kunst, und diese kann ich heut zu tage ganz
unmöglich zum erwerb verwenden: die öffentlichkeit kann
ich nicht suchen, meine einzige künstlerische erlösung
könnte einst nur dadurch vollbracht werden, daß die öffentlichkeit *mich* suchte. Die öffentlichkeit, für die ich daher allein schaffen kann, ist nur eine kleine gemeinde einzelner,
die für mich jetzt die ganze öffentlichkeit ausmachen. An
diese einzelnen muß ich mich somit wenden und ihnen die
frage vorlegen, ob sie mich und meine beste künstlerische
thätigkeit genug lieben, um nach kräften es mir möglich zu
machen, *ich* zu sein und meine thätigkeit ungestört entfalten
zu können. Diese einzelnen sind nicht viele, und sie sind
auch sehr zerstreut: aber der charakter ihrer theilnahme für
mich ist eben ein energischer. Lieber freund, es handelt sich
um mein nacktes leben! Du hast mir Paris erschlossen, – ich
weise es wahrlich nicht von mir; aber was ich für dort zu
wählen und zu entwerfen habe, wählt und entwirft sich
wahrlich nicht augenblicklich: ich muß dort ein andrer sein,
und nothwendig doch derselbe bleiben. Alle meine zahlreichen entwürfe waren nur für eine ausführung unmittelbar
durch mich selbst und in deutscher sprache geeignet. Gegenstände, die ich allenfalls bereit gewesen wäre, Paris zuzuweisen (wie Jesus von nazareth) erweisen sich bei näherer auffassung des praktischen der sache als in den mannigfachsten
beziehungen unmöglich, und so muß ich vor allem auch

hierfür zeit und muße zu eingebungen gewinnen, die ich nur aus einer ziemlich fremden region meiner natur her erwarten darf.[4] Daneben liegt nun die dichtung meines »Siegfried«[5] vor mir: nachdem ich zwei jahre keine note componirt habe, drängt es meinen ganzen künstlerischen menschen, die musik dazu zu schreiben. Was ich aus einem pariser erfolge je zu verhoffen hätte, wird mich nun aber auch nicht einmal nähren können, denn ohne nicht gänzlich unredlich sein zu wollen, müßte ich es meinen gläubigern zuweisen.

So handelt es sich denn darum: wie und woher verschaffe ich mir zu leben? – Ist meine fertige arbeit: Lohengrin, nichts werth? Ist die oper, die es mich jetzt durchaus zu vollenden treibt nichts werth? Allerdings, der gegenwart und ihrer öffentlichkeit, wie sie ist, müssen sie als luxus erscheinen! Wie steht es aber mit den wenigen, die diese arbeiten lieben? Sollten sie dem armen, nothleidenden schöpfer nicht lohn, sondern nur die möglichkeit fortschaffen zu können, darreichen dürfen? An die krämer kann ich mich nicht wenden, nur an wirkliche adlige menschen, – nicht an menschliche fürsten, sondern an fürstliche menschen! Für mein bestes, innerstes seelenheil bin ich wirklich in der lage nicht nach verdienst, sondern nach gnade gehen zu müssen: sind wir wenigen in dieser nichtswürdigen schacherzeit nicht gnädig gegen uns, wie wollen wir im namen und zu ehren der kunst nur irgend noch leben können?

Lieber freund, Du bist jetzt der einzige, auf den ich mich noch verlassen zu können glaube. Erschrick nicht! wohl habe ich versucht, die last dieses meines einzigen verlassens auf

---

4 Auf Liszts Drängen hatte sich Wagner ernsthaft vorgenommen, für Paris eine Oper zu schreiben. Da er aber selbst einsah, daß sich seine germanisch-mythologischen Stoffe für diesen Zweck nicht eignen würden, verfiel er auf den Gedanken, den schon im Frühjahr 1849 ausgearbeiteten fünfaktigen Prosaentwurf *Jesus von Nazareth* hervorzuholen, kam aber schnell wieder davon ab.

5 Es handelte sich damals noch um *Siegfrieds Tod* als Vorform der *Götterdämmerung*.

Dich Dir zu erleichtern: ich habe mich weiter gewandt –
aber vergebens. Von Heinrich Brockhaus, – von dem Du
mir schriebst –, habe ich durchaus nichts erfahren,[6] und bin
im herzen froh darüber: – lieber Liszt, lassen wir die *Krämer*
aus, – ein für alle mal! Sie sind menschen, lieben auch die
kunst, – aber nur soweit als »das *Geschäft*« es zuläßt. –

Sage mir nun! hilf, rathe mir! – bis hierher habe ich mich
und meine frau durch vorschüsse eines hiesigen freundes erhalten: mit ende dieses monates October gehen uns die letzten gulden aus – und eine weite, herrliche welt liegt vor mir,
in der ich nichts zu essen, nichts zum wärmen habe! – Denke nach, was Du für mich thun kannst, Du lieber fürstlicher
mensch! Lasse mir jemand meinen Lohengrin mit haut und
haar abkaufen, – laß jemand meinen Siegfried bei mir bestellen: ich thue es wohlfeil! – Willst Du unsren früher projec-
tirten fürstenbund[7] gänzlich außer acht lassen, vielleicht finden sich einzelne andere menschen, die sich zur hülfe für
mich vereinigten, wenn gerade Du sie auf eine geeignete
weise dazu auffordertest? Soll ich in die zeitung schreiben:
»ich habe nichts zu leben, wer mich lieb hat, gebe mir etwas?« – ich kann es um meiner frau willen nicht, sie stürbe
vor scham. – O welche noth es doch ist, so einen menschen
wie mich in der welt unterzubringen! – Will nichts fruchten,
so giebst Du vielleicht ein concert »für einen verunglückten
Künstler«? – Sieh zu, lieber Liszt, und vor allem denke daran, mir recht bald etwas – etwas geld zuzuschicken: ich
brauche holz und einen warmen überrock, da mir meine
frau den alten – seiner dürftigkeit wegen, gar nicht erst mitgebracht hat. – Sieh zu!   [...]

---

6 Liszt hatte sich mit Heinrich Brockhaus besprochen, wie Wagner im Exil zu
  helfen sei, war aber zu keinem Ergebnis gekommen.
7 Wagner bezieht sich hier auf den früheren Plan, von der Großherzogin Maria Pawlowna in Weimar und einigen gleichgesinnten Adeligen ein regelmä-
  ßiges Jahrgeld zu erhalten (vgl. Brief Nr. 34), das sich jedoch nicht realisie-
  ren ließ.

36 An Wilhelm Baumgartner, Zürich

Paris, den 19. Februar 1850

Theurer bruder in Christo![1]

Der Herr segne Dich, und geleite Dich auf allen Deinen wegen! Er behüte Dich vor hochmuth und nähre Deine jugendlichen nieren mit demuth! er mehre Deinen samen und kürze Deine haare, auf daß Du, frohmüthiger entsagung voll, dereinst in das allen reuigen verheißene Paradies zum innigen vergnügen der heiligen engelschaar einwandeln mögest! Amen! –

Ich versetze mich in den geist Deiner erziehung, und spreche in ihm zu Dir, weil ich väterlich auf Dich zu wirken suchen möchte.

Ich wünsche nämlich, daß Du Dich gehorsam zeigest mir eine bitte zu erfüllen.

Und diese besteht darin:

Gehe in das haus der männer gottes, Orell & Fueßli, und künde ihnen im namen des herrn:

verschiedene exemplare eines gottseligen buches, betitelt: das Kunstwerk der Zukunft, sind – oder werden bei ihnen ankommen auf dem unbegreiflichen wege göttlicher fürsorge aus der stadt Leipzig, allwo die diener des herrn nächstens messe halten werden. Von diesen exemplaren mögest Du – so gab es mir ein himmlisches gesicht ein – zweie in meinem namen Dir verabreichen lassen, um sie unter dem kreuzband unseres erlösers mir hierher in die stadt der from-

---

1 Wagner befürchtete – wie am Ende dieses Briefes deutlich ausgesprochen –, daß an der französisch-schweizerischen Grenze Briefzensur geübt werde. Wahrscheinlich deshalb, aber auch im kameradschaftlichen Umgang mit dem Freund, dessen Spitzname »Boom« war und der Wagners Ironie gewohnt war, schlug Wagner diesen Ton an.

men zuzusenden: die etwa noch übrigen exemplare mögen Dir zur weiteren verfügung und zur mehrung des reiches gottes auf erden, ebenfalls übergeben werden.

Lache nicht, mein theurer sohn! bedenke vielmehr, welch grauer ernst es mir ist! Nach dem vergehen des allersündhaftesten carneval's, in dem sich jugendliche fräulein nicht entblödeten halb nackt und mit leichtfertigen männlein gepaart, trotz gräulichen unwetter's auf den öden boulevard's der stadt Paris herumzufahren, habe ich meinen leib in einen grauen sackpaletot gesteckt und mein haupt mit der schwarzen asche eines neuen hutes bestreut. Da es mir außerdem, nach dem ausdrucke unsres bruders Jesus Sirach, hundsföttisch geht, indem ich täglich mehr begreifen muß, daß nur der zorn des herren mich nach Paris geschleudert hat, allwo mich alles anekelt und ich durchaus nichts zu thun finde, als mit krankem und mattem leibe viel geld auszugeben und höchstens für mich ganz allein einige psalmen zu singen, – so wirst Du begreifen daß ich mit ächzen und seufzen meiner seele mich nach dem anblick der alpen des herrn und des sees Bethsabat bei der stadt Zürich, sowie nach dem umgange meines durch gott mir angetrauten weibes und nicht minder meiner dort mir lebenden, keusch wandelnden brüder in Christo[2] zurücksehne, wobei ich selbst nicht läugne daß meine, durch gottes besondere gnade und unbegreifliche fügung ohne eheliche zeugung und geburt mir verliehenen kinder, das söhnlein Peps und das töchterlein Papo[3], eine gewisse attractionskraft auf mein stammelndes gemüth ausüben. Vereinigt Euch daher, ihr brüder, dem fern weilenden bruder ein haus gottes zu miethen, in dem es ihm wohl werde wenn er sich mit Euch vereinigt um dem herren loblieder zu singen!

Von unsrem vielgeliebten bruder Jacobus[4] erhielt ich so-

---

2 Gemeint sind Jakob Sulzer, Alexander Müller und Johann Bernhard Spyri.
3 Wagners Hund und Papagei.
4 Jakob Sulzer.

eben eine botschaft in gott, von der es mich einzig betrübte,
daß sie in der rathssitzung der kinder der welt abgefaßt war
und daher des gottbeschaulichen styles merklich entbehrte.
Hoffentlich wird auch ihn der geist des herren noch vollständig erleuchten, auf daß er der theilnahme an irdischer
gewalt entsage, um, gänzlich mit uns vereinigt, unter psalter
und harfenschlag nur noch gottselige lieder zu lallen. Besorgt nur ein hübsches logis dazu! – Auch droht mir Jacobus
am schlusse seiner botschaft; – ich werde für ihn beten!

Grüß mir im namen des herren mein weib, Minna Magda-
lena![5] Möge sie züchtig und vertrauungsvoll wandeln: der
herr hat mein gebet gehört, und es wird uns wohlgehen auf
erden, denn Jehova meint es gut mit mir, wenn er auch in
der stadt Paris sich mir nicht offenbart, wogegen er von der
stadt Bordeaux aus mich mit dem hauche seiner schützenden
vaterliebe fortwährend anbläst.[6]

Seid glücklich, meine kinder! und mehret Euch! Ein gebet
aber sende ich auf den flügeln des Seraphim zu gott, daß er
seinen freudigen dienern, den männern der französischen
behörden – die, wie ich erfahre, briefe aus Paris nach dem
lande Schweiz zu erbrechen pflegen, wonne und erbaulichen
genuß an dieser geschriebenen botschaft finden lassen möge!

Der herr behüte Dich! Amen!

Dein

Paris, 19 Febr. 50.　　　treuer bruder in Christo:
/:59, rue de Provence)　　Richard, der Wagner gottes.

5 Minna suchte während der Abwesenheit ihres Mannes eine neue Wohnung
  in Zürich und zog Mitte April 1850 in das Haus Abendstern in der Sterngas-
  se im Vorort Enge um.
6 An der finanziellen Unterstützung Wagners, die ihm die Familie Ritter aus
  Dresden gewährte, wollte sich auch die Familie Laussot aus Bordeaux betei-
  ligen. Die jung verheiratete Hausfrau der Familie, Jessie, lud Wagner nach
  Bordeaux ein und befand sich schnell in einem vertrauten Verhältnis mit dem
  interessanten Künstler, mit dem sie sogar in den Orient fliehen wollte. Bald
  überlegte sie es sich aber anders und blieb im gemachten Nest sitzen, während Wagner schon einen kompromißlosen Abschiedsbrief an seine Frau
  Minna abgeschickt hatte.

> An B. u. R. (in der Festung König-
> stein in Sachsen.) März 1850. Bordeaux.

Lieber fr. u. br. –!

Nie wollte ich Euch schreiben um Euch zu trösten, weil ich
wußte, Ihr bedürftet keines trostes. Jetzt erfahre ich, daß
der König v. S. das todesurtheil über Euch beide bestätigt
hat:[1] nun möchte ich Euch eine freude machen, indem ich
Euch meinen treuesten brudergruß bringe. Doch ich bin
weit von Euch entfernt: fast muß ich verzweifeln, daß diese
zeilen Euch noch zukommen, und somit kann ich nur wünschen, sie möchten Euch noch treffen.

Im wachen und im traume waret Ihr immer mir nahe:
kräftig und leidend, beneidens- und beklagenswerth standet
Ihr vor mir. Jetzt sehe ich Euch bereit den todesstreich zu
empfangen durch die hand desselben henkers, für dessen
menschwerdung Ihr kämpftet. Brüder, laßt Euch die schwäche meiner liebe gestehen, die mich *hoffen* ließ, ich würde
Euer leben erhalten sehen. Nun begreife ich, daß, so groß
und stark Ihr seid, so bestimmt und gewaltsam auch das loos
zu sein hat, das Eure feinde über Euch verhängen müssen:
sie dürfen es nicht unterlassen, Eure kühne kraft mit ihren
gewagtesten entschlüssen zu erwidern und zu ehren. Seid
denn stolz auf Euch! Liebe brüder! was schien uns das nothwendigste, um die menschen zu wahren menschen umge-
schaffen zu sehen? – Daß sie durch noth getrieben würden,

---

1 Das war glücklicherweise eine Falschmeldung; immerhin aber wurde Röckel
zu lebenslangem Zuchthaus verurteilt und Bakunin an Rußland ausgeliefert,
was für ihn Straflager in Sibirien bedeutete. Röckel kam nach 13 Jahren Haft
1862 frei, Bakunin begann 1861 in Sibirien eine abenteuerliche Flucht über
Japan und Amerika zurück nach Europa.

helden zu werden. Zwei helden sehen wir nun vor uns, die
von der heiligen noth der liebe zu den menschen gedrängt zu
freudigen helden erwuchsen: seid uns gegrüßt, Ihr theuren!
Ihr zeigt uns was wir alle werden können. So sterbet denn
glücklich in der freude des hohen werthes, von dem Ihr
Euch für uns wisset!

Soll Euer ferner bruder Euch noch einen süßen tropfen in
den heilig ernsten trank mischen, den Ihr zu trinken im begriffe steht, so gebe ich Euch die nachricht, daß unter der
fürsorge der beseligendsten freundschaft und liebe ich frei
und heiter der zukunft entgegen sehe, und so mit verjüng-
ten, stark beschwingten kräften auch für mein theil und nach
meiner fähigkeit an dem werke arbeite, für das Ihr helden
jetzt Euer leben laßt. Mein Michael, mein August! liebe,
theure, unvergeßliche brüder! Ihr lebet fort! In weiterer und
immer weiteren fluthenkreisen schwillt Euer Andenken zu
einer beglückenden liebeserinnerung der zukünftigen
menschheit an! So sterbet denn wohl, beneidet, bewundert
und – geliebt! –

Sollte mir die unsägliche freude gegönnt sein dürfen, noch
ein letztes wort von Euch zu erhalten, so wisset wo es mich
treffen würde: bei M. J. L.[2] – Trifft dieser gruß Euch noch
am leben, so zweifle ich nicht an der erfüllung meines innigsten wunsches.

Nun denn, liebe brüder! Euch umarme ich mit all der Inn-
brunst eines aus tiefster seele liebenden. Diesen kuß und diese letzte thräne! Gönnt mir die stärke zu theilen, in der ich
Euch jetzt heiter vor mir dastehen sehe! Froh und stolz – so
steht Ihr ewig vor mir – so lasset auch mich dereinst mein leben zum ruhme unsrer freundschaft vollenden!

Euer ――――――

2 Jessie Laussot (vgl. Brief Nr. 36).

Genf, den 4. Mai 1850

Liebe Minna!

Ich kann nicht umhin Dir noch einmal zu schreiben, ehe ich weit fort von Dir gehe. – Es ist mir, wie ich es auch wollen mußte, unbekannt geblieben, wie Du den entscheidenden Schritt, den ich meinerseits in meinem letzten Briefe Dir verkündete, aufgenommen hast.[1] Da Du so oft schon mit dem Gedanken Dich vertraut gemacht hast, von mir getrennt zu leben und so Deine Unabhängigkeit wieder zu gewinnen, so vermuthe und hoffe ich auch, daß Du vielleicht wohl verwundert, nicht aber erschreckt über meinen Entschluß geworden bist. Ich für mein Theil lebe der Hoffnung, daß sich in der Trennung die gegenseitige Erinnerung an unser beider vergangenes Leben wohlthuender und selbst tröstender gestalten wird, als bei fortgesetztem Zusammenleben dies der Fall gewesen sein würde, in welchem die fortgesetzten Reibungen unserer von Grund aus verschiedenen und sich entgegenstehenden Naturen nur Gehässigkeit und freudloses Dasein hätten erzeugen können.

Die Nachricht, die ich Dir heute mittheilen darf, bestimmte mich aber ganz besonders, noch einmal an Dich zu schreiben, weil ich das Gefühl habe, als müsse sie geeignet sein, Dir alles vielleicht Bittere unserer Trennung zu mildern. Soeben stehe ich nämlich im Begriffe nach Marseille abzureisen, von wo ich sogleich mit einem englischen Schiffe nach Malta abgehe, um von da aus Griechenland und

---

1 Sowohl in einem (verlorenen) Brief vom 28. März 1850 als auch in einem sehr ausführlichen Brief vom 16. April 1850 an Minna hatte Wagner die ganze Geschichte seiner Ehe als andauerndes Mißverständnis mit vergeblichen Hoffnungen auf Besserung beschrieben und Minna die Trennung empfohlen, da er wußte, daß sie mit einer Scheidung nicht einverstanden sein würde.

Kleinasien zu bereisen. Ich fühlte von je, und namentlich am Stärksten auch in der letzteren Zeit, das Bedürfnis, aus dem bloßen Bücher= und Gedankenleben, das für mich so verzehrend ist, herauszugehen um mich noch einmal in der Welt etwas umsehen zu können. Für jetzt ist die moderne Welt hinter mir geschlossen, denn ich hasse sie und mag nichts mehr mit ihr, noch mit dem was man heut zu Tage in ihr »Kunst« nennt, zu thun haben. Deutschland kann für mich erst wieder ein anregendes Feld sein, wenn alle Zustände in ihm gänzlich umgeändert sind: alle Bemühungen, mit ihnen mich in Einklang zu setzen, können mich nur gränzenlos unglücklich machen und mein Leben mir immer mehr verleiden. [...]

Für Dich, liebe Minna, glaubte ich nun müßte diese Nachricht etwas Beruhigendes – falls Du dessen bedarfst – haben: ich hoffe Du gönnst mir unter allen Umständen die Ausführung meines Vorhabens, und – so lange Du Dich nicht vollständig von mir scheiden zu müssen glaubst – erhältst Du hier einen guten Grund gegen jedes öffentliche Aufsehen. Du kannst aller Welt sagen: nach dem Aufgeben meiner pariser Pläne hätte ich gefunden, daß ich für jetzt weder in Deutschland noch in Frankreich etwas mir Entsprechendes und Nützliches zu thun hätte; daß ich demnach willig eine Gelegenheit ergriffen hätte, die sich plötzlich mir darbot, einen alten Lieblingswunsch ausgefuhrt zu sehen, nämlich eine Zeitlang Griechenland und den Orient zu besuchen; und daß ich endlich – sowohl wegen drängender Gelegenheit, als auch um mir das Schmerzliche eines persönlichen Abschiedes zu ersparen – ohne Dich noch einmal zu sehen auf die Reise gegangen sei. Hiermit sagst Du nichts Unwahres, zumal in Bezug auf den letzten Punkt. Es wäre mir – unter allen Umständen – ganz unmöglich gewesen, Dich noch einmal in Zürich zu besuchen, Dich zu sehen, von Hund und Vogel Abschied zu nehmen. So sehr ich jetzt gelitten habe, so hätte mir jener persönliche Abschied jedoch wahrscheinlich alle Zukunft zerstört.

Glaube mir! es mußte so sein! Es ist besser *für Dich* – wie
für mich.

Laß uns denn so jetzt getrennt sein! Bleiben wir gesund,
ändern sich die Zeiten und Verhältnisse, so haben wir ja die
Hoffnung, uns wiederzusehen. Gut aber wird uns jetzt die
Trennung thun! –

Von LONDON aus erhältst Du bald das Nöthige zu Deinem Leben: willst Du mich herzinnigst erfreuen, so gestalte
Dir Deine Existenz so angenehm wie möglich; lege Dir irgendwo ein kleines Gärtchen an, pflege Hund u. Vogel, und
– hoffe auf die Zukunft.   [...]

So lebe denn wohl, liebe Minna! hartgeprüfte Frau, der
ich leider keinen Ersatz geben kann, die ich – um sie selbst
vielleicht zu heilen – sogar verlassen muß. Lebe wohl, und
– kannst Du – so gedenke meiner in Gutem! Nachricht sollst
Du von mir erhalten, – und – auf ein Wiedersehen dürfen
wir ja wohl auch noch hoffen!

Grüße Deine Aeltern, grüße unsre Freunde! Zürnet mir
nicht, daß ich von Euch scheiden mußte! –

Leb wohl! Leb wohl! liebe, gute Minna! Leb wohl

Dein

Sonnabend, 4 Mai 1850.   Richard W.

39 AN FRANZISKA WAGNER, SCHWERIN

Villeneuve, den 4. Juni 1850

Liebe Fränze!

[...]   Mistrauisch bin ich gegen Alles, was sich heut zu tage
mit dem theater befaßt, und es geht mir mit schauspielern
wie der polizei mit den menschen, die sie so lange für spitz-

buben hält als sie nicht die dringendsten beweise für das gegentheil findet. Wie wenige von euch gelangen nur dazu, zu
bemerken, daß sie eigentlich mit einer vollständigen lum-
penwirthschaft zu thun haben; wie noch viel wenigere retten
sich aber aus diesem pfuhl zum reinen künstlerthume. Deine
ganze familie hat es eigentlich nur bis zu dem ersteren gebracht: bringe Du es vollständig bis zu dem zweiten grade,
und herzlich will ich Dich willkommen heißen.

Niemand weiß mehr wie ich, daß der Darsteller der eigentliche künstler ist: was gäbe ich darum, wäre ich selbst
der darsteller meiner helden geworden! Glücklich wäre ich,
glücklich! Meine ganze kunst ist nur sehnsüchtiges gedan-
kenweben: ewiges wollen und nicht können, – denn können
heißt, wirklich machen, aus der vorstellung und absicht zu
that und unmittelbarkeit übergehen. Diese wirklichkeit gehört nun heut zu tage der komödiantenwelt an, in welcher
große gage, schöne garderobe und lobende recensionen die
hauptsachen sind. Rette Dich daraus, so gut Du es vermagst,
vor allem scheue aber keine widerwärtigkeiten und schmerzen, denn nur um diesen preis werden wir jetzt menschen
und künstler: der weichliche bleibt sklave und komödiant.
Scheue es nicht die bitterste galle zu trinken: sie giebt in einer gesunden natur kraft und selbständigkeit, endlich den
stolz der verachtung des gemeinen, heiterkeit und wahres
glück. [...]

Thun, den 26.–27. Juni 1850

Liebe, theuere Frau!

Vor fünf tagen erhielt Karl[1] einen brief aus Bordeaux, worin ihm in flüchtigster kürze von Jessie[2] angezeigt wurde, daß sie – wie sie sich ausdrückt – »mit der allernächsten vergangenheit wieder breche und briefe von meiner handschrift ungelesen in das feuer werfen würde; er möge für jetzt ihre zeilen sogleich verbrennen, und nur ganz kurz mir den hauptpunkt seines inhaltes mittheilen.« –

Zur erwiderung so summarisch kurzen verfahrens gegen mich hätte ich mit ähnlicher bündigkeit mich ungefähr so gegen sie auslassen dürfen: – daß ich hieraus allerdings begreife, daß ich nicht imstande war, Jessie *die liebe* einzuflößen, wie ich sie verstehe, doch aber betrübt über die wahrnehmung bin, daß ich dieser frau nicht einmal die nothwendigste *achtung* für mich abgewinnen konnte.

Ich habe jedoch in Ihre hände hiermit das testament einer liebe niederzulegen, deren ich mich nie schämen werde, und die, wenn auch leiblich tot, bis an mein lebensende mich selbst vielleicht mit freudiger erinnerung und beglückender nachempfindung erfüllen wird. Verstehen Sie mich daher recht, theure Frau, wenn ich mit weniger stoischer kürze Ihnen über die wendung dieser katastrophe berichte, die mir mit so kindischer bündigkeit angezeigt worden ist. Jedenfalls verstanden Sie mich schon, als Ihnen bei Ihrer anwesenheit am genfer see meine gemüthsstimmung nach empfang

---

1 Julie Ritters ältester Sohn.
2 Julie Ritter und ihre Tochter Emilie hatten im Mai 1850 Wagner in Villeneuve besucht, um eine klärende Aussprache wegen seiner Bindung an Jessie Laussot und seines ferneren Verhaltens gegenüber seiner Frau Minna zu führen.

jenes briefes, der mich bestimmte, augenblicklich nach Bordeaux zu reisen, von mir dargelegt wurde. Ich mußte damals aus der wendung, welche die dinge genommen, bereits zu ersehen glauben, daß Jessie für ihre kraft zu viel unternommen hatte und ihrem vorhaben nicht gewachsen sein dürfte. Keinen augenblick war es mir entgangen, daß ihr entschluß nur durch die kühnste, revolutionäre kraft auszuführen war, – daß dieser entschluß und ihre empfindung nur sich selbst rechtfertigen konnten, und zwar allein dadurch, daß sie sich von so unüberwindlich starker natur zeigten, daß alle erdenklichen übrigen rücksichten dagegen als schwach und unvermögend fallen mußten. – Meiner ganzen ansicht vom wesen des menschen nach, bin ich geneigt, solche entschlüsse und empfindungen mit höchster freude aufzunehmen, weil ich unter unsren jetzigen lebensumständen in ihnen einzig noch die wahre, unentstellte menschliche natur erkennen kann. Wer sich *aus liebe empört*, und ginge er bei dieser empörung zugrunde, der ist *mein*, und galt hier diese liebe mir persönlich, so hätte es mich nur beglücken können, wenn auch *ich* hierbei mit zugrunde gegangen wäre. So und nicht anders sah ich – nach der mittheilung ihres liebesentschlusses – mein verhältnis zu Jessie an: und bei keiner anderen ansicht, als bei dieser, konnte ich in mir das vermögen gewinnen, allen rücksichten meinerseits, berührten sie mich auch noch so schmerzlich, die kraft über mich zu versagen.

Aber nur als *empörerin* konnte Jessie ihren entschluß ausführen, unmöglich durch vertrag und übereinkunft mit denen, die nun und nimmermehr mir ihr vertragen und übereinkommen konnten. (Kann ein fürst die republik decretiren?)[3] – Jene nachricht also, daß Jessie dem drang der umstände nicht hatte die stirn bieten können, – daß ihr plötzlich es besser erscheinen mußte, zu vertragen, und über sich

---

3 Mit dieser Frage spielt Wagner auf seinen 1848 in Dresden verfaßten Aufsatz *Wie verhalten sich republikanische Bestrebungen dem Königtume gegenüber?* an.

und ihre entschlüsse von anderen verfügen zu lassen, – das
mußte mir fast schon mehr als den zweifel an Jessie's stärke
und unfehlbarkeit des liebesbewußtseins hervorrufen. Unser
verhältnis war plötzlich ein ganz anderes geworden. Konnte
ich mir zuvor die kraft zutrauen, Jessie's *ausgeführten* entschluß gegen alle welt zu verteidigen, und namentlich auch
die fähigkeit, die durch ihn am bittersten gekränkten herzen
uns zu *versöhnen*, – so wußte ich mich doch ganz und gar
der geschicklichkeit bar, im geleise der unterhandlung mir
eine geliebte zu gewinnen, um die ich mich bei niemand zu
bewerben hatte, sondern deren wirklichen gewinn ich nur
zu verteidigen haben durfte. Ich mußte jetzt einsehen, daß
ich nur persönlich meine ehre gegen die rohesten angriffe zu
wahren, bei dieser gelegenheit allerdings mit grenzenlosester
aufrichtigkeit und mit dem vollsten eingeständnisse meiner
liebe und des unsäglich hohen werthes, den ich auf ihre erfüllung legte, zu verfahren hatte, – dennoch aber Jessie für
sich immer nur auf ihre eigene kraft verwiesen lassen konnte, denn sie war nun in banden, aus denen einzig und allein
nur sie selbst sich zu befreien vermögend sein mußte. Diese
kraft ihr zutrauen zu dürfen, hatte ich nach den letzten erfahrungen fast schon vollen grund zu bezweifeln. Was an
mir war, that ich jedoch, und ich gestehe Ihnen, daß ich es
mit voller gleichgültigkeit gegen die gefahr that, von einem
beleidigten ehemann eine kugel vor den kopf zu erhalten. –

Sie entsinnen sich nun von unsren unterredungen in Villeneuve her, wie ich Ihnen vollkommen beistimmte in Ihrer
ansicht, daß für Jessie jetzt wenig oder gar nichts von außen
zu thun sei, – daß nur sie selbst sich helfen könnte, und zwar
einzig dadurch, daß sie mit unerschütterlicher ausdauer und
kraft alle spiele vereitele, die jetzt sehr erklärlicherweise von
ihrer umgebung gegen ihre empfindung für mich losgelassen
werden würden. – Nun denn, die einzige kraft, die ihr helfen konnte, hat sie verlassen und verrathen, – die kraft
ihrer liebe! Sie ist sich selbst verloren, denn – *sie ist schwach!!*
Das weib, das mir erlösung bringen wollte, hat sich als

kind bewährt! – Verzeiht mir – aber ich kann nicht anders als sie bejammernswerth finden! – Welche blödsinnige schwäche, bei dem bewußtsein, es mit den feinden ihrer liebe zu thun zu haben, diesen feinden das versprechen zu geben, dem geliebten allen weg zur mittheilung abzusperren! So sich vollkommen in die macht derjenigen zu geben, die voraussichtlich von dieser macht gar keinen anderen gebrauch machen konnten, als planmäßig ihr die liebe aus dem herzen zu reißen, das wäre allerdings sehr kühn und stark von Jessie gewesen, wenn ihr glaube unerschütterlich war, und unter dem schutze ihres versprechens desto aufrichtiger und unumwundener nur an ihrer schnellen befreiung gearbeitet hätte. Da sie aber zugleich schrieb, dieses verhältnis könne ein jahr und darüber dauern, so muß ich mit trauer bekennen, daß ich schon in dieser vornahme ihrerseits nur die blüte ihrer schwäche entdecken konnte, – eine schwäche, die sich bereits vollkommen als solche fühlte, sich aber noch mit dem anscheine der kraft auszustatten suchte. O, wie stark hätte Jessie's glaube an mich sein müssen, wenn er zwischen eigener schwäche und fremder bosheit hindurch ihre liebe hätte siegreich erhalten sollen! –

Ich weiß nicht, was man ihr über mich vorgelogen hat, oder ob sie gar selbst plötzlich – verzeiht mir das wort! – so dumm geworden sein sollte, gewisse stellen aus meinem briefe an Mad. Tailor[4] falsch zu verstehen? Ich schrieb an diese frau schließlich, daß, so groß meine liebe zu Jessie sei, von so unermeßlichem lebenswerthe mir ihre erfüllung erscheinen müßte, ich doch vor dem stolze meiner seele aller hoffnung auf sie vollkommen zu entsagen im stande sei, sobald ich erfahren müßte, daß Jessie's liebe zu mir nicht die unüberwindliche kraft habe, die einzig auch sie – ihre mutter – zu ihren gunsten entscheiden können würde: denn ich hätte mich nicht um sie zu bewerben, sondern als ein unverhofftes höchstes glück sie eben nur von ihr selbst zu empfan-

---

4 Ann Taylor, die Mutter Jessie Laussots.

gen. – Sollte Jessie's liebesverstand auf einmal so blöd geworden sein, meine hierdurch ausgedrückte empfindung auf
das gröbste zu mißverstehen? Das aber war ja eben für mich
der unsägliche liebreiz an Jessie, daß sie so schnell, so klar
und sicher mich in allem verstand, – daß ich nicht ein wölk-
chen von verjährtem, engherzigem vorurtheile in ihr zu entdecken vermochte, oder – wo es sich zeigte – sogleich vor
meinem leisesten anhauche es zerstob! – Oder sollten sie –
und dieß ist die vermuthung, die mir wieder kraft zum handeln giebt! – sollten sie sich an meine arme frau gemacht haben, um an die hand zu bekommen, ob ich wirklich durch
pfaffen und juristen hochnothpeinlich von ihr geschieden
sei? Sollten sie von ihr den – für sie so erwünschten auf-
schluß erhalten haben, daß ich ihr noch nicht eröffnet hätte,
daß ich mich etwa um eine andre, reiche frau bewürbe, und
sie deshalb um abstand bäte? Sollten sie mit solchen zeugnissen an der hand Jessie plötzlich den begriff beigebracht haben, daß ich gegen sie keine »soliden, anständigen absichten« gehegt hätte? – Aber was freute mich denn so an Jessie,
als ihre vollkommenste unbefangenheit in diesen widerlichen bürgerlichen ehrenpunkten? Wer begriff denn besser
als sie, daß ich meine unglückliche frau liebe, daß ich mit
tausend ketten gemeinsamer alter lebensleiden an sie gebunden war, und daß ich nur mit tiefblutendem herzen mich
von der ärmsten losreißen konnte, um sie selbst von einem
schicksale loszutrennen, dessen zusammenhang ihr unfaß-
lich war, und das nur pein und qual ihr verursachen konnte,
ohne von ihr gedeutet und verstanden zu werden? Wer fühlte denn besser als Jessie, wie elend ich nach dieser trennung
war, da mein aufrichtigstes zeugnis, das ich ihr von diesem
elende gab, sie ja gerade zu dem wundervollen entschlusse
begeisterte, mit der ganzen welt zu brechen, um zu mir zu
kommen, um mir alles zu ersetzen, um alle wunden meines
lebens, um auch diese letzten wunden mir zu heilen? Wer
sah denn klarer ein als Jessie, daß ich von jener armen frau
mich wohl trennen mußte, nie aber sie beleidigen, nie sie

kränken oder irgendwie roh berühren durfte? Sie wollte ja
mit mir in die fernste welt ziehen, um der unglücklichen den
anblick, ja vielleicht das wissen des glückes unserer liebe zu
entziehen! – Wie freute es mich, auch nie eine spur von jener
grausamen und unwürdigen bürgerlichen scheinheiligkeit in
ihren briefen wahrzunehmen! Sie war ganz nur *liebe:* dem
Gotte der liebe weihten wir uns, und verachteten alle götzen
dieser elenden welt so stark, daß wir sie nicht einmal der erwähnung würdigten. Wie hätte nun so plötzlich einer dieser
götzen Jessie so gefangennehmen können, daß sie mit rasend
schneller bereitwilligkeit ihren *Gott* ihm opfern mußte? Wäre es möglich, daß diese elende bürgerliche rücksicht auf einmal so allvermögend über ihr herz geworden wäre? – War
sie unter den jetzigen umständen und unter der zucht ihrer
mutter genöthigt, darein zu willigen, daß über diesen punkt
aufklärungen von mir gefordert würden, – nun gut! so hätte
man diese forderung an mich stellen sollen, und ich würde
begriffen haben, daß – so schmerzlich es mir auch sein mußte, auf solche herzlose und widerliche pedantereien mich
einzulassen, – es dennoch jetzt für mich nothwendig sei, eine mutter zu beruhigen und zufrieden zu stellen. – Allein,
auf diesen ganz natürlichen ausweg ist meine Jessie durchaus
nicht verfallen: sondern es beliebte ihr plötzlich in jenen,
von mir vermutheten, mittheilungen seitens meiner frau einen vermuthlichen grund zum bruche mit mir zu ersehen!
Sie fühlte sich im handumdrehen beleidigt von mir, – sie erkannte plötzlich das glück der liebe im bürgerlichen anstan-
de, und war davon so begeistert, daß sie es nicht einmal für
nöthig hielt, auf eine erklärung hierüber meinerseits anzutragen, sondern sie war über meine vermuthliche gesinnung
in diesem punkte auf einmal so entrüstet, daß sie für gut
fand, mir selbst die geringste achtung zu versagen, und
durch meinen jungen freund mir sagen zu lassen, »sie würde
briefe von mir fortan ungelesen verbrennen« u. s. w. Wie
war dieß möglich? Welche macht konnte so plötzlich die
herrlichste liebe entthronen und sie wie einen alten hund zu

hof und thüre hinausjagen? – O, alles, auch das nichtswür-
digste ist *dem herzen* zu ermöglichen, das den schlüssel zu
seinem *innersten* – der *feigheit* übergeben hat! – Weh! wehe
den *feigen und schwachen!!* – –

Und doch! Wie ist die unglückselige zu beklagen! Das
herz bricht mir vor jammer über ihren tiefen fall! – Mutter!
liebe, theure Frau! Hätten Sie diesem jubel der liebe zusehen
können, der aus allen nerven dieses reichen seligen weibes
hervorbrach, als sie mir – nicht gestand – sondern ganz
durch sich selbst, durch das unwillkürliche, helle und nackte
erscheinen der liebe kundthat, daß sie mein sei! O hätten Sie
zeuge dieser freude, dieser frohen wonne sein können, die
sich in allen fasern dieses wesens, von der regung der finger-
spitze bis zur feinsten thätigkeit des verstandes, leben verschaffte, als das jugendliche weib mir vielgeprüften, lebens-
unfrohen manne entgegenleuchtete, der ich doch wahrlich
ziemlich entblößt aller der gaben bin, die solche wunder
wirken können, wie sie mir hier erblühten, und wie ich sie
bis zur glückseligsten berauschung einschlürfen durfte! Was
sie mir sein mußte, und – was sie mir noch ist in dieser wonnigen erinnerung, lassen Sie mich Ihnen dieß nicht erst beschreiben! Aber empfinden Sie die schönheit und fülle der
liebe, die in diesem hochbegabten herrlichen weibe zu so
kühnen, jauchzend verwegnen entschlüssen trieb, – und
fühlen Sie dann mit mir den tiefen, tiefen jammer über das
glückliche gelingen der heilkur, die von einer besonnenen
mutter und einem behutsamen gatten angewendet wurde,
um jenes herz von einem »unanständigen« brande zu heilen!

O, glauben Sie mit mir, die liebe ist wohl da, sie ist nicht
nur geträumt: sie lebt, sie lebt, – und in die elendeste welt
hinein treibt die liebende natur ihre beseligenden keime mit
aller unverlorenen fülle ihres wahresten wesens! Aber noch
hat ihr todfeind eine furchtbare macht: seine mittel heißen
erziehung, ehe, anstand, geschäft, – und seine larve ist das
gleißnerische abbild jener liebe selbst, gegen deren unent-
stelltestes gebaren er zu felde zieht, unbarmherzig und mör-

derisch, – aber immer mit dem lächeln der liebessorge! –
Nun! Hier ist's denn auch gelungen! – Sie können stolz darauf sein, die klugen heilkünstler: es ist eine schöne leiche,
die sie sich hier erbeutet haben! Unter prunk und festlicher
feier gehen sie an die bestattung, – laßt uns, Ihr liebenden,
süße blumen auf ihr grab streuen! –

Nein! wir wollen sie nicht schmähen, die tote – die ge-
mordete –, denn sie war – die liebe! Nie, theure Mutter,
werde ich dieser liebe mich schämen: ist sie verblichen und
bin ich fest überzeugt, daß sie nie sich wieder beleben kann,
so war ihr kuß doch der reichste genuß meines lebens! Nicht
ehre, nicht glanz noch ruhm könnten je mir diesen genuß
aufwiegen. – Leb wohl, du schöne, selige! Du warst mir
über alles theuer, und nie will ich dich vergessen! Leb
wohl! – –

So ist denn nun alles trümmer um mich her! Fast sollte
mir grauen vor jeder neuen berührung, denn wie ein fluch
muß es mir erscheinen, daß alles, was ich im liebesbedürfnisse erfasse, an mir sich zersplittert und seine hohlheit und
unfähigkeit offen zu zeigen sich gezwungen fühlt. Wo ich
stärke finde, muß unverständnis meines wesens diese stärke
zur doppelt quälenden kraft machen: wo mir verständnis
entgegenleuchtet, muß schwäche und zerfahrenheit die
frucht dieses verständnisses bis zum leichtsinn, zur albernheit herabdrücken. Liebe ohne glauben – wie wäre sie möglich? Die eine glaubt nicht an mich, weil sie mich nicht versteht, – die andere, weil sie aus feigheit mich plötzlich nicht
mehr verstehen will! Bin ich denn ein rätsel? wohl muß ich
es denen sein, denen ich für ihre fähigkeit zu viel zutraue.
Bin ich aber wirklich überspannt in dem, was ich – ohne es
zu wollen, nur dadurch, daß ich bin, was ich bin – anderen
zumuthe? Es mag sein, – und da ich nicht anders sein kann
als ich bin, so will ich denn entsagen, – ja – entsagen! So störe ich doch wenigstens kein anderes wesen zur schmerzlichen kundgebung seiner schwäche auf. – Bleibt Ihr mir treu,
Ihr Lieben, so sei alles gut auf dieser welt! aber – verlaßt nur

Ihr mich nicht!! – An die zukunft vermag ich nun nicht zu denken. Mit keinerlei vorstellung kann ich mir mehr schmeicheln. Auch bin ich geistig wie leiblich so heimathlos, daß ich gänzlich ohne plan und entschluß sein muß. Den winden muß ich mein schiff überlassen, und mich froh zu fühlen, wenn ich das steuer, den glauben an mich selbst, nicht verliere, weiß ich auch nicht, wohin ich dieß steuer richten soll! – Keine willkürlich ertappte heimath kann ich mir mehr zurechtmachen, noch aus den trümmern meiner schiffbrüche ein neugeflicktes segelschiff mir bauen. Wie es sich mit mir fügt, so möge es kommen; nicht will ich meinetwillen mehr etwas vorsetzen und erstreben.

Nur eines habe ich jetzt zunächst zu thun: so widerlich die veranlassung dazu ist, so muß ich es doch fast willkommen heißen, in etwas mich thätig bezeigen zu können, da ein tiefempfundenes pflichtgefühl mich dazu antreibt. Jessie's lakonischer stil läßt mich errathen, daß etwas, von Euren und meinen briefen abliegendes, vorgefallen sein muß, und – wie ich zuvor bereits erwähnte – vermuthe ich mit fast voller gewißheit, daß Jessie's umsichtige mutter, die in Euch keine stütze für ihre ansichten fand, mit meiner frau brieflich verkehrt habe.[5] Hat sie das gethan, hat sie sich an meine frau um hilfreichen beistand zur heilung ihrer tochter gewandt, so kann sie dieß, da es ihr hauptsächlich doch nur um den anstand zu thun gewesen sein kann, nur mit entstellung meines verhältnisses zu Jessie gethan haben. Ich muß daher in meinem sehr natürlichen verdachte folgern, daß sie ihr die dinge so dargestellt haben wird, als ob ich ihre tochter mehr oder weniger – verführt hätte; denn mit recht muß es *ihr* als ein scandal gelten, daß *Jessie* es war, die aus freiem

---

5 Diese briefliche Verständigung hinter Wagners Rücken hat tatsächlich statt-gefunden; offenbar hat die schwerhörige Mutter Jessies doch mehr von den ehebrecherischen Absichten – das von Wagner empfundene große beseligen-de Liebesgefühl interessierte sie selbstverständlich nicht – mitbekommen, als Wagner wahrhaben wollte.

Julie Ritter. Foto

antriebe mir die erlösung anbot. Sie wird demnach in meine frau gedrungen haben, ihr mitzutheilen, ob wir wirklich in bürgerlicher scheidung begriffen wären, worauf meine frau ihr natürlich geantwortet haben wird, daß ich ihr wohl unter kummer und schmerz eröffnet hätte, wie ich nicht wieder zu ihr zurückkommen würde und wir fortan getrennt leben müßten, – wie ich sie gebeten hätte, meinen entschluß – als einen nothwendigen – auch als unwiderruflich anzusehen und jeder nachforschung nach mir sich zu begeben, da ich – um jede unnütze qual zu vermeiden – mich für das nächste vor ihr, oder vielmehr vor gutmeinenden, aber unkenntnisvollen freunden, verbergen würde: daß ich aber ausdrücklich es nur *ihr* überlassen hätte, ob *sie* es unter solchen umständen für *sich* zweckmäßig hielte, sich auch gerichtlich von mir scheiden zu lassen, was *ich* für meine person als widerlich und grausam betrachtete. – Im gefühle ihrer würde – vielleicht auch um mich gegen den vorwurf, als habe ich mit vorbereiteter absicht mich um Jessie's *besitz* beworben, zu rechtfertigen, wird meine frau sehr wahrscheinlich auch eines zweiten briefes erwähnt haben, den ich ihr anfang Mai von Genf aus schrieb, und zwar unter folgenden einwirkungen und mit folgendem inhalte.

In Montmorency, und zwar um genau dieselbe zeit, als sich mir Jessie unumwunden eröffnete, gewahrte ich aus einem anzeichen, daß ich – wie ich vermuthete – durch unterrichtete freunde von Zürich aus in Paris aufgesucht würde. Es war mir – fast möchte ich sagen physisch – unmöglich, mit jedem – wenn auch noch so wohlmeinenden freunde mich zu einer umständlichen besprechung der gründe zu meinem letzten schritte einzulassen. Hatte ich zur nöthigen selbstschonung für eintretende fälle mir bereits vorgenommen, allen versuchen dieser art auszuweichen, so war ich jetzt durch Jessie's mittheilung und die daraus mir entstandene aufregung nur noch unfähiger geworden, peinlichen erörterungen mich auszusetzen. Ich verließ plötzlich, und ohne einem meiner freunde lebewohl zu sagen, Mont-

morency und Paris. In Genf, wohin ich mich wandte, wurde
ich nun durch einen pariser freund[6], der mich auf gut glück
hin in ein halb dutzend städten poste restante – brieflich aufgesucht hatte, davon benachrichtigt, daß meine arme frau
selbst nach Paris gekommen sei, um mich aufzusuchen und
mir erklärungen zu machen. Mußte ich nun auch vermuthen, daß meine frau diesen schritt vielleicht nur auf andrin-
gen meiner züricher freunde unternommen habe, und glaubte ich auch sicher annehmen zu müssen, daß sie in vollem
irrthum sei, wenn sie eben nur durch versuchte aufklärung
über den inhalt ihrer letzten briefe eine misstimmung heilen
zu können wähnte, die unendlich älter und tiefer wurzelnd
war, – so mußte doch schon die einfache erfahrung dessen,
daß sie mich aufgesucht hatte und mich versöhnen wollte,
einen großen und rührenden eindruck auf mich hervorbringen. Mußte ich, wie gesagt, auch erkennen, daß sie im irrthum über uns beide, so rührte mich doch selbst dieser irrthum, denn in ihm sprach sich unzweideutig eine liebe aus,
die stärker war als ihr irrthum über mein von ihr unverstan-
denes wesen. Denn meine frau gehört eben nicht zu den
schwachen, und bei weitem eher hatte ich ihr zugetraut, daß
sie nach dem empfange meines trennungsbriefes stolz und
kalt mir den rücken wendete, – ja, diesen stolz fürchtete ich
namentlich insofern, als er mich in sorge darum versetzte,
daß sie keine unterstützung von mir annehmen würde, – was
mich, wie ich ihr auch geschrieben hatte, namenlos unglücklich machen müßte. Unter solchen umständen ergriff mich
jene nachricht auf das heftigste, und einzelne züge, die mir
von ihr berichtet wurden, erfüllten mich mit tiefstem,
schmerzlichsten mitleiden, für die – *jedenfalls* – unglückliche frau. Unmöglich war es mir, gerade jetzt noch den härtesten letzten schlag auf ihr gemartertes gemüth zu führen:
im gegentheil fühlte ich die tiefe verpflichtung, gerade jetzt
für die allernächste zeit ihr linderung zu verschaffen, mich

6 Ernst Benedikt Kietz.

ihr als menschlichen arzt zu zeigen, und sah mich somit genöthigt, zu heilmitteln zu greifen, wie ich sie zu dem nächsten zwecke gerade für dienlich fand. Ich mußte ihr über die
nächste zeit hinweghelfen, ihr zunächst noch irgend einen
schein von trost geben, sie jedenfalls so an die trennung gewöhnen, diese trennung aber für jetzt ihr so erträglich wie
möglich machen, um auf diese weise die grambeschwichti-
gende kraft der zeit verwenden zu können, um erst nach einem gewissen verlaufe das bis dahin eben unvermeidlich gewordene ihr mittheilen zu lassen. Ich schrieb also meiner
frau und berichtete ihr meinen – damals wirklich soeben fertig gewordenen – entschluß, nach Griechenland und dem
Orient zu gehen. Ich wußte, welche gute wirkung diese mittheilung auf sie haben mußte; sie gab ihr eine art von genugthuung, namentlich auch vor meinen züricher freunden, die
nun glauben durften, daß ich nicht sowohl von meiner frau,
sondern überhaupt von der ganzen gegenwart mich losreißen wollte. Während ich im übrigen ausdrücklich auf dem
inhalte meines vorigen briefes bestand, und meiner frau unsere trennung von neuem als nothwendig darstellte, unterließ ich jedoch keine bezeigung der theilnehmendsten sorge
um sie: ich versprach ihr, in zukunft sie nicht ganz ohne
nachricht von mir zu lassen, drückte ihr meinen wunsch aus,
sie möge in Zürich bleiben, sich ein gärtchen anlegen, hund
und vogel hübsch pflegen, und so gut es ginge, eben der
hoffnung leben: – »wer weiß – so schloß ich – wenn Gott
uns das leben läßt, so sehen wir uns ja vielleicht auch einmal
wieder.«[7]

That ich unrecht, als mensch und arzt so gegen die arme
zu sprechen? Mein gewissen spricht mich frei, denn ich hatte
die gute absicht, jedenfalls ihrem nächsten kummer abzug
zu verschaffen, und für alles übrige uns zeit gewinnen zu

---

7 Dieser fromme Wunsch sollte sich schneller erfüllen, als Wagner dachte. Bereits am 3. Juli 1850 kehrte er reumütig, aber keineswegs um plausible Erklärungen verlegen, nach Zürich zu seiner Frau zurück.

lassen. – An Jessie hatte ich soeben vorher einen heilig ernsten, entscheidungsschweren brief geschrieben, worin ich
ihr auf das härteste meine ganze lage vorstellte und ihr auf
das feierlichste die größe und, höchste überzeugungskraft
fordernde, schwere ihres mir mitgetheilten entschlusses vorführte. Noch war ich ihrer festigkeit nicht vollkommen
gewiß, und hätte es daher für die unzeitigste grausamkeit
halten müssen, schon jetzt – gerade jetzt – wo ich doch unwiderstehlich mich gedrängt fühlte, sie irgendwie zu trösten
– meiner frau den letzten, hoffnungstötenden stoß zu geben.
Nicht etwa, weil ich mir die fade wahl vorbehalten wollte,
falls ich Jessie nicht gewänne, zu meiner frau zurückzukehren: – solcher trivialen nichtswürdigkeit hält mich wohl niemand für fähig, der mich irgend kennt! – sondern einfach
aus dem grunde, gerade jetzt eben keine unnöthige grausamkeit zu verüben. Bewährte Jessie die kraft ihrer liebe, so war
im gegentheil mein entschluß dahin gefaßt, aus weiter ferne
her, und womöglich wenigstens nach einigem zeitverlauf,
während dessen meine frau sich an die trennung gewöhnt,
alles vorgefallene durch einen freund dieser berichten zu lassen, worauf ich dann sicher war, annehmen zu müssen, daß
sie, die nun eine wirkliche veranlassung und einen vollgülti-
gen grund zur förmlichen scheidung von mir erhalten, auf
diese scheidung auch gedrungen haben würde: ich für mein
theil hätte es nicht nur für niederträchtig, sondern auch für
unmöglich halten müssen, *zuvor* auf eine gerichtliche scheidung von meiner frau anzutragen, da hierzu aller gesetzli-
che(!) grund mir fehlte. Daß ich aber selbst zur grausamkeit
gegen meine frau entschlossen war, darin mögen Sie die
überwältigende stärke meiner liebe zu Jessie ersehen: denn,
wäge ich mit dem, was für Jessie ihr mann sein konnte, das,
was nach – für sie unerhört leidenvollem – zusammenleben
meine frau *mir* sein mußte, so schwand das Jessie zugemu-
thete opfer gegen das meinige zu einem gleichgültigen nichts
dahin: – nie auch hat sie mir nur eine spur liebe zu ihrem
manne verrathen. – Ermessen Sie, theure Freundin, nun

aber auch, welchen verzehrenden leiden ich unterworfen
war, als ich Ihnen auf meiner letzten reise nach Bordeaux
von Genf aus schrieb! –

(Sollte nun die kenntnisnahme jenes letzten briefes an
meine frau Madame Tailor entrüstet haben, so will ich es
mir, nach dem charakterbilde, das ich mir von dieser frau
jetzt entwerfen kann, wohl erklären, und ihre entrüstung
begreiflich finden, da ich weiß, daß *sie mich* überhaupt nie
begriffen hat. Ist aber auch Jessie über den inhalt und die
fassung dieses briefes aufgebracht gewesen, so kann ich mir
dieß nicht anders erklären, als daß sie aufgebracht hat werden *wollen:* denn sie mußte mich auch hierin verstehen, sie
mußte gerade auch hierin den *menschen* erkennen, den sie
liebte, oder – sie hatte mich nie geliebt, nie begriffen. – Nun,
dieß sei hier nur noch im vorbeigehen gesagt gewesen!)

Genug! Ist meine ansicht über meine stellung zu meiner
frau eine ganz andere geworden, seitdem ich die wirkung
meines trennungsbriefes auf sie erfahren habe, – von der ich
vielmehr vermuthen mußte, daß sie eine kalte, vielleicht unmuthig stolze annahme des längst von ihr für nöthig gehalte-
nen und nur durch mich bisher immer noch fast künstlich
verhinderten, sein würde, – und habe ich überhaupt niemals
angenommen, daß ihre trennung von mir, selbst wenn sie in
der von ihr so oft gedrohten weise und durch einen entscheidenden schritt ihrerseits vor sich gegangen wäre, etwas anderes als ein act der verzweiflung und nur mit dem gefühle
höchsten unglückes für sie ausgeführt sein würde können, –
so empört mich nun der gedanke, daß ihr unglück von einer
– hierin nur für den kalten anstand besorgten – mutter auf
eine verletzende weise berührt und ausgebeutet worden sein
könnte, dermaßen, daß ich in diesem augenblicke keine andere aufgabe für mich kenne, als genau zu erforschen, ob
meine befürchtungen begründet seien, um für diesen fall
durch treue darstellung der vorfälle – weniger gegen meine
frau mich zu rechtfertigen – als sie überhaupt zu trösten
und ihr tiefverletztes ehrgefühl zu beruhigen. Denn, wie ge-

sagt: hat sich Mad. Tailor an meine frau gewandt, so kann sie dieß – um die vermeintliche ehre ihrer tochter zu retten – nur mit geflissentlicher entstellung meines benehmens in der betreffenden angelegenheit gethan haben, also auf eine weise, die mich meiner armen frau in einem ganz abscheulichen lichte darstellen und sie mit furchtbarster bitterkeit erfüllen müßte. Ich hoffte hierüber bereits aufklärung in Ihrem letzten briefe zu finden, da ich annahm, Mad. Tailor habe Ihnen die gründe zu Jessie's bruche mit mir angezeigt: daß Sie zuletzt keine nachricht mehr aus Bordeaux erhalten, muß meinen verdacht nur bestätigen. Was das von mir vermuthete aber fast ganz gewiß macht, ist die widerliche kürze in Jessie's briefe an Karl: es ist, als ob ich daraus das schlechte gewissen lesen müßte; auch sagt sie, sie habe ihren wohnort verändert, und selbst Ihr, Karl's familie, würdet erst später erfahren, wo sie sich aufhielte. Solche furcht haben sie, über ihre bosheit ertappt, über ihre schwäche belehrt zu werden! Sie wollen kein licht haben, und lassen auch mich daher im finstern: – *ich* aber wenigstens will mir licht verschaffen!

Um mich endlich aufzuklären, und da ich nicht selbst an meine frau unmittelbar mich wenden wollte, – weil für den fall, daß meine befürchtung ungegründet wäre, ich der armen eine unnöthige, für sie martervolle erfahrung ersparen muß, – habe ich Karl gebeten, nach Zürich zu reisen, um meinen freund Baumgartner zu sprechen [8] und jedenfalls durch ihn zu erfahren zu suchen, was in letzter zeit vorgefallen sei und ob ich bei meiner frau verleumdet worden. Übermorgen erwarte ich aufklärung. Außerdem habe ich Karl aufgetragen, meinen jetzigen aufenthalt zu verschweigen. – –

---

8 In einem Brief an Wilhelm Baumgartner von Ende Juni 1850 kündigt Wagner den Besuch Karl Ritters an, der einerseits über »alle die vorfälle meiner letzten vergangenheit« Auskunft geben würde und der andererseits als Übermittler alles über Minna in Erfahrung bringen sollte, »was meiner frau während dessen begegnet ist«.

Ich bin sehr lang und weitschweifig gewesen, liebe Freundin! Verzeihen Sie mir, wenn ich Sie ermüdet habe. Mir lag daran, mich nicht nur gründlich auszusprechen, um mich selbst über alles erlebte und empfundene zu einem möglichst klaren abschlusse zu sammeln, sondern auch Euch, Ihr Lieben, mich und meine handlungsweise vollkommen und wahrhaftig verständlich zu machen. [...]

Möge ich nun bald wieder arbeiten können! Es soll mir so lieb sein, weil ich weiß, daß Euch meine arbeiten erfreuen. Möge mir meine phantasie nun wieder zu hilfe kommen, da mir die wirklichkeit von neuem zur phantasie zerflossen ist! – Wiland[9] führe ich nicht aus: die fehler dieser dichtung sind mir zu klar, als daß mein ermattetes subjectives gefühl sie mir jetzt noch verhüllen könnte. Wiland ist tot: er wird nicht fliegen! – Ich denke zunächst mich zu einer schrift zu sammeln über das genie – das gemeinsame und das einsame.[10] Dann, wenn ich wieder bei kräften bin, soll es an Achilleus[11] gehen! – [...]

9 Wagner meint seinen Prosaentwurf vom März 1850 für eine Heldenoper *Wieland der Schmied* (WWV 82).

10 Die damals nicht veröffentlichte Skizze mit dem Titel *Das Genie der Gemeinsamkeit* wurde später in den *Gesammelten Schriften und Dichtungen* (GS, Bd. 12, S. 266–271) veröffentlicht.

11 Auch der Plan zu *Achilleus* (WWV 81) blieb unausgeführt.

Zürich, den 8. September 1850

Bester freund!

Länger kann ich nicht mehr anstehen, Dir zu schreiben, wenn ich auch gern erst noch einen brief von Dir selbst abgewartet hätte, um Dir vielleicht auf fragen Deinerseits antworten zu können.

So weit ich jetzt, durch die mir zugekommenen referate, den charakter der aufführung meines Lohengrin in Weimar zu überblicken vermag,[1] so tritt mir Eines zunächst als das Bestimmteste und Allerunzweifelhafteste hervor, nämlich das Zeugnis Deiner unerhörtesten Anstrengung und aufopferung für mein werk, Deine rührende Liebe für mich, und der Bewährung Deiner genialen Fähigkeit, unmögliches so gut wie möglich zu machen. Es ist mir erst nachträglich recht klar geworden, welche Riesenarbeit Du unternommen und ausgeführt hast. Ich wüßte nicht, wie ich Dir je lohnen sollte!

Ich würde Dir fast nichts weiter mitzutheilen haben, als diese meine dankenden exclamationen, wenn ich aus Zigesar's letztem briefe, den ich vorgestern – mit dem honorar zugleich – erhielt,[2] nicht eine gewisse verstimmung wahrgenommen hätte, eine verstimmung, wie sie unwillkürlich Jemand ausdrückt, der seinen feurigsten eifer für eine geliebte sache nicht ganz mit dem gewünschten erfolge gekrönt sieht, und deshalb in ein gewisses betretenes nachdenken geräth. [...]

---

1 Wagner meint Zeitungsberichte zur Uraufführung des *Lohengrin* vom 28. August 1850 unter Liszts Leitung in Weimar.
2 Freiherr von Ziegesar (1812–55), Direktor des Hoftheaters Weimar, zahlte für die Uraufführung des *Lohengrin* ein Honorar von 130 Talern an Wagner.

So viel steht vor Allem fest: die vorstellung hat durch die
länge ihrer zeitdauer ermüdet. Ich gestehe meinen schreck,
als ich erfuhr, die oper habe bis hart gegen 11 uhr nachts gespielt. Ich hatte mir, bereits nachdem ich sie beendigt, die
ganze oper genau nach ihrer zeitdauer vorgeführt, und nach
meiner annahme berechnet, daß der 1ᵉ act nicht viel über eine stunde, der 2ᵉ act ⁵/4 stunde, der letzte wiederum etwas
über eine stunde dauern sollte, so daß ich, die zwischenakte
mitgerechnet, die dauer der oper von 6 uhr bis höchstens ³/4
auf 10 uhr anschlug. Ich müßte nun darüber zweifeln, daß
Du die tempi nach meiner annahme richtig genommen hättest, wenn mir nicht von meinen musikalischen freunden,
die die oper genau kannten, ausdrücklich berichtet würde,
daß Du die tempi durchgängig so – wie sie sie von mir kannten, genommen, ja eher hier und da etwas schneller als lang-
samer. Sonach müßte ich denn vermuthen, daß die ver-
schleppung da eingetreten sei, wo Du als dirigent Deine unmittelbare macht verlorest, – nämlich: *in den Recitativen.* Es
wird mir denn auch bestätigt, daß die Recitative von den
sängern nicht so aufgegriffen worden seien, wie ich sie meinen freunden am klavier vorgetragen hatte. Erlaube mir, daß
ich mich hierüber etwas näher explicire, und verzeihe mir
mein unrecht, dieß nicht früher schon gethan zu haben.[3]

Durch den heillosen umstand, daß auf unsren deutschen
bühnen fast nur aus einer fremden sprache übersetzte opern
gegeben werden, ist die unsäglichste demoralisation in unsere dramatischen sänger gekommen. Die übersetzungen der
französischen und italienischen opern sind meist von stümpern gemacht, wenigstens fast nie von menschen, welche im
stande gewesen wären, die übersetzung mit der musik wieder in eine ähnliche übereinstimmung zu bringen, wie dieß

---

3 Wagner hatte sich schon einmal gewaltig in der Einschätzung der Spieldauer
 seines *Rienzi* geirrt und mußte auch beim *Lohengrin* einsehen, daß es nicht
 an Liszts Tempi bei der Aufführung, sondern an der eigenen Partitur lag, daß
 die Oper länger als erwartet dauerte.

im urtext der fall ist, und wie *ich* mir z. b. mühe gab an den wichtigsten stellen der Iphigenie von Gluck es zu bewerkstelligen. Der erfolg hiervon ist mit der zeit *der* gewesen, daß die Sänger sich gewöhnten, den zusammenhang zwischen wort und ton gänzlich aus dem auge zu verlieren, auf die betonte note der melodie eine gleichgültige Sylbe auszusprechen, auf eine rhythmische nebennote dagegen das wichtige wort zu singen, und so allmälig an den vollkommensten unsinn in einem grade sich zu gewöhnen, daß es oft vollkommen gleichgültig war, ob sie überhaupt aussprachen oder nicht. Höchst ergötzlich ist es nun, wenn deutsche kritiker sich brüsten, nur der Deutsche verstände die dramatische musik, während die Erfahrung bezeugt, daß jeder schlechte italienische Sänger in der schlechtesten italienischen oper gesünder und ausdrucksvoller deklamirt, als den besten deutschen es möglich ist. – Am schlimmsten ist hierbei nun das Recitativ weggekommen: die Sänger haben sich daran gewöhnt, im Recitativ nur eine gewisse herkömmliche folge von tonreihen zu erblicken, die sie je nach belieben zerren und dehnen können, wie sie lust haben. Wenn in der oper das Recitativ anfängt, so heißt das für sie soviel als: »Gott sei dank, nun hört doch das verfluchte tempo auf, das uns ab und zu noch zu einem gewissen vernünftigen vortrage nöthigt: nun können wir der länge und breite nach schwimmen, auf dem ersten besten tone uns so lange aufhalten, bis uns der Souffleur die nächste phrase wieder zugebracht hat, und der dirigent hat uns nun gar nichts mehr zu sagen, sondern für seine prätensionen können wir uns nun dadurch rächen, daß wir *ihm* diesmal commandiren, wenn er niederschlagen soll! u. s. w.« Ist auch nicht allen sängern diese ihre geniale stellung zum Recitativ bewußt geworden, so folgen sie im allgemeinen doch unwillkürlich diesem Schlendrian, der sie in einer gewissen natürlichen trägheit und schlaffheit bestärkt. Der componist, der jetzt für deutsche sänger schreibt, hat daher angelegentlich darauf zu achten, jenem trägen leichtsinne einen künstlerischen zwang entgegenzusetzen. Nirgends habe ich in meiner partitur des Lohengrin über eine gesangstelle das wort: »Recitativ« gesetzt; die sänger sollten gar nicht wissen, daß Recitative darin sind. Dagegen habe ich mich bemüht, den sprechenden ausdruck der rede so sicher und scharf abzuwägen und zu bezeichnen, daß die sänger nur nöthig haben sollten, *in dem angegebenen tempo genau die noten nach ihrem werthe zu singen,* um dadurch allein schon den sprechenden ausdruck in ihrer hand zu haben. Ich ersuche daher die sänger inständigst, jene redenden stellen in meiner oper zu allernächst genau im tempo – wie sie geschrieben stehen – zu singen; sie mögen sie durchgehends lebhaft, mit scharfer aussprache vortragen, so haben wir schon *viel* gewonnen; – wenn sie von dieser basis aus weitergehend mit verständiger freiheit, eher befeuernd als zurückhaltend, das peinliche des tempo's ganz verschwinden lassen und nur noch den eindruck einer erregten, poetischen redeweise hervorbringen können, – so haben wir *Alles* gewonnen. [...]

Ich habe nun in Dresden an unsren besten sängern die erfahrung gemacht, daß sie den besten willen hatten und größte liebe zu ihren aufgaben empfanden, und dennoch einer gewissen schlaffen trägheit nicht Herr werden konnten, die bei unsrer jetzigen kunstwirthschaft der charakteristische zug all unsrer bühnenhelden geworden zu sein scheint. Ich hatte dort im Tannhäuser aus der partitur in die parthien der sänger mit der größten genauigkeit alle bemerkungen eintragen lassen, welche auf das verständniß der situationen und auf die dramatische action überhaupt bezug hatten, und mußte dann in der aufführung mit entsetzen gewahren, daß sie alle unbeachtet gelassen worden waren, ich mußte – denke Dir meinen schreck! – z. b. sehen, daß mein Tannhäuser im Sängerstreite die hymne auf die Venus – an die Elisabeth richtete, die worte:

»wer dich mit gluth in seine arme geschlossen,
    was liebe ist, weiß der, nur der allein!« – der keuschesten jungfrau vor einer ganzen versammlung in das gesicht

schrie? – Was konnte und mußte unter solchen umständen der erfolg sein? – daß das publikum mindestens confus blieb und nicht wußte woran es war! In wahrheit habe ich damals in Dresden erfahren, daß das publikum erst durch das ausführliche textbuch mit dem dramatischen inhalte der oper vertraut wurde, und so – durch abstraction von der eigentlichen vorstellung, durch eigene zuthat der phantasie erst auch die vorstellung verstehen lernte.   [...]

Schon bei einer probe des Tannhäuser's in Weimar hatte ich Veranlassung, die unbeachtung scenischer vorschriften von seiten der einzelnen darsteller diesen in das Gedächtnis zu rufen: wenn dort z. b. Elisabeth bei dem nachspiele des duettes mit Tannhäuser im 2^{en} akte, den wiedereintritt des zarten thema's der Clarinette im langsameren tempo nicht dadurch scenisch rechtfertigte, daß sie – wie es in der partitur angezeigt stand – in den burghof hinab Tannhäuser nachblickte und ihm noch einen gruß zuwinkte, sondern dafür müßig und den schluß der musik nur *abwartend* im vordergrunde stand, so entsteht dadurch nur eine unerträgliche länge: jeder takt einer dramatischen musik ist nur dadurch gerechtfertigt, daß er etwas auf die handlung oder den charakter des handelnden betreffendes ausdrückt: jene reminiscenz im thema der Clarinette steht daher nicht um ihretwillen da, etwa um eines musikalischen effectes wegen, den Elisabeth zur Noth nur scenisch begleiten sollte, – sondern der nachgewinkte gruß der Elisabeth ist die hauptsache, die ich im auge hatte, und jene reminiscenz wurde von mir nur gewählt, um *diese handlung* der Elisabeth entsprechend zu begleiten. In welches unglückselig verkehrtes verhältnis geräth nun die musik zur darstellung wenn – wie in diesem erwähnten beispiele – die *hauptsache* (d. i. das dramatische motiv) ausbleibt, und dafür nun die *nebensache* (d. i. die begleitung jenes motives) übrig bleibt! So ist mir eine einzelne thatsache aus der aufführung des Lohengrin berichtet worden, die dem anscheine nach vielleicht geringfügig vorkommen könnte, an der ich aber es für nothwendig halte nachzuwei-

sen, wie wichtig und entscheidend für alles verständnis solch
einzelne fälle sind. –

Bei der conception und ausführung des zweiten Aktes war
es mir nicht entgangen, wie nothwendig es zur hervorbrin-
gung der richtigen stimmung des zuhörers sei, daß die befriedigung, welche durch Elsa's letzte worte an Lohengrin
angeregt ist, *keine* vollständige und wirklich beruhigende
sei: es soll dem publikum die empfindung beigebracht werden, daß Elsa sich soeben nur die äußerste gewalt anthat, ihren zweifel zu überwinden, und wir in wahrheit zu befürchten haben, Elsa werde – da sie einmal dem grübeln über Lohengrin sich hingegeben – dennoch erliegen und das verbot
überschreiten. Hierin, daß diese stimmung hervorgebracht
wird, daß wir allgemein diese befürchtung hegen, liegt die
einzige Nothwendigkeit, *daß noch ein dritter Akt folge,* in
welchem sich unsre befürchtung erfüllt: außerdem müßte
die oper hier zu ende sein, denn die hauptfrage wäre nicht
nur angeregt, sondern sogar auch schon befriedigend gelöst
worden. Um nun diese nothwendige stimmung recht deutlich, ja handgreiflich hervorzubringen, erfand ich folgenden
dramatischen moment. Elsa wird von Lohengrin schließlich
die stufen zum münster hinaufgeleitet: auf der höchsten stu-
fe angekommen, wendet Elsa den blick mit furchtsamer
scheu zur seite abwärts –, sie sucht unwillkürlich Friedrich
mit den augen, an den sie noch denkt, – da trifft ihr blick auf
Ortrud, welche unten steht und drohend die hand zu ihr
emporstreckt: im Orchester lasse ich hier im ff° F-moll die
reminiscenz von Lohengrin's Verbot eintreten, deren bedeutung bis hierher sich uns deutlich eingeprägt hat, und von
Ortrud's ausdrucksvoller gebärde begleitet hier mit bestimmtheit ausdrücken muß: »geh nur hin, du wirst *doch*
das gebot brechen!« Hierauf wendet Elsa sich erschreckt ab,
und erst als der König mit dem brautpaar nach dieser unterbrechung wieder weiter dem eingange des münsters zu-
schreitet, – *fällt der vorhang.* – Was ist nun Alles dadurch
geschehen, daß jener moment auf der bühne *nicht* ausge-

führt wurde, und der vorhang noch *vor* dem eintritte jener
F-moll-reminiscenz herabgerollt war!!! [...]

Liebster Liszt, hatte ich recht, als ich in der vorrede zu
meinem »Kunstwerk der Zukunft« schrieb, daß nicht der
Einzelne, sondern nur die *Gemeinsamkeit* wahrhafte kunstwerke schaffen könnte? Sieh, – *Du* hast das *Unmögliche* geleistet, – aber glaube mir, *Alle* müssen das heutzutage Unmögliche leisten, um das in wahrheit dennoch Mögliche zu
stande zu bringen. – Was mich nun am meisten erfreut, ist,
daß ich erfahre, daß Du den muth nicht verloren hast, sondern Alles daran zu setzen gedenkst, die Oper – trotz einer
gewissen verstimmung um Dich herum – aufrecht zu halten,
ja – vielleicht sie noch erst aufrecht zu bringen. Nur um
Dich in diesem, nicht genug lohnenswerthen eifer, zu unterstützen, gebe ich Dir daher noch folgenden rath!

Möge Genast – dem ich innigst für seine freundschaft
danke – vor der wiederaufnahme des Lohengrin, das sämmt-
liche darstellende personal noch einmal zu einer *Leseprobe*
zusammenberufen: die sänger mögen aus den gedruckten
textbüchern (in denen sich leider viele druckfehler vorfin-
den) ihre rollen im zusammenhange deutlich und mit ausdruck *vorlesen:* Genast nehme dazu die *partitur,* weise die
sänger aus den darin befindlichen bemerkungen genau auf
die bedeutung der situationen und auf ihren ganz bestimmten zusammenhang mit der musik takt für takt hin, – und –
der teufel müßte darin stecken, wenn bei gutem Willen
der darsteller die sache dann nicht in's Reine kommen
sollte. Nochmals: Genast möge über seine stellung als
regisseur, die er gewiß erfüllt wie irgend einer, herausge-
hen und *Vormund der Unmündigen und Verwahrlosten*
werden. [...]

Soeben erhalte ich Deinen brief, der mir Deine freude und
freundschaft versichert: wie guter dinge bist Du! –

Es drängt mich nun meinen langen brief, der Dir viel lan-
geweile verursacht haben wird, zu schließen, und zwar damit, daß ich alles einzelne, was ich Dir schrieb, in einen

bündel zusammenfasse, den ich Dir jetzt als letzte und gewichtige bitte vorlege.

1º Wirke durch Genast darauf, daß mit den sängern vor der zweiten aufführung noch eine probe veranstaltet werde, wie ich sie vorher angab. Möge keine scenische bemerkung unbeachtet bleiben.

2º Greife fest und scharf ein, um das, was die sänger in meiner oper für *Recitative* halten, von ihnen im bestimmten frischen *tempo* singen zu lassen. Besonders durch diese maaßregel in bezug auf das Recitativ muß die zeitdauer der oper meiner erfahrung nach um fast *eine stunde* gekürzt werden.

3º Somit wünsche ich daß – mit ausnahme des zweiten theiles der erzählung Lohengrin's im letzten acte (die ich schon anfang's gestrichen haben wollte) – meine oper so gegeben wird, *wie sie ist,* daß demnach *nichts gestrichen* wird.

Wird meine oper gestrichen, so wird das band des verständnisses in ihr zerrissen, und weit entfernt davon, sie zugänglich zu machen, wird meine ganze richtung – der sich das publikum kaum erschließt – von neuem diesem publikum und den darstellern selbst zugeschlossen. Das heißt *nicht siegen,* wenn ich mit dem feinde *capitulire:* der feind muß sich ergeben, und dieser ist – die trägheit und schlaffheit unserer darsteller, die zum fühlen und denken erst angetrieben werden müssen. Gewinne ich diesen sieg nicht, und muß ich auch dießmal, wo ich einen so mächtigen bundesgenossen an meiner seite habe – wie Dich – capituliren, – *so gehe ich in keine schlacht mehr!* Kann mein Lohengrin nur dadurch aufrecht gehalten werden, daß der wohlberechnete künstlerische zusammenhang in ihm zerrissen wird, mit einem worte – daß der trägheit der darsteller wegen – *gestrichen* werden muß, – *so gebe ich auch die ganze Oper auf,* – Weimar hat für mich dann nur das interesse wie jedes andere theater – *und ich habe meine letzte oper geschrieben.* – An Dir, lieber Liszt, der Du so muthig die schlacht für mich an-

nahmest, ist es, für mich auch den vollständigen Sieg zu er-
kämpfen! – [...]

Nun leb denn wohl, Du liebster, Herrlicher! Du bist mir
so wohlthätig wie ein erfrischender Sommerregen! Leb
wohl, habe dank und grüße meine freunde!

Immer
Dein hochverpflichteter
Richard Wagner.

Zürich, 8 Sept. 50.

42 AN THEODOR UHLIG, DRESDEN

Zürich, den 18. September 1850

An einen freund in der heimath.

Ich kann jetzt nichts mehr dawider haben, daß mein, nun
über zwei jahre alter plan zur errichtung eines nationaltheaters für das Königreich Sachsen, durch den druck veröffentlicht werde.[1] Ist er an sich jetzt ohne praktische bedeutung,
da alle bedingungen geschwunden sind unter denen er möglicherweise ausgeführt werden konnte, so bestimmt mich
selbst auch der wunsch einiger freunde noch nicht, welche
durch vorführung meiner entwürfe, einen einspruch manches gegnerischen beurtheilers meiner kürzlich erschienenen
schriften über kunst,[2] widerlegen wollten, den einspruch
nämlich, daß ich nichts praktisch durchführbares vorzu-
schlagen fähig sei. Vielmehr reizt es mich einzig, durch ein
deutliches beispiel mehr zu zeigen, wie in unsren zuständen

---

1 Der Aufsatz *Die Königliche Kapelle betreffend* (1846) erschien erstmals in
  GS, Bd. 2, S. 307–359.
2 Die Abhandlungen *Die Kunst und die Revolution* und *Das Kunstwerk der
  Zukunft*, die beide 1850 bei Wigand in Leipzig erschienen.

alles bemühen für *reform* ein für alle mal ohne alle aussicht
auf erfolg, der gänzliche untergang jener unnatürlichen und
schlechten zustände dagegen als einzig mögliche lösung
nothwendig geworden ist.

Wer war im frühlinge des Jahres 1848 nicht von *hoffnung*
erfüllt? Der lederne panzer, auf den wir zuvor überall da,
wo wir um abhülfe bestehender übelstände anklopften, getroffen waren, schien vor den strahlen der märzsonne sich
zu nachgiebig weichem menschlichem fleische auszudehnen,
durch das wir selbst den pulsschlag des herzens zu gewahren
glaubten. Wie unnöthig grausam erschien es uns, nach diesem, uns fast bloß gelegten herzen mit tödlichem geschosse
zielen, jenes fleisch mörderisch durchbohren zu sollen? Die
mumien waren uns zu menschen geworden, als menschen
wollten wir nun zu ihnen sprechen, und das menschliche,
vernünftige mit ihnen verabreden und festsetzen. Reform
und constitution, das waren unsre losungsworte, die fahnen
unter denen wir zu siegen und selig zu werden verhofften.
Es schien uns so natürlich, unsre wünsche nur mit denen
unsrer umgebung und der gemeinsamkeit unsrer genossen in
volle übereinstimmung zu bringen, den wunsch der körperschaft als ihr bedürfniß darzulegen, dieses bedürfnis mit
dem großen gemeinsamen staatsinteresse in nöthigen einklang zu setzen, das so fertige, nachgewiesene und genau
formulirte dann den staatsgewalten, bei denen wir wiederum
nur den wunsch nach genauer kenntniß der bedürfnisse vor-
aussetzen durften, zur prüfung und annahme vorzulegen,
um endlich die einführung des gemeinsam zweckmäßigen
und förderlichen in kürze vollbracht zu sehen. So dünkte
uns die erreichung des guten nur davon abhängig, daß wir es
wollten, und jeder, der diesen willen stark empfand, durfte
sich berufen fühlen, seine erfahrungen und einsichten zu
sammeln und begründete vorschläge am gehörigen orte ein-
zureichen.

In jenem hoffnungsreichen frühlinge war es denn auch,
wo ich meinen plan zur reform des königl. hoftheaters und

der musik. kapelle zu Dresden verfaßte, der sich ganz natürlich von selbst bis zu dem vorschlage der errichtung eines
künstlerischen Nationalinstitutes für unser ganzes kleines
vaterland ausdehnte. Ein besonderer umstand veranlaßte
mich vollends dazu, auch die vorlegung meines planes zu
beschleunigen: von allen seiten ward mir das Gerücht bestätigt, der Generaldirector jenes königlichen institutes[3] sei im
begriff mit dem nahe bevorstehenden 25sten jahrestage seiner
amtführung seine stelle niederzulegen. Wenn ich nun mit
meiner vorlage mich beeilte, beabsichtigte ich somit, vor der
voraussichtlichen wiederbesetzung der stelle, denjenigen,
der hierüber zu verfügen hatte, durch die verantwortlichen
staatsminister davon in kenntnis setzen zu lassen, welche
richtung und bedeutung fortan jenem kostbaren kunstinstitute zu geben sein möchte, – und, da hierbei nur eine vor-
beugende maaßregel für die zukunft angeregt war, gewann
ich zugleich die beruhigung, etwas gemeinnützliches ohne
verletzung derjenigen Person herbeiführen zu können, die –
wenn sie die absicht gehabt hätte in ihrer stellung zu verharren – dem gemeinnützlichen allerdings hinderlich und daher
– wenn auch wider meinen persönlichen willen – von mir
anzugreifen gewesen wäre.

Ich legte meinen plan den ministern des innern und cultus
vor. Die wärme, mit welcher der erstere, Martin Oberländer, nach genauer kenntnißnahme derselben, auf meine vorschläge einging, freute mich um so mehr, als ich ihm zuvor
in derselben ungünstigen stimmung gegen unser theater im
allgemeinen befangen sah, die wir überall da antreffen, wo
rechtliche männer sich um abhülfe für wirkliche nothstände
im leidenden volke bemühen, und dagegen natürlich nicht
einsehen wollen, wie ein institut, welches in seiner jetzigen
gestalt und wirkung nur zur unterhaltung und befriedigung
des luxus zu dienen scheint, ihre aufmerksamkeit in gleichem oder auch nur ähnlichem maaße beanspruchen solle.

3 August Freiherr von Lüttichau.

Oberländer's ernste theilnahme für meine vorschläge erschien mir somit als ein erster triumph: denn, wenn ich auf
der einen seite so kostbare mittel, als sie der könig. kapelle
und dem theater in Dresden zu gebote standen, dem schädli-
chen einflusse einer unkünstlerischen leitung und verwendung entziehen wollte, so lag es mir auf der anderen seite
nicht weniger daran, die bei dem minister des inneren gefun-
dene verstimmung, die ich namentlich auch bei einem großen theile der deputirten zu dem erwarteten landtage vor-
aussetzen mußte, zu zerstreuen, und dadurch, daß ich dar-
legte wie bei geeigneter verwendung jener mittel auch die
gründe zu ihrer verstimmung über die wirksamkeit des theaters schwinden müßten, sie zu vermögen, sich für das
betreffende institut zu interessiren, als durch entziehung
der mittel es – wie leicht zu befürchten – etwa gar zu unterdrücken.

Wie unnöthig war meine bemühung, wie unnöthig meine
sorge! Der minister gestand mir, daß er der sache keinen erfolg versprechen zu können glaube, wenn ich bei meinem
wunsche beharrte, sie vom Könige[4] selbst erfaßt und als re-
gierungsvorlage vor die abgeordneten des landes gebracht zu
sehen, und zwar aus dem einfachen grunde, weil er nach seinen bisherigen wahrnehmungen nicht vermuthen könne, für
durchgreifende pläne der art den könig günstig gestimmt zu
finden. Aus anzeichen mannigfaltigster art mußte ich denn
des weiteren auch gar bald erkennen, daß ich gutgläubiger
reformer in der von mir vorausgesetzten zugänglichen stimmung der machthaber ganz gründlich geirrt hatte: ich mußte
erfahren, daß in diesen regionen, aus denen wir hoffenden
bescheide und bestimmungen zu erhalten hatten, nichts von
der idee, von der darlegung und erkennung der natur der
dinge, von der berücksichtigung gemeinsamer höherer bedürfnisse, sondern einzig und allein vom interesse der reinen
persönlichkeit abhängt. In diesem herrschenden zusammen-

4 König Friedrich August II. von Sachsen.

hange von bevorrechteten gilt nur Eines als das maaßgebende, die erhaltung des vorrechtes: galt es, wie in dem vorliegenden falle, als ein durch gott und die geburt begründetes vorrecht, daß nur ein altadeliger hofmann director eines königl. kunstinstitutes sein konnte, nicht nur *gleichviel* ob er etwas von dem wesen der kunst verstehe, sondern (nach dem ausspruche eines kunstsinnigen monarchen) gerade *weil* er nichts von der kunst versteht, – so mußte diese einzige annahme, sobald sie ihrer natur nach gerade nur das interesse einer persönlichkeit berührte, hier nothwendig ungefähr zu folgenden consequenzen führen.

Eine königl. kapelle und hoftheater ist vorhanden: um ihre wirksamkeit kümmert sich der monarch nicht viel, weil er anderen, geräuschloseren liebhabereien nachgeht; er liebt es dennoch, ab und zu etwas gutes bei dieser wirksamkeit zu tage gefördert zu sehen, ja, er freut sich ausschließlich nur an diesem guten, nur ist ihm alles befassen mit der ökonomischen verwaltung des institutes gar zu peinlich, weil es immer mehr kostet als es kosten sollte und sein intendant ihm versichert, daß es noch weit mehr kosten würde, wenn nur gutes durch dasselbe geleistet werden müßte. Im verdrusse hierüber kommt dem fürsten sogar mitunter der gedanke an, ob es nicht räthlicher wäre, die leitung des institutes einem praktisch erfahrenen geschäftsmanne zu übergeben, der verpflichtet würde, für so und so viel – und nicht mehr – den kunstbedarf des hofes und der residenz zu besorgen. Zu dieser maaßregel könnte er sich entschließen, denn durch sie wäre am ende nur eine erniedrigung der kunst, keinesweges aber eine schmälerung der würde des thrones ausgesprochen. – Nun gelangt aber der vorschlag an ihn, nicht unmittelbar im interesse der ökonomie, sondern im interesse der kunst grundsätzlich jenem institute eine andere stellung zuzuweisen, und zwar eine höhere, würdigere, die es aber nur einnehmen kann, wenn unter andrem eben so grundsätzlich, *nicht* ein kunstunverständiger hofmann, sondern ein erfahrener künstler selbst mit seiner leitung betraut wird. Alles grundsätzliche erregt natürlich eine nähere aufmerksamkeit, als das nur gelegentliche: betrifft es – wenn auch nur scheinbar – irgend eine machtbeschränkung, so wird der erscheinung näher auf den grund geforscht, um herauszufinden, was hier etwa unter dem anscheine allgemeiner würdiger zwecke verborgen liegen könnte. Dieses mistrauen trübt den blick auch des fürsten, der in dem vorliegenden falle allgemeinhin wohl gestimmt war, auch dem künstlerischen interesse nicht theilnahmlos vorüberzugehen: sein getrübter blick, sein unwillkürlich befangenes urtheil wird nun auf das einzige geleitet, was einen greiflich festen anhalt zu geben vermag, und dieß ist hier wieder die persönlichkeit, die persönlichkeit des hofmannes, der, wenn auch vielleicht nicht in seiner besonderen neigung, so doch in seiner standesehre, als glied einer ganzen bevorrechteten körperschaft, sich durch jenen vorschlag gekränkt fühlt. Dieser hofmann hatte vielleicht lust, seine stellung zu dem kunstinstitute aufzugeben, aber muß sich genöthigt fühlen durch beibehaltung derselben sogar ein opfer zu bringen, sobald er überlegt, daß er, als person, nicht einer anderen, ihm gleichbevorrechteten person, sondern dem grundsätzlichen ausspruche der unbefähigtheit aller ihm gleichen persönlichkeiten weichen soll. Dem fürsten muß es aber doppelt bedenklich erscheinen, die durch geburt und willkürliche bestimmung dem hofmanne zuerkannte befähigung zu irgend etwas, zu dem er bisher für fähig galt, durch einen bestimmten akt in zweifel zu stellen: wohin sollte es um des himmels willen auch führen, wenn die durch geburt, also durch Gottes gnade, festgesetzte bestimmung gewisser besonderer menschen zur ausübung irgend welcher vorrechte in frage gebracht werden sollte? Wohl überlegt ist dem Fürsten alles möglich, nur nicht die verläugnung seines hofmannes; dieß eine stellt sich also fest heraus: der hofmann muß bleiben. Was wäre nun weiter zu thun, um dennoch dem interesse der kunst förderlich zu sein? Siehe da: nichts! – Da nun nichts zu thun ist, so stellt sich endlich auch immer deutlicher heraus, daß in der ganzen sache von vorn herein verständiger weise eigentlich gar nichts zu thun war, daß unruhige köpfe nur chimären ausheckten, phantastischen launen nachhingen, und jedenfalls nur ganz persönliche interessen dabei befolgten, wie z. b. das selber intendant zu werden. Nun, gott sei lob, dieser eitelkeit und bodenloser selbstsucht wäre man glücklich hinter die schliche gekommen, die larve der liebe zur kunst wäre herabgerissen, und es ist nun ganz deutlich, der begeisterte reformator hat nur etwas gehaltszulage erhalten wollen. – Es bleibt beim Alten! –

Wohin verliere ich mich, bester freund! War es mir doch plötzlich, als hätte ich meine hofuniform wieder an, und das begegnet mir im angesichte der nackten freien wundervollen Alpen! – Nun, diese uniform ist ausgezogen; nur mit einem arme stak ich noch darin, als ich jene reformschrift verfaßte, und daß ich noch nicht ganz heraus gefahren war, ist der hauptfehler an der schrift: die steife stickerei genirte mich im schreiben. Mir ging es wie unseren constitutionellen, die, wenn ihnen die laune ankäme ein klavier zu bauen, sich den teufel darum kümmern würden, ob die tasten sich niederdrücken lassen oder die saiten erklingen wollen könnten, wenn nur die constitutionellen stimmstifte recht schön der reihe nach festgehämmert und nach ermessen aufgezogen wären. Was freuen sich in diesen tagen diese kindisch verrückten wieder, wenn in Kurhessen die stimmstifte so prächtig feststehen, wie deutsche eichen, obgleich tasten und saiten, Kurfürst und kurvolk vor einander davonlaufen! Solch eine stimmstiftreihe ist nun auch mein constitutioneller reformvorschlag: als kuriosität werfe ich sie Euch aber lustig hin, und hoffe auf den klang der schönen menschlichen stimme, die ohne tasten, saiten und stimmnägel einst ertönen soll, wenn auf klapper-klavieren man nicht mehr hacken wird! –

Du weißt, daß ich jetzt nicht mehr an reform denke; damit aber auch gewisse leute deutlich ersehen, warum? dürfte ihnen allerdings rathsam sein, jene Schrift genau zu lesen und zu prüfen. Sie werden dann erkennen, welche undenkliche mühe sich derjenige, der ihnen als revolutionär jetzt ein gräuel ist, gab, um in den schlechtesten öffentlichen (namentlich auch Kunst-)zuständen auf friedlichem wege das *mögliche* zu erreichen, d. h. das mindest nothwendige, um ein gedeihliches wirken der kunst für sich und im zusammenhange mit dem bürgerlichen leben herbeizuführen. Alle irrthümer, die in meiner schrift aufzufinden sein werden, rühren aber eben nur davon her, daß ich im grunde doch das unmögliche wollte, das unmögliche nämlich in dem sinne, wie der erfolg es aufgedeckt hat. Als unsre hofschauspieler bei Sr. Maj. um forterhaltung des jetzigen verhältnisses des theaters zum hofe einkamen, beirrte mich dieß im Ganzen noch wenig: ich erkannte nur deutlich, bis zu welcher Erbärmlichkeit jener von mir angegriffene zustand meine genossen versinken hatte lassen, und konnte hoffen, sie eben so schnell zu menschlicher und künstlerischer würde aufgerichtet zu sehen, sobald der zustand herbeigeführt wäre, in welchem sie sich durch ihre erbärmlichkeit nur noch schaden konnten. Als ich aber sah, wie jene ausdehnung der ledernen panzer, von der ich Dir oben sprach, nur eine regung der angst, jener gewehrte herzschlag nur das leben der furcht gewesen, wie dann angst und furcht den panzer wieder zum eisernen harnisch zusammenzog, wie diese niedrigsten aller empfindungen die weichherzigsten und gemüthlichsten menschen hinter diesem harnisch zu kalten, grausamen bestien machten, da erhielt ich allerdings gelegenheit, etwas umständlicher über die natur der dinge nachzudenken, die in ihrem unendlich verzweigten, ekelhaften zusammenhange das wesen der gegenwart ausmachen, und unter anderem es auch herbeiführte, daß meine gut gemeinte reformschrift bis heute ruhig in dem pulte eines schlichten ex-märzministers schlummert. Möge sie nun als literaturstück dem leselustigen publikum vorgelegt werden: als ein actenstück aus der geschichte unsres prachtvollen constitutionalismus (was das für ein herrliches Wort ist!) wird sie so vielleicht keine ganz

üble rolle spielen. Meinen praktischen gegnern diene sie aber
zu der erkenntnis dessen, daß ich jetzt weit praktischer gesinnt bin, wenn ich plänen nicht mehr nachhänge, die ihnen
auf den ersten anblick vielleicht nicht so unpraktisch erscheinen dürften, als mein jetziger unglaube an alle reform
und mein einziger glaube an die revolution.

Zürich, 18 September 1850.   Richard Wagner.

43 AN THEODOR UHLIG, DRESDEN

Zürich, den 20. Februar 1851

Lieber Freund!

Hier hast Du mein Testament[1]: ich kann nun sterben, – was
ich nun noch thun könnte, kommt mir wie unnützer Luxus
vor! –

– Die letzten Seiten dieser Abschrifft habe ich in einer
Stimmung geschrieben, die ich Niemandem verständlich
schildern kann. –

Unser Papagey – das liebenswürdigste und mich zärtlichst
liebendste Thier, der kleine redende, singende und pfeifende
Hausgeist meines abgeschiedenen kleinen Hausstandes –
war in der letzten Zeit öfters kränklich; ich sollte einen
thierarzt aufsuchen – da ward's grade immer wieder besser:
meine Arbeit fesselte mich mit einem Alles unberücksich-
tigtlassenden Fleiße. Am tage vor dem Schlusse der Abschrift, verlangte das gute thier immer so sehnsüchtig zu mir
heraus, daß meine frau nicht wiederstehen konnte, und ihn

---

1 Etwas ironisch und doch für Wagners geistiges Vermächtnis zutreffend ist
seine Hauptschrift *Oper und Drama* damit gemeint.

auf meinen Schreibtisch zu mir herausbrachte: er wollte sich
an die zum fenster hereinscheinende Sonne setzen, – ich
schloß die Vorhänge um arbeiten zu können; er wurde mir
überhaupt störend, und die frau mußte ihn wieder fortneh-
men: – da gab er einen mir bekannten traurigen laut von
sich. Nachher hieß es – ich sollte doch wohl den Arzt aufsuchen: ich sagte – es wird wohl nichts besonderes sein – und
dachte, morgen bist Du mit der Arbeit fertig, – dann willst
Du doch gehen. – Am andern Morgen früh war er plötzlich
– todt! –

Ja – wenn ich Euch sagen könnte, was mir mit diesem
Thierchen gestorben ist!! –

Es ist mir ganz gleichgültig, ob man mich darüber aus-
lacht: was ich empfinde, das empfinde ich nun einmal, und
ich habe nicht mehr Lust, meinen Empfindungen Zwang an-
zuthun; allerdings müßte ich denen, die mich auslachen
könnten, bücher darüber schreiben, um ihnen begreiflich zu
machen – was einem Menschen – der mit Allem *nur auf die
phantasie* angewiesen ist – solch ein kleines geschöpf sein
und werden kann. – Es ist nun drei tage her, – und nichts
kann mich noch beruhigen: – und so geht's auch meiner
frau: – der Vogel war etwas Unwillkürliches zwischen uns
und für uns –. [...]

Das

hatte der Kleine noch kürzlich aufgeschnappt und warf es
mir immer mit einem unsäglichen Jubel entgegen wenn ich
nach Hause kam.[2]

---

2 Wagner notiert hier das erste Thema des letzten Satzes der *Symphonie Nr. 5
c-Moll* (op. 67, 1804–08) von Ludwig van Beethoven, das der Vogel pfeifen
konnte.

Zürich, den 24. August 1851

Mein lieber Freund!

Erst vor einiger Zeit erfuhr ich mit Bestimmtheit, daß es Dir und Deinen Schicksalsgenossen vergönnt sei, Briefe auch von Bekannten, nicht nur von den nächsten Angehörigen zu empfangen, sobald diese eben nur persönliche Interessen berührten, oder doch wenigstens nur solche, die mit keinen politischen Beziehungen in Verbindung stünden. Da nun das, was ich Dir mitzutheilen haben konnte, zunächst nur meine innige und kummervolle Theilnahme an Deinem Schicksal, dann aber die Nachricht von meinem Ergehen auszumachen hatte, so entschloß ich mich alsbald, Dir zu schreiben; nur war mir zuvor daran gelegen, so genau wie möglich über Dein Befinden benachrichtigt zu werden. Ich erfahre denn durch Deinen Privatarzt, was mir zu erfahren außerordentlich angenehm war: nämlich, daß die Gerüchte, als habest Du durch ungeduldiges Benehmen[1] Dich der Vergünstigung, mit literarischen Arbeiten Dich beschäftigen zu dürfen, verlustig gemacht, unbegründet seien; dagegen ginge es Dir – soweit es hier möglich ist – ganz erträglich, und Deine Rüstigkeit sei noch unverloren. Ich gestehe, daß mich diese Nachricht erst fähig gemacht hat, Dir so zu schreiben, wie ich es gern wollte.

Von selbst wirst Du Dir denken, daß ich seit unserer Trennung stets mit dem lebhaftesten Antheil nach Nachrichten über Dein Schicksal suchte, und mich – so gut wie möglich – in den Stand setzte, es zu verfolgen. Mit Deiner Frau

---

1 Röckel hatte sich an einem Befreiungsversuch der politischen Gefangenen im Zuchthaus Waldheim beteiligt und wurde mit verschärfter Haft bestraft.

August Röckel. Foto

traf ich kurz darauf am selben Ort[2] zusammen: nur fügte es eine eigenthümliche Begegnung der Umstände, daß es mir ganz unmöglich wurde, sie zu besuchen. Später erfuhr ich, Dein Bruder Eduard habe sie zu sich genommen und versorge sie ächt brüderlich. An ihn schrieb ich vor einiger Zeit, erhielt aber keine Nachricht: da ich auf das Gerathewohl hin nur nach Bath[3] adressirte, hat er sehr vermuthlich den Brief nicht erhalten; seine Adresse wäre mir deshalb recht wünschenswerth. – Habe ich nun in Allem, was Dich und Deine Frau betrifft, blos zu wünschen, es möge Dir erlaubt sein, mir recht ausführliche Mittheilungen darüber machen zu dürfen, und sehe ich mit größter Spannung und lebhaft im voraus erregter Theilnahme diesen Mittheilungen – im glücklichsten Falle – entgegen, – so glaube ich für jetzt nichts Besseres thun zu können, als Deine Theilnahme für mich durch eine kurzumfassende Nachricht über mich und mein Schicksal zu befriedigen.

Meine äußeren Schicksale sind bald mitgetheilt. Nach unserer Trennung, oder vielmehr nach völligem Schluß der Katastrophe, während welcher wir uns zum letzten Male sahen,[4] ging ich zuerst nach Paris: dort widerte mich aber Alles, und namentlich auch die – wenn selbst nur entfernteste – Berührung mit den dortigen Kunstzuständen, so heftig und schnell an, daß ich mich bald zu einem sehr kurzen Aufenthalt von dort fort, und zwar nach der Schweiz wandte, wo ich in Zürich, unter Schweizern, sehr bald einige sehr ergebene, biedere und theilnehmende Freunde mir gewann. Dieß schöne Alpenland erquickte mich zunächst sehr: ich hoffe, Du bist stark genug, von Deiner Gefangenschaft aus, ohne zu heftige Wehmuth dieß zu vernehmen. Nachdem ich die ersten schmerzlichen Eindrücke der letzten Vergangen-

2 In Weimar.
3 August Röckels Bruder Eduard lebte als Pianist und Klavierpädagoge in dieser südwestlichen Stadt Englands.
4 Während des Dresdener Maiaufstands am 7. Mai 1849.

heit, der widerlichen Gegenwart und namentlich des Schicksales vieler Freunde, überwunden hatte, regte sich mein individuelles Lebensgefühl im Genusse der Befreiung von einer zwangvollen und unlösbar widerspruchsvollen Lebensstellung, bis zur vollsten Wärme. Dir habe ich gewiß nicht zu versichern, daß ich mein Entkommen aus der Dresdener Kapellmeisterschaft als ein großes Glück für mich ansah: wo Alles so im vollsten Widerspruch mit einander war, wie mein künstlerisch-menschliches Wesen und meine dortige Beschäftigung und Stellung, konnte nur ein vollständiges Zerreißen dieses Verhältnisses Erlösung bringen. Jetzt fühlte ich mir aber eine nicht unwichtige Aufgabe zugetheilt: ich mußte innewerden, daß ich der einzige *Künstler* war, der – eben als *solcher* – die Bewegung der Zeit begriffen hatte. Ich sprach in diesem Bezuge meine Ansichten – über die Kunst und ihre Stellung zum Leben – öffentlich, d. h. als Schriftsteller aus. Es hat mir unbekannt bleiben müssen, ob es Dir gestattet war, meine Schriften zu Gesicht zu bekommen. Das erste war eine kleine Broschüre: »Die Kunst und die Revolution«, mit welcher ich dem, was heut zu Tage als Kunst gilt, die wirkliche Eigenschaft der Kunst durchaus absprach. In einem darauf folgenden kleinen Buche: »Das Kunstwerk der Zukunft«, wies ich die Unfähigkeit der modernen Kunst aus ihrer Zersplitterung in die einzig jetzt das Wesen der Kunst ausmachenden einzelnen Kunstarten nach, und stellte das wahrhafte, dem Leben immer gegenwärtige und ihm innigst angehörige Kunstwerk der Zukunft in *den* Zügen dar, die es als ein – dem heutigen monumentalen oder modischen geradesweges entgegengesetztes erscheinen ließen. – Nach Beendigung dieser Arbeit ward ich – im Anfange 1850 – noch einmal veranlaßt, Paris zu besuchen: *Liszt* hatte sich währenddem ungemein verdient um mich gemacht; er, und alle meine übrigen Freunde, begriffen eine für mich erträgliche Zukunft nur unter den Auspicien eines Pariser Opernerfolges. Mit innerlicher Verzweiflung suchte ich mich zu zwingen, ihnen Recht zu geben, verfaßte einen

Plan[5] und ging abermals nach Paris. Diesmal ging es mir
aber fast an's Leben: mein Ekel vor der Pariser Kunstwelt,
und das Widerwärtige des Zwanges, den ich mir selbst jetzt
anthat, war so groß und wirkte auf mich so heftig, daß ich
in eine zehrende nervöse Krankheit verfiel, aus der ich mich
durch einen Gewaltstreich zu befreien suchte, indem ich in
voller Verzweiflung mich entschloß, allem mir nur irgend
Befreundeten den Rücken zu wenden, und in das Wildfrem-
de hinauszuziehen. Damals erfuhr ich – als ich mich gerade
in Bordeaux aufhielt – aus einer französischen Zeitung die
Nachricht, Du und Bakunin würdest nächstens hingerichtet
werden: ich schrieb Euch einen Brief, mit der Hoffnung,
noch von Euch Abschied nehmen zu können. Das Gerücht
stellte sich jedoch alsbald auch mir als falsch heraus, und der
Brief, den ich nach Dresden zur Besorgung geschickt, ward
unter solchen Umständen natürlich zurückgehalten. – Von
meinem Entschlusse ward ich durch die größte Theilnahme
und das liebevollste Verhalten einer Familie[6] gegen mich zu-
rückgebracht. Diese Familie, fast nur aus Frauen bestehend,
und längere Zeit in Dresden ansässig, ist Dir – wenn ich
nicht irre – auch bekannt geworden, ich glaube durch Deinen Bruder: ihr danke ich jetzt unendlich viel. Vor allem
muß ich aber auch *Liszt* erwähnen: es ist wirklich kaum
glaublich, mit welcher Liebe und rastlos thätigen Ergebenheit dieser Mensch an mir hängt; Alles, was ihm in meinem
Wesen für seinen reinen Verstand unbegreiflich bleiben dürfte, überwindet er durch ein lebhaftes, sympathisches Gefühl, von dessen Fähigkeit ich wahrhaft überrascht worden
bin. Er hat meinen »Lohengrin« in Weimar aufgeführt und
ihn wahrhaft zu Erfolg gebracht: – in Folge dessen geht man

---

5 Wagner spricht von seinem Opernentwurf *Wieland der Schmied*, einer Vor-
   studie zum *Ring des Nibelungen*.
6 Wagner spielt sowohl auf seinen Abschiedsbrief vom März 1850 an Röckel
   und Bakunin in die Gefängnisanstalt an als auch auf sein enttäuschendes Lie-
   beserlebnis mit Jessie Laussot in Bordeaux sowie das hilfreiche Eingreifen
   der Familie Ritter aus Dresden mit finanzieller Unterstützung.

jetzt sogar in Dresden damit um, diese Oper aufzuführen;[7]
hiergegen habe ich aber – und zwar aus vielerlei Gründen –
die entschiedenste Einsprache gethan. Sehr komisch ist es
für mich, von vielen Leuten zu erfahren, daß sie an eine
»Aussöhnung« zwischen mir und meinen früheren Verhältnissen denken. Sieh, lieber Freund! so wenig wird man begriffen, zumal wenn man die Eigenschaften des Künstlers
besitzt. – Neuerdings habe ich mich nochmals ausführlich
als künstlerischer Mensch ausgesprochen: über den Gegenstand meiner Kunst selbst in einem größeren Buche: »Oper
und Drama«, und über den Bezug meiner Individualität zu
diesem Gegenstande in einer »Mittheilung an meine Freunde«, die ich als Vorwort der Herausgabe meiner drei Dichtungen »der fliegende Holländer«, »Tannhäuser« und »Lohengrin« vorangehen lasse. Das erstere wird nächstens bei
Weber, das zweite bei *Breitkopf und Härtel* erscheinen. Wie
wünschte ich, daß es Dir verstattet sein möchte, diese Bücher durch mich zu empfangen! Diese *Härtel's* lassen jetzt
auch den Klavierauszug zu Lohengrin stechen, und – was
Dich wirklich überraschen wird – sie wollen sogar dieß auch
mit der *Partitur* dieser Oper thun.[8] Du siehst hieraus, daß
die Stimmung gegen mich als »Künstler« sehr günstig geworden ist: ich habe – eben in jener »Mittheilung« – sehr
entschieden aber jede Theilnahmebezeigung in dem Sinne,
daß man den »Menschen« vom »Künstler« getrennt wissen
wollte, zurückgewiesen, und auf die Thorheit einer solchen
Trennung aufmerksam gemacht. Wie ehrlos, und offen zugestanden nichtswürdig unsere ganze heutige »Kunst« ist,
wird erst jetzt recht ersichtlich, wo sie das letzte Gewand
der Scham von sich geworfen hat und offen bekennt, um jeden Preis nur um ihre Existenz besorgt zu sein. Wie unglücklich sich ein Mensch meiner Art unter diesem Bestande
fühlen muß, brauche ich Dir nicht zu sagen: mit offenen

---

7 In Dresden wurde *Lohengrin* erstmals am 6. August 1859 aufgeführt.
8 Die Partitur erschien im August 1852 im Verlag Breitkopf & Härtel.

Augen muß ich mich Illusionen hingeben, um nur irgendwie eine Thätigkeit rechtfertigen zu können, die auf der anderen Seite mich doch einzig noch über die allgemeine
Schlechtigkeit täuschen kann. Das fernere Theoretisiren widert mich jetzt an: Liszt hat bei mir eine neue künstlerische
Arbeit angeregt. So habe ich einen »jungen Siegfried« gedichtet, der allerdings im Stande war, mir noch große Freude zu machen.[9] Mein Held ist wild im Walde aufgewachsen
und ward von einem Zwerge (dem Nibelungen »Mime«)
aufgezogen, um ihm den Riesenwurm zu erlegen, der den
Hort bewacht. Dieser Nibelungenhort bildet ein ungemein
bedeutsames Moment: Verbrechen aller Art haften an ihm.
Siegfried ist nun ungefähr derselbe junge Bursche, der im
Märchen vorkommt, und auszieht, »um das Fürchten« zu
lernen, – was ihm nie gelingen will, weil er mit kräftigen
Natursinnen immer Alles so sieht, wie es ist. Er erlegt den
Riesenwurm und erschlägt seinen Erzieher, den Zwerg – der
ihn um des Hortes willen heimlich umbringen will. Siegfried, sehnsuchtsvoll aus der Einsamkeit herausverlangend,
vernimmt nun – die Gabe dazu hat er vom zufälligen Genusse des Drachenblutes gewonnen – die Stimme eines
Waldvogels, der ihn auf Brünnhilde verweist, die auf einem
Felsen – von Feuer umgeben – schläft. Siegfried durchdringt
das Feuer und erweckt Brünnhilde – das *Weib* zur wonnig-
sten Liebesumarmung. – Ich kann Dir hier nicht mehr andeuten: vielleicht darf ich Dir die Dichtung selbst zuschik-
ken. – Nur noch Eines: – in unseren feurigen Gesprächen
geriethen wir schon darauf: – nicht eher sind wir das, was
wir sein können und sollen, bis – das *Weib* nicht *erweckt*
ist. –

9 Dieser *Junge Siegfried*, der inhaltlich als eigenständige Opernhandlung vor
die bereits fertige Dichtung von *Siegfrieds Tod* eingeordnet werden muß,
stellt die erste von zusätzlichen Erweiterungen des Nibelungen-Dramas dar;
es folgten noch *Die Walküre* und *Rheingold*; die Dichtung wurde also von
ihrem Ende her bis zum abschließend gedichteten Anfang vervollständigt.

Ach, was singe ich Dir Ärmstem da für Lieder vor! Glaube mir, auch ich bin nicht froh, daß ich eben nur singen kann. Ich werde den »jungen Siegfried« ausführen, – aber mich gewiß nicht einen Augenblick darüber täuschen, daß auch dieß nur eine schöne Täuschung ist, und die Wirklichkeit über Alles geht. Oft kommen wir uns gefangener vor in unseren unsichtbaren Fesseln, als die uns erscheinen, die einem ganz sichtbaren Zwang zu gehorchen haben. Und doch – ich weiß es – gebe ich diesen einen schlechten Trost: – zürne mir nicht darüber! – nur Eines mögen wir uns Alle zurufen: seien wir gesund und erhalten wir uns gesund! Hierin liegt Alles – Hoffnung, Trost und – Gewißheit! –

Nun, mein lieber armer Freund! ist es Dir irgend gestattet, so gieb mir Nachricht von Dir, und zwar recht ausführliche: – so bald auch dieß erlaubt werden kann, will ich Dir immer und so gut wie möglich antworten: möchte Dich dieß dann stets aufheitern können, und Dir Muth zur Ausdauer und Geduld geben! Leb wohl, und denke in Freundschaft und Liebe oft, wenn Du traurig bist, an Deinen

treuen Freund
Richard Wagner.

Zürich, 24 August 1851.

45 An Theodor Uhlig, Dresden

Zürich, den 12. November 1851

[...]   Ueber die beabsichtigte vollendung der großen Dramendichtung, die ich nun vorhabe, kann ich Dir jetzt nur wenig mittheilen. Bedenke, daß – ehe ich den »Siegfrieds tod« dichtete – ich den ganzen mythos in seinem großartigen

zusammenhange entwarf:[1] jene dichtung war nun der – unsrem theater gegenüber von mir als zu ermöglichen gedachte
– Versuch, eine hauptkatastrophe des mythos mit der *andeutung* jenes zusammenhanges zu geben. Als ich nun an die
volle musikalische ausführung ging, und ich dabei endlich
fest unser theater in's auge fassen mußte, fühlte ich das unvollständige der beabsichtigten erscheinung: es blieb eben
der große zusammenhang, der den gestalten erst ihre ungeheure, schlagende bedeutung giebt, nur durch epische erzählung, durch mittheilung an den Gedanken übrig. Um daher »Siegfrieds tod« zu ermöglichen, verfaßte ich den »jungen Siegfried«: je bedeutender aber dadurch das Ganze sich
schon gestaltete, desto mehr mußte mir jetzt, als ich an die
scenisch=musikalische ausführung des »jungen S.« ging, ein-
leuchten, daß ich das bedürfniß nach deutlicher darstellung
des ganzen Zusammenhanges *an die Sinne* nur noch gesteigert hatte. Jetzt sehe ich, ich muß, um vollkommen von der
bühne herab verstanden zu werden, den ganzen Mythos plastisch ausführen. Nicht diese rücksicht allein bewog mich
aber zu meinem neuen plane, sondern namentlich auch das
hinreißend ergreifende des stoffes, den ich somit für die darstellung gewinne, und der mir einen reichthum für künstlerische bildung zuführt, den es sünde wäre, ungenützt zu lassen. Denke Dir den inhalt der Erzählung der Brünnhilde –
in der letzten scene des »jungen Siegfried« – (das schicksal
Siegmund's und Siegelinds, der kampf Wodans mit seiner
neigung und der Sitte (Fricka); der herrliche trotz der Walküre, der tragische zorn Wodan's mit dem er diesen trotz
straft: denke Dir dieß in *meinem* sinne, mit dem ungeheuren
reichthum von momenten, in ein bündiges drama zusam-
mengefaßt, so ist eine tragödie von der erschütterndsten
wirkung geschaffen, die zugleich alles das zu einem be-

---

1 *Der Nibelungenmythus, als Entwurf zu einem Drama* entstand bereits im
  Herbst 1848 und stellt das Gerüst für Wagners Tetralogie *Der Ring des Nibelungen* dar.

stimmten sinnlichen eindrucke vorführt, was mein publikum in sich aufgenommen haben muß, um den »jungen Siegfr.« und den »tod« – nach ihrer weitesten bedeutung – leicht zu verstehen. Diesen drei Dramen sende ich nun ein größeres vorspiel voran, welches für sich an einem besonderen einleitenden festtage aufgeführt werden muß: es beginnt mit Alberich, der die drei wasserfrauen des Rheines mit liebesgelüste verfolgt, von einer nach der andren (scherzend heiter) abgewiesen wird, und aus wuth ihnen endlich das Rheingold stiehlt: – dieß gold ist an sich nur ein glänzender schmuck der wassertiefe (Siegfr. tod, act III. Sc. 1), eine andre macht wohnt ihm aber bei, die jedoch nur der ihm zu entlocken vermag, *der der liebe* entsagt. – (hier hast Du das gestaltende motiv bis zu Siegf.'s tod: denke Dir die ganze fülle von folgen!) Der Fang Alberichs, die zutheilung des goldes an die zwei Riesenbrüder, die schnelle erfüllung von Alberich's fluch an diesen beiden, von denen der eine sogleich den andren erschlägt, bilden den gegenstand dieses Vorspieles. – Doch, schon zuviel hab' ich geplaudert, weil es eben zu wenig sein muß, um mich über den ungeheuren reichthum des stoffes verständlich mitzutheilen. – Jene »Wölsungasaga« möchte ich nun noch einmal haben; nicht um nach ihr zu bilden (Du wirst leicht finden wie sich *mein* gedicht zu dieser sage verhält), sondern um mich Alles wieder genau zu erinnern, was ich an einzelnen zügen schon einmal konzipirt hatte. –

Aber *noch* Eines bestimmte mich zur Erweiterung dieses planes: die gefühlte unmöglichkeit, auch den »jungen Siegfried« nur einigermaßen entsprechend in Weimar – oder sonst wo aufführen zu können. Ich mag und kann jetzt nicht mehr die marter des *Halben* durchmachen. – Mit dieser meiner neuen konzeption trete ich *gänzlich* aus allem bezug zu unsrem heutigen theater und publikum heraus: ich breche bestimmt und für immer mit der formellen gegenwart. Fragst Du mich nun, was ich mit meinem plane vorhabe? – Zunächst, ihn *ausführen*, soweit es in meinem dichterischen und musikalischen vermögen steht: dieß wird mich mindestens *drei volle Jahre* beschäftigen. Meine Existenz lege ich somit ganz in die hände Ritter's[2]. Gott gebe, daß sie *mir ungetrübt treu bleiben*!

– An eine *Aufführung* kann ich erst *nach der Revolution* denken: erst die Revolution kann mir die künstler und die Zuhörer zuführen. Die nächste Revolution muß nothwendig unsrer ganzen *theaterwirthschaft* das Ende bringen: sie müssen und werden alle zusammenbrechen, dies ist unausbleiblich. Aus den trümmern rufe ich mir dann zusammen, was ich brauche: ich werde, was ich bedarf, *dann* finden. Am Rheine schlage ich dann ein theater auf, und lade zu einem großen dramatischen feste ein: nach einem jahre vorbereitung führe ich dann im laufe von *vier tagen* mein ganzes werk auf: *mit ihm* gebe ich den menschen der Revolution dann die *bedeutung* dieser Revolution, nach ihrem edelsten sinne, zu erkennen. *Dieses publikum* wird mich verstehen: das jetzige kann es nicht.[3]

So ausschweifend dieser plan ist, so ist er doch der einzige, an den ich noch mein leben, tichten und trachten setze. Erlebe ich seine Ausführung, so habe ich herrlich gelebt; wenn nicht, so starb ich für 'was schönes. Nur dieß aber kann mich noch erfreuen. –

Leb wohl!

Dein
R. W.

---

2 Von der Familie Ritter bekam Wagner vom Spätherbst 1851 bis 1859 eine jährliche Unterstützung von 800 Talern, die den Komponisten von der Mühsal eines profanen Broterwerbs befreite und den Fortgang der Arbeit am *Ring* garantierte.
3 Im Frühjahr 1850 hatte Wagner in Paris eine Wahlversammlung der Sozialdemokratischen Partei mit 6000 Teilnehmern besucht und war von den Reden so stark beeindruckt, daß er davon überzeugt war, 1852 stünde eine neuerliche Revolution bevor.

Von *Avenarius* habe ich auch heute noch keine Nachricht.
Wärst Du wohl so gut, an *Avenarius* und auch an *Härtels* zu
schreiben: sie sollten mich doch wissen lassen wie's steht?
Ich glaube fast, sie bekommen meine briefe nicht!

46 AN FRANZ LISZT, WEIMAR

Albisbrunn, den 20. November 1851

Mein lieber Freund!

Endlich bin ich so weit, mein langes Schweigen gegen Dich
brechen zu können. Der Inhalt dieses Briefes wird Dir zeigen, über wie vieles, und verhältnismäßig wichtiges, ich mit
mir in das Klare zu kommen hatte, ehe ich Dir mit der nothwendigen Bestimmtheit schreiben konnte, die mir nun ermöglicht worden ist.

Einen großen Theil der Schuld meines Schweigens trug
wohl auch mein sehr angegriffener Gesundheitszustand.
Ueber volle zwei Monate bringe ich nun schon mit der Wasserkur[1] zu, und eben in dieser Zeit war es mir durchaus unmöglich, Dir so ausführlich zu schreiben, wie ich täglich
mehr fühlte, daß ich es zu thun hatte. Eine fast unabweisbar
dringende Veranlassung Dir zu schreiben erwuchs mir noch
aus der Lektüre Deiner Broschüre über meine beiden

---

1 Vom 15. September bis zum 23. November 1851 weilte Wagner in der Wasserheilanstalt Albisbrunn bei Hausen im Kanton Zürich. Wagner baute die
  Naturheilverfahren nicht nur in seine Lebensgewohnheiten und Weltanschauung ein, sondern ließ auch manche Erfahrung im Umgang mit dem
  Heilwasser in seine Musikdramen einfließen.

Opern², die mir eben hier in die Wasserheilanstalt zukam.
Deine seltene Freundschaft für mich, die Energie Deiner
Liebe zu meinen Werken, Dein rastloser Eifer diese Werke
zu propagiren, und vor Allem der herrliche Schwung, der
Geist, die Feinheit und Kühnheit, mit denen Du in Deinem
Eifer Dich auslässest, – ergriffen mich aber viel zu tief und
heftig, als daß ich gerade jetzt, in meinem an sich so sehr
aufgeregten Zustande, mich dankend deshalb hätte an Dich
wenden können; ich mußte mir dieß versparen auf Tage, wo
eine gestärkte Gesundheit und gesammelte Geisteskraft mir
eine ausführlichere Mittheilung an Dich ermöglichte. – Ich
hoffe jetzt so weit zu sein, und sage Dir daher zunächst, daß
Du mit diesem Opfer der schönsten Liebe, das Du mir von
Neuem brachtest, mich bis in das Innerste gerührt, erfreut
und hoch beglückt hast. Ueberall hast Du mich auf das tiefste ergriffen, wo Du mit mir zu vollkommener Uebereinstimmung gelangtest, weil diese Uebereinstimmung nichts
Fertiges, sondern für uns Beide etwas neugefundenes ist;
ganz besonders hast Du meine Aufmerksamkeit, Theilnahme und Spannung aber da erregt, wo ich das, was ich ursprünglich wollte, im Spiegel Deiner besonderen individuellen Anschauung mir neu zurückgeworfen sah, und gerade
hieran erst recht den Eindruck ermessen konnte, den ich so
glücklich war, auf Deine überreiche künstlerische Empfänglichkeit zu machen.

Was Du mir so geworden bist, suchte ich neulich öffentlich kund zu geben, und zwar – eben weil es für die Oeffentlichkeit geschah – so nüchtern als möglich, gerade nur an das
ganze Thatsächliche Deines Verhältnisses zu mir mich hal-
tend, um es Denjenigen darzustellen, die eine solche
Freundschaft heut zu Tag vielleicht nicht begreifen können.
Ich that dieß – von meinem Herzen unwiderstehlich dazu
gedrängt – in einer »Mittheilung an meine Freunde«, die ich

---

2 Im August 1851 war Liszts Broschüre *Lohengrin et Tannhäuser de R. Wagner* in französischer Sprache bei Brockhaus in Leipzig erschienen.

als Vorwort der Herausgabe meiner »drei Operndichtungen« vorausschicke.[3] An demselben Orte sprach ich unumwunden aus, daß ich bereits daran verzweifelt wäre, je
wieder eine künstlerische Arbeit zu unternehmen, und daß
Dir und Deiner so erfolgreichen Theilnahme für mich, es
allein beizumessen sei, wenn ich nun doch wieder den Muth
und den Willen zu einem künstlerischen Unternehmen gefaßt hätte, das ich *Dir* und denjenigen meiner Freunde widme, die ich unter »dem Lokalbegriffe: Weimar« zusammenfasse. [...]
   Dir, mein lieber Liszt, muß ich jetzt jedoch schon nothgedrungen eröffnen, daß mein Entschluß, eine neue Oper
für Weimar zu schreiben, so wesentliche Bestimmungen
empfangen hat, daß ich ihn kaum mehr als solchen gelten
lassen kann. Erfahre hiermit, der strengsten Wahrheit gemäß, die Geschichte des künstlerischen Vorhabens, in welchem ich jetzt seit längerer Zeit begriffen bin, und die Wendung, die dieses nothwendig nehmen mußte. –
   Im Herbste des Jahres 1848 entwarf ich zuerst den vollständigen Mythos von den Nibelungen, wie er mir als dich-
terisches Eigenthum fortan angehört. Ein nächster Versuch,
eine Hauptkatastrophe der großen Handlung für unser
Theater als Drama zu geben, war »Siegfrieds Tod«: nach
langem Schwanken war ich im Herbste 1850 endlich im Begriffe, die musikalische Ausführung dieses Drama's zu entwerfen, als mich zunächst die wiederum erkannte Unmöglichkeit, es irgend wo genügend dargestellt zu wissen, von
dem Beginnen abbrachte. Um mich dieser verzweifelten
Stimmung zu entledigen, schrieb ich das Buch »Oper und
Drama«. Im vergangenen Frühjahre machtest nun Du mit
Deinem Artikel über Lohengrin einen so begeisternden Eindruck auf mich, daß ich die Ausführung eines Drama's – Dir

---

3 *Drei Operndichtungen nebst einer Mittheilung an meine Freunde als Vorwort* hatte Wagner im Sommer 1851 verfaßt und dem Verlag Breitkopf &
Härtel angeboten, der den Text im Dezember 1851 publizierte.

zu lieb – schnell und freudig wieder aufnahm; ich schrieb
Dir dieß damals. »Siegfried's Tod« aber, das wußte ich, war
zunächst unmöglich; ich sah ein, daß ich durch ein anderes
Drama erst auf ihn vorbereiten mußte, und so ergriff ich einen schon länger gehegten Plan, den *»jungen Siegfried«* zunächst zum Gegenstande einer Dichtung zu machen: in ihm
sollte Alles, was in »Siegfrieds Tod« theils erzählt, theils als
halb bekannt vorausgesetzt wird, in frischen, heitren Zügen
durch wirkliche Darstellung vorgeführt werden. Schnell war
diese Dichtung entworfen und vollendet. – Als ich sie Dir
zuschicken wollte, empfand ich zuerst eine eigenthümliche
Beklemmung: es war mir, als könnte ich sie Dir unmöglich
so ohne Weiteres zusenden; als hätte ich Dir viel, unendlich
viel darüber auseinanderzusetzen, theils über die Art der
Ausführung, theils über die nöthige Auffassung der Dichtung selbst. Zunächst stellte sich mir nun Das heraus, daß
ich, ehe ich mit dieser Dichtung vor meine Freunde träte,
diesen noch vieles und manches mitzutheilen hätte: ich
schrieb deshalb das ausführliche Vorwort zu meinen älteren
drei Operndichtungen, von dem bereits die Rede war. Nun
wollte ich an die musikalische Komposition gehen: zu meiner Freude gewahrte ich, daß die Musik zu diesen Versen
höchst natürlich und leicht, ganz wie von selbst, sich gestaltete. Nur mahnte mich der erste Beginn der Arbeit, daß ich
meine Gesundheit gänzlich untergraben würde, wenn ich,
ohne für sie vorher gründlich gesorgt zu haben, sogleich
meinem Drange nachgäbe, und – vermuthlich ohne Unterbrechung – in einem Zuge das Begonnene ausführte. Als ich
die Wasserheilanstalt bezog, fühlte ich nun die Nothwendigkeit, Dir endlich die Dichtung zuzuschicken: – Sonderbar!
immer hielt mich etwas davon ab; immer mußte ich zögern,
weil es mir war, als würde das Bekanntwerden mit dieser
Dichtung Dich zunächst in eine gewisse Verlegenheit setzen,
als müßtest Du nicht recht wissen, was Du daraus machen
solltest, ob Hoffnung oder Mistrauen in sie zu setzen sei. –
Mir ist nun hier endlich, bei ruhiger Ueberlegung, mein

Vorhaben in seiner ganzen Folgerichtigkeit klar geworden. Höre mich!

Auch dieser »junge Siegfried« ist nur ein Bruchstück, und nicht anders kann es als *einzelnes* Ganzes seinen richtigen und zweifellosen Eindruck machen, als bis es in dem *vollständigen* Ganzen seinen nothwendigen Platz erhält, den ich ihm – meinem nun gefaßten Plane gemäß – mit »Siegfrieds Tod« zugleich anweise. In diesen beiden Dramen blieb eine Fülle nothwendiger Beziehungen einzig der Erzählung, oder gar der Kombination des Zuhörers überlassen: alles Das, was der Handlung und den Personen dieser beiden Dramen erst die unendlich ergreifende, weithin wirkende Bedeutung giebt, mußte in der Darstellung ungegenwärtig gelassen, und nur dem Gedanken mitgetheilt werden. Meiner nun gewonnenen innersten Ueberzeugung nach kann aber ein Kunstwerk – und deshalb eben bloß das Drama – nur dann seine richtige Wirkung haben, wenn die dichterische Absicht in allen ihren irgend wichtigen Momenten vollständig an die Sinne mitgetheilt wird; und gerade *ich* darf und kann jetzt am allerwenigsten gegen die von mir erkannte Wahrheit sündigen. Ich muß daher meinen ganzen Mythos, nach seiner tiefsten und weitesten Bedeutung, in höchster künstlerischer Deutlichkeit mittheilen, um vollständig verstanden zu werden; Nichts darf von ihm irgendwie zur Ergänzung durch den Gedanken, durch die Reflexion übrig bleiben: jedes unbefangene menschliche Gefühl muß durch seine künstlerischen Wahrnehmungsorgane *das Ganze* begreifen können, weil es dann auch erst das *Einzelnste* richtig in sich aufnehmen kann. Zwei Hauptmomente bleiben mir daher aus meinem Mythos noch zur Darstellung übrig, und diese sind beide im »Jungen Siegfried« angedeutet: der erste in der längeren Erzählung der Brünnhilde nach ihrer Erweckung (dritter Akt); der zweite in der Scene zwischen Alberich und dem Wanderer im zweiten, und zwischen dem Wanderer und Mime im ersten Akte. – Daß mich aber nicht nur die künstlerische Reflexion, sondern namentlich auch der herr-

liche, und für die Darstellung ungemein ergiebige Stoff jener
Momente selbst hierin bestimmt hat, das kannst Du Dir
leicht vergegenwärtigen, wenn Du jenen Stoff näher in Au-
genschein nimmst. Denke Dir die wunderbar unheilvolle
Liebe Siegmund's und Siegelind's; Wodan in seinem tief ge-
heimnisvollen Verhältnisse zu dieser Liebe; dann in seiner
Entzweiung mit Fricka, in seiner wüthenden Selbstbezwin-
gung, als er – der Sitte zu lieb – Siegmunds Tod verhängt;
endlich die herrliche Walküre, Brünnhilde, wie sie – Wodan's innersten Gedanken errathend – dem Gotte trotzt,
und von ihm bestraft wird: denke Dir diesen Reichthum von
Anregung, wie ich ihn in der Scene zwischen dem Wanderer
und der Wala, dann aber – breiter – in der erwähnten Erzählung Brünnhilde's andeute, als Stoff eines Drama's, welches
den beiden Siegfrieden vorangeht, und Du wirst begreifen,
daß nicht etwa bloß Reflexion, sondern namentlich Begeisterung meinen neuesten Plan mir eingab!

Dieser Plan geht nun auf drei Dramen aus: 1., *die Walküre.* 2., *der junge Siegfried.* 3., *Siegfried's Tod.* Um Alles vollständig zu geben, muß diesen drei Dramen aber noch ein
großes Vorspiel vorangehen: *Der Raub des Rheingoldes.* Es
hat zum Gegenstand die vollständige Darstellung Alles Dessen, was in Bezug auf diesen Raub, die Entstehung des Ni-
belungenhortes, die Entführung dieses Hortes durch Wodan, und den Fluch Alberichs, im »jungen Siegfried« erzäh-
lungsweise vorkommt. –

Bei der hierdurch ermöglichten Deutlichkeit der Darstellung, gewinne ich nun – indem zugleich alles, jetzt so breite,
Erzählungsartige vollständig hinwegfällt, oder doch zu ganz
bündigen Momenten zusammengedrängt wird – hinreichen-
den Raum, um die Fülle der Beziehungen und das Ergreifendste zu steigern, während ich bei der früheren, halb epischen Darstellung, alles mühsam beschneiden und entkräf-
ten mußte. Ich erwähne nur Eines: –

»*Alberich* kommt aus der Erdtiefe zu den drei Töchtern
des Rheines herauf; er verfolgt diese mit widerlicher Lie-

beswerbung; von der einen abgewiesen, wendet er sich an
die andre: alle verschmähen, scherzend und neckend, den
Kobold. Da beginnt das Rheingold zu erglänzen; es reizt
Alberich; er frägt, wozu es wohl gut sei? Die Mädchen
bedeuten, es diene ihnen zu Lust und Spiel; sein Glanz er-
helle mit seligem Geschimmer die Tiefe der Fluth: viele
Wunder könne aber *der* mit ihm wirken, Macht und Gewalt, Reichthum und Herrschaft durch das Gold gewinnen, der es zu einem Ringe zu zwingen wisse: nur aber
wer der Liebe entsage, verstünde das! damit nun aber keiner das Gold raube, seien sie als Hüterinnen bestellt: wer
ihnen nahe, begehre gewiß nicht das Gold; wenigstens sähe auch Alberich nicht darnach aus, da er sich gar so verliebt gebare. Sie lachen ihn von Neuem aus. Da wird der
Nibelung wüthend: er schwört der Liebe ab, raubt das
Gold und entführt es in die Tiefe.« –
Genug von diesem Einzelnen! jetzt meinen Plan für die
praktische Ausführung des Ganzen!
An eine Trennung der Bestandtheile dieses großen Ganzen darf ich nicht denken, ohne meine Absicht eben im Voraus wieder zu zerstören. Der ganze Dramenkomplex muß in
schneller Folge zugleich zur Darstellung gebracht werden,
und für deren äußerliche Ermöglichung kann ich daher nur
folgende Begünstigung der Umstände im Auge haben: – Die
Aufführung meiner Nibelungendramen muß an einem großen Feste stattfinden, welches vielleicht eigens zum Zwecke
eben dieser Aufführung zu veranstalten ist. Sie muß dann in
drei aufeinanderfolgenden Tagen vor sich gehen, an deren
Vorabende das einleitende Vorspiel gegeben wird. Habe ich
unter solchen Umständen eine solche Aufführung zu Stande
gebracht, so mag bei einer andren Gelegenheit zunächst erst
wieder das Ganze wiederholt, dann aber auch nach Belieben
mögen die einzelnen Dramen, die an sich ganz selbständige
Stücke bilden sollen, gegeben werden: jedenfalls muß aber
eben der Eindruck der von mir beabsichtigten vollständigen
Aufführung vorangegangen sein.

Wo und unter welchen Umständen zunächst eine solche
aufführung zu ermöglichen sei, hat mich für jetzt gar nicht
zu kümmern; denn vor allererst habe ich mein großes Werk
auszuführen, und diese Arbeit wird mich, sobald ich auf
meine Gesundheit einigen Bedacht nehme, mindestens drei
Jahre beschäftigen.[4] Ein glücklicher Vermögensfall in der
mir so sehr befreundeten Familie *Ritter* hat es nun gefügt,
daß ich ruhig und von materiellen Sorgen ungestört diese
Zeit, wie überhaupt mein Leben über, meinem künstlerischen Schaffen obliegen kann. Habe ich aber dereinst mein
großes Werk vollendet, so wird sich – hoffe ich – wohl auch
schon des Weiteren finden lassen, wie es meinem Wunsche
gemäß zur Darstellung gelange. Steht Weimar bis dahin
noch, und solltest Du in Deinen Bemühungen, dort etwas
Tüchtiges herzustellen, glücklicher gewesen sein, als es leider jetzt den Anschein (ja mehr als den Anschein!) hat, so
wollen wir dann sehen, was in der Sache zu thun ist. –
Möge Dir nun mein Plan noch so kühn, ungewöhnlich, ja
vielleicht phantastisch vorkommen, so sei dennoch überzeugt, daß er nicht aus einer äußerlich kalkulirenden Grille
entstanden ist, sondern daß er sich mir als die nothwendige
Konsequenz des Wesens und des Inhaltes des Stoffes aufgedrungen hat, der mich nun einmal erfüllt und zu seiner vollständigen Ausführung treibt. Ihn so auszuführen, wie es
eben mir als Dichter und Musiker sich erlaubt, ist für jetzt
das Einzige, was ich vor mir sehe: alles Weitere darf mich
zunächst noch gar nicht kümmern. Bei Deiner ganzen Ge-
sinnungsweise zweifle ich auch keinen Augenblick, daß Du
mir durchaus Recht giebst, und mich gewiß nur noch zu
meinem Vorhaben ermuthigst, wenn Dir auch dadurch ein
– mir so schmeichelhafter! – Wunsch, der Wunsch recht bald

---

4 In dieser Prognose hat Wagner sich so verschätzt wie nie in seinem Leben
 sonst: statt der veranschlagten drei Jahre umfaßte die Komposition des *Ring*
 den Zeitraum von nicht weniger als 21 Jahren (freilich mit einer 11^{1}/$_{2}$jährigen
 Unterbrechung für *Tristan* und *Meistersinger*).

wieder ein neues Werk von mir aufzuführen, augenblicklich
unerfüllt gelassen werden muß. –

Ich gestehe *nun* aber auch, daß ich mich, gleichzeitig mit
der bestimmten Aenderung meines Entschlusses, einer fast
drückenden Verlegenheit enthoben fühle, – der Verlegenheit, die Aufführung des jungen Siegfried dem jetzigen Weimarischen Theater zuzumuthen. Erst jetzt, mit dieser Erklärung zusammen, schicke ich Dir auch die Dichtung des
»jungen Siegfried« leichten Herzens zu, – erst jetzt nämlich,
wo ich weiß, Du liesest ihn nicht mit der Sorge durch, die
es Dir nothwendig verursacht haben würde, wenn Du an
seine Ausführung, und gar an seine Darstellung auf dem
Weimarischen Theater – wie es eben jetzt ist und gar nicht
anders sein kann – dabei hättest denken müssen. Machen wir
uns hierüber keine Illusionen! Was Du, aber eben auch *nur*
Du, bisher in Weimar für mich thatest, ist staunenswerth.
Noch mehr aber war es erfolgreich für mich: ohne Dich wäre ich jetzt gänzlich verschollen; statt dessen hast Du die öffentliche Aufmerksamkeit der Kunstfreunde durch alle, gerade nur Dir zu Gebote stehenden Mittel, mit solcher Energie, und mit solchem Erfolge auf mich gelenkt, daß diese
Deine Bemühungen um mich und meine Anerkennung,
mich jetzt einzig und allein in den Stand setzen, überhaupt
nur an die Ausführung solcher Pläne, wie ich Dir soeben
mittheilte, denken zu können. Hierüber sehe ich mit vollster
Klarheit, und ich bezeichne Dich unumwunden als den
Schöpfer meiner jetzigen, vielleicht nicht zukunftarmen,
Stellung.

Ich frage nun aber weiter: – was verhoffst Du Dir *noch*
von Weimar?

Mit trauriger Aufrichtigkeit sage ich Dir, daß ich Deine
Bemühungen um Weimar selbst dennoch für – fruchtlos hal-
ten muß. – Du machst die Erfahrung, daß Du dort nur den
Rücken zu wenden hast, um die vollste Gemeinheit hinter
Dir auf das Ueppigste aus dem Boden erblühen zu sehen,
auf dem Du das Edelste zu pflanzen Dich mühtest; Du

kehrst zurück, und kaum wirst Du zur Hälfte wieder den
Boden umgepflügt haben, als Du das Unkraut von Neuem
nur frecher wieder emporschießen sehen wirst. – Du bist in
Weimar: Du preisest die Kunstsinnigkeit des Hofes –? Gedenkst Du nicht des hochgerühmten *Karl August,* der seinen
Freund *Göthe* durch einen – Pudel von derselben Bühne
verjagen ließ,[5] auf der Du jetzt, unter bei Weitem kunst-
feindseligeren Aspekten, das Panier einer Kunst aufpflanzen
willst, für die fast alle Darstellungsmittel, Alles Herkommen
der Gewohnheit, ja alle Vermuthung eines *wahren* (nicht er-
künstelten) Erfolges unvorhanden sind? – Wahrlich, ich
kann Dir nur mit Wehmuth zusehen! Dir zur Seite sehe ich
nur die Stupidität, die Borniertheit, die Gemeinheit und –
den leeren Dünkel eifersüchtiger Hofdiener, die auf jeden
Erfolg des Genie's mit so traurigem Rechte neidisch sind! –
    Doch – – mehr als genug über diesen widerlichen Punkt!
*Meinet*wegen kümmert er mich nicht mehr, denn ich bin
über ihn im Reinen mit mir: aber – er kümmert mich *Dei-
net*wegen! Mögest Du nicht zu spät für Deine gute Laune zu
meiner Einsicht gelangen! – – [...]
    Hatte ich bisher meiner Gesundheit wegen immer noch
Sorge, so ist mir nun auch durch die gewonnene Ueberzeugung von der, alles körperliche Uebel heilende Kraft des
Wassers und der Naturheilkunst, diese Besorgniß gehoben:
ich bin auf dem Wege, ein vollkommen gesunder Mensch zu
werden und – wenn ich nur will – zu bleiben. Schafft Euch,
Ihr unglücklichen Menschen, eine gesunde Verdauung an,
und plötzlich steht das Leben in einer ganz anderen Gestalt
vor Euch, als ihr aus der Unterleibsplage heraus es ersehen
konntet! Wahrlich, all unsre Politik, Diplomatie, Ehrsucht,
Ohnmacht und Wissenschaft, und – leider auch – unsre gan-

---

5 Großherzog Karl August von Sachsen-Weimar-Eisenach verlangte 1817 die
   Aufführung des Stückes *Der Hund des Aubry de Mont-Didier* oder *Der
   Wald bei Bondy* von Guilbert de Pixérécourt. Goethe empfand ein Stück mit
   einem Pudel in der Hauptrolle als Entwürdigung der Bühne und trat als Intendant zurück.

ze *moderne Kunst,* in denen man den Gaumen zum Verderb
des Magens so lange einzig befriedigt, gereizt, und wieder
zu schmeicheln versucht hat, bis endlich unvermerkt nur
noch ein Leichnam galvanisirt wurde, – wahrlich, diese ganzen Schmarotzergewüchse unsres heutigen Lebens haben
keinen andren Grund und Boden, aus dem sie wachsen, als
– unsre ruinirten Unterleibe! Ach! wollte und könnte mich
jeder verstehen, dem ich dieß – fast lächerlich klingende –
und doch so entsetzlich wahre Wort zurufe! – –

Jetzt merke ich aber, daß ich vom hundertsten in das tau-
sendste gerathe: so will ich endlich denn schließen! Dich,
mein lieber Liszt, bitte ich nun inständigst, recht bald und
recht ausführlich mir zu schreiben, was Du zu dem Inhalte
dieses Briefes und dieser Sendung denkst. Möge ich in Dir
immer den gütigen Freund und Genossen finden, der Du
mir warst und bist, und als den ich Dich mit dankbarstem
Bruderherzen für alle Zeit umarme als

Dein
hochverpflichteter
Richard Wagner.

Albisbrunn, 20 November 1851.

47 AN FRANZ LISZT, WEIMAR

Zürich, den 30. Januar 1852

Mein lieber Freund!

[...] Was den Tannhäuser betrifft, so ist es mir sehr lieb zu
erfahren, daß Du auf meinen Wunsch, ihn in die von mir bestimmte beste Form herzustellen, einzugehen gedenkst. Nur
unter dieser Bedingung kann ein fortdauernder Erfolg dieser
Oper in Weimar für mich von Interesse sein. Ich konnte Dir
nicht den mindesten Vorwurf darüber machen, daß Du bei

dem ersten Einstudiren des Tannhäuser in Weimar gewisse
Auslassungen für nöthig hieltest: nicht, daß Du das Auszu-
lassende für unwichtig hieltest, bestimmte Dich dazu, sondern weil Du in die künstlerischen Kräfte – wie sie *damals*
Dir zu Gebote standen – ein sorgliches Mistrauen zu setzen
hattest. So – ich weiß es – ist namentlich der große Sprung
im Finale des Zweiten Aktes entstanden, der mich, als ich einer Probe in Weimar beiwohnte,[1] mit großem Misbehagen
erfüllte. Es ist dieß die Scene, wo Elisabeth zu Tannhäusers
Schutz sich den Rittern entgegenwirft. Grade in solchen
Scenen bestimmte mich das Gefühl der höchsten Wahrheit
und die Natur der Dinge zur vollendetsten Anwendung aller
mir zu Gebote stehenden Kunst: die Größe der Situation
wird nur dadurch wiedergegeben, daß nicht das geringste ihr
nothwendige Theil mangelt. Hier war es aber gegeben, daß
die auf Tannhäuser Eindringenden nicht wie Kinder von ihm
zurückgescheucht werden: ihr Zorn, ihre Wuth, die bis zum
augenblicklichen Morde des Geächteten sich anläßt, darf
sich nicht im Handumdrehen wenden, sondern Elisabeth
hat die furchtbarste Kraft der Verzweiflung aufzuwenden,
um das empörte Meer der Männer zur Ruhe, ihre Herzen
endlich zur Gerührtheit zu bringen. Daran erst ermißt sich
der Zorn und die Liebe als wahr und groß: und gerade diese
nur sehr allmälige Beruhigung der höchsten Aufgeregtheit,
rechne ich mir, wie ich sie in dieser Scene darstellte, zum
größten Verdienste in Interesse der dramatischen Wahrheit
an. Jetzt, wo Du mit dem Lohengrin noch bei Weitem
schwierigere Aufgaben für die Ausführung glücklich gelös't
hast, muß Dir – ich sage dieß unumwunden, lieber Freund
– geradeweges die *Pflicht* erwachsen, auch diese Scene vollständig herzustellen, und ich weiß es, der Erfolg wird Dir
lohnen. Ebenso verhält es sich mit allem anderen. In Tann-

---

1 Wagner konnte noch während seiner Flucht aus Dresden beim Zwischen-
aufenthalt in Weimar Liszts Probe zum *Tannhäuser* am 14. Mai 1849 besuchen.

häusers Erzählung (III^er Act) machen die Posaunen bei der
Erinnerung an Rom durchaus nicht den richtigen Eindruck,
wenn dieß Thema nicht vollständig in höchster Pracht zuvor
gehört worden ist, wie ich es in der vollständigen Instru-
mentaleinleitung zum letzten Acte gebe: u. s. w. Ich bitte
Dich daher, Dich streng an die Partitur zu halten, die ich Dir
nach meiner Einrichtung von Dresden zuschicken ließ: nur
bemerke ich noch, daß das Tannhäuserlied im I^en Acte vollständig (alle 3 verse) gesungen werden muß; die richtige
Steigerung, namentlich auch in der Wirkung auf die Venus,
geht sonst durchaus verloren.

Was den neuen Schluß des letzten Actes betrifft, so war
ich eigentlich sehr ärgerlich, daß er nicht von vornherein in
Weimar gegeben wurde, wie ich es damals gar nicht anders
annahm. Schon damals sollte die erste Bearbeitung gar nicht
erst von einem neuen Publikum gekannt werden, denn sie
beruhte auf einer Täuschung über das Wesen der Scene, über
die mich leider erst die erste Aufführung in Dresden belehrte: nichts, was irgend in den Mitteln der Darstellung vorhanden ist, soll auf der Scene nur gedacht oder angedeutet,
sondern Alles ausgeführt werden. Der bloße Beleuchtungs-
spuk des Venusberges war aber nur eine Andeutung: wirklich wahr wird der Zauber nur, wenn Venus selbst erscheint
und sich vernehmen läßt. Dieß ist so richtig, daß gerade diese nachgeholte Situation mir einen großen Reichthum für
meine Musik auch zugeführt hat: betrachte die Scene mit der
Venus im letzten Acte, und Du wirst mir recht geben, daß
die frühere Ausführung zu ihr sich wie der Kupferstich zum
Oelgemälde verhält. Ganz so ist es mit dem Erscheinen der
Leiche der Elisabeth: wenn Tannhäuser an *dieser* hinsinkt
und seufzt »Heilige Elisabeth, bitte für mich!« so ist hier
ausgeführt, was dort nur angedeutet war.

Wie gesagt, findet von jetzt an die Aufführung des Tannhäuser in Weimar nicht *vollständig* statt, so verliert sie
allen Werth für mich, und ich habe das Publikum nicht *zu
mir* herangezogen, sondern *ich* habe mich *ihm* anbe-

quemt. Dar auf kann es mir doch aber nicht mehr ankommen?[2]

Durch Bülow erfahre ich auch, daß gelegentlich in Weimar mein »Liebesmahl der Apostel«[3] aufgeführt werden soll. Ich mache Dich hierbei darauf aufmerksam, daß ich das Orchester zu dieser Komposition für einen sehr großen Raum (die Frauenkirche in Dresden) und einen Sängerchor von 1000 Mann berechnet hatte. Für einen kleineren Raum und für einen minder zahlreichen Sängerchor wäre daher das Blasinstrument-Orchester auf das gewöhnliche Maaß zu reduziren, namentlich auch aus den 4 Trompeten nur 2 zu machen. Die Reduction wird keine großen Schwierigkeiten haben, und Bülow wird – wenn ich ihn darum ersuche – diese Aufgabe gewiß vollkommen gut lösen. –

Der Frau Fürstin v. Wittgenstein, die mich mit einem sehr freundlichen Briefe erfreut hat, bitte ich Dich, meinen größten Dank für Ihre Güte zu melden. Das innige Interesse, das sie meinem Lohengrin, namentlich bei der letzten Aufführung wieder widmete, ist mir von unschätzbarem Werthe. Sehr fesselten mich namentlich ihre geistvollen Bemerkungen über die Rolle der Ortrud, und der Vergleich, den sie zwischen der Leistung der früheren Darstellerin und der jetzigen anstellt.[4] Auf welche Seite *ich* mich neige, wird Deine verehrte Freundin sogleich erkennen, sobald ich meine Ansicht über diesen Charakter einfach dadurch bezeichne, daß Ortrud ein Weib ist, das – *die Liebe nicht kennt.* Hiermit ist Alles, und zwar das Furchtbarste, gesagt. Ihr Wesen ist Politik. Ein politischer *Mann* ist widerlich, ein politisches *Weib*

2 Liszt versicherte dem Freund dann brieflich im Mai 1852, daß der *Tannhäuser* vollständig aufgeführt werde.

3 Nicht in Weimar, wohl aber auf einem Musikfest in Ballenstedt wurde am 23. Juni 1852 vom Musikdirektor Lang mit dem Leipziger Akademischen Gesangverein der Pauliner Wagners Oratorium *Das Liebesmahl der Apostel* aufgeführt.

4 Die Fürstin schilderte die spätere Agathe Auguste Knopp-Fehringer als »einen finsteren und unerbittlichen Charakter« – im Gegensatz zur früheren Darstellerin, Josephine Fastlinger.

aber grauenhaft: diese Grauenhaftigkeit hatte ich darzustellen. Es ist eine Liebe in diesem Weibe, die Liebe zu der Vergangenheit, zu untergegangenen Geschlechtern, die entsetzlich wahnsinnige Liebe des Ahnenstolzes, die sich nur als Haß gegen alles Lebende, wirklich Existirende äußern kann. Beim Manne wird solche Liebe lächerlich, bei dem Weibe aber furchtbar, weil das Weib – bei seinem natürlichen starken Liebesbedürfnisse – etwas lieben *muß*, und der Ahnenstolz, der Hang am Vergangenen, somit zum mörderischen Fanatismus wird. Wir kennen in der Geschichte keine grausameren Erscheinungen, als politische Frauen. Nicht Eifersucht auf Elsa – etwa um Friedrich's Willen – bestimmt daher Ortrud, sondern ihre ganze Leidenschaft enthüllt sich einzig in der Scene des II^{en} Actes, wo sie – nach Elsa's verschwinden vom Söller – von den Stufen des Münsters aufspringt, und ihre alten längst verschollenen Götter anruft. Sie ist eine Reaktionärin, eine nur auf das Alte bedachte und deshalb allem Neuem Feindgesinnte, und zwar im wüthendsten Sinne des Wortes: sie möchte die Welt und die Natur ausrotten, nur um ihren vermoderten Göttern wieder Leben zu schaffen. Aber dieß ist keine eigensinnige, kränkelnde Laune bei Ortrud, sondern mit der ganzen Wucht eines – eben nur verkümmerten, unentwickelten, gegenstandslosen – weiblichen Liebesverlangens nimmt diese Leidenschaft sie ein: und daher ist sie furchtbar *großartig*. Nicht das mindeste Kleinliche darf daher in ihrer Darstellung vorkommen: niemals darf sie etwa nur maliciös oder piquirt erscheinen; jede Aeußerung ihres Hohnes, ihrer Tücke, muß die ganze Gewalt des entsetzlichen Wahnsinnes durchblicken lassen, der nur durch die Vernichtung Anderer, oder – durch die eigene Vernichtung zu befriedigen ist.   [...]

Zürich, den 15. Februar 1852

Lieber freund!

Ich schicke Dir hier meine Erläuterung der Koriolanouvertüre[1]. Ueber die Aufführung in die Zeitung f. Musik selbst zu berichten, habe ich aufgegeben: es ist gut, wenn ich dort jetzt ein bischen das Maul halte. Was ich aber bei dieser Gelegenheit zu sagen wünschte, theile ich in gedrängtester Kürze Dir mit, um Dich zu veranlassen dem betreffenden Gegenstande einen ordentlichen Artikel zu widmen.[2]

Der Dirigent von Tonwerken, wie die Beethoven'schen, hat bis jetzt selten nur noch seine eigentliche Aufgabe begriffen. Er soll offenbar der Vermittler des Verständnisses derselben für den Laien sein: geschieht dieß am Ende nur durch eine vollkommen entsprechende Aufführung selbst, so fragt es sich zunächst, wie solch eine Aufführung zu bewerkstelligen sei? – Das Charakteristische der großen Tonwerke Beethoven's ist es, daß sie wirkliche Dichtungen sind, daß in ihnen einen wirklichen Gegenstand zur Darstellung zu bringen versucht wird. Das Schwierige für das Verständniß liegt nun in der Schwierigkeit des sicheren Auffindens des dargestellten Gegenstandes. Beethoven war ganz von einem Gegenstande erfüllt, seine bedeutendsten Tongebilde

1 Im »Fünften Abonnements-Konzert« in Zürich dirigierte Wagner am 17. Februar 1852 Beethovens Ouvertüre zu Collins Trauerspiel *Coriolan* (1807); dazu verfaßte er die Erläuterung *Beethovens Ouvertüre zu Koriolan,* die in seinen *Gesammelten Schriften und Dichtungen* (GS, Bd. 5, S. 224) enthalten ist.
2 Uhlig hat dann eine vierteilige Abhandlung mit dem Titel *Über den dichterischen Gehalt Beethovenscher Tonwerke* verfaßt und im 19. Jahrgang der *Neuen Zeitschrift für Musik* vom 14. September 1852 an veröffentlichen lassen. Der 4. Teil mit dem Titel *Richard Wagners Programm zur Coriolan-Ouvertüre* steht dort in Nr. 19 vom 5. November 1852.

verdanken sich fast einzig der Individualität dieses ihn erfül-
lenden Gegenstandes: bei diesem Bewußtsein erschien es
ihm ganz überflüssig, diesen Gegenstand, außer in seinen
Tongebilden selbst, noch besonders zu bezeichnen. Wie
unsre Litteraturpoeten sich eigentlich immer wieder nur an
den Litteraturpoeten mittheilen, so theilte sich hierin Beethoven unwillkürlich aber ebenfalls nur an den Tondichter
mit. Schon der eigentliche absolute Musiker, d. h. der Varia-
tor der absoluten Musik, konnte Beethoven nicht mehr verstehen, weil dieser sich nur an das »Wie?« nicht aber an das
»Was?« hält: der Laie konnte aber durch diese Tongebilde
nur vollkommen verwirrt, und höchstens zum Gefallen an
dem verleitet werden, was dem Tondichter nur als Material
des Ausdruckes diente. – Vom absoluten Musiker sind bisher nur einzig dem Laien die Beethoven'schen Tondichtungen vorgeführt worden: daß dieß nur ohne Verständniß geschehen konnte, liegt auf der Hand. Das »Wie« blieb dem
absoluten Musiker einzig zu erkennen übrig: unmöglich
konnte er aber selbst dieß richtig erkennen, wenn er vor Allem nicht das »Was« verstand, das durch jenes »Wie« eben
nur ausgedrückt werden sollte. So blieb zunächst der Verkehr zwischen Dirigent und Orchester ein gänzlich ver-
ständnißloser: der Dirigent bemühte sich einzig die Musik-
phrasen nachsprechen zu lassen, die er selbst nicht verstand,
und ungefähr nur so sich zu eigen gemacht hatte, wie man
wohlklingende Verse dem reinen Klange nach auswendig
lernt, die in einer, dem Recitator unbekannten fremden
Sprache verfaßt sind. Hierbei kann dann natürlich nur das
Aeußerlichste in das Auge gefaßt werden: der Sprecher kann
nie aus eigener Ueberzeugung reden und betonen, sondern
streng und sklavisch hat er sich an die zufälligste Klang-
äußerlichkeit, wie sie in der auswendig gelernten Phrase sich
ihm darstellte, zu halten. Man urtheile nun, wie das Verständniß eines Dichters ausfallen müßte, wenn vom Dekla-
mirenden, wie vom Zuhörer, nur der Sprachklang wiedergegeben und vernommen würde, wie dieß gar nicht anders der

Fall sein könnte, wenn das Gedicht in einer Sprache zum Vorschein käme, die weder der Deklamator (der sie eben nur dem Klange nach auswendig gelernt hätte) noch der Zuhörer verstünden. Diesen Vergleich mit dem Charakter der gewöhnlichen Aufführungen Beethoven'scher Werke kann man aber nur etwa darin übertrieben finden, daß man der Tonsprache, als einer allgemeinen, eine leichtere und unmittelbarere Verständlichkeit zuspricht, als einer rationellen Wortsprache. Gerade hierin beruht aber der Täuschung in Bezug auf das, was man für Verständniß hält: so bald in der Tonsprache gar kein eigentlicher dichterischer Gegenstand ausgedrückt ist, kann sie allerdings für sehr leicht verständlich gelten, weil es sich um ein wirkliches Verständniß hier eben gar nicht handeln kann; ist der Ausdruck der Tonsprache aber durch einen dichterischen Gegenstand bedingt, so wird gerade diese Sprache die allerunverständlichste, so bald der dichterische Gegenstand selbst durch andere Ausdrucksmittel, als die der absoluten Musik, nicht zugleich genau bezeichnet wird. – Aus einem Beethoven'schen Tonstücke ist nun der dichterische Gegenstand nur wiederum vom Tondichter selbst zu errathen, weil – wie ich zuvor bemerkte – Beethoven unwillkürlich nur an diesen, den vollkommen Gleichfühlenden, Gleichgebildeten, ja fast Gleichvermögenden sich mittheilte: dieser vermag auch einzig dem Laien die Tonstücke zum Verständniß zu bringen, und zwar vor Allem dadurch, daß er den Gegenstand des Tongedichtes sowohl den Ausführenden als den Anhörenden deutlich bezeichnet, somit einen unwillkürlichen Irrthum in der Technik des Tondichters, der diese Bezeichnung unterließ, gutmacht. Jede andere, mit noch so feiner technischer Vollendung bewerkstelligte Aufführung der eigentlichen Beethoven'schen Tondichtungen, muß in einem wahrhaft entsprechenden Sinne unverständlich bleiben, sobald das Verständniß nicht auf die genannte Weise vermittelt wird. Den schlagendsten Beweis hierfür gewinnen wir leicht aus einer genauen Prüfung der Stellung unseres heutigen Konzert-

publikums zu den Beethoven'schen Tondichtungen. Wären
diese wirklich, d. h. ihrem dichterischen Gegenstande nach,
vom Publikum verstanden, wie sollte da von demselben Publikum ein modernes Konzertprogramm möglich sein? Wie
sollte es möglich sein, den Anhörern einer Beethoven'schen
Symphonie zugleich musikalische Kompositionen von der
bestimmtesten Inhaltslosigkeit zu bieten? Daß aber unsre
musikalischen Dirigenten und Komponisten selbst aus dem
eben bezeichneten Grunde, daß sie den dichterischen Gegenstand jener Tonschöpfungen nicht erkannten, ohne ei-
gentliches Verständniß derselben blieben, beweisen sie dieß
nicht dadurch, was und wie sie heut zu Tage trotz des mah-
nenden Vorganges Beethoven's komponiren? Wäre unsre
moderne verschwimmende und zerfahrende Instrumental-
komponirerei möglich, wenn sie das wirklich Wesenhafteste
der Beethoven'schen Tondichtungen verstanden hätten?
Dieses Wesenhafteste ist aber, daß die Beethoven'schen größeren Tonwerke nur in letzter Linie Musik, in erster Linie
aber einen dichterischen Gegenstand enthalten. Oder sollte
etwa auch dieser *Gegenstand* nur der Musik entnommen
sein? Wäre das nicht ebenso, wie wenn der Dichter seinen
Gegenstand der Sprache, der Maler der Farbe entnähme? –
Der musikalische Dirigent, der in einem Beethoven'schen
Tonwerke nichts als die Musik ersieht, gleicht aber vollständig dem Deklamator, der im Gedichte sich nur an die Sprache, oder dem Bilder=Erklärer, der im Gemälde sich nur
an die Farbe hält. Dieß ist aber bei unsren Dirigenten,
im besten Falle noch – (denn viele erkennen nicht einmal
die Musik) – so beschaffen: sie erkennen Tonart, Thema,
Stimmenführung, Instrumentation etc., und hiermit glauben
sie Alles zu erkennen, was an dem Tonwerke vorhanden
ist.

Einzig der Nicht=Musiker hat die Bahn zum Verständniß
der Beethoven'schen Tonwerke gebrochen: ihn verlangte es
unwillkürlich zu wissen, was der Komponist sich denn eigentlich bei seiner Musik gedacht hätte. Hier stieß man nun

auf die erste Schwierigkeit. Die nach Verständniß ringende
Phantasie half sich mit allerhand willkürlichen Erfindungen
von abenteuerlichen Zügen und romanhaften Gemälden.
Das Groteske und meist Triviale in solchen untergelegten
Vorstellungen ward von feiner Fühlenden bald empfunden
und zurückgewiesen. Da jene Bilder nicht stimmten, glaubte
man besser zu thun, alle solche Vorstellungen ganz zurück-
weisen zu müssen. Dennoch lag in dem Drange zur Bildung
solcher Vorstellungen ein ganz richtiges Gefühl: nur aber
dem mit dem Charakteristischen des Tonwerkes wiederum
ganz Vertrauten konnte es gelingen, den verlangten Gegenstand so zu bezeichnen, wie es dem Tondichter selbst –
wenn auch unbewußt – vorgeschwebt hatte. Die große
Schwierigkeit für solche Bezeichnungen lag allerdings wiederum im Charakter des Gegenstandes selbst, der vom Tondichter uns eben nur im Tongemälde vorgeführt worden ist:
nur wer auch diese Schwierigkeit wohl erkannte, durfte sich
mit Erfolg an den Versuch wagen, dem richtigen Verständ-
nisse in nöthiger Weise aufzuhelfen. Hier kannst Du nun die
Geschichte der neunten Symphonie in Dresden erzählen –
und worauf es vor Allem ankommt – den auffallenden Erfolg gerade dieses, als schwierigst verrufenen Tonwerkes in
das rechte Licht stellen. – Weiter kannst Du nun erwähnen,
wie ich mich nie mehr zur Aufführung von Beethoven'schen
Kompositionen verstand, ohne irgend wie, in dem bezeichneten Sinne, auf das Verständniß zu wirken, und daß mich
hierzu eben nur das unabweisbare Gefühl von der Nothwendigkeit dieses Verständnisses trieb. Schlagend war zunächst immer die Wirkung meines Verfahrens auf die aus-
übenden Musiker selbst. Die gewöhnlichsten Tanzmusiker
habe ich hier in Zürich zu Leistungen befähigt, von denen
das Publikum und sie selbst zuvor keine Ahnung hatten.
Nimm das wie aus Privatmittheilungen – als ob Dir's z. B.
K.[3] erzählt hätte. – Nun kannst Du die »Symphonie Eroica«

3 Karl Ritter.

aufführen, und von ihr berichten, daß die Wirkung des
Verständnisses namentlich auf die Musiker groß war. Ich
muß bemerken, daß meine Haupterklärungen in den Proben mündlich – an den bezeichnenden Stellen selbst – stattfinden. Am deutlichsten dürfte es mir gelingen den dichterischen Gegenstand in der »Koriolanouvertüre« zu bezeichnen. Ich darf mir sagen, daß, wer meine Erklärung dieses Gegenstandes genau kennt und ihre Richtigkeit
von Stelle zu Stelle verfolgt, sich eingestehen muß, ohne
diese Erklärung dieses über Alles plastische Tonstück *gar*
nicht verstanden zu haben, außer wenn es ihm selbst bereits gelungen war, aus der allgemeinen Bezeichnung »Ouvertüre zu Koriolan« gerade die Scene herauszufühlen, wie
es eben mir gelang. Mit solchem Verständniß ist dann aber
der Genuß eines solchen Tonstückes überwältigend erhaben: ihn haben jetzt fast alle unsre Musiker. – u. s. w. –
u. s. w. –

Das Ziel von diesem Streben?? – *Das Drama!!*

In diesem Sinne, bester Freund, muß fortan einzig in der
Zeitung für Musik berichtet werden: Du siehst, wie viel da
zu sagen ist. Man halte sich nur immer an den Grundsatz,
den ich in meinem Briefe an Brendel aufstellte: »die Musik
überall da, wo sie sich in der Richtung nach der Dichtkunst
entwickele, zu heben, zu stärken und fördern, wo sie aber
von dieser Richtung abweicht, das Irrige und Fehlerhafte
davon nachweisen und verurtheilen.« Weiter soll jetzt gar
nichts geschehen. –

Geschieht dieß nicht, so mache ich mir aber auch nichts
daraus – denn an der Zeitung für Musik hängt das Heil meines Lebens am Ende auch gerade nicht. – Adieu für heute! –

_____

Ich muß dem Vorhergesagten noch schnell etwas beifü-
gen. Nämlich:

in einem gewissen wichtigsten, ja vielleicht einzig richtigen Sinne, ist Beethoven bisher von dem *Nicht*musiker ein-

zig noch, von dem *eigentlichen* Musiker aber gar nicht verstanden worden.

(Du mußt das Alles ausführlicher ausarbeiten!)

Mendelssohn's Ausführung Beethoven'scher Werke bezog sich stets nur auf die rein musikalische Essenz derselben, nie aber auf deren dichterischen Gehalt, den er gar
nicht fassen konnte, sonst – hätte er ja auch selbst etwas
ganz Anderes zu Tage bringen müssen. Mich hat Mendelssohn's Direction, trotz der großen technischen Feinheiten,
immer in der Hauptsache unbefriedigt gelassen; es war mir
immer, als ob er sich nicht getraute, das sagen zu lassen, was
Beethoven sagen wollte, weil er selbst mit sich nicht im Reinen darüber war, ob da eigentlich etwas gesagt sei, und was?
So hielt er sich immer nur mit dem feinsten musikalischen
Witze an den Buchstaben, und glich darin unsren Philologen
bei ihrer Auslegung der griechischen Dichter, an denen diese
immer nur den Buchstaben, die Partikeln, die Lesarten etc.
auszudeuten haben, nie aber den eigentlichen Gehalt. Mendelssohn's grobe Fehler in der Auffassung der Tempi bezeugt deutlich seine eigentliche Unwissenheit von dem Inhalte der Tonstücke: jeder wird das verstehen, der z. B. sein
Tempo zum ersten Satze der 9ten Symphonie hörte, das er *so*
schnell nahm, daß der ganze Satz geradewegs zum Gegentheil dessen wurde, was er eigentlich ist. Hier erschien er
mir plötzlich als der allergemeinste Musikmacher, und genau erkannte ich hieran den Grund davon, daß er selbst
nichts anderes schaffen konnte als er schuf. –

Nun genug hiervon! [...]

Zürich, den 10.–12. Oktober 1852

Bester freund!

Wie ich Dir Deinen großen brief würdig beantworten soll, weiß ich wahrlich nicht. Daß ich Dir – ohne dringende veranlassung – überhaupt heute schreibe, kommt nur daher, daß ich wieder mit gewalt eine pause in meiner dichterischen arbeit[1] machen will, um nicht abermals, durch zu unausgesetzte beschäftigung damit, in den fatalen zustand zu verfallen, dessen peinigendstem eindrucke ich kaum erst etwas entronnen bin. Briefschreiben aber, dahinter bin ich gekommen, greift mich jetzt ein für allemal stark an, und Du kannst daher hoch aufnehmen, wenn ich eben nur diesen bogen schon voll schreibe. Wäre nicht beständig schlechtes wetter, so würde ich heute eigentlich mich für ein paar tage zur wanderung aufgemacht haben: bereits hatte ich mir eine tour nach Glarus und Schwyz aufgezeichnet. Leider aber muß ich bei diesem ewigen grau und feucht der athmosphäre auf einen Vergnügungsausflug verzichten: nur meine nachmittagspromenaden von meist 3 bis 4 stunden weges führe ich auch bei vollem regen durch, allerdings mit einer verfluchten art von genuß! – So komme ich auf das gesundheitskapitel, und da muß ich Dir denn gleich sagen, daß Deine berichte über Dein befinden mir wahrlich keine freude gemacht haben. Glaub' mir, liebster freund, Du schindest Dich zu sehr: bei Deiner sehr zarten leiblichen organisation müßtest Du eine ganz andre lebensweise und beschäftigung führen, um zu gedeihen; Du »dienst« Dich zu schanden!
[...]

---

1 Wagner überarbeitete gerade die beiden Dichtungen *Der junge Siegfried* und *Siegfrieds Tod*.

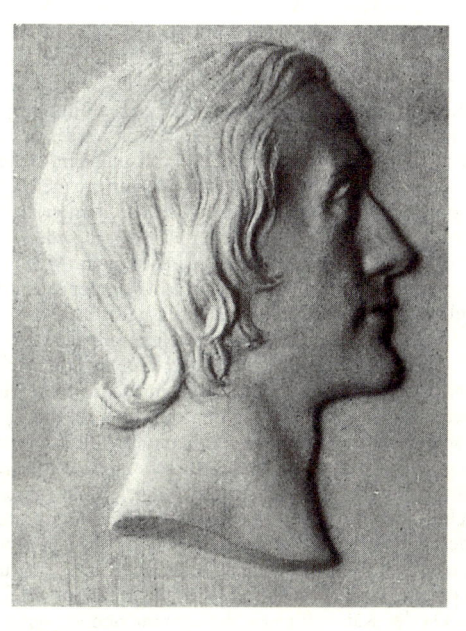

Theodor Uhlig. Relief von Gustav Kietz

Mich drängt es sehr nach Paris zu gehen, um mich dort Lindemann genau bekannt zu machen.[2] Für jetzt ist mein Arzt *Herwegh:* er hat große physikalische und physiologische kenntnisse, und steht mir in jeder beziehung sympathetisch näher als irgend ein arzt. Bei leiden *unsrer* art, kann nur ein *freund* uns rathen, und ein arzt nur dann, wenn er dieß zugleich ist. – Auch war ich jetzt mit meinem Magen ganz hin, und dieß kam hauptsächlich von dem verfl. *Milch* trinken. Ich theile jetzt die Ueberzeugung aller derjenigen, welche den Milchgenuß als Unsinn bezeichnen. Milch ist die nahrung der *säuglinge,* und zwar warm von der mutterbrust getrunken: jeder *erwachsene* säugling nährt sich dann aber von den entwickelten und vermittelten substanzen. *Kalte* milch trinkt gar kein thier, und auch kein naturmensch: die Senner in den alpen essen käse oder ein aus milch bereitetes, gegohrenes getränk. Wie können wir nun so thörig sein, dem selben magen, der sich einerseits nur mit zubereiteten speisen (selbst dem zubereiteten fleische) befaßt, diese andre, gänzlich unvermittelte substanz zugleich bieten zu wollen! Und noch dazu wir, mit unsrer so ungeheuer gesteigerten nerventhätigkeit, bei unsrem ganzen übrigen leben! – Das richtige für uns ist: genieße Alles, aber in einem zuträglichen maße, welches euch selbstbeobachtung und erfahrung lehrt. Da der Kaffé (für gewöhnlich) meinen nerven schädlich ist, so nehme ich früh Braten (am liebsten Wildpret) mit einigen Schlucken *guten* Wein. – Deine hafergrütze gefällt mir nicht: nimm doch Wildpret, Hasen! Wildpret erfordert – bei meister Nahrung, die es zuführt – die mindeste Verdauungskraft des magens: aber kraft durch Nahrung mußt Du doch haben! –

---

2 Dr. Lindemann in Paris hat Wagners eigenen Angaben gemäß »den jetzigen hauptsitz meines leidens in den Gehirnnerven« (Brief an E. B. Kietz vom 7. September 1852, in: SB, Bd. 4, Nr. 208) diagnostiziert, woran Wagner bereitwillig glaubte und bei geistigen Anstrengungen stets darauf zu sprechen kam. Bei Uhlig vermutete Wagner ähnliche Ursachen. Uhlig litt aber an Tuberkulose.

Sehr gut bekommen mir jetzt die *warmen* bäder, 24 Grad des Abends vor schlafengehen eine halbe stunde lang. Ohne dieses bad wäre ich jetzt verloren gewesen: es beruhigt meine nerven und giebt jedesmal einen guten schlaf. *Lindemann* rieth mir sogar, wenn ich schnell hergestellt sein wollte, auch früh ein solches halbstündiges bad, wofür ich bis jetzt nur ein kurzes bad in abgeschreckten (20 grad warmen) wasser nehme. Den kopf benetze ich (bei jedem bade) wiederholt mit kälterem wasser. Vielleicht greife ich noch auch zu dem vollen frühbade. Unsre Wasserärzte wissen sammt und sonders von Nervenleiden noch nicht genug. Konstitutionen wie den meinigen nützen *nur* warme bäder, während kühlere sie gänzlich ruiniren. Bin ich mit meinen nerven ganz zu stande, dann wird's was andres sein!

So – nun genug hiervon! es war genug um den ganzen bogen zu füllen, dem ich nun doch noch einiges hinzufügen muß. – Soeben unterbrach mich der briefträger, und brachte mir eine ungeheure Freude, einen brief des Breslauer Kapellmeister's[3] über den ungeheuren erfolg, den dort die erste Vorstellung des Tannhäuser[4] gehabt: der mensch schreibt ganz außer sich vor freude und wonne, und ich bin selbst so entzückt davon, daß ich Dir heute nicht mehr weiter schreiben kann, da mir die Ruhe dazu vollkommen benommen ist, und dießmal auf eine so angenehme Weise! Morgen mehr!

(11 Oct.)

Die Breslauer nachricht wirst Du nun wohl schon auf directem wege erhalten haben: wie sehr sie mich gefreut, meldete ich Dir gestern. Heute will ich nun mit einigem quasi=geschäftlichen den brief schließen. – Ueber die Leipziger Geschichte hätte ich nun wohl schon eine nachricht von Dir

3 Eugen Seidelmann.
4 Die Erstaufführung des *Tannhäuser* in Breslau fand am 6. Oktober 1852 statt.

erwartet: vielleicht kommt sie heute; ob nämlich die partitur
zurückgeschickt ist?[5] – Der Dresdener Tannhäuser[6] afficirt
mich gar nicht: auch mit dem schluß können sie dort machen, was sie wollen! Nützen kann mir Dresden gar nichts
mehr, wie es mir nie genützt hat: wohl hat es mir geschadet;
aber auch das kann es nicht mehr: es kann in meiner Gleichgültigkeit nur noch tiefer sinken. Glaube mir, meine – von
mir jetzt bitter bereuteste Demüthigung war einst meine un-
terwürfige schmeichelei gegen Tichatschek: wie niederträchtig war mein ganzes vernehmen zu diesem kindischen flach-
kopf! weil ich sah, der dumme junge begriff mich nicht,
mußte ich mit ihm wie mit einem rohen Eie umgehen,
ihn kajoliren und lobhudeln, um ihn nur bei laune zu erhalten,
mich zu prostituiren![7] Wie gelind bin ich in meiner letzten
broschüre noch mit dem eigensinnigen bengel verfahren![8]
Genug – die erinnerungen an den Dresdener Tannhäuser
sind mir ein grauen: jetzt bin ich in bezug auf die neue Aufführung vollständig zum: l. m. i. A.[9] – gekommen. Gieb Dir
also auch keine mühe um den schluß – wenigstens nicht um
meinetwillen; willst Du den Lumpen ihre frechheit mir gegenüber zu gemüthe führen, so sei dieß eine Sache für
sich! – [...]

5 Wagners Verhandlungen wegen einer Aufführung des *Tannhäuser* in seiner
Vaterstadt waren sehr unerfreulich. Der Theaterdirektor prüfte zunächst die
Partitur und schickte sie an Uhlig zurück. Als schließlich doch die Erstaufführung am 31. Januar 1853 zustande kam und wegen des Erfolgs beim Publikum weitere 20 Vorstellungen bis zum Juni 1853 gegeben wurden, steigerte der Theaterdirektor das Mißverhältnis durch säumige Honorarzahlungen
an den Komponisten.
6 Nach der Uraufführung des *Tannhäuser* in Dresden vom 19. Oktober 1845
wurde die Oper erst am 26. Oktober 1852 wieder aufgenommen und nach
fünf Vorstellungen erneut abgesetzt.
7 Dieses harte Urteil über den Tenor und Freund Joseph Tichatschek revidier-
te Wagner bald wieder.
8 Wagner spricht von der Broschüre *Über die Aufführung des »Tannhäuser«*.
9 Die drastische Redensart »Leck mich im Arsch« nach Goethes *Götz von
Berlichingen* (1773) kürzte Wagner stets in dieser verschleiernden Form ab.

Zürich, den 9. November 1852

Mein theurer Freund!

[...] Mit mir geht es von tag zu tag einem tieferen verfalle
zu: ich lebe ein *unbeschreiblich nichtswürdiges* leben! Vom
wirklichen Genusse des Lebens kenne ich gar nichts: für
mich ist »genuß des lebens, der *liebe*« nur ein Gegenstand
der Einbildungskraft, nicht der Erfahrung. So mußte mir
das Herz in das Hirn treten, und mein leben nur noch ein
künstliches werden: nur noch als »Künstler« kann ich leben,
in ihm ist mein ganzer »mensch« aufgegangen. Nun sieh die
Umgebung, in der ich jetzt als »Künstler« lebe!! Kennst Du
– *Zürich*?? Ich *muß* hier wahnsinnig werden, es ist nicht anders möglich! Noch könnte ich mir eine fristung erwarten,
wenn Deutschland mir wieder eröffnet würde: könnte ich
vor Allem *Dich* in Weimar einmal besuchen, hier oder dort
einer Aufführung meiner Opern beiwohnen, so dürfte ich
vielleicht noch zu genesen hoffen. Ich fände ein Element der
Anregung, des Reizes für meinen künstlichen lebenszu-
stand: vielleicht klänge mir auch da oder dort ein wort der
Liebe entgegen –: aber so – hier –?? hier muß ich in allerkür-
zester Zeit verderben, und Alles – Alles – wird *zu spät*
kommen – *zu spät*!!
So ist's! –––––––––––––
Schon jetzt kann mich keine *Nachricht* mehr erfreuen:
wäre ich eitel und ruhmsüchtig, so möchte es gehn; wie ich
nun aber einmal bin, kann mich kein »geschriebenes« mehr
reizen: – das kommt alles – zu spät! –
Was nun zu thun? Soll ich den König von Sachsen[1] – oder
vielleicht seine Lumpen von Ministern um Gnade flehen?

1 Friedrich August II. von Sachsen.

mich demüthig und reuevoll bekennen? Wer wird mir *das*
zumuthen! – Aber giebt es denn unter den fürstlichen Personen, die meine »Werke« lieben, nicht eine einzige, die so viel
Schamgefühl hat, einzusehen, daß es unwürdig, kleinlich,
gemein und erbärmlich ist, mich in meiner jetzigen lage zu
lassen, und die daher sich der mühe unterzöge, meine Rückkehr nach Deutschland bei dem gedankenlosen Sächsischen
Königspaare auszuwirken, ohne deßhalb von mir eine Erniedrigung zu bedingen?   ⸻

Es scheint so; es hat kein mensch mehr schamgefühl, am
mindesten unsre kunstliebenden fürsten.   ⸻   ⸻

⸻

Du mein Einziger und Liebster, den ich habe, Du, der
mir Fürst und Welt – Alles zusammen bist, erbarme Dich
meiner! ⸻

Doch ruhig! ruhig! –

Von der Faustouvertüre[2] will ich Dir schreiben. Du hast
mich prächtig auf der Lüge ertappt, als ich mir weiß machen
wollte, eine »Ouvertüre zu Faust« geschrieben zu haben!
Sehr richtig hast Du herausgefühlt, wo es da fehlt: es fehlt
– das Weib! – Vielleicht würdest Du schnell aber mein tongedicht verstehen, wenn ich es »Faust in der Einsamkeit«
nenne! – Damals wollte ich eine ganze Faustsymphonie
schreiben: der erste theil (der fertige) war eben der »einsame
Faust« – in seinem Sehnen, Verzweifeln und Verfluchen: das
»Weibliche« schwebt ihm nur als Gebild seiner Sehnsucht,
nicht aber in seiner göttlichen Wirklichkeit vor: und dieß
ungenügende Bild seiner Sehnsucht ist es eben, was er verzweiflungsvoll zerschlägt. Erst der zweite Satz sollte nun
Gretchen – das Weib – vorführen: schon hatte ich das thema
für sie – – es war aber eben ein thema – –: das Ganze blieb

2 Die erste Fassung von *Eine Faust-Ouvertüre* in d-Moll (WWV 59) war bereits Ende 1839 bis Januar 1840 entstanden und am 22. Juli 1844 in Dresden
  uraufgeführt worden.

liegen – ich schrieb meinen »fliegenden Holländer« – Da hast Du die ganze Erklärung! – Will ich nun – aus einem letzten rest von schwäche und eitelkeit – die Faustkomposition nicht ganz umkommen lassen, so habe ich sie allerdings etwas zu überarbeiten – aber doch nur die instrumentative modulation: das von Dir gewollte thema ist unmöglich noch einzuführen; es würde dann natürlich eine ganz neue komposition werden müssen, die ich nicht Lust zu machen habe. Gebe ich's heraus, so will ich's aber richtig benennen: »Faust in der Einsamkeit« oder »der einsame Faust« – ein Tongedicht für Orchester. –

Mit meinen neuen Dichtungen zu den Siegfrieden bin ich vorige Woche fertig geworden: noch muß ich aber die beiden älteren Stücke »der junge Siegfried« und »Siegfried's tod« von Neuem überarbeiten, da jetzt starke änderungen darin nöthig geworden sind. Vor Ende des Jahres werde ich nicht ganz fertig. Der vollständige Titel ist: *Der Ring des Nibelungen*, ein Bühnenfestspiel in drei tagen und einem Vorabend. – Vorabend: *Das Rheingold*. Erster tag: *Die Walküre*. Zweiter tag: *Der junge Siegfried*. Dritter tag: *Siegfried's Tod*. – Welches Schicksal diese Dichtung, das Gedicht meines Lebens und alles Dessen was ich bin und fühle, treffen wird, kann ich jetzt noch nicht bestimmen: soviel aber ist gewiß – eröffnet sich mir mit Nächstem Deutschland nicht wieder, muß ich fortan für mein Künstlerdasein ohne Nahrung und Reiz verbleiben, so treibt mich dem – animalischer Lebensinstinkt zum *Aufgeben – aller Kunst*. Was ich dann ergreife, um mein Dasein zu fristen, weiß ich nicht: aber – die Musik zu den Nibelungen – mach' ich nicht, und nur ein Unmensch könnte von mir verlangen, länger noch der Knecht meiner Kunst bleiben zu sollen. –

Ach! Immer falle ich wieder in den jammervollen Grundton dieses briefes! Vielleicht begehe ich damit eine große Rohheit – denn vielleicht – hättest Du Erheiterung von mir bedurft –! Verzeih, wenn ich heute nur Trostlosigkeit bringe: ich kann nicht mehr heucheln, und, möge mich darum

verachten wer will, ich schreie meinen Gram in die Welt hinein, mache kein hehl mehr von meinem Unglück! Was
hülf's, wenn ich Dir lügen wollte?

Aber an Eines denke doch, wenn Alles unmöglich bleibt!
– mach', daß wir uns nächsten Sommer zu sehen bekommen! Bedenke, daß dieß eine *Nothwendigkeit* ist, – daß es
durchaus sein *muß,* und daß kein Gott Dich daran verhindern darf, zu mir zu kommen, da – die Polizei (neige Dich
tief!) *mich* verhindert zu Dir zu kommen! – Versprich mir's
in Deinem nächsten briefe für ganz gewiß, daß Du kommst!
Versprich mir's![3] – Dann wollen wir sehen, wie ich's bis dahin aushalte!! –

Leb wohl! hab' Nachsicht mit mir! Grüß Hanß[4] – und –
sei guter Dinge – vielleicht wirst mich bald los!!

Leb' wohl und schreibe bald

Deinem
Richard W.

Zürich, 9 Nov. 52

---

3 Liszt kündigte in seinem Antwortbrief einen Besuch in Zürich für den Sommer 1853 an, in dem er tatsächlich auch vom 2. bis 10. Juli erstmals Wagner
 in seinem Exil besuchen konnte.
4 Hans von Bülow.

Zürich, den 9. Januar 1853

Liebe, arme Frau!

Wie soll es mir möglich sein, für den schrecklichen Verlust – den Sie erlitten – Ihnen irgend welchen Trost zu bringen, da er auch mich so hart getroffen, daß ich seine Größe mir kaum noch vorstellen kann![1] Der Verlust gerade dieses meiner Freunde bleibt mir für mein ganzes Leben unersetzlich – ich sehe mich wirklich zur Hälfte meiner eigenen Seele beraubt! Was er mir war – wissen Sie gewiß: was ich bei seinem Tode empfinden muß, habe ich Ihnen gewiß nicht zu schildern! Auch wäre ich jetzt ganz unfähig, mich darüber zu ergießen!!

Ich stelle mich nun aber *Ihrem* Leid gegenüber – und fühle zunächst nichts stärker als den sehnlichen Wunsch, von Ihnen durch irgend einen Wink zu erfahren, in welcher Weise ich Ihnen meine Theilnahme beweisen könnte.

Haben Sie irgend einen Wunsch, zu dessen Erfüllung ich Ihnen behülflich sein dürfte, so bitte ich Sie inständigst, mir ihn auszudrücken. Was wird mit den Kleinen, was mit meinem Pathchen – Siegfried?[2] Könnte ich die Kinder sehen, könnte ich – mindestens an *einem* derselben – Vaterstelle vertreten! – Ich beschwöre Sie, wenn Sie irgend etwas über Ihre und der Ihrigen Zukunft beschließen, stets dabei *meiner* auch eingedenk sein zu wollen: thun Sie dieß, so darf ich fest überzeugt sein, daß Sie dabei auch im Sinne meines dahingeschiedenen Freundes handeln!

Ich bitte Sie nun herzlichst, machen Sie mir das Gemüth

---

1 Theodor Uhlig war an Lungentuberkulose gestorben.
2 Für Uhligs jüngsten Sohn Siegfried hatte Wagner die Patenschaft übernommen.

leicht durch eine baldige Nachricht über Ihr Befinden, durch eine Antwort auf meine Fragen! – Meine Frau – die Uhlig wahrhaft schätzte und liebte – hegt gleichfalls den innigsten Antheil für Sie: sie läßt Sie dessen auf das Herzlichste versichern, und bittet Sie – falls es Ihnen beschwerlich fallen sollte, sich *mir* mitzutheilen – sich an *sie* zu wenden. –

Grüßen Sie Ihre Kinder von uns, und beruhigen Sie recht bald durch eine Mittheilung

Ihren
sehr ergebenen
Richard Wagner

Zürich,
9 Januar 1853.

52 An Franz Liszt, Weimar

Zürich, den 30. Mai 1853

Liebster!

Ich bin sehr zerschlagen und müde! *Damm*[1] wird Dir wohl bereits von meinen Musikaufführungen berichtet haben? Alles ging recht gut ab, und Zürich ist erstaunt, daß so etwas hat passiren können. Die Philister tragen mich fast auf den Händen, und wenn ich äußeren Erfolg zählen wollte, so könnte ich mit der Wirkung meiner Aufführungen über und über zufrieden sein. Du weißt aber, es kam mir hauptsächlich darauf an etwas aus Lohengrin zu hören, und namentlich das Orchestervorspiel: das hat mich denn nun auch vor Allem interessirt. Der Eindruck war auf mich ungemein ergreifend; ich mußte mich stark zusammennehmen, um ihm Stand zu halten! So viel ist gewiß, daß ich Deine Vorliebe für

---

1 Damm, ein Posaunist aus der Weimarer Hofkapelle, wirkte in den Mai-Konzerten in Zürich mit.

den Lohengrin vollkommen theile: er ist das Beste, was ich
bis jetzt gemacht. Auch auf das Publikum trat diese Wirkung hervor: trotz der vorangehenden Tannhäuser-Ouvertüre wirkten die Stücke aus Lohengrin so, daß sie fast ein-
stimmig für das Vorzüglichste erklärt wurden. Zu dem
»Brautzuge« hatte ich einen besonderen, sehr wirkungsvol-
len neuen Schluß gemacht, den ich Dir einmal mittheilen
muß; nach dem »Brautlied« ließ ich – nach einem kurzen
Uebergange – das G-dur-Vorspiel (Hochzeitmusik) wiederholen und gab diesem auch einen neuen Schluß. Diese Stük-
ke wirkten ungeheuer populär: Alles schwelgte. Es war
wirklich ein Fest für die Welt um mich herum: die Frauen
sind mir alle gut geworden, und *einer* schönen Frau[2] – legte ich das ganze Fest zu Füßen! – –

Ich hätte das Konzert noch 6mal wiederholen können, es
wäre immer voll gewesen: doch hielt ich an den drei Aufführungen, weil es mir genug war und Abspannung zu befürchten stand. Auch hätte ich das Orchester nicht länger mehr
halten können: viele mußten zurück, namentlich 8 Wiesba-
dener, die besten des dortigen Orchesters, die mir mit Ihrer
Hierherkunft große Freude machten. Ich hatte fast lauter
Concertmeister und Musikdirectoren: 20 ganz vorzügliche
Violinen, 8 Bratschen, 8 vortreffliche Violoncelle und 5
Contrabässe; Alle hatten ihre besten Instrumente mitgebracht, und in dem, nach meiner Angabe construirten,
Schallgehäuse klang das Orchester über die Maaßen hell und
schön. Das Ganze hat denn auch an 9000 frcs. gekostet. Was
sagst Du dazu, daß unsre Philister dieß Geld aufgebracht haben? – Ich glaube, mit der Zeit kann ich hier einmal etwas
ganz Unerhörtes zu Stande bringen. – Für jetzt hat es mich
aber auch unerhörte Anstrengung gekostet: in der Woche
vorher las ich – und zwar auf *meine* Weise, die Du noch kennen lernen wirst – öffentlich und gratis vor einem sehr großen Publikum die drei Operndichtungen vor, und freute

2 Mathilde Wesendonck.

mich hier schon eines sehr starken Eindruckes auf meine Zu-
hörerschaft. Dazwischen studirte ich Dilettanten meine
Chöre so ein, daß diese sehr zahmen vierstimmigen Menschen endlich sangen, als ob sie den Teufel im Leibe hätten.
– Nun bin ich denn auch etwas – gelähmt und müde! –

Daß Du mich den ganzen Monat *Juni* noch allein lassen
mußt, ist recht hart! Haben sich Eure Feierlichkeiten plötzlich so verschoben? Also erst *Mitte Juli*??[3] – Ach, Du hättest
mir gerade jetzt unendlich wohlgethan: ich werde jetzt sehr
– *allein!* Zunächst muß ich mir da wohl mit etwas Wanderle-
ben helfen: vielleicht setze ich mich ein paar Wochen nach
Brunnen am Vierwaldstätter-See, versuche mich zur Arbeit
zu sammeln, mache Ausflüge von dort aus, in das Berner
Oberland, und bringe so die Zeit hin bis zu Deiner ersehnten Ankunft. Wie lange wirst Du dann bleiben können?? In
der zweiten Hälfte des Juli soll ich nach St. Moritz in Graubünden, um dort eine Kur zu gebrauchen, von der mir eine
große Stärkung meiner Gesundheit versprochen wird.
Ging'st Du wohl in die dortige schöne und wilde Einsamkeit
mit? Das wäre herrlich!! – Ende August, wenn Du mich
wieder verlässest, gehe ich nach *Italien,* so weit es mir zugänglich ist (ach! wäre es doch bis Neapel!! der König von
Sachsen kann's machen!) die Mittel muß ich mir schaffen,
und wenn ich stehlen sollte! – [...]

Liebster Freund! hast Du's denn noch nicht satt in Weimar? Ich muß gestehen, daß es mir oft einen schmerzhaften
Eindruck macht, zu sehen, wie Du dich dort vergeudest!-
Was war denn kürzlich an dem Gerüchte von Deinem Ab-
gange von Weimar? Hat man nachgegeben?[4] –

Ach, müßiges Zeug! Mir ist das Hirn wüst: ich sehne

3 Liszt besuchte Wagner vom 2. bis 10. Juli 1853 in Zürich; am 14. Juli brach
   Wagner mit Herwegh nach St. Moritz zur Kur auf.
4 Liszt hatte zeitweilig nur die Opernleitung, nicht die der Kapelle aufgegeben, weil er seine Ansprüche für die Aufführung des *Fliegenden Holländers*
   nicht erfüllt sah.

mich nach einem langen, langen Schlaf, aus dem ich nur wieder erwachen möchte, um *Dich* in meine Arme zu schließen.
– Schreib' mir darüber noch recht genau, und ob Du Lust
hast, nach einigem Aufenthalt in Zürich mit mir in die Einsamkeit nach Graubünden zu gehen: am Ende, Liebster, bekäme auch Dir St. Moritz sehr gut: wir sind dort 5000 Fuß
hoch und genießen der nervenstärkendsten Luft bei einem
Mineralwasser, das vortrefflich auf die Verdauungsorgane
wirken soll. Denke doch nach, befrage Deine Gesundheit,
Deine Verhältnisse, und theile mir recht bald mit, was ich zu
hoffen habe.

Leb wohl, Du Aller-Bester und Liebster! Hab' ewigen
Dank für Deine göttliche Freundschaft, und sei meiner steten wärmsten Liebe versichert!

Dein

Zürich, 30 Mai 1853.   Richard W.

53 An August Röckel, Waldheim

Zürich, 1853

Lieber Freund!

[...] Dazu lege ich nun noch das Programm zu den kürzlich von mir in Zürich veranstalteten Musikaufführungen[1]
bei: es wird Dich interessiren. Wundern wirst Du Dich aber,
wie ich es über mich vermocht habe, eine solche Auswahl
von Stücken aus meinen Opern in einem »Conzerte« aufzuführen? Die Sache ist aber sehr leicht erklärt. Zunächst ver-

---

1 Am 18., 20. und 22. Mai 1853 veranstaltete Wagner mit nach Zürich eingela-
denen Musikern von ihm selber dirigierte Konzerte, die Ausschnitte aus seinen Opern *Rienzi*, *Holländer*, *Tannhäuser* und *Lohengrin* enthielten.

langte es mich gar zu sehr, einmal etwas aus *Lohengrin* zu
Gehör zu bekommen, namentlich das Orchestervorspiel.
Um hierzu das nöthige Orchester zusammen zu bekommen,
mußte ich allerdings an eine vollständige Conzertaufführung
denken, und deshalb verschiedene andere Stücke noch mit
zugeben. Die Herbeischaffung des mir nöthigen Orchesters
(gegen 70 Mann) kostete nicht weniger als 9000 Francs, die
wirklich, als ich mit meinem Wunsche hier hervortrat, durch
Garanten gezeichnet wurden: wer nun das gute Zürich mit
seinen ächten Zöpfen und Philistern kennt, muß über diese
Thatsache allerdings in Erstaunen gerathen, und auch ich
kann nicht läugnen, daß mich dieser Beweis eines unerhörten Vertrauens und einer ungewöhnlichen Liebe sehr rührte.
Die Aufführungen waren vollendet: ich hatte die besten Musiker von weit her aus Deutschland kommen lassen, und der
Erfolg gewinnt immer mehr eine für die Schweiz wichtige
Bedeutung. Ich zweifle nämlich nicht, daß mir – wenn ich
so weit bin – hier einmal die Mittel geboten werden, meine
dramatischen Compositionen nach meinem Sinne zur Darstellung zu bringen. Dazu gehört natürlich, daß ich eine
Reihe von Jahren mich ausschließlich der Ausbildung eines
Darsteller-Personales, wie ich es bedarf, widme: habe ich
das zu meiner Zufriedenheit erreicht, so führe ich dann in einem besonders errichteten, leicht construirten, aber zwek-
kentsprechenden Theater ein Jahr lang alle meine Werke,
und namentlich auch meine Nibelungendramen auf, um –
wenn auch nicht mein Ideal, so doch wenigstens das erreicht
zu haben, was ein Einzelner nach Menschenmöglichkeit erreichen kann. Zunächst habe ich aber alle meine Kraft und
Gesundheit – die allerdings oft sehr leidend ist – zusammen-
zunehmen, um die musikalische Composition meiner Nibelungendramen auszuführen. Dieß wird gewiß 3 bis 4 Jahre
kosten! –
    Die Aufführungen, die gegenwärtig auf deutschen Thea-
tern von meinem Tannhäuser und nächstens auch vom Lohengrin stattfinden, bleiben für mich künstlerisch ohne alles

Interesse: ich weiß, daß sie meistens meine Absicht gänzlich
ohne Verständniß lassen, und in nichts wesentlich sich über
die Höhe unsrer gewohnten Opernaufführungen erheben.
Mache ich auch hie und da überraschende Erfahrungen, und
bin ich namentlich oft darüber erstaunt, welche Wirkungen
diese Aufführungen auf kleinen Theatern – nämlich durch
die enthusiastische Anstrengung junger Musikdirectoren –
hervorbringen, so muß mich dieß im Ganzen und im Hin-
blick auf den allgemeinen, unverbesserlichen Zustand, doch
kalt lassen, und ich läugne nicht, daß die Verbreitung meiner
Werke mir nur um des materiellen Vortheils, den sie mir
bringt, von Werth ist. Dadurch hat sich allerdings meine Lage jetzt recht erträglich gestaltet, und besonders genieße ich
jetzt den Vorzug, nicht mehr unmittelbar für *Geld* thätig
sein zu dürfen; wenn ich irgend etwas hier am Orte unter-
nehme, so laß ich mir nie etwas dafür bezahlen (was ich aber
auch nicht anders thun würde, selbst wenn ich gänzlich ohne Mittel wäre, denn dieses unmittelbare Kunstmachen für's
Geld ist das, was mich gänzlich von aller Kunst entfernt halten könnte, wie es denn auch am meisten die Ansichten der
Leute über das Wesen von Kunstproductionen verwirrt). So
könnte ich sagen, ich lebe jetzt ziemlich angenehm, wenn –
ich eben ein andrer wäre, als ich bin! Nicht nur, daß grade
ich das Ehrlose des allgemeinen Zustandes schmerzlicher
empfinden muß, als mancher andere: sondern auch was
mein ganz persönliches Leben betrifft, muß ich mir jetzt nur
immer aufrichtiger eingestehen, daß ich erst seit wenigen
Jahren – zu spät! – gewahr werden mußte, wie ich eigentlich
noch *gar nicht* gelebt habe! Nun hiermit will ich Dich unbelästigt lassen: für *Deine* Ohren sind diese Klagen allerdings
nicht gemacht! Nur so viel muß ich Dir sagen, daß meine
Kunst jetzt immer mehr das Lied der geblendeten, sehnsüch-
tigen Nachtigall wird, und daß diese Kunst plötzlich allen
Grund verlieren würde, wenn ich eben die Wirklichkeit des
Lebens umarmen dürfte. Ja, wo das Leben aufhört, da fängt
die Kunst an: wir gerathen von Jugend auf in die Kunst,

ohne zu wissen wie? und erst wenn wir die Kunst bis an ihr
Ende durchdringen, gewahren wir zu unsrem Jammer, daß
uns eben das Leben fehlt! – Könnt' ich mich nun mit neuen
Täuschungen trösten, so wäre mir's jetzt wahrlich leicht gemacht: könnte ich eitel und stolz sein, wie glücklich dürfte
ich mich jetzt fühlen! Mein Ruhm ist im steten Wachsen begriffen: ich werde als eine unerhörte, noch ganz unclassifi-
cirbare Erscheinung betrachtet; Broschüren und Journalarti-
kel werden über mich geschrieben massenweise; Unver-
ständniß und Bewunderung erhitzen sich gegenseitig über
mich – und wie unsäglich gleichgültig läßt mich das Alles!
Mir wäre es nicht möglich mehr, ein Wort zu schriftstellern,
so widert mich das trostlose Mißverständniß meiner Schriften an, nachdem der Kern meines Wesens und meiner Anschauungen fast gänzlich unbegriffen geblieben ist. – Wohl
könnte mich aber Eines trösten: – ich werde nicht nur bewundert, sondern auch *geliebt;* wo die Kritik aufhört, da
tritt die Liebe ein, und sie hat mir viele Herzen nahe gebracht. Doch *diese* Liebe muß für mich immer so etwas Fernes bleiben; sie tritt nicht anders als nur höchst vermittelt in
mein Leben ein, und – wie nun dieses Leben sich einmal gestaltet hat – kann ich nur wie in weite Ferne in dieses Reich
der Liebe blicken. Könnte ich ein richtiger Egoist werden,
mir wäre geholfen: nun geht's aber nicht anders, und – wie
Du – kann ich mich nur durch Resignation wenigstens in der
Wahrheit meiner Natur erhalten. –   [...]

Genua, den 1. September 1853[1]

Ach, Mienel! Mienel! So 'was hab' ich denn doch noch nicht gesehen, wie dieses *Genua!* Das ist etwas unbeschreiblich Schönes, Großartiges und Eigenthümliches: Paris und London schwinden mir zu öden, formlosen Häuser= und Straßenmassen zusammen, gegen diese göttliche Stadt! – Ich wüßte wahrlich nicht, wo und wie ich anfangen sollte, Dir den Eindruck zu schildern, den dieß Alles auf mich gemacht hat und fortwährend ausübt: ich habe gelacht wie ein Kind und konnte schwer meine Freude verbergen! – Anstatt eine unmögliche und unnütze Beschreibung zu versuchen, will ich Dir bloß meine Reise berichten. –

Nachdem ich vorgestern mich in und um Turin noch genügend umgesehen hatte – wobei ich allerdings die schöne Lage der Stadt bewundern mußte – beschloß ich dieses, sonst höchst langweilige, Residenznest zu verlassen, um noch einen Tag früher nach Genua zu gehen. Deinen schönen, freundlichen Geld-Brief[2] hatte ich noch erhalten: er hat mir viel Freude gemacht, und ich danke Dir herzlichst dafür – besonders daß Du so »faul« bist, wie Du schreibst. – Noch hatte ich in Turin den »Barbier von Seviglia«[3] gesehen, was mich sehr amüsirte. Gestern ging es nun nach Genua (die größte Strecke auf der Eisenbahn), wo ich Abends nach

---

1 Am 24. August war Wagner in Zürich zu seiner zweiten – von Otto Wesendonck finanzierten – Italien-Reise aufgebrochen und über Bern, Genf, Chambéry und Mont Denis nach Turin gereist, wo er im Hotel de l'Europe abstieg.

2 Vom Verlag Breitkopf & Härtel hatte Wagner für seinen *Lohengrin* ein Honorar von 20 Louisdor nach Zürich zugestellt bekommen, das Minna sogleich an ihren Mann weitergeleitet hat.

3 Gioacchino Rossinis Oper *Il barbiere di Siviglia* hat Wagner noch am 30. August in Turin gesehen. Er reiste am nächsten Tag nach Genua weiter.

6 Uhr ankam und sogleich ein Zimmer in einem Hôtel bezog, von wo aus ich unmittelbar den Hafen und das Meer
vor mir habe. Das Hôtel selbst besteht eigentlich aus zwei
Palästen, dem Palast *Grimaldi* und *Fiesco,* die jetzt zum
Gasthof eingerichtet sind. Ich wohne ungefähr im 6ten Stock
oben, weil da die schönste Aussicht ist: bis dahinauf führen
Marmortreppen; die Fußböden alle von Mosaik u. s. w. unerhörte alte Pracht überall! Gestern Abend ließ ich mich
noch etwas herumführen von Signor Raphaël (so heißt mein
Lohndiener): Gott, was staunte ich da diese Paläste an, die
oft einer am andren stehen, und alle schön, erhaben und
herrlich sind. Ihre früheren Besitzer, die stolzen und tapfren
Adligen von Genua, sind natürlich jetzt alle ausgestorben
oder verarmt, und die Paläste sind meist zu gemeinen Zwek-
ken vermiethet oder verkauft. So war in der ersten Etage des
Palais *Brignole* ein Seidenstoffmagazin: im Parterre und im
Hofe (mit Garten) dagegen ist ein Kaffé; da habe ich denn
Eis gegessen, Kaffé getrunken und eine Cigarre geraucht: eine göttliche Nacht, unter haushohen blühenden Oleander-
bäumen: – ich gestehe – ich wollte vor Wonne fast vergehen,
– und wenn ich Dir zu Deinem Geburtstage nach *meinem*
Sinne das köstlichste Geschenk machen will, so verspreche
ich Dir heute, nächstes Frühjahr einen Ausflug mit Dir nach
Genua zu machen: das *mußt* Du gutes Thier mit genießen!!
– Eine himmlische Müdigkeit überfiel mich endlich in dieser
göttlichen Luft, die leicht und wohlig sich einem um die
Glieder schmiegt und gleichsam leichthin trägt. Heute früh
öffnete ich die Läden: da lag der Hafen, die Stadt und das
Meer wieder im vollsten Sonnenscheine da: das Meer bis
weit hinaus blau wie die Schweizer Seen; alles wimmelt von
Schiffen, Masten und Segeln: mit meinem famosen Doppel-
Gucker habe ich soeben ein großes Schiff aus der weitesten
Ferne bis in den Hafen herein begleitet, und zugesehen, wie
es den Lootsen an Bord nahm. Na, *Du* sollst hier *gucken!!*
Seit ein paar Monaten ist hier überall kein Tropfen Regen ge-
fallen: auf den Landstraßen fürchterlicher Staub; trotzdem

aber ist die Luft keineswegs zu heiß, – sie hat nichts stechen-
des und drückendes; man geht halbnackt herum, befindet
sich aber ungemein wohl und behaglich frisch dabei.[4] – Hier
giebt es einen gehörigen Menschenschlag: im Hafen kann
man sogleich die Stumme von Portici[5] aufführen mit den
Männern; fast nackt, groß und schlank, braun wie Afrika-
ner, und immer sehr schöne, feurige und schwärmerische
schwarze Augen. Der weibliche Schlag verliert dagegen: diese gehen alle mit weißen Schleiern über den Kopf und zur
Seite. Vielleicht gebe ich nun Morgen Briefe ab: in Turin habe ich's nicht gethan. Sonderbare Abentheuer hatte ich:
Thalberg[6] traf ich in Turin. Gestern auf der Eisenbahn wurde ich sehr genau bekannt mit dem russischen Gesandten in
Rom und seiner Frau, denen ich sehr stolz sagte, ich sei politischer Flüchtling und könnte nicht nach Rom. Endlich kamen sie doch dahinter, wer ich war, und sie blieben dabei,
mich nach Rom einzuladen.[7]

Nun, ich denke fast, dieser Brief soll gerade zu Deinem
Geburtstage ankommen: trotzdem ich Dir auch sonst noch
dazu gratulire, wünsche ich Dir doch auch hiermit von ganzem vollem Herzen Glück und Gesundheit. Gewiß soll der
ganze fünfte September von mir Deinem Andenken gewidmet sein: nur auf Deine Gesundheit werde ich essen, trinken, gehen, schauen und Luft schmecken. Ich denke dazu

---

4 Bevor sich das Blatt wenden sollte, beschrieb Wagner auch in seiner Autobiographie den ersten Eindruck von Genua euphorisch: »Hier schien mir
 nun allerdings das ersehnte Wunder aufgehen zu wollen. Der herrliche Eindruck dieser Stadt kämpft noch bis heutigen Tages die Sehnsucht nach dem
 übrigen Italien in mir nieder. Ich fühlte mich einige Tage in wahrhaftem Rau-
 sche.« (*Mein Leben*, S. 579.)

5 *La Muette de Portici (Die Stumme von Portici)*, Oper von Auber.

6 Der Klaviervirtuose Sigismund Thalberg, über dessen Oper *Florinda* (1851)
 nicht nur in der *Neuen Zeitschrift für Musik* gewitzelt wurde, war mit Wagner nur sehr flüchtig bekannt.

7 Der russische Gesandte in Rom war A. von Skariatine. In Wagners *Annalen*
 steht dazu: »Eisenbahn nach Genua. Fürst Sgaradine nebst Frau; empfehle
 ihr Liszt's über Tannh. u. Lohng.« (*Das braune Buch*, S. 122.)

noch in Genua zu sein, was ich überhaupt für die nächsten
14 Tage zu meinem General-Standquartier mache: der
Hauptausflug wird allerdings nach *Spezia* sein, wo ich mich
wohl länger aufhalten werde: doch will ich die Briefe immer
nur hier empfangen. Schicke Du, gutes Mienel, daher immer
nur unter der zuletzt angegebenen Adresse:

à

Gènes

(Royaume de Sardaigne)

In Turin habe ich Auftrag gegeben, daß mir die Briefe
hierher nachgeschickt werden.

– Sei nur zu Deinem Geburtstag recht wohl und heiter,
und tröste Dich mit Deinem schlechten Manne, dem es auch
niederträchtig genug geht! Dem guten Pepsel[8] sage nur, er
müßte auch noch Genua sehen! Alles muß noch Genua sehen! – Ich denke heute noch ein Seebad zu nehmen: was
dann weiter mit mir vorfällt, erfährst Du schon, wenn ich
wieder schreibe, wozu ich hoffentlich morgen durch einen
Brief Veranlassung erhalten werde! Leb' wohl, liebes Mienel! Nimm einen herzhaften Kuß von

Deinem
Richard.

8 Wagners Hund.

Zürich, den 15. Januar 1854

Liebster! –

Das *Rheingold* ist fertig –: aber auch *ich* bin fertig!!! –
Ich habe mich in der letzten Zeit durch meine Arbeit so
nothwendig absichtlich betäubt, daß ich auch jede Veranlassung unterdrückte, vor der Vollendung Dir zu schreiben.
Heute ist der erste Vormittag, wo mich nun kein Vorwand
mehr abhält, den lang genährten und gefesselten Jammer los
brechen zu lassen! Brech' er denn aus, – ich kann ihn nicht
mehr halten! –

Außer Deinem (so liebevollen!) Berichte über den Leipziger Lohengrin, erhielt ich auch den der »Deutschen Allgemeinen«[1] und ersehe daraus die höhnende Strafe für den
Frevel, den ich an meinem Wesen, an meinem inneren Gewissen beging, als ich vor zwei Jahren meinem – mir so
nothwendigen – Vorsatze untreu ward, und in die Aufführ-
rungen meiner Opern willigte! – Ach, wie rein und einig mit
mir war ich damals, als ich nur *Dich* und *Weimar* im Auge
hatte, von keinem anderen Theater wissen wollte, und auf
alle weitere Erfolge gänzlich verzichtet hatte.

Nun, darum ist's gethan! ich habe meinen Vorsatz gebro-
chen: um meinen Stolz ist's gethan, und jetzt heißt's, mit
Demuth den Nacken beugen unter das Joch der Juden und
Philister! –

Aber, wie schändlich, daß ich um diese Preisgebung des
Edelsten, was ich besitze, nicht einmal den Lohn empfange,

---

1 In der Kritik der *Deutschen Allgemeinen Zeitung* in Leipzig, vom 10. Januar
1854, war zu lesen, daß vom Publikum eine »magere Anerkennung der Darstellung« gekommen sei. Doch ist auch – trotz »mangelnder musikalischer
Anregung« – von »reichen Schönheiten des Schlußaktes« die Rede.

der mir dafür ausbedungen schien! Ich bleibe dabei auch noch Bettler, wie ich war!

Lieber Franz! keines meiner letzten Lebensjahre ist an mir vorübergegangen, ohne daß ich nicht *einmal* darin am äußersten Ende des Entschlusses gestanden hätte, meinem Leben ein Ende zu machen. Es ist Alles darin so verfahren, so verloren! Durch eine vorschnelle Heirath im 23$\underline{\text{sten}}$ Jahre mit einer achtungswerthen, aber mir ganz unangehörigen Frau, bin ich ein für's Leben Verfehmter geworden. Lange war der gemeine Druck meiner Lebenslage, bei ehrgeizigen Plänen und Wünschen, diesem Drucke durch Berühmtwerden mich zu entziehen, vermögend, die eigentliche Oede meines Herzens mir zu verdecken. Wahrlich, ich lebte bis in mein 36$\underline{\text{stes}}$ Jahr, ehe ich jener furchtbaren Oede ganz inne ward: bis dahin erhielt sich mein Wesen durch das Gleichgewicht zweier in mir streitenden Elemente des Verlangens, von denen ich das eine durch meine Kunst zu stillen suchte, während ich dem anderen periodenweise durch brünstige, phantastische, sinnliche Ausschweifungen Luft machte. (Du kennst meinen Tannhäuser, diese Idealisirung dieses in der Wirklichkeit oft so trivialen Gebahrens! –) Da gewann ich mir aber – vielleicht im Lohengrin – das Gefühl, wie das Wissen von der *Einheit* jener beiden Strömungen in der wahren – *Liebe*, der Liebe, die ich nur in der Sehnsucht, nie in der Erfahrung hatte kennen lernen sollen. Gott, wie gern wollte ich da nackt in die Welt hinaus fliehen, nichts, nichts mehr sein, als *glücklich liebender und geliebter Mensch!* Nun – dieß *Eine* – soll ich nicht mehr sein können: ich soll nicht mehr *glücklich*, sondern nur noch *unglücklich* lieben können – ein »Verfehmter – Unmöglicher«!! –

Liebster, seitdem ist mir die *Kunst* doch eigentlich nur noch Nebensache, sie ist mir reiner *Nothbehelf*, – nichts anderes! Doch wird sie endlich immer wieder zum wahren *Noth*behelf: – die Noth zwingt mich, mir durch sie zu helfen, um eben noch *leben* zu können. Doch eigentlich nur mit wahrer Verzweiflung nehme ich immer wieder die Kunst

auf: geschieht dieß, und muß ich wieder der Wirklichkeit
entsagen, – muß ich mich wieder in die Wellen der künstlerischen Phantasie stürzen, um mich in einer eingebildeten
Welt zu befriedigen, so muß wenigstens meiner Phantasie
auch geholfen, meine Einbildungskraft muß unterstützt
werden. Ich kann dann nicht wie ein Hund leben, ich kann
mich nicht auf Stroh betten und mich in Fusel erquicken:
meine stark gereizte, feine, ungeheuer begehrliche, aber ungemein zarte und zärtliche Sinnlichkeit, muß irgend wie sich
geschmeichelt fühlen, wenn meinem Geiste das blutig
schwere Werk der Bildung einer unvorhandenen Welt gelingen soll.

– Gut! als ich jetzt wieder den Plan der Nibelungen, und
ihrer wirklichen Ausführung faßte, mußte vieles dazu wirken, um mir die nöthige künstlerisch-wollüstige Stimmung
zu geben: – ich mußte ein besseres Leben, als zuletzt, führen
können! Die Erfolge des *Tannhäuser*, (den ich eben auch in
dieser Hoffnung nun hergegeben hatte) sollten mir jetzt helfen: – ich richtete meine Häuslichkeit neu ein, verschwende-
te (Gott – verschwenden!!) an diesem und jenem Bedürfnisse des Luxus: *Dein* Sommerbesuch, ja – Dein Beispiel – alles
stimmte mich zu einer – gewaltsam – heitren Täuschung
(oder: Lust, mich zu täuschen) über mein Leben. Ich frug
endlich nicht mehr, ob etwas Geld koste: sondern alles, was
ich mir nur erdenken konnte, was mir irgendwie einen angenehmen Eindruck, eine wohlige Stimmung bereiten
möchte, eignete ich mir zu. Der Höhepunkt dieser Laune
war in St. Moritz[2], mitten unter Kasteiungen. – Meine Einnahmen schienen mir etwas ganz unfehlbares zu sein. In dieser künstlich behaglichen Stimmung faßte ich nun wieder

---

2 Vom 16. Juli bis 10. August 1853 machte Wagner zusammen mit Georg Herwegh, dem revolutionären Lyriker der »Achtundvierziger«, in St. Moritz
   eine Kur. Seine Hochstimmung wird wohl das Erlebnis der grandiosen
   Bergwelt ausgelöst haben, die erste Anregungen zur *Ring*-Komposition
   wachgerufen haben mag.

Lust zur Musik. – Schon nach meiner Rückkehr von Paris[3]
ward mir meine Situation bedenklich: die erwarteten Bestellungen auf meine Opern, namentlich auch auf den Lohengrin blieben aus: wie sich das Jahr dem Ende nähert, stellt
sich mir aber heraus, daß ich viel, sehr viel Geld nöthig haben würde, um in meinem Philisternest mit nächstem bestehen zu können. Da sorge ich denn; schreibe an Dich, wegen
den Verkauf meiner Eigenthumsrechte an Härtels[4]; – daraus
wird nichts. Ich schreibe nach Berlin, an meinen dortigen
Theateragenten[5]: der verschafft mir Aussicht auf einen guten Käufer, welchen ich auf die erste Lohengrin-Aufführung
in Leipzig verweise. Nun, diese hat stattgefunden:[6] mein
Agent schreibt mir, daß es nach *diesem* Erfolge nicht möglich gewesen wäre, den schon sehr bereitwilligen Käufer[7]
zum endlichen Kaufe zu stimmen. – Gestehe, es ist eine »*Situation*«, in der ich mich befinde!! –

Und diese Qual, Noth und Sorge für ein Leben, das ich
hasse, das ich verfluche! – und darum mich auch noch vor
meinen Hausbesuchern lächerlich machen, – und – dabei
auch noch die Wollust genießen, das *edelste Werk* meines
bisherigen Lebens der voraus gewußten Stümperhaftigkeit
unsres Theatergesindels und dem Hohne des Philisters
preisgegeben zu haben!

Gott, wie komme ich mir vor –! hätte ich nur noch die
Freude, daß einer *wüßte*, wie ich mir vorkomme! –

Höre, mein Franz! Du mußt jetzt helfen! Es steht schlecht
– *sehr* schlecht mit mir. Soll ich die Fähigkeit wieder gewinnen, *auszuhalten* (ich verstehe *viel* unter diesem Worte!), so
muß auf dem nun einmal jetzt betretenen Wege der Prostitu-

---

3 Wagner war am 28. Oktober 1853 wieder in Zürich eingetroffen.
4 Den Verlag Breitkopf & Härtel in Leipzig.
5 Hermann Michaelson kümmerte sich zeitweise um den Vertrieb von Wagners Opern in Norddeutschland.
6 Die erste Aufführung des *Lohengrin* in Leipzig fand am 7. Januar 1854 statt.
7 Der Berliner Verlag Bote & Bock.

tion meiner Kunst etwas *Ordentliches* geschehen, – sonst
ist's aus. Hast Du nicht wieder an *Berlin* gedacht? dort *muß*
jetzt etwas zu Stande kommen, wenn nicht Alles aufhören
soll! –

Vor Allem muß ich aber auch *Geld* haben: – Härtels sind
sehr flott gewesen: aber was helfen mir hunderte, wenn tau-
sende nöthig sind. Wäre der Berliner Kauf zu Stande gekommen, so hätte ich doch mindestens das *Anerbieten* desselben benutzen können, um hier bei einem Geschäftsmanne
mein »Kapital« zu documentiren, um die mir nöthige Summe auf 3 Jahre (mit Zurückzahlung des Dritttheil's in jedem
der Jahre) geliehen zu bekommen. Jetzt ist's mit dieser
Hoffnung aus. Nur Jemand kann sich zu solchem Geschäfte
verstehen, der ein persönliches Vertrauen auf meine zukünftigen (?) Erfolge hat. So einen *Mann* (höre, liebster Franz)
mußt Du mir schaffen. Nochmals: ich brauche – um mich in
volle Ruhe und Gleichgewicht zu setzen – *drei* bis *vier* – tausend Thaler. So viel können in 3 Jahren recht gut meine
Opern einbringen, *wenn* für *Lohengrin* jetzt etwas tüchtiges geschieht, so daß er gerettet wird. Ich verpachte mein
Eigenthumsrecht dem Verleiher; auf jede gewünschte oder
nöthige Weise, trete ich für Tannh. und Lohengrin jedes Eigenthumsrecht ab. – Bin ich solch eines Dienstes keinem
werth – dann, gestehe, steht es sehr schlecht um mich, und
Alles war Täuschung!! ———— Hilf mir darüber weg – so
will ich wieder *aushalten.*[8] –

Mein lieber, zürne mir nicht! Ich habe ein Recht an Dich,
wie an meinen *Schöpfer!* Du *bist* der Schöpfer desjenigen,

---

8 Die ultimativ-tragische Stimmung, die Wagner hier schildert (und die verbal
sehr an jene Aussprüche kurz vor Wagners Begegnung mit dem bayerischen
König Ludwig II. erinnern), ist berechtigt hinsichtlich der nächsten Werk-
planung mit dem riskanten *Ring*, erscheint jedoch etwas überzogen in Anbe-
tracht der Zürcher Freunde, von denen Otto Wesendonck und Jakob Sulzer
ihm immer öfter als Privatfinanziers unter die Arme griffen, ohne ihre Hilfs-
bereitschaft an die große Glocke zu hängen.

der ich jetzt bin: ich lebe jetzt *durch Dich* – das ist keine
Uebertreibung. Sorge denn für Dein Geschöpf: ich rufe Dir
das wie eine pflicht zu, die Du hast. –

Sieh, es handelt sich ja nur um *Geld:* das sollte doch möglich sein. Die *Liebe* lass' ich ja fahren – und die *Kunst??* –

– Nun, das *Rheingold* ist fertig – fertiger, als ich glaubte.
– Mit welchem – Glauben, mit welcher Freude ging ich an
die Musik! Mit wahrer Verzweiflungswuth habe ich endlich
fortgefahren und geendet: ach, wie auch mich die Noth des
Goldes umspann! Glaub' mir, so ist noch nicht componirt
worden: ich denke mir, meine Musik ist furchtbar; es ist ein
pfuhl von Schrecknissen und Hoheiten! –

Bald – (??) mache ich die Reinschrift: – schwarz auf weiß:
dabei wird's dann auch wohl bleiben. Oder werde ich's etwa
auch für 20 Louisd'or in Leipzig aufführen lassen?

– Ich kann Dir heute nicht mehr schreiben: *Du bist der
einzige,* der *das* von mir erfährt: keiner ahnt es sonst, am
wenigsten meine nächste Umgebung –! Halte mich nicht für
in plötzliche Verzweiflung gesetzt über die Leipziger Nachricht. Ich ahnte dieß und wußte alles voraus. Ich kann mir
auch denken, daß der Leipziger Fall sich noch reparirt, daß
»es nicht so schlimm wird als man denkt« – und wie das Alles noch heißt. Kann sein: – aber, laß mich Zeugen sehen! –
Ich glaube nicht mehr, und kenne nur noch eine Hoffnung:
– einen *Schlaf,* einen *Schlaf,* so tief, so tief – daß alles Gefühl
der Lebenspein aufhört. Ihn sollte ich mir doch verschaffen
können: es ist nicht so schwer. –

Mein Gott, nun mache ich Dir auch noch böses blut: –
warum hast Du mich! –

Das Geschenk der Kapellmeisterin[9] entlockte mir ein Lächeln – ein Lächeln, über das ich weinen könnte. Ihr schreibe ich, wenn ich noch ein paar Tage verlebt habe: dann

---

9 So nannte Wagner Liszts Lebensgefährtin Carolyne von Sayn-Wittgen-
    stein.

schicke ich Dir auch mein Porträt mit dem Motto, das Dich am Ende doch in Verlegenheit setzen dürfte![10]

– Wie geht es sonst? ist bald Hochzeit?[11]

Verbrenn' den Brief! er ist gottlos – aber ich bin gott-los: sei Du Gottes Heiliger, – denn nur an Dich glaube ich noch: Ja! Ja! – und noch einmal: *Ja!*

Dein

R. W.

15 Jan. 54.

Es muß etwas mit *London* geschehen: ich will selbst nach *Amerika* gehen, um meinen zukünftigen Gläubiger zu befriedigen: das biete ich noch, um meine Nibelungen fertig zu machen –

56 AN AUGUST RÖCKEL, WALDHEIM

Zürich, den 25.–26. Januar 1854

[...] Zunächst jedoch, was nun meinen heutigen Brief betrifft, lass mich Dir sagen, dass Du mir ein grosses, hocherfreuendes Geschenk gemacht hast durch die Nachrichten über Dich und Dein Ergehen. Ich komme darauf zurück, dass Du mir in Deiner Lage fast glücklicher vorkommst, als ich mir in der meinigen. Von Deiner Gesundheit giebt mir jede Zeile Deines Briefes Kunde: ich bezeuge Dir dafür meine freudige Bewunderung! Dass Du mir einen fünf Bogen starken Brief schreiben durftest, bezeugt mir auch die Besserung Deiner persönlichen Lage, die mir denn doch herzlich lieb ist, wenn ich auch gestehen muss, dass ich mir Umstände

---

10 Die Fürstin hatte ein Medaillon mit Liszts Porträt an Wagner gesandt.

11 Liszts Eheschließung mit der Fürstin wurde von langer Hand vorbereitet, konnte aber wegen des päpstlichen Einspruchs gegen die Scheidung der katholischen Fürstin kirchlich nicht vollzogen werden. Das religiös denkende Liebespaar betrachtete das als göttlichen Wink zum Verzicht.

denken könnte, unter denen ich aller und jeder Erleichte-
rung der Existenz entsagen dürfte, ohne mich eben um des
Versagten willen sehr zu grämen. Eines steht über Allem: die
Freiheit! Was ist aber »Freiheit«? etwa – wie unsere Politiker
glauben – »Willkür«? – gewiss nicht? Die Freiheit ist: *Wahrhaftigkeit.* Wer wahrhaft, d. h. ganz seinem Wesen gemäss,
vollkommen im Einklang mit seiner Natur ist, der ist *frei;*
der äussere Zwang ist nur dann (seinem Sinne nach) erfolgreich, wenn er die Wahrhaftigkeit des Bezwungenen tödtet,
wenn dieser heuchelt, und sich wie anderen glauben machen
will, er sei ein andrer als er wirklich ist. Das ist die wahre
Knechtschaft. Zu dieser braucht es aber der Gezwungene
dennoch nicht kommen zu lassen: und wer – selbst unter
dem Zwange – seine Wahrhaftigkeit sich wahrt, der wahrt
sich im Grunde auch seine Freiheit; wenigstens gewiss mehr
als der, der einen Zwang – wie ihn unsre ganze Welt enthält
– gar nicht mehr merkt, weil er sich mit seinem eigenen Wesen ihm ganz schon gefügt, sich ihm zu Liebe entstellt hat.

Ich glaube, diese »Wahrhaftigkeit« ist im Grunde auch die
ganze »Wahrheit«, von der in unsren Philosophien und
Theologien die Rede ist. »Wahrheit« ist ein Begriff, und der
Natur nach nichts anderes, als die vergegenständlichte
»Wahrhaftigkeit«; der eigentliche Inhalt dieser »Wahrhaftigkeit« ist aber doch nur einzig die »Wirklichkeit«, oder besser: »das Wirkliche«, »das wirklich Seiende«, und »wirklich« ist nur das, was »sinnlich« ist, während das »Unsinnli-
che« gewiss auch das »Unwirkliche« ist, nämlich das nur
»Gedachte«, »Vorgestellte«. Wenn ich somit die »Wahrhaftigkeit« gewiss nicht mit Unrecht das umfassendste *Gefühl*
der Wirklichkeit, zugleich mit dem *Bekenntnisse* dieses Ge-
fühles, nenne, so ist die »Wahrheit« am Ende nur wieder der
Begriff von diesem Gefühle, wenigstens ist sie in der Philosophie dazu geworden: dieser Begriff steht aber gewiss eben
so weit von der Wirklichkeit ab, als die »Wahrhaftigkeit« –
in dem bezeichneten Sinne – ihr nahe steht, daher täuscht
man sich von jeher wohl in nichts mehr, als in der »Wahr-

heit«, so dass sie eigentlich wohl das allertrügerischste von
der Welt ist; sie wird endlich, wie jeder Begriff, eben nur
noch ein Wort, und mit solchen »Worten« lässt sich wohl
recht schön ein »System bereiten«, aber niemals mehr die
Wirklichkeit erfassen. Am sichersten erfahren wir diese eben
nur mit dem Gefühl, und wahres Gefühl ist nur sinnliches
Gefühl. Allerdings müssen wir hier nicht unter »Sinnen« das
verstehen, was die Philosophen und Theologen mit voller
Verachtung darunter begreifen, nämlich nicht die *»thieri-
schen«* Sinne, sondern eben die *menschlichen* Sinne, die bekanntlich so weit reichen, dass sie die Sterne messen und ihren Lauf sich darstellen. – Ueber die »Welt« nun, soweit sie
uns Gegenstand unsres Wahrhaftigkeitsgefühles ist, werden
wir uns bald einigen, wenn wir eben den einzig richtigen Er-
fahrer desselben, eben jenes Gefühl allein gewähren lassen
und die durch dasselbe empfangenen Eindrücke einzig beachten. Der Mensch bedient sich, seiner Organisation nach,
unendlicher Hülfsmittel zum Erfassen der Welt als eines
Ganzen: diese Hülfsmittel sind in ihren mannigfachsten
Complicationen eben die »Begriffe«: so stolz dünken wir
uns nun beim Erfassen eines Ganzen durch die Begriffe, dass
wir – indem wir eben dieses Ganze zu haben glauben – unwillkürlich wohl vergessen, dass wir nur einen Begriff haben, also eigentlich nur an unsrem Werkzeuge uns erfreuen,
während wir von der Wırklichkeit der Welt eben am weitesten abgekommen sind. Wer sich im Wahnsinne dieser Täuschung auf die Dauer nun aber nicht wahrhaft erfreuen
kann, der vergegenständlicht sich endlich nun wohl auch
sein eigenes, als unbefriedigt empfundenes Wesen, gewahrt
die hochmüthige, unerfreuliche Täuschung, und begreift
endlich die Nothwendigkeit, sich mit vollem Bewusstsein
der Wirklichkeit mit dem Gefühle wieder zu nähern. Wie
aber ist diese nun wieder zu erfassen, die sich – als eingebil-
detes Ganzes – eben nur dem Begriffe, nicht aber dem Gefühle darstellte? Gewiss nur dadurch, dass das Wesen der
Wirklichkeit in unendlicher *Vielheit* erkannt wird. Diese

unerschöpfliche, immer neu sich erzeugende und gebärende Vielheit wird vom Gefühle aber nur als einzelne, wechselnde Erscheinung empfunden: dieser Wechsel ist das Wesenhafte des Wirklichen, während nur das Eingebildete wechsellos-unendlich ist. Nur was Wechsel hat, ist wirklich: wirklich sein, leben – heisst: gezeugt werden, wachsen, blühen, welken und sterben: ohne Nothwendigkeit des Todes keine Möglichkeit des Lebens; kein Ende hat nur das, was keinen Anfang hat, – anfanglos ist aber nichts Wirkliches, sondern nur das Gedachte. Somit hiesse in der vollsten Wahrheit aufgehen, sich als empfindender Mensch der vollen Wirklichkeit hingeben: Zeugung, Wachsthum, Blüthe – Welken und Vergehen rückhaltlos, mit Wonne und Trauer empfinden, und dadurch nur leben wollen, dass wir in Lust und Leid leben und – sterben. Diess nur ist »aufgehen in der Wahrheit«. – Um dieses Aufgehen zu ermöglichen, haben wir aber das Suchen nach dem »Ganzen« völlig aufzugeben: das Ganze zeigt sich uns nur in der einzelnen Erscheinung, denn nur diese können wir (im vollen Sinne des Wortes) *wahrnehmen; wirklich »begreifen«* können wir eine Erscheinung nur, wenn wir uns völlig von ihr einnehmen lassen können, wie wir sie völlig in uns aufzunehmen vermögen müssen. Wie geschieht dieser wundervolle Process auf das Vollständigste? fragt die Natur! Nur durch die *Liebe*! – alles, was ich nicht lieben kann, bleibt ausser mir, und ich bleibe ausser ihm: hier kann wohl der Philosoph sich einbilden zu begreifen, nicht aber der wahrhaftige Mensch. Die Liebe in vollster Wirklichkeit ist nun bloss innerhalb des Geschlechtes möglich: nur als *Mann* und *Weib* können wir Menschen am wirklichsten lieben, während alle andere Liebe nur eine von dieser abgeleitete, von ihr herrührende, auf sie sich beziehende, oder ihr künstlich nachgebildete ist. Irrig ist es, diese Liebe nur für *eine* Offenbarung der Liebe überhaupt zu halten, während *neben* ihr andre, und wohl gar höhere Offenbarungen anzunehmen wären. Wer allerdings, wie der Metaphysiker, die Unsinnlichkeit vor der Wirklichkeit setzt, und das sinnliche Sein aus der Idee ableitet, – wer somit die Logik für die Genetik setzt – der mag auch recht haben, den *Begriff* der Liebe als vor der wirklichen Aeusserung der Liebe vorhanden sich zu denken, und demnach von Offenbarung der präexistirenden unsinnlichen Liebe durch die wirkliche sinnliche Liebe zu sprechen: dann wird er auch recht thun, *diese* Liebe zu verachten, wie überhaupt die Sinne. Jedenfalls ist aber darauf zu wetten, dass er selbst nie so geliebt hat und geliebt wurde, wie eben Menschen sich lieben können, sonst würde ihm klar geworden sein, dass er bei seiner Verachtung eben nur die thierische Liebe, wie überhaupt die thierische Sinnlichkeit, nicht aber die menschliche Liebe sich vorstellte. Höchste Befriedigung des Egoismus finden wir nur im vollsten Aufgehen desselben, und dieses findet der Mensch nur durch die Liebe: allein der wirkliche Mensch ist Mann und Weib, und nur in der Vereinigung von Mann und Weib existirt erst der wirkliche Mensch, erst durch die Liebe wird daher der Mann wie das Weib – Mensch. Wenn wir jetzt von »Mensch« reden, sind wir allerdings so lieblos dumm, unwillkürlich uns immer nur den Mann zu denken. Erst diese Vereinigung von Mann und Weib, erst die Liebe also erzeugt (sinnlich und metaphysisch) den Menschen, und wie der Mensch im ganzen Leben nichts so schöpferisch Geniales wieder darstellt, als sein eignes Dasein, sein Leben ist, so überbietet er auch nie wieder jenen Act seiner eigentlichen Menschwerdung durch die Liebe; er kann ihn nur wiederholen – wie überhaupt unser ganzes Leben ein beständiges Wiederholen der Vielheit der Einzelheiten der Lebensmomente ist – und diese Wiederholung ermöglicht eben einzig die Eigenschaft dieser Liebe, nach welcher sie der Ebbe und Fluth gleicht, wechselt, endet und wieder lebt. Ein heilloses Misverständniss der Liebe ist es daher, wenn gerade diese Eigenschaft, nach welcher sie sich immer wiederholen, immer neu sein kann, ihr als Schwäche angerechnet wird: wogegen die von der wirklichen Liebe nur abstrahirte, gedachte Liebe, wie die Liebe zu Gott-weiss-welchem Gan-

zen, wiederum nur Gedachten – als die ächte, weil dauernde
Liebe vorgestellt wird. Schon diese mögliche »Dauer« zeugt
für das Unwesenhafte dieser gemeinten Liebe. »Ewig« – im
wahren Sinne des Wortes – ist was die Endlichkeit (oder
vielmehr: den Begriff der Endlichkeit) aufhebt: auf das
»Wirkliche« passt aber der Begriff der Endlichkeit gar nicht,
denn das Wirkliche, d. h. das immer Wechselnde, Neue,
Viele – ist ja eben die Aufhebung des nur Gedachten, als
endlich Vorgestellten: die Unendlichkeit der Metaphysik ist
ewige Unwirklichkeit. Das Endliche ist nur eine Vorstellung,
die uns allerdings ängstigen kann; diess vermag sie aber nur
dann, wenn die Wirklichkeit unserem Gefühle nicht gegenwärtig ist: tritt die Wirklichkeit der Liebe dagegen in voller
Gegenwart an uns heran, so hebt sie eben den ängstigenden
Begriff auf, sie vernichtet die Endlichkeit, indem sie keine
Vorstellung davon mehr aufkommen lässt. Somit ist nur das
Wirkliche ewig, die vollste Wirklichkeit kommt uns aber
nur im Genuss der Liebe; sie ist somit das Ewigste. – In
Wahrheit hört der Egoismus nur beim Aufgehen des »Ich«
in das »Du« auf: dieses »Ich« und »Du« stellt sich aber nicht
dar, sobald ich mich mit dem Ganzen der Welt zusammen-
stelle: »ich« und die »Welt« heisst nichts anderes, als »ich«
allein; volle Wirklichkeit wird mir die Welt erst, wenn sie
mir zum »Du« geworden ist, und diess wird sie nur in der
Erscheinung des geliebten Individuums. Diese Erscheinung
kann sich endlich im Kinde, im Freunde wiederholen; immer aber werden wir das Kind, den Freund erst ganz lieben
können, wenn wir überhaupt schon lieben konnten, und
diess lehrt dem Manne z. B. erst das Weib; gewiss ist auch
Kindes- und Freundesliebe immer nur eine Art von Nothbehelf, den diejenigen erst am deutlichsten erkennen, die in der
Geschlechtsliebe vollkommen glücklich waren; jene ist
überhaupt nur ein Merkmal der Vielseitigkeit der menschlichen Natur, bei welcher denn selbst Abnormitäten zum
Vorschein kommen dürfen, Abnormitäten der lächerlichsten
wie der tragischsten Art. –

Genug! Ich wage es, diese Bekenntnisse Dir in Deine Einsamkeit zuzuschicken, ohne Furcht, Dir durch Theilung meiner Ansichten Trübsal zu erwecken. Nicht nur Du, sondern auch ich – wie Alle – leben gegenwärtig in Zuständen und Verhältnissen, die nur auf Surrogate, auf Nothbehelfe hinweisen; das wahrste, wirklichste Leben kann für Dich nicht weniger als für mich nur ein Gedachtes, Gewünschtes sein. Ich bin 36 Jahre alt geworden, ehe ich errieth, was eigentlich der Inhalt meines Kunstdranges sei: so lange galt mir die Kunst als der Zweck, und das Leben als das Mittel. Nun war die Entdeckung allerdings zu spät, und nur tragische Erfahrungen konnten meinem neuen Lebenstriebe antworten. Ein weiterer Blick in die Welt der Gegenwart zeigt uns nun ferner, dass die Liebe überhaupt jetzt unmöglich ist; einer meiner Freunde konnte mit Sicherheit z. B. den Deutschen zurufen: »ihr kennt ja die Liebe gar nicht: wie können denn Menschen lieben wollen, die keine Initiative des Charakters haben? das ist ja unmöglich!« – Heisst es also, sich durch irgend einen Nothbehelf zu retten suchen, so kann ich keinen besseren finden, als die aufrichtigste Einsicht in den so bewandten Stand der Dinge, das offne Zugeständnis der Wahrheit, selbst wenn für unsre Person kein andrer Gewinn mehr daraus zu ziehen ist, als eben der Stolz der Erkenntniss, und endlich der Wille und das Streben, den Menschen, durch Mittheilung dieser Erkenntniss, den Weg ihrer Erlösung zu zeigen. So wenden wir uns allerdings dem Ganzen der Menschheit zu, aber eben nur aus Nothbehelf, weil wir erkennen, dass nicht der Einzelne für sich glücklich sein kann, sondern nur, wenn Alle glücklich sind, er auch sich befriedigt fühlen darf. Du siehst, dass ich hiermit ganz auf Deinen Standpunkt trete: nur betrachte ich diesen Standpunkt nicht als den Endpunkt, sondern nur als ein Mittel, als einen Weg zu meinem Ziele: dieses Ziel wird aber von den Meisten eben noch nicht erkannt: ich habe es jedoch vorhin nachgewiesen; es ist: die Ermöglichung der Liebe, als des vollsten Innewerdens der Wirklichkeit – Wahrheit; nicht aber der gedachten, abstrahirten, unsinnlichen (*jetzt* uns einzig nur möglichen) Liebe, sondern der Liebe des »Ich« und »Du«.

Somit kann ich nicht anders, als die ungeheuren Bemühungen des menschlichen Geschlechts, und so auch gegenwärtig alle und jede Wissenschaft, nur für Wege und Mittel zu erachten, deren Ziel an sich ein so unendlich einfaches und doch so göttliches Resultat ist. Ich respectire somit jede dieser Anstrengungen, erkenne in jedem Schritte eine Nothwendigkeit, und freue mich herzlich wenn diese Schritte geschehen: ich selbst aber habe das einfache Ziel so dicht bereits vor Augen, dass es mir unmöglich ist, von ihm meinen Blick gewaltsam wieder abzuwenden, um an jenem (im Grunde für das Ziel doch bewusstlosen) Streben theilzunehmen: nur die Noth einer grossen Bewegung könnte mich zu dieser Selbstverleugnung bringen; diese heisse ich willkommen, wenn sie eintritt, als die mir einzig mögliche Erlösung. – Wirst Du es mir nun aber verargen, wenn ich Deinem Rathe, mich von Träumereien und egoistischen Schwärmereien abzuwenden, um mich dafür dem einzig Realen, dem wirklichen Leben und seinen Bestrebungen zuzuwenden, nur lächelnd erwiedern kann, und dagegen glaube, dass ich der vollen Wirklichkeit mich viel bestimmter, bewusster und unmittelbarer zuwende, indem ich jede meiner Lebensäusserungen, selbst die leidenvollsten, nur auf jenes Ziel und seine Kundmachung verwende? Gewiss wirst Du mir selbst Recht geben müssen, wenn ich z. B. dem »Robespierre« die tragischste Bedeutung, die er bisher für Dich hat, nur sehr bedingt, fast gar nicht zugestehe. Dieser Typus ist mir eben so höchst unsympathetisch, weil ich in den nach ihm gearteten Individualitäten nicht eine Ahnung von dem eigentlichen Inhalte des Strebens der Menschheit seit ihrer Entartung von der Natur entdecken kann. Das Tragische Robespierre's besteht eigentlich in der unglaublichen Jämmerlichkeit, mit der dieser Mensch, am Ziele seiner Machtbestrebungen, gänzlich ohne Wissen davon dastand, was er denn nun eigentlich mit dieser gewonnenen Macht anfangen soll. Er wird nur tragisch, weil er diess selbst eingesteht, und weil er an der Unfähigkeit, etwas zu machen, etwas Beglückendes in das Leben zu rufen, zu Grunde ging. Ich finde daher, dass es sich mit ihm gerade umgekehrt so verhält, wie Du es auffassest: ihm war nicht ein hoher Zweck bekannt, um dessen Erreichung willen er zu schlechten Mitteln griff; sondern um den Mangel eines solchen Zweckes, um seine eigentliche Inhaltslosigkeit zu decken, griff er zu dem ganzen scheusslichen Guillotinenapparat; denn es ist erwiesen, dass die »terreur«[1] als reines Regierungs- und Behauptungsmittel, ohne alle eigentliche Leidenschaft, aus rein politischen – d. h. ehrgeizig, selbstsüchtigen Gründen – gehandhabt wurde. So hatte dieser höchst ärmliche Mensch – der endlich nur seine abgeschmackte »vertu«[2] auskramen konnte – eigentlich nur in den Mitteln seinen Zweck, und so geht es mit all diesen rein politischen Helden, die mit vollem Rechte an ihrer Unfähigkeit der Art zu Grunde gehen, dass hoffentlich diese ganze Gattung bald vollständig aus der Geschichte schwinden soll. – Hingegen bleibe ich dabei, dass mein Lohengrin (nach meiner Auffassung) die tiefste tragische Situation der Gegenwart bezeichnet, nämlich das Verlangen aus der geistigsten Höhe in die Tiefe der Liebe, die Sehnsucht, vom Gefühl begriffen zu werden, eine Sehnsucht, welche die moderne Wirklichkeit eben noch nicht erfüllen kann.

Doch hierüber habe ich mich in meinem Vorworte[3] breit genug ausgelassen. Es bliebe nur noch zu bezeichnen, was ich von meinem Standpunkte aus zu thun nun mich gedrängt fühlen muss, um dem von mir erkannten Ziele der Menschheit – das mir als Person verwehrt bleiben muss, weil Alle noch jetzt es sich verwehren – mich und die Menschheit zu-

---

1 Schreckenszeit.
2 Tugend.
3 Im Vorwort zum Privatdruck der Dichtung *Der Ring des Nibelungen*, erschienen im Februar 1853 in Zürich.

gleich zu nähern, ohne mit jenen Mitteln mich zu befassen,
deren ich mich nun einmal nicht mehr bedienen kann. Hierzu soll mir meine Kunst verhelfen: und das Kunstwerk, das
ich in diesem Sinne entwerfen musste, ist eben mein *Nibe-
lungen-Gedicht*. Ich glaube fast, dass weniger die Undeutlichkeit der jetzigen Fassung des Gedichtes, als vielmehr der
von Dir so ernsthaft eingenommene, von dem meinigen
doch aber ziemlich entfernte, Standpunkt daran schuld war,
dass Dir manches in ihm unverständlich blieb. Dergleichen
Irrungen sind natürlich nur von Seiten eines selbst mit pro-
ducirenden, aus sich nachschaffenden Lesers möglich: während der naive Mensch, allerdings ohne festes Bewusstsein,
doch leichter die Sache, wie sie ist, in sich aufnimmt. Für
mich hat mein Gedicht nur folgenden Sinn: –
   Darstellung der oben von mir bezeichneten Wirklichkeit.
– Statt der Worte: »ein düstrer Tag dämmert den Göttern: in
Schmach doch endet Dein edles Geschlecht, lässt Du den
Reif nicht los!« lasse ich jetzt *Erda* nur sagen: »Alles was ist
– endet: ein düstrer Tag dämmert den Göttern: Dir rath' ich,
meide den Ring!« – Wir müssen *sterben* lernen, und zwar
sterben, im vollständigsten Sinne des Wortes; die Furcht vor
dem Ende ist der Quell aller Lieblosigkeit, und sie erzeugt
sich nur da, wo selbst bereits die Liebe erbleicht. Wie ging
es zu, dass diese höchste Beseligerin alles Lebenden dem
menschlichen Geschlechte so weit entschwand, dass dieses
endlich alles was es that, einrichtete und gründete, nur noch
aus Furcht vor dem Ende erfaßt? Mein Gedicht zeigt es. Es
zeigt die Natur in ihrer unentstellten Wahrheit mit all ihren
vorhandenen Gegensätzen, die in ihren unendlich mannig-
fachen Begegnungen auch das gegenseitig sich Abstossende
enthalten. Nicht aber dass Alberich von den Rheintöchtern
abgestossen wurde – was diesen ganz natürlich war – ist der
entscheidende Quell des Unheils; Alberich und sein Ring
konnten den Göttern nichts schaden, wenn diese nicht bereits für das Unheil empfänglich waren. Wo liegt nun der
Keim dieses Unheils? Siehe die erste Scene zwischen Wodan

und Fricka – die endlich bis zu der Scene im 2. Acte der Walküre führt. Das feste Band, das beide bindet, entsprungen dem unwillkürlichen Irrthume der Liebe, über den nothwendigen Wechsel hinaus sich zu verlängern, sich gegenseitig zu gewährleisten, dieses Entgegentreten dem ewig Neuen und Wechselvollen der Erscheinungswelt – bringt beide Verbundene bis zur gegenseitigen Qual der Lieblosigkeit. Der Fortgang des ganzen Gedichtes zeigt demnach die Nothwendigkeit, den Wechsel, die Mannigfaltigkeit, die Vielheit, die ewige Neuheit der Wirklichkeit und des Lebens anzuerkennen und ihr zu weichen. Wodan schwingt sich bis zu der tragischen Höhe, seinen Untergang – zu *wollen.* Diess ist Alles, was wir aus der Geschichte der Menschheit zu lernen haben: *das Nothwendige zu wollen* und selbst zu vollbringen. Das Schöpfungswerk dieses höchsten, selbstvernichtenden Willens ist der endlich gewonnene *furchtlose,* stets liebende Mensch: *Siegfried.* – Das ist Alles. – Des Näheren verdichtet sich die unheilstiftende Macht, das eigentliche Gift der Liebe, in dem, der Natur entwendeten und gemissbrauchten *Golde,* dem Nibelungen-Ringe: nicht eher ist der auf ihm haftende Fluch gelöst, als bis es der Natur wiedergegeben, das Gold in den Rhein zurückversenkt ist. Auch diess lernt Wodan erst ganz am Schlusse, am letzten Ziele seiner tragischen Laufbahn erkennen: das, was *Loge* ihm im Anfang wiederholt und rührend vorhielt, übersah der Machtgierige am meisten; zunächst lernte er – an Fafner's That – nur die Macht des Fluches erkennen; erst als der Ring auch Siegfried verderben muss, begreift er, dass einzig diese Wiedererstattung des Geraubten das Unheil tilgt, und knüpft daher die Bedingung seines gewünschten eignen Unterganges an diese Tilgung eines ältesten Unrechtes. *Erfahrung* ist Alles. Auch Siegfried allein (der Mann allein) ist nicht der vollkommene »Mensch«: er ist nur die Hälfte, erst mit *Brünnhilde* wird er zum Erlöser; nicht *Einer* kann Alles; es bedarf Vieler, und das leidende, sich opfernde Weib wird endlich die wahre

wissende Erlöserin: denn die Liebe ist eigentlich »das ewig
Weibliche« selbst. – So viel von den allgemeinsten und
grössten Zügen: sie enthalten alle einzelnen, bestimmteren
in sich.[4] –

Ich kann nicht anders denken, als dass Du mich in diesem
Sinne ebenfalls verstanden hast: nur scheint es mir, Du legtest auf Mittel- und Zwischen-Glieder der grossen Kette
mehr Werth, als ihnen – als solchen – zukommt; als hättest
Du diess aber thun müssen, um eine *Dir* eigene, vorgefasste
Anschauungsweise aus meinem Gedichte zu rechtfertigen.
Im Ganzen fandest Du mit gewissen Ausstellungen gegen
Undeutlichkeit einzelner Verhältnisse keinen rechten An-
klang bei mir. Ich glaube mich dagegen mit ziemlich rich-
tigem Instincte vor einem allzu grossen Deutlichmachungs-
eifer gehütet zu haben, denn meinem Gefühle ist es klar
geworden, dass ein zu offnes Aufdecken der Absicht das richtige Verständnis durchaus stört; es gilt im Drama – wie im
Kunstwerk überhaupt – nicht durch Darlegung von Absichten, sondern durch Darstellung des Unwillkürlichen zu wirken. Diess eben unterscheidet auch meinen dichterischen
Stoff von dem jetzt fast einzig nur noch gekannten politischen Stoff. Wenn Du z. B. dem Auftreten Wodan's im
»jungen Siegfried« mehr Absicht eingeprägt wissen möchtest, als ich ihn jetzt ausdrücken lasse, so schadest Du der
von mir zu höchst beabsichtigten Unwillkür in der Entwi-
kelung des Ganzen sehr empfindlich. Wodan ist nach dem
Abschied von Brünnhilde in Wahrheit nur noch ein abge-
schiedener Geist: seiner höchsten Absicht nach kann er nur
noch *gewähren* lassen, es gehen lassen wie es geht, nirgends
aber mehr bestimmt eingreifen; deswegen ist er nun auch
»Wanderer« geworden: sieh Dir ihn recht an! er gleicht *uns*

4 Aus diesem bedeutungsvollen und entsprechend oft zitierten Brief geht nicht
nur das klare Konzept für Wagners *Ring* hervor, sondern vor allem auch
Wagners Weltanschauung, die sich noch im selben Jahr bei der Lektüre von
Schopenhauers Hauptwerk *Die Welt als Wille und Vorstellung* als gedankli-
che Parallele bestätigen sollte.

auf's Haar; er ist die Summe der Intelligenz der Gegenwart, wogegen Siegfried der von uns gewünschte, gewollte Mensch der Zukunft ist, der aber nicht durch uns gemacht werden kann, und der sich selbst schaffen muss durch *unsre Vernichtung.* In solcher Gestalt – musst Du zugestehen – ist uns Wodan höchst interessant, wogegen er uns unwürdig erscheinen müsste als subtiler Intrigant, denn das wäre er, wenn er Rathschläge gäbe, die *scheinbar* gegen Siegfried, in Wahrheit aber für ihn, und namentlich für sich gelten: das wäre ein Betrug, würdig unsrer politischen Helden, nicht aber meines untergangsbedürftigen jovialen Gottes. Sieh, wie er dem Siegfried im dritten Acte gegenüber steht! Er ist hier vor seinem Untergange so unwillkürlicher Mensch endlich, dass sich – gegen seine höchste Absicht – noch einmal der alte Stolz rührt, und zwar (wohlgemerkt!) aufgereizt durch – Eifersucht um Brünnhilde; denn diese ist sein empfindlichster Fleck geworden. Er will sich gleichsam nicht nur so bei Seite schieben lassen, sondern fallen – besiegt werden: aber auch diess ist ihm so wenig absichtliches Spiel, dass er in schnell entflammter Leidenschaft sogar auf Sieg ausgeht, auf einen Sieg, der – wie er sagt – ihn nur noch elender machen müsste. – Für die Kundgebung der Absichten musste ich meinem Gefühle nach ein unendlich feines Maass einhalten: allerdings soll mein Held nicht den Eindruck eines gänzlich Bewusstlosen machen: im Siegfried habe ich vielmehr den mir begreiflichen vollkommensten Menschen darzustellen gesucht, dessen höchstes Bewusstsein darin sich äussert, dass alles Bewusstsein immer nur in gegenwärtigstem Leben und Handeln sich kundgiebt: wie ungeheuer ich dieses Bewusstsein, *das fast nie ausgesprochen werden darf,* erhebe, wird Dir aus der Scene Siegfried's mit den Rheintöchtern klar werden; hier erfahren wir, dass Siegfried unendlich wissend ist, denn er weiss das Höchste, dass Tod besser ist, als Leben in Furcht: er kennt auch den Ring, aber er achtet seiner Macht nicht, weil er etwas Besseres zu thun hat; er wahrt ihn nur als Zeugniss dessen, dass er – das

Fürchten nicht gelernt hat. Gestehe, vor diesem Menschen muss alle Götterpracht erbleichen! Am meisten fällt mir von Dir die Frage auf: warum nun, da das Rheingold dem Rhein zurückgegeben ist, die Götter doch noch untergehen? – Ich glaube, bei einer guten Aufführung wird der naivste Mensch hierüber ganz einig mit sich werden. Allerdings geht der Untergang nicht aus Contrapunkten hervor: diese liessen sich überhaupt ja deuten, drehen und wenden – man brauchte nur einen juristischen Politiker als Advocat dazu zu nehmen; sondern aus unserem innersten Gefühle erwächst uns – wie Wodan aus seinem Gefühle – die Nothwendigkeit dieses Unterganges. Hierauf kam es an, *aus dem Gefühle* diese Nothwendigkeit zu rechtfertigen, und ihm geschieht dies ganz von selbst, wenn es vollkommen theilnehmend von Anfang an den Gang der ganzen Handlung mit all ihren einfachen, natürlichen Motiven verfolgt: wenn schliesslich Wodan diese Nothwendigkeit ausspricht, so sagt er nur das, was wir selbst bereits für nothwendig halten. Wenn *Loge* am Schlusse des Rheingoldes den nach Walhall ziehenden Göttern nachredet: »Ihrem Ende eilen sie zu, die so stark im Bestehen sich wähnen«, so bringt er in diesem Augenblicke unsre eigne Empfindung gewiss nur zum Ausdruck, denn wer dieses Vorspiel theilnehmend verfolgt, nicht grübelnd und abwägend, sondern die Vorfälle auf sein Gefühl wirken lassend, der muss Loge vollkommen beistimmen.

Lass mich Dir noch etwas von *Brünhilde* sagen. Auch sie verkennst Du doch, wenn Du ihre Weigerung, den Ring Wodan zu überlassen, hart und eigensinnig findest. Erlebtest Du nicht, dass Brünnhilde sich von Wodan und allen Göttern geschieden um – der *Liebe* willen, weil sie – wo Wodan Plänen nachhing – nur – liebte? Seit vollends *Siegfried* sie erweckt, hat sie kein andres Wissen mehr als das Wissen der Liebe. Nun – das Symbol dieser Liebe ist – da Siegfried von ihr zog – dieser *Ring:* da ihn Wodan von ihr fordert, tritt ihr nur noch der Grund ihrer Trennung von Wodan entgegen (weil sie aus Liebe handelte), und nur eines

weiss sie jetzt noch, dass sie allem Götterthume entsagt hat
um der Liebe willen. Sie weiss aber, dass die Liebe das einzig
Göttliche ist: so möge denn Walhall's Pracht zu Grunde gehen, aber den Ring – (die Liebe) – opfert sie nicht. Ich bitte
Dich, wie erbärmlich, geizig und gemein stünde sie nun da,
wenn sie den Ring deshalb verweigerte, weil sie (etwa durch
Siegfried) um seinen Zauber, um seine Goldmacht wüsste?
Das wirst Du doch diesem herrlichen Weibe nicht im Ernste
zumuthen? – Schauert es Dich aber, dass dieses Weib gerade
in diesem *verfluchten Ringe* das Symbol der Liebe bewahrt,
so wirst Du ganz nach meiner Absicht empfinden, und hierin die Macht des Nibelungen-Fluches auf seiner furchtbar-
sten, tragischsten Höhe erkennen: dann wirst Du überhaupt
die Nothwendigkeit des ganzen letzten Drama's »Siegfried's
Tod« erkennen. Das mussten wir noch erleben, um vollkommen das Unheil des Goldes inne zu werden. Warum
Brünnhilde so schnell dem verstellten Siegfried sich fügt?
eben weil dieser ihr den *Ring* entrissen, in welchem sie einzig auch noch ihre Kraft bewahrte. Das Furchtbare, Dämonische des ganzen Auftritts ist Dir überhaupt entgangen:
durch das Feuer, das seiner Bestimmung, wie der Erfahrung
nach – einzig Siegfried durchschreiten sollte und konnte,
dringt – leichter Mühe – ein »andrer« zu ihr: Alles schwankt
zu Brünnhilde's Füssen, Alles ist aus den Fugen; in einem
furchtbaren Kampfe wird sie überwältigt, sie ist »von Gott
verlassen«. Und ausserdem ist es – *Siegfried* in Wirklichkeit,
der ihr gebietet das Lager mit ihm zu theilen – *Siegfried,* den
sie (unbewusst – aber desto verwirrender) trotz seiner Ver-
hüllung an dem leuchtenden Auge – fast – erkennt. (Du
fühlst, hier geht etwas eben *»Unaussprechliches«* vor, und
hast daher sehr Unrecht, mich darüber zum Sprechen zu in-
terpelliren!)

Nun, ich bin gehörig in das Breite gerathen: die Furcht
hiervor war auch der Grund der Verzögerung meines Schrei-
bens. Es war mir beängstigend, dass Du gewisse Züge so
ganz hattest misverstehen können. Klar wurde mir aller-

dings, dass nur das vollendete Ganze im glücklichsten Falle jedem Missverständnisse würde wehren können: da mich denn ein heftiges Verlangen zum Beginn der musikalischen Ausführung erfasste, gab ich mich recht freudig diesem hin, ehe ich Dir schrieb. Die nun beendigte Composition des so schwierigen und wichtigen Rheingoldes hat mir, wie Du siehst, eine grosse Sicherheit wiedergegeben. Wie vieles, bei dem ganzen Wesen meiner dichterischen Absicht, erst durch die Musik deutlich wird, das habe ich nun wieder ersehen: ich kann jetzt das musiklose Gedicht gar nicht mehr ansehen. Mit der Zeit denke ich Dir auch die Composition mittheilen zu können. Für jetzt nur so viel, dass sie zu einer fest verschlungenen Einheit geworden ist: das Orchester bringt fast keinen Tact, der nicht aus vorangehenden Motiven entwickelt ist. Doch hierüber lässt sich nicht verkehren.   [. . .]

Ich kann jetzt nicht anders, als als Künstler noch existiren: alles Uebrige – da ich das Leben, die Liebe – nicht mehr umfassen kann, ekelt mich, oder hat nur in so weit Interesse für mich, als es auf die Kunst Bezug hat. Nun giebt es zwar ein qualvolles Leben, aber es giebt doch das einzig mögliche Leben. Zudem habe ich an meinen Werken merkwürdige Erfahrungen gemacht: wenn ich den leidenvollen Zustand, in dem ich jetzt normal bin, empfinde, kann ich nicht anders, als meine Nerven für ruinirt halten; wunderbarer Weise thun mir aber diese Nerven – wenn es gilt, und mir schöne entsprechende Anregungen kommen – die wundervollsten Dienste; ich bin dann von einer Hellsichtigkeit, von einer Wohlempfindung des Erfahrens und Producirens, wie ich früher es nie gekannt hatte. Soll ich nun sagen, meine Nerven sind ruinirt? Ich kann's nicht. Ich sehe nur, dass der meiner Natur – wie sie sich nun einmal entwickelt hat – normale Zustand die Exaltation ist, während die gemeine Ruhe ihr anormaler Zustand ist. In der That fühle ich mich nur wohl, wenn ich »ausser mir« bin: dann bin ich ganz bei mir. – Wenn Goethe anders war, so beneide ich ihn drum nicht, wie ich überhaupt doch wieder mit Niemand tauschen möchte, selbst mit *Humboldt* nicht, den Du für ein Genie hältst, was ich nicht kann. Am Ende geht es Dir auch so: denn wohl auch Du tauschest vielleicht mit Niemand, woran Du im Grunde sehr recht hättest, – mindestens bewundere ich Dich aufrichtig.

Die Natur liegt mir nicht so fern, als Du glaubst: bin ich selbst auch nicht mehr im Stande, mich in einen wissenschaftlichen Verkehr mit ihr zu setzen. Dafür muss mir *Herwegh* dienen, der auch hier lebt und seit lange ein sehr gründliches Naturstudium treibt: durch ihn, den Freund, erfahre ich gar schöne, wichtige Dinge von der Natur, und sie bestimmt mich in Vielem und Grossem. Nur wenn sie mir das eigentliche Leben, die Liebe – ersetzen soll, so lasse ich sie links: darin bin ich nun, wie Brünnhilde mit dem Ringe. Lieber untergehen, selbst genusslos sein, als meinem Bekenntnisse entsagen. [...]

57 An Emilie Ritter, Dresden

Zürich, den 29. Dezember 1854

Meine liebe Emilie!

Ich habe lange nicht geschrieben:[1] vermuthest Du, dass ich Euch vergessen habe? Gewiss nicht! – Wie oft war mein Gedanke an Euch mein einziges Labsal, ja, mein einziger Stolz! Sollte ich Dir aber von der langen Zeit, wo ich schwieg, Rechenschaft geben, ich wüsste nicht, wo ich anfangen sollte! Wüste und Verwirrung, Thorheit und Begeisterung, – alles liegt wie [in] einem verrückten Traume einmal wieder hinter

---

1 Der vorhergehende Brief an die Mutter, Julie Ritter, seine Gönnerin, die ihn jährlich mit 800 Talern unterstützte, datiert vom 28. Mai 1854.

mir, und nur eine Einsicht ist mir geblieben, – dass ich immer noch nicht lernen wollte – alt zu werden!! –

Die Periode vom Sommer vorigen Jahres, wo Ihr und Liszt bei mir waret, mit allen ihren Folgen und Anregungen, hatte mich doch einmal wieder halb toll gemacht: der Wille zum Leben ward in mir noch einmal ganz wild, ja, wilder als er je gewesen! Ich wollte alles mir fehlende durchaus noch einmal aussen suchen; namentlich, ehe ich an die grauenhaft grosse Arbeit der Composition meiner Nibelungen gehen wollte, war es mir als müsste ich mich erst noch einmal an der Welt zu sättigen suchen: ich wollte durchaus geniessen. Du kennst meine italienische Excursion, und den Jammer, der mir dort ankam[2]; auch von Paris weisst Du etwas.[3] Zu jeder Thorheit war ich aufgelegt; meine Aufregung kannte keine Gränzen. Nun weiss ich nicht, wenn ich auf jene Zeit zurückblicke, soll ich mich beklagen, oder soll ich mich schämen? – Soviel ist gewiss, dass ich von all diesen wahnsinnigen Versuchen mit instinctiver Gewalt, als zur Erlösung, einzig auf meine Arbeit getrieben wurde. Schon in Spezzia hatte ich eine völlige Vision: im Zustande der grässlichsten Nervenleiden, mit einem Ekel vor Allem, was mein Auge erblickte, streckte ich mich am Tage ein wenig aus, um mit geschlossenem Auge der widerwärtigsten Aufregung zu wehren: als ich für einen Moment in den gewissen Halbschlaf versunken war, stand plötzlich die Instrumental-Einleitung zum Rheingold, über die ich zuvor noch nie recht einig mit mir werden konnte, mit einer solchen Klarheit und Bestimmtheit vor mir, dass ich plötzlich begriff, was mit mir

2 Wagner erinnert an den schlechten Gesundheitszustand bei seiner Italien-Reise vom 24. August bis 10. September, bevor er in diesem Brief erstmals die Geschichte vom Entstehen des *Rheingold*-Vorspiels als Vision über ihn hinwegbrausender Wogen im Halbschlaf erfindet. Es ist durchaus vorstellbar, daß er in traumartiger Sphäre diese Eingebung hatte, aber sicher ließ sie ihn weder die Italien-Reise überstürzt abbrechen, noch hat sie den unmittelbaren Kompositionsbeginn des Vorspiels ausgelöst.
3 Der Paris-Aufenthalt vom 9. bis 28. Oktober 1853.

los sei. Augenblicklich beschloss ich meine Rückreise, und
das Aufgeben aller Aussenwelt. Eine Stunde darauf sass ich
im Wagen zur Heimkehr, und mit wahnsinniger Eile jagte
ich über die Alpen zurück. Nun drängte es mich, sogleich
mit meiner Composition zu beginnen: aber das Rendezvous
mit Liszt war gegeben;[4] es war mir schrecklich unbehaglich
dabei: mein Pariser aufenthalt war wieder ein wahnsinniges
Fieber; ich weiss nicht, mit welchen Empfindungen ich daran zurückdenken soll! Endlich zurückgekehrt begann ich
meine Arbeit:[5] sie flog mir von der Hand! Eine vollständige
Wendung meines Inneren erfolgte. Leider waren aber die
Verrücktheiten der letzten Vergangenheit nicht gut zu machen: bei meiner heftigsten Arbeitslust wurde ich wiederholt
durch die widerwärtigsten Beunruhigungen von aussen gestört: Hoffnungen auf schnellere Erfolge in Deutschland
gingen nicht in Erfüllung; immer neckte mich die Strafe dafür, dass ich mir in meinen Beziehungen nach aussen untreu
geworden war. So habe ich denn wieder ein mühseliges, an
ekelhaftesten Leiden reiches Jahr hinter mir: doch hatte ich
nun wenigstens etwas erfasst, das mich aufrecht zu erhalten
im Stande war: meine Arbeit!

So wurde ich denn gestern auch schon mit dem Composi-
tions-Entwurfe der *Walküre* fertig.[6] Das war aber eigentlich
doch wieder eine sehr schmerzliche Arbeit: alles Leiden und
Wehe der Welt erhält darin seinen stärksten Ausdruck, und
jede Situation ist fast ein Uebermaass trostloser Erfahrung.
Nun denke Dir meine Musik dazu! Es ist wahrlich ein Wunder, wie ich sie zu Ende gebracht habe: ich glaube aber, sie
ist sehr schön geworden. So etwas habe ich noch nie gemacht: wenn ich es Euch je vorführe, werdet Ihr mich doch

---

4 Das Treffen mit Liszt in Basel am 6. Oktober 1853 und die Weiterreise nach
  Paris sind gemeint.
5 Am 1. November 1853 begann Wagner mit der Kompositionsskizze zu
  Rheingold.
6 Die Schlußeintragung in die Kompositionsskizze der *Walküre* stammt vom
  27. Dezember 1854.

lieb haben! – Ein Glück, dass jetzt der junge Siegfried kommt: sonst könnte ich am Ende doch nicht mehr weiter arbeiten! Zunächst kostet mich die Instrumentation noch ein halbes Jahr.[7] Im Sommer mache ich dann die Musik zum Siegfried, und zwar auf dem Seelisberg am Vierwaldstätter See. *Dort*, liebe Emilie, habe ich endlich den wonnigen Aufenthalt gefunden, an den ich jetzt schon nur noch mit stiller Sehnsucht denke.[8] Es ist der herrlichste Punkt, den ich in der ganzen Schweiz gefunden: ich denke Juli, August und September dort oben mit meiner Composition zuzubringen, in der göttlichen, erhabenen Einsamkeit, die doch nicht das mindeste Schreckliche hat. Komm' mit! Du sollst mich nicht stören!

Noch ein andres hat jetzt höchst wohlthätig und entscheidend auf mich gewirkt: die Bekanntschaft mit dem Werke des grössten Philosophen unsrer Zeit: Arthur Schopenhauer. Alles, was in mir bereits voll und fertig war, ja, was ich eigentlich in meiner Wodans-Dichtung schon bestimmt dargestellt habe, hat dieser klare, tiefe und gewaltige Geist mir vollends zum sichren Bewusstsein gebracht: die einzig mögliche Erlösung durch die ernsteste Entsagung. Liess jenes Werk: es heisst die Welt als Wille und Vorstellung; (bei Brockhaus erschienen.) Du wirst es verstehen; Du kannst es lesen. Zugleich wird Dir Schopenhauer eine merkwürdige Erscheinung bieten: er ist jetzt 66 Jahr alt, lebt ganz zurückgezogen in Frankfurt, und musste es mit ansehen, dass sein tiefes Werk, welches schon 1819 erschien, vierzig Jahre lang von unsren Lumpen von Philosophen absichtlich ignorirt

---

7 In Wirklichkeit geriet Wagners zügige Planung völlig über den Haufen: die Reinschrift der *Walküre* wurde erst am 23. März 1856 fertig, und der *Siegfried* wurde sogar für viele Jahre im 2. Aufzug unterbrochen und beiseite gelegt.

8 Im Juli 1854 hatte Wagner auf dem Seelisberg, wo seine Frau Minna zur Kur weilte, erstmals seinen Lieblingsplatz in der Schweiz entdeckt und im September 1854 mit der Familie Wesendonck einen Ausflug dorthin unternommen.

wurde, bis ihn neuerdings ein englischer Kritiker in der Westminster-Revue gradeswegs erst entdeckt hat. – Die Mutter soll es auch lesen: Ihr Beide versteht ihn.

So will ich denn sehen, wie ich mit mir noch zu Ende komme! Ob mir mein wildes Herz noch manchen Sturm bereitet, ich kann's nicht wissen, und so lange ich Musik mache, wird's wohl noch nicht so ruhig abgehen: aber, ich denke doch, ein rechter Thor soll ich nicht wieder werden.

Ich sollte eigentlich noch Manches berühren, aber – alles muss doch nicht geschrieben werden: das meiste müsst Ihr euch doch denken. An die Nichtswürdigkeit meines Lebens hier gewöhne ich mich; *wo* würde mir's auch recht gefallen können? Alle Noth steckt doch zum grössten Theil in mir. Auch hilft mir die *Wesendonck* treulich: sie entwickelt sich immer reicher und wohlthätiger für mich; grosse Sorge mache ich ihr – wem, wer mich irgend lieb hat, mache ich die nicht?

Gestern kam mir – drolliger Weise – die Einladung der philharmonischen Gesellschaft in London zu,[9] ihre diessjährigen Concerte zu dirigiren. Ich musste über diese eigenthümliche Verlegenheit lachen; zunächst stellte ich Anfragen und Forderungen in Bezug auf den Charakter dieser Concerte, deren Beantwortung mir erst klares Licht verschaffen soll. Was draus wird, kann ich noch nicht absehen: Ihr sollt es aber sogleich erfahren.

Wenn ich mir nun eine Freude erwarte, so ist es ein recht langer Brief von Dir, liebe Emilie, zu dem Dir hoffentlich der Bruch meines Schweigens Veranlassung geben wird. Schreib' mir nur auch recht viel von der Mutter, wenn sie nicht gar mir selbst sich mittheilen will. Wie oft sehe ich sie deutlich vor mir, mit dem liebevoll-sorgenden Ausdruck

---

9 Die dringliche Einladung, mit der Old Philharmonic Society von März bis Juni 1855 eine achtteilige Konzertreihe mit Werken von Beethoven, Chopin, Mendelssohn, Mozart, Spohr, Weber u. a. zu dirigieren, hatte Wagner am 28. Dezember erhalten. Er ging nach einigem Zögern darauf ein.

ihrer Mienen, so wie sie damals von mir fortfuhr. Ich kann
daran nie denken, ohne in Thränen auszubrechen! Weiss sie
denn recht, was sie mir ist?? Ich erstarre fast vor Staunen,
wenn ich es so recht empfinde! – Grüsse sie, wie Du sie nur
grüssen kannst!!

– Du bist nun schon immer mir nahe: wenn ich am Klavier componire, breitest Du Dich mir zu Füssen aus; wenn
ich mich dann ausruhe, stützest Du meinen Kopf. Habe ich
Dir für das Kissen noch nicht gedankt? Gewiss, Du hast's
vielleicht nur noch nicht vernommen. Drum lass' es Dir
heute noch einmal recht deutlich sagen, dass Deine Liebe
mir ein unermessliches Labsal ist! Glaub' das!

Und nun leb' wohl! Denke immer gut und freundlich von
mir: ich will's immer mehr verdienen. –

Leb wohl, und erfreue mich bald durch eine recht liebe
Nachricht!

Zürich   Dein
29 Dez. 54.   Richard W

58 An Minna Wagner, Zürich

Paris, den 1. März 1855

O, Du arme, gute Frau!

Ach, und ich armer, dummer Mann! Schon in Baden wollte
ich umkehren; dann in Basel, – und nun erst hier in Paris!
Mein Heimweh ist kaum zu besiegen, und wahrscheinlich
davon bin ich ganz krank. – Dienstag Nacht um 11 Uhr kam
ich erst in das Hôtel: der *stillen* Boulevards wegen habe ich
eine Hinterkammer im Hôtel Montmorency genommen. An
Schlaf war die Nacht nicht zu denken (wie in der vorherge-

Minna Wagner. Gemälde von Otterstedt. 1835
(Burrell Collection, Philadelphia)

gangenen im Postwagen ebenfalls nicht!) Gestern befand ich
denn so sehr übel, dass an ein Weiterreisen am Donnerstag
gar nicht zu denken war: da ich am *Freitag* nicht nach London reisen darf, so wird's wohl Sonnabend werden, ehe ich
an's Ziel komme. Gestern verbrachte ich den ganzen Tag mit
Schlafsuchen zu: spät ging ich erst aus, traf Kietz nicht, und
will ihn nun heute aufsuchen. Die Nacht ging's etwas besser: ach! wenn ich nur wenigstens erst wieder an meiner Arbeit wäre, von der ich nun schon so lange abgehalten bin!
Wahrlich, London ist mir nur lieb, weil ich dort recht bald
wieder an der Arbeit zu sein hoffen darf.[1] –

Ich bin wie im Traum: keinen Gedanken kann ich fassen,
als dass es doch eigentlich ein schreckliches Opfer ist, dass
ich nach London gehe!

Und Du, arme Frau, sitzest nun wieder allein! halte mich
ja ein andres mal recht, dass ich nicht wieder fortgeholt werde! Gewiss, ich bedaure auch Dich! Nun musst Du mit
Knackerchen allein vorlieb nehmen: kaum, dass Peps etwas
helfen wird![2]

Ach, ach, ach!! –

Jetzt will ich meine Pariser aufsuchen:[3] vielleicht schreibe
ich Dir morgen vernünftiger: heute bin ich noch ganz schlaf-
süchtig und aufgeregt: Du kennst den bösen Zustand! –

Leb' wohl, gute liebe Frau!

Sei recht ruhig und denke: »weiss Gott, zu 'was Gutem es
führt!« So will ich auch denken, und sehen, wie weit ich
komme!

Grüss' unsre Freunde herzlichst: in Basel hatte ich keine

---

1 Wagner hatte sich zwar seine Arbeit, die Partitur zur *Walküre*, auf die Kon-
   zerttournee nach London mitgenommen, kam aber nicht dazu und bedauer-
   te immer mehr, nicht zu Hause beim Komponieren geblieben zu sein.
   Schließlich verwünschte er die ganze Londoner Konzertreise als bloße Zeit-
   verschwendung.
2 »Knackerchen« war der Papagei, »Peps« der Hund der Familie.
3 Besucht hat Wagner die alten Freunde: den Maler Kietz, den Bibliothekar
   Anders und den Arzt Dr. Lindemann sowie seinen Schwager Avenarius.

Zeit zum Telegraphen, sonst hätte ich Dir noch einmal Adieu gesagt!

Adieu! tröste Dich, so gut es gelingen will, und – wünsche auch mir bessere Laune!

Gott, wenn ich heute dirigiren sollte! Froh bin ich nur, dass ich noch fast gar nicht gesprochen habe, und namentlich von Tannhäuser nicht!

Leb' wohl, und behalte mich einmal recht, recht lieb!!

Dein
Richard

59 An Otto Wesendonck, Zürich

London, den 5. April 1855

Lieber Onkel!

[...] Sie wollen Zeitungen haben? Ja, aber was soll denn drin stehen? Etwas, womit Sie den Leuten über meine hiesigen Erfolge Sand in die Augen streuen können? Dazu würden einzig *Illustrated News* und *Daily New's* taugen:[1] diese werden von dem bezahlten Secretär der Philharmonic, Mr. Hogarth, mit anerkennenden Artikeln über die Concerte der Gesellschaft, somit auch über meine Leistungen, versorgt. Einige andere Rezensenten finden den Ton der Herren *Dawison* und *Chorley* zu impertinent, und geben deshalb vermittelnde Berichte, worin mir dieses und jenes Gute gelassen, dafür aber auch dieses und jenes Schlechte

---

1 In beiden Zeitungen wurden die von Wagner dirigierten Konzerte mit der Old Philharmonic Society wohlwollend rezensiert; andere Zeitungen schrieben boshafte Kritiken.

nicht abgestritten wird. Die Möglichkeit, mich zu beurtheilen, ja nur unbefangen zu hören, was ich zu hören gebe, muss ich jedem abstreiten. Am besten wissen aber jene beiden Genannten, *was* sie wollen: sie sind bezahlt, mich nicht aufkommen zu lassen, und verdienen sich somit ihr tägliches Brod, was in London nicht so wohlfeil ist, als mancher Amerikaner[2] glaubt. – Von der Nichtswürdigkeit, Unverschämtheit, Bestochenheit und Gemeinheit der hiesigen Presse ist Jeder, der hier lebt, so innig überzeugt, dass ich – aufrichtig gesagt – mich nicht gern auch nur mit dem Anfassen solch eines Blattes besudle. Wer etwas versteht und wirklich eine unabhängige Ueberzeugung hat, mischt sich nie unter dieses Juden Gesindel. So ist mir denn auch versichert worden, dass ein gewisses befangenes Umlenken von Seiten des Berichterstatters[3] in der *Morning Post* nach dem *zweiten* Conzerte vorausgesehen worden sei, und zwar eben weil *Times,* u. s. w. so schonungslos über mich hergefallen wären, was jenen zur Vorsicht nöthigte, weil keiner es ganz mit dem Andern verderben will: denn es kommen endlich die Gelegenheiten, wo sie sich einander zu dienen haben. Nur der Redaction der *Times* selbst scheint *Dawison's* Invective zu stark und grob gewesen zu sein, weshalb sie seinen Bericht über das zweite Conzert nicht aufgenommen haben soll. Möglich ist nun, dass dieser unerwartete Fall das nächste Mal wieder ermuthigend auf die andern Blätter wirkt, und wieder ein Vorgehen zu meinen Gunsten bemerkbar würde: möglich, dass auf diese Weise, und bei fortgesetzt günstiger Stimmung des eigentlichen Publikum's am Ende Alles sich zu meinen Gunsten kehrt, wozu dieses oder jenes Monoeuvre der Philharmonic selbst – die für ihr eigenes Bestehen kämpft – viel beitragen könnte: möglich somit, dass Sie Recht hätten, zu sagen: »so ist es einmal, und das ist

---

2 Eine Anspielung auf Otto Wesendoncks geschäftliche Aufenthalte in Amerika.
3 William Howard Glover.

der Welt Lauf, und so kommen Sie endlich doch zur – Anerkennung.« Alles möglich! Aber ich –? welchen Zweck habe ich dabei? Symphonien aufzuführen, was ich – aufrichtig gesagt – in Zürich nur ausnahmsweise und *Euch* zu Lieb zu meinem Métiee gemacht habe –:[4] und was noch? den Tannhäuser-Marsch und eine Ouvertüre von mir? Und dann?? – Es ist gut. –

Meine – wie Sie sehen – nicht ganz süsse Stimmung, kommt keinesweges daher, dass *ich* mir hier etwas erwartet hätte, worüber ich nun etwa enttäuscht wäre: sondern, dass Andre fortfahren aus einem ganz unfruchtbaren Conflicte meines Wesen's mit einem mir gänzlich fremden Wesen etwas zu erwarten. Ich für meine Person habe bereits die nöthige Ruhe gefunden, der Sache mit Gleichgültigkeit und Ironie zuzusehen, und abzuwarten bis das Ding ein Ende hat. Es wird schönes Wetter werden, ich werde häufig die wilden Thiere sehen, und endlich werde ich mit ein paar ersparten Pfennigen heimziehen. Was will man mehr? –   [...]

Die eigentliche Wonne der Engländer ist aber das Oratorium: da wird ihre Musik der Interpret ihrer Religion – passez moi le mot![5] – Vier Stunden sitzen sie in Exeter-Hall, und hören eine Fuge nach der andern an, in der sichern Ueberzeugung, nun ein gutes Werk verrichtet zu haben, wofür sie einst im Himmel nichts wie die schönsten italienischen Opern-Arien zu hören bekommen werden. Diesen tief brünstigen Drang des englischen Publikum's hat Mendelssohn so schön verstanden, und ihm Oratorien componirt und dirigirt, wofür er denn nun auch der eigentliche Heiland der englischen Musikwelt geworden ist: Mendelssohn ist den Engländern vollkommen das, was den Juden ihr Jehovah ist. Jehovah's Zorn trifft mich Ungläubigen denn auch jetzt; denn Sie wissen, dass unter andern grossen Eigen-

---

4 Wagner erinnert an die Konzerte in Zürich, die er aus ganz anderen Gründen und nicht zum Gelderwerb veranstaltet hatte.
5 Verzeihen Sie das Wort!

schaften dem lieben Gotte der Juden auch sehr viel Rach-
sucht zugeschrieben wird: Dawison ist der hohe Priester
dieses Gottes-Zorn's. – Was meint die Tante[6], wenn ich ein
Oratorium für ExeterHall schriebe? – [...]

60 An Minna Wagner, Zürich

London, den 20. April 1855

Allerschönsten guten Tag, und Dank für den heutigen Brief,
den ich wohl ziemlich zu derselben Stunde erhielt, als Du
den meinigen von vorigen Dienstag! Ich klappe soeben meine Arbeit zu, mit der es doch nur sehr langsam vorwärts
geht, um Dir vor dem Ausgehen noch ein paar Zeilen zu
schreiben: auch medizinire ich heute; die Londoner Diät
macht mir doch endlich ziemliche Beschwerden, und da hat
man mir denn ein paar Pillen angerathen, die etwas Luft machen und der Lunge Freiheit verschaffen sollen: so bin ich
denn heute zu sehr stürmischem Besuche eines gewissen
niedlichen Kämmerchens mit einem einzigen Stuhle, der
noch dazu ein grosses Loch hat, verurtheilt, was mich etwas
angreift. Ich denke aber, es soll gute Folgen haben, und mir
auch meinen Nachtschlaf wieder geben. Gestern früh, als
der erste Morgen grau'te, wälzte ich mich wieder schlaflos
im Bette herum, und wartete auf meine Nachtigall; diese
schwieg, dafür hörte ich aber plötzlich ein grässliches Gebrüll vom zoologischen Garten her. Ich erkannte sogleich
den einen ungezogenen Löwen, der mich diessmal statt der
Nachtigall unterhalten wollte; ich musste wahrlich über den
ungeschlachten Kerl lachen, der sich vermuthlich einbildete,

6 Mathilde Wesendonck.

wie Zettel im Sommernachtstraum, so sanft wie eine Nachtigall zu brüllen, und herzlich gern sagte ich: noch einmal
brüllen, Löwe! was er denn auch that und bis heute fort-
setzt, so dass er mich öfters wieder bei der Arbeit unterbrach; als nun noch schändliche Musikanten dazu kamen,
und vor dem Hause »guter Mond, du gehst so stille spiel-
ten«, dachte ich endlich – Du willst es aufgeben, und dafür
die Geschichte der Minna schreiben, die ja auch schön brüllen und »guter Mond« singen kann. Was denn hiermit geschieht.[1] –

Gestern holten mich Eschenburg und Gerber ab, zu den
Thieren, die uns wieder sehr unterhielten: besonders zog
mich diessmal unter den Vögeln eine wundervolle Nachtigall von Neu-Seeland (im Südmeere an) die uns leidenschaftlich ansang und ihre Liebesnoth in ganz herrlichen Tönen
klagte, die mir heute noch in den Ohren klingen. Du siehst,
was ich hier unerwartet für musikalische Anregungen erhalte! Wir speisten dann in Picadilly; beim Nachhausegehen
hatten wir dann aber grosse Noth! In der italienischen Oper
wurde zu Ehren des Besuchs der Königin und des Kaisers
der Franzosen[2] *Fidelio* (italienisch) gegeben: nun war schon
überall, wo die gewaltigen Herrschaften auf ihrer Fahrt nach
dem Opernhause durchsollten, von einer gräulichen Masse
Menschen Spalier gebildet; auf Brettern und Kisten stand
das erhabene und stolze England, um den Chef der französischen Gensd'armes, Juden und Pfaffen mit ihrem Enthusiasmus zu unterhalten: illuminirt war, und Transparents flim-
merten »welcome Napoleon«, dass einem die Augen vergin-
gen. Da mussten wir nun durch, über die Strasse; natürlich
glaubten die Leute, als wir uns endlich durchdrängten, wir

---

1 Diese Anekdote ist insofern interessant, als sie mit jenem Detail in der
  Handlung des *Siegfried* korrespondiert, wo Siegfried mit seinem Horn Ant-
  wort auf die lustige Weise des Waldvogels geben will, statt dessen aber das
  Gebrüll des Riesenwurms Fafner zu hören bekommt, der sich in seinem
  Schlaf auf dem Hort gestört fühlt.
2 Napoleon III.

wollten uns nur nach vorn machen um den besten Platz zu
haben, was sie natürlich sehr entrüstete. *Ich* bekam unter
andern einen furchtbaren Puff mit der Faust in den Rücken:
als ich mich umsah, war diess ein grauköpfiger, sehr ansehn-
licher Gentleman, dem ich verbindlich ein »thank you, Sir«
zurief. Dem Eschenburg war aber eine sehr schöne Quaste
von einem Damenmantel am Knopfe hängen geblieben, so
dass der doch wenigstens etwas davon hatte. – Morgen bin
ich von *Hogarth,* der als Journalist Plätze bekommt, in die
italienische Oper zu demselben Fidelio mit der *Ney*[3] eingeladen; gestern wurden die Stalles d'orchestre mit *15 Pfund*
bezahlt, was mich etwas genirt hätte, denn leider habe ich
jetzt etwas viel schon ausgegeben, für den Dir bereits gemel-
deten Sommerüberzieher, 1 Dutzend Strümpfe u. s. w., so
dass ich sehr aus meiner Regel gekommen bin. Diese besteht
nämlich darin, dass ich mir für jede Woche 5 Pfund aus dem
grossen Beutel der Tante Wesendonck nehme. Im Hause habe ich gewöhnlich gegen 4 Pfund zu zahlen, so dass mir immer etwa ein Pfund für ausser dem Hause übrig bleibt, was
eben nur für Fuhrwerk und sonstige kleine Ausgaben ausreicht. Kaufe ich nun einmal Vorrath, wie Wein, Schinken,
Suppenbouillon, oder schaffe ich mir gar etwas an, so muss
ich gleich ein Wochengeld anreissen, und somit komme ich
sehr aus dem Gleichgewicht, was mich über meine projectir-
ten Ersparnisse oft bedenklich stimmt. Soviel ist gewiss,
wenn ich nur etwas erträgliches mitbringen will, muss ich
mich mit Theatern und Ausflügen ganz verdammt knapp
halten. –   [...]

---

3 Die österreichische Sopranistin Jenny Ney wirkte in Prag, Wien und 1853 in
   Dresden.

London, den 16. Mai 1855

Herzlichst danke ich Dir, liebster Franz, für Deinen lieben Brief, auf den ich recht lange schon gewartet hatte! Die Aussicht, die Du mir eröffnest, im September Dich endlich einmal wieder zu sehen, ist mir das einzige Licht für die Nacht dieses traurigen Jahres. Ich lebe hier, wie ein Verdammter in der Hölle. So tief habe ich nicht geglaubt wieder sinken zu müssen! Wie elend ich mir vorkomme, in diesem mir ganz widerwärtigen Verhältnisse auszuhalten, lässt sich nicht beschreiben, und ich erkenne, dass es eine reine Sünde, ein Verbrechen war, diese Londoner Einladung anzunehmen, die in allerglücklichsten Falle mich doch immer nur weit ab von meinem eigentlichen Wege führen konnte. Ich habe gewiss nicht nöthig, über meine hiesige Lage mich breit gegen Dich auszulassen: sie ist die consequente Folge der grössesten Inconsequenz, die ich jemals begangen. Diese hat mich dahin geführt, ein englisches Conzertprogramm (!)[1] abdirigiren zu müssen: damit ist alles gesagt! Ich bin mitten hinein in einen Sumpf von Convenienzen und Gewohnheiten getreten, in dem ich nun bis über die Ohren stecken bleiben muss, ohne das mindeste frische Wasser zu meiner Erquikkung hinein leiten zu können. »Mein Herr, das ist man nicht gewohnt« – das ist das ewige Echo, was ich höre! – Auch das Orchester kann mir keine Entschädigung bieten: es besteht fast nur aus Engländern, d. i. geschickten Maschinen, die nie in den rechten Schwung zu setzen sind; das Handwerk und das Geschäft ertödten Alles. Ein Publikum, welches – wie

---

1 Die bunten Mischungen der Konzertprogramme in London unterschieden sich keineswegs von denen auf dem europäischen Festland und bestanden aus Instrumental- und Vokalstücken, bei denen zumeist die verpflichteten Solisten ihre Stücke selbst bestimmten.

mir allgemein versichert wird – sehr für mich eingenommen
ist, und doch niemals aus sich heraus gebracht werden kann,
das Ergreifendste ganz so wie das langweiligste hinnimmt,
ohne irgend wie zu verrathen, dass es einen wirklichen Eindruck empfangen habe. Dazu dieser lächerliche Mendels-
sohn-Cultus, die ganze freche Scheinheiligkeit dieses absur-
den Volkes. – Aber auch, wenn diess alles etwas besser wäre,
– was habe ich mit solchen Conzerten zu thun? Es ist ja
nicht meine Sache! Etwas ganz andres ist es, wenn ich einigen begierigen Freunden dann und wann einmal eine Beet-
hovensche Symphonie aufführe: aber so ein wohlbestallter
Conzert-Dirigent zu sein, dem man die Partituren von Con-
zertstücken etc. in das Haus schickt, damit er den Tact dazu
schlage – das muss ich ja als tiefste Schmach empfinden!
Diess eigentlich, nämlich das ganze Ungeeignete meiner
Stellung, war es, was mich nach dem 4ten Conzerte endlich
zu dem Entschlusse drängte, meine Demission zu verlangen.
Natürlich ward mir das sogleich wieder ausgeredet, und
vorzüglich die Rücksicht auf meine Frau, die dieses plötzliche Aufgeben, mit Allem was darüber geschrieben worden
wäre, mit grosser Betrübnisse aufgenommen haben würde,
bestimmte mich, bis zum letzten Conzerte auszuhalten. Was
das aber nun für eine Höllenmarter für mich ist, kann ich
kaum sagen: Alle Lust zur Arbeit schwindet mir immer
mehr dahin; ich wollte in den 4 Monaten hier die Partitur
der »Walküre« vollenden, wovon nun schon gar keine Rede
mehr ist; ich werde nicht mit dem 2ten Acte fertig werden, so
grässlich entgeistigend drückt diese lasterhafte Lage auf
mich. Im July wollte ich auf dem Seelisberge am Vierwaldstätter-See den jungen Siegfried beginnen: ich denke schon
daran, diesen Beginn bis an das nächste Frühjahr hinauszu-
schieben! – Diese Arbeits-Unlust ist das schlimmste. es ist
mir, als ob mit ihr auch die ewige Nacht über mich herein-
zöge: denn was habe ich noch in dieser Welt zu thun, wenn
ich nicht arbeiten kann? –
    Durch diese Hölle begleitet mich nun die Lectüre des

»Dante«, zu der ich früher noch nie kam.[2] Durch sein Inferno bin ich durch, und befinde mich jetzt an der Pforte des Fegefeuers. Wahrlich, ich bedarf dieses Fegefeuers: denn, wenn ich es recht überlege, hat mich ein wahrhaft sündhafter Leichtsinn nach London geführt, den ich jetzt mit Inbrunst abzubüssen habe. Ich muss, ich muss resigniren: mit meiner Erkenntniss bin ich schon lange zur Nothwendigkeit der Resignation – im weitesten Sinne – hingeleitet; nun muss ich aber noch diesen schrecklich wilden Lebenstrieb ganz unterjochen, der meine Einsicht immer wieder trübt und mich in ein Chaos von Widersprüchen wirft. So will ich denn hoffen, aus dem Fegefeuer noch einst in das Paradies zu gelangen: die frische Luft meines Seelisberges verhilft mir vielleicht dazu. Ich leugne nicht, dass ich gern dort Beatrice[3] träfe! –

Sonst geht immer alles auch schief und quer, der arme Klindworth ist immer sehr krank gewesen, und es ist mir dadurch, dass ich nichts mit ihm unternehmen konnte, eine grosse Erheiterung entzogen worden; jetzt geht es ihm etwas besser, aber spatziren gehen darf er noch nicht mit mir.

Mein ganzer Umgang beschränkt sich, ausser ihn, auf *Sainton,* dem ersten Violinisten (der auch meine unglückselige Berufung veranlasste)[4] und einem gewissen *Lüders,* der mit diesem zusammenwohnt; beide sind mir feurig ergeben, und thun ihr möglichstes, um mir den Aufenthalt angenehm zu machen. Ausserdem gehe ich auch oft zu *Präger,* einer guten Seele. Neuerdings hat sich mir ein Hr. Ellerton, reicher Dilettant, recht herzlich angeschlossen: er hat meine

2 Als Lektüre hatte sich Wagner Dantes *Divina Commedia* (um 1307–21) mitgenommen.

3 Ob Wagner in Dantes Jugendliebe Beatrice (»Beglückerin«), die in der *Divina Commedia* zum Frauenidol stilisiert ist, das Bild Mathilde Wesendoncks sah, ist Spekulation.

4 Der aus Toulouse stammende Prosper Sainton, Konzertmeister des Orchesters der Old Philharmonic Society, war der eigentliche Initiator von Wagners Berufung nach London.

Opern in Deutschland gehört, und mein Porträt seit 2 Jahren bei sich aufgehängt; er ist der erste Engländer, der sich nicht sonderlich viel aus Mendelssohn macht. Ein feiner, liebenswürdiger Kopf. –

Klindworth hat den Klavierauszug vom 1^n Act der Walküre gemacht, den er famos spielt; leider habe ich hier vollends meine Stimme verloren, und kann nicht mehr recht singen. Ich fürchte, ich werde Dir damit ebenfalls nicht sonderlich dienen können. Dafür wirst *Du* nächsten September recht herhalten müssen: Du bist mir auch am meisten schuldig, Du zurückhaltender Mensch. Wenn ich mich auf etwas, was mir kommen soll, noch recht freue, wie auf ein reines Glück, so ist es auf die Bekanntschaft mit Deinen neuen Compositionen durch Dich![5] Vergiss mir ja nichts davon. Zu Deiner Messe[6] gratulire ich Dir von Grunde des Herzens: das muss gewiss etwas ganz Herrliches sein. Mögest Du in Gran viel Freude daran erleben! –

Und was macht die Kapellmeisterin[7]? Leidvoll und freudwohl? Bewahrt sie immer noch ihren hellen Enthusiasmus? – Und Beatrice? ich will sagen – das Kind[8]? Grüsse sie tausendmal von mir!!! –

Was treibt denn nur der Clavier-Hans[9]? der schreibt mir gar nicht mehr! Wie es scheint, gründet er jetzt mit Truhn[10] eine neue Welt: – Glück auf! Ich will froh sein, wenn ich mit der alten fertig bin! –

---

5 Bei seinem nächsten Besuch in Zürich wollte Liszt seinen »symphonischen Kram und Gram« mitbringen.

6 Die *Missa solemnis* von Franz Liszt wurde am 31. August 1856 zur Einweihung der Basilika von Gran, heute Esztergom in Ungarn, vom Komponisten uraufgeführt (daher der Übername *Graner Messe*).

7 Carolyne von Sayn-Wittgenstein.

8 Marie von Sayn-Wittgenstein.

9 Hans von Bülow.

10 Friedrich Hieronymus Truhn, Komponist und Chorleiter, ehrenhalber zum Königlichen Musikdirektor in Berlin ernannt, zeitweise Mitarbeiter der *Neuen Zeitung für Musik*; er komponierte für Wagners Nichte Johanna das Monodrama *Cleopatra* (1853).

Leb' wohl, liebster einzigster Freund! Glaub' nur, dass der Gedanke an Dir mir immer nur wie eine Wonne in das Herz kommt! – Hab' Dank für Deine Liebe! –

Leb' wohl!
Dein RW.

62 AN MINNA WAGNER, ZÜRICH

London, den 12. Juni 1855

Ach Gott, liebes Mienel, ich bin ganz heisser vom vielen mit-der-Königin Reden![1] Erst frug sie mich, was Peps[2] macht? dann: ob Knackerchen[3] artig wäre? dann: ob ich meiner Frau 'was mitbrächte? – endlich frug sie nach Sulzer, und ob Baumgartner wirklich letzthin umgeschmissen hätte? und so ging's in einem fort. Nun kannst Du Dir denken, wie viel ich darauf zu erwidern hatte; kurz ich kann heute kein Wort mehr herausbringen.

Glaube ja nicht, dass das Spass wäre: es ist alles Ernst, und die Königin von England hat sich sehr lange mit mir unterhalten. Auch kann ich Dir versichern, dass sie *nicht* dick ist, aber sehr klein und gar nicht hübsch, mit leider etwas rother Nase: doch hat sie etwas ungemein freundliches und zutrauliches, und wenn sie wohl auch durchaus nicht bedeutend ist, so ist sie doch angenehm und liebenswürdig.

---

1 Wagners 7. Konzert mit der Old Philharmonic Society am 11. Juni 1855
   wurde von der englischen Königin Victoria und ihrem Prinzgemahl Albert
   besucht. In der Pause lud die Königin den deutschen Dirigenten zu sich in
   die Königsloge zum Gespräch ein.
2 Wagners Hund.
3 Wagners Papagei.

Sie liebt Instrumental-Musik nicht, und wenn sie so ein
langes Conzert besucht – was durchaus nicht jedes Jahr der
Fall ist – thut sie das nur ihrem Manne[4] zu lieb, der mehr
Musik treibt und die deutsche Instrumentalmusik gern hat.
Diessmal scheint sie aber wirklich etwas Eindruck empfangen zu haben: Sainton, der sie von seinem Pulte aus immer
im Auge hatte, versicherte, dass sie mit ganz ungewohntem
und gesteigerten Interesse meiner Direction und den Aufführungen gefolgt sei; namentlich aber hätten sie und Prinz
Albert bei der Tannhäuser-Ouvertüre sich ganz erhitzt; Soviel ist gewiss, dass *beide* am Schlusse der Ouvertüre mich,
der ich mich herumdrehte, recht herzlich applaudirten, und
mich dabei recht lachend freundlich ansahen; natürlich liess
sie das Publikum nicht sitzen und honorirte mich diessmal
mit einem sehr bestimmten, allgemeinen und andauernden
Beifall. Es war diess am Schlusse des ersten Theiles des Conzertes, und der Hof zog sich darauf in ein Erfrischungs-
Zimmer zurück, wohin ich denn alsbald berufen und zu
nächst dem Lord-Chambelan[5] zur Vorstellung überliefert
wurde. Diesen Lord behandelte ich sehr en bagatelle; dagegen muss ich gestehen, dass vor dieser so freundlichen und
gemüthlichen Königin, als sie mir ganz traulich versicherte,
sie freue sich meine Bekanntschaft zu machen, ich mich
recht herzlich gerührt fühlte; weil mir unwillkürlich meine
äussere Stellung zu ihr einfiel, die doch wirklich nicht
schwieriger und befangen machender sein kann. Ich, der ich
in Deutschland von der Polizei wie ein Strassenräuber verfolgt werde, dem man in Frankreich Passschwierigkeiten
macht, werde von der Königin von England vor dem aristo-
kratischesten Hofe der Welt mit der ungenirtesten Freundlichkeit empfangen: das ist doch ganz hübsch! Ich stand
auch nicht an, ihr diess ganz treuherzig zu verstehen zu ge-

---

4 Prinz Albert von Sachsen-Coburg-Gotha, Prinzgemahl seit 1840.
5 Wagner meint den »Lord Chamberlain«, den Vorsteher des königlichen
  Hofstaats.

ben, worauf sich ein längeres Gespräch über meine Opern
entspann, in welches sich Prinz Albert – ein sehr schöner
Mann! – mit einer recht angenehmen Theilnahme mischte.
Der Meinung der Königin, dass meine Sachen doch vielleicht in das Italienische übersetzt werden können, um hier
auf der italienischen Oper gegeben zu werden, entgegnete
der Prinz ganz verständig, dazu würden sich meine Texte
wohl nicht eignen, und namentlich verstünden die italienischen Sänger gewiss nicht, sie zu singen. Dagegen sagte die
Königin ganz naiv – »aber die meisten Sänger an der italienischen Oper sind ja jetzt Deutsche, sie brauchten demnach
nur in ihrer Muttersprache zu singen.« Wir mußten lachen,
und ich erwiderte darauf, dass leider auch die deutschen
Sänger sich sehr verdorben hätten, und ich – wenn ich einmal das grosse Werk, an welchem ich jetzt arbeitete, aufführen wollte – im Ernst darauf denken müsste, mir meine Leute erst herauszubilden. Das verstanden sie wohl nicht ganz,
doch äusserten sie sich theilnehmend, sagten mir noch, dass
sie über die Ouvertüre ganz entzückt wären; worauf ich
noch für die Bestellung derselben dankte,[6] und beiden versicherte, dass sie mich durch diesen Beweis ihrer Theilnahme
sehr erfreut hätten. – Und so war es wirklich: denn dieser
Abend hat mir, wenn er auch keinen weiteren äusseren Erfolg nach sich ziehen kann, doch eine recht angenehme Genugthuung gegeben, so dass ich doch mit einem etwas ver-
söhnten Gefühle von London scheiden kann. Am Schlusse
des Conzertes applaudirten Beide mir wieder recht freundlich in das Gesicht (sie sassen nämlich vornen an, ganz dicht
am Orchester), und zogen dadurch einen längeren Applaus
des Publikums nach sich. – Meine paar hiesigen Freunde, die

6 Prinz Albert hatte den Wunsch geäußert, den »Marsch« aus *Tannhäuser* im
  Konzert, das er mit der Königin besuchen würde, zu hören. Wagner allerdings machte künstlerische Einwände hinsichtlich der Wirkung dieses Mu-
  sikstückes geltend und empfahl seinerseits in einem Brief an Prinz Albert
  vom 5. Juni 1855 die Ouvertüre zu dieser Oper, die dann auch gespielt
  wurde.

sich nachher noch bei mir vereinigten, schwammen in Wonne. Präger hatte mir eine weisse Cravatte geliehen: die will er sich aufheben, zum Andenken daran, dass ein deutscher Demagoge darin der Königin von England das »God save the Queen« hat aufspielen lassen. Als die Königin eintrat, musste nämlich das »god save« gespielt werden, und ich hatte den Takt dazu zu schlagen. Ich dachte, jetzt könnte mich die deutsche Polizei ruhig passiren lassen! –

Im Grunde genommen hat mich dieses Ereignis hauptsächlich Deinetwegen gefreut, weil ich wusste, dass Dich der Bericht davon sehr angenehm berühren würde: bist Du für mich nach Ehre begierig, so ist mir diess diessmal in vollem Maasse zu Theil geworden, und jedenfalls bin ich heute sehr beneidet. Die Presse wird lange zu thun haben, bis sie diese mir gegebene Revanche verwürgt haben wird: die Wuth der Rezensenten mag grenzenlos sein. [...]

Von meinen schönen Atlashosen hatte die Königin auch schon gehört: ich muss ihr sie in's Schloss schicken, damit sie dem Pr. Albert welche darnach machen lassen kann. Ich bezweifle, dass sie ohne Jungfer *Breck* gelingen werden. –

Nach Wesendonck's frug die Königin auch: ob es denn wahr wäre, dass sie ihr Landgut Hochwyl[7] nennen wollten? u. s. w.

---

7 Wesendoncks hatten tatsächlich vor, ihre Villa in Zürich so zu nennen, während Wagner »Wesenheim« vorgeschlagen hatte.

Zürich, den 16. Mai 1856

Ew. Majestät

grösster Huld und Nachsicht vertrauend, wagt es ein Mann, dessen einstiges Verhalten ihn nothwendig im Lichte eines politischen Verbrechers erscheinen lassen musste, Allerhöchst deren Aufmerksamkeit für den Versuch einer Erklärung jenes Verhaltens in Anspruch zu nehmen, wie er ihn für nöthig hält, um ein damit verbundenes unterthänigstes Gesuch[1] einigermaassen zu unterstützen.

Als ich vor nun bereits sieben Jahren mich entschloss, lieber in das Ausland zu flüchten, als daheim mich dem Gerichte zu stellen, um der vor ihm gegen mich erhobenen Anklage Rede zu stehen, bestimmte mich hierzu weniger die Annahme, dass es mir unmöglich sein würde mir ein schonendes Urtheil zu erwirken, als vielmehr eine gründliche Verzweiflung daran, dass es mir, selbst bei vollkommener Wiederherstellung meiner früheren Verhältnisse, verstattet sein könnte, denjenigen Ansichten, die sich in mir zu einem Ideal für Kunst und Leben gebildet hatten, Geltung und Raum zur Verwirklichung zu verschaffen. Ueber die Kunst in ihrem höchst benachtheiligenden Verhältnisse zu unsrer herrschenden Oeffentlichkeit, war ich im Laufe der vorhergehenden Jahre zu bestimmten, und zugleich so niederschlagenden Vorstellungen gelangt, dass ich, nach verschiedenen stets fruchtlosen Versuchen, innerhalb der mir in Dresden gewordenen Stellung meinen Ansichten und Wünschen Gehör und Folge zu verschaffen, endlich durch die Einsicht,

---

1 Es handelt sich hier um Wagners erstes offizielles Gnadengesuch zur eigenen Amnestie wegen seines Verhaltens während des Maiaufstandes von 1849 in Dresden und der daraus resultierenden steckbrieflichen Verfolgung durch die sächsischen Polizeibehörden.

wie diess überhaupt innerhalb unsrer geltenden Verhältnisse durchaus unmöglich sei, mich zu einem, meinem inneren Bewusstsein immer klarer sich herausstellenden Bruche mit jenen Verhältnissen selbst mich getrieben fühlte, wobei ich schliesslich nur noch diese, keinesweges aber wahr wie zuvor, die Personen in das Auge fasste. Nichts konnte dieser Stimmung nun wohl eine ausschweifendere Richtung geben, als die damals eintretende heftige Bewegung des politischen Lebens: wandte ich mich auch nie zu einer bestimmten politischen Partei, und theilte ich auch weder die spezifischen Theorien, noch Entwürfe und Hoffnungen derselben, so nahm mich doch der Glaube an eine gänzliche Umgestaltung der politischen, und namentlich sozialen Welt allmählich so stark ein, dass ich mit einer Neugestaltung derselben mir zu schmeicheln begann, wie ich sie brauchte, und in ihr mein ideales Verhältniss der Kunst zum Leben verwirklicht zu denken. Der Politik und den Tageserscheinungen auf ihrem Gebiete näherte ich mich hierbei nur so weit, als es mir daran gelegen war, die künstlerische Tendenz meines Strebens der materielleren Richtung derselben einzuprägen: nie jedoch gab ich mich einer ernsteren Theilnahme an irgend einer bestimmten politischen Unternehmung hin. Dennoch war diess hinreichend, mich gegen die Verhältnisse, in denen ich lebte, endlich durchaus rücksichtslos zu machen, so dass ich alle Besonnenheit, wie sie zur Erhaltung derselben nöthig war, verlor, und dadurch allerdings somit gerieth, meine persönliche Lage schliesslich als unhaltbar erkennen zu müssen.

Wie nun demnach mein Benehmen während der, von mir übrigens in keiner Weise vorausgesehenen Dresdener Unruhen ausfallen musste, so war ich mir hierbei einer eigentlichen strafbaren Handlung, namentlich auch gegen meinen König, so wenig bewusst, dass selbst als mich der Drang der Umstände bereits zur Flucht in das Ausland bewogen hatte, ich mir hierüber nicht klar werden konnte. Wohl erfuhr ich, dass ich allgemein des schwärzesten Undankes gegen meinen erhabenen Wohlthäter geziehen wurde, mein Bewusstsein war hiervon aber so wenig betroffen, dass ich in dieser Folge meines unbesonnenen Verhaltens in Dresden vielmehr ein tragisches Geschick erkennen zu müssen glaubte, das mich, scheinbar ganz unwiderleglich mit dem Makel eines Verbrechens behaftete, dessen ich, bei genauester Prüfung meines bewussten Willens, mich nicht schuldig finden konnte. Doch leuchtet mir die Unmöglichkeit, von jener Anklage mich zu reinigen, so stark ein, dass ich namentlich auch dadurch mich bestimmen liess, jeden Versuch zu meiner Rechtfertigung in Dresden aufzugeben; Hiermit war der Bruch mit meiner Vergangenheit aber auch vollständig geworden, und gegen alle schmerzlichen Eindrücke, die mich auch von dieser Seite trafen, konnte mich nur eine ungewöhnliche, wirklich krankhafte Exaltation aufrecht erhalten, deren Eingebungen ich mich in den ersten Jahren meines Exiles mit einem gewissen verzweiflungsvollen Eifer hingab. Wie zu meiner eigenen Selbstrechtfertigung drängte es mich, jene Ideen über Kunst und Leben, die mich einer so heftigen Katastrophe zugeführt, nach Möglichkeit systematisch zu ordnen, ausführlicher zu bearbeiten und in einer Reihe von literarischen Arbeiten der Oeffentlichkeit vorzulegen. Es konnte nicht fehlen, dass ich gerade mit diesen Arbeiten wieder lebhaften Anstoss erregte, denn sie zeigten einem Jeden, dass eine völlige Grundsätzlichkeit mein Verhalten, welches nun einmal im verbrecherischen Lichte gesehen werden musste, geleitet hatte. Konnten somit jene literarischen Arbeiten das Urtheil meiner Richter über mich nur verschlimmern, so brachten sie mir selbst aber doch den Gewinn, dass gerade sie meine Aufregung allmählich abkühlten, und in der Weise eines pathologisch ausgeschiedenen Krankheitsstoffes mich nach und nach zur Genesung führten.

Seitdem ward es mir auch wieder möglich, eine grosse rein künstlerische Arbeit zu concipiren; in dem Maasse, als ich mich ihrer Ausführung zuwandte und endlich in dieser

selbst mein künstlerisches Gleichgewicht wieder fand, trat
in mir eine innere Umkehr ein, die mich endlich zu einer tieferen Einsicht in das Wesen der Dinge führte, vermöge welcher ich in einem wichtigsten Hauptpunkte, dem Verhältnisse des Ideales zur Wirklichkeit alles Menschlichen auf Erden, meine frühere Grundansicht für irrthümlich erkannte.
Es darf mir hier nicht gestattet sein, über den Charakter dieser Einsicht, noch darüber, woher sie mich von Aussen meinem zur Ruhe gelangenden innerem Geiste zugeführt und
bekräftigt worden ist, mich näher zu verbreiten. Doch darf
ich hoffen, dass Ew. Maj. aus dem Charakter meines nun
auszudrückenden unterthänigsten Gesuches, und aus dem
Versprechen, das ich damit zu verbinden für nöthig halte,
am geeignetsten selbst auch über die in mir vorgegangene
Wendung Aufschluss erhalten werden.

Die Folge meiner früheren Verirrungen, die mich dem
Exile zuführten, würde ich willig ertragen; wenn nicht gerade meine Kunst, um deren Willen ich mich einst in so leidenschaftliche Irrthümer stürzte, und der ich jetzt dennoch
meine Läuterung, und die verhoffte, dereinstige Versöhnung
der von mir Beleidigten, zu verdanken habe, mich nach dem
deutschen Vaterlande zurück wiese, an das sie mich mit un-
auflöslichen Banden fesselt, indem nur dort Aufführungen
meiner musikalisch-dramatischen Arbeiten möglich sind,
wie ich ihrer bedarf, um durch fortgesetzte künstlerische Erfahrungen an ihnen zu fernerem gedeihlichen Produziren
mich fähig zu erhalten. In diesem Sinne ist mir nun durch
die besondre Geneigtheit Sr. Königl. Hoh. des Grossher-
zogs[2] von Sachsen-Weimar sowie durch die aufopfernde
Theilnahme eines vorzüglichen künstlerischen Freundes[3] in
Weimar selbst ein förderndes Asyl bereitet worden, und
mein grösster Wunsch geht dahin, persönlich eine Zeitlang
mich dort aufhalten zu dürfen.

2 Karl Alexander.
3 Franz Liszt.

Demnach wage ich, an Ew. Königl. Maj. das unterthänig-
ste Gesuch zu richten: es möge Allerhöchstderselben gefallen, in huldvoller Berücksichtigung meiner besonderen Eigenschaft und Lage als Künstler, meinem Verhalten als Bürger und Unterthan Vergessenheit angedeihen, und die mich
für den Fall des Wiederbetretens der deutschen Bundesstaa-
ten bedrohenden Maassregeln allergnädigst aufheben zu lassen, so dass es mir verstattet wäre, von meinem jetzigen
Wohnorte aus ungehindert mich nach Weimar zu begeben,
und dort nach Gutdünken meinen Aufenthalt zu nehmen.

Indem ich die ausserordentliche Gnade anspreche, bekenne ich willig, und unumwunden die grosse Verirrung, die
mich einst von meiner Bahn als Künstler ab auf das Gebiet
des politischen Lebens lenkte; zugleich bereue ich tief, und
beklage aufrichtig, durch dieses Verhalten mich im Lichte
des übelsten Undankes gegen meinen erhabenen Wohlthäter, den allerhöchst seligen König Friedrich August, gezeigt
zu haben, und es geschieht nicht zu meiner Rechtfertigung,
sondern lediglich zu meiner eigenen Beruhigung, wenn ich
anführe, dass ich hierbei von bewusster, willensvoller Absicht mich frei erkenne, indem es mir nie ernstlich beige-
kommen ist, wie mit meinem leidenschaftlichen Verhalten in
Wirklichkeit ein Vorhaben zum Schaden Sr. Maj. zusam-
menhing. Dagegen verspreche ich auch fest und förmlich,
nie und in keiner Weise mit irgend welcher politischer Thätigkeit mich wieder befassen zu wollen, und unterziehe mich
deshalb gern jeder etwa nöthig dünkenden Ueberwachung.
Endlich erkläre ich auch, und diess zwar ebenfalls in voll-
kommenster Uebereinstimmung mit meinen eigenen Wünschen, sorgfältig darauf bedacht sein zu wollen, dass meine
Zurückkehr nach Deutschland auf keine Art und an keinem Orte die öffentliche Aufmerksamkeit auf meine Person
ziehen solle, wie diess etwa mir als Künstler, dessen Werke
eine ziemliche Verbreitung auf den deutschen Bühnen erhalten haben, selbst im unbefangensten Sinne wiederfahren
könnte.

Möge Ew. M. hieraus ersehen, dass nur mein inniges Bedürfniss der Aussöhnung einerseits, so wie andrerseits der Wunsch, meiner rein künstlerischen Thätigkeit ein ungehindertes Gedeihen zu versichern, ist, was mir den Muth giebt, Allerhöchstderen Königliche Gnade für mich anzurufen. Möge mir das Glück beschieden sein, im Herzen des erleuchteten Theilhabers, Förderers und Freundes der Kunst und Wissenschaft, eine nachsichtsvolle, huldreiche Stimme für mich laut zu finden!

In tiefster Demuth und Ergebenheit verharre ich als

Ew. Königl. Maj.
treugehorsamster Unterthan
R. *W.*

64 AN FRANZ LISZT, WEIMAR

Mornex, den 12. Juni 1856

Mein lieber Franz!

Siehst Du, hierher bin ich geflohn, um mir endlich Genesung zu suchen! Wie musste ich lachen, als mir die vortreffliche Kapellmeisterin[1] mit Sorge und Bedauern die Familie Moscheles für Zürich anmeldete![2] Vor dergleichen Uebel bin ich nun sicher! – Was unser Eines im Umgang mit hete-

---

1 Carolyne von Sayn-Wittgenstein.
2 Wie schon aus Wagners Brief vom 11. Juni 1856 an Minna Wagner ersichtlich, wollte offenbar Ignaz Moscheles, der berühmte Pianist und Komponist, ein am Prager, ab 1846 am Leipziger Konservatorium lehrender Freund Meyerbeers, im Sommer 1856 Wagner einen Besuch in der Schweiz abstatten, worauf Wagner keinen großen Wert legte.

rogenen, gänzlich uns fremden Menschen sich aufopfert,
welche Leiden und Martern uns hieraus erwachsen, das
kann gar kein Andrer auch nur annähernd empfinden; diese
Qualen sind um so grösser, als sie eben von Niemand sonst
begriffen werden, und weil die uns abgelegensten Menschen
wirklich glauben, wir wären eigentlich doch nur ihresglei-
chen, denn sie verstehen eben grade nur soviel von uns, als
wir wirklich mit ihnen gemein haben, begreifen aber nicht,
wie wenig – wie fast gar nichts diess von uns ist!

Nochmals – die Qualen des Umganges sind mir jetzt posi-
tiv die empfindlichsten geworden, und ich raffinire nur darauf, mich zu isoliren, zwinge mich zum Alleinsein, und sorge, wie diess zu erreichen.

Als ich Ende Mai schon im Begriff war, mich zu flüchten,
besuchte mich plötzlich *Tichatschek*[3]: dieser gute Mensch,
mit dem prächtichen kindlichen Herzen und dem liebenswürdig beschränkten Köpfchen war mir recht angenehm,
und seine enthusiastische Anhänglichkeit that mir recht
wohl; namentlich erfreute mich auch seine Stimme noch
sehr, und gab mir ein, ihr noch etwas zuzutrauen. Ich wollte
ihn nach Brunnen führen; schlechtes Wetter verzögerte dieses Vorhaben, bis wir's endlich doch wagten, und ich auf der
Fahrt mir den *zwölften* Rückfall meiner Gesichts-Rose (für
diesen Winter) zuzog. Ich hatte Alles vorausgesehen, und
war deshalb während Tichatscheck's 12tägigen Aufenthalt in
beständiger ängstlicher Marter gewesen. Dieses abscheuliche
Leiden hat mich jetzt tief degradirt: im Monat Mai hatte ich
allein 3 Rückfälle, und noch jetzt vergeht nicht eine Stunde,
in der mir nicht die Angst eines neuen Ausbruches erwüch-
se. So bin ich unfähig zu Allem, und es stellt sich nun heraus, dass ich gründlich für meine Herstellung sorgen muss.
Dazu bedarf es, dass ich ein peinlich strenges Regime in Bezug auf Diät und sonstige Lebensweise führe; die geringste
Unordnung des Magens und Unterleibes wirkt sogleich auf

3 Tichatschek besuchte Wagner Ende Mai für 12 Tage in Zürich.

mein Uebel. Dazu grössteste Ruhe, Entfernung jeder Aufregung, jedes Aergers u. s. w. Ferner Karlsbader Wasser,
gewisse warme Bäder, später kalte etc. Um mich dazu so
weit wie möglich von zu Hause zu flüchten und jeder Um-
gangsversuchung zu entgehen, habe ich mich hierher geflüchtet, wo ich ein recht geeignetes Asyl gefunden habe.
Ich wohne zwei Stunden von Genf, auf der andren Seite
des Mont Salève, auf dessen halber Höhe, in herrlicher
Luft. In einer Pension fand ich ein, von dem Hauptgebäude
abgelegenes Gartenhäuschen, das ich ganz alleine bewohne:
vom Balkon aus habe ich die göttlichste Aussicht auf die
ganze Montblanc-Kette, aus der Thüre tret' ich in ein hübsches Gärtchen. Vollkommenste Abgeschiedenheit war erste Bedingung: ich werde besonders servirt, und sehe Niemand als den Aufwärter. Ein freundliches Hündchen –
Pepsen's Nachfolger – Fips genannt, ist meine einzige Gesellschaft. Nur eine Bedingung musste ich eingehen, um die
Vergünstigung des Besitzers dieses Garten-Salons zu erhalten: des Sonntags Morgens muss ich von 9 bis 12 Uhr ihn
räumen, da kommt ein Genfer Pfarrer und hält den hier
wohnenden Protestanten Gottesdienst in demselben Loca-
le, in welchem ich Gottloser die übrige Zeit mein Wesen
treibe. Doch bringe ich diess Opfer – schon aus Rücksicht
für die Religion gern; ich denke mich dadurch abzufinden.
– Schrecklich theuer kommt mich die Sache aber, und ohne
Deine Subsidie[4] könnte ich das Abenteuer gar nicht bestehen: ich reisse somit das Geld für die Copien meiner Partituren, zu denen ich es bestimmt hatte, an; es hilft nichts.
Gerade zu meinem Geburtstag traf diess Geld aus Wien
ein: nimm meinen grössten Dank für diess Opfer! Ich weiss
es ist schändlich, dass Du mir auch noch Geld geben sollst
– warum thust Du's!! Bei der Gelegenheit erfreute mich

---

4 Liszt hatte Wagner 1000 Franken geschickt, damit er seine Kur überhaupt fi-
   nanzieren konnte.

Dein Verwandter[5], von dem ich zwar gar nichts wusste,
mit einigen höchst freundlichen Zeilen, die mir wirklich
die Bitterkeit, Geld von Dir empfangen zu müssen, ver-
süssten: grüsse ihn doch, und danke ihm freundlichst von
mir! –

Ein Piano – wenn auch nicht von der besten Sorte – steht
ebenfalls in meinem Salon; hoffentlich fasse ich bald wieder
Muth, und beginne endlich den Siegfried.[6] Zunächst aber
sollen Deine Partituren noch ordentlich vorgenommen werden. Was hast Du mir da alles geschickt!![7] Ich habe wohl
lange danach geschmachtet, endlich von Deinen neuen Arbeiten etwas zu bekommen; aber doch setzt mich dieser
Reichthum fast in Verlegenheit, und ich werde Zeit gebrauchen, alles gehörig aufzunehmen. Ach, dazu gehört nun allerdings, dass ich sie hören müsste, oder dass Du sie mir
vorspieltest; es ist recht gut, so etwas zu lesen, aber das eigentliche Salz, das Entscheidende, alle Zweifel lösende
kommt doch erst durch Anhörung zum Genuss. In dem für
mich so schauderhaften Monat Mai konnte ich nur erst noch
wie aus trüben Wolken mit mattem Blicke die sechs Partituren durchsehen: aber bereits so empfing ich den electrischen
Schlag, den das Grosse auf uns hervorbringt, und soviel
weiss ich, dass Du mir ein erstaunlicher Mensch bist, dem
ich in keiner Weise irgend eine andre Entscheidung auf dem
Gebiet der Kunst und des Lebens zur Seite stellen kann. So
sehr haben mich sogleich Deine Conceptionen und die Aus-
führungsentwürfe in ihren grösseren Zügen betroffen, dass

5 Eduard von Liszt.
6 Dieser Vorsatz konnte erst im September 1856 in die Tat umgesetzt werden.
7 Von Liszts Symphonischen Dichtungen lagen bis Mitte Mai 1856 folgende
  Werke gedruckt vor, die er alle sechs dem Freund nach Zürich geschickt hatte: *Tasso, Les Préludes, Prometheus, Orpheus, Mazeppa* und *Festklänge*. Aus
  dem Studium dieser Partituren hat Wagner eine Fülle von kompositorischen
  Anregungen für seine eigenen Werke erhalten, was er auch nie verheimlicht
  hat.

ich sogleich immer nur noch Neues von Dir haben wollte,
die 3 noch fehlenden Stücke – Faust u. Dante.[8]

Eigentlich möchte ich jetzt lieber dichten als componiren:
es gehört eine ungeheure Hartnäckigkeit dazu, so bei der
Stange zu bleiben. Ich habe wieder zwei wundervolle Stoffe, die ich noch einmal ausführen muss: Tristan u. Isolde
(das weisst Du!) dann aber – Der Sieg[9] – das Heiligste, die
vollständigste Erlösung: das kann ich Dir aber nicht mittheilen. –

Da siehst Du nun, wie ich bin: ohne noch mit den Feinheiten der eigentlichen künstlerischen Ausführung vertraut
worden zu sein, wollte ich schon weiter gehen; wahr sicherlich, weil ich verzweifeln muss, ohne Anhörung mit diesen
leicht vertraut zu werden, denn nichts ist falscher und
zweckloser, als diess durch mühsames, unterbrochenes,
stümperhaftes Klavierspielen zu versuchen, wohingegen nur
eine gute, schnell im richtigen Tempo, durch den Ausdruck
vollkommen unterstützte Vorführung das ganze Bild in seinen mannigfaltigen Farben ganz gewahren lassen kann.[10] Da
bist Du eben so glücklich, Dir hiermit über alle Begriffe vortrefflich helfen zu können! Wirklich, wenn ich so Deine
Künstlerlaufbahn, die so ganz abweichend von jeder andren
ist, überblicke, erkenne ich nun klar, welcher Instinkt Dich

---

8 Neben den beiden genannten Werken *Faust-Symphonie in drei Charakter-
   bildern* und *Symphonie zu Dantes Divina Commedia* (die beide allerdings
   erst 1857 uraufgeführt wurden) hat Wagner entweder ein weiteres vergessen
   zu nennen, oder er meinte weitere vier; dafür kämen in Frage: *Hungaria*
   (1856), *Die Ideale*, *Héroïde funèbre* und *Die Hunnenschlacht* (alle drei
   1857).

9 Wagners Beschäftigung mit dem Stoff eines buddhistischen Dramas geht
   auf das Jahr 1855 zurück; die Prosaskizze mit dem Titel *Die Sieger* datiert
   allerdings vom 16. Mai 1856.

10 Wagner hat es zeitlebens bedauert, nicht so virtuos mit dem Klavier umge-
    hen zu können wie z. B. Liszt. Wie hier zum Ausdruck gebracht, hat Wag-
    ner sowohl das Lesen von Partituren als auch das Komponieren nur für den
    halben Schöpfungsakt gehalten; erst die Realisierung der Musik könne sie
    zu vollem Leben erwecken.

auf den jetzt von Dir betretenen Weg gebracht hat: von Natur bist Du der eigentliche wahre, glückliche Künstler, der nicht nur dichtet, sondern auch selbst darstellt; magst Du nun früher als Pianist gespielt haben, was Du wolltest, so war es immer der Moment der persönlichen Mittheilung Deiner schönen Individualität, der uns das ganz Neue und unbekannte brachte, und nur der konnte und durfte von Dir reden, dem Du selbst (und zwar in glücklicher Stimmung) vorspieltest. Dieses Neue, unbeschreiblich Eigenthümliche und Besondere war nun aber ganz und gar an Deine Person gefesselt, und ohne Deiner unmittelbaren Persönlichkeit war es eigentlich gar nicht vorhanden; somit kam Einem, wenn man Dich hörte, die Klage an, dass diese Wunder eigentlich mit Deiner Person einmal unwiederbringlich verschwinden und verloren gehen sollten; denn es ist geradesweges lächerlich zu glauben, dass Du Deine Kunst irgendwie durch Schüler hättest vergeben können (wie letzthin ein Berliner pries!) Die Natur sorgt aber durch unversiegliche Hülfsmittel für Forterhaltung dessen, was sie so selten, und nur als Abnormität, hervorbringen kann: Sie gab daher auch den richtigen Weg hierfür an. Die Wunder Deiner persönlichen Mittheilung wusstest Du in einer Weise zu erhalten zu suchen, welche vom Leben Deiner Person selbst sie unabhängig machte. Das – *was* Du früher auf dem Klavier gespielt hattest – hätte hierzu nicht gedient, denn gerade diess war eben nur ganz durch Deinen persönlichen Vortrag zu dem geworden, was es uns erschien, weshalb (ich wiederhole es!) oft auch es gleichgültig war, was und von wem Du etwas spieltest; – somit wusstest Du, ohne zu suchen, darauf verfallen, Deine persönliche Kunst durch das Orchester zu ersetzen, d. h. durch Compositionen, die vermöge der unerschöpflichsten Hülfsmittel des Vortrages im Orchester, Deine Individualität wiederzugeben im Stande waren, ohne dass es in Zukunft Deiner individuellen Person dabei bedurfte. So gelten mir Deine Orchesterwerke jetzt gleichsam als eine Monumentalisierung Deiner persönlichen Kunst, und leider

sind sie so neu und unvergleichbar, dass die Kritik lange Zeit
brauchen wird, um nur irgend wie zu wissen, wohin damit. –   [. . .]

> Aber der *Mazeppa*[11] ist doch furchtbar
> schön: ich war ganz ausser Athem,
> als ich ihn nur das erstemal durch-
> las! Auch das arme Ross dauert mich:
> die Natur u. die Welt sind doch
> schrecklich!

Ich wüsste ihm aber eine andre Deutung zu geben, als
V. Hugo, und Deine Musik hat sie mir gebracht – nur nicht
der Schluss – aus Grösse, Ruhm, und Volksherrschaft mache
ich mir gar nichts.

65 AN MARIE VON SAYN-WITTGENSTEIN, WEIMAR

Zürich, den 17. Februar 1857

Liebes Kind! Ich bin es Ihnen fast schuldig, mich etwas
ausführlicher mit Ihnen über unsren Freund und seine
neuen Orchestercompositionen zu unterhalten; mündlich
geschieht so etwas doch immer nur aphoristisch, und leider wäre mir diess jetzt auch gewiss sobald nicht wieder
möglich.

Ihr Wunsch, mich einmal recht bestimmt u. besonnen
über Liszt urtheilen zu hören, sollte mich zwar eigentlich in
Verlegenheit setzen, da Sie ja wissen, dass nur Feinde die
»Wahrheit sagen«, das Urtheil eines Freundes, und noch dazu eines Freundes, der dem andern das dankt, was ich Liszt

---

11 Das Gedicht *Mazeppa* aus Victor Hugos *Les Orientales* (1829) ist in der
   deutschen Übersetzung von Peter Cornelius Liszts Werk vorangestellt.

zu danken habe, aber nothwendig der Parteilichkeit so verdächtig erscheinen muss, dass ihm beinahe gar kein Werth
beizulegen sei. Doch mache ich mir hierüber wenig Scrupel,
denn es will mir dünken, es sei diess eine von den Maximen,
mit denen die Welt der Mittelmässigkeit, oder, wie Sie sie so
witzig nannten, die »Mediocratie«, mit der Klugheit und
Energie des Neides ausgerüstet, sich mit unantastbaren
Schutzwällen umgeben hat, und will mich dagegen an die
Erfahrung halten, dass, wer auf die Anerkennung seiner
Feinde wartet, um über sich in das Klare zu kommen, zwar
viel Geduld, aber wenig Motiv zum Selbstvertrauen haben
muss, und wenn ich fürchten soll, mein Freundes-Urtheil
könne Liszt schaden, während Herrn Bischofs[1] Freundschaft mir doch soviel nützt. Nehmen Sie daher, was ich Ihnen mittheile, als das Zeugniss eines Menschen an, den
nichts zum Reden bringen kann, als ein volles Herz, und der
desshalb auch so zuversichtlich redet, als ob es gar keine
Maximen in der Welt gäbe, oder als ob alle für ihn wären.

Aber etwas Andres macht mir Verlegenheit: nämlich, *was*
ich Ihnen eigentlich sagen soll? Sie waren Zeuge der wunderbaren Erhebung, die mir Liszt durch den Vortrag und die
Vorführung seiner neuen Werke bereitete.[2] Sie sahen mich,
als ich nur Ergriffenheit und Freude darüber war, dass endlich so etwas geschaffen werden und sich mir mittheilen
konnte. Gewiss bemerkten Sie auch, wie karg ich dabei mit
Worten war, und Sie hielten diess gewiss nur für das Schweigen des Tiefergriffenen? Diess war es allerdings zunächst;
doch muss ich Ihnen sagen, dass diess Schweigen bei mir

---

1 Ludwig Bischoff war Musikkritiker und Redakteur der Kölner *Niederrhei-
nischen Musikzeitung,* worin er gegen Wagners »Zukunftsmusik« polemi-
sierte.

2 Während seines Besuchs bei Wagner in Zürich (Oktober/November 1856)
trug Liszt dem Freund einige seiner Symphonischen Dichtungen am Klavier
vor; außerdem hörte Wagner im Konzert am 23. November 1856 in St. Gallen erstmals Liszts *Orpheus* und *Les Préludes* (beide 1854) mit Orchester unter der Leitung des Komponisten.

jetzt auch durch Bewusstsein hervorgerufen war, nämlich durch die immer gründlicher gewonnene Einsicht, dass
das Wesentlichste und eigentlichste unsrer Anschauungen
grade in dem Maasse unmittheilbar ist, als sie an Ausdehnung u. Tiefe gewinnen, und dadurch sich dem Medium der
Sprache entziehen, – der Sprache, die ja nicht uns gehört,
sondern die uns als ein Fertiges von aussen gegeben wird,
um uns damit im Verkehre mit einer Welt zu helfen, welche
im Grunde uns nur dann genau verstehen kann, wenn wir
uns ganz auf den Boden des gemeinen Lebensbedürfnisses
stellen. Je mehr nun unsre Anschauungen von diesem Boden
sich entfernen, desto mühsamer wird aller Ausdruck, bis der
Philosoph auf die Gefahr hin von irgend Jemand verstanden
zu werden, die Sprache eigentlich nur noch in einem umgekehrten Sinne gebraucht, oder der Künstler zu den, dem gemeinen Leben gänzlich unbrauchbaren, wunderbaren Werkzeuge seiner Kunst greift, um sich für das einen Ausdruck
zu schaffen, was selbst dann aber – in den günstigsten Fällen
– eigentlich immer nur wieder von denen verstanden wird,
welche die Anschauung selbst mit ihm theilen. Unstreitig ist
nun die Musik, das jener der Sprache unmittheilbaren Anschauung entsprechendste Werkzeug, und man könnte das
innerste Wesen aller Anschauung eigentlich Musik nennen.
War nun, als Liszt mir seine Werke vorführte, von mir jene
Mittheilung, die einzig der Musik mögliche ist, empfangen,
so war eben Alles erfüllt, und es musste mir nicht nur thö-
rigt, sondern unmöglich erscheinen, mich über das auss*pre-
chen* zu wollen, was eben deswegen Musik geworden ist,
weil es sich nicht aussprechen lässt. Wer hat nicht schon versucht, musikalische Eindrücke durch Worte bezeichnen zu
wollen? Nur diejenigen dürfen sich einbilden, damit glücklich gewesen zu sein, die den wahren Eindruck gar nicht
empfingen; wer aber dieses Eindruckes aber so voll war, wie
z. B. Liszt, der hat in seinen Versuchen, diese mitzutheilen,
gerade auch mit den ungeheuren Schwierigkeiten zu kämpfen gehabt, wie er, und nachdem er das Unmögliche durch

eine Kunst des sprachbildlichen und bildlichen Ausdruckes, wie sie eben nur wieder dem genialsten Musiker sich zu Gebote stellen konnte, zu ermöglichen gesucht hatte, einsehen zu müssen, dass er dadurch doch wieder eben nur dem gleichverstehenden Musiker, am allerwenigsten aber dem rein litterarischen Leser sich verständlich gemacht; denn dieser hat gerade Liszt damit belohnt, dass er seine Sprache und Ausdruck als unverständlich, ungeniessbar, überschwänglich u. s. w. zurückwiess.[3]

Was soll ich Ihnen also sagen? Es wird im Ganzen wohl eben nur mit einer etwas umständlich motivirten Ausführung der Unmöglichkeit, etwas zu sagen, sein Bewenden haben müssen. Doch wird diess immer mehr nun den eigentlichen Kern des Gegenstandes betreffen müssen; zur Bezeichnung des der Aussenwelt zugekehrten Totale des Kunstwerkes, die technische Form desselben, haben ja unsre Aesthetiker und Kunstkenner einen so reichen Vorrath von Ausdrücken und Ausdrucksweisen zusammengebracht, dass man wahrlich nicht einer Verlegenheit in Verlegenheit, als dann, wenn es sich darum handelt, das zu bezeichnen, was allen jenen Herren eben nicht zur Wahrnehmung gekommen ist. Somit will ich Sie denn über die Seite der Liszt'schen Werke unterhalten, womit diese jener Welt zugekehrt u. möglicherweise erkennbar sind. Damit müssen Sie sich aber begnügen; für alles übrige verweise ich Sie – auf mein stummes Schweigen bei der Anhörung.

So will ich denn vom Alleräusserlichsten beginnen, von dem, für was die Welt Liszt ansieht. Sie kennt ihn als Virtuosen, im Zuge der glänzendsten u. erfolgreichsten Laufbahn als solcher; und das ist ihr genug, um zu wissen, woran sie mit ihm ist. Nun wird sie aber durch Liszt's Zurücktre-

---

3 Mehr als Wagners avantgardistische Musiksprache mußte Liszts noch weiter fortgeschrittene Harmonik auf seine Zeitgenossen befremdend wirken. Wagner war einer der wenigen, die Liszts kompositionsgeschichtliche Bedeutung einzuschätzen wußten, die bis auf den heutigen Tag noch keineswegs angemessen gewürdigt wurde.

ten von dieser Laufbahn und durch sein bestimmtes Auftreten als Komponist gestört: was soll sie davon halten? Vor allem unbequem ist es, dass das nicht schon einmal dagewesen ist, und zwar bei einem classisch gewordenen Musiker. Indessen ist es allen doch wohl schon vorgekommen, dass z. B. ein reich gewordener Virtuos sich schliesslich auch dem Ehrgeize überlässt, als Komponist etwas gelten zu wollen; man hat das als erlaubte Schwäche verziehen, und so ist man denn auch jetzt daran, seine jetzige Komponisten-laune dem gefeierten Klavierhelden zu verzeihen, natürlich mit dem Bedauern, dass er nicht lieber doch spiele. Hierbei ist man so gütig, seine grossen neuen Tonschöpfungen mit Stillschweigen zu übergehen, und nur sehr verbitterte Wächter classischer Musik vergassen sich, der üblen Laune etwas stärker den Zügel schiessen zu lassen. Möge uns das nicht verwundern! Es wäre wirklich bedenklich, wenn es sich plötzlich anders gezeigt hätte. Wer von uns war im Beginn nicht wirklich auch befangen? Und doch müssen wir uns deshalb den Vorwurf machen, zuvor nicht schon innig genug auf Liszt's Wesen eingegangen, oder mindestens uns nicht klar genug darüber geworden zu sein. Wer oft Gelegenheit hatte, Liszt zu hören, wenn er namentlich in vertrautem Kreise z. B. Beethoven spielte, dem muss doch von je aufgegangen sein, dass es sich hier nicht nur um Reproduction, sondern um wirkliche Production handelte? Den Punkt, der beide Thätigkeiten scheidet, genau anzugeben, ist zwar sehr schwer; so viel aber ist mir gewiss geworden, dass um Beethoven wirklich reproduziren zu können, man mit ihm produziren können muss. Das dürfte nun unmöglich denen fasslich zu machen sein, die in ihrem Leben nichts anderes, als unsere Conzertaufführungen und Virtuosenvorträge der Beethoven'schen Werke gehört haben, in deren Werth und Wesen mir mit der Zeit eine so traurige Einsicht aufgegangen ist, dass ich durch ihre nähere Kundgebung niemand kränken will. Dagegen frage ich alle die, welche in vertrautem Kreise z. B. das 106. oder 111. Werk Beetho-

ven's (die zwei grossen Sonaten in B und C) von Liszt spielen hörten, was sie vorher von diesen Schöpfungen wussten
und was sie dagegen nun von ihnen erfuhren? Wenn es eine
Reproduction war, so war diese doch unbedingt mehr
werth, als alle die, Beethoven reproducirenden Klavier-So-
naten, die, als Nachahmung jener noch schlecht verstande-
nen Werke, von unsren Klaviercomponisten »produzirt«
worden sind. Diess war nun einmal die eigenthümliche Art
der Liszt'schen Bildung, dass er, was andre mit Feder und
Papier zu Stande brachten, am Klavier von sich gab; wer
aber wollte läugnen, dass auch der grösste und originellste
Meister in der ersten Periode seines Schaffens nur reprodu-
zirte? Nur ist hier zu bemerken, dass, so lange selbst das
grösste Genie nur noch reproduzirt, seine Arbeiten nie den
Werth und die Bedeutung der reproduzirten Werke u. ihrer
Meister sich aneignen kann, sondern voller Werth und voller
Bedeutung hier erst eintritt, wenn die volle eigenthümliche
Selbständigkeit gewonnen ist. Somit übertraf aber die Art
der Liszt'schen Reproduction während seiner Virtuosen-
Laufbahn alles hierin früher Geleistete, weil er dabei den
Werth und die Bedeutung der Werke seiner Vorgänger erst
in das vollste Licht stellte, und sich dabei fast ganz auf dieselbe Höhe mit dem reproduzirten Tonschöpfer schwang.
Diese Eigenthümlichkeit ist ihrer Neuheit wegen fast ganz
übersehen worden, und diess ist schuld an der jetzigen Verwunderung über Liszt's neues Auftreten, das nichts andres
als die Kundgebung der zur vollen Reife gelangten Produktivität des Künstlers ist. In dieser Ansicht bestärkt mich namentlich auch die rührende Bescheidenheit, mit der Liszt
auf seine älteren Versuche als Componist blickt; da er ganz
unreflectirt verfuhr, übte er sich natürlich auch zu jeder Zeit
im Componiren, und seine Compositionen aus der früheren
Periode sind eben – der grösseren Zahl nach – im Werthe den
Werken der ersten Periode grosser Tonkünstler beizugesel-
len; Liszt war durch sie vielleicht in dem Grade weniger befriedigt, als ihm das unbewusste Gefühl dessen inne worden

ist, dass er am Klavier, wie ich es bezeichnete, keinen Vor-
gängern näher u. ebenbürtiger war.

Diess alles theile ich Ihnen mit, weil ich mir mit diesen
Betrachtungen erst selbst über den Gegenstand und das in
ihm liegende, verwundernde Problem klar geworden bin;
vielleicht ist es aber unnöthig, dass ich gerade Ihnen, liebes
Kind, das mittheile, weil Sie, mit demselben Instinkte, der
Liszt in seiner Entwicklung leitete, gewiss auch erriethen,
welche Bewandniss es hiermit hätte, während wir Männer,
die wir, selbst wenn eigentlich gar nichts mit uns zu thun ist,
immer so viel mit sich zu thun haben, in solchen neuen Fällen oft beschämt vor den Frauen stehen. Immerhin aber
dürfte es Ihnen nicht unwichtig sein, den Vorzug des Mannes nun mit zu geniessen, der darin bestehen dürfte, dass er
sich u. andren, wenn auch oft spät erst, das zum Bewusstsein bringt, was die Frauen zuvor schon unbewusst fühlten.
Diese Tendenz kann überhaupt nur mein ganzer Brief an Sie
haben. –

Auf dem nur ihm eigenen, ungewöhnlichen Wege erscheint mir nun Liszt durch seine Produktivität als eigentlicher Componist in den letzten 10 Jahren in der vollen Reife
seiner künstlerischen Schöpferkraft angelangt zu sein. Vermögen nur Wenige jetzt schon jenen Weg zu begreifen, so
sind eben so wenige im Stande, die plötzlich am Ziele sich
uns darstellende Erscheinung selbst zu fassen. Wie gesagt, es
wäre bedenklich und verwirrend, wenn es anders wäre. Wer
nun aber über den Werth dieser Erscheinung, über die ungemeine Fülle musikalischer Fähigkeit und Kraft, die uns aus
seinen, wie durch einen Schlage uns vorgelegten, grossen
Tonwerken sogleich entgegentritt, unwiderstehlich schnell
mit sich einig geworden ist, der dürfte durch die Form derselben zunächst wieder verwirrt, und, nachdem sein erstes
Bedenken der Möglichkeit des Componisten-Berufes unsres
Freundes selbst galt, dem Gewohnten gegenüber zu einem
zweiten Bedenken gebracht werden. Sie sehen, ich nähere
mich, meinem Vorsatze getreu, meinem Gegenstande ganz

von aussen her, von da, wo ja auch die Welt sich ihm nähern
soll, und berühre somit immer nur das, worüber sich eigentlich sprechen lässt, um schliesslich bei dem Punkte anzukommen, über den sich wahrscheinlich nichts wird »sagen«
lassen. Also, zur »Form!«

Ach, liebes Kind! wenn es keine Form gäbe, gäbe es gewiss auch keine Kunstwerke; ganz gewiss aber auch keine
Kunstrichter, und das ist diesen letzteren so ersichtlich, dass
sie mit Seelenangst um die Form schreien, während der
leichtfertige Künstler, der – wie gesagt – ohne die Form am
Ende doch auch nicht wäre, sich bei seinem Schaffen so ganz
u. gar nicht darum kümmert. Wie mag das wohl kommen?
Wahrscheinlich, weil er, ohne es zu wissen, selbst immer
Formen schafft, während jene weder Formen noch sonst etwas schaffen. Ihr Geschrei sieht somit darnach aus, als sollte
der Künstler, ausserdem dass er alles schafft, auch noch etwas ganz Apartes für die Herren verfertigen, da sie sonst so
gar nichts für sich hätten. Wirklich ist ihnen der Gefallen
immer nur von denjenigen erwiesen worden, die wiederum
nichts für sich zu Stande bringen konnten, und sich mit –
Formen halfen, und was das ist, das wissen wir wohl, nicht
wahr? Schwerter ohne Klingen! Wenn nun aber einer
kommt, der sich Klingen schmiedet (Sie sehen, dass ich soeben aus der Schmiede meines Siegfried komme!), so schneiden sich die Tölpel dran, weil sie sie täppisch so angreifen,
wie sie zuvor die hingehaltenen leeren Griffe anfassten; hierbei ärgern sie sich denn natürlich, dass der tückische
Schmied den Griff in der Hand behält, wie es bei der
Schwertführung nöthig ist, und sie nun den Griff nicht einmal sehen können, der ihnen doch früher einzig dargereicht
ward, u. ihnen eben den Begriff der Kunst ermöglicht hatte.
Sehen Sie, das ist der Grund des ganzen Jammern's über die
Abwesenheit der Form! Hat man aber schon jemals ein
Schwert ohne Griff führen sehen? Zeugt nicht im Gegentheil
der scharfe Schwung des Schwertes, dass es in einem ganz
tüchtigen Griffe festsitzen muss? Freilich wird dieser erst

sichtlich u. andren betastbar, sobald das Schwert aus der
Hand gelegt worden; wenn der Meister todt und sein
Schwert in der Rüstkammer aufgehenkt worden ist, dann
merkt man sich auch den Griff, kann sich aber dennoch
nicht vorstellen, dass, wer wieder einmal fechten kommt,
seine Klinge doch nothwendig auch an einem Hefte halten
muss. So blind sind aber nun einmal die Herren! lassen wir
sie laufen!

Ja, liebes Kind! es ist nicht anders, Liszt hat auch keine
Form; aber freuen wir uns darüber, denn sähe man den Griff
(da haben Sie mein Bild noch einmal!), so müssten wir
fürchten, dass er mindestens das Schwert verkehrt in der
Hand hätte, was in dieser bösen, feindseligen Welt eine
übergrosse Galanterie wäre, da man hier tüchtig zuschlagen
muss, wenn einem geglaubt werden soll, dass er auch eine
Klinge am Heft hat. Doch genug des Scherzes, – wenngleich
wir noch ein wenig bei der »Form« bleiben wollen!

Unwillkürlich kam mir nach Anhörung eines der neuen
Liszt'schen Orchesterwerke eine freudige Verwunderung
über die glückliche Beziehung derselben, als »symph. Dichter.« an; und wahrlich ist mit der Erfindung dieser Bezeichnung mehr gewonnen, als man glauben sollte, denn sie
konnte nur mit der Erfindung der reineren Kunstform selbst
entstehen. Das klingt gewiss selbst Ihnen sonderbar, und
deshalb will ich Ihnen recht bestimmt hierüber meine Ansicht mittheilen. Zunächst erinnern der ungefähre Umfang
und die Titelbenennung der einzelnen Orchesterwerke an
die bereits zu bedeutender Ausdehnung erwachsene »Ouvertüre« der vorangehenden Meister. Welch' unglückliche
Bezeichnung diese »Ouvertüre« war, namentlich für Tonwerke, die überall glücklicher als gerade zur Eröffnung einer
dramatischen Aufführung placirt waren, das hat gewiss
schon jeder gefühlt, der sich, namentlich seit Beethovens
grossem Vorgange, genöthigt fühlte, seinem Tonstücke immer wieder diese unpassende Bezeichnung zu geben. Aber
nicht nur die Gewohnheit, sondern ein bei weitem tiefer lie-

gender Zwang, bestimmte ihn dennoch zu ihrer Festhal-
tung, und dieser Zwang gründete sich auf die Form selbst,
deren er sich bediente. Wer der Besonderheit dieser Form
sich recht versichern will, der muss sich die Geschichte der
Ouvertüre seit ihrer Entstehung vorführen: mit Staunen
wird er dann sehen, dass es hier sich um einen Tanz handelte, der zur Eröffnung eines scenischen Stückes im Orchester
gespielt wurde, und bewundern wird dann müssen, was allerdings im Laufe der Zeit und durch die genialsten Erfindungen grosser Meister aus diesem Tanze zu Stande kam.
Nicht aber nur die Ouvertüre, sondern jedes andere selbständige Instrumentaltonstück verdankt seine Form dem
Tanze oder Marsche, und eine Folge solcher Stücke ward
»Suite« u. ein Stück, worin mehrere Tanzformen verbunden
waren, Symphonie genannt. Der formelle Kern der Sym-
phonie steckt noch heute im $3^{\underline{n}}$ Satze derselben, dem Menuett oder Scherzo, wo er plötzlich in vollster Naivetät hervortritt, gleichsam um das Geheimniss der Form aller Sätze offenbar zu machen. Wäre ich ein Maler, ich wollte eine
Bach'sche Fuge in einer Reihe von Skizzen treffend ähnlich
als Tanz von 4 Tänzern darstellen, von denen einer nach
dem andren in den Tanz eintritt, bald näher, bald ferner sich
darstellt u. mit den andren sich verschlingt. Hiermit will ich
nun diese Form keineswegs herabsetzen, namentlich da man
ihr ja so erstaunliches verdankt; vielmehr will ich eben nur
festsetzen, dass sie eine sehr bestimmte, und durch Verwirrung leicht unkenntlich zu machende Form ist, die, dieser
Eigenschaft wegen, eben strenge Beobachtung von denen
verlangt, die sich in ihr ausdrücken wollen, was sich aber in
dieser Form ausdrücken liess, das sehen wir zum höchsten
Entzücken in den Symph. Beethovens, und gerade da am
schönsten u. befriedigendsten, wo er seinen Ausdruck ganz
nach dieser Form stimmte. Störend ward sie aber von je von
da an, wo sie – als Ouvertüre – zur Aufnahme einer Idee
verwendet ward, die sich für ihre Kundgebung der strengen
Regel des Tanzes nicht fügen konnte. Diese Regel erfordert

nämlich, statt der Entwicklung, wie sie dem dramatischen
Stoffe noth thut, den Wechsel, der sich für alle dem Tanze
oder dem Marsche entsprungenen Formen als die Folge einer sanfteren Periode auf die lebhaftere des Anfangs, und
schliesslich als die Wiederholung dieser lebhafteren festgestellt hat, u. zwar aus tief in der Natur der Sache liegenden
Gründen. Ohne einen solchen Wechsel u. solche Wieder-
kehr ist ein symphonischer Satz in der bisherigen Bedeutung
gar nicht zu denken, und was sich in dem dritten Satze einer
Symphonie offenbar als Menuett, Trio erweist, ist, wenn
auch verhüllter (und namentlich im zweiten Satz mehr der
Variationenform sich zuneigend), in jedem anderen Satze als
formeller Kern der Form nachzuweisen, was auch bereits
gründlich geschehen ist. Hieraus wird aber ersichtlich, dass
beim Conflict einer dramatischen Idee mit dieser Form zunächst der Zwang entstehen muss, entweder die Entwicklung (die Idee) dem Wechsel (der Form), oder diesen jener
aufzuopfern. Ich habe, wie Sie sich entsinnen, einmal die
Gluck'sche Ouvertüre zu Iphigenie in Aulis desshalb als ein
Muster hingestellt, weil hier der Meister mit dem sichersten
Gefühle von dem vorliegenden Problem es am glücklichsten
verstand, den Wechsel der Stimmungen u. ihrer Gegensätze,
der Ouvertürenform gemäss, nicht aber die in dieser Form
unmögliche Entwickelung, als Eröffnung seinem Drama vor-
anzustellen.[4] Dass die grossen Meister der Folgezeit sich mit
dieser Beschränkung aber nicht begnügten, sehen wir namentlich an den Beethoven'schen Ouvertüren; der Tonset-
zer wusste, welches unendlich reichere seiner Musik möglich sei; er fühlte sich fähig, die Idee der Entwicklung auszuführen, und nirgends bestimmter erfahren wir diess, als in
der grossen Ouvertüre zu Leonore.[5] Wer aber sehen will,

---

4 Wagner verweist auf seinen Aufsatz in der *Neuen Zeitschrift für Musik* vom
17. Juni 1854 unter dem Titel: *Gluck's Ouvertüre zu »Iphigenia in Aulis«.
Eine Mittheilung an den Redakteur der »Neuen Zeitschrift für Musik«.*
5 Gemeint ist die *Leonoren-Ouvertüre Nr. 3,* C-Dur, op. 72a (1806).

der sehe gerade an dieser Ouvertüre, wie nachtheilig das
Festhalten der überkommenen Form dem Meister werden
musste; denn wer, wenn er zum Verständniss eines solchen
Werkes fähig ist, wird mir nicht recht darin geben, dass ich
als die Schwäche desselben die Wiederholung des ersten
Theiles nach dem Mittelsatze bezeichne, durch welche die
Idee des Werkes bis zur Unverständlichkeit entstellt wird,
und zwar um so mehr, als in allen übrigen Theilen, und namentlich im Schlusse die dramatische Entwickelung als einzig dem Meister vorschwebend zu erkennen ist. Wer Unbefangenheit u. Geist genug hat, diess einzusehen, wird nun
aber zugestehen müssen, dass dieser Übelstand nur dadurch
vermieden worden wäre, wenn jene Wiederholung gänzlich
aufgegeben, somit aber die Ouvertürenform, d. h. die ursprüngliche, symphonische Tanzform umgestossen, und
hiervon der Ausgang zur Bildung einer neuen Form genommen worden wäre. – Welche würde nun aber die neue Form
sein? Nothwendig die jedesmal durch den Gegenstand er-
forderte; und welches wäre dieser Gegenstand? – Ein dichte-
risches Motiv. Also – erschrecken Sie! »Programm-Musik!«

Das sieht gefährlich aus, und wer diess hörte, würde laut
über die beabsichtigte Aufhebung der Selbständigkeit der
Musik klagen. Ach, sehen wir doch ein wenig näher, was es
mit dieser Klage, dieser Furcht, für eine Bewandniss haben
könnte. Diese herrlichste, unvergleichlichste, eigenthüm-
lichste und selbständigste aller Künste, die Musik, wäre es
möglich, sie je anders beeinträchtigt zu wissen, als von
Stümpern, die nie in ihrem Heiligthum geweiht waren? Sollte Liszt, der musikalischeste aller Musiker, der mir denkbar
ist, ein solcher Stümper sein können? Hören Sie meinen
Glauben: die Musik kann nie und in keiner Verbindung, die
sie eingeht, aufhören die höchste, die erlösendste Kunst zu
sein; es ist diess ihr Wesen, dass, was alle anderen Künste
nur andeuten, durch sie u. in ihr zur unbezweifeltsten Gewissheit, zur allerunmittelbarst bestimmenden Wahrheit
wird. Sehen Sie den rohesten Tanz, vernehmen Sie den

schlechtesten Knittelvers: die Musik dazu (so lange sie es
ernst nimmt und absichtlich carricirt) veredelt selbst diese;
denn sie ist eben des ihr eigenthümlichen Ernstes wegen so
keuscher, wunderbarer Art, dass alles, was sie berührt,
durch sie verklärt wird. Aber eben so offenbar als diess,
eben so gewiss ist es, dass die Musik sich nur in Formen vernehmen lässt, die einer Lebensbeziehung oder einer Lebens-
äusserung entnommen sind, welche, ursprünglich der Musik
fremd, durch diese eben nur ihre tiefste Bedeutung erhalten,
gleichsam vermöge der Offenbarung der in ihnen latenten
Musik. Nichts ist für seine Erscheinung im Leben weniger
absolut, als die Musik, und die Verfechter einer absoluten
Musik sind offenbar sinnlose Köpfe, denen man zu ihrer
Verwirrung nur aufzufordern hätte, uns eine Musik ausser-
halb der Form zu zeigen, die sie der körperlichen Bewegung
oder dem Sprachverse (dem causalen Zusammenhange nach)
entnahm. – Wir erkannten nun die Marsch- u. Tanzform als
die so unverrückbare Grundlage der reinen Instrumental-
musik, wie diese Form selbst in den complicirtesten Tonwerken dieser Art die Regel aller Construction noch in der
Weise feststellt, dass eine Abweichung von ihr, wie die Wiederholung der ersten Periode, als Uebergang zur Formlosig-
keit angesehen, und desshalb von dem kühnen Beethoven
selbst zu seinem anderweitig grössten Nachtheile vermieden
werden musste. Hierüber sind wir also einig, und gestehen
zu, dass der göttlichen Musik in dieser menschlichen Welt
ein bindendes, ja (wie wir sahen) bedingendes Moment für
die Möglichkeit ihrer Erscheinung gegeben werden muss.
Nun frage ich, ob der Marsch oder der Tanz, mit allen
diesen Actus uns vergegenwärtigenden Vorstellungen, ein
würdigeres Motiv zur Formgebung seien, als z. B. die Vorstellung eines Orpheus, Prometheus u. s. w., in den concen-
trirten Hauptzüge ihrer Thaten u. Leiden? Ich frage ferner:
wenn die Musik für ihre Kundgebung durch die Form so be-
herrscht wird, wie ich Ihnen diess zuvor nachwies, ob es
nicht edler und befreiender für sie sei, wenn sie diese Form

der Vorstellung des Orpheus- oder Prometheus-Motivs, als
wenn sie diese der Vorstellung des Marsch- oder Tanz-
Motivs entnimmt? – Nun, hierüber wird niemand in Zweifel
bleiben, vielmehr nur die Schwierigkeit bezeugen, wie jenen
höheren Vorstellungen eine verständliche Form für die Musik abzugewinnen sein könne, da bisher sie ohne jene niederen Formmotive zu fixiren (ich weiss nicht, ob ich mich
recht ausdrücke) zu unmöglich erschienen sei! Der Grund
dieser Befürchtung liegt darin, dass uns von unberufenen
oder phantastischen Musikern, denen eben die höhere Weihe abging, Tonstücke vorgeführt worden sind, die von der
gewohnten symphonischen (Tanzform), deren jene Komponisten einfach nicht als Meister mächtig waren, dermassen
abwichen, dass die Absicht des Componisten rein unverständlich blieb, wenn den bizarren Tanzformen nicht Schritt
für Schritt mit einem erläuternden Programme nachgegan-
gen wurde. Wir fühlten hierbei die Musik offenbar erniedrigt, jedoch einfach nur aus dem Grunde, weil einerseits ihr
eine unwürdige Idee untergelegt war, u. andererseits diese
Idee nicht einmal klar zum Ausdrucke kam, was meistens
noch daher rührte, dass alles verständliche immer nur noch
auf der herkömmlichen, aber willkürlichen und stümperhaft
angewandten, zerrissenen Form sich herleitete. Lassen wir
aber diese Carrikaturen, deren es ja in jeder Kunst giebt, un-
bekümmert beiseite, und halten wir uns dagegen an das unendlich entwickelte und bereicherte Ausdrucksvermögen,
wie durch grosse Genien es der Musik bis auf unsre Zeiten
gewonnen worden ist, so dürften wir unser Mistrauen weniger in die Fähigkeit der Musik setzen (denn hier ist bereits
selbst in der beschränkenden älteren Form Unerhörtes geleistet), als vielmehr darein, dass der Künstler die hier nöthige
dichterisch-musikalische Fähigkeit besässe, die namentlich
den dichterischen Gegenstand so anzuschauen vermöchte,
wie sie dem Musiker zur Bildung seiner verständlichen musikalischen Form dienlich sein könnte. Und hierin liegt
wirklich das Geheimnis u. die Schwierigkeit, deren Lösung

nur einem höchstbegabten Auserlesenen vorbehalten sein konnte, der, durch und durch vollendeter Musiker, zugleich durch u. durch anschauender Dichter ist. Was ich hier meine, ist schwer klar zu machen, und ich überlasse es unsren ja täglich sich mehrenden grossen Aesthetikern, den Begriff dafür dialektisch auszuarbeiten: so viel aber weiss ich, dass jeder Kopf- und Herzbegabte mich verstehen wird, wenn er Liszt's »symph. Dichtung«, hört, denn diese sind es, die mich über das vorliegende Problem selbst erst klar gemacht haben.

Ich vergebe wirklich einem Jeden, der bisher an dem Gedeihen einer neuen Kunstform für Instrumentalmusik zweifelte, denn ich muss gestehen, diesen Zweifel vollkommen getheilt zu haben, so dass ich mich Denjenigen als Genossen beigesellte, die in unsren Programmmusiken eine höchst unerquickliche Erscheinung sahen, wobei ich mich in der drolligen Lage fühlte, grade mit unter die Programmmusiker gezählt u. mit ihnen in einen Topf geworfen zu werden. Bei den besten, ja oft wirklich genialen Erscheinungen dieser Art war es mir immer begegnet während der Anhörung den musikalischen Faden so gänzlich verlor, dass ich mit keinerlei Anstrengung ihn festzuhalten oder wieder anzuknüpfen vermocht; diess begegnete mir noch vor Kurzem mit der in ihren Hauptmotiven so wundervollen Liebesscene in *Berlioz'* »Romeo und Julia«-Symph. die grösste Hingerissenheit, in die mich die Entwickelung des Hauptmotives gebracht hatte, verflüchtigte und ernüchterte sich im Verfolge des ganzen Satzes bis zum tiefsten Misbehagen; ich errieth sogleich, dass, während der musikalische Faden (d. h. der consequent übersichtliche Wechsel bestimmter Motive) verloren gegangen war, ich mich nun an scenische Motive zu halten hatte, die mir nicht gegenwärtig u. auch nicht im Programm aufgezeichnet waren. Diese Motive waren unstreitig in der berühmten Shakespeare'schen Balconscene vorhanden; darin, dass sie getreu der Disposition des Dramatikers gemäss festgehalten waren, lag aber eben der grosse Fehler des Componisten. Dieser, sobald er diese Scene als Motiv zu einer symph. Dicht. benutzen wollte, hätte fühlen müssen, dass der Dramatiker, um ungefähr dieselbe Idee auszudrükken, zu ganz andren Mitteln greifen muss, als der Musiker; er steht dem gemeinen Leben viel näher, und wird nur dann verständlich, wenn er seine Idee in einer Handlung uns vorführt, die in ihren unendlich mannigfaltig zusammengesetzten Momenten einem Vorgange dieses Lebens so gleicht, dass jeder Zuschauer sie mit zu erleben scheint. Der Musiker dagegen sieht vom Vorgange des gemeinen Lebens gänzlich ab, hebt die Zufälligkeiten u. Einzelheiten desselben vollständig auf, und sublimirt dagegen alles in ihnen liegende nach seinem concreten Gefühlsinhalte, der sich einzig bestimmt eben nur in der Musik geben lässt. Ein rechter musikalischer Dichter hätte daher Berlioz diese Scene in durchaus concreter idealer Form vorgeführt, und jedenfalls hätte sie ein Shakespeare, wenn er sie Berlioz zur musikalischen Reproduction übergeben wollte, gerade um so viel anders gedichtet, als das Berlioz'sche Musikstück jetzt anders sein sollte, um an sich verständlich zu sein. Nun sprachen wir aber immer noch von einer der glücklichsten Inspiration des genialen Tonsetzers, und mein Urtheil über minder glückliche, oft durch gemeine u. absurde Motive getrübte, müsste mich leicht ganz gegen diese Richtung einnehmen, wenn in ihr nicht wieder so Vollendetes zum Vorschein gekommen wäre, wie die engeren Bilder der »Scène aux champs«, des »marche des pélerins« u. s. w., die zu unserem Erstaunen uns zeigen, was bei diesem Verfahren zu erfinden sei.

Wesshalb ich Ihnen diess Beispiel anführte, war aber nur, um Ihnen deutlich zu machen, wie unendlich schwierig die Lösung des hier vorliegenden Problems sein muss, und dass es sich dabei in Wahrheit um ein Geheimniss handelt, welches dem uns unsichtbaren – Griffe jener zuvor von mir erwähnten Schwertklinge zu vergleichen wäre, den ich aus den Wirkungen dieser Klinge aber mit voller Sicherheit in der Hand Liszt's voraussetze, und zwar so eigen und besonders

grade seiner Hand gerecht, dass er sich in ihr ganz vor unsren Augen birgt. Diess Geheimniss ist aber auch das Wesen
der Individualität und der ihr eigenen Anschauung, die uns
immer ein Geheimniss bleiben würde, wenn sie sich in den
Kunstwerken des genialen Individuums nicht offenbarte.
Aber auch nur an dieses Kunstwerk und seinen Eindruck auf
uns, der am Ende doch immer wieder ein individueller ist,
können wir uns halten; was sich als allgemeingültig an
Kunstregeln daraus abstrahiren lässt, ist im Ganzen immer
blutwenig, und diejenigen, die daraus viel machen wollen,
haben von der Hauptsache eigentlich gar nichts begriffen.
Indessen ist soviel gewiss, dass es mit Liszt's Anschauung eines poetischen Objectes eine grundverschiedene Bewandt-
niss mit der Berlioz'schen haben muss, und zwar muss sie
der Art sein, wie ich sie, bei Erwähnung der Romeo-Scene,
dem Dichter zumuthete, sobald er seinen Gegenstand dem
Musiker zur Ausführung überliefern wollte.

Sie sehen, ich bin dem Kerne nun so nahe gekommen,
dass ich Ihnen vernünftigerweise nicht viel mehr sagen kann;
jetzt handelt es sich um Das, was die eine Individualität der
anderen als Geheimniss mittheilt, und wer darüber laut und
breit sprechen könnte, müsste eben nicht viel mitgetheilt erhalten haben, wie man ja gewiss nur unverstandene Geheim-
nisse ausplaudern kann. Wenn ich also von dem, was Liszt
mir durch seine symph. Dicht. mittheilte, schweige, so will
ich Ihnen nur noch über das formelle Wesen dieser Mittheilungen ein weniges sagen. In Bezug hierauf überraschte
mich vor allem die unglaubliche Präcision und sprechende
Bestimmtheit, in denen der Gegenstand zu mir sprach: natürlich war diess nicht mehr der Gegenstand, wie er vom
Dichter durch Worte bezeichnet wird, sondern der ganz
andre, jeder Beschreibung unerreichbare, von dem man sich
bei seiner unnahbar duftigen Eigenschaft kaum vorstellen
kann, wie er wiederum eben so einzig klar, bestimmt, dicht
und unverkennbar unsrem Gefühle sich darstellen kann.
Diese geniale Sicherheit der musikalischen Conzeption

spricht sich bei Liszt sogleich im Beginne des Tonstückes
mit einer Prägnanz aus, dass ich oft erstaunt nach den ersten
16 Tacten ausrufen musste: »genug, ich habe Alles!« Diese
Eigenschaft dünkt mich ein so hervorstechender Zug der
Liszt'schen Werke zu sein, dass ich, trotz aller Abgeneigt-
heit, die sich der Anerkennung Liszt's auf diesem Felde von
gewisser Seite entgegenstellt, doch nicht das Mindeste für
ihn sehr schnelles, inniges Bekanntwerden dazu von Seite
des eigentlichen Publikums fürchte. Die Schwierigkeiten,
die wegen der bei Weitem komplizirteren Ausdrucksmittel
dem dramatischen Komponisten entgegenstehen, sind hier,
bei reinen Orchesterwerken, in geringerem Maasse vorhanden; unsere Orchester sind meist gut, und wo Liszt selbst,
oder seine vertrauteren Schüler, die Aufführungen leiten
können, wird derselbe Erfolg nirgends ausbleiben, den Liszt
z. B. bei unsren treuherzigen St. Gallern fand, die so rührend ihre Verwunderung darüber ausdrückten, dass ihnen
Compositionen, die als so wustvoll und formlos ihnen bezeichnet worden seien, so schnell fasslich u. leicht verständlich vorgekommen wären. Sie wissen, dass diess meine gute
Meinung über das Publikum bestätigte, von dem wir allerdings nicht mehr, als eine plötzliche Erhebung aus seinem
gewohnten Empfindungswesen verlangen dürfen, die eben
desshalb nicht nachhaltig sein kann, und auf das gemeine
Leben rückwirkend sein kann, weil sie im Grunde eine sehr
gewaltsame ist. Immerhin bleibt die Wahrnehmung einer
solchen Erhebung der einzige Lohn des Künstlers von aussen her, und jedenfalls möge er sich hüten, diesen von jedem
Einzelnen einsammeln wollen, der ihm, ernüchtert, dann
leicht mit Kritik entgegnen könnte, dem sichern Schilde zur
Abwehr lästiger Ansprüche. So wird es vielleicht selbst
manchem Musiker, der von der Aufführung hingerissen
war, am andren Tag ankommen, an diese oder jene Sonder-
lichkeit, Schroffheit oder Härte sich zu stossen, und namentlich mögen die seltsamen, oft grell erscheinenden Har-
moniefortschreitungen manchem dann zu bedenken geben.

Dann müsste man nur fragen, wie es käme, dass sie während der Aufführung selbst sich an nichts zu stossen gehabt, sondern eben nur den neuen, ungewohnten und hinreissenden Eindruck empfangen hätten, der doch vermuthlich ohne das Hilfsmittels jener »Sonderlichkeiten« u. s. w. nicht hervorzubringen gewesen wäre? In der That aber ist es das Eigenthümliche einer jeden neuen, ungewöhnlich und bestimmenden Erscheinung, dass sie etwas für uns Fremdartiges, Mistrauenerweckendes an sich behält; und diess liegt wohl wieder im Geheimniss der Individualität. Darin, *was* wir *sind,* ist sich gewiss alles gleich, und die Gattung mag hier das einzig wahre sein; darin aber, *wie* wir die Dinge anschauen, sind wir uns so ungleich, dass wir, streng genommen, uns imer fremd bleiben. Hierin aber beruht die Individualität; und wie objektiv diese nun sich auch entwickele, d. h. wie umfassend und einzig von dem Gegenstande erfüllt unsre Anschauung sich auch gestalten möge, immer wird an dieser etwas haften bleiben, was der besondern Individualität einzig eigen bleibt. Jenes allgemein fassliche der Anschauung eines Individuums theilt sich aber nur darin das Medium dieser Eigenthümlichkeit mit, und diese eignen wir uns nur durch die Liebe an. Durch dieses Eigene aber theilt sich allein die Anschauung mit; wer diese sich aneignen will, kann es nur durch die Aufnahme jenes; um zu sehen, was das andere Individuum sieht, müssen wir es mit seinen Augen sehen, und diess gelingt nur der Liebe. Was er sieht, sehen wir nur, wenn wir es mit seinen Augen sehen, und diess vermögen wir nur durch die Liebe. Wenn wir einen grossen Künstler lieben, so sagen wir daher hiermit, dass wir dieselben individuellen Eigenthümlichkeiten, die ihm jene schöpferische Anschauung ermöglichten, in die Aneignung der Anschauung selbst mit einschliessen. – Da ich nun an mir die beglückende und neubelehrende Wirkung dieser Liebe nirgends deutlicher wiederempfunden habe, als in meiner Liebe zu Liszt, so möchte ich, im Bewusstsein dessen, jenen Mistrauischen zurufen: vertraut nur, und Ihr werdet erstaunen, was Ihr durch Euer Vertrauen gewinnt. Solltet Ihr zögern, solltet Ihr auch verrathen wähnen, so prüft näher, *wer* es ist, dem Ihr Euch vertrauen sollt. Wisst Ihr mir einen Musiker, der musikalischer sei als Liszt; der alles Vermögen der Musik reicher und tiefer in sich schliesse, wie er, der feiner und zarter fühle, der mehr wirke und mehr könne, der begabter von der Natur gebildet und umfassender sich ausgebildet habe, als Er? Könnt Ihr mir keinen Zweiten nennen, oh so vertraut Euch doch getrost diesem Einzigen, der noch dazu ein viel zu nobler Mensch ist, um Euch zu betrügen und seid sicher, dass Ihr durch dieses Vertrauen da am meisten bereichert sein werden, wo Ihr mistrauisch, euch jetzt beeinträchtigt wähnt! Auch ist er ein viel zu nobler Kerl, um Euch zu betrügen!

So, liebes Kind! weiter kann ich Ihnen nichts sagen, und das Letzte habe ich bereits nicht mehr Ihnen, sondern ganz Andren gesagt, so dass sie kaum wissen werden, was sie damit machen sollen, wenn sie nicht etwa gar auf den Gedanken kämen, es zu veröffentlichen. – Wirklich, wenn ich meinen Brief wieder übersehe, finde ich, dass ich weniger zu Ihnen, als zu denen gesprochen habe, denen ich vor Jahren so eifrig öffentlich zuzureden mich gedrängt fühlte. Somit wäre ich in eine alte Sünde zurückverfallen, wogegen ich mich, da sie mir so schlecht bekam, doch recht sehr hüten sollte. Für meine Unklugheit verdiente ich dann eine Strafe, und wenn Sie glauben, dass Sie dadurch Niemand, als nur mir, schaden könnten, so lasse ich es mir gefallen, wenn Sie diesen Brief dem Drucke übergäben. Sind Sie zu freundlich gegen mich, um selbst mir nicht schaden zu wollen und die Strafe incognito zufügen wollen, so könnten Sie ja jemand Anders als Verfasser nennen – vielleicht Herrn Fétis; dem kann man ja Alles zutrauen.

Aber vor Allem grüssen Sie mir meinen Franz, und sagen Sie ihm, es bliebe dabei, ich liebte ihn.

Ihr
RW.

Zürich, den 21. Mai 1857

Meinem Landesvater[1] habe ich nichts zu sagen: wenn er sich unterstehen wollte, mich in meinem Schwalbenneste[2] zu besuchen, würde ich ihm die Thüre weisen. – Seine Farbe ist weiss und grün; diess für Baur.[3] –

Die Muse beginnt mich zu besuchen: kündigt mir diess die Gewissheit Ihres Besuches an? Das erste, was ich fand, war eine Melodie, die ich erst gar nicht unterzubringen wusste, bis auf einmal dazu die Worte mir aus der letzten Scene des Siegfried kamen. Ein gutes Zeichen. Gestern ging mir auch der Anfang des 2. Actes auf, und zwar als – Fafners Ruhe, der ich ein humoristisch gemüthliches Moment abgewann. Das sollen Sie alles näher erfahren, wenn morgen die Schwalbe kommt, ihren Bau zu besichtigen.[4]

Rich. Wagner.

1 König Johann von Sachsen.
2 Gemeint ist das »Asyl«, Wagners kleines Fachwerkhäuschen auf dem Nachbargrundstück von Otto Wesendoncks Villa; da Wesendonck auch jene Immobilien hinzukaufte, konnte er sie Wagner für geringe Miete zur Verfügung stellen.
3 König Johann von Sachsen hatte seinen Besuch im Hotel Baur au lac in Zürich angesagt, wofür entsprechend beflaggt werden mußte, in den sächsischen Landesfarben Weiß-Grün.
4 Das Bild von der Schwalbe und ihrem Bau steht für Mathilde Wesendoncks erwünschten Besuch im »Asyl«.

Straßburg, den 15. Januar 1858

Liebster Muzius!

Das nenn ich doch ein Abenteuer! Soeben habe ich die Tannhäuser-Ouvertüre gehört und habe eine sehr ergreifende Huldigung erlebt! Was sagst Du dazu? – Höre, und Du wirst finden, daß das ein reiner Schicksals-Spuk war.

Diese Nacht hatte ich bis Basel kein Auge schließen können und kam um 4 Uhr recht angegriffen da an, um 1½ Stunden im Restaurationszimmer bis zur Abfahrt des Omnibus für die Eisenbahn zuzubringen. Endlich kommt mir ein wahrer Totenschlaf an, und ich strecke mich auf einer Bank aus. Als ich erwache, ist Omnibus und Schnellzug bereits seit einer guten halben Stunde fort: man hat mich nicht beachtet, nicht gerufen, und mir bleibt nun nichts weiter übrig, als im Storchen vollends ein wenig auszuschlafen und mit einem zweiten Zuge gegen zehn Uhr morgens fortzugehen, mit welchem ich gegen 3 Uhr nachmittags in Straßburg ankomme, natürlich mit Verzicht auf die Weiterreise bis Paris.[1] –

Wie ich mir dann so mein Schicksal überlege und bedenke, wer weiß, zu was es gut sei, daß ich nicht freitags in Paris ankomme, mache ich mich auf, sehe mir den Münster wieder recht an und steure auf das Theater los, nachdem ich auf

---

1 Weil Wagner zu Mathilde Wesendoncks Geburtstag am 23. Dezember 1857 eine Huldigung u. a. mit dem Lied *Träume* dargebracht hatte, und das während einer Geschäftsreise ihres Ehemannes, war es zu ersten Verstimmungen mit Otto Wesendonck gekommen. Um weiteren Konflikten auszuweichen, machte Wagner ebenfalls eine »Geschäftsreise« nach Paris. Er schützte vor, seine Autorenrechte für Frankreich mittels des Rechtsanwalts Emile Ollivier dort geltend machen zu wollen.

dem großen Anschlagzettel eben nur den großen Titel eines
vermutlich dummen französischen Stückes gelesen. Das
wunderhübsche Theater gefällt mir, ich bekomme einen
Sperrsitz vorn am Orchester; da bekomme ich den (beiliegenden) kleinen Zettel zur Hand und lese wie im Traume
»Tannhäuser« – was Tausend ist das! Näher betrachtet also
die Ouvertüre, die als besondere Pièce dem Publikum zum
besten gegeben werden sollte. Mir ward ganz sonderbar zumute; währenddem entdecken mich einige Musiker, die
mich von Zürich her kennen, vor allem der gute Dresdener
Pauker Hahnemann, Dein Courmacher. Natürlich geht es
wie ein Lauffeuer durch das Orchester, daß ich da sei; der
Musikdirektor, ein tüchtiger junger Franzose, läßt sich mir
am Sperrsitze schnell vorstellen, ehe er anfängt; das ganze
Orchester blickt freudestrahlend auf mich. Nun wurde gespielt und zu meiner höchsten Überraschung, ein starkes,
volles Orchester, ganz vortrefflich einstudiert, die Tempi
in der Hauptsache ganz richtig, alles sauber und gut vorgetragen. –

Mein Gott, wie mich das ergriff, so zum ersten Male eigentlich etwas von mir aufgeführt zu hören, ohne mich und
ohne eigentliche Rücksicht auf mich! Und nun gerade diese
Tannhäuser-Ouvertüre! Ich saß in einer unbeschreiblichen
innern Aufregung da –: leider wurde ich stark vom Publikum, das auch davon erfahren hatte, beobachtet; aber ich
merkte nichts davon und brach in einen Strom wohltätiger
Tränen aus. Da saß ich, und mitten aus dem Aufruhr der Instrumente tönte mir der ernste, entsündigende Pilgergesang
entgegen! Am Schluß, beim großen Applaus des Publikums
– das gar nicht wußte, wie es dazu kam –, drehte sich der Dirigent und das ganze Orchester zu mir herum und rief und
klatschte, daß ich aufstehen und mich bedanken mußte;
worauf ich denn sogleich das Theater verließ; draußen im
Korridor empfingen mich sogleich mehrere Herren aus dem
Publikum, unter anderm ein Architekt Weiher, dessen Namen Du Dir doch merken sollst. Mein Musikdirektor

schwamm in Wonne und pries sich glücklich, diesen Abend erlebt zu haben.

So, nun bin ich nach Hause gegangen und schreibe Dir die Geschichte, die so hübsch ist, daß Du sie schon Nachbars mitteilen kannst. –

Ich leugne nicht, daß mich dieser sonderbare Vorfall sehr tief ergriffen hat. Unter heißen Tränen fühlte ich, daß mir eben der Lorbeer bestimmt sei. – Nun, ich sucht' ihn nicht. –

Morgen um 11 Uhr geht's weiter nach Paris, wo ich wohl nur Ärger und Verdruß haben werde, zur Ausgleichung für diesen hübschen Zug des Schicksals. –

Kietz[2] habe ich noch benachrichtigen können: wenn nicht, so kann ich nicht helfen. –

Jetzt leb wohl, gönne mir eine recht gute Nacht! Laß Dir Dein Herz nicht wieder klopfen, empfange schrecklich viel Geld, behalt mich lieb, sei nicht mißtrauisch, und glaube, daß ich, trotz dieser Straßburger Überraschung, im ganzen doch noch lieber zu Hause geblieben wäre, am liebsten wieder zurückkehre!

Adieu! Sei herzlich gegrüßt von Deinem guten Manne

---

2 Wagners alter Freund lebte nach wie vor in Paris (seit 1838). Wagner benachrichtigte ihn in der Regel brieflich, wenn er nach Paris kam.

Zürich, den 1. März 1858

Liebe Cosima!

Ich habe heute, zur Abwechslung mit den eigentlichen elenden Tagen, einmal einen recht miserablen Tag, der das Gute hat, daß ich mir doch gar nicht erst vornehme, zu meiner Medizin – zur Arbeit – zu greifen. Da will ich denn sehen, ob ich durch Schuldenbezahlen[1] meine Lage etwas bessere und mein Gemüt durch die Vorstellung erleichtere, der Lustigen etwas vom Traurigen wieder erstattet zu haben. – Ja, ja! lassen Sie mir nur Ihren Haß vermelden; ich laß' mir davon nicht bange machen: mein Elend gibt mir die Zuversicht, daß mich niemand ernstlich hassen kann, außer wenn er sich über mich irrt – was mir dann am Ende Humor erweckt und so die einzige Freude gewährt, deren ich fähig bin. Mir ist, als ob Sie die gute Laune, die ich Euch bei Eurem Hiersein zeigte, doch auch etwas irregeführt hat; ich könnte mir sonst manches nicht recht erklären. Das war eine wunderliche Zeit! Des Vormittags setzte ich meinen Jammer in Verse, und den übrigen Tag machte ich mit Euch mich darüber lustig. Und doch war es ein unermeßliches Labsal für mich, daß ich's konnte; ich konnte es aber nur, weil ich Euch liebes junges Paar da hatte. Da hatte ich denn so die eigentliche Wonne, die mir noch möglich ist! Und wenn mich abends Hans zur Ruhe spielte und Sie so prächtig zuhörten, da war ein gold'ner Tag verbracht. – Nun setz' ich am Morgen meinen Jammer in Musik: aber dann habe ich niemand, mit dem ich mich darüber lustig machen kann; mit meiner guten Frau geht das nun einmal nicht; – so bleibe ich denn den Tag über drin stecken, und am Abend bleibt meine eige-

---

1 Es handelt sich lediglich um Briefschulden.

ne Musik stumm; ich kann mich nicht einmal ein wenig dran
unterhalten. So habe ich von dem ganzen Tage eigentlich nur
den Jammer, und das macht nicht guter Laune – doch fügt
sich's dann wohl, daß eine Wundermacht mir das Elend zur
unsäglichsten Wonne umschafft; dann bin ich so über die
Maßen hehr und glücklich, daß mich ein unglaublicher Stolz
faßt und die ganze Welt mir elend gegen mich vorkommt.
Nun, das muß dann natürlich gebüßt werden, und der Jammer kommt dann wieder wie Überschwemmung über mich.
Recht vernünftig wird's daher nicht, ehe Sie mit Hans nicht
wieder zu mir kommen; daran glaube ich aber noch nicht
recht, denn Ihr sprecht mir zuviel davon; allemal, wenn mir
Papa am sichersten seinen Besuch versprach, ist er am gewis-
sesten ausgeblieben. Und so übermäßig viel Verlaß ist wohl
am Ende auf Euch auch nicht. Jedoch wollen wir sehen!
Einstweilen würze ich mir die Freude der Erwartung durch
Zweifel. – Daran, daß Olliviers mitkommen würden, glaube
ich nun schon gar nicht: ihr »Ja« auf meine wiederholt an sie
gerichtete Frage klang immer recht ehrlich kläglich. – An
Blandine schreibe ich nun meinen nächsten Brief am nächsten miserablen Tage. Sie war mir tief wohltätig in Paris und
wird es mir überall sein, wo sie mein Stern wieder in meine
Nähe führt. Wenn Ihr guten Kinder davon eine Ahnung hät-
tet, wie mir's in Paris zumute war! Blandinen muß ich doch
manchmal albern vorgekommen sein; es war meine einzige
Erheiterung, wenn ich das mitunter bemerkte. Aber bei
Erards war ich sehr liebenswürdig; das muß mir Blandine
bezeugen können: denn es galt, mir einen »Erard« selbst zu
erobern.[2] Auf diesen Flügel, der nun bald ankommen soll,
gründete ich nämlich sogleich die einzigen Hoffnungen auf
erquickliche Zukunft; denn auf dem soll mir nun Hans
abends vorspielen, wenn Ihr wieder da seid und wenn ich

---

2 Die Familie von Pierre Erard, dem Inhaber der berühmten Klavierfabrik in
   Paris. Wagner hatte damals Frau Erard ein schönes Instrument als Geschenk
   abgeschwatzt.

den Tag über wieder recht lustig war. Vor allem sollen dann auch die Schlittschuhläufe nicht mehr Hans' Finger zum Stolpern bringen. –

Nun, bringt Ihr Blandine mit, dann vergeßt nur auch Ollivier nicht; er kostet mich zwar ein oft unerschwingliches Französisch, aber ich verschwende es mit inniger Befriedigung an diesen ersten Franzosen, der mich so recht sympathisch berührt hat. Man könnte auch die Herolds[3] mitbringen; von den Erards haben wir hoffentlich das Beste dann schon bei uns: sie kann man daher zur Not in der »Stummen«[4] lassen.

Und damit Sie, liebes Kind, mit recht gutem Vertrauen zu mir kommen, sage ich Ihnen auch, daß ich Herweghs[5] am Ende doch recht gern habe und namentlich er mir der liebste männlich geformte Mensch hier ist. Ich mußte mich oft – so auch kürzlich wieder – doch einzig auf ihn als denjenigen berufen, der gewisses Schwieriges, und der Welt vielleicht Unbegreifliches an mir, einzig verstehen würde. Auch seiner Frau, die wir oft einluden, biete ich immer mit großer Artigkeit die Zigarre an und sehe weg, wenn sie sie ohne übermäßige Anmut raucht. Unter uns: sie ist eine durchaus brave, höchst verständige, sehr begabte Frau und unvergleichliche Freundin. Gott, wenn ich eine Frau hätte, die mir so das Geld besorgte wie sie ihrem Manne! – Ich hoffe, meine gute Cosima, Ihr Gemüt glättet sich jetzt recht angenehm bei meinem Gruße, und wenn ich Sie bitte, mich recht herzlich liebzubehalten, so gehe ich vielleicht weit, aber doch nicht über Ihre Kräfte hinaus, wenn Sie nur recht wollen?

Leben Sie wohl, und gedenken Sie meiner

Ihr Richard Wagner

---

3 Möglicherweise sind der Komponist Hérold und seine Frau gemeint.
4 Die Oper *La Muette de Portici* von Auber.
5 Georg Herwegh und seine Frau.

Hans wird nächstens die Tristan-Partitur zum Arrangieren bekommen. Wenn er dazu keine Lust hat, so habe ich ihm das 4händige Arrangement vorläufig vom Halse gehalten: Sein Name – das versteht sich – kommt mit auf den Titel, und dennoch soll er 3 Taler per Bogen bekommen. Er soll also den großen Klavierauszug und den ohne Worte à 2 mains immer zugleich angreifen.

69 AN MATHILDE WESENDONCK, ZÜRICH[1]

Zürich, den 7. April 1858

Madame Mathilde Wesendonck
                  Soeben aus dem Bett.–
Morgenbeichte.

Ach, nein! nein! nicht den De Sanctis[2] hasse ich, sondern *mich*, daß ich mein armes Herz immer wieder in solcher Schwäche überraschte! – Soll ich mich mit meinem Unwohlsein, meiner daraus genährten Empfindlichkeit und Gereizt-

---

1 Dieser Brief ist von Minna Wagner vor der Übergabe an Mathilde Wesendonck (durch Hauspersonal) abgefangen worden; an ihm entzündete sich ihre verständliche Eifersucht auf die schöne, junge und reiche Nachbarin. Die für Minna unüberschaubaren Konsequenzen waren freilich die baldige Trennung von ihrem Mann und der gemeinsame Verlust des »Asyls« in Zürich. Zu verdenken ist ihr wohl nicht, daß die Ereignisse sie zu mancher Ungerechtigkeit ihrem Mann gegenüber veranlaßten. Daß Minna diesen Brief für einen profanen »Liebesbrief« hielt, läßt auf ein tiefes Mißverständnis vom Wesen ihres Mannes schließen, dessen geniale Künstlerschaft sie nie wirklich begriffen hatte. Wagner hätte Mathilde sicherlich gern zu seiner Geliebten gemacht, wenn diese nicht bieder und klug zu ihrer Familie gestanden hätte. Immerhin war sie nicht abgeneigt, Wagners Muse für seinen gerade entstehenden *Tristan* zu verkörpern.
2 Ein italienischer Bekannter der Wesendoncks, bei dem Mathilde Unterrichtsstunden in seiner Muttersprache nahm.

Mathilde Wesendonck mit ihrem Sohn Guido.
Pastell von Ernst Benedikt Kietz. 1856
(Richard-Wagner-Museum Tribschen)

heit entschuldigen? Wollen versuchen, wie es geht. Vorgestern mittag trat ein Engel zu mir, segnete und labte mich;
das machte mich so wohl und heiter, daß ich am Abend ein
herzliches Bedürfnis nach Freunden empfand, um ihnen an
meinem inneren Glücke Anteil zu gönnen; ich wußte, ich
wäre recht lieb und freundlich gewesen. Da höre ich, daß
man in Deinem Hause meinen Brief sich nicht an Dich abzugeben getraute, weil De Sanctis bei Dir sei. Dein Mann blieb
derselben Ansicht. Ich wartete vergebens und hatte endlich
das Vergnügen, Herrn v. Marschall[3] zu empfangen, der sich
den Abend bei uns niederließ und mich durch jedes seiner
Worte mit einem schrecklichen Haß auf alle De Sanctis's der
Welt erfüllte. Der Glückliche – der hat sie jetzt mir ferne-
gehalten! Und durch welche Gabe? Nur durch ihre Geduld.
Ich könnt' es ihm nicht verdenken, es mit Dir so ernst zu
nehmen; ein jeder nimmt es ja so ernst, der mit Dir zu tun
hat! Wie ernst nehm' ich's doch! bis zur Qual für Dich!
Aber warum pflegt sie diese pedantische Fessel? Was bedeu-
tet ihr das Italienische? Nun, darauf könnt' ich mir bald antworten. Aber je besser ich's konnte, desto verdrießlicher
ward ich auf den Lästigen; er verschwamm mir im Traum
mit Marschall, und hieraus bildete sich für mich eine Gestalt, in der ich alles Elend der Welt für mich erkannte. – So
ging's die Nacht fort. Am Morgen ward ich nun wieder vernünftig und konnte recht herzinnig zu meinem Engel beten;
und dies Gebet ist Liebe! Liebe! Tiefste Seelenfreude an dieser Liebe, der Quelle meiner Erlösung! Nun kam der Tag
mit seinem üblen Wetter, die Freude auf Deinen Garten war
mir versagt; mit der Arbeit wollt' es noch nicht gehen. So
war mein ganzer Tag ein Kampf zwischen Mißmut und
Sehnsucht nach Dir; und wenn ich mich so recht herzlich
nach Dir sehnte, kam mir immer unser langweiliger Pedant
dazwischen, der Dich mir raubte, und ich konnte mir nicht

---

3 Hermann Marschall von Bieberstein war ein Bekannter aus Dresden und politischer Flüchtling wie Wagner selbst.

anders gestehen, als daß ich ihn haßte. Ach, ich Armer! Ich
mußt' es Dir sagen; das ging nun einmal nicht anders. Aber
recht kleinlich war es doch, und ich verdiente dafür eine gehörige Strafe. Welche soll es sein? – Nächsten Montag
komm' ich nach der Stunde zum Tee und will den ganzen
Abend recht liebenswürdig mit De Sanctis sein und französisch sprechen, daß alle ihre Freude dran haben sollen. –
   Was war das gestern einmal wieder für ein dummer Gö-
thestreit? Daß Göthe für die philisterhafte Akkomodation
an die Welt hergerichtet werden konnte, beruht zwar
schließlich auf dem Mißverständnisse des Dichters; daß es
aber doch geschehen *konnte*, hält mich in wachsamer Be-
denklichkeit gegen ihn und namentlich gegen seine Ausleger
und Zurechtmacher. Nun, weißt Du, ließ ich auch gestern
alles gelten und namentlich Deine große Freude am *Faust*;
aber endlich immer wieder hören zu müssen, der *Faust*
selbst sei der bedeutendste Menschentypus, der bisher von
einem Dichter geschaffen, das machte mich – (sehr töricht-
erweise!) – bös. Ich kann hierüber bei den Meinigen keine
Täuschung bestehen lassen. Fausts Weltverzweiflung beruht
im Anfange entweder auf Welterkenntnis – dann ist er erbärmlich, wenn er sich beim Wechsel in die verachtete Welt
mit großem Aufwand hineinstürzt, und zählt in meinen Augen zu jenen Menschenverächtern, die dennoch ihr ganzes
Leben über keinen Ehrgeiz kennen, als die Menschen zu
täuschen und sich von ihnen bewundern zu lassen; – oder
aber, und so wird's sein – Faust ist eben nur phantastischer
Gelehrter, und die eigentliche Welt hat er noch gar nicht
durchgefühlt; dann ist er eben nur krüppelhaft unentwik-
kelt, und man mag es gutheißen, daß er in die Lehre der
Welt geschickt wird. Da wäre es denn nun aber besser, er
lernte wirklich, was zu lernen ist, und zwar bei der ersten,
so schönen Gelegenheit, der Liebe Gretchens. Ach, wie
glücklich ist da aber der Dichter, als er ihn aus der Seelentie-
fe dieser Liebe heraus hat, um ihn eines schönen Morgens
die ganze Geschichte spurlos vergessen zu lassen, damit er

nun die eigentliche große Welt, die antike Kunstwelt, die
praktisch-industrielle Welt, mit möglichst Behagen vor seiner recht objektiven Betrachtung *abspielen* lassen könne. So
heißt dieser Faust für mich eigentlich nur die versäumte Gelegenheit; und diese Gelegenheit war keine geringere als die
einzige des Heiles und der Erlösung. Das fühlt auch der
graue Sünder schließlich und sucht das Versäumte recht ersichtlich durch ein Schlußtableau nachzuholen – so außer-
halb liegend, nach dem Tode, wo's ihn nicht mehr geniert,
sondern nur recht angenehm sein kann, von dem Engel an
die Brust genommen und gar wohl zu neuem Leben geweckt
zu werden. – Das heiß' ich nun alles recht gut, und Göthe
bleibt mir immer gleich groß als Dichter, denn er bleibt immer wahrhaftig und kann nicht anders; auch mögen die Leute das objektiv nennen, nämlich wenn das Subjekt nie dazu
kommt, das Objekt, die Welt, in sich aufzunehmen (was nur
durch tätigstes *Mit*leiden geschehen kann), sondern dafür
sich einzig das Objekt vorführt, betrachtend sich darin versenkt, durch Anschauung, nicht durch Mitgefühl (denn dadurch würde er die Welt selbst – und dieses Weltwerden des
Subjekts ist eben Sache des Heiligen, nicht des endlich zum
Philistervorbild gewordenen Faustdichters); endlich freut
mich auch immer wieder an Göthe, daß er das Mißliche seines Treibens immer fühlte und doch kein Behagen dabei
fand, daß er sich das große Mitleiden so angelegentlich vom
Halse hält – und, wie gesagt, mir ist Göthe ein Naturge-
schenk, durch welches ich die Welt erkennen lerne wie
durch wenig andre. Er tat, was er konnte, und – Ehre ihm!
– Aber aus seinem jämmerlichen Faust einen edelsten Menschentypus machen zu wollen? Das kommt daher, daß es
der Welt angst wird, wenn es an die Tiefe des großen Proble-
mes des Daseins geht; wie lieb ist's nun den Leuten, daß der
Faust da endlich abspringt und sich entschließt, da er nun
doch einmal von der Welt nicht lassen will, sie zu nehmen,
wie sie ist. Ja, wüßtet ihr nur, daß er von da an auch nur
noch den Mephistopheles zum Führer hat, und macht euch

darauf gefaßt, ewig von dem Lügengeiste gequält zu werden, nachdem euch die holde Erlöserin, das herrliche Gretchen, schmerzlich erhoben den Rücken gewandt hat. Das
wußte Göthe wohl; aber Ihr sollt's auch wissen! –

Was fasle ich da für dummes Zeug! Ist's die Lust, allein zu
reden, oder die Freude, zu Dir zu reden? – Ja, zu Dir! Aber
sehe ich Dein Auge, dann kann ich doch nicht mehr reden;
dann wird doch alles nichtig, was ich sagen könnte! Sieh,
dann ist mir alles so unbestreitbar wahr, dann bin ich meiner
so sicher, wenn dieses wunderbare, heilige Auge auf mir
ruht und ich mich hineinversenke! Dann gibt es eben kein
Objekt und kein Subjekt mehr; da ist alles eines und einig,
tiefe, unermeßliche Harmonie! Oh, da ist Ruhe und in der
Ruhe höchstes, vollendetes Leben! O Tor, wer sich die Welt
und Ruhe von da draußen gewinnen wollte! Der Blinde, so
hätte er Dein Auge nicht erkannt und seine Seele nicht in
ihm gefunden! Nur innen, im Innern, nur in der Tiefe
wohnt das Heil! – Sprechen und mich erklären kann ich
auch gegen Dich nur noch, wenn ich Dich nicht sehe oder
Dich nicht sehen – darf. –

Sei mir gut, und vergib mir mein kindisches Wesen von
gestern: Du hast es ganz richtig so genannt! –

Das Wetter scheint mild. Heut' komm' ich in den Garten;
sobald ich Dich sehe, hoffe ich einen Augenblick Dich ungestört zu finden! – –

Nimm meine ganze Seele zum Morgengruße! – –

Zürich, den 23. April 1858

Liebe arme Minna![1]

Nochmals rufe ich Dir zu und wiederhole es tausendmal, hab *Geduld,* und vor allem auch: hab *Vertrauen!* Wenn Du wüßtest, wie Du mich mit dem Mangel des letzteren quälst, Du würdest es gewiß bereuen. Kürzlich, als Du mir versichertest, Du liebtest mich doch wirklich, beschwor ich Dich, mir dies zu beweisen und jede Begegnung, jedes Rechtverlangen nach jener Seite hin aufzugeben, mindestens bis nach Deiner Kur, wogegen ich Dir versprach, alles, was Du zu Deiner Beruhigung wünschtest, *von mir aus* zu erfüllen. Der Verführer hat sich aber zum zweiten Male Deiner bemächtigt, und diesmal hast Du mir offen Liebe und Glauben gebrochen. Ich verzeihe Dir dies zunächst um des gräßlichen Gesundheitszustandes willen, der Dich fast unzurechnungsfähig machte, und mehr: ich verzeihe es Dir für alle Zukunft. Aber nun beschwöre ich Dich, biete alle Kraft Deines Gemütes auf, Dir des weiteren Deinen Glauben an meine innige und lebenslängliche Teilnahme für Dich, an meinen herzlichen Wunsch, Dir Wohlergehen zu bereiten, an meinen festen Willen, keinen weiteren und anderen Hoffnungen auf das Leben Raum zu geben, *fest und unverbrüchlich zu erhalten.* Vermagst Du das nicht, so machst Du Dich und mich unglücklich! Diese Beschwörung hätte ich nicht nötig, wenn Du selbst so viel Ruhe des Geistes gehabt hättest, von jeher mich gerecht zu beurteilen und namentlich

---

1 Da Minna den Streit mit ihrem Mann über die Nachbarin Mathilde als primitive Eifersuchtsgeschichte in die Öffentlichkeit gebracht, selbst aber keinen rechten Sieg davongetragen hatte, zog sie sich in die Kur nach Brestenberg zurück und harrte dort der weiteren Entwicklung.

Dir eine klare Vorstellung auch über dasjenige Verhältnis zu
machen, welches, wie ich ersehe, auch jetzt noch, nachdem
Du Dir selbst Genugtuung verschafft, Dich fortfährt mit
unnützer Sorge zu erfüllen. Mir ist von der andren Seite her
nur *ein* Vorwurf geworden, nämlich, von je es unterlassen
zu haben, Dich von der *Reinheit dieser Beziehungen* zu belehren, so daß es Dir unmöglich gewesen sein würde, die betreffende Frau so zu beleidigen. Diese Vorwürfe sind mir
von dem *Manne* gemacht worden, von ihm, der, von je genau in das Vertrauen seiner Frau gezogen, sich eben stets
edel und freundschaftlich gegen mich benehmen konnte,
eben *weil* er von der Reinheit unsrer Beziehungen überzeugt
war. Hiergegen konnte ich mich eben nur damit entschuldigen, daß ich es überhaupt für unmöglich hielt, Dich von so
etwas zu überzeugen – wie es denn nun traurigerweise auch,
trotz aller meiner Versicherungen, sich als wahr erweisen zu
wollen scheint. –

Also nochmals und zum letzten Male (denn wenn Du so
fortfährst, so zerstörst Du *Dich!*) – habe *Vertrauen;* vergiß
von dem Vorgefallenen, was Dir unerklärlich zu bleiben
scheint (wie meine vertrauten Ausdrücke in jenem Briefe),
und halte Dich einzig an meine heute wiederholten Erklärungen! Das verstehe ich auch darunter, wenn ich wünsche,
bald eine recht *vernünftige* Frau an Dir zu haben, was Du
mir nun hoffentlich nicht mehr übelnehmen wirst. –

Im übrigen sage ich Dir nur, daß ich Sonntag wirklich
noch, und zwar ganz *allein,* bei Wesendonck eingeladen
war. Bei Willes[2] bin ich zwei Tage gewesen. Künftige Woche verreisen Wesendoncks auf einige Zeit. Ich sehne mich
endlich wieder nach meiner Arbeit und gedenke sie morgen
wiederaufzunehmen. – Auf diesen ernsten und wahrhaft
gutgemeinten Brief habe ich Dir heute vorläufig nichts
Wichtiges weiter mitzuteilen.

Dein *Leiden* hat mich neuerdings wieder sehr erschüttert

2 Eliza und François Wille.

und gerührt; Gott ist mein Zeuge, wie aufrichtig und innig
ich Dir baldige Besserung wünsche. Harre aus! wenn erst
Deine Krankheit sich mildert, wirst Du auch wieder alles ruhiger sehen und erkennen, daß die Ursache der Lebensleiden
nicht nur *außer* uns, sondern meistens auch *in* uns liegen.

Also! Gute Besserung!

Bald sehen wir uns wieder!

Dein
treuer Mann
Richard.

71 AN MATHILDE WESENDONCK, ZÜRICH[1]

Zürich, den 6. Juli 1858

Dienstag früh.

Gewiß erwartest Du nicht, daß ich Deinen wunderschönen,
herrlichen Brief unbeantwortet lasse? Oder sollte ich für das
edelste Wort das schöne Recht der Erwiderung mir versagen
müssen? – Wie aber könnte ich Dir erwidern als Deiner
würdig? –

Die ungeheuren Kämpfe, die wir bestanden, wie könnten
sie enden als mit dem Siege über jedes Wünschen und Begehren?

Wußten wir nicht in den wärmsten Augenblicken der Annäherung, daß dies unser Ziel sei? –

---

1 Dieser Brief kann als der eigentliche Beweis dafür betrachtet werden, daß
zwischen Mathilde und Wagner kein »Verhältnis« bestanden hat. Glaubhaft
wird Wagners platonisches Verhalten zu Mathilde als seiner Muse für den
Tristan hauptsächlich deshalb, weil er in diesem Brief eingesteht, der Versu-
chung, darüber hinauszugehen, beinahe erlegen zu sein. Es lag aber wohl
überwiegend an Mathilde, die Wagner verständnis- und liebevoll auf Distanz
hielt.

Gewiß! Nur weil es so unerhört und schwierig, war es
eben nur nach den härtesten Kämpfen zu erreichen. Haben
wir nun aber noch nicht alle Kämpfe ausgekämpft? Oder welche
könnten uns noch bevorstehen? – Wahrlich, ich fühle es tief:
sie sind zu Ende! –

Als ich vor einem Monate Deinem Manne meinen Entschluß kundgab, den persönlichen Umgang mit Euch abzu-
brechen, hatte ich Dir – entsagt. Doch war ich hierin noch
nicht ganz rein. Ich fühlte eben nur, daß nur eine vollständige Trennung oder – eine vollständige Vereinigung unsre Liebe vor den schrecklichen Berührungen sichern konnte, denen wir sie in den letzten Zeiten ausgesetzt gesehen hatten.
Somit stand dem Gefühle von der Notwendigkeit unsrer
Trennung die – wenn auch nicht gewollt, aber gedachte –
Möglichkeit einer Vereinigung gegenüber. Hierin lag noch
eine krampfhafte Spannung, die wir beide nicht ertragen
konnten. Ich trat zu Dir, und klar und bestimmt stand es vor
uns, daß jene andre Möglichkeit einen Frevel enthalte, der
selbst nicht gedacht werden durfte.

Hierdurch erhielt aber die Notwendigkeit unsrer Entsagung von selbst einen andren Charakter: der Krampf wich
einer mild versöhnenden Lösung. Der letzte Egoismus
schwand aus meinem Herzen, und mein Entschluß, Euch
wieder zu besuchen, war jetzt der Sieg der reinsten Mensch-
lichkeit über die letzte Regung eigensüchtigen Sehnens. Ich
wollte nur noch versöhnen, lindern, trösten – erheitern, und
somit auch mir das einzige Glück zuführen, das mir noch
bereitet sein kann. –

So tief und schrecklich, wie in den vergangenen letzten
Monaten, habe ich nie zuvor in meinem Leben empfunden.
Alle früheren Eindrücke waren inhaltlos gegen diese letzten.
Erschütterungen, wie ich sie bei jener Katastrophe erlitt,
mußten mir tiefe Spuren eingraben; und konnte etwas noch
den großen Ernst meiner Stimmung steigern, so war es der
Zustand meiner Frau. Während zwei Monaten sah ich jeden
Tag der Möglichkeit der Nachricht von ihrem plötzlichen

Tode entgegen; denn diese Möglichkeit hatte mir der Arzt andeuten müssen. Alles um mich atmete Todesduft; all mein Vorwärts- und Rückwärtsblicken traf auf Todesvorstellungen, und das Leben – als solches – verlor für mich seinen letzten Reiz. Zur äußersten Schonung gegen die Unglückliche angehalten, mußte ich dennoch den Entschluß zur Zerstörung unsres soeben erst gegründeten letzten häuslichen Herdes fassen und, zu ihrer größten Bestürzung, ihr diesen endlich mitteilen. –

Mit welchem Gefühle glaubst Du wohl, daß ich in dieser schönen Sommerzeit dieses reizende, so ganz und einzig meinen Wünschen und einstigen Bestrebungen entsprechende Asyl mir überblickte, wenn ich am Morgen das liebe Gärtchen durchwanderte, dem gedeihenden Blumenflor zusah und die Grasemücke belauschte, die sich im Rosenbäumchen ihr Nest gebaut hatte? Und was dieses Losreißen vom letzten Anker für mich hieß, das sage Dir selbst, die Du meinen Sinn so innig kennst wie keines!

Floh ich schon einst vor der Welt, wähnst Du, ich könnte nun wieder in sie zurückkehren? Jetzt, wo alles bis zum äußersten zart und empfindlich in mir geworden ist durch die immer längere Entwöhnung von aller Berührung mit ihr? Noch meine letzte Begegnung mit dem Großherzog von Weimar zeigte mir deutlicher als je, daß ich nur noch in der allerbestimmtesten Unabhängigkeit gedeihen kann, so daß ich jede Möglichkeit irgendeiner einzugehenden Verpflichtung, selbst gegen diesen wirklich unliebenswürdigen Fürsten, innerlichst von mir abweisen mußte. Ich kann – kann der Welt mich nicht wieder zuwenden; in einer großen Stadt dauernd mich niederlassen ist mir undenkbar; und – soll ich dagegen wieder an die Gründung eines neuen Asyles, eines neuen Herdes denken, nachdem ich diesen, kaum genossen, hinter mir zertrümmern mußte, den Freundschaft und edelste Liebe in diesem reizenden Paradiese mir gründeten? O nein! – Von hier fortgehen ist gleichbedeutend für mich mit – untergehen!

Ich kann nun, mit diesen Wunden im Herzen, mir keine
Heimat wieder zu gründen versuchen! –

Mein Kind, ich kann mir nur noch ein Heil denken, und
dies kann nur aus der innersten Tiefe des Herzens, nicht
aber aus irgendeiner äußeren Veranstaltung kommen. Es
heißt: Ruhe! Ruhe der Sehnsucht! Stillung jedem Begehren!
Edle, würdige Überwindung! Leben für andre, für andre –
zum Troste für uns selbst! –

Du kennst jetzt die ganze ernste, entscheidende Stimmung meiner Seele; sie bezieht sich auf meine ganze Lebens-
Anschauung, auf alle Zukunft, auf alles, was mir nahesteht
– und so auch auf Dich, die Du mir das Teuerste bist! Laß
mich nun noch auf den Trümmern dieser Welt des Sehnens
– Dich beglücken! –

Sieh, nie in meinem Leben, in irgendeinem Verhältnisse,
war ich je aufdringlich, sondern stets von fast übertriebener
Empfindlichkeit. Nun will ich denn Dir zum ersten Male
aufdringlich erscheinen und bitte Dich, über mich recht innerlich ruhig zu sein. Ich werde Euch nicht oft besuchen,
denn Ihr sollt mich fortan nur noch sehen, wenn ich sicher
bin, Euch ein heit'res ruhiges Gesicht zu zeigen. – Sonst
suchte ich wohl im Leiden und Sehnen Dein Haus auf: dorthin, von wo ich mir Trost holen wollte, brachte ich Unruhe
und Leiden. Das soll nicht mehr sein. Siehst Du mich daher
längere Zeit nicht mehr, so – bete für mich im stillen! – Denn
dann wisse, daß ich leide! Komme ich aber dann, so sei sicher, daß ich Euch eine holde Gabe meines Wesens ins Haus
bringe, eine Gabe, wie es vielleicht nur mir verliehen ist zu
spenden, mir, der so viel und willig litt. –

Wahrscheinlich, ja – gewiß, tritt nun auch nächstens, ich
vermute schon Anfang Winters, die Zeit ein, wo ich für länger mich ganz von Zürich entferne; meine nun bald erwartete Amnestie wird mir Deutschland wieder erschließen, wohin ich periodisch zurückkehre, um das einzige mir zu ersetzen, was ich hier mir nicht bereiten konnte. Dann werde ich
Euch oft lange nicht mehr sehen. Aber dann wieder in das

nun mir so traut gewordene Asyl zurückkehren, um mich auszuruhen von Plage und unvermeidlichem Ärger, reine Luft zu atmen und neue Lust zum alten Werke zu fassen, für das mich nun einmal die Natur auserwählt hat – dies wird dann immer, wenn Ihr es mir vergönnt, der sanfte Lichtblick sein, der dort mich aufrechterhält, der süße Trost, der hier mir winkt.

Und – hättest Du dann mir keine höchste Lebens-Wohltat erwiesen? Ich dankte Dir nicht das einzige, das auf dieser Erde mir noch dankenswert erscheinen kann? Und ich sollte nicht zu lohnen suchen, was Du mit so unsäglichen Opfern und Leiden mir errungen? –

Mein Kind, die letzten Monate haben mir an den Schläfen das Haar merklich gebleicht; es ist eine Stimme in mir, die mit Sehnsucht mir nach Ruhe ruft – nach der Ruhe, die ich vor langen Jahren schon meinen fliegenden Holländer sich ersehnen ließ. Es war die Sehnsucht nach – »der Heimat« –, nicht nach üppigem Liebesgenuß! Ein treues, herrliches Weib nur konnte ihm diese Heimat erringen. Laß uns diesem schönen Tode weihen, der all unser Sehnen und Begehren birgt und stillt! Laß uns selig dahinsterben, mit ruhig verklärtem Blick und dem heiligen Lächeln schöner Überwindung! Und – keiner soll dann *verlieren*, wenn wir – – *siegen!*[2]

Leb wohl, mein lieber heiliger Engel!

---

2 Inzwischen hatte Wagner die Philosophie Arthur Schopenhauers nicht nur in seinem gerade entstehenden Musikdrama *Tristan und Isolde* zur künstlerischen Anschaulichkeit gebracht, sondern die »Weltverneinung« Schopenhauers auch selbst verinnerlicht. Bemerkenswert ist dabei, daß für Wagner nicht Weltflucht in einem egoistisch-naiven Sinne in Frage kam, sondern vor allem die Umsetzung dieser Erkenntnisse in seine Bühnenkunst.

Genf, den 20. August 1858

Meine liebe Kläre!

Ich versprach Dir noch etwas Näheres über die Veranlassungen zu dem entscheidenden Schritte, in dem Du mich jetzt begriffen siehst. Ich teile Dir das Nötige mit, damit Du auch sonstigem Geschwätze, gegen das ich zwar sehr gleichgültig bin, entgegnen kannst.

Was mich seit sechs Jahren erhalten, getröstet und namentlich auch gestärkt hat, an Minnas Seite, trotz der enormen Differenzen unseres Charakters und Wesens, auszuhalten, ist die Liebe jener jungen Frau, die mir anfangs und lange zagend, zögernd und schüchtern, dann aber immer bestimmter und sicherer sich näherte. Da zwischen uns nie von einer Vereinigung die Rede sein konnte, gewann unsere tiefe Neigung den traurig wehmütigen Charakter, der alles Gemeine und Niedere fernhält und nur in dem Wohlergehen des andren den Quell der Freude erkennt. Sie hat seit der Zeit unserer ersten Bekanntschaft die unermüdlichste und feinfühlendste Sorge für mich getragen und alles, was mein Leben erleichtern konnte, auf die mutigste Weise ihrem Manne abgewonnen ... Und diese Liebe, die stets unausgesprochen zwischen uns blieb, mußte sich endlich auch offen enthüllen, als ich vorm Jahre den Tristan dichtete und ihr gab. Da zum ersten Male wurde sie machtlos und erklärte mir, nun sterben zu müssen!

---

1 Dieser Brief Wagners an seine Schwester, geschrieben auf dem Weg nach Venedig, wirkt wie ein prosaischer Kommentar zum Brief an Mathilde vom 6. Juli. Gelegentlich wird das hier offen ausgesprochene Bekenntnis zur Liebe als »Beweis« dafür angesehen, daß sie mehr als nur platonisch war – trotz der überzeugenden Erklärung, die Wagner hier von der Liebesentsagung Mathildes und seiner selbst gibt.

Bedenke, liebe Schwester, was mir diese Liebe sein mußte, nach einem Leben von Mühen und Leiden, von Aufregungen und Opfern wie dem meinigen! – Doch wir erkannten sogleich, daß an eine Vereinigung zwischen uns nie
gedacht werden dürfe: somit resignierten wir, jedem selbstsüchtigen Wunsche entsagend, litten, duldeten, aber – liebten uns! –

Meine Frau schien mit klugem weiblichen Instinkt zu verstehen, was hier vorging: sie benahm sich zwar oft eifersüchtig, verhöhnend und herabziehend, doch duldete sie
unseren Umgang, der ja andererseits nicht die Sitte verletzte,
sondern nur auf die Möglichkeit, uns einander gegenwärtig
zu wissen, abgesehen war. Somit nahm ich an, Minna sei
verständig und begriffe, daß hier für sie eigentlich nichts zu
fürchten sei, da ja eben an eine Vereinigung bei uns nicht gedacht werden konnte, und daß daher Nachsicht ihrerseits
das Geratenste und Beste sei. Nun mußte ich erfahren, daß
ich mich hierüber wohl getäuscht hatte; Geschwätze kamen
mir zu Ohren, und sie verlor endlich so weit die Besinnung,
daß sie einen Brief von mir auffing und – erbrach. Dieser
Brief, wenn sie ihn eben zu verstehen imstande gewesen wäre, hätte ihr gerade eigentlich die gewünschteste Beruhigung
geben können; denn unsere Resignation spielte auch hierin
das Thema. Sie hielt sich aber nur an die vertrauten Ausdrücke und verlor den Verstand. Wütend trat sie vor mich
und nötigte mich dadurch, ihr mit Ruhe und Bestimmtheit
zu erklären, wie es stünde, daß sie Unglück über sich gebracht hätte, als sie einen solchen Brief erbrochen, und daß,
wenn sie sich nicht zu fassen wisse, wir voneinander gehen
müßten. Hierin wurden wir, ich ruhig, sie leidenschaftlich,
einig. Doch anderen Tages dauerte sie mich. Ich trat zu ihr
und sagte: »Minna, Du bist sehr krank.« Wir faßten den
Plan einer Kur für sie auf; sie schien sich zu beruhigen, der
Tag der Abreise an den Kurort nahte. Sie wollte durchaus
die Wesendonck vorher noch sprechen. Ich verbot ihr das
entschieden. Alles lag mir daran, Minna allmählich mit dem

Charakter meiner Beziehungen zu jener bekannt zu machen, um sie so zu überzeugen, daß für das Fortbestehen unserer Ehe eben nichts zu fürchten sei, weshalb sie sich gerade nur klug, besonnen und edel benehmen, jeder törichten Rache entsagen und jede Art von Aufsehen vermeiden sollte. Endlich gelobte sie mir dies. Doch ließ es ihr nicht Ruhe. Hinter meinem Rücken ging sie doch hinüber und – ohne es wohl selbst zu begreifen – verletzte sie die zarte Frau auf das gröblichste. Da sie ihr gesagt: »Wäre ich eine gewöhnliche Frau, so ginge ich mit diesem Briefe zu Ihrem Mann!«, so hatte die Wesendonck, die sich bewußt war, nie vor ihrem Manne ein Geheimnis gehabt zu haben (was natürlich eine Frau wie Minna nicht begreifen kann!), nichts zu tun, als sofort ihrem Manne diesen Auftritt und den Grund davon zu berichten. – Hiermit war denn auf eine rohe und gemeine Weise in die Zartheit und Reinheit unserer Beziehungen hineingegriffen worden, und manches mußte sich ändern. Mir gelang es sehr spät erst, meine Freundin darüber aufzuklären, daß einer Natur wie der meiner Frau eben Beziehungen von dieser Hoheit und Uneigennützigkeit, wie sie zwischen uns bestanden, nie begreiflich zu machen wären; denn mich traf ihr ernster, tiefer Vorwurf, dies unterlassen zu haben, während sie ihren Mann stets zum Vertrauten gehabt hatte. – Wer nun begreifen kann, was ich seither (es war damals Mitte April) gelitten habe, der muß auch begreifen, wie mir endlich zumute ist, da ich erkennen muß, daß die unausgesetzten Bemühungen, die gestörten Verhältnisse fortzuerhalten, durchaus nichts fruchteten. Ich habe Minna drei Monate mit der höchsten Sorgfalt in der Kur gepflegt; um sie ruhig zu machen, brach ich endlich während dieser Zeit allen Umgang mit unseren Nachbarn ab; nur für ihre Gesundheit besorgt, versuchte ich alles mögliche, sie zur Vernunft und Einsicht in das ihr und ihrem Alter Geziemende zu bringen: alles umsonst! Sie beharrt in den trivialsten Vorstellungen, erklärt sich beleidigt, und kaum etwas beruhigt, bricht bald die alte Wut aufs neue hervor. Seit einem Monat, wo Minna

– während wir Besuch hatten – wieder zurückgekehrt ist,
mußte es endlich zur Entscheidung kommen. Die beiden
Frauen so dicht beieinander war fernerhin unmöglich; denn
auch die Wesendonck konnte es nicht vergessen, daß ihr
zum Lohn, ihrer höchsten Aufopferung und zartesten
Rücksichten für mich von meiner Seite her, durch meine
Frau so roh und verletzend begegnet worden war. Auch war
nun unter den Leuten davon gesprochen worden. Genug,
die unerhörtesten Auftritte und Peinigungen für mich ließen nicht nach, und aus Rücksicht auf jene wie auf diese
mußte ich mich endlich entscheiden, das schöne Asyl, das
mir mit solcher zarten Liebe bereitet worden war, aufzugeben.

Jetzt bedarf ich aber der Ruhe und vollkommensten Abgeschlossenheit: denn was ich zu verschmerzen habe, ist
viel. – Minna ist unfähig zu begreifen, welche unglückliche
Ehe wir von je geführt haben; sie bildet sich das Vergangene
alles anders ein, als es war, und wenn ich Trost, Zerstreuung
und Vergessen in meiner Kunst fand, glaubte sie am Ende
gar, ich hätte deren niemals bedurft.[2] Genug, hierüber bin
ich mit mir zum Abschluß gekommen; ich kann diese ewige
Zänkerei und mißtrauische Laune nicht mehr um mich dul-
den, wenn ich noch meine Lebensaufgabe mutig erfüllen
soll. Wer mir genau zugesehen hat, der mußte sich von jeher
über meine Geduld, Güte, ja Schwäche wundern, und wenn
ich jetzt von oberflächlichen Beurteilern verdammt werde,
so bin ich dagegen unempfindlich geworden; nie aber hatte
Minna eine solche Veranlassung, sich der Würde, meine
Frau zu sein, werter zu zeigen als jetzt, wo es galt, mir das
Höchste und Liebste zu erhalten: es lag in ihrer Hand, zu
zeigen, ob sie mich wahrhaft liebe. Aber was solche wahrhafte Liebe ist, begreift sie nicht einmal, und ihre Wut reißt
sie über alles hinweg! –

2 Den so oft angeführten Gedanken der Sublimierung unerfüllter Liebe in
  künstlerischer Motivation – hier spricht ihn Wagner aus.

Doch entschuldige ich sie mit ihrer Krankheit; wiewohl
auch diese Krankheit einen anderen, milderen Charakter angenommen haben würde, wenn sie selbst anders und milder
wäre. Die vielen widerwärtigen Schicksale, die sie mit mir
erlebt und über die mich mein innerer Genius (den ich ihr
leider nicht mitteilen konnte!) leicht hinweghob, stimmen
mich auch gegen sie rücksichtsvoll; ich möchte ihr sowenig
wie möglich wehetun, denn endlich dauert sie mich doch
immer sehr! Nur fühle ich mich fortan unfähig, es an ihrer
Seite auszuhalten; auch ihr kann ich dadurch nicht nützen:
ich werde ihr immer unbegreiflich und ein Gegenstand des
Argwohns sein. Somit – getrennt! Aber, in Güte und Liebe!
Ich will nicht ihre Schmach.[3] Nur wünsche ich, daß sie selbst
mit der Zeit einsähe, daß es besser sei, wenn wir uns nicht
viel wiedersehen. Für jetzt lasse ich ihr die Aussicht, sobald
die Amnestie eintritt, nach Deutschland zu ihr zurückzukehren; deshalb sollte sie auch alle Sachen und Möbel mit-
nehmen. Am Ende will ich auch nichts verreden und alles
von meiner zukünftigen Stimmung abhängen lassen. Bleibe
also auch Du dabei, daß es jetzt nur eine vorübergehende
Trennung sein solle. Was Du vermagst, um sie ruhig und
vernünftig zu machen, das, bitte ich Dich, unterlasse nicht!
Denn – wie gesagt – unglücklich ist sie doch; mit einem ge-
ringeren Manne wäre sie glücklicher gewesen.[4] Und so bedaure Du sie mit mir! Ich werde Dir dafür von Herzen danken, liebe Schwester! –

   Ich warte hier, in Genf, noch etwas, bis ich nach Italien
gehen kann, wo ich, vermutlich in Venedig, den Winter zuzubringen gedenke. Schon erquickt mich etwas die Einsamkeit und die Entfernung von jedem quälenden Umgang. An

---

3 Wagner hat von nun an sehr ernsthaft eine Trennung von seiner Frau betrie-
   ben, nie aber eine Scheidung erwogen, die seine Frau ins gesellschaftliche
   und soziale Elend hätte stürzen können.
4 Dieser Satz ist wie ein Schlüssel, der die gesamte Beziehung Wagners zu seiner ersten Ehefrau aufzuschließen imstande ist und keiner weiteren Interpre-
   tation bedarf.

Arbeiten war zuletzt gar nicht mehr zu denken. Sobald ich wieder Stimmung finde, um am Tristan fortzukomponieren, sehe ich mich für gerettet an. Wahrlich, ich muß mir so zu helfen suchen: ich will nichts von der Welt, als daß sie mir Ruhe zu den Arbeiten läßt, die einst ihr gehören sollen. Somit beurteile sie mich auch mild! – Den Inhalt dieses Briefes kannst Du, liebe Kläre, getrost benutzen, um Aufklärungen zu geben, wo sie nötig sein sollten. Im ganzen aber möchte ich natürlich nicht, daß viel von dem Vorgefallenen gesprochen wird. *Begreifen*, um was es sich hier handelt, werden doch nur die wenigsten; dazu muß man die Personen, die hier in Betracht kommen, genau kennen.

Nun leb wohl, liebe Schwester! Und hab nochmals herzlichen Dank für die diskrete Anfrage, die ich Dir, wie Du siehst, vertrauensvoll beantworte. Behandle Minna schonend, aber lasse sie allmählich auch begreifen, woran sie mit mir ist!

Dein Bruder
Richard W.

Venedig, den 31. Dezember 1858

Am Silvesterabend 1859

O liebster! liebster Franz! –

Du antwortest mir viel zu pathetisch! Laß mich Dir meinen letzten Brief ganz humoristisch realistisch kommentieren! – Was Dingelstedt[1]! Was Großherzog[2]! Was Rienzi! – Alles dummes Zeug. – Ich brauch' Geld. Hätte nur der unglückliche Nachtwächter allenfalls die lumpigen 25 Louisd'ors sogleich geschickt, so war mir alles gleich. Aber nun noch diese Ankündigung »nach der ersten Aufführung« – (alberner Kerl!). Du sprichst über mich viel zu zart mit den Leuten. Sag Ihnen, Wagner macht sich den Teufel aus Euch, Euren Theatern und seinen eignen Opern; er braucht Geld; das ist alles! Hast denn auch Du mich nicht verstanden? Habe ich Dir denn nicht deutlich und bestimmt gesagt, daß ich um jeden Preis mir Geld zusammenzutreiben suche? Dich nicht gebeten, in Coburg usw. meine Opern (Lohengrin oder fliegenden Holländer) zu vermitteln? Um Gottes willen, was soll ich mit Diana de Solange machen? Muß ich solche offenbare Verspottung von Dir erleben? – Kein Wort? Kein Geld? –

---

1 Wagner spielt auf Franz von Dingelstedt als den Verfasser der *Lieder eines kosmopolitischen Nachtwächters* (1841) an, denn der Komponist war seit 1857 Direktor des Hoftheaters in Weimar und plante dort die Aufführung des *Rienzi*.

2 Der Großherzog Ernst II. von Sachsen-Coburg-Gotha hatte eine Oper, *Diana de Solange*, komponiert und am 5. Dezember 1858 in seinem Hoftheater in Coburg uraufführen lassen. Mit Wagner suchte er über Franz Liszt Verbindung, weil der Großherzog Wagner das Werk widmen wollte. Er hielt jedoch von solchen Gelegenheitskompositionen adeliger Herren nicht viel.

Nun gut! Ich habe jetzt nicht 10 Gulden mehr; kann die
Miete nicht zahlen; kann meiner Frau nichts schicken, die
mir vor 14 Tagen schrieb, daß sie nur noch wenig habe. –
Dies alles aber ist vorübergehend. Nächste Ostern, und
wenn der Tristan fertig, habe ich mehr, als ich brauche.
Nur jetzt läßt mich alles sitzen. Alles! Alles! Nirgends her
sehe ich einer bestimmten Einnahme entgegen. – Und nun
erhalte ich – – Diana de Solanges! Es ist, um verrückt zu
werden! Ich sehe, Du *kennst* die Not gar nicht – Glücklicher! –

Oder macht man mir Vorwürfe, daß ich nicht schlechter
lebe? Mein Franz, wenn Du den zweiten Akt von Tristan sehen wirst, so wirst Du zugeben, daß ich viel Geld brauche.
Ich bin ein großer Verschwender; aber wahrlich, es kommt
etwas dabei heraus. – Das weißt Du. Aber denk nur daran.
Und glaube nie, daß ich Querelen mit Dingelstedt, Herzog
oder sonstwem wirklich ernst nehme. Ich brauche von der
Welt nur Geld: sonst habe ich *alles*. – Den Übermutsparoxismus hast *Du* zu verantworten, durch Deine Freude über
den 1. Akt des Tristan. Wenn Du den zweiten kennen wirst,
so wirst Du mir auch verzeihen, wenn ich heute nichts andres schreie als – Geld! Geld! – Gleichviel wie und woher.
Der Tristan zahlt alles wieder! – Wenn ich ganz verrückt
werde, telegraphiere ich Dir noch mit meinem letzten Napoleon! –

Adieu! Gut Neujahr!

Schick Dante und Messe![3] Aber zunächst – Geld! Honorar – für Gott weiß was! Sag Dingelstedt, er wär' ein Esel,
so lang er wäre. Und dem Großherzog, seine Dose sei versetzt – wahr! Er soll sie mir einlösen. –

Aber nur sonst mir nie ernsthaft und pathetisch schreiben!

---

3 Wagner meint die Partituren von Liszts *Dante-Symphonie* (1857) und *Graner Messe*.

Gott! Ich hab doch schon letzthin gesagt, daß Ihr langweilig
seid. Hat denn das gar nichts gefruchtet?

Besserung zu Neujahr! Das wird eine schöne Geschichte
werden! Oh! Oh!

Gute Nacht![4]   Dein
                                                  R. W.

74 An Franz Liszt, Weimar

Venedig, den 7. Januar 1859

Mein lieber Franz!

Du wirst vermutlich noch einmal meinen Brief durchlesen
und gefunden haben, auf was sich mein scherzhafter Vorwurf »Du antwortest mir viel zu pathetisch und ernst« bezog. Es kann Dir dann aus den strikten Ausdrücken meines
– obwohl etwas liederlich abgefaßten – Briefes nicht entgangen sein, daß ich unter Deiner Antwort die Art und Weise
verstand, wie Du mein Verhalten gegen Dingelstedt in betreff des Rienzi aufgefaßt. Da diese Partie Dir jedenfalls
dunkel geblieben, diene noch dies zur Erläuterung. Mein
Brief wegen Zurücknahme des Rienzi an Dich war, da ich
Dingelstedt an Dich gewiesen, ostensibel abgefaßt. Ich
glaubte aber, Du würdest durchblicken, daß ich mich namentlich über die Sprödigkeit mit dem Honorar und die so

---

4 Der rüde und burschikose Ton, den Wagner in diesem Brief anschlägt, hat
  selbst den Freund Liszt außer Fassung gebracht und ziemlich beleidigt reagieren lassen: »Da die *Dante-Sinfonie* und *Messe* nicht als Bank-Aktien gelten können, wird es überflüssig, sie nach Venedig zu senden. Als nicht weniger überflüssig erachte ich auch fernerhin telegraphische Not-Depeschen
  und verletzende Briefe von dort zu erhalten.«

spät erst in Aussicht gestellte Auszahlung desselben ärgerte.
Ich hoffte, mein die Zurücknahme der ganzen Oper bespre-
chender Brief sollte die Wirkung haben, mir schnell zu dem
Honorar, vielleicht selbst zu einem höheren Betrage desselben zu verhelfen. Ich hatte – leider! – mir auch auf diese Einnahme noch vor Neujahr Hoffnung gemacht und glaubte sie
um so sicherer zu erhalten, weil ich Dir bereits früher meine
schwierige Lage gegenwärtig an das Herz gelegt hatte. Mit
der Zusendung des letzten Dingelstedtschen Briefes an Dich
hatte ich nichts anderes im Sinne, als mich über die pedantische Weisung: »Das Honorar wird Ihnen nach der ersten
Aufführung ausgezahlt werden« (eine Weisung, die ich von
keinem Theater mehr gewohnt bin) zu beklagen und Dich
zu veranlassen – was ich auch deutlich bezeichnete –, mir
wenigstens die sofortige Auszahlung des Honorares auszuwirken. Mein Brief über die Zurücknahme des Rienzi, da er
für Ostensibilität berechnet war, kann nun unklar und leicht
nicht recht zu deuten gewesen sein; ich weiß aber, daß ich
ihn als Schreckschuß für Dingelstedt und Waffe für Dich –
zur Erwirkung von promptem, anständigen Benehmen gegen mich, bestimmt hatte. In dieser Meinung verhoffte ich
mir als Erfolg dieses kleinen Manövers vor Neujahr mit Sicherheit noch die Zusendung der unglücklichen 25 Louisd'or, die ich für die einzige bestimmte, weil eben durch
Dich am Ort zu betreibende, Einnahme halten mußte, während von allen andren Seiten her die mir erdenklichen Sendungen nur mögliche und ebenso leicht vergebliche Hoffnungen waren. So erreichte ich den Silvester-Abend. Mein
Geld war gänzlich zu Ende gegangen; ich hatte bereits meine
Uhr, die Dose des Großherzogs[1] und die Bonbonnière der
Kapellmeisterin[2] (meine einzigen Pretiosen) versetzt und

---

1 Vermutlich ist der Spender der Tabaksdose (vgl. Brief 73) der Großherzog
  Karl Alexander von Sachsen-Weimar-Eisenach gewesen.
2 »Kapellmeisterin« wurde Carolyne von Sayn-Wittgenstein von Wagner genannt, weil sie in ihrem intellektuellen Tatendurst auch klug über Musik zu
  parlieren wußte.

von dem dadurch erhaltenen Gelde noch etwa anderthalb
Napoleons übrig. – Als ich am Abend in meine einsame Sil-
vesterwohnung trete, treffe ich Deinen Brief und gestehe die
Schwachheit ein, daß ich verhoffte, er zeige mir die bevorstehende Sendung der 25 Louisd'or an, und zwar infolge
einer – wie ich glaubte eingeleitet zu haben – geglückten
Demonstration gegen Dingelstedt. Statt dessen treffe ich, in
bezug auf diese Angelegenheit, auf eine ernsthafte Auseinandersetzung Deines Verhältnisses zu Dingelstedt, welches,
wie ich eben aus Deinem Brief ersah, bereits zu einer bittren
und bekümmernden Erfahrung für Dich geworden ist. Ich
hatte dies vorausgesehen und damals – als auf Deinen Antrieb Dingelstedt nach Weimar berufen – Dir stille Vorwürfe
hierüber gemacht. Nun begriff ich auch, daß Du, bereits
länger gereizt, beim Empfang meines letzten Briefes in einer
Stimmung warest, der Dich eben über den Charakter dieser
Drohung, den Rienzi zurückzunehmen, irreleitete. Du sahest auch in mir nur den Dir sympathetischen Ärger über alles Unwürdige, das uns überhaupt widerfährt, und *über*sahest dabei, daß ich armer Teufel es diesmal doch nicht so
ernst gemeint hatte. Somit gingest Du sehr ernst und bitter
auf meine Dir unter den erfahrenen Beleidigungen endlich
gerade willkommene Zurücknahme des Rienzi ein, und ich
– sah, in der soeben bezeichneten Silvesterlage, die letzte
heimliche, aber desto sicherere Hoffnung auf eine Geldsendung für jetzt gescheitert. Die große Pein des Augenblickes
hätte mich, zu anderer Zeit, wahrscheinlich vollkommen
schweigsam und zurückhaltend gestimmt. Die längst mit
unglaublicher Spannung erwartete und ersehnte Wohltat
Deiner Sympathie-Bezeugung für den Tristan aber flammte
mich zu einer ganz konvulsivischen Ausgelassenheit um. Du
warst mir auf einmal wieder so weit in das Innerste nahege-
treten mit Deiner Freude über meinen ersten Akt, daß ich in
solchem Augenblick Dir das Tollste zumuten zu können
glaubte. Ich sagte das auch, wenn ich nicht irre, mit den
Worten – »an meinem Übermutsparoxismus ist Deine Freu-

de über den Tristan schuld« –. Liebster, in diesem Augenblicke konnte ich an die Möglichkeit eines Mißverständnisses nicht denken. Wie und weil mir aber eben alles, alles so sicher und unfehlbar zwischen uns war, ging ich auf der andren Seite ins Zeug hinein, machte Dir Vorwürfe, mich mit dem Gelde sitzenzulassen, meine Politik oder Demonstration gegen Dingelstedt viel zu ernst und pathetisch zu verstehen, in bezug auf welchen mir an gar nichts in der Welt als eben nur an einem bißchen Geld liege: das alles, was bei Euch in der Nähe, in euren Stellungen usw. ernst und bedenklich erschiene, existiere für mich eben gar nicht, sondern diese Theater mit all ihrer öffentlichen Kunst hätten für mich nur den einzigen Beziehungsgrund, den des Geldes. –

Den des Geldes –! ja. – Und machst Du mir einen Vorwurf daraus? Wie? Du *beklagst* mich nicht deswegen? Glaubst Du, ich hätte nicht gern auch *Deine* Stellung zu den Aufführungen der eigenen Werke, der Du dabei auf kein Geld zu sehen hast? – Mein erster Brief aus diesem Jahre wird Dich belehrt haben, daß auch *ich* die Sache ernster und wirklich pathetisch, d. h. *leidend* ansehen kann. –

Genug! Dein heutiger Brief, das begreifst Du wohl, hat mich sehr erschüttert. Dennoch bin ich ruhig und zuversichtlich. Dein wunderliches Mißverständnis, als habe sich mein Vorwurf des zu »ernst- und pathetisch-Antwortens« auf Deine Freude über den Tristan beziehen können, muß Dir als solches bald und vollkommen klar werden. Darüber bin ich außer Zweifel, den jeder unbefangene Vertraute, wenn Du ihm Einsicht in unsren letzten Briefwechsel gibst, muß Dich, bei noch so befangener Stimmung, endlich darüber belehren können, daß jener (übrigens durchaus nur humoristisch gemeinte halblustig-übermütige) Vorwurf Deine Auffassung meiner gemeinten Zurücknahme des Rienzi und überhaupt den Punkt meiner Erwartungen von Dingelstedt, wie Großherzog und überhaupt dem ganzen deutschen Operntheater-Kot, betraf. Die Lage, die mir diese desperatlustige Stimmung eingab, kennst Du nun auch, und hoffent-

lich komme ich nicht so bald wieder dahin, meinen letzten
Napoleon auf dem Telegraphenbüro wechseln zu lassen.

Mein Freund, jetzt bist es Du, den ich leidend und trost-
bedürftig sehe, denn die unerhörten Zeilen, die Dir jetzt an
mich möglich waren, müssen aus einer furchtbaren inneren
Gereiztheit entsprungen sein. Möge Dir einstweilen die hier
ausführlicher versuchte Erklärung und Aufdeckung des
Mißverständnisses, welches Dir – möglich war, Trost geben;
ich vermag zunächst keinen andren zu spenden. Beträfe Deine Verstimmung nur mich, so müßte sie dadurch eigentlich
ganz schwinden. Des weitern aber versichere ich Dich auch,
daß Du mich mit nichts verletzt hast, denn Deine Pfeile trafen mich nicht, sie blieben mit ihren Widerhaken ja an Deinem Herzen stecken. Möge dies sie ihm entwinden!

Nur um eines aber bitte ich Dich für heute: –

Meinen Brief vom 2. Januar dieses Jahres beantworte mir
nicht und nie! Betrachte ihn als nicht geschrieben und nicht
empfangen. – Ich weiß jetzt, daß Du nicht fähig bist, mit gutem Wissen und Wollen Dich so weit in meine Lage zu versetzen, um diesem Briefe gerecht werden zu können. Ich
bitte Dich – beachte ihn auf keine Weise! Ich verzeihe Dir
dann auch den mir gemachten Vorwurf, Du wunderlicher,
lieber, lieber Freund! –

Und nun leb wohl für heute!

Ich bin sicher, Dich nicht verloren zu haben!

Dein

Venedig, 7. Januar 1859.   Richard Wagner.

Luzern, Mitte April 1859

Kind! Dieser Tristan wird was *Furchtbares*!
Dieser letzte Akt!!! – – – – – – –
Ich fürchte, die Oper wird verboten – falls durch schlech-
te Aufführung nicht das Ganze parodiert wird –: nur mittel-
mäßige Aufführungen können mich retten! Vollständig *gute*
müssen die Leute verrückt machen – ich kann mir's nicht an-
ders denken. So weit hat's noch mit mir kommen müssen!!
O weh! –
Ich war eben im vollsten Zuge!
Adieu! R. W.

Luzern, den 9. Mai 1859

Kind! Kind! Der Zwieback hat geholfen; er hat mich mit einem Ruck über eine böse Stelle hinweggebracht, über der
ich seit acht Tagen stockte und nicht weiterkonnte. Gestern
gings mit dem Arbeitsversuch jämmerlich. Meine Laune war
schrecklich, und ich ließ sie in einem langen Brief an Liszt
aus, in dem ich ihm ankündigte, es wäre nun mit dem Komponieren bei mir aus; sie sollten nur in Karlsruhe auf was
andres denken. – Die Sonne half auch nicht, und ich mußte
mich besinnen, daß ihr Schein Freitag früh nur eine Galanterie von mir war; es war das Licht, das ich Ihnen zum Heim-
leuchten angesteckt. Heute sah ich denn mit vollständiger
Trostlosigkeit in den grauen Himmel hinein und sann nur
nach, wem ich nun eine Bitterkeit anhängen wollte. Da ich

schon vor 8 Tagen im eigentlichen Komponieren nicht weiterkonnte (und zwar bei dem Übergang von »vor Sehnsucht
nicht zu sterben« zur kranken Seefahrt),[1] hatte ich's damals
liegen lassen und hatte dafür zur Ausarbeitung des Anfanges
gegriffen, was ich Ihnen vorspielte. Nun ging's aber heute
auch damit nicht mehr weiter, weil es mir ist, als ob ich das
alles früher schon einmal viel schöner gemacht hätte und
mich jetzt nicht mehr darauf besinnen könnte. –

Wie der Zwieback kam, merkte ich nun, was mir gefehlt
hatte, mein Zwieback hier war viel zu sauer, dabei konnte
mir nichts Vernünftiges einfallen; aber der süße, altgewohn-
te Zwieback, in Milch getaucht, brachte auf einmal alles wieder ins rechte Geleise. Und so warf ich die Ausarbeitung
beiseite und fuhr im Komponieren wieder fort, bei der Geschichte von der fernen Ärztin. Jetzt bin ich ganz glücklich:
der Übergang ist über alle Begriffe gelungen, mit einem ganz
wunderbaren Zusammenklang zweier Themas. Gott, was
der richtige Zwieback nicht alles kann! – Zwieback! Zwieback! du bist die richtige Arzenei für verstockte Komponisten – aber der rechte muß er sein! – Jetzt habe ich schönen
Vorrat davon; wenn Sie merken, daß er ausgeht, sorgen Sie
nur ja von neuem: ich merke, das ist ein wichtiges Mittel! –

Freitag abend mußte ich noch viel über Schiller lachen: er
hat diesen ganz einzigen Humor, den ich in dieser Liebenswürdigkeit doch an Göthe nicht kenne. Der Lorbeerkranz
(ich glaube seine Hauseigentümerin), dessen Zimmer im
Herzen ungleich wohlfeiler und als im Hause – wiewohl
auch daran eher etwas zu verderben wäre –, ist vortrefflich.
Ich danke Ihnen für diese Briefe sehr; ich möchte gar nichts
weiter lesen als solche Intimitäten.

---

1 Wagner hatte sich gewünscht, seinen *Tristan* noch in Venedig fertig komponieren zu können, aber wegen der drohenden Kriegsgefahr im österreichischen Venetien war kein längerer Aufenthalt möglich. Wagner mußte in die
  Schweiz zurück, wo er sich in Luzern im Hotel Schweizerhof einquartierte
  und dort den 3. Aufzug vollendete.

Gestern war's gräßlich. Mir fiel den ganzen Tag nichts andres ein als der politische Unsinn: Gott, wie himmelhoch wird man über diese »allerwichtigsten Jetztzeitsfragen« erhoben, sobald man ganz bei sich ist. Wer sich unausgesetzt mit Politik beschäftigen kann, zeigt unwiderleglich, daß selbst er mit sich nichts anzufangen weiß: nun muß die Außenwelt dran, und je breiter die sich ausdehnt, desto erhabener dünkt ihm dann der Brei. – [...]

77 AN MATHILDE WESENDONCK, ZÜRICH

Luzern, den 29.–30. Mai 1859

[...] Zur Arbeit habe ich die Sonne auch über alles gern, aber eben die abgehaltene, gegen die man sich angenehme Kühlung zu verschaffen sucht. Sie wirkt dann wie Beifall, Ruhm und Ehre, die man verschmäht, von denen es aber doch ein behagliches Gefühl erweckt, daß man aus Reichtum sie draußen liegen läßt: umgekehrt werden wir an unsre Armut erinnert! wer Licht und Wärme suchen muß, ist eben traurig dran.

Ich bin jetzt mit der Ausarbeitung der ersten Hälfte meines Aktes beschäftigt. Über die leidenden Stellen komme ich immer nur mit großem Zeitaufwand hinweg; ich kann da im guten Fall in einem Zuge nur sehr wenig fertigbringen. Die frischen, lebhaften, feurigen Partien gehen dann ungleich rascher vonstatten: so lebe ich auch bei der technischen Ausführung »leidvoll und freudvoll« alles mit durch und hänge ganz vom Gegenstande ab. Dieser letzte Akt ist nun ein wahres Wechselfieber: – tiefstes, unerhörtestes Leiden und Schmachten und dann unmittelbar unerhörtester Jubel und Jauchzen. Weiß Gott, so ernst hat's noch keiner mit der Sache genommen, und Semper hat recht. Das hat mich auch allerneuestens wieder gegen den Parzival gestimmt. Es ging mir kürzlich nämlich wieder auf, daß dies wieder eine grundböse Arbeit werden müsse. Genau betrachtet ist *Anfortas* der Mittelpunkt und Hauptgegenstand. Das ist denn nun aber keine üble Geschichte das. Denken Sie um des Himmels willen, was da los ist! Mir wurde das plötzlich schrecklich klar: es ist mein Tristan des dritten Aktes mit einer undenklichen Steigerung. Die Speerwunde, und wohl noch eine andre – im Herzen, kennt der Arme in seinen fürchterlichen Schmerzen keine andre Sehnsucht als die zu sterben; dies höchste Labsal zu gewinnen, verlangt es ihn immer wieder nach dem Anblick des Grals, ob der ihm wenigstens die Wunden schlösse, denn alles andre ist ja unvermögend, nichts – nichts vermag zu helfen: – aber der Gral gibt ihm immer nur das eine wieder, eben daß er *nicht* sterben kann; gerade sein Anblick vermehrt aber nur seine Qualen, indem er ihnen noch Unsterblichkeit gibt. Der Gral ist nun, nach *meiner* Auffassung, die Trinkschale des Abendmahles, in welcher Joseph von Arimathia das Blut des Heilands am Kreuze auffing. Welche furchtbare Bedeutung gewinnt nun hier das Verhältnis des Anfortas zu diesem Wunderkelch; *er*, mit derselben Wunde behaftet, die ihm der Speer eines Nebenbuhlers in einem leidenschaftlichen Liebesabenteuer geschlagen – er muß zu seiner einzigen Labung sich nach dem Segen des Blutes sehnen, das einst aus der gleichen Speerwunde des Heilands floß, als dieser, weltentsagend, welterlösend, weltleidend am Kreuze schmachtete! Blut um Blut, Wunde um Wunde – aber hier und dort, welche Kluft zwischen diesem Blute, dieser Wunde! Ganz hingerissen, ganz Anbetung, ganz Entzückung bei der wundervollen Nähe der Schale, die im sanften, wonnigen Glanze sich rötet, gießt sich neues Leben durch ihn aus – und der Tod kann ihm nicht nahen! Er lebt, lebt von neuem, und furchtbarer als je brennt ihm die unselige Wunde ihm auf, *seine* Wunde! Die Andacht wird ihm selbst zur Qual! Wo ist Ende, wo Erlösung? Leiden der Menschheit in alle Ewigkeit

fort! – Wollte er im Wahnsinn der Verzweiflung sich gänzlich vom Gral abwenden, sein Auge vor ihm schließen? Er
möchte es, um sterben zu können. Aber – er selbst, er ward
zum Hüter des Grales bestellt; und nicht eine blinde äußere
Macht bestellte ihn dazu – nein! weil er so würdig war, weil
keiner wie er tief und innig das Wunder des Grales erkannt,
wie noch jetzt seine ganze Seele endlich immer wieder nach
dem Anblicke drängt, der ihn in Anbetung vernichtet,
himmlisches Heil mit ewiger Verdammnis gewährt![1] –

Und so etwas soll ich noch ausführen? und gar noch Musik dazu machen? – Bedanke mich schönstens! Das kann
machen, wer Lust hat; *ich* werde mir's bestens vom Halse
halten! –

Es mag das jemand machen, der es so à la Wolfram aus-
führt; das tut dann wenig und klingt am Ende doch nach etwas, sogar recht hübsch. Aber *ich* nehme solche Dinge viel
zu ernst. Sehen Sie doch, wie leicht sich's dagegen schon
Meister Wolfram gemacht![2] Daß er von dem eigentlichen
Inhalte rein gar nichts verstanden, macht nichts aus. Er
hängt Begebnis an Begebnis, Abenteuer an Abenteuer, gibt
mit dem Gralsmotiv kuriose und seltsame Vorgänge und Bilder, tappt herum und läßt dem Ernstgewordenen die Frage,
was er denn eigentlich wollte? Worauf er antworten muß, ja,
das weiß ich eigentlich selbst nicht mehr wie der Pfaffe sein
Christentum, das er ja auch am Meßaltar aufspielt, ohne zu

---

1 Obgleich Wagner noch längst nicht an die Ausarbeitung des Parzival-Stoffes
zu denken wagen konnte (den er allerdings schon 1845 kennengelernt hatte),
ist der hier geschilderte Zusammenhang zwischen dem späteren Gralskönig
Amfortas (hier noch »Anfortas« geschrieben) und Tristan so hellsichtig dargestellt, als existierte die Handlung des *Parsifal* bereits im Detail, obwohl die
Dichtung erst 1877 ausgeführt wurde. Oft wird diese Textpassage irrtümlich
so zitiert, als beschriebe sie vom *Parsifal* aus den Rückbezug zum *Tristan*;
das Gegenteil ist der Fall.

2 An der epischen Ausbreitung der Handlung im *Parzival* des Wolfram von
Eschenbach hatte Wagner schon beim ersten Kennenlernen des mittelalterli-
chen Epos Kritik geübt; die verschlungenen Abenteuer schienen ihm für ein
Drama nicht geeignet.

wissen, um was es sich dabei handelt. – Es ist nicht anders.
Wolfram ist eine durchaus unreife Erscheinung, woran allerdings wohl großenteils sein barbarisches, gänzlich konfuses,
zwischen dem alten Christentum und der neueren Staaten-
wirtschaft schwebendes Zeitalter schuld. In dieser Zeit
konnte nichts fertig werden; Tiefe des Dichters geht sogleich
in wesenloser Phantasterei unter. Ich stimme fast jetzt Friedrich dem Großen bei, der bei der Überreichung des Wolfram
dem Herausgeber antwortete, er solle ihn mit solchem Zeuge verschont lassen! – Wirklich, man muß nur einen solchen
Stoff aus den echten Zügen der Sage sich selbst so innig be-
lebt haben, wie ich dies jetzt mit dieser Gralssage tat, und
dann einmal schnell übersehen, wie so ein Dichter, wie
Wolfram, sich dasselbe darstellte – was ich jetzt mit Durch-
blätterung Ihres Buches tat –, um sogleich von der Unfähigkeit des Dichters schroff abgestoßen zu werden. (Schon mit
dem Gottfried v. Straßburg ging mir's in bezug auf Tristan
so.) Nehmen Sie nur das eine, daß dieser oberflächliche
»Tiefsinnige« unter allen Deutungen, welche in den Sagen
der Gral erhielt, grade die nichtssagendste sich auswählt.
Daß dieses Wunder ein kostbarer Stein sein sollte, kommt
allerdings in den ersten Quellen, die man verfolgen kann,
nämlich in den *arabischen* der spanischen Mauren, vor. Leider bemerkt man nämlich, daß alle unsre christlichen Sagen
einen auswärtigen, heidnischen Ursprung haben. Unsre verwundert zuschauenden Christen erfuhren nämlich, daß die
Mauren in der Kaaba zu Mekka (aus der vormohammedani-
schen Religion stammend) einen wunderbaren Stein (Son-
nenstein – oder Meteorstein – allerdings vom Himmel gefallen) verehrten. Die Sagen von seiner Mirakelkraft faßten
bald aber die Christen auf *ihre* Weise auf und brachten das
Heiligtum mit dem christlichen Mythus in Berührung, was
andrerseits dadurch erleichtert ward, daß eine alte Sage in
Süd-Frankreich bestand, dorthin habe sich einst Joseph von
Arimathia mit der heiligen Abendmahlsschale geflüchtet,
was ganz mit dem Reliquienenthusiasmus der ersten christli-

chen Zeit stimmt. Nun erst kam Sinn und Verstand hinein, und wirklich bewundere ich mit völligem Entzücken diesen schönen Zug christlicher Mythenbildung, der das tiefsinnigste Symbol erfand, das je noch als Inhalt des sinnlich-geistigen Kernes einer Religion erfunden werden konnte. Wen schauert es nicht von den rührendsten und erhabensten Gefühlen, davon zu hören, daß jene Trinkschale, aus der der Heiland seinen Jüngern den letzten Abschied zutrank und in der endlich das unvertilgbare Blut des Erlösers selbst aufgefangen und aufbewahrt ward, vorhanden sei, und wem es beschieden, dem Reinen, der könne es selbst schauen und anbeten. Wie unvergleichlich! Und dann die doppelte Bedeutung des einen Gefäßes, als Kelch auch beim heiligen Abendmahl – offenbar dem schönsten Sakramente des christlichen Kultus! Daher denn auch die Sage, daß der Gral (Sang Réal) (daraus San(ct) Gral) die fromme Ritterschaft einzig ernähre und zu den Mahlzeiten er Speise und Trank gewähre. – Und dies alles nun so sinnlos unverstanden von unsrem Dichter, der eben nur für den Gegenstand die schlechten französischen Ritterromane seiner Zeit hernahm und ihnen nachschwatzte wie ein Star! Schließen Sie hieraus auf alles übrige! Schön sind nur einzelne Schilderungen, in denen überhaupt die mittelalterlichen Dichter stark sind: da herrscht schön empfundene Anschaulichkeit. Aber ihr *Ganzes* bleibt immer wüst und dumm. Was müßte ich nun mit dem Parzival alles anfangen! Denn mit *dem* weiß Wolfram nun auch gar nichts: seine Verzweiflung an Gott ist albern und unmotiviert, noch ungenügender seine Bekehrung. Das mit der »Frage« ist *so* ganz abgeschmackt und völlig bedeutungslos. Hier müßte ich also rein alles erfinden. Und noch dazu hat's mit dem Parzival eine Schwierigkeit mehr. Er ist unerläßlich nötig als der ersehnte Erlöser des Anfortas: soll Anfortas aber in das wahre, ihm gebührende Licht gestellt werden, so wird er von so ungeheuer tragischem Interesse, daß es fast mehr als schwer wird, ein zweites Hauptinteresse gegen ihn aufkommen zu lassen, und doch müßte dieses

Hauptinteresse sich dem Parzival zuwenden, wenn er nicht
als kalt lassender Deus ex machina eben nur schließlich hin-
zutreten sollte. Somit ist Parzivals Entwickelung, seine erha-
benste Läuterung, wenn auch prädestiniert durch sein ganzes sinniges, tief mitleidsvolles Naturell, wieder in den Vordergrund zu stellen. Und dazu kann ich mir keinen breiten
Plan wählen, wie er dem Wolfram zu Gebote stand: ich muß
alles in *drei* Hauptsituationen von drastischem Gehalt so zu-
sammendrängen, daß doch der tiefe und verzweigte Inhalt
klar und deutlich hervortritt; denn *so* zu wirken und darzustellen, das ist nun einmal *meine* Kunst. Und – solch eine
Arbeit sollte ich mir noch vornehmen? Gott soll mich bewahren! Heute nehme ich Abschied von diesem unsinnigen
Vorhaben; das mag Geibel machen, und Liszt mag's komponieren![3] – Wenn meine alte Freundin Brünnhilde in den
Scheiterhaufen sprengt, stürz' ich mich mit hinein und hoffe
auf ein seliges Ende! Dabei bleib' es! Amen!

Nun, da hätte ich mich einmal schön vergralt! Nehmen
Sie's für eine Vorlesung, zu der Sie nicht nötig hatten ins Züricher Rathaus zu gehen! Heute bekommen Sie nicht mehr,
trotz des letzten schönen Zwiebackes! – Ich will sehen, ob
ich noch ein wenig Musik machen kann! Leben Sie wohl,
halten Sie Pfingsten im Auge, und – promenieren Sie recht
früh im Garten! Tausend Grüße!

Ihr
R. W.

---

3 Spöttisch stellt Wagner sich den Dichter Emanuel Geibel als Librettisten und
  Franz Liszt als Komponisten für den *Parzival* vor.

Paris, den 29. Oktober 1859

Einer Eigenschaft, die ich mir in meiner Kunst erworben, werde ich mir jetzt immer deutlicher bewußt, da sie auch für das Leben mich bestimmt. In meiner Natur liegt es ursprünglich, schnell und stark in den Extremen der Stimmung zu wechseln: die höchsten Spannungen können fast kaum auch anders als nah sich berühren; darin liegt oft sogar die Rettung des Lebens. Im Grunde hat auch die wahre Kunst keine andren Vorwürfe als diese höchsten Stimmungen in ihrem äußersten Verhalten zueinander zu zeigen: das, worauf es hier einzig ankommen kann, die wichtige Entscheidung, gewinnt sich ja nur aus diesen äußersten Gegensätzen. Für die Kunst entsteht aus der materiellen Verwendung dieser Extremitäten leicht aber eine verderbliche Manier, die bis zum Haschen nach äußerlichen Effekten sich verderben kann. Hierin sah ich namentlich die neuere französische Schule, mit Victor Hugo an der Spitze, befangen und – ich will es nicht läugnen – Vieles in Liszt's Musik ist mir noch antipathisch, weil ich dieselbe Manier hierin oft wiederfinde. Ich erkenne nun, daß das besondere Gewebe meiner Musik (natürlich immer im genauesten Zusammenhang mit der dichterischen Anlage), was meine Freunde jetzt als so neu und bedeutend betrachten, seine Fügung namentlich dem äußerst empfindlichen Gefühle verdankt, welches mich auf Vermittlung und innige Verbindung aller Momente des Überganges der äußersten Stimmungen ineinander hinweist. Meine feinste und tiefste Kunst möchte ich jetzt die Kunst des Überganges nennen, denn mein ganzes Kunstgewebe besteht aus solchen Übergängen:[1] das Schroffe und

---

1 Dieser Satz ist eins der häufigsten Zitate in der Wagner-Literatur, weil er in verständlicher Umschreibung den kompositorischen Spätstil Wagners charakterisiert und den symphonischen Stil des Musikdramas meint.

jähe ist mir zuwider geworden; es ist oft unumgänglich und
nötig, aber auch dann darf es nicht eintreten, ohne daß die
Stimmung auf den plötzlichen Übergang so bestimmt vorbereitet war, daß sie diesen von selbst forderte. Mein größtes
Meisterstück in der Kunst des feinsten allmählichsten Überganges ist gewiß die große Szene des zweiten Aktes von Tristan und Isolde. Der Anfang dieser Szene bietet das über-
strömendste Leben in seinen allerheftigsten Affekten – der
Schluß das weihevollste, innigste Todesverlangen. Das sind
die Pfeiler: nun sehen Sie einmal, Kind, wie ich diese Pfeiler
verbunden habe, wie sich das vom einen zum andern hin-
überleitet! Das ist denn nun auch das Geheimnis meiner musikalischen Form, von der ich kühn behaupte, daß sie in solcher Übereinstimmung und jedes Detail umfassenden klaren
Ausdehnung noch nie auch nur geahnt worden ist. Wenn Sie
wüßten, wie hier jenes leitende Gefühl mir musikalische Erfindungen – für Rhythmus, harmonische und melodische
Entwickelung – eingegeben hat, auf die ich früher nie verfallen konnte, so würden Sie recht innewerden, wie auch in
den speziellsten Zweigen der Kunst sich nichts Wahres erfinden läßt, wenn es nicht aus solchen großen Hauptmotiven kommt. – Das ist nun die Kunst! Aber diese Kunst
hängt sehr mit dem Leben bei mir zusammen. Meinem Charakter werden extreme Stimmungen in starkem Konflikt
wohl immer eigen bleiben müssen: aber es ist mir peinlich,
ihre Wirkungen auf andre ermessen zu müssen. Verstanden
zu werden ist so unerläßlich wichtig. Wie nun in der Kunst
die äußersten, großen Lebensstimmungen zum Verständnis
gebracht werden sollen, die eigentlich dem allgemeinen
Menschenleben (außer in seltenen Kriegs- und Revolutions-
epochen) unbekannt bleiben, so ist dies Verständnis eben
nur durch die bestimmteste und zwingendste Motivierung
der Übergänge zu erreichen, und mein ganzes Kunstwerk
besteht eben darin, durch diese Motivierung die nötige, willige Gefühlsstimmung hervorzubringen. Mir ist nun nichts
schrecklicher gewesen, als wenn hier in der Aufführung

meiner Opern Sprünge vorgenommen wurden, wie z. B. im
Tannhäuser, wo ich zuerst mit steigendem Gefühl von dieser
schönen, überzeugenden Notwendigkeit des Überganges
verfuhr und zwischen dem Ausbruch des Entsetzens nach
Tannhäuser grauenhaftem Bekenntnis und der Andacht, mit
welcher endlich Elisabeths Fürbitte gehört wird, einen (auch
musikalisch) sehr bedeutungsvoll motivierten Übergang
ausführte, auf den ich von je stolz war und der seine über-
zeugende Wirkung nie verfehlte. Sie denken leicht, wie mir
zumute war, wenn ich erfuhr, daß man hierin (wie in Berlin)
Längen sah und einen wesentlichen Teil meines Kunstwerkes geradeweges herausstrich? –

So geht mir's in der Kunst. Und wie im Leben? Waren Sie
nicht oft Zeuge, wie man mein Wort anmaßend, lästig, nicht
endenwollend fand, wenn ich, von ganz gleichem Triebe geleitet, nichts andres wollte als aus der Aufregung, oder nach
einer ungewöhnlichen Äußerung, zu einem versöhnenden
bewußten Verständnis überleiten? –

Entsinnen Sie sich noch des letzten Abends mit Semper?
Ich hatte plötzlich meine Ruhe verlassen und meinen Gegner durch einen stark akzentuierten Angriff verletzt. Kaum
war mir das Wort entflogen, als ich sogleich innerlich abge-
kühlt war und nur noch die – eben von mir gefühlte – Notwendigkeit begriff, zu versöhnen und dem Gespräch wieder
die schickliche Fassung zu geben. Zugleich aber leitete mich
das bestimmte Gefühl davon, daß dies nicht durch ein plötz-
liches Verstummen, sondern nur durch ein allmähliches, be-
wußtes Überleiten verständlich geschehen konnte; ich entsinne mich, selbst als ich noch stark und meiner Meinung
angemessen sprach, das Gespräch bereits nur noch mit einem gewissen künstlerischen Bewußtsein geführt zu haben,
das, wenn man mich meiner Absicht nach gewähren lassen
haben würde, ganz bestimmt zu einem intellektuell wie mo-
ralisch versöhnenden Schlusse geführt und als Verständigung und Beschwichtigung zugleich geendet haben würde.
Ich gebe nun zu, daß ich hier zuviel verlange, weil, wenn der

eigentliche Affekt einmal angeregt ist, jeder nur noch Recht behalten und lieber beleidigt gelten als zur Verständigung gebracht sein will. Ich habe mir denn auch bei dieser wie bei vielen andren Gelegenheiten nur den Vorwurf und die Abweisung der Selbstgefälligkeit im Sprechen zugezogen. Selbst Sie wurden, glaube ich, an jenem Abend einen Augenblick irre und fürchteten, mein fortgesetztes, anfänglich noch starkes Sprechen rühre von noch andauernder Aufregung her, und doch entsinne ich mich auch, daß ich Ihnen, sehr ruhig, erwiderte: »lassen Sie mich nur wieder zurückleiten, das kann doch nicht so schnell gehen!« –

Glauben Sie wohl, daß solche Erfahrungen etwas sehr Schmerzliches für mich haben? – Wahrlich, ich bin menschenfreundlich, und es ist kein scheuer, egoistischer Trieb, der mich immer mehr aus jeder Gesellschaft forttreibt. Es ist nicht verletzte Eitelkeit, wenn ich gegen die Vorwürfe zu anhaltenden Sprechens empfindlich bin, sondern das traurige Gefühl – was kannst Du den Menschen sein, was können sie Dir sein, wenn es sich in Eurem Verkehr nicht darum handelt, Verständnis zu erzielen, sondern eben nur seine Meinung unverändert zu behalten? Über Gegenstände, die mir fremd sind, von denen ich weder Erfahrung noch ein sichres Gefühl habe, verbreite ich mich gewiß nie anders, als um (mich) belehren zu lassen: aber wenn ich fühle, daß ich über einen mir vertrauten Gegenstand etwas Vernünftiges und Zusammenhängendes mitzuteilen habe, mir die Entwickelung meiner Ansicht im Zusammenhang durchreißen zu lassen, nur um dem anderen den Anschein zu lassen, als ob auch er mit der entgegengesetzten Meinung recht haben könnte, das macht doch wirklich jedes Wort unnütz, das irgend in Gesellschaft überhaupt gesprochen werden könnte. Ich lehne jetzt jede eigentliche Gesellschaft ab und – fühle mich wirklich wohler dabei.

Aber da rede ich auch heute vielleicht wieder zuviel und bringe zuviel in Zusammenhang, was auseinander bleiben könnte? – Verstehen Sie mich, wenn auch diesmal gegen Sie

mein Gefühl mich zum »Übergang« – zur Überleitung
drängt, wenn ich die schroffen Enden meiner Stimmungen
zu vermitteln suche, und nicht plötzlich schweigen will, um
Ihnen plötzlich einmal zu sagen, daß ich ruhig und heiter
sei? Würde Ihnen dies natürlich vorkommen können? Nein!
Folgen Sie auch heute den Weg, den ich Ihre Teilnahme führen möchte, um bei einem beruhigteren Gefühle über mich
anzukommen! Es kann meinem Herzen nichts schmerzlicher sein, als eine quälende Teilnahme zu erwecken: ist mir
es entflohen, so gönnen Sie mir die schöne Freiheit, allmählich und sanft zu beruhigen. Es ist bei mir alles so sehr im
Zusammenhang verkettet: das hat seine üblen Nachteile,
denn es macht, daß gemeine und (unter Umständen) leicht
zu hebende Bedrängnisse oft einen übermäßigen Einfluß auf
mich ausüben können; doch hat es auch wieder den Vorteil,
daß ich aus demselben Zusammenhange die Mittel zur Beruhigung gewinne; wie alles nach meiner letzten Lebensaufgabe, meiner Kunst, hinströmt, fließt aus dieser endlich auch
der klare Quell zurück, der meine dorrenden Lebenspfade
erfrischt. Ich durfte heute, durch den herzlichen Wunsch,
beruhigend und vermittelnd auf Ihre teilnehmende Empfindung zu wirken, mich der höchsten künstlerischen Eigenschaft mir bewußt machen, die ich in meinen neuen Werken
immer erspießlicher entwickelt finde, und durfte so wie
von dem Heiligtume meiner Kunst aus zu Ihnen sprechen,
ohne den mindesten Zwang, ohne den mindesten freundlichen Trug selbst, ganz wahr und unverstellt. –

So klärt sich mir denn auch meine ganze Lage allmählich
nach einem bestimmten Ausgange hin ab, der ja einer Seite
der Welt zugekehrt ist, von wo Freundschaft und edler Wille
beruhigend auf mich wirken können. Es wird sich alles einrichten lassen, und bin ich erst wieder ganz zur Ruhe, ist mir
völlige Zuflucht zu meiner Kunst, zu meinem Schaffen wieder ermöglicht, so verliert bald alles wieder seine störende
Macht auf mein Gemüt: ich blicke dann ruhig nach außen,
und wenn ich am wenigsten nach dort mich bemühe, kommt

mir am ehesten wohl auch von daher, was ich willkommen zu heißen habe. – Und so – Geduld! –

Aus meinen Büchern griff ich unsren lieben Schiller heraus. Ich las gestern die Jungfrau[2] und war so musikalisch gestimmt, daß ich namentlich das Stillschweigen Johannas, als sie öffentlich angeklagt wird, vortrefflich mit Tönen ausfüllen konnte: ihre Schuld – die wunderbare. – Heute hat mich eine Rede des Posa (am Schluß des zweiten Aktes) über die Unschuld und Tugend wirklich in Erstaunen gesetzt wegen der unglaublichen Schönheit der poetischen Diktion. Wie leid tut es mir, einer Aufforderung, die mir kürzlich vom Komitee der Schillerfeier in Berlin zuging (einen Gesang dazu zu schreiben), nicht entsprechen zu können. Beklagen Sie mich, aber freuen Sie sich auch, wenn ich Ihnen sage, daß ich diesen Brief heute unter zahllosen Unterbrechungen der Arbeiter, unter Hämmern und Pochen der Tapezierer, des Instrumentenmachers, der Holzscheiter usw. zustande gebracht habe. Bald hätte ich vielleicht Muße gehabt, einen Schillergesang zustande zu bringen: doch ist die Frist zu kurz, und noch hat die Muse keinen Raum in meinem Häuschen. –

Leben Sie wohl! Seien Sie mir gut und vertrauen Sie! Es wird noch eine Zeitlang alles zu ertragen sein! Tausend Grüße und herzliche Wünsche!

R. W.

---

2 Gemeint ist Friedrich Schillers »Romantische Tragödie« *Die Jungfrau von Orleans* (1802).

Paris, den 10. April 1860

Aber liebstes teuerstes Kind, warum auch so gar keine Nachricht? Muß ich denn alles erst abfragen? Kann denn mir Armen nicht auch einmal geschrieben, nicht nur geantwortet werden? – Ich bin wirklich recht in Unruhe. An Otto schrieb ich zuletzt: von dem auch keine Antwort! Nun bleibt mir nichts mehr als Träumen übrig: und damit helfe ich mir denn auch. Ich träume viel und oft: aber selbst die angenehmen Träume haben mir etwas Beängstigendes, weil man sich nach den Regeln der Traumdeutekunst wieder daran halten soll, daß, wenn der Sorgen erweckende Gegenstand uns heiter und wohl erscheint, bei dem leisesten Übermaß dies das Gegenteil anzeige. Aber, welch schlimmer Behelf sind schon die Träume! Weiß man viel von dem, was einem träumt, so deutet dies schon nur auf die Leerheit unsres Daseins im wachen Zustande hin. Mir fällt da immer der grüne Heinrich ein, wie er endlich nur noch träumte. –

O Sie böses Kind! Auch Ihr letzter Brief – und das ist nun schon lange her – sagte mir so wenig, fast gar nichts von Ihnen. Immer nur soll mein albernes Schicksal das Besprechenswerte sein! Fast muß ich zweifeln, ob diese Zeilen Sie nur noch in Rom antreffen werden: das sähe Euch ganz ähnlich, so aufzubrechen, ohne mir ein Wort zu sagen, wann und wohin! Sie sehen, ich zanke: vor wenigen Tagen hätte ich es noch sanfter abgemacht, aber nun werde ich von Tag zu Tag böser. –

Bitte, schreiben Sie mir doch recht viel davon, wie's Ihnen geht, was Sie alles sehen, wie Sie täglich leben, welche Bekanntschaften Sie gemacht haben, wie's mit dem Wohlsein geht, und das alles. Sie versprachen mir ja, mich dann und wann in Ihren Guckkasten blicken lassen zu wollen. Und

nun auf einmal ganz exkommuniziert? Oh, man merkt, wo
Sie leben!

Fast sollte ich nun eigentlich einmal gar nicht von mir
sprechen: aber was weiß ich denn von Ihnen! Nichts, als daß
ich nichts weiß: echt philosophisches Bewußtsein! Und von
mir?? Liebstes Kind, da wird sein Lebtag nichts Kluges
draus, und vor allem wird eben kein Gescheiter klug draus
werden. Da werde ich denn jetzt z. B. von allen verständigen Leuten bejubelt, und alle Welt glaubt, ich müsse in
Wonne und Behagen schweben, da ich nun endlich so Un-
glaubliches erreicht und eine meiner Opern in Paris aufgeführt werden soll. »Kann er denn *noch* mehr verlangen?«
heißt's da. Und denken Sie sich – ich bin der Sache nie über-
drüssiger gewesen als jetzt, und jedem, der mir gratuliert,
weise ich ergrimmt die Zähne. So bin ich nun! –

Niemand kann's mir recht machen, und nichts ist mir
recht. Da läßt man mich dann stehen, und das muß mir denn
endlich wieder gefallen. – Doch gegen Sie will ich mich einmal nicht so ungezogen benehmen. –

Sie wissen, Kind, daß unsereines nicht rechts noch links,
nicht vorwärts noch rückwärts sieht, Zeit und Welt uns
gleichgültig ist und nur eines uns bestimmt, die Not der
Entladung unsres Inneren; somit wissen Sie auch, was mir
einzig wirklich am Herzen liegen kann. Wäre es aber anders,
wäre ich mit dem inneren Vorrat bereits fertig und dürfte ich
nur noch um mich blicken und die Erfolge meiner Arbeiten
im Auge haben, die Zustände, die ich hervorrufe, die Wichtigkeit, von der ich sein kann, so hätte ich genug ernstliche
und erbauliche Unterhaltung, wenn ich so um mich blicke.
Ich kann meine neuen französischen Freunde nicht bestrei-
ten, die in der Möglichkeit und in der vorausgesehenen Gewißheit eines großen Eindruckes zunächst schon des Tannhäuser auf das Pariser Publikum ein Moment von noch gar
nicht dagewesener Wichtigkeit erblicken und diesem eine
Bedeutung beimessen, mit der sich gar nichts Erdenkbares
vergleichen ließe.

Wer ruhig dem Leben einer so begabten, aber so unglaublich verwahrlosten Nation, wie der französischen, zusehen und für alles sich interessieren kann, was in bezug auf die Entwickelung und Veredelung dieses Volkes sich als zweckdienlich darstellen mag, dem kann ich endlich nicht verdenken, wenn er grade in der Aufnahme eines französischen Tannhäuser eine völlige Lebensfrage für die Bildungsfähigkeit dieser Menschen erblickt. Bedenken Sie, wie miserabel es mit aller französischen Kunst steht; daß Poesie diesem Volke eigentlich ganz fremd ist, wofür es nur Rhetorik und Eloquenz kennt. Bei der völligen Abgeschlossenheit der französischen Sprache und der Unfähigkeit derselben, das ihr fremde, poetische Element durch Übertragung aus einer anderen in sich aufzunehmen, bleibt nur der eine Weg offen, durch die *Musik* die Poesie auf die Franzosen wirken zu lassen. Nun ist der Franzose aber auch nicht eigentlich musikalisch, und alle Musik ist ihm aus der Fremde gekommen: von je hat sich der französische Musikstil nur durch den Kontakt der italienischen und deutschen Musik gebildet und ist eigentlich nichts anderes als der Transaktionspunkt dieser beiden Stile. –

Gluck hat aber den Franzosen, genau betrachtet, nichts anderes gelehrt, als die Musik mit dem rhetorischen Stil der französischen Tragédie in Einklang zu setzen: um wahre Poesie handelte es sich im Grunde hierbei nicht. Deshalb konnten auch seitdem die Italiener fast einzig das Feld behaupten, denn immer handelte es sich nur um die Manier in der Rhetorik, sonst aber sowenig um die Musik wie um die Poesie. Die bis heute nun immer wachsende Verwahrlosung, die hieraus entstanden, ist unglaublich. Ich war letzthin, um die Sänger der Oper kennenzulernen, genötigt, das neue Opus eines Prinzen Poniatowski anzuhören.[1] Wie ich mich

---

1 Der polnische Fürst Josef Poniatowski, von Napoleon III. zum Senator gekürt, komponierte die Oper *Pierre de Médicis,* die 1860 in Paris uraufgeführt wurde.

da befand!! Welche Sehnsucht nach dem einfachsten Gebirgstal der Schweiz mich erfaßte!! Ich war gerade wie gemordet, als ich nach Hause kam, und jede Möglichkeit war spurlos vor mir geschwunden. Nun lernte ich aber, wie die gräßlichen Eindrücke die Gegeneinwirkungen nur verstärken und bedeutender an Inhalt machen. »Sie sehen«, sagte man mir, »*wie* es steht und *was* wir von Ihnen erwarten und verlangen!« Die mir das sagen, sind Männer, welche seit 20 Jahren nicht mehr die Oper betreten haben, nur noch die Conservatoire-Konzerte, die Quartette kannten und endlich – ohne mich zu kennen – meine Partituren studierten, und nicht nur Musiker, sondern Maler, Gelehrte, ja – Staatsmänner. Sie sagten mir, »das, was Sie bringen, ist noch nie auch entfernt nur geboten worden, denn Sie bringen mit der Musik die ganze Poesie: Sie bringen das Ganze, und zwar ganz selbständig, unabhängig von jedem Einflusse, wie er früher von unseren Instituten aus auf den Künstler geübt wurde, der sich uns produzieren wollte. Sie bringen es aber zugleich in vollendeter Form und mit der größten Kraft des Ausdruckes: selbst der ignoranteste Franzose kann nichts daran ändern wollen; er muß es ganz aufnehmen oder ganz von sich weisen. Und hierin liegt die große Bedeutung, die wir dem bevorstehenden Ereignis beimessen: wird Ihr Werk zurückgewiesen, so wissen wir, woran wir mit uns sind, und geben die Hoffnung auf; wird es aufgenommen, und zwar sogleich mit einem Schlage (denn der Franzose kann nicht anders beeinflußt werden), so atmen wir alle wieder auf; denn nicht die Wissenschaft und Literatur, nur die am unmittelbarsten und allgemeinsten wirkende theatralische Kunst kann den Geist unserer Nation für seine Anschauungen stark imprimieren. Aber – wir halten uns des größten und nachhaltigsten Erfolges sicher!« –

In der Tat, selbst der Direktor[2], der nun das Sujet genauer kennengelernt hat, rühmt aller Welt, jetzt endlich einmal mit

2 Alphons Royer, 1856–62 Direktor der Großen Oper in Paris.

dem Tannhäuser auf einen wirklichen »succès d'argent« rechnen zu können.

Nun habe ich mich in Brüssel viel mit einem merkwürdigen Manne, einem alten, sehr gewitzten, witzigen und ungemein erfahrungsreichen Diplomaten[3], unterhalten, der mir denn doch herzlich empfiehlt, die Franzosen nicht aus der acht zu lassen: man möge denken und sagen wollen, was immer, so viel bliebe unleugbar, die Franzosen seien gegenwärtig der eigentliche Prototyp der europäischen Zivilisation, und auf sie entscheidend einwirken hieße auf ganz Europa wirken. –

Das klingt doch wirklich alles recht ermutigend, und ich sehe wohl, ich komme von der Wichtigkeit nicht los, von der ich für die Welt sein soll. Nur sonderbar, eigentlich ist mir so recht weder an Europa noch der Welt gelegen: und im Grunde des Herzens sage ich mir, was geht dich das alles an? Aber das sehe ich, wie gesagt, daß ich nicht davon loskomme: oh, dafür sorgt schon der Dämon. Die sicherste Garantie für meine unausbleibliche Einwirkung auf Europa ist – meine Not!

Ich sage Ihnen das recht aufrichtig, damit Sie sich keine irrigen Begriffe von mir machen und nicht etwa glauben, jene eitle Annahme treibe mich wirklich zu irgend etwas, was eigentlich außer mir liegt. Diese Pariser Konzerte haben mich in eine unabsehbare Lage gebracht: schon unternahm ich Brüssel nur, um mir damit etwas zu helfen,[4] was denn nun auch ins Gegenteil umschlug, so daß ich beim Fortgehen mir (ähnlich wie Rossini[5] sich einstens, nach dem Durchfall einer »sorgfältiger« gearbeiteten Oper, sagte: »Si jamais on me

---

3 Staatsrat Georg Heinrich Klindworth, ein Diplomat aus der Zeit des Vormärz.

4 Am 25. Januar sowie am 1. und 8. Februar 1860 gab Wagner drei große Konzerte im Italienischen Theater mit Ausschnitten aus seinen Werken. Die zwei Konzerte im Théâtre de la Monnaie in Brüssel fanden am 24. und 28. März statt.

5 Rossini lebte seit 1823 in Passy bei Paris.

prend à soigner ma partition«[6]) sagte: »si jamais on me
prend à faire de l'argent!«[7] Deutschland schweigt mir vollkommen, und wenn ich noch je Tristan und die Nibelungen
in meinem Leben antreffen soll, muß ich jetzt wahre Wunder ersinnen, um mich über den Wässern dieses heiligen Lebens zu erhalten. So akzeptiere ich denn die Hoffnungen
meiner Pariser Freunde, aber namentlich die meines Opern-
Direktors, und bin jetzt, da alles Herrliche leider noch etwas
auf sich warten lassen wird, gar nicht übel aufgelegt, mich
einem russischen General zu verkaufen, der nächstens hier
ankommen soll, um mich für eine Petersburger Tannhäuser-
Expedition zu gewinnen.[8] Ich bitte, lachen Sie mit mir darüber: man kann mir wirklich nicht anders aus diesen lächer-
lichen Widersprüchen helfen, in denen mich diese erlö-
sungsbedürftige Welt als ihren erwarteten Heiland läßt!

Einstweilen muß ich gute Laune sammeln, um – ein großes Ballet zu schreiben. Was sagen Sie dazu? Zweifeln Sie an
mir? Nun, Sie sollen mir das abbitten, wenn Sie's einmal hören und sehen. Jetzt nur so viel: nicht eine Note, nicht ein
Wort wird am Tannhäuser geändert. Aber ein »Ballet« sollte
gebieterisch drin sein, und dies Ballet sollte im zweiten Akte
vorkommen, weil die Abonnés der Oper immer erst etwas
später vom starken Diner ins Theater kämen, nie zu Anfang.
Nun, da erklärte ich denn, daß ich vom Jockeyclub keine
Gesetze annehmen könnte und mein Werk zurückziehen
würde. Nun will ich ihnen aber aus der Not helfen: die
Oper braucht erst um 8 Uhr zu beginnen, und dann will ich
den unheiligen Venusberg nachträglich noch einmal ordentlich ausführen.[9]

---

6 »Wenn ich doch jemals anfangen könnte, meine Partitur auszuarbeiten«.
7 «Wenn ich doch jemals anfangen könnte, Geld beizubringen!«
8 Der russische General Sabouroff, Direktor der Kaiserlichen Russischen
  Theater in St. Petersburg.
9 Nachdem Kaiser Napoleon III. auf Fürsprache der Fürstin Metternich den
  Befehl zur Aufführung des *Tannhäuser* in der Grand Opéra erteilt hatte, waren von verschiedenen Seiten Wünsche nach einem Ballett laut geworden,

Dieser Hof der Frau Venus war offenbar die schwache Partie in meinem Werke: ohne gutes Ballet half ich mir seinerzeit hier nur mit einigen groben Pinselstrichen und verdarb dadurch viel: ich ließ nämlich den Eindruck dieses Venusberges gänzlich matt und unentschieden, was zur Folge hatte, daß dadurch der wichtige Hintergrund verlorenging, auf welchem sich die nachfolgende Tragödie erschütternd aufbauen soll. Alle späteren, so entscheidenden Rückerinnerungen und Mahnungen, die uns mit starkem Grauen erfüllen sollen (weil dadurch auch erst die Handlung sich erklärt), verloren fast ganz ihre Wirkung und Bedeutung: Angst und stete Beklemmung blieben uns aus. Ich erkenne nun aber auch, daß ich damals, als ich den Tannhäuser schrieb, so etwas, wie es hier nötig ist, noch nicht machen konnte: dazu gehörte eine bei weitem größere Meisterschaft, die ich erst jetzt gewonnen habe: jetzt, wo ich Isoldes letzte Verklärung geschrieben, konnte ich sowohl erst den rechten Schluß zur Fliegenden-Holländer-Ouvertüre als auch – das Grauen dieses Venusberges finden. Man wird eben allmächtig, wenn man mit der Welt nur noch spielt. Natürlich muß ich hier alles selbst erfinden, um dem Balletmeister die kleinste Nuance vorschreiben zu können: gewiß ist aber, daß nur der Tanz hier wirken und ausführen kann: aber welcher Tanz! Die Leute sollen staunen, was ich da alles ausgebrütet haben werde. Ich bin noch nicht dazu gekommen, etwas aufzuzeichnen: mit wenigen Andeutungen will ich's hier zum ersten Male versuchen. Wundern

---

vor allem vom Jockeyclub mit seinen Claqueuren, die über Erfolg und Mißerfolg eines Bühnenwerks bestimmen konnten. Wagner verhielt sich anfangs aus künstlerischer Überzeugung stur und ließ sich von einem vergnügungssüchtigen Club nicht vorschreiben, wie er seine Oper zu gestalten habe. Langsam sah er jedoch selber ein, daß der musikdramatische Kontrast im 1. Akt zwischen dem Venusberg und der Wartburg zu blaß ausgefallen war, so daß die sinnliche Steigerung mit den kompositorischen Möglichkeiten des *Tristan*-Stils sich geradezu aufzwang und zur Ausarbeitung eines regelrechten »Bacchanals« führte, dessen erste schriftliche Fixierung im vorliegenden Brief zu finden ist.

Sie sich nicht, daß dies in einem Briefe an Elisabeth [10] geschieht.

Venus und *Tannhäuser* verweilen so, wie es ursprünglich
angegeben ist: nur sind zu ihren Füßen die drei *Grazien* gelagert, anmutig verschlungen. Ein ganzer engverwachsener
Knäuel kindischer Glieder umgibt das Lager: das sind schla-
fende Amoretten, die, wie im kindischen Spiel, balgend
übereinander gestürzt und eingeschlummert sind.

Ringsum auf den Vorsprüngen der Grotte sind liebende
Paare ruhig gelagert. Nur in der Mitte tanzen Nymphen,
von Faunen geneckt, denen sie sich zu entziehen suchen.
Diese Gruppe steigert ihre Bewegung: die Faunen werden
ungestümer, die neckende Flucht der Nymphen fordert die
Männer der gelagerten Paare zur Verteidigung auf. Eifersucht der verlassenen Frauen: wachsende Frechheit der Faunen. Tumult. Die Grazien erheben sich und schreiten ein,
zur Anmut und Gemessenheit auffordernd: auch sie werden
geneckt, aber die Faunen werden von den Jünglingen verjagt: die Grazien versöhnen die Paare. – Sirenen lassen sich
hören. – Da hört man aus der Ferne Tumult. Die Faunen,
auf Rache bedacht, haben die Bacchantinnen herbeigerufen.
Brausend kommt die wilde Jagd daher, nachdem die Grazien
sich wieder vor Venus gelagert. Der jauchzende Zug bringt
allerhand tierische Ungetüme mit sich: unter andern suchen
sie einen schwarzen Widder aus, der sorgfältig untersucht
wird, ob er keinen weißen Fleck habe: unter Jubel wird er
nach einem Wasserfall geschleppt; ein Priester stößt ihn nieder und opfert ihn unter grauenvollen Gebärden.

Plötzlich entsteigt, unter wildem Jauchzen der Menge,
der (Ihnen bekannte) nordische Strömkarl dem Wasserstru-
del mit seiner wunderbaren großen Geige. Der spielt nun
zum Tanze auf, und Sie können sich denken, was ich alles zu
erfinden habe, um diesem Tanze seinen gehörigen Charakter

---

10 Gelegentlich verwendete Wagner für Mathilde Wesendonck den Ehrenna-
men »Elisabeth«, so eine Entsprechung zu der Hauptgestalt im *Tannhäuser*
und deren madonnenhafter Weiblichkeit andeutend.

zu geben; immer mehr mythologisches Gesindel wird her-
beigezogen. Alle den Göttern heilige Tiere. Endlich Kentauren, die sich unter den Wütenden herumtummeln. Die Grazien sind verzagt, dem Taumel wehren zu sollen. Sie werfen
sich voll Verzweiflung unter die Wütenden; vergebens! Sie
blicken sich, auf Venus gerichtet, nach Hülfe um: mit einem
Wink erweckt die da die Amoretten, welche nun einen ganzen Hagel von Pfeilen auf die Wütenden abschießen, mehr
und immer mehr; die Köcher füllen sich immer wieder. Nun
paart sich alles deutlicher; die Verwundeten taumeln sich in
die Arme: eine wütende Sehnsucht ergreift alles. Die wild
herumschwirrenden Pfeile haben selbst die Grazien getroffen. Sie bleiben ihrer nicht mehr mächtig.

Faunen und Bacchantinnen gepaart stürmen fort: die Grazien werden von den Kentauren auf ihren Rücken entführt;
alles taumelt nach dem Hintergrunde zu fort: die Paare la-
gern sich: die Amoretten sind, immer schießend, den Wilden nachgejagt. Eintretende Ermattung. Die Nebel senken
sich. In immer weiterer Ferne hört man die Sirenen. Alles
wird geborgen. Ruhe. –

Endlich – – fährt Tannhäuser aus dem Traume auf. – So ungefähr. Was meinen Sie dazu? – Mir macht's Spaß, daß ich
meinen Strömkarl mit der eilften Variation verwendet habe.
Das erklärt auch, warum sich Venus mit ihrem Hof nach
Norden gewendet hat: nur da konnte man den Geiger finden,
der den alten Göttern aufspielen sollte. Der schwarze Widder gefällt mir auch. Doch könnte ich ihn auch anders ersetzen. Die Mänaden müßten den gemordeten *Orpheus* jauchzend getragen bringen: sein Haupt würfen sie in den Wasserfall – und darauf tauchte der Strömkarl auf. Nur ist dies weniger verständlich ohne Worte. Was meinen Sie dazu? –

Ich möchte gern Genellische Aquarelle[11] zur Hand ha-

---

11 Ein Bild Bonaventura Genellis, »Dionysos, von den Musen erzogen«, das
   Wagner bei seinem Verwandten Friedrich Brockhaus gesehen hatte, machte
   seit früher Jugend starken Eindruck auf ihn. Er erwarb es schließlich von
   Brockhaus. Heute hängt dieses Bild in der Villa Wahnfried in Bayreuth.

ben: der hat diese mythologischen Wildheiten sehr anschaulich gemacht. Am Ende muß ich mir auch so helfen. Doch habe ich noch manches zu erfinden. –

So, nun habe ich Ihnen wieder einen rechten Kapellmeister-Brief geschrieben. Meinen Sie nicht? Und diesmal sogar auch einen Balletmeister-Brief. Das muß Sie doch guter Laune machen?

Und dennoch schreiben Sie mir nicht? Und auch Otto[12] nicht? O Ihr bösen, bösen Menschen! Wo soll ich denn nun Briefe hernehmen, die mir Freude machen? Und Sie wissen doch, daß mir sonst nichts rechte Freude macht! Doch nur, wenn ich mir mit Ihnen zu tun mache. [...]

80 An Albert Niemann, Hannover

Paris, den 21. Februar 1861

Ich bitte, lesen Sie die letzte Seite zuerst,
und nach Belieben oder Stimmung lesen Sie
dann von vorn oder auch gar nicht!

Mein Freund!

Ich erfahre von fortgesetzter und steigender Entmutigung, in der Sie sich befinden sollen und die Sie zur Ansinnung neuer Opfer meinerseits treibt.[1] Dieser Schwäche

---

12 Otto Wesendonck.
 1 Bei den Klavierproben zum *Tannhäuser* hatte Niemann, der Sänger der Titelpartie, bereits gebeten, ihm eine bestimmte Passage im Finale des 2. Akts, »die bis jetzt noch kein Sänger nach der Fatigue der 2 ersten Akte des ›Tannhäuser‹ durchführen konnte«, zu erlassen (Brief Niemanns an Wagner vom gleichen Tag). Auf diese bequemste aller Lösungen wollte sich Wagner natürlich nicht einlassen. Wegen der angeblichen Blamage des Sängers bei einer weiteren Probe mit Publikum bei der fraglichen Stelle bat der Sänger Wagner um seine Demission, der lieber den Strich bewilligte, als nach einem neuen Sänger zu suchen.

länger schmeicheln zu wollen müßte mir nicht verziehen
werden können! –

Seit den sechs Monaten des Studiums unseres »Tannhäuser« habe ich die Genugtuung erfahren, auf Sänger, die zuvor nicht eine Idee davon hatten, wie meine Musik zu singen
sei, so vorteilhaft zu wirken, daß man über diesen Erfolg,
wie er schließlich in ihren Leistungen sich feststellt, erstaunt
ist. Während hier alles wächst und mich mit Freude und
Hoffnung erfüllt, stellen Sie sich immer kleiner und rauben
mir, Schritt vor Schritt zurückweichend, jede Genugtuung,
auch auf Sie einigen Einfluß gewonnen zu haben. Während
eine *Tedesco* mich überrascht und leistet, was sie zuvor nie
leisten zu können behauptete – während die *Sax*[2] auf mein
Daraufbestehen sich z. B. eine Atemfülle angeeignet hat,
von der sie zuvor keinen Begriff zu haben schien, und Stellen, wie die des Schlusses ihres Adagio-Satzes im 2. Finale,
so vollendet schön singt, wie Sie dies in der vorgestri-
gen Probe gehört haben, ist es mir nicht gelungen, nur
so viel über Sie zu gewinnen, daß Sie eine andere Atemver-
teilung zur Verbindung der beiden Teile des ersten Verses
des Tannhäuserliedes, zur Erzielung einer schönen, innigen und dankbaren Wirkung an dieser Stelle, sich aneig-
neten!

Nachdem ich Sie vor ganz Deutschland, dem Sie bisher
nur zu geringem Teil bekannt worden sind, vor Frankreich,
ja vor Europa dadurch ausgezeichnet habe, daß ich Sie und
keinen andern als den einzigsten Sänger, zu dem ich volles
und – blindes Vertrauen hege, nach Paris berufen ließ, ist es
mir – seit Ihrem Eintritt in Paris – nicht gelungen, das mindeste Vertrauen Ihrerseits zu gewinnen. Sie haben sich – ich
kann sagen fast beleidigend – von mir zurückgezogen gehalten und fast sorgfältig umgangen, irgendwelchen Rat von

---

2 Fortunata Tedesco war die Sängerin der Venus, Marie Sax die der Elisabeth
  in der Erstaufführung des *Tannhäuser* in Paris.

mir zu nehmen. Sie begehen die Unzartheit, mir sehr vorzeitig schon zu erklären, mit dem letzten Mai für allemal den »Tannhäuser« in Paris im Stich lassen zu wollen; erklären mir, in Zukunft nicht mehr viel mit meinen Opern überhaupt sich abgeben zu wollen, und zertrümmern mir so, wohl wissend, welche Wichtigkeit für meine und meiner Werke Zukunft ich Ihnen beimesse, die kaum gewonnene Aussicht, in Ihnen den ersehnten Darsteller meiner Helden gefunden zu haben. –

Dies habe ich denn zu verschmerzen und meine künftigen Pläne darnach einzurichten. –

Jetzt handelt es sich aber zunächst noch um diesen Pariser »Tannhäuser«. Was ich in diesem Bezug auf dem Herzen habe, kann ich Ihnen nicht verschweigen. –

Zeigten Sie mir zwar gleich im Beginn an, daß Sie nicht gesonnen wären, Motivierungen Ihrer Auffassung meinerseits anzunehmen, so hoffte ich doch von Ihrer gesunden künstlerischen Empfänglichkeit, zur Verständigung über verschiedene Einzelheiten mit Ihnen zu gelangen. Trotzdem Sie sich in dieser Hinsicht sehr spröde erwiesen, durfte ich doch Hoffnung fassen, im einzelnen hie und da einen Fingerzeig von Ihnen beachtet zu wissen. Ich ersehe nun, daß Sie nach einem halbjährigen Zusammenwirken schließlich einzig es darauf absehen, die von mir Ihrerseits erwartete Leistung ganz und gar auf das Niveau Ihrer bisherigen Leistungen in dieser Rolle zurückzuführen, und es scheint, daß Sie einzig hierin Beruhigung sich verschaffen zu können glauben. Meine arme Anerkennung auch dieser Leistung, soweit ich bisher auf sie schließen konnte, habe ich Ihnen wiederholt herzlich ausgedrückt, und Sie würden mir das härteste Unrecht tun, wenn Sie an der Aufrichtigkeit selbst meiner schmeichelhaftesten Versicherungen im geringsten zweifeln wollten. Demohngeachtet habe ich erkannt, daß Ihre bisherige Leistung noch keine durchaus vollkommene war; sie war das Produkt eines immensen Talentes auf der Grundlage einer ersten jugendlichen Konzeption: diesem

die Weihe der vollen künstlerischen Reife zu geben war die
Aufgabe, welche Ihnen während des langen Studiums dahier
unter Mitwirkung des Autors vorbehalten war. Es war Ihnen vorbehalten, namentlich dem ersten und zweiten Akte
noch die durchgängig richtige Auffassung zu geben, an Ihre
Gesangsbildung, namentlich wo es auf Weiche ankommt,
die vollendende Feile zu legen und den glänzenden einzelnen Momenten die ergänzende Verbindung zu verschaffen. Ich hoffe, Sie erwidern mir hierauf nicht in dem gerade Ihnen so übel stehenden Theaterjargon von Effekten und Knallstellen: ich würde Sie darauf gänzlich ohne
Antwort lassen müssen. Einigermaßen auf diesen Sinn ein-
gehend, halte ich jetzt aber für nötig, Ihnen folgendes zu
sagen.

Daß es Ihnen möglich war, in Deutschland nur den dritten Akt zu geben, deckt ganz von selbst den schwachen
Punkt Ihrer bisherigen Leistung auf. Selbst die allermittel-
mäßigsten Sänger haben mit diesem dritten Akte noch verhältnismäßig zu effektuieren gewußt: das macht sich eben
von selbst, wie früher die Wahnsinnsszene des Masaniello[3],
wo auch jeder Tenorist nach etwas aussah. Ich sage dagegen,
daß ich Ihnen diesen ganzen dritten Akt schenke, wenn Sie
mir das Finale des zweiten ordentlich bringen. Hier liegt die
dramatische Katastrophe und hier der Punkt, wo Tannhäuser das höchste Interesse in Anspruch nehmen und behaupten muß: fällt dies weg, so bleibt der glückende 3. Akt nur
noch ein Komödiantenstückchen, auf das ich gar nichts gebe
– und dann – ist es allerdings ganz richtig, wenn man die beiden ersten Akte sogleich ganz ausläßt. Das wollen wir aber
hier nicht! Und deswegen bleibe ich dabei: das Finale des 2.
Aktes vollständig, und zwar so bedeutend, als Sie irgend
können! Berufen Sie sich nicht darauf, daß ich die Adagio-

---

3 Rolle des Anführers der aufständischen Fischer von Neapel (Tenor) in Au-
  bers *La Muette de Portici*.

Stelle *Tichatschek* gestrichen habe:[4] hätte ich *Sie* damals
schon gehabt, so seien Sie versichert, daß ich sie nicht gekürzt hätte. Glauben Sie auch nicht, daß ich *Tichatscheck*
die Stelle genommen hätte, weil sie etwa seine Stimme fati-
giert habe: im Gegenteil, was die bloße Stimme betrifft, hätte *Tichatschek* noch sechs solche Stellen gebracht, denn je
mehr und länger er im Zuge war, desto ergiebiger und aus-
dauernder ward sein Organ, so daß ich Klagen, wie ich sie
jetzt fortwährend von Ihnen, dem wahren Herkules an
Kraft und Begabtheit höre, von seiten *Tichatschecks* durchaus ungewohnt bin; weshalb ich ihnen denn auch keine
rechte Beachtung beimessen kann. Der Fehler, der damals in
Dresden diese so wichtige Stelle verdarb, war folgender: –
ein Blick in die Partitur zeigt Ihnen, daß ich mit Tannhäuser
zugleich das ganze Sänger-Ensemble mit fortsingen ließ;
dies deckte dermaßen, daß das Solo des Tannhäuser wie eine
bloße Mittelstimme wirkte, die allerdings vielleicht sich
dann noch hervorstechend gezeigt haben würde, wenn *Tichatscheck* der eigentliche tragische Schmerz im Ausdruck
zur Disposition gestanden hätte: daß hier aber seine schwache Seite lag, wissen wir. Auf den glücklichen Einfall, das
Ensemble auszulassen und Tannhäuser allein singen zu lassen, kam ich damals noch nicht, sondern erst neuerdings bin
ich auf diese richtige Wendung verfallen. Damals blieb mir
nichts übrig, als die Stelle zu streichen, weil sie – mit dem
Ensemblegesang vermischt – unklar blieb und somit als eine
ausdruckslose Länge erschien. Jetzt wird auch *Tichatscheck*
mit seinen alten Kräften die Stelle (als Solo) wieder singen.
– Nun, die Bedeutung dieser Stelle haben Sie sehr wohl erkannt und wissen nicht nur, welche große Wirkung daraus

---

4 Trotz Wagners Überzeugung, in Joseph Tichatschek den am besten geeigneten Tenor für die Titelrolle seines *Tannhäuser* bei der Uraufführung gefunden zu haben, mußte damals schon der Komponist aus Rücksicht auf die
  technischen Möglichkeiten des Sängers den erwähnten Strich in der Partitur
  hinnehmen. Dem Tenor Albert Niemann immerhin traute Wagner zu, sich
  die schwere Stelle zur allgemeinen Zufriedenheit erarbeiten zu können.

an und für sich zu ziehen ist, sondern auch von welcher Wichtigkeit sie für das ganze Tannhäuser-Interesse ist. Nur für Ihre Stimme sind Sie besorgt, und Ihre Ängstlichkeit vermehrt sich durch die Vorstellung, daß ja eben auch *Tichatscheck* sie nicht herausgebracht habe. Dies zu widerlegen und Sie zu ermutigen, erzählte ich Ihnen soeben noch einmal den ganzen Vorgang und den Grund, warum ich sie damals strich und jetzt sie auch für *Tichatscheck* wiederherstelle.

Lassen Sie also diese Furcht fahren, und sehen Sie der Sache mutiger ins Auge. Denken Sie nicht an den dritten Akt: der ist Ihnen sicher. Denken Sie nur an dies zweite Finale, und werfen Sie sich so ganz mit Leib und Seele hinein, als ob Sie nach diesem Finale nicht eine Note mehr zu singen hätten. Der Gewinn ist dann ein sicherer: im entscheidendsten Punkt der Oper, da – wo alles aufs äußerste gesteigert ist und der geringste Laut mit atemloser Spannung aufgenommen wird, da – hier ist es, wo die Entscheidung des *ganzen Abends* fällt! Glauben Sie *mir*, und vertrauen Sie nur dies *eine* Mal noch auf mich! Sie sollen in Ihrem Leben nie wieder von mir hören!! – Haben Sie das »pitié pour moi!«[5] so herausgebracht, wie Sie es schon wiederholt mir zum Angehör gegeben haben, wie Sie's können, nämlich so, daß einem die Haare zu Berge stehen und allen das Herz erbebt, so ist *alles, alles* gewonnen, die unmittelbare Wirkung unermeßlich, und alles, was folgt ist – Kinderspiel; denn der ungeheure Glaube ist dann da, den Sie selbst mit einem mankierenden Ton im 3. Akt, wenn er eintreten sollte, nicht mehr umzustoßen imstande sind. Lassen Sie aber das Hauptinteresse des zweiten Aktschlusses (also in der Katastrophe) für Ihre Person fahren, so wird Ihnen der dritte Akt nur noch als eine glänzende Episode angerechnet werden, die Leistung als Ganzes wird – instinktiv – aber als verfehlt gelten. (Erwidern Sie mir nicht mit Ihren bisherigen Erfol-

5 »Erbarmen mit mir!«

gen an den 2. und 3. Theatern Deutschlands: daß Sie
dort eben nur den 3. Akt geben konnten, spricht für meine
Ansicht!)

Nochmals: – singen Sie das 2. Finale, als ob Sie den
Abend damit enden sollten – und seien Sie versichert – gerade dann werden Sie erst den dritten Akt mir ganz zu Dank
singen. Mit einem Worte: Sie sind mir im dritten Akte viel
zu frisch, zu sinnlich kräftig, und vergebens habe ich bis
jetzt noch auf die Nuancen gewartet, die ich verlange. Ich
will in diesem Auftritt keine sensuelle Stimmkraftäußerung:
alles in Ihrer Wiedergabe ist noch viel zu materiell. Ich müßte, um mit Ihnen Schritt zu gehen, mein ganzes Orchester
bei Ihrem Auftritte uminstrumentieren. Alles ist hier auf eine gespenstische Tonlosigkeit berechnet, die allmählich sich
nur bis zum Ausdruck rührender Weichheit erhebt. Die
ganze Erzählung bis zur Ankunft in Rom wird von Ihnen zu
sinnlich-kräftig gegeben: so erzählt kein soeben vom Wahnsinn zu einer lichten Viertelstunde Erweckter, ein Wesen,
dem der Begegnende scheu ausweicht, der seit Monaten
kaum Nahrung zu sich nahm und dessen Leben nur noch
durch das Flämmchen einer wahnsinnigen Sehnsucht wach
erhalten wird. Der päpstliche Bannspruch hat in Ihrem
Munde eine Energie, die allerdings von niederschmetternder
Wirkung ist: sollte diese Energie ihrem materiellen Gehalte
nach um einiges geschwächt sein, so würde die richtige Wirkung dadurch aber durchaus nicht verlorengehen, sondern,
von dem gehörigen rhetorischen Vortrage hauptsächlich
gestützt, erst recht noch die geeignete Wirkung machen.
Nun, fern von mir sei es, hier gerade etwas *anders* zu wünschen; nur sagen wollte ich Ihnen, daß Sie um *dieser* Stelle
willen nicht jene im 2. Finale opfern sollen. Und beweisen
will ich Ihnen, daß, wenn Tannhäuser im 3. Akte etwas
heiser – selbst sein sollte, dies gerade gar kein Unglück
sei, während ich es, im richtigen Sinne, für ein Unglück
halte, wenn Tannhäuser im 3. Akte durch materielle Hilfs-
mittel ein Interesse erst wiederherzustellen gezwungen

wäre, welches er im entscheidenden 2. Akte verloren haben sollte. –

Hören Sie noch, was ich Ihnen über diesen dritten Akt zu sagen habe. Während Sie alle Ihre früher gewohnten Spielnuancen, wenigstens stellenweise, in den Proben bisher immer stark markiert, ja meist sogar drastisch ausgeführt haben, bin ich betrübt, einiges, was ich Ihnen angegeben, noch nie genügend von Ihnen ausgeführt gesehen zu haben. Ich weiß nicht, werden Sie den Auftritt am Stabe so ausführen, wie ich Sie gebeten, oder nicht? Ich wiederhole Ihnen daher nochmals:

führen Sie die Begleitung der Hörner

bestimmt und plastisch aus: auf der letzten Note wie zusammenknickend. Außerdem keinen Schritt. Dies wiederholt sich viermal: das letzte Mal macht es die grauenhafteste Wirkung, wenn er dann sagt –: »doch such' ich wen, der mir den Weg zum Venusberg zeige«. Verstehen Sie dies recht! Dies allein gibt Ihnen den ganzen Ton für den Auftritt an. »Schweig mir von Rom!« wirkt grell genug. – Den ersten Teil der Erzählung haben Sie zu viel Kraft in der Stimme: nichts anders als rührende Weichheit – ohne alle Bitterkeit. Den zweimaligen Schluß in F-Dur verfehlen Sie dadurch, daß Sie nicht einen ganz regelmäßigen Fall in das diminuendo-p – etc. ausführen.

$$\diagdown\!\!\!\diagdown \qquad \diagup\!\!\!\diagup$$

»Um die Träne zu versüßen, die einst mein Engel mir geweint.

(p)   (più p)

$$\diagup\!\!\!\diagup \qquad \diagdown\!\!\!\diagdown$$

Um meines Engels Tränen zu versüßen!«

Da Sie so viel auf Effekt halten, glauben Sie mir, Sie erzielen diesen hier nur durch das p, durch rührende, schmelzende Weichheit.

Auch die Stelle im 1. Akte, wo Sie die Phrase des Pilgerchors aufnehmen, ist zu hart, zu unmittelbar expressiv: weicher; zum Schluß wie in Tränen erstickend. –

Sie sehen, mein Freund, ich gebe es noch nicht auf, Sie zu einiger Beachtung meiner Ratschläge zu bewegen: meine ungeheure Meinung von dem, was Sie leisten und zu leisten fähig sind, verfolgt Sie, vielleicht bis zur Belästigung für Sie. – Ihre jetzige Aufregung ist mir erklärlich: ohne diese tiefe Erregung und sogar momentane Entmutigung – kein rechter Siegeseifer, kein wahres Bewußtsein einer großen Aufgabe. Aber hüten wir uns, diesen Zustand anhalten zu lassen, ja ihm die Macht über unsere Kraft zu überlassen. Wer – zum Teufel! soll endlich kühn und wagend sein, wenn nicht Sie, mit einer Ausstattung der Natur, wie ich sie bisher nur geträumt, nicht aber für möglich gehalten habe? Mein Schicksal führt mir Sie zu – und im Momente des Erkennens soll ich Sie durch Einbildungen von Schwäche verlieren? Sie sahen mich bereit, Ihnen Opfer zu bringen. Ich bedeute Ihnen mit großer Zuversicht, Sie taten Unrecht, den neuen Vers im Sängerkrieg nicht zu wagen: ein großer Glanz, ein sehr nötiges Moment geht dadurch verloren. Die Stelle im 2. Finale kann ich aber unmöglich Ihrer momentanen Mutlosigkeit opfern! Auch Ihnen, dem jungen, rüstigen Heros, würde es eigentümlich bedünken, wenn Sie nach Deutschland zurückkehren und dort vom alten *Tichatscheck* die Wirkung dieser Stelle erfahren sollten: denn – dieser singt sie jetzt.

Mut, Mut, Freund! Lassen Sie sich nicht von der Weichlichkeit packen, die Ihnen so übel steht! Führen Sie die Stelle in der Generalprobe mit *aller* Macht aus, und sehen wir dann den Effekt auf Ihren dritten Akt.

Es ist dies die letzte Bitte, die ich als Autor an Sie ergehen lassen werde. Sie haben mir genug zu verstehen gegeben, um

für meine fernere Zukunft – ich gestehe Ihnen dies – *sehr*
schmerzlich mich auf Sie verzichten zu lassen.

11½ Uhr.

So weit war ich, als Ihr Brief soeben an mich gelangte.

Ich sehe, bis auf welchen Punkt Sie angekommen sind. Sie
sprechen gegen mich eine Sprache, die ich wirklich nur verstehe, wenn ich mich in die allerersten Zeiten meiner mühvollen Laufbahn zurückversetze.

Ich glaube Ihnen aber sagen zu können, daß Sie im Irrtum
sind, wenn Sie von einer Blamage sprechen, der Sie sich ausgesetzt haben, und verwundre mich, wer Ihnen Boulevard-
Gespräche zu Gehör gebracht haben soll.

Zögernd frage ich mich, ob dieser Brief Ihnen noch etwas taugen oder ob er nur verschlimmern könne. Ich will jedoch nicht plötzlich von meiner letzten Kunsthoffnung
scheiden.

Sie erfahren durch eben diesen Brief, welche ungeheure
Meinung ich von Ihnen habe, und dieses sichere Innewerden
muß Sie vor einem oberflächlichen Mißverständnisse des
Geistes, in dem ich mich an Sie wende, bewahren.

In einem Punkte nehme ich jedoch meine obigen Versicherungen zurück.

Ich erkläre mich nämlich bereit, Ihnen die Stelle, um die
es sich handelt, zu streichen.

Gewinnen Sie Ruhe! Schonen Sie sich, und – wenn Ihnen
dies möglich sein sollte – gewinnen Sie eine Meinung von
mir, die mir künftig etwas mehr Achtung Ihrerseits zuwen-
det, als Sie mir in dem Tone Ihrer heutigen Zeilen bezeigen. –

Seien Sie ruhig!

Mit aufrichtigster Anerkennung

Ihr
Richard Wagner

Biebrich, den 4. März 1862

Mein guter Cornelius!

Ich bin recht unglücklich und möcht' es jemand klagen! An kein weibliches Herz darf ich mich aber wenden: ich würde jedem mehr Schmerz ob seiner Hilflosigkeit als mir Trost zuwenden. Das ist doch das Härteste, zu überstehen, sich in Nöten und Beklemmungen so ganz allein zu wissen und alles mit sich allein ausmachen zu müssen. Da fiel mir's wie eine Himmelsfügung bei, daß ich nun Dich gefunden habe! Du wirst mich verstehen, und an Dich kann ich meine Herzensnot in etwas loswerden. –

Liebster, es steht nun fest, ich kann unmöglich mehr mit meiner Frau zusammenleben! Du glaubst nicht, was ich mit diesen wenigen Worten alles sage. Mir blutet das Herz: und doch erkenne ich, daß ich alle Herzensweichheit gewaltsam bekämpfen muß, da durch Festigkeit und Offenheit einzige Rettung möglich ist.

Du weißt, wie sehr ich mich wieder nach häuslicher Regelmäßigkeit sehnte und wie ich diese nur durch Wiedervereinigung mit meiner Frau erzielen zu können glaubte. Während ich nun trübselig mir eine winterliche Einrichtung hier in Biebrich zu bestellen suchte, faßt meine Frau, durch meine Not bestimmt, plötzlich den Entschluß, es Dir einigermaßen gleichzutun, und statt einer brieflichen Antwort tritt sie selbst hier in mein Zimmer, wo ich eben mit meiner notdürftigen Einrichtung fertig geworden war.[1] Das Herz ging

---

1 Aus alter Gewohnheit und weil Minna tatsächlich in ihrer praktischen Art ganz schnell ein gemütliches Heim herzurichten wußte, besuchte sie unangemeldet ihren Mann vom 21. Februar bis 3. März 1862 in Biebrich, wo Wagner seit 15. Februar 1862 wohnte, um für den Druck seiner *Meistersinger*-Partitur beim Verlag Schott in Mainz unmittelbar zur Verfügung zu stehen.

Peter Cornelius. Foto

mir auf, und an meiner großen, gerührten Freude mußte sie
leicht erkennen, wie es mit mir steht. Ich machte ihr Vorwürfe, nicht gleich mit ihrem Papagei für dauernd gekommen zu sein, während sie eben nur auf eine Woche, um mir
in der Einrichtung zu helfen, aufgebrochen war. Doch be-
sprachen wir nun sofort eine definitive Einrichtung in
Wiesbaden. Sie sah gut und frisch aus, was mir bezeugte,
wie sie sich allemal erholt, wenn sie für sich ist, ihren eignen Neigungen in Umgang und Lebensweise nachgeht und
durch mich in nichts gestört wird. Wie sann ich nun schon
auf Mittel, trotz der ganz und gar entgegengesetzten Neigungen, Charaktere und Anschauungsweisen, ein dauerhaft
erträgliches Zusammenleben durch allerhand vernünftige
Konventionen und Nachgiebigkeiten zustande zu bringen!
Das schreckliche Unglück, daß gar nichts Jugendliches zwischen uns beiden vermittelnd steht und wir beide bei meiner Neigung zur Zurückgezogenheit auf uns allein angewiesen, notwendig ewigen Reibungen ausgesetzt sind, wurde mir zwar gleich am ersten Tage wieder recht fühlbar:
doch war der gute Wille in mir zu groß, als daß ich nicht
gern die so eigentümlich verstellte Sprache, die man mit einem Kinde redet, auch gegen sie wieder sprach, Dinge mit
scheinbarem Interesse anhörte, die mir ganz fernliegen und
oft sogar widerwärtig sind. Die eigentümliche Frucht des
Gewissens, das keine Unwahrheit aufkommen läßt, suchte
ich mit Gewalt niederzuhalten und schlief die erste Nacht
in dem ruhigen Glauben ein, es werde fortan möglich werden. – Andern Morgens trat eine merkwürdige Dazwi-
schenkunft des Schicksals ein, über dessen augenfällige Demonstration ich diesmal wirklich in Erstaunen geraten bin.
Höre!
   Seit unserm letzten Zusammensein in Venedig war zwi-

Das Ergebnis dieses letzten Versuchs eines gemeinschaftlichen Hauswesens
war freilich abschreckend für Wagner; weniger für seine Frau, die immer
noch hoffte, ihn nach der bevorstehenden Amnestie nach Dresden ziehen zu
können.

schen mir und meiner Freundin Wesendonck unwillkürlich
eine längere Stockung unsres brieflichen Verkehrs eingetreten. Es ist zwischen uns alles so einverstanden und durch
vollständigste Resignation geordnet, daß ich nur in guter
freundlicher Laune noch mich ihr mitteilte, namentlich
auch, weil anderseits der Umgang mit ihrem höchst rechtschaffenen, aber mir – ganz abgesehen von persönlichen Beziehungen – lästigen Mann mir soweit als unerträglich sich
herausgestellt hat, daß ich, jedem dauernderen persönlichen
Verkehr mit beiden entsagend, nur noch den leichten brieflichen Verkehr erhalte, der namentlich ihr das schwere Leben
etwas erleichtern soll. In so unruhigen und sorgenvollen
Zeiten, wie diese letzteren für mich waren, schweige ich lieber ganz. So kam es, daß meine Freundin von meiner Reise
nach Paris gar nichts erfahren hatte und noch nach Wien ein
kleines Weihnachtsgeschenk für mich abschickte, das ihr,
nach langen Irrfahrten, wieder nach Zürich zurückkehrte.
Von Paris aus schrieb ich ihr später einmal, meldete ihr auch
meine beabsichtigte Übersiedelung an den Rhein, worauf sie
mir von dem Mißgeschick ihrer Weihnachtssendung berichtete und mich bat, meine spätere Adresse am Rhein ihr anzugeben, damit sie das Bestimmte dann dorthin senden
könnte. Dies geschah meinerseits noch von Mainz aus. Lange blieb ich ohne Nachricht, endlich meldet sie mir kurz, sie
sei in Düsseldorf gewesen, um ihre Mutter zu begraben,
worauf ich ihr sogleich mein herzliches Beileid bezeige. –
Hierauf dankte sie mir dann ausführlich sowie für Mitteilung der Meistersinger und zeigt mir die Absendung des ver-
späteten Weihnachtsgeschenkes an. Dieser Brief kommt hier
am zweiten, das Kistchen am dritten Tage des Aufenthaltes
meiner Frau bei mir an, und beides fällt der Unglücklichen
sogleich unter die Hände. Unfähig, meine Beziehungen zu
jener Frau anders als in einem widerwärtig trivialen Lichte
zu sehen, will sie keine meiner Erklärungen, die ich rein und
ihrer Beruhigung willen ihr gab, verstehen, sondern läßt sich
in jenem gemeinen Ton aus, der mich nun wieder alle Fas-

sung verlieren läßt: meine Heftigkeit deutet sie als Wirkung
eines fortwährenden aufregenden Einflusses jener Frau auf
mich, und – das ganze Wahnsinnsgebäude steht hell und
unerschüttert wieder da! Es war für mich wie um den Verstand zu verlieren. Diese Frau ganz und gar auf demselben
Flecke wie vor vier Jahren: Wort für Wort genau dieselben
Ergüsse, derselbe gemeine Ton! – Diese Stürme überstanden, faßte ich mich wieder; wollte es als ein letztes Wahn-
sinnsgewitter ansehen – noch hoffen und der Möglichkeit
nichts absprechen. Nun trat aber das Elend erst recht wieder zutage: Argwohn, Mißtrauen; Übeldeuten jedes Wortes! Dazu hier in voller Einsamkeit; allein während langer
Winterabende mit einem Wesen, das nicht das mindeste
meiner eigentlichen Natur versteht, die, sobald ich ein Buch
in die Hand nehme, nicht einmal darin mir folgen kann,
keine Selbstbeschäftigung kennt. Dazu nun ich, nur um
Stille und ruhige Geistesstimmung besorgt, meiner Arbeit
mich entgegensehnend, mit schrecklicher Mühe immer nur
der Not meiner Verhältnisse, meiner Lage wehrend, widerwärtig berührt durch jede Mitteilung von außen, Klatsch
u. dgl. Endlich wieder zunehmendes Herzleiden meiner
Frau! Es waren zehn Tage der Hölle, und diese gräßlichen
10 Tage haben denn allerdings wenigstens das Gute einer
letzten Warnung gehabt, und ich mußte staunen, daß diese
ernste Warnung so in voller Unschuld von meiner Freundin
kam!

Du kannst wohl denken, welcher feste Entschluß nun in
mir gereift ist! Merkwürdigerweise fällt es meiner Frau, die
ja doch auch in meinem Umgange ihre Hölle finden muß,
schließlich immer wieder schwer, Einsichten, die sie in der
Heftigkeit allein zu gewinnen scheint, ruhig festzuhalten.
Wenn ich sie dann hörte, wie sie plötzlich wieder von einer
Einrichtung anfing, so kam mir ein völliger Schauder an! –
Ach, es ist ein Elend, einen solchen Jammer so alt haben
werden zu lassen! Meine Frau wird sich helfen, denn ich
werde ihr immer den Schein lassen! Wirklich mich von ihr

noch scheiden zu lassen ist und bleibt mir unmöglich: es ist zu spät, und die Grausamkeit einer solchen Prozedur empört mich. Ich bin denn nun zu folgendem Ausweg entschlossen. Meine Frau soll sich von nächstem Herbst an mit unsern Möbeln und Habseligkeiten, nach Ausscheidung des wenigen, was ich hier behalten, in Dresden für sich niederlassen und dort bei sich eine Stube »für mich« reservieren. Unter dem – allerdings gültigen – Vorwand eines Asyles zum ruhigen Arbeiten werde ich mir stets und andauernd ein kleines Logis, wie ich es jetzt innehabe, erhalten und – vielleicht – zuzeiten meine Frau auf ein paar Wochen einmal besuchen. So soll es aussehen, um eben mild auszusehen! – Aber welche Gunst der Verhältnisse gehört nur auch wieder dazu, dies selbst nur erträglich auszuführen! Genau besehen, heißt es: zwei Wirtschaften führen – für jemand, der kaum einer gewachsen ist. Denn darüber mache ich mir kein Hehl, daß meine äußere Lage einem wachsenden Verfalle entgegengeht! Ich kann mir nichts mehr nützen. Die Kluft zwischen mir und der sogenannten Kunstwelt wird immer weiter. Freund, ich kann mit niemand mehr sprechen! Wenn ich so einem Kapellmeister oder Theaterdirektor, oder selbst einem Menschen wie dem Raff[2], begegne, muß ich nur gleich mein Kreuz schlagen und mich in irgendeinen Winkel zu retten suchen, wo ich mir angehören kann. Was soll ich mit den Schotts[3] anfangen? Es ist mir, als ob ich sie doch alle betrügen müßte und würde! Meine einzige Ausflucht ist noch der junge Großherzog von Baden: hier ist doch angebornes nobles Gefühl, glücklicherweise mit einer offenen, freien Intelligenz vereinigt. Der Mann weiß, wie es mit mir steht, und ist nicht anders der Meinung, als daß ich bei meinen Arbeiten nie nach einem Kreuzer zu fragen haben darf. Nun ist er eben nicht reich und mächtig genug. Dennoch bin ich sicher, nächstens von ihm das einzige, mir günstige – in

2 Raff lebte damals in Wiesbaden, also in Wagners Nähe.
3 Eigentümer des Schott-Verlags.

etwas zu erfahren. Doch freut es mich schon, mit ihm einzig
als der reden zu können, der ich bin. Mein Wunsch ginge
dahin, er nähme mich persönlich zu sich und ließ »in natura-
libus« für mein Leben und Arbeiten sorgen. Eine kleine
Pension würde ich dann meiner Frau anweisen. Wie sich
nun aber auch diese äußere Existenzfrage lösen möge, wenn
auch noch so glücklich, so – fürchte ich – wird mich es doch
nur sehr schwer über den eigentlichen nagenden Punkt meines Lebens beruhigen. Ich habe so schrecklich viel Bedauern
in mir. Es ist mir grauenvoll, jemand durch mich leiden zu
wissen!

So kostet es mich eine ganz ungemeine Anstrengung, mir
selbst Vernunft beizubringen. Ganz augenfällig bin ich belehrt, daß meine Frau unter allen Umständen fern von mir
sich besser befindet als bei mir: ja, ich erkenne deutlich, daß
das eigentliche Gefühl der Liebe für mich gar nicht in ihr
existiert: sie kennt nur *ihr* zugefügtes Unrecht und ist innerlich ganz unfähig, dies je zu vergeben. Aber – so steht es
eben: in *uns* liegt die Welt, die wir erkennen; ich bilde mir
ein, es könne anders sein, wirkliche Wehmut, tiefe Herzens-
neigung könne leiden machen, und – mein eignes Herz blutet. Seit ich gestern die unglückliche, immer aber nur zür-
nend um sich besorgte Frau in Frankfurt verlassen, nagt es
immer in mir, und nur das bestimmte Innewerden, daß ich
durch Weichheit *beiderseits* die Qual verlängere, kann mich
endlich zur – Resignation bringen. – Ach Gott! Nun kommt
es dann mit Tränen über mich, und ich sage: jetzt ein
freundliches, weibliches Wesen, das mich sanft in sich auf-
nähme!! Das verschließ' ich mir nun! Und so denke ich
wohl, sind alle Leiden meiner Frau gerächt! –

Ach! –   [...]

Biebrich, den 22. Mai 1862

Liebe Freundin!

Heut' ist mein Geburtstag. Man hat mir Blumen ins Haus geschickt. Ich war krank und bin erst gestern wieder in den Park gekommen. An Sie durfte ich jetzt wenig denken, da ich Ihnen in nichts mehr helfen und nur stille Wünsche noch für Ihr Wohlergehen hegen darf.

So saß ich einsam.

Plötzlich kam mir ein Einfall zur Orchestereinleitung des dritten Aktes der Meistersinger. In diesem Akte wird den ergreifendsten Kulminationspunkt der Moment abgeben, wo Sachs vor dem versammelten Volke sich erhebt und von diesem durch einen erhabenen Ausbruch seiner Begeisterung empfangen wird. Das Volk singt da feierlich und hell die acht ersten Verse von Sachsens Gedicht auf Luther. Die Musik dazu war fertig. Jetzt zur Einleitung des 3. Aktes, wo, wenn der Vorhang aufgeht, Sachs in tiefem Sinnen dasitzt, lasse ich die Baßinstrumente eine leise, weiche, tief melancholische Passage spielen, die den Charakter größter Resignation trägt: da tritt, von Hörnern und sonoren Blasinstrumenten, die feierlich freudig-helle Melodie des »Wacht auf! Es rufet gen den Tag: ich hör' singen im grünen Hag ein' wonnigliche Nachtigall« wie ein Evangelium hinzu und wird wachsend von dem Orchester durchgeführt.

Es ist mir nun klar geworden, daß diese Arbeit mein vollendetstes Meisterwerk wird und – daß ich sie vollenden werde.

Mir aber wollte ich ein Geburtstagsgeschenk machen; ich tu' es, indem ich Ihnen diese Nachricht sende.

Bewahren Sie sich; pflegen Sie sich, und – müssen Sie an mich denken – so stellen Sie sich vor, Sie sähen mich immer

in der Stimmung dieser Geburtstags-Morgenstunde: dies
wird Ihnen tröstlich sein, und auch Sie werden gedeihen.
Gewiß! –

Schönsten Gruß von

Ihrem
Richard Wagner.

83 AN MATHILDE MAIER, MAINZ

Wien, den 4. Januar 1863

Ich darf das gute Kind doch nicht länger mehr ängstigen.
Aber viel Schönes hab ich nicht zu melden, wenigstens nicht
von mir. Eher von meiner zweiten Aufführung und vom
Wiener Publikum: Die erste war sehr gelungen (dank einer
kostbaren massiven Schallwand um das ganze Orchester!),
und das zweite war heiß und glänzend.[1] An Beifall fehlte es
nicht, mehr noch als das erste Mal; denn ganze Stücke (aus
der Walküre) mußten wiederholt werden. Nur kommt mein
alter Schade immer wieder zum Vorschein: daß ich bei solchen Unternehmungen zugleich immer und meistens sehr
drängend an Erwerb denken muß!! Die Einnahme war größer, als jeder sie sich am Neujahrstag mittag vermutete; dennoch reichte sie nicht aus, die enormen Kosten zu decken.
Dieser Übelstand verleidete mir weitere Unternehmungen
der Art, die, wie sie mir wohl stets Ruhm und Ehre bringen,
die Lebenslast mir aber immer nur wieder schwerer machen.
Die Konzerte können mir wohl auch Vorteil bringen, aber

---

1 Wagner hatte am 26. Dezember 1862 im Theater an der Wien ein Konzert
  mit Bruchstücken aus seinem *Ring* und den *Meistersingern* gegeben. Am 1.
  und 11. Januar 1863 folgten noch zwei weitere Konzerte, die zusammen
  zwar sehr erfolgreich waren, aber auch neue Schulden einbrachten.

– sie können *mich* so weit bringen, daß ich auf jeden ferneren Vorteil verzichte! Mit Widerstreben willige ich noch in das dritte Konzert am 11. d. M., welches voraussichtlich wieder viel Kosten verursachen wird, da ich nun einmal nichts Mittelmäßiges von mir aus unternehmen kann! Möglich, daß diesmal die Einnahme das Maximum ersteigt: dann könnte es noch einigermaßen entschädigen. Aber dieses Hasardspiel hier – wo es mir so einzig ernst ist – reibt mich auf und empört mich!

Kind, ich war am 2. des Jahres in einer – furchtbaren Stimmung, durch höchstes Übelbefinden bedenklich gesteigert. Dazu mußte ich an diesem Unglückstage einer Klavierprobe vom Tristan beiwohnen, die mir, wie ich nun einmal gestimmt, die ganzen unheilbaren Schäden dieser Unternehmung unabweisbar ersichtlich aufdeckten.[2] So ein abgesungener, ganz und gar unfähig gewordener Invalid, wie dieser Ander, mein Tristan?? Unmöglich! – Gut! sie studieren fort: ich laß es laufen, kümmere mich aber nicht darum und gebe nichts darauf. Schnorr kann schließlich *nicht* kommen und – so wären denn einmal wieder meine Unternehmungen zu Ende! Du kannst wohl denken, Kind, daß ich ernste, sehr ernste Tage hatte: es waren die ersten eines neuen Jahres!! Noch voll von dem Ernste dieser Stimmung lege ich Dir eine Frage vor, die Du zunächst rein theoretisch, wie ein moralisches Problem, Dir überlegen sollst –: nichts weiter! –

Wenn ich so ganz ernst zu mir komme und ich mich frage, wie es weiter werden soll, kommt mir nur Eine Rettung entgegen. Mir fehlt eine Heimat: – nicht die örtliche, sondern die persönliche. Nächsten Mai werde ich 50 Jahr. Ich kann nicht heiraten, solange meine Frau lebt: von ihr mich jetzt noch zu scheiden, bei dem Zustand ihrer Gesundheit (einer Herzerweiterung im höchsten Stadium), wo ihr Leben mit

---

2 Der Versuch, in Wien den *Tristan* uraufzuführen, mißlang und setzte das Gerücht von der Unaufführbarkeit dieses Werks in Umlauf. Nach 77 Proben wurde der Versuch abgebrochen.

einem leichten Stoß zu enden ist, kann ich diesen möglichen
Todesstoß ihr nicht geben. Sie wird andererseits alles ertragen, wenn ihr der rechtliche Anschein bleibt. Sieh! an diesem Verhältnisse, dieser Lage der Dinge gehe ich zugrunde!
Mir fehlt ein weibliches Wesen, das sich entschlösse, trotz
allem und jedem mir das zu sein, was unter so jämmerlichen
Umständen ein Weib mir sein kann und – muß, sage ich,
wenn ich ferner gedeihen soll. Nun verblendet mich vielleicht die Selbstüberschätzung, wenn ich mich so weit über-
hebe, daß ich annehme, ein Weib, das sich entschlösse, sich
mir selbst unter so mißlichen Umständen zu weihen, träte
hierdurch aus allen Beziehungen zu menschlichen Verhältnissen, die auf das Dasein und das Wirken eines Menschen
wie ich gar keine vernünftige Anwendung finden. Es hätte
sich nicht einmal nötig damit zu beruhigen, daß in andren
Ländern und in andren gesellschaftlichen Kreisen die Lage,
in die sie sich begäbe, durchaus nicht als anstößig gilt, sondern sie hätte zu begreifen, daß sie hoch erhaben über alles
rings Gepflegte und Gewöhnte steht –: Das sind so Dinge,
die ich mir dann sage! Gott! wie vielen wären sie gar nicht
erst zu sagen? Nur kann mich das nicht beruhigen. Dann
aber wächst mein Verlangen: kein anderer Ausweg will sich
finden: jeder läßt die klaffende Lücke offen. Nicht Rhein,
nicht Biebrich, nicht da, nicht dort! – Ich will ein liebes
Weib zur Seite, und sei's ein Kind zugleich! Da denke ich
denn: diejenige, die dich genug dazu liebt, müßte sich wohl
finden. Gut; aber wie würdest du für sie sorgen? Das fand
ich nun auch.

Trotz Konzerten, trotz Tristan – weiß ich doch, daß ich
den Ort meiner Tätigkeit nicht weiter zu suchen habe als in
Wien. Hier kann alles werden; der Boden ist mir höchst er-
giebig; ich bin hier auf Händen getragen: Reichtum ist da.
Ich brauche nur zu *wollen*. Aber, wie muß ich's anfangen,
um wollen zu können? Das weiß ich nun. Ich nehme mir in
der inneren Stadt eine Stube mit Kammer, gut, anständig,
richte mir es bescheiden ein; hier »wohne« ich; des Nach-

mittags zu meinen bestimmten Sprechstunden trifft man mich; ein für allemal wird des Vormittags *nicht* vorgelassen, nur in gewissen seltenen Fällen des Abends. Aber – wo arbeite ich denn? wo bin ich eigentlich heim? – das weiß ich auch. In einer angenehmen freien Vorstadt habe ich eine freundliche Wohnung, da wohne aber nicht ich, sondern ein liebes Kind (oder Weib) – wie Du's nennen willst. Da ist auch meine Biebricher Einrichtung und der Erardsche Flügel dazu. Das pflegt mir sorgsam die Treue. Und da wache ich des Morgens erfrischt auf: das Kind kommt an mein Bett; es besorgt mir das Frühstück, und dann wird gearbeitet, wo niemand kommen darf als die Freundin, um zu sehen, ob's geht. Dann sorgt sie mir auch für eine gute einfache Mittagskost. Dann aber muß ich in die Stadt, gebe Audienzen, mache Besuche, und geht alles gut, so bin ich abends zu rechter Zeit da, wohin ich gehöre. Gegen die äußerliche Ausführung dieses Planes ist, in einer großen Stadt, gar kein Zweifel: dies fügt sich ganz von selbst. – Aber, wer ist denn die, die da draußen wohnt? R. W.'s letztes Asyl, sein Engel – sein Weib – sollte dereinst die Unglückliche, die er in blinder Jugend sich antraute, vor ihm sterben. –

Sieh, das sind so Silvester- und Neujahrsgedanken eines – Verzweifelnden! Gott weiß, was Du davon halten wirst! Immerhin durfte ich Dir nicht verschweigen, daß ich solche Dinge ausbrüte. Wie Du's aufnehmen wirst?? Ja – am End hab ich Dir doch nur ein theoretisches Problem gestellt. Es ist immerhin interessant, darüber zu diskutieren. Was meinst du, Freundchen?[3] –

---

3 Der Tragweite seines Antrags, eine Beziehung ohne Trauschein und gegen alle guten Sitten mit ihm einzugehen, war Wagner sich sicherlich bewußt. In Mathilde hatte er eine biedere Advokatentochter vor sich, die um seinetwillen eine etwas freizügigere Moral praktizieren sollte. Wie nicht anders zu erwarten, wich Mathilde Maier seinem Drängen so lange aus, bis sich für Wagner die nächste konkrete Gelegenheit mit Cosima von Bülow als Lebensgefährtin eröffnete und Mathilde ihre Freundschaft zu ihm ungetrübt erhalten konnte.

Für heute denn, mein Kind, schönste herzlichste Grüße.
Lies auch den »Armen Heinrich« von Hartmann von der
Aue, übersetzt von Simrock! – Das schöne violette Tuch
kommt mir gar nicht mehr vom Halse, so daß es leider sehr
bald abgetragen sein wird; Du liebe Schmeichlerin! –

Grüß Mama und Tanten: Von meiner Rückkunft? – Oh,
wer könnte davon sagen – bei mir ist alles noch wilder Zufall durcheinander. – Und Louise soll mir treu bleiben und
uns oft in Wien besuchen. Grüß auch Käth: wer weiß, am
End muß ich doch noch Mitte Februar nach Petersburg: ich
muß mir Geld zur Einrichtung verdienen. (Ein liebes Hündchen müßte man auch haben!) Ach – 's ist ein Elend! Glaub
das! und bleib mir trotzdem gut, wie Du mir immer
lieb und teuer bist: das glaub Du auch! Und nun einen Kuß!
Adieu!

Dein
R. W.

Wien, den 11.–12. Mai 1863

Ich komme von Penzing herein. Herrlicher Tag, Sonne, fri-
sches Grün, stiller Garten, schöne Wohnung – wie elend
fühlte ich mich! – Erst jetzt bin ich ganz gebrochen! –
Freundliche Dienstleute, ein sauberes Ehepaar mit angeneh-
mer milder Physiognomie – sie hab' ich mit übernommen.
Und alles wieder neu! wieder von vorn: nichts Trautes, Süß-
gewohntes um mich herum! Hier soll's nun sein? – Kind,
Du fühlst nicht mehr Einsamkeit als ich! Ich bin vollständig
krank von dem Gefühl. – Und die Sonne? mit Dir leuchtet
sie einem Traurig-Einsamen! – – Ach – –!! da soll nun einmal
wieder geholfen, einmal wieder Festigkeit gewonnen werden – laß mir das schmeichelnde Streben, Dich noch bei mir
zu haben[1] – hier eher als dort! –

Gott weiß, wie weit es mit Eurer bürgerlichen Bigotterie
geht –: aber, wenn nun Deine ganze Familie mit allen Tanten
übersiedelte? – Ja! Ja! es gilt noch einen russischen Feldzug[2],
und ich biete Euch die ebenso schöne Parterrewohnung meines Hauses an.

Ihr führt mir die Wirtschaft. Was dann? Was sagen dann
die Basen? – Ach! geh!! Ihr seid zu erbärmlich – Ihr da! Zu
erbärmlich! *Etwas* muß doch gewagt werden, wenn man mit
dem Wagner zu tun hat!

Andren Tags.

---

1 Wagner hatte Mathilde Maier schon mehrfach gebeten, seinem Hauswesen
  vorzustehen, wobei er eine eheähnliche Gemeinschaft nicht ausschließen
  wollte. Auch die Freundin hatte das durchaus so verstanden, bangte aber um
  ihren gutbürgerlichen Namen.
2 Unter dem »russischen Feldzug« ist lediglich eine weitere geplante Konzertreise zu verstehen, die allerdings nicht mehr wie im März und April 1863
  nach Petersburg und Moskau gehen sollte, sondern sich auf Konzerte in Budapest, Prag, Breslau und Löwenberg in Schlesien beschränkte.

Mathilde Maier. Foto

Ich wurde gestört: zur Nacht kam große Müdigkeit. Ich hab' geschlafen. – Ach wir armes Material des Weltdämons! In mir erkenne ich Ananda und den Buddha, in Dir das Tschandala-Mädchen Savitri meiner »Sieger« wieder. Man muß alles selbst sein und werden: damit schaff ich meine Kunst! Wem nützt's? Am Ende – uns allein. Das müssen wir denn sehen! –

Ach, Kind, Deine Briefe waren zu himmlisch! Sie kamen unmittelbar von einem Engel. Ich kann's noch nicht ertragen, wenn ich dran denke – Du liebliches liebes Wesen! Vergehe mir nur nicht! Entschwebe nicht! Schreib mir recht oft! Jetzt namentlich: hörst Du? Alle Tage! – Ich wär' imstande, mich ganz meinem Gefühl hinzugeben, alle Schäden und Kosten zu tragen und zu Dir zu kommen, wenn ich nicht – zu sehr nach Ruhe verlangte! – Ach, Kind, ich bin 50 Jahr! Da hat die Liebe nur noch ein Sehnen, das meines fliegenden Holländers: Ruhe nach Stürmen. – Aber, wie Du gemacht bist, gebe ich die Hoffnung nicht auf, in dieser oder jener Gestaltung der Verhältnisse sie mit Dir zu erreichen. –

Leb wohl! ich bin ringsumher gedrängt. Zu meinem Geburtstag schick ich Dir schöne große Photographien von mir. Ganz einsam werd' ich ihn begehen. Der Gärtner zeigte mir gestern Rosenstöcke, die er für mich angekauft; ich brach in helle Tränen aus und empfand nur Trauer, sie zu sehen. –

Aber! Geduld! Es wird anders kommen, aber so, wie es sein muß und gewiß besser ist!

Ade, Süße, Traute!

Dein
R. W.

Breslau, den 6. Dezember 1863[1]

Liebes Mariechen! Nächsten *Mittwoch* komme ich nun wieder nach Hause. Abends halb 8 Uhr treffe ich in Wien auf dem Nordbahnhof ein. *Franz*[2] soll mit dem Wagen pünktlich dort sein; für den Koffer soll er auch das Nötige bereithalten. Nun, bester Schatz, richtet mir zu Haus alles recht schön ein, daß ich mich recht behaglich ausruhen kann, wonach ich sehr verlange. Alles muß recht sauber sein und gut – gewärmt. Sorge mir ja für das schöne Kabinett, daß es darin recht angenehm ist: wenn geheizt ist, hübsch öffnen, daß das Kabinett eine warme Temperatur bekommt. *Auch schön parfümieren: kauf die besten Flakons, um es recht wohlduftend zu machen.* Ach Gott! was freue ich mich darauf, endlich einmal wieder mit Dir dort mich auszuruhen. *(Die Rosa-Höschen sind doch hoffentlich auch fertig???)* – Ja, ja! Sei nur recht schön und lieblich, *ich verdiene es schon, daß ich's einmal wieder recht gut habe.* Zu Weihnachten stecke ich dann den Christbaum an: da bekommt alles Geschenke, auch Du, mein Schatz! Meine Ankunft braucht noch nicht allen *gesagt* zu werden. Doch soll Franz bereits den Barbier und den Friseur zu Donnerstag früh halb 9 Uhr bestellen. Also: *Mittwoch,* abends halb 8 Uhr in Wien und bald darauf in Penzing. Ich überlasse es Dir ganz allein, ob Du mich schon am Bahnhof empfangen willst. Vielleicht aber ist es noch schöner, wenn Du mich erst zu Haus in den warmen Zimmern empfängst. Ich brauche wohl nur das Coupée. Al-

---

1 Wagner befand sich gerade auf der Rückreise von St. Petersburg über Löwenberg (Schlesien), wo er ebenfalls ein Konzert gab, und Breslau nach Wien.
2 Franz Mrazeck. Anna, seine Frau, gehörte ebenfalls zu Wagners damals recht herrschaftlichem Hauspersonal.

so schöne Grüße an Franz und Anna. Sie sollen alles recht schön machen. Viele Küsse meinem Schatz! Auf Wiedersehen!

R. Wagner

86 An König Ludwig II. von Bayern, München

Stuttgart, den 3. Mai 1864[1]

Teurer huldvoller König!

Diese Tränen himmlischester Rührung sende ich Ihnen, um Ihnen zu sagen, daß nun die Wunder der Poesie wie eine göttliche Wirklichkeit in mein armes, liebebedürftiges Leben getreten sind! – Und dieses Leben, sein letztes Dichten und Tönen gehört nun Ihnen, mein gnadenreicher junger König: verfügen Sie darüber als über Ihr Eigentum!

Im höchsten Entzücken, treu und wahr

Ihr

Stuttgart.   Untertan
3. Mai 1864.   Richard Wagner.

---

1 Nachdem Wagner wegen seiner Schulden aus Wien hatte flüchten müssen, ging er wieder in die Schweiz. Er kam dieses Mal bei der Freundin Eliza Wille in Mariafeld bei Zürich unter, mußte aber auch hier bald das Feld räumen, weil nach längerer Auslandsreise François Wille zurückkehrte. Wagner fuhr nach Stuttgart, wohin ihm bereits der Kabinettssekretär des bayerischen Königs nachgereist war, um ihn nach München an den Hof zu bitten.

München, den 4. Mai 1864

Teuerste Freundin!

Ich wäre der undankbarste Mensch, wollte ich Ihnen nicht sofort mein grenzenloses Glück melden!

Sie wissen, daß mich der junge König von Bayern aufsuchen ließ. Heute wurde ich zu ihm geführt. Er ist leider so schön und geistvoll, seelenvoll und herrlich, daß ich fürchte, sein Leben müsse wie ein flüchtiger Göttertraum in dieser gemeinen Welt zerrinnen. Er liebt mich mit der Innigkeit und Glut der ersten Liebe: er kennt und weiß alles von mir und versteht mich wie meine Seele. Er will, ich soll immerdar bei ihm bleiben, arbeiten, ausruhen, meine Werke aufführen; er will mir alles geben, was ich dazu brauche; ich soll die Nibelungen fertigmachen, und er will sie aufführen, wie ich will. Ich soll mein unumschränkter Herr sein, nicht Kapellmeister, nichts als ich und sein Freund. Und dies versteht er alles ernst und genau, wie wenn wir beide, ich und Sie, miteinander sprächen. Alle Not soll von mir genommen sein, ich soll haben, was ich brauche – nur bei ihm soll ich bleiben.

Was sagen Sie dazu? – Was sagen Sie? – Ist es nicht unerhört? – Kann das anders als ein Traum sein? –

Denken Sie sich, wie ergriffen ich bin!

Tausend herzliche Grüße! Mein Glück ist so groß, daß ich ganz zerschmettert davon bin. Von dem Zauber seines Auges können Sie sich keinen Begriff machen: wenn er nur leben bleibt; es ist ein zu unerhörtes Wunder!

Herzliche Freundschaft an Wille und die Jünglinge!

Stets Ihr dankbarer
Richard Wagner

Nichts verbreiten!

Nichts in die Zeitungen! Alles ist intim und soll es bleiben. –

88 AN ELIZA WILLE, MARIAFELD BEI ZÜRICH

Starnberg, den 26. Mai 1864

Teure, liebe, verehrte Freundin!

Wohl muß ich bezweifeln, daß dieser Brief Sie noch in Mariafeld trifft; doch nehme ich an, er werde Ihnen nachgesandt werden. Eigentlich schreibe ich Ihnen nur, um in Ihnen den Gedanken, als könnte ich gegen Sie undankbar werden, nicht aufkommen zu lassen. Die schrecklichen Geburtswehen meines Glückes hatte ich bei Ihnen zu überstehen, und Sie waren mir Geburtshelferin: wir sahen und fühlten nur die Nöten und Ängsten dieser Geburt; so mag es wohl auch bei Müttern ein Prozeß auf Leben und Tod sein, bei welchem der Gedanke an das zu Gebärende unmittelbar ganz verschwindet und die Schmerzen allein als Realität übrigbleiben. Doch begreife ich kaum, wie ich das alles überstanden hätte und endlich, ohne doch eine irgend ersichtliche Hoffnung vor mir zu haben, im ganzen doch in gefaßter und erträglicher Stimmung von Ihnen Abschied zu nehmen imstande gewesen wäre, wenn nicht in meinem tiefsten Grunde ein Bewußtsein gewesen wäre, ungefähr der Art, als ob ich durch meine unerhörten Leiden mir nun wenigstens ein Anrecht höherer Bedeutung erworben hätte, und zwar ein Anrecht, welches, wenn es selbst von der Welt nicht erfüllt würde, mich desto höher über die Welt erhöbe und so, selbst im tiefsten Elende, mich innerlich zu einem geweihten, seligen Menschen mache.

Daß ich ein Recht habe, meine Leiden so hoch anzuschlagen, müssen Sie, Teure, mir bezeugen können. Bedenken
Sie, bis zu welcher Tiefe ich erniedrigt war. Weiter konnte
es doch nicht kommen? Und wahrlich – so weit kam es! –
Sehen Sie, Liebe, Teure! diese tiefste Demütigung hat mich
endlich erhoben: ich fühlte, daß, nun dies möglich war, ich
dies ertragen und dennoch mild und freundlich bleiben
konnte, es mit mir eine höhere Bewandtnis haben müsse.
Blitzartig durchzuckte es mich, daß nun der Vorhang plötzlich sich heben und ein wundervolles Glück sich mir zeigen
müßte. Ihnen war es auch so, deutlich sprachen Sie es aus.
Gestehen Sie, wir beide waren wie gottbegeistert. Freundin,
und dieses *Gefühl* meine ich: ob der Vorhang sich schon im
Leben erhob oder erst mit dem Tode, wahrlich, das galt mir
gleich: daß er sich heben würde, wußte ich. – So kam es,
daß, als mein wundervolles Glück eintrat, ich gar nicht er-
schrak: seiner selbst war ich gewiß gewesen, nur daß es so
drastisch schnell, gerade jetzt, ja an diesem Tage, in dieser
Stunde eintrat, das machte mich erstaunen. Der Abgesandte[1] war bei mir, als soeben Briefe aus Wien eintrafen, welche
die infolge des heillosen Schrittes meiner bevollmächtigten
Freunde eingetretenen allerwiderwärtigsten Vorgänge be-
richteten, so daß ich schnell mich entschied, sofort nach
Wien abzureisen.[2] Mein Abgesandter begleitete mich nach
München, wo ich, da der rechte Zug versäumt war, übernachten mußte und andren Tages früh durch schreckliches
Unwohlsein an der Weiterreise für diesen Tag verhindert
wurde. Doch raffte ich mich soweit auf, am Nachmittag den
jungen König zu besuchen. Sogleich war alles klar und bestimmt: der Vorhang war aufgezogen. Nach einigen Tagen
setzte ich meine Reise nach Wien erst fort; was zuvor nur

1 Der bayerische Kabinettssekretär Franz Seraph von Pfistermeister.
2 Wagner machte sich am 10. Mai 1864 nach Wien auf, um dort diejenigen
  Schulden aus der Schatulle des bayerischen Königs zu begleichen, die ihm
  beinahe Schuldhaft eingebracht hätten.

die verzweifeltste Energie mit persönlichster Aufopferung
hätte erreichen können, war nun zu ordnen ein leichtes Geschäft. Ich kehrte mit meiner Dienerschaft und meinem
treuen Hunde zurück in meine neue letzte Heimat, wo ich
nun, getragen von der göttlichsten Liebe, das wundervolle
Glück genieße, das wir in jener Mariafelder Fiebernacht geboren. –

Zweifeln Sie hierüber nicht, Teure. Es ist dies Glück, welches einzig voll und ganz all den Leiden entspricht, die ich
bis in das äußerste Elend hin erdulden mußte. Ich fühle,
daß, wäre es nie eingetroffen, ich doch seiner wert gewesen
wäre: und dies gibt mir die Sicherheit seiner Dauer. Wollen
Sie aber noch außerdem die Bestätigung der göttlichen Ab-
kunft *dieses Glückes* kennenlernen, so erfahren Sie sie. In
dem Jahre der ersten Aufführung meines »Tannhäuser« (des
Werkes, mit dem ich meinen neuen, dornenvollen Weg betrat), in dem Monate (August), in welchem ich zu so über-
mäßiger Produktivität mich gestimmt fühlte, daß ich den
»Lohengrin« und die »Meistersinger« zu gleicher Zeit entwarf, gebar eine Mutter mir meinen Schutzengel.[3]

In der Zeit, wo ich in Luzern meinen »Tristan« beendigte,
mich unsäglich mühte, die Möglichkeit einer Niederlassung
auf deutschen Boden (Baden) mir zu gewinnen, und endlich
verzweiflungsvoll mich nach Paris wandte, um dort in Unternehmungen mich abzumühen, die meiner Natur zuwider
waren – damals wohnte der 15jährige Jüngling zuerst einer
Aufführung meines »Lohengrin« bei, die ihn so tief ergriff,
daß er seitdem aus dem Studium meiner Werke und Schriften seine Selbsterziehung in der Weise bildete, daß er seiner
Umgebung, wie mir jetzt, offen eingesteht, *ich* sei sein eigentlicher einziger Erzieher und Lehrer gewesen. Er verfolgt meinen Lebenslauf und meine Nöten, meine Pariser

---

3 Am 25. August 1845, in dem Monat, als Wagner mit seiner Frau in Marienbad im Urlaub war und die genannten Opernentwürfe niederschrieb, war in
Nymphenburg der spätere König Ludwig II. geboren worden.

Widerwärtigkeiten, mein Verkommen in Deutschland, und nährt nun den einzigen Wunsch, die Macht zu gewinnen, mir seine höchste Liebe beweisen zu können. Das einzige wirklich verzehrende Leiden des Jünglings war, nicht zu begreifen, wie er seiner stumpfen Umgebung diese nötige Teilnahme für mich abgewinnen sollte. Im Anfang März *dieses* Jahres, ich kenne den Tag, ward mir das Mißlingen jedes Versuches, meiner zerrütteten Lage aufzuhelfen, klar: allem dem, was so abscheulich unwürdig eintraf, sah ich offen und hilflos verzweifelnd entgegen. Da – ganz unerwartet – stirbt der König von Bayern, und mein mitleidvoller Schutzengel besteigt – gegen alles Schicksal – einen Thron.[4] Vier Wochen nachher ist bereits seine erste Sorge, nach mir auszusenden: während ich den Leidensbecher unter Ihrer Schmerzenshilfe bis auf die untersten Hefen leere, sucht mich der Abgesandte bereits in meiner herrenlosen Wohnung in Penzing auf; er muß dem liebenden König einen Bleistift, eine Feder von mir mitbringen. – Wie und wann er mich endlich traf, wissen Sie. –

Teure, hier ist kein Zweifel möglich: – *das* war es, und *das* ist es! – Ach! endlich ein Liebesverhältnis, das keine Leiden und Qualen mit sich führt! Wie mir es ist, diesen herrlichen Jüngling so vor mir zu sehen! Zu meinem Geburtstage schenkte er mir das schöne Ölporträt, zu dem er eigens für mich gesessen. Dies wundervolle Bild belehrte mich, nun auch anderen zur Evidenz zu zeigen, daß ich »Genie« habe: da, blickt hin, hier habt ihr mit Augen meinen »Genius« vor euch! – Mir versicherte ein vertrauter Freund des Königs, daß ihm dünke, der Jüngling sei so ernst und streng in den Regierungsgeschäften, nur um niemand Einfluß und sich die vollste Freiheit zu verschaffen, seiner Macht sicher und gewiß, in höchster Unabhängigkeit seiner Liebe für mich nachleben zu können. Er ist sich ganz bewußt, wer ich bin

4 Die Krönung Ludwigs II. fand am 10. März 1864 statt.

und wessen ich bedarf: nicht ein Wort hatte ich wegen meiner Stellung zu verlieren. Er fühlt, eine Königsmacht müsse
wohl dazu genügen, jedes Gemeine fern von mir zu halten,
mich ganz meiner Muse zu übergeben und jedes Mittel her-
beizuschaffen, meine Werke aufzuführen, wann und wie ich
es wünsche. Er hält sich jetzt meistens hier in einem kleinen
Schloß in meiner Nähe auf; in 10 Minuten führt mich der
Wagen zu ihm. Täglich schickt er ein- oder zweimal. Ich
fliege dann immer wie zur Geliebten. Es ist ein hinreißender
Umgang. Dieser Drang nach Belehrung, dies Erfassen, dies
Erbeben und Erglühen ist mir nie so rückhaltlos schön zuteil
geworden. Und dann diese liebliche Sorge um mich, diese
reizende Keuschheit des Herzens, jeder Miene, wenn er mir
sein Glück versichert, mich zu besitzen: so sitzen wir oft
stumm da, eines in den Anblick des andren verloren. Er
prahlt nicht mit mir: wir sind ganz für uns. Wollte ich – so
sagt man mir –, so stünde mir der ganze Hof offen: Er würde mich nicht begreifen, wenn ich da nach einer ehrgeizigen
Rolle verlangte. So schön und echt ist alles. – Wie leicht
wird es mir so, nach jeder Seite hin zu beruhigen: man merkt
mich nicht, niemand beeinträchtige ich; alles, was wir beide
innerlich verachten, geht ruhig seinen Gang fort; wir kümmern uns nicht darum. Allmählich wird mich alles lieben;
schon die nächste Umgebung des jungen Königs ist glücklich darüber, mich *so* zu finden und zu wissen, weil jeder
sieht, mein ungeheurer Einfluß auf das Gemüt des Fürsten
kann nur zum Heil, niemand zum Nachteil ausschlagen.
So wird täglich in uns und um uns alles schöner und
besser! –

Dies ist mein Glück, Freundin! Zweifeln Sie daran, daß es
das Rechte ist? Das Rechte, ja – das Rechte mußte es sein:
nun sollt Ihr sehen, wie es dauert und wie alles gedeiht.
Zweifeln Sie nicht! –

Wenn mich eines in meinem Leben unheilbar trostlos verstimmt und betrübt hat, so ist dies eine Eigenschaft der

»Welt«, gegen welche unsereines eben gar nichts vermag.
Das ist der Dünkel der Philisterseele auf ihre »praktische
Klugheit« und die oft gemütlich lächelnde Anmaßung den
seltenen, unbegriffenen tiefen Geistern gegenüber, einzig
klug und weise zu sein. Diese abscheuliche Klugheit, diese
lächerliche Mäßigkeit im Begreifen und Würdigen der Dinge
des Lebens, welche dem phantastischen Tollkopfe gegenüber dann und wann Triumphe feiert, zerfällt, genaugenom-
men, dem eigentlichen tieferen Geiste gegenüber, in den nur
tierischen Instinkt zum Auffinden des gerade heute Nützlichen und Nötigen; da der tiefere Geist oft absichtlich – eben
um sich im weiteren Blicke nicht stören zu lassen – dies unmittelbar Nötige häufig übersieht, erscheint er jener praktischen Weltintelligenz sinnlos und absolut unverständlich.
Das müssen wir uns nun gefallen lassen, daß die Welt, die
wir sehr wohl begreifen, uns nicht begreift und unser »un-
praktisches« Wesen zu bemitleiden sich erlaubt. Wenn dies
Verhältnis aber auf das Gebiet der Moralität hinübertritt,
der Philister sich für einzig sittlich hält, bloß weil er die
wahre Sittlichkeit gar nicht begreift und gar kein Gefühl dafür hat, wird uns die Nachgiebigkeit und das ironische Zugeständnis des Rechthabens auf der andren Seite schwierig:
Wenn aber gar ein weibliches Gemüt allen Instinkt der Liebe
so vergißt, daß sie von dieser philister-sittlichen Ansicht aus
den Gegenstand ihrer Liebe beurteilt, bemitleidet und – er-
mahnt, so ist es nicht mehr zum Aushalten. Es ist mir zum
strafenden Schicksal geworden, mein eigenes Weib durch
übergroße Nachgiebigkeit in der Weise verwöhnt und ver-
zogen zu haben, daß sie endlich in sich selbst allen Halt zu
einigem Gerechtwerden gegen mich verlor. Die Folge hat
sich gezeigt.

　Ich will die Schuld nicht auf mich laden, durch eine ähnliche Verwöhnung unsre Freundin aus der Enge in eine ähnliche Entfremdung von mir zu bringen: ich würde glauben,
nur noch mit ihr spielen zu wollen, wenn ich sie nicht noch
beizeiten zu dem Gefühl des Unrechts leitete, das sie mir tut

und oft schon getan.[5] Das kindische Briefchen stelle ich Ihnen zurück: niemand wie Sie, Teure, wird jene gelegentlich darüber belehren können, daß die schändlichsten Trübsale, die mich trafen, mich weder bös noch *schlecht* machten und die kindische Ermahnung, *gut* zu werden, daher keinen Sinn hat. –

Mein letzter Brief, wenn sie ihn nicht von sich gewiesen, hätte sie besser und richtig über mich belehren können: es war dies ein *letzter* Brief, ein heiliger Brief. Er bleibt es, trotz des Glückes, das mir so schnell widerfahren: denn er betraf mein Wesen, an dem das Glück nichts ändert, und wer ihn verstand, begriff auch, daß ich dasselbe Glück bereits schon in mir trug. – Sie strenge sich denn an, mich wiederzufinden: sie hatte mich einst und kannte mich; daß sie mich verlieren und verkennen konnte, kann ich – begreifen, aber nicht entschuldigen. Sie büße dafür! Denn sie ist mir zu wert, um mit ihr zu spielen. – –

Wo sind Sie jetzt, Liebe? Schreiben Sie mir einmal wieder? Ich bin hier ganz einsam: noch fehlt mir etwas Hausumgang, vielleicht bekomme ich Cornelius her. Ob ich dem »Weiblichen« ganz entsagen werde können? mit einem tiefen Seufzer sage ich mir, daß ich es fast wünschen müßte! – Ein Blick auf Sein liebes Bild[6] hilft wieder! Ach, dieser Liebliche, Junge! Nun ist er mir doch wohl alles, Welt, Weib und Kind.

Tausend innige Grüße!

Ewig Ihr
R. W.

---

5 Die Freundin (aus dem Züricher Stadtteil Enge) war Mathilde Wesendonck. Wagner pflegte über Eliza Wille als Vermittlerin noch eine spärliche Korrespondenz mit ihr.
6 Das des 19jährigen bayerischen Königs Ludwig II.

Starnberg, den 31. Mai 1864

Mein lieber Peter!

Ich suche meinen Abschluß zu machen, um klar zu wissen, was ich besitze und welchem ich zu entsagen habe. Die Station meines Lebens, auf der ich angelangt bin, erfordert dies: ich muß meine Ruhe organisieren, sei es – wie gesagt – durch Besitz oder durch Entsagung.

Wiederholt habe ich Dir gemeldet, daß ich hier alles sorgsam für Deinen Empfang hergerichtet habe. Wir zwei, und wer sonst noch, können völlig unabhängig einer vom andern hier neben uns hausen, jeder seiner Arbeit, seiner Laune nachgehen, und doch ist der Genuß der Gemeinsamkeit jeden Augenblick ermöglicht. Dein Flügel, der mich nicht stört, steht bereit: ein gefüllter Zigarrenkasten erwartet Dich auf Deinem Zimmer usw. Dies, lieber Peter, ist *Eifer!* Dieser verlangt Erwiderung oder – er schlägt vollständig um. – Durch H. Porges lässest Du, der mir auf alle diese Meldungen noch nicht mit einer Zeile erwidert hast, mir sagen, es täte Dir leid, nicht kommen zu können; Du habest Dir vorgenommen, in den nächsten drei Monaten Deinen »Cid« umzuarbeiten, und müßtest hierfür in Wien bleiben.[1] –

Was ist nun rätlicher, lieber Peter, daß wir über dieses sonderbare Benehmen reden oder – schweigen? – Ich muß fast glauben, das Schweigen sei besser, da – sehr ersichtlich – hierunter etwas verborgen ist, was beim Besprechen nicht klar wird, sondern im Gegenteil nur entstellt und vertuscht

---

1 Cornelius hatte größte Gewissenskonflikte wegen der ihm aufdringlich erscheinenden Fürsorge Wagners, der ihn unbedingt nach München holen wollte. Cornelius befürchtete, von den liebevollen Umarmungen des inzwischen erfolgreichen und berühmten Meisters in seiner eigenen künstlerischen Entwicklung erdrückt zu werden.

werden kann. – Alles im Leben entscheidet schließlich der unwillkürliche Trieb: wir werden angezogen und abgestoßen, trotz allem, was wir sonst dagegen hervorbringen mögen. Frage ich, wie dieser Trieb sich zuvor schon bei Dir in bezug auf mich geäußert, so fällt die Untersuchung nicht zu meinem Vorteil aus. Genau heut vor zwei Jahren erwartete ich Dich sehnsüchtig in Biebrich: lange Zeit blieb jede Nachricht aus, bis ich plötzlich durch einen Dritten erfahre, Du habest Dich von Tausig nach Genf ziehen lassen. Du hast nie erfahren, wie tief mich das verstimmte.

Etwas Ähnliches soll nun diesmal nicht sich ereignen: sondern wir müssen als Männer uns offen auseinandersetzen. –

Deine Gründe, weshalb Du Dich meiner Sorgfalt für Deine Arbeitsmuße nicht anvertrauen willst, darf ich nicht gelten lassen. Heute vorm Jahre verließest Du Wien und gingst nach München, um ungestört arbeiten zu können. Auch ich will hier und jetzt arbeiten: Wie Dein Cid[2] aber meine Meistersinger stören sollte, kann ich ebensowenig begreifen wie das Umgekehrte. Im Gegenteil, mich bestimmt auch eine Sorge um Dich und Deine Arbeit. Ich wünschte sehr – das sage ich Dir offen – bei der Umarbeitung Deiner Oper recht innig und treulich Dir meine Ratschläge erteilen zu können. Willst Du gerade *dem* Dich aber entziehen – nun, so ist das Sache des Willens, und allerdings läßt sich darüber nicht reden.

Doch irrte ich wohl, als ich anführte, daß Du vorm Jahr nach München gingst, eben um besser zu arbeiten; vielleicht gingst Du auch, weil es Dich von Wien trieb. Mir ist, als ob Du so etwas eingestanden. Vielleicht fällt es Dir nun diesmal aus dem umgekehrten Grunde schwer, Wien zu verlassen.

2 Nach dem von Franz Liszt in Weimar 1858 uraufgeführten *Barbier von Bagdad* machte sich Peter Cornelius 1860–65 an seine zweite Oper *Der Cid*, der am 21. Mai 1865, wiederum in Weimar, uraufgeführt wurde, während fast zur gleichen Zeit, am 10. Juni 1865, in München die epochemachende Uraufführung von Wagners *Tristan und Isolde* über die Bühne ging, die Cornelius bewußt versäumte.

Nun, wo das Herz uns bewältigt, bleibt alles übrige
machtlos! Sehr ernstlich muß ich in diesem Punkte nur wünschen, daß Du Dich bei dieser Gewaltigung nur auch glücklich und hoffnungsvoll fühlst. Ist dies nicht, dann wäre doch
vielleicht noch ein Freundesrat zu hören und nötigenfalls
der Gewalt nicht so sehr auszuweichen.

Unter allen Umständen wäre ein offeneres Benehmen gegen mich schön. Dein jetziges Verhalten ist, meinem Eifer
gegenüber, geradewegs *beleidigend* und – als solches empfinde ich es bereits.

Somit, lieber Peter, mußt Du mir, der ich eben notwendig
jetzt meinen Abschluß suche, es nicht verübeln, wenn ich
Dir für ganz bestimmt diesen Schluß meiner streitenden
Empfindungen mitteile.

Entweder Du nimmst jetzt unverzüglich meine Einladung
an und richtest Dich dadurch für alle Lebenszeit etwa zu einem wirklichen häuslichen Lebensbunde mit mir ein.

Oder – Du verschmähst mich und entsagst dadurch ausdrücklich dem Wunsche, mit mir Dich zu vereinen. Im letzten Falle entsage ich Dir ebenfalls ganz und vollständig und
ziehe Dich in keiner Weise mehr in meine Lebenseinrich-
tungen. –

Von dem Grade Deines Vertrauens, in betreff der Mitteilung Deiner Gründe, wird und muß es ferner abhängen, ob
wir überhaupt vom Schicksal zu fernerem Freundesverkehr
bestimmt sind. –

Du ersiehst hieraus eines – wie sehr ich der *Ruhe* bedarf.
Dazu gehört, bestimmt zu wissen, woran ich bin: Mein jetziger Zusammenhang mit Dir peinigt mich furchtbar. Er
muß vollständig werden oder gänzlich reißen! –

Hoffentlich erkennst Du in diesem Ernst der Auffassung
meines Verhältnisses zu Dir das vollste Gegenteil von Ge-
ringschätzung.

Herzliche Grüße von Deinem Richard.

Starnberg, den 9. Juni 1864

Mein lieber Hans!

Was ich Dir jetzt sagen und um was ich Dich bitten werde, nimm das nicht als einen schnellen Einfall augenblicklicher Laune, sondern – wie einen wichtigen Paragraph des letzten Willens eines Sterbenden auf. –

Ich lade Dich ein, mit Weib, Kind und Magd für diesen Sommer bis solange wie möglich Dein Quartier bei mir zu nehmen. –

Dies das Resultat langer Beratung mit mir. –

Hans, Ihr trefft mich im Wohlstand: mein Leben ist vollkommen umgestaltet! ich bin getragen von der gediegensten Liebe, dem reinsten Willen. –

Aber – mein Haus ist öde! –

Und nun erst empfinde ich dies schmerzlicher als je. –

Über diese erste Zeit helft, Ihr Guten, mir nun hinweg! – Bevölkert mein Haus, wenigstens für einige Zeit! – Dies, das Innerste meiner Bitte! Bedenk, es ist das Bedeutungsvollste meines Lebens, was mir zuteil geworden: eine große Epoche, ein wichtigster Abschnitt! Laß uns uns sammeln, und sehen wir gemeinschaftlich, welche Bedeutung dies alles hat und – welche es noch für *uns* haben *kann!* –

Äußerlich stelle ich Dir meinen Plan folgendermaßen dar:

1. *Annahme meines Vorschlages per Akklamation* – um Gottes willen, nicht erst überlegen! –

2. Vorbereitung zur Abreise – drei Tage! Kannst Du noch nicht sogleich los, so schicke Deinen Hausstand voran: aber zum 20. d. M. mußt auch *Du* eintreffen; der König hat es eigens so eingerichtet, dann in meiner Nähe zu sein. –

3. Ankunft in Starnberg möglichst schon um Mitte des Monates. – Eine ganze Etage steht für Dich und Deine liebe

Hans von Bülow. Gemälde von Wilhelm Streckfuß. 1855
(Nationalarchiv der Richard-Wagner-Stiftung Bayreuth)

Familie bereit: Cosima kommt mit den beiden Kindern und
dem Kindermädchen (wiewohl es sonst auch an Bedienung
nicht fehlt). Salon mit Balkon und herrlicher Aussicht: zwei
Schlafzimmer, 1 Kinderzimmer, ein Dienstmädchenzimmer.
(Musikzimmer mit Flügel für Dich extra.)

4. Hier Standquartier für den ganzen Sommer, bis möglichst in den Oktober tief hinein (denn dieser soll hier sehr
schön sein). Die Kinder werden hier herrlich gedeihen: großer, großer Garten. Seefahrten, Gebirgsausflüge. – Nach
Karlsruhe geht Ihr und laßt die Kinder hier zurück: mit Papa
Franz kommt Ihr vielleicht wieder. – Du, Hansel, erholst
Dich recht, bleibst solange als irgend möglich (vielleicht –
für immer!!!), Konzertausflüge möglichst gar nicht. (Wird
Dir ersetzt!) –

Sieh, guter Hans! das kann ich Dir bieten, schön, be-
quem, ruhig und sicher! – Du glaubst nicht, wie schön es
mit mir steht – nur: mein Haus ist einsam! Aber groß ist es:
3 volle Etagen! Gute, liebenswürdige Bedienung! Alles, alles, um mit so teuren Freunden, wie Ihr mir seid, wirklich
einmal ganz glücklich zu sein. Sonst habe ich keine Freunde
wie Ihr! glaub mir das! Glaub mir das! Nur mein junger König steht Euch zur Seite![1] –

Nun, mein Hans! Keine Grillen! Ich beschwöre Dich!
Nicht dies, nicht jenes überlegt! Was Dich ängstigt, alles
steht es in meiner Macht, es zu entfernen! Vertraue mir! –
Wir werden uns auch nicht im mindesten belästigen. Alles
ist für sich. Wenn wir das Bedürfnis der Einsamkeit haben,
brauchen wir uns den ganzen Tag nicht zu sehen. Nur können wir uns haben! – Ach! ich bedarf einmal den Genuß ei-

---

1 Zwar ließ sich Hans von Bülow genauso lange bitten wie Peter Cornelius
(vgl. Brief Nr. 89), nach München zu übersiedeln, um wie dieser schließlich
an der neu gegründeten Königlichen Musikschule durch Wagners Empfeh-
lung zu lehren. Jedoch Cosima, die sich schon seit einer Begegnung am
28. November 1863 in Berlin zu Wagner bekannte, kam bereits 1864 mit ihren Kindern nach Kempfenhausen am Starnberger See, wurde zunächst
Wagners Sekretärin, dann seine Geliebte und schließlich 1870 seine Ehefrau.

nes solchen edlen, lieben Zusammenhanges mit teuren Menschen! – Und wie freue ich mich auf Eure Kinder: – schon ist ein 3monatliches im Haus! Ich merk' es nicht, und doch freut mich's! –

Wahrlich, Ihr Guten! Nur Ihr fehlt noch zu meinem Glück! – Ich ging zagend daran, mir dies alles zurechtzulegen: bald machte mir dies, bald jenes Bedenken: nun ist alles klar, wir müssen uns einmal haben, und der Zeitpunkt ist *jetzt, jetzt*! –

Um des Himmels willen, Kinder! Kinder! Kein *Nein*! Ich könnt' es jetzt nicht ertragen! – Telegraphiere: Ja! Ich bitte Dich! –

Auf! Kommt zu

Eurem
R. W.

91 An Mathilde Maier, Mainz

Starnberg, den 22. Juni 1864

Kind! Ich hetze mich zutod und komme nicht zur Ruh! – Ich muß jemand bei mir haben, der mir das Haus führt! – Den Schreck kann ich Dir nicht sparen, aus all Deiner Ruhe Dich wieder herauszurütteln mit der Frage:

Willst Du zu mir kommen und mein Haus führen? –

Erkläre Dir mein langes Schweigen! – Ich mußte wieder nach Wien; Möbel einpacken, auspacken, einrichten! Zum Herbst wieder in der Stadt! – Und *ich* – ich immer allein, mit – Dienern: gerade *ich*! Kein weibliches Wesen mir zur Seite! kein gebildeter Mensch, mit dem ich im Hause verkehren könnte! – Es ist ganz ersichtlich, daß das nicht mehr geht! Mir kann König und Kaiser nichts bieten, wenn es nicht im Hause recht hergeht! Ich komme nicht zur Ruhe. Nun su-

che ich wieder ein Frauenzimmer, die mir meine Sachen in
Ordnung hält! Das geht und kommt, ich kann mich nicht
entschließen. Bin ich denn verflucht, daß ich mir hier nicht
helfen kann! –

Nochmals; es geht nicht so fort.

Jetzt kommen Bülows für ein paar Monate zu mir: ich hab
alles hergerichtet, um es ihnen in meinem großen Hause behaglich zu machen; – das wird denn für einige Zeit helfen!
Ich hab' doch Menschen um mich, wenn auch niemand, der
mir das Haus abnimmt.

Ach! wie steht es nun mit Dir? Muß ich immer noch
fürchten, Dein Herz über den Haufen zu werfen, wenn ich
Dich bitte, zu mir zu kommen? Ist noch nichts anders geworden? Alles noch beim alten? – Wie mich das peinigt,
Dich da wieder in der Umgebung zu wissen, der Du selbst
einen Brief von mir geheimhalten mußt! Pfui! wie schäme
ich mich! – Siehst Du denn nicht ein, daß das nun anders
werden muß! Mein Bedürfnis ist nicht abzuweisen: es muß
gestillt werden. Ich spreche von *nichts* als von diesem häuslichen, familiären Bedürfnisse. –

Wenn Du Dich nun verheiratetest, müßtest Du nicht auch
von Deiner Mutter gehen? Eine Stelle wolltest Du ja fast
schon einmal annehmen? Betrachte es bei mir so und nenn
es so! Ich bewohne hier wie in München 2 Etagen übereinander: unten ich, oben könntest Du wohnen. Gott! Gott!
immer diese elenden kleinbürgerlichen Rücksichten; – und
dies bei so viel Liebe! Was endlich liebt man denn mehr? –
Du siehst, wie's steht! Seit lange kämpfe ich, um Dir recht
ruhig hierüber zu schreiben; nun reißt mir aber die Geduld
– es ist zu schändlich, daß ich mir immer so allein helfen
soll! Es geht, es geht nicht mehr: – es muß hier ein Entscheid
getroffen werden, und ich fürchte, Du verlierst mich einmal,
wenn Du mir nicht ganz hilfst. Hier geht's mit Reden und
Briefen nicht. – Himmel, ich erschrecke im voraus über die
Aufregung, in die ich Dich wieder versetzen werde: – ich
kann Dir aber nichts mehr schreiben als Dir diese Not kla-

gen. Ich komme nicht zur Ruhe; mich grämt mein Tag, mein Leben, wenn ich so bleiben soll. Das war im ganzen letzten Jahre die Hauptnot und der Grund, warum ich nicht zum Arbeiten kam: ich verschwieg dies, weil ich weiß, wie Dich das beunruhigt, ohne daß es Dir den Entschluß zur Hilfe erweckte. Ich bitte Dich, komm im September, sieh Dir's an, hilf mir – und stelle mir Bedingungen, wie Du willst, nur daß ich Dich habe! –

Ach! da hast Du's einmal wieder, die ganze Wahrheit, und mit dem Spiel ist's aus! –

Antworte gut, ich bitte Dich!

Deinem
R. W.

92 An Mathilde Maier, Mainz

München, den 29. Januar 1865[1]

Ein sonderbares Leben, liebster Schatz! Was läßt sich viel davon sagen, wenn man älter und immer glaubenloser wird? –

Ich bringe meine Tage schwer, unter stetem Drucke eines stockenden Blutes auf das Gehirn zu: Freiheit und Leichtheit hoffe ich immer noch einmal wiederzugewinnen – das nächste Frühjahr soll's machen. In solcher Aussicht oder Einbildung helfe ich mir nur eben durch. Zu allem und jedem bleibe ich verdrossen: nur dem jungen König gelingt es, mich immer wieder anzureizen, so daß ich wenigstens immer in einer Unternehmung begriffen bin, an deren guten Ausfall ich nun aber immer nur seufzend denke. Ich hab's

1 Am 15. Oktober 1864 war Wagner von Kempfenhausen nach München in die Briennerstraße 21 umgezogen.

zu schwer, um mich verständlich zu machen, und fast muß
mir es als Phantasterei vorkommen: Ein Blick auf die Leute,
mit denen ich mich verständigen soll, genügt, um mein Blut
immer wieder in das Stocken zu bringen.

Doch – besser, ich erzähle Dir einfach ein wenig, was hier
vorgeht. Also: – Bülows sind seit Mitte Dezember hier eingerichtet, Luitpoldstraße 15. Er ist – elend, fast verloren,
wie die Mücke, die sich im Licht verbrennen muß. Bei sehr
zarter, kränklicher Natur Überreizung und Überspannung
jeder Art: zu befürchten steht einmal totale Lähmung, namentlich wenn er das Klavierspielen nicht ganz läßt, wovon
er aber nichts wissen will und deshalb lieber jeden Arzt, jeden Freund leidenschaftlich verspottet. Nun kannst Du Dir
denken, wie Cosima sich wieder dabei befindet – was das für
ein großes Hin und Her von Leiden, Qualen und Quälerei
ist: – Seit Silvester ist dagegen nun Peter Cornelius da: nun
Gottlob! der ist wenigstens gesund! Für Dich hat er bereits
ein großes Faible gefaßt, Deine Zeichnung »Fanget an!« hat
ihn ganz exaltiert. Ich glaube, er könnte Dir, ohne Dich zu
sehen, einen Heiratsantrag machen. Er wohnt nun nicht
weit von mir, Karlstraße 39 gegenüber dem Zumbusch[2]; unsere Gärten stoßen aneinander. Täglich 2 Uhr speist er bei
mir. Dann geht's – seitdem ich wieder gehen kann – spazie-
ren durch den Englischen Garten, Bogenhausen, am Maximilianeum vorbei über die Isarbrücke durch die Stadt zurück. Abends sehen wir uns zusammen bei mir oder auch
bei Bülows. Sonst fällt nichts vor, außer wenn der König
einmal nach mir schickt, was nicht häufig vorkommt, da der
arme junge Mann schrecklich mit Hof, Regieren usw. ge-
plagt ist. Jetzt hab' ich ihm alle meine Schriften und Schrift-
chen – auch Ungedrucktes – verzeichnen müssen; das läßt er

---

2 Caspar von Zumbusch war Bildhauer in München, später Direktor der
 Wiener Akademie. In beiden Städten hat er sich vor allem durch Personen-
 denkmäler (Maximilian I. von Bayern, Kaiserin Maria Theresia) ver-
 ewigt.

sammeln (Mad. Wesendonck muß ihre Mappe schicken): er
will alles haben. – Mit dem Theater ist's im reinen: wir erwarten *Sempers* Skizzen und Pläne: es soll ein Prachtgebäu-
de werden, rechts vom Maximilianeum auf dem hohen Isar-
ufer zu stehen kommen und womöglich schon 1867 fertig
werden. Jedenfalls wird es das Ideal eines Theaters, in aller
Hinsicht. – Einen Gesanglehrer[3], den ich prüfen will, haben
wir nun angestellt, mit zwei jungen Leuten, an denen er, unter meiner Aufsicht, seine Kunst bewähren soll. Fällt der
Versuch gut aus, so soll er auf Menschenjagd zur weiteren
Ausbildung ausgehen. Ob wir gutes Material für *meine*
Werke finden – daran eben zweifle ich so unheilbar.

Ach! – diese Rasse!! –

Einstweilen soll der *Tristan*, wenn er glückt, meine Wiedergeburt zuwege bringen. April und Mai kommen
Schnorrs, Mitterwurzer (Dresden – Kurwenal) und – hoffentlich – Beck[4] (aus Wien – Marke). Aufführungen nur für
das kleine Residenztheater, mit dem fortgesetzten Charakter
von nur Proben – mit teilweise hinzugezogenem Publikum.
Mein Ekel und Stolz gegen den Verkehr mit dem eigentlichen Theaterpublikum ist grenzenlos: Die härtesten Demü-
tigungen, die ich wieder erlebte, waren die *Herausrufe* an
Seite der hiesigen Opernsänger. So etwas kann ich nicht
mehr vertragen, und überhaupt kann ich diese ekelhafte
Menschenmasse (mit ihrem bezahlten Entreé) hinter mir
nicht mehr vertragen: sie muß vor allen Dingen verschwinden, wenn ich mit meinen Leuten etwas zustande bringen
will. All dies entspricht glücklicherweise dem Sinne des Königs. – Daß ich nun trotz alledem schwer und mißmütig auf
alles blicke und an alles mich mache, das muß nun wohl seine Gründe haben! Im Grunde genommen, Liebste, ich führe
ein zu elendes Leben. Mit dem Umgang hat es seine liebe

3 Friedrich Schmitt.
4 Johann Nepomuk Beck (oder sein Sohn Joseph) aus Wien übernahm dann
   die Rolle des Königs Marke doch nicht.

Not! Letzthin ließ ich mich einmal zu Pecht einladen, da war ein netter Kunstgelehrter und gespannte Damen usw. Gott, welches Aufatmen, als man da wieder heraus war, und welche Vorsätze, so bald nicht wieder in solche Klemme sich zu begeben! – Manchmal geht's unter uns ganz gut her: so – extempore. Ich habe ein paarmal mit Bülow gut musiziert, aus Tristan u. dgl. Gestern abend las ich aus Schopenhauer vor. Jetzt eben spielt Cornelius nebenbei auf dem Klavier, während ich Dir schreibe. – Ach Gott! Vielleicht macht mich das Frühjahr wieder munter: wenn die warme Luft wieder kommt, der prächtige Garten blüht und kalte Bäder wieder erquicken. Auf mir und in mir liegt es so schwer! – Jetzt malt mich Pecht (ich will's für den König), Gott weiß, was noch draus wird: neuerdings haben wir Hoffnung. – So – nun klage ich nicht mehr! Nun klage Du mir wieder, das geschieht mir recht! Leb wohl! Habe einen schönen Kuß! träume und warte gut von mir! Schönste Grüße an alles!

Dein
R. W.

93 AN KÖNIG LUDWIG II. VON BAYERN, MÜNCHEN

München, den 9. März 1865

Mein König!
Mein geliebter Freund!

So muß ich denn zur Feder greifen, meinen Zustand zu enden, der länger nicht mehr dauern darf, soll sich nicht das Mark meiner Seele verzehren!

Welches dieser Zustand sein muß, beurteile mein gefühlvoller Freund! –

Am 6. Februar d. J., Nachmittag um 1 Uhr, begegnete mir das Ungeheure, an der Türe meines erhabenen Freundes, an welcher ich auf dessen gütige Einladung erschien, abgewiesen und in den Hof herabgeführt zu werden. Nicht Unwohlsein meines Königs, sondern dessen große Verstimmung gegen mich ward mir als Ursache dieser Abweisung angegeben. Von da an verbreiten sich wachsende Gerüchte über die zugezogene Ungnade.[1] Deutlich werden endlich bestimmte Beschuldigungen gegen mich ausgesprochen, die ich sofort als vollständige Lügen erkenne und – notgedrungen – als solche öffentlich bezeichne. Meinen düstersten Vermutungen, meinen bängsten Zweifeln begegnen endlich die holdesten Worte meines Freundes, die mit königlicher Schönheit und Würde schnell mir bezeugen, daß nie meine vollkommene Unschuld bezweifelt wurde, ja – daß das ganze Lügengewebe Ihn vielleicht gar nicht berührt hatte. Keine Bitte des Tiefleidenden, keine Verheißung des hochbeglükkenden Freundes selbst führte bisher wieder zur Erfüllung meines sehnlichsten Wunsches, meinem edlen Beschützer mich nahen, Aug' in Auge mich Ihm mitteilen zu können. Noch die neueste, durch die Anwesenheit des von Eurer Majestät selbst nach München befohlenen Künstlers Schnorr[2] ganz von selbst sich bietende Veranlassung wurde auf mir noch unbegreifliche Weise, sogar mit nachweisbarer unmittelbarer Anwendung der Lüge, in eine Abwehr verwandelt, so daß mein freundlicher Sänger, betroffen und betrübt, mit mir sich abgewiesen fand. –

1 Seit Februar 1865 verbreiteten Zeitungen das Gerücht, Wagner sei beim König in Ungnade gefallen. In der *Augsburger Allgemeinen Zeitung* erschien ein anonymer Aufsatz: *Richard Wagner und die öffentliche Meinung*, worin dem Komponisten Verschwendungssucht und Mißbrauch der königlichen Freundschaft vorgeworfen wurden. Wagner veröffentlichte im selben Blatt eine Gegendarstellung und stellt im vorliegenden Brief ohne große Umschweife die Vertrauensfrage.

2 Schnorr von Carolsfeld sang am 5. März als Gast in München die Titelrolle im *Tannhäuser* und übernahm zusammen mit seiner Frau Malwida die Titelpartien von *Tristan und Isolde.*

Während dieses rätselhaften Zustandes gelangen schriftliche Mitteilungen und Ergüsse des erhabenen Freundes an
mich, die mich wie mit Himmelsglorie übergießen, deren
Inhalt mir eine Welt der Wunder und des Schönen zeigt, wie
meine Seele sie je nur geahnt, nie aber mein staunender Blick
sie erschaut hatte. Ich erkenne, daß die hier sich offenbaren-
de Liebe mir nicht Rechte gibt, wohl aber Pflichten aufer-
legt, heilige, erhabene Pflichten, die mich gegen mein persönliches Wohlergehen durchaus rücksichtslos machen müssen. Dürfte ich nur um dieses letztere besorgt sein, so hätte
ich, selbst wie es jetzt um mich steht, keinen drängenden
Grund, meine Lage für unerträglich zu halten: – ich darf
hoffen, daß meine öffentlichen Erklärungen genügt haben,
mich vor der Wiederholung der unwürdigsten Angriffe zu
schützen, denen ich eben hier auf das schonungsloseste ausgesetzt war. Die Vorteile meiner äußeren Stellung, wie ich
sie der Großmut meines edlen Beschützers verdanke, verbleiben mir; selbst der Erreichung meiner Kunstzwecke, da
man wohl erkannt, daß sie zugleich die des erhabenen
Freundes meiner Kunst sind, wird kein ersichtliches Hindernis entgegengesetzt. Somit, wäre ich nur um mich besorgt, könnte ich leicht dem mir gegebenen Rate folgen, ruhig die Zeit gewähren zu lassen. – Nun fühle ich aber, daß,
was unkundige Toren so quasi trennen möchten, der Künstler und der Mensch in mir vollkommen zu eins verwachsen
sind. Mein Herz krankt, und somit siecht mein Geist. Ich
kann und darf es nicht ertragen, so nahe dem angebeteten
Freunde, ihm fern zu bleiben. Wollte ich diesen Zustand ertragen, so müßte ich selbst den Vorwurf in mir aufkommen
lassen, in irgend etwas die höchste Huld meines Königs ge-
mißbraucht zu haben: ich schaudere vor der wahnsinnigen
Lüge dieses Vorwurfes und rüste mich dagegen mit dem
notwendigen Stolze, lieber das Schlimmste zu ertragen, als
eines entwürdigenden Zugeständnisses schweigend mich
schuldig zu machen. –
Wie soll ich es aber nun aussprechen, was dieser Stolz mir

eingibt? Wie soll ich den notwendigen Entschluß nennen
vor diesem göttlich reinen Herzen, das mit himmlischer Güte mich umschließt, sein eigenes Glück meiner Erlösung
weiht?

Hier ist der furchtbare Abgrund! –

Wäre hier nicht alles so tief, edel und göttlich zart, wie erträglich müßte es endlich dem vielgequälten lebensmüden
Manne dünken, dem holden Freunde zuzurufen: –

Mein König! – ich bringe Dir Unruhe: – laß mich ziehen,
dahin, wo mich der Blick des Neides und des Unverstandes
nicht verfolgt, in ein fernes Land: –

»getrennt – wer mag uns scheiden?

geschieden – trennen wir uns nie!« –

Aber – wie soll ich dies über mein Herz bringen, ohne es
selbst zu brechen, da ich tief im Innersten fühle, was ich –
Ihrem Herzen bin? Ich, der ich aus einem Blicke Ihres Auges neues Leben, neue Begeisterung sauge – ich gerade sollte
den unermeßlichen Inhalt des persönlichen Umganges, des
Naheseins des Menschen dem Menschen, mißachten können? – Nur der Bezauberte kann zaubern: – auch ich fühle,
was ich dem Freunde bin; – nur Er kann mich entzaubern –
nur Er mir sagen: »Ziehe fort.« – – – Ich – kann es nicht! –

Was soll ich nun tun? – Mein Herz habe ich ausgeschüttet:
kann es aber erleichtert sein, da ich seine Last nur auf das
Herz des Freundes geworfen? – Was soll ich tun? Was soll
ich raten? – –

Nun wohl! – Ich weiß, der Haß kann mir keinen Ausweg
zeigen: – die Liebe einzig vermag es! – Die heilige, hohe Liebe zu meinem Engel! –

Ich kann nicht hassen. Mein stärkstes Gefühl in dieser
Richtung ist nur – der Ekel! – Wich ich als Kind voll Abscheu der Spinne aus, so habe ich aber auch dieses längst
überwinden gelernt: ich erkläre mir die Spinne, erkenne sie
als bedürftig, der Not und Müh ausgesetzt, wie alles, was
lebt; ich werde gegen sie vielleicht so weit Partei nehmen,
die Fliege zu retten, die sich im Netz der Hungernden fan-

gen will, kann aber unmöglich mehr die Spinne selbst zertreten, wie ich dies wohl mit leidenschaftlichem Ekel als Knabe
tat. – Hier haben Sie mein Bekenntnis, holder Freund! Ich
kann und werde einem jeden verzeihen, der an dem garsti-
gen Netze spann, das diesmal ja von selbst zerriß. Ich kann
die Verirrungen und Befürchtungen begreifen, welche Un-
kenntnisvolle und Uneingeweihte bis zu Sorgen hinreißen,
deren Motive ich nicht als durchaus unrein, ja vielleicht sogar als ziemlich berechtigt auffassen will: daß man den
Künstler so wenig hochachtet, will ich mir gern aus der Ge-
ringschätzung der Kunst selbst erklären, zu welcher durch
ihre heutige öffentliche Wirksamkeit, wie ich eben so tief erkenne, leider Anlaß genug vorliegt. Wie sollten diese nun
wieder den Sinn des wunderbar hochbegabten Fürsten verstehen können, der eben von den Sternen einzig erlesen war,
das zu sehen, was außer Ihm keiner sah, eben daß es *dies*mal
und mit *diesem* Künstler eine andere Bewandtnis hat als
die ihnen sonst einzig vorgekommene und begreifliche? –
Gewiß; mir ist alles verständlich; ich kann, ich muß gerecht sein. Muß *ich* beschuldigen, so klage ich doch nicht an:
– ich – verzeihe, und weiß, daß die Reue mir lohnen wird. –

Somit erkläre ich: niemand soll von mir ein Leides erfahren: tiefes Vergessen verdecke alles Vorgefallene![3] Kein
Wort soll davon mehr über meine Lippen kommen. Wer sich
am verderblichsten gegen mich wandte, soll am angelegent-
lichsten meine Bemühungen erfahren, von ihm verstanden,
geachtet – vielleicht geliebt zu werden.

Dies meine feierliche Erklärung. –

Ich lege sie meinem Erlöser anbetungsvoll zu Füßen.

Möge sie es Ihm möglich machen, über diese Erklärung
hin mir wieder in das Auge zu blicken! Denn eines will und

---

3 Merkwürdigerweise formuliert hier Wagner seine Reaktion gegenüber den
Anschuldigungen wie Tannhäuser in seiner Oper, als er nach seiner Her-
kunft, dem Verweilen im Venusberg, befragt wird und sich verleugnen läßt
(2. Aufzug, 2. Szene).

soll ich mir gewinnen: den freien ungehinderten Genuß der begeisternden Nähe meines huldvollen Freundes und Königs. –

Verdiene ich mir dieses einzige Recht, um dessen Besitz ich gern jedes Recht der Welt gegenüber opfere? –

Ich – hoffe es!

Treu bis in den Tod,

9. März 1865   Richard Wagner

94 An König Ludwig II. von Bayern, München

München, den 14. April 1865

Mein angebeteter, wunderbarer Freund!

Wie freudig, wie traurig muss ich Ihrer gedenken! Bald schlägt mir das Herz hoch und stolz, wenn ich höre, wie schön, herrlich und sicher mein königlicher Engel seine Bahn wandelt, überall hin Staunen und Entzücken erweckend: bald muss ich bangen und sorgen, wenn ich vernehme, er sei leidend, unfroh und gehindert. Und diess Alles in der Nähe, und doch so fern, dass mir ist, als träume ich es nur. – Welch wunderliches Schicksal! So ausserordentlich, so seltsam Alles, wie eine Sage, die wiederum wahrhaftig in mein Leben tritt! –

Mein inniggeliebter, einziger, herrlichster Freund! Mit Thränen in den Augen frage ich: – Wie geht es Ihnen? Sind Sie trübe? Sind Sie froh? – Wie ist es dem holdesten König zu Muth? –

Heut' ist wieder Char-Freitag! – O, heiliger Tag! Tief bedeutsamster der Welt! Tag der Erlösung! Gott im Leiden!! Wer fasst das Ungeheure? Und doch, gerade diess Unsägliche – das Allervertrauteste der Menschheit! Gott, der

Schöpfer, – er muss der Welt völlig unbegreiflich bleiben: –
Gott, der liebevoll Lehrende, er wird innig geliebt, aber
nicht verstanden: – aber Gott der Leidende, – mit Flammen
schreibt er sich in unser Herz; allen Eigensinn des Daseins
schwemmt der ungeheure Schmerz hinweg, Gott im Leiden
zu sehen! Die Lehre, die wir nicht begriffen, sie ergreift jetzt
uns: Gott ist in uns, – die Welt ist überwunden! Wer schuf
sie? Müssige Frage! Wer überwand sie? Gott in unsrem Herzen, – der im tiefsten Schmerz des Mitgefühles begriffene
Gott! –

Ein warmer, sonniger Charfreitag gab mir durch seine
heilige Stimmung einst den »Parzival« ein: er lebt seitdem in
mir fort und gedieh, wie ein Kind im Mutterschooss.[1] Mit
jedem Charfreitag wird er um ein Jahr älter, und ich fei're
dann seinen Empfängnisstag, dem einst sein Geburtstag folgen soll. – Den letzten Charfreitag[2] verbrachte ich als
Flüchtling in München: ich war auf der Reise, und wollte an
diesem Tage nicht weiterreisen; kränklich und leidend hoffte
ich mich eine Nacht gut auszuruhen. Ich durchschlich einige
Strassen der Stadt: es war rauhes, trübes Wetter. Ein Volk in
Trauer wogte auf den Plätzen, aus den Kirchen. In einem
Seitengässchen erblickte ich am Fenster eines Bilderladens
zum erstenmal das Bild des jugendlichen Nachfolgers des so
eben geschiedenen Monarchen[3]. Mich fesselte die unsägliche
Anmuth dieser unbegreiflich seelenvollen Züge. Ich seufzte.
»Wäre Er nicht König, den möchtest Du wohl kennen lernen«, – sagte ich mir. »Nun ist er König, – Er kann von Dir
nichts erfahren!« Schweigend und einsam wanderte ich weiter. – So traurig ich war, feierte ich doch an diesem Charfrei-

---

1 Bereits 1845 hatte sich Wagner in Marienbad mit dem Parzival-Stoff beschäftigt, um ihn im August 1865 wieder in einem ausführlichen Entwurf aufzunehmen. König Ludwig, der selber in diesem Brief erstmals und später ver-
traulich »Parzival« genannt wurde, war sehr an der Realisierung des Musikdramas interessiert.

2 Es war der 25. März 1864.

3 Maximilian II.

tag den Empfängnisstag meines »Parzival« –, ja, das Bild in
dem kleinen Gässchen hatte mich unwillkürlich wieder auf
meinen Helden geführt: der junge König und Parzival ver-
schwammen in Eines; schwach dämmerte das Ahnen – ich
war so tief hoffnungslos! – und ward bald Erinnerung; ich
gedachte des sonnigen Charfreitages der ersten Empfäng-
niss. Ein liebevolles, zart-innig ergebenes Frauenherz[4] hatte
mich damals in Schutz und Sorge genommen: mein jahrelan-
ger Wunsch war erfüllt worden; ich hatte ein einzelnes
Häuschen mit freundlichem Garten, in wundervoller Lage,
mit herrlicher Aussicht auf den Züricher See und die Alpen,
beziehen können. Ich sass – es war der erste schöne Früh-
lingstag! – auf der Zinne meines Asyles, die Glocken läute-
ten, – die Vögel sangen, die ersten Blumen blickten zu mir
auf, da war, nach tiefer Entrückung, der Parzival empfangen![5] – Nun wollte ich wieder an den Züricher See fahren,
sehen und suchen, ob ich dort wieder ein Häuschen, still
und abgeschieden finden könnte? Trüb und kalt aussen, keine Hoffnung innen, – müde, todessehnsüchtig, – was ersann
ich da nicht Alles, an jenem letzten Charfreitage, hier, in
München, – in der Nähe der höchsten Glorie meines Lebens, der Sonne, die in meine Nacht leuchten sollte, des Erlösers, des Heilands meines Daseins! –

Es ist – wundervoll, – denn es ist wunderbarer als der
Dichter es erfinden kann! –

4 Mathilde Wesendonck.
5 Nicht nur die übliche Version der Ursprungsgeschichte vom *Parsifal* wird
   hier vorgetragen, wie sie auch in *Mein Leben* dargestellt ist, sondern auch die
   zusätzlich geschilderte Begebenheit in München, die allerdings ebenso zum
   Teil nur in Wagners Phantasie stattgefunden haben mochte. Die Mystifikati-
   on mit der Karfreitagsstimmung auf der Zinne des Züricher »Asyls« im Jahre
   1857 hat Cosima Wagner in ihrem Tagebuch unter dem 22. April 1879 de-
   kuvriert: »R. gedachte heute des Eindruckes, welcher ihm den Karfreitags-
   Zauber eingegeben; er lacht, und ›eigentlich alles bei den Haaren herbeigezo-
   gen wie meine Liebschaften, denn es war kein Karfreitag, nichts, nur eine
   hübsche Stimmung in der Natur, von welcher ich mir sagte: So müßte es sein
   am Karfreitag‹, habe er gedacht«.

Ja! *Er* fand mich!

Mein angebeteter Freund! – Könnte ich von Ihm wieder scheiden? – –

Genug! – diess war Charfreitagfeier! –

Nun wird der »Tristan« geboren; er wächst, er gedeiht: jeder Tag bringt uns jetzt ein Fest, – ein Dankfest dem König »Parzival«! –

Treueigen für ewig –

14 April 1865   Richard Wagner

95 An König Ludwig II. von Bayern, München

München, den 13. Juni 1865

Mein schönster, höchster – mein einziger Trost!

Die Verse Marke's, die Sie so lieblich für mein Werk[1] anführen, habe ich zu ergänzen:

»Wer (mit Stolze –??) *Sein* es nennen?!«

O, mein König! Es ist Ihrer, es ist Ihr Werk! Ich hab' keinen Theil mehr daran. Es ist mit Schmerzen geboren, wie nie eine Mutter um ihr Kind sie litt. Nun gehört es mir nicht mehr. Aber, ob der Welt? Jedem gehört nur, was er sich aneignen kann. Ich mag sie mir nicht mehr denken. Ich bedarf – wie der Religiöse – des Symbols, in das ich Alles fasse. Und mein Symbol sind Sie, – mein heiliger Parzival!

Mein höchstes, letztes Glück! Mein König! Mein – Freund! Mein Vollender! Mein siegender Siegfried – Sieger – Friedebringer! – Wer sagt Ihnen von mir, was – ich nicht sagen kann? *Uns* – fehlt ein Freund! Aber – wäre die befreundete Seele vorhanden, – wie sich Ihnen nahen? – Soll

1 *Tristan und Isolde.*

ich klagen, wo mein holder Herr mit so göttlichem Rechte
nur Freude und edlen Lohn zu fordern hat? – Ich kann und
will es nicht –: nur bangt mir, es könne – viel versäumt werden. Mir bangt es, dass meinem Geliebten der herrlich verdiente Lohn entgehen könne, der Lohn, den Ihnen zu bereiten so gerne ich einzig noch leben möchte! –

Doch – Eines ist gewonnen! Dieser wunderliche Tristan
ist – vollendet. Sie wissen, wer noch am Tristan dichtete,
hinterliess ihn unvollendet – von Gottfried von Strassburg
an. Fast schien das alte Misgeschick sich auf mein Werk ausdehnen zu wollen: denn – vollendet war es erst, wenn es
ganz und leibhaftig, als Drama, vor uns lebte und unmittelbar zu Herz und Sinnen sprach. – Diess wär' erreicht. Das
uralte Liebesgedicht, da lebt es und spricht laut zum Volk,
das mir durch rührende Zeugnisse seine Ergriffenheit kundgiebt. Was Wir – mein edler Geliebter – *mit* dieser Vollendung leisteten, werden Sie einstens noch ermessen! Ich sage es kühn: *Unsrem* Tristan, wie er heute wieder ertönen
und erbeben wird, ist nichts Gleiches dieser Art an die Seite
zu setzen. Und diess war – Ihr Anfang! So – *fing* mein holder König – *an!* – Das will etwas sagen, und zwar etwas Ernstes, Tiefes! – Heil Ihm! – Er wird die Rechten finden: – was
liegt an mir, dem Einzelnen! –

Aller edlen Herzen reichster Segen auf den Geliebten, den
Erkorenen! Was ist Gelingen, was Mislingen? Sein, das
Rechte *sein* – das ist Alles! –

Horch! Da beginnen die alten Sehnsuchtsweisen!

Am zweiten Tristantage   Ewig treueigen –
13. Juni 1865   Richard Wagner

München, den 26. Juli 1865

Mein edler, herrlicher Freund!

Von meiner traurigen Reise kam ich gestern zurück. Der schöne Brief, den Sie mir heute sandten, löste die Erstarrung meines Herzens: es drängte mich, Ihnen zu berichten und so noch einmal das Erlittene zu durchleiden.

Mir war gemeldet worden, Schnorrs Leiche werde am Sonntag vormittag um 9 Uhr begraben werden: bei der Abfahrt von München bat ich die Witwe (durch den Telegraphen), noch eine halbe Stunde zu zögern, damit ich meinen lieben Sänger noch einmal sehen könnte. Mein Wunsch konnte nicht erfüllt werden: die Eröffnung des Sängerfestes überfüllte die Eisenbahnzüge so übermäßig, daß Verspätungen unvermeidlich waren. Mit welchen Gefühlen ich, mit meinem treuen Bülow, während der Fahrt von Leipzig nach Dresden am Sonntag früh unter diesen Verzögerungen litt, ist nicht zu beschreiben. Endlich gerieten wir bei unserer Ankunft in Dresden in ein festliches Gewoge geputzter Sänger, mit Kränzen und Bändern; unter Wimpeln und Flaggen erkannten wir den Weg kaum, den es uns drängte in furchtbarer Hast zu durcheilen, um noch einen Kuß auf Tristans bleiche Stirn drücken zu können. Es war zu spät! Die Ärzte hatten sogar eine Beschleunigung des Begräbnisses anordnen müssen: schon um 7 Uhr hatte die Erde den Teuren aufgenommen: es geschah zur höchsten Zeit: – Der lebenswarme Leib des lieben jugendlichen Mannes, den ich vor wenig Tagen aus meinen Armen entlassen hatte, war bereits von der Verwesung so stark zersetzt gewesen, daß ich ihm ohne Abscheu – so sagte man mir – nicht würde haben nahen können! –

O Welt! O Mensch! –

König Ludwig II. von Bayern. Foto. 1864

Wer ermißt, was in dieser einen Erfahrung liegt! –
So fand ich nur noch die Familie, das jammernde Weib des
Geschiedenen! – So erhielt ich endlich die nähere Kunde die-
ses entsetzlichen Ereignisses. – Am Dienstag, gestern vor 8
Tagen, fühlte Schnorr sich plötzlich am rechten Knie von so
furchtbar mörderischen Schmerzen erfaßt, daß sofort die
Gewißheit des Todes in ihm aufstieg und er ausrief: – »Oh!
Siegfried! Siegfried! leb wohl! – tröstet Richard!« Dies war
die Wirkung einer Gelenkmuskel-Entzündung, vorbereitet
durch erhaltene Rheumatismen, die er sich durch häufige
Erkältungen nach großer Aufregung auf den schlecht ver-
wahrten, zugigen Theaterbühnen zugezogen. Das Knie
schwoll bald unmäßig an: die Ärzte befürchteten eine jähe
Versetzung des Gichtstoffes nach dem Herzen. Er sprang
nach dem Kopfe und entzündete das Gehirn dermaßen, daß
der Leidende bis zu seinem Tode in den heftigsten Fieberpar-
oxismen tobte. In den immer seltener werdenden Unterbrechungen des Fiebers ordnete er mit Klarheit seine Verhältnisse. Seine Hauptsorge war dann, die falsche Meinung
zu widerlegen, als sei er infolge seiner Überanstrengungen
durch den Tristan zu Tod gekommen. »Nein! Nein!« rief er
dann aus: »bezeugt dies alle, daß mir nicht der Tristan den
Tod gegeben! Ich sterbe in ungebrochenster Kraft und erlie-
ge einem Leiden, wie es jeden trifft.« – Seine Frau ermahnte
er, zu uns zu gehen: dort, mit uns, sollte sie vollenden helfen, was wir mit ihm begonnen. »Hilf Richard! Auch er
wird dir helfen und für dich sorgen!« – Dann rief er jubelnd:
»Oh! mein Richard hat mich geliebt! Wie selig sterbe ich: Er
hat mich geliebt!« – Dann kam das Fieber wieder. Da hat er
erst einmal leise das Marienlied von Liszt[1], ganz von Anfang
bis zu Ende, gesungen: endlich, im höchsten Paroxismus,
sang er aus der Götterdämmerung Stellen, die ich noch gar
nicht in Musik gesetzt habe. Dann wieder rief er so herzzer-

1 Wahrscheinlich das *Ave Maria* von 1846.

reißend nach *mir*, man solle mich eilig kommen lassen – er
müsse mich noch einmal sehen. Richard! hörst du mich
nicht?? – So daß die arme Frau mich frug, ob ich denn wirklich nichts von diesen Rufen vernommen hätte? –

Endlich – Freitag, 21. Juli, Vormittag um halb 11 Uhr –
hatte er ausgelitten, liebend, wie ein Held! –

Nach zwei Stunden verließ ich das Trauerhaus und begab
mich mit Bülow sofort auf den Prager Bahnhof, um 1 Uhr
nach Prag abzureisen. Dort kam ich abends an, ruhte eine
Nacht und einen Tag und gelangte nun wieder in – Ihre
Nähe! –

Kein Wort ist noch seitdem über den teuren Sänger aus
meinem Mund gekommen! –

Er war ein schöner, edler Mensch, mir geweiht, mir vertraut. Der reich begabte *Künstler* – ward Theatersänger, um
so mir nützen, mein Werk fördern zu können! –

Mein König! In diesem Sänger – verlor ich viel!! –

– – –

Dies dem Freunde, dem ich mein Herz ausschüttete! Er –
versteht meine Klage! –

Nun noch ein Wort von dieser Welt! Baron von Moy[2] hat
mir heute die Ehre seines Besuches erwiesen. Ich war tief befriedigt, diesen Mann so zu finden, wie ich ihn fand. Ich setze festes Vertrauen in ihn. Er wird seinen König vollständig
zu begreifen wissen: um dem Sinn der Befehle seines allergnädigsten Herren treu zu entsprechen, wird er Befugnisse
ansprechen, welche ich aus treuestem Herzen ihm zu gewähren rate! –

Soll ich noch wirken – nun immer noch wirken, da ich
auch diesem letzten Sturm des Schicksals nicht erlag –, so
muß viel gegründet und der Bau schnell gefördert werden:
denn meine Zeit ist gemessen, und manche Faser meines Le-
bensfadens ist endlich gerissen. –

2 Ernst von Moy.

Nun denn, mein Engel! Mein schönster und einzigster
Ludwig!
– Hier bin ich! Laß uns – wirken! –
Bis in den Tod ergeben und ewig treu

Ihr

München   innig liebender Freund
26. Juli 1865   Richard Wagner

97 AN HANS VON BÜLOW, BERLIN

Luzern, den 8. April 1866

Nun, mein lieber Hans, ein gutes Freundeswort zu Dir! –
Ich habe soeben an den König geschrieben, daß ich jetzt hier
bleibe. Dir sag ich: hier vollend' ich's, was uns allen taugen
soll. Ich bin guten Mutes: sei Du es auch! Das Schicksal hat
uns wunderbar vereinigt. Schelten wir den »Toren« auch, so
gehört er doch uns, und nie wird er sich von uns lossagen
können. Jetzt heißt's noch eine kurze Geduld. Gewinnen
wir an Ihm ganz und voll, was er doch – meinem tiefsten Inneren verständlich – mir verspricht, so bedenk, welch unerhörtes, unverhofftes Wunder dies ist. Es gibt nichts in der
ganzen Weltgeschichte, was der Bedeutung dieses Gewinn-
stes gleichkommen könnte. Das weißt Du auch! Darum –
Geduld! Und die Anzeichen sind gut. Ich hab' heute zum
Beginn Seiner Betätigung nochmals von ihm verlangt, daß er
Dir rückhaltlos ehrende und lohnende Anerkennung zolle.
Daran werd' ich Seinen Ernst erkennen. – Also – halten wir
aus: der Preis, erreichen wir ihn, ist ungeheuer. Nun mach
es aber auch mir möglich, auszuhalten. Ich hab' auf ein Jahr
ein schön gelegenes, wohlgeräumiges Landhaus am Luzer-

ner See gemietet.[1] Ich rechnete dabei einzig darauf, daß Ihr
solange als nur möglich mit mir es bewohnt.[2] Denn nur,
wenn Ihr mir diesen Wunsch erfüllt, kann ich es ertragen,
noch länger aus meinen guten Verhältnissen gerissen zu sein.
Erfülltet Ihr meinen Wunsch nicht, so hätte alles keinen
Sinn; ich verfiele in die Unruhe, die jetzt der Erfüllung meines Vorhabens für alle Zeit tödlich sein würde. Also, Lieber,
hör!! – Mein Haus hat 3 Stockwerke. Der unterste mit Salon
usw. gehört Euer – der mittlere mir – der obere den Kindern
und Leuten. So können wir zusammenleben, ohne uns im
mindesten zu stören. Meine Einkünfte reichen – namentlich
nach dem Tode meiner Frau – vollständig aus, eine größere
Familie leicht und mit gutem Anstand mit allem Nötigen zu
versorgen. Du bist mit Weib, Kind und Dienervolk daher
ernstlichst und innigst freundschaftlich von mir eingeladen,
das Landhaus mit mir zu bewohnen und meine schlichte Be-
wirtung Euch gütigst gefallen zu lassen. Erfüllst Du meine
Bitte, so trägst Du das Größte, ja einzige zu meinem Gedeihen, zum Gedeihen meines Werkes – meines einstigen Wirkens bei. Bestimme ganz, wie Du willst, gehe ab und zu,
bleibe, ganz wie Dir's gefällt, nur betrachte von diesem
Frühjahr an – solange als irgend möglich – mein Haus als
Dein Haus – meine Wirtschaft als Deine Wirtschaft, als
häusliche Basis Deiner etwaigen Unternehmungen. –
   Hans! Du erfüllst mir meine Bitte? – Gewiß! Denn Du
weißt, daß ich Dich liebe und daß – außer dem schwindeler-
regenden wunderbaren Verhältnisse zu diesem jungen Köni-

---

1 Auf seiner Wohnungssuche bis nach Marseille hatte Wagner zwar schon das
  Landhaus Les Artichauts bei Genf gemietet und am 28. Dezember 1865 bezogen, war aber erneut auf Suche gegangen und fand endlich das Landhaus
  in Tribschen bei Luzern, in das er am 15. April 1866 einzog.
2 Da Cosima von Bülow bereits am 10. April 1865 in München Wagners Tochter Isolde (die von Bülow als die eigene anerkannt worden war) geboren hatte, war die Einladung, in Tribschen mit ihrer Familie einzuziehen, von pi-
  kanter Doppelbödigkeit, obgleich von Wagner offen und ehrlich gemeint.
  Am 12. Mai 1866 kam Cosima mit ihren Töchtern, ab dem 10. Juni auch
  Hans von Bülow erstmals nach Tribschen, und alle blieben vorerst.

ge – nichts, nichts mich an das Leben fesselt als Du mit den Deinigen. Das – weißt Du! –

Nun habe hohen Dank und Freudebezeugung für Dein rüstiges Wirken. Du hast Dich *bewährt* – das will ich meinen! Müssen wir nicht zu einem Wunder für die Welt werden? Und sieh, das ist schön an Ihm, dies Wunder begreift er. So stören wir denn den edlen Zauber nicht. Es ist zu unser aller Glück! –

»Johannistag! Johannistag!« – Hans Sachs – Hans Bülow. – So laß uns denn hansen nach Herzenslust! – Leb wohl und sei mir grenzenlos gut – alors – Sire, vous faites bien![3] –

Dein
Richard W.

98 AN COSIMA VON BÜLOW, MÜNCHEN

Tribschen, den 17. April 1866

Heute Dienstag herrlicher Morgen – Markttag – Kahn auf Kahn, von Ury, Schwyz und Unterwalden zum Luzerner Markt: Ein wonnevoller Anblick, ganz unsäglich schön – auf diesem Hintergrunde, auf diesem lieblich glatten Seeboden, wo jeder Kahn von einem strahlenden Silberkreise umwoben wird. Ein solcher Morgen ist nicht zu teuer mit einem beschwerlichen Wintermonat bezahlt. Nun verstehe ich meine Wahl und den Winter, dem ich entgegengehe: Walter hat ihn schon besungen, »am stillen Herd zur Winterszeit, wenn Hof und Haus mir eingeschneit«,[1] da will ich

---

3 Also, Herr, machen Sie es gut!
1 Nach *Die Meistersinger von Nürnberg*, 1. Aufzug, 3. Szene: »Am stillen Herd in Winterszeit, wann Burg und Hof mir eingeschneit«.

mich des Lenzes Morgen entsinnen, wie will ich den Winter
hier lieben! Wahrhaftigkeit, höchste Wahrhaftigkeit sei unser Dogma! Sieh, zu diesem Bund, zu diesem Glauben kann
ich nur einen noch ziehen! Nur Parzival. Und so sei er unser
Schutzengel. Nochmals, niemand störe uns hier, hier herr-
sche heilige Ruhe. Es sind die letzten Jahre eines schweren,
qualvollen Lebens, die ihr Ziel, ihre Krone finden sollen.
Nichts hat mich seit langer Zeit so ergriffen wie das Wieder-
bekanntwerden mit der Melusinensage. O Himmel – die
scheidende Melusine, die in langen Zeiten noch gespenstisch
wiederkehrende! Ein Fieber schüttelte mich: Wehmut und
Mitleid wollten mich in Atome auflösen. Gott! was dichte-
ten die Menschen alles nicht, um sich das furchtbare Rätsel
des Daseins zum Bewußtsein zu bringen – und es hilft
nichts: sie spielen mit ihren ungeheuren Dichtungen wie läp-
pische Kinder. Was hab' ich in dieser Welt zu suchen? ...
Ich schicke Dir Melusine, lies es, gib es auch Parzival zu lesen. – Dieses Geheimnis des Zauberns! Raymund tötet aus
Mißgeschick seinen Oheim in Waldes-Nacht – Mondschein
– wilde Flucht; eine wunderbare Stimme ruft ihn an: Melusine, die Entzauberungsbedürftige – wirbt ihn, beglückt ihn
grenzenlos, wird von ihm verraten. In Mondscheinnächten
pflegt sie noch die jüngsten Kinder – dann weiß man nichts
mehr von ihr. Nacht – Elemente. Schuld – Zauber: Unglaube – Zweifel – Entzauberung. Lange Klage durch die Nacht
– durch die Lüfte. Mondschein! ... Soeben Melusine ausge-
lesen, ach! ach Gott! Mir bricht das Herz!

Die Vögel sind mutig und singen lustig. Hast Du schon
die Stare schnarren und schwatzen hören? Herrliche Kühe
bedecken rings die Wiesen. Tag und Nacht hörst Du das Geläute. Dies Geläute ist schöner als alles Tönen, das ich kenne. Die Willkür des Klangwechsels, die herrlichen Glocken,
der Stolz des Besitzers, sind von unbeschreiblichem Zauber.
Ich gebe alle Glocken Roms dafür hin.

Luzern, den 24. Juli 1866

Geliebter!

Das Herz spricht und bestimmt: nun heißt es erst recht den Kopf behalten! –

Nach Mitteilung Ihrer neuesten Kunde durch die Freundin überfiel mich mit bleierner Schwere die Nötigung zu einem kurzen Morgenschlafe. Von diesem erwache ich nun gestärkt, fühle den Kopf klar und hell; und wie dieser mir sagt, das Herz hat recht, gehe ich zweifellos daran, Ihnen für heute eine nötige Antwort zu geben.

Ihr letzter Brief an mich, Teurer, Schöner! hatte mich bereits bis in den tiefsten Grund der Seele erquickt. So liebt man sich, und das ist Liebe! Alles übrige ist Politik, und davon weiß Gott nichts. Von Ihnen geliebt kann ich nur noch dichten und tönen: zu allem andren Sinnen muß ich mich zwingen! Gewiß ist es: – Wir sind allein! Das Wunder ist erschienen: der vollgereifte künstlerische Mann wird nur noch von dem schwärmerisch erblühten Königsjünglinge verstanden! – Nun heißt es: macht Eure Rechnung mit der Welt! – Und darüber bin ich denn her.

Mein Ludwig! mein hoher Freund! Was Ihr Herz Ihnen mit so großer Bestimmtheit sagt, hat mein eigenes Gefühl längst erkannt, und mein Verstand hat es begreifen müssen. Ich gebe Ihnen Recht, vollständiges Recht: somit widerspreche ich Ihnen auch nicht. Ich verlange auch keine Besinnungs- und Reue-Fristen und fasse den ungeheuren Mut, die fürchterliche Verantwortung dafür, Ihrem Entschlusse nicht entgegenzutreten, auf mich zu laden. Ich sage Ihnen: Ja! es gibt noch ein edleres Los, als jetzt König von Bayern zu

sein.[1] Wollen Sie dieser Krone entsagen, so können Sie etwas
noch Höheres sein als König von Bayern. Aber nur, wenn
Sie dies werden wollen, darf ich Ihnen raten, diesen Entschluß auszuführen. Deshalb ist es nun meine Pflicht, Ihnen
klar und bestimmt zu zeigen, welche Bedeutung Sie Ihrer
Kronentsagung zu geben hätten, wenn Sie dieses höhere Dasein sich bereiten wollen. Somit: kein Widerspruch gegen
Ihren Entschluß; aber sorgfältigste Verständigung über die
Ausführung desselben. Es darf keine Flucht, kein Weichen
auszudrücken scheinen: mit ihm muß ausgesprochen werden, was der Welt nottut zu wissen. So können Sie mit Ihrer
Entsagung ein heilsameres Werk verrichten, als Ihnen je
durch Fortführung des Königsamtes möglich gewesen wäre.
Hier muß daher mit großer Besonnenheit und Sicherheit
verfahren werden: ist dafür eine Zögerung nötig, so bringen
Sie ein letztes Opfer, indem Sie *mir* es bringen. Blicken Sie
auf mich, und gewahren Sie, welch ungeheure Last der Verantwortung meine Zustimmung zu Ihrem Entschlusse auf
mich wirft. Ich muß Ihnen, Teurer, dies zuvörderst klar vor
die Seele führen.[2] –

Die Meinung der Welt, wenn sie schließlich auch nie Unsre innerste Seele beherrschen soll, ist doch nicht zu gering
anzuschlagen: alles, was Wir zu wirken haben, ist auf das
Auskommen mit dieser Welt berechnet; ihre ungebrochene,
allgemeine Meinung kann Uns zu völligen Fremdlingen auf
dieser Erde machen und jedes fernere Wirken Uns so sehr
erschweren, daß sie es gänzlich unmöglich macht. – Diese
Meinung wird nun sagen: »Unser hoffnungsvoller junger
König, dem wir so viel Liebe entgegentrugen, ist uns durch
diesen Wagner entwendet worden! Dieser hat Ihn mit seinen

1 Ludwig II. trug sich mit Abdankungswünschen, von denen Wagner durch
  einen Brief des Königs an Cosima von Bülow vom 21. Juli 1866 wußte.
2 Mit der beabsichtigten Abdankung des Königs wäre natürlich auch Wagners
  Existenz wieder völlig in Frage gestellt worden, schon deshalb konnte er das
  königliche Vorhaben nicht gutheißen, aber Wagners sachliche Argumenta-
  tion ist nicht weniger ehrlich.

Zaubern umstrickt, so daß Er nun Volk, Land und Königs-
pflicht vergißt!« Dies wird ertragen werden müssen, und –
es wird nicht leicht sein! Mehr aber als diese Anklage, die
schließlich dem Unverständnis meines Wesens entspricht,
hat mich die Klage des wahren Volkes zu treffen, welches
gerade zu Ihnen, in Gegensatz zu andern jungen Volksfür-
sten, ein großes, wenn auch noch unklares Vertrauen faßte:
eben weil Sie so viel anders waren als die gewöhnlichen
Thronfolger, weil man halb unbewußt in Ihnen die ungemeine Anlage zu einer ganz außerordentlichen königlichen
Erscheinung erkannte. Gerade, was Sie so sehr mit der jetzt
München terrorisierenden Macht verfeindete, Ihr selbstän-
digster Akt, meine Berufung, Ihre treue Freundschaft zu
mir, hat diesem Volke, so dunkel es nur meine eigene Bedeutung ahnen konnte, eine besondere Hoffnung auf Sie und
Ihren Charakter erweckt: als Sie mich scheinbar fallenlie-
ßen, war man – ich weiß dies – ganz erschrocken darüber,
nicht aus Neigung für mich, sondern weil man glaubte, in
Ihrer Festigkeit sich getäuscht zu haben. Was dieser Teil des
Volkes, welchen ich die Jugend der bayerischen Nation nenne, nun verlorengehen sehen muß, wenn Sie der Krone entsagen – dies, geliebtester Freund, muß wahrlich schwer auf
meinem Herzen drücken. Gewiß beachten Sie das? – – Nun
aber das Schwerste: – Ihr eigenes Los, die fernere Zukunft
Ihres Lebens! – O Himmel, mein Ludwig! Sie sind so jung,
so neu noch in dieser Welt! Außer einigen Schlössern Ihres
Landes kennen Sie fast nur noch München: dies dünkt Ihnen
Bayern, die Münchener Residenzbevölkerung Ihr Volk!
Verzeihen Sie meiner vielleicht unzarten Kühnheit, die Ihnen fast wie ein Vorwurf sich ausdrücken mag. Verzeihen Sie
es aber meiner schweren Sorge, dem Gefühle der furchtbaren Verantwortung, welches mich zerwühlt. Wird Ihnen die
Welt stets so erscheinen, wie sie Ihnen jetzt dünkt? Gewiß
nicht! Sie werden, indem Sie zum männlichen Alter reifen,
die Welt erweitert finden, Ihrer Ansprüche gegen sie Sich
bewußt werden: nie – des bin ich sicher! – wird die Span-

nung auf das Ideale in Ihnen erschlaffen, aber das Mannesge-
fühl wird auch die königlichen Machtanlagen in sich verspü-
ren: erst dann dürften Sie die *Macht* vermissen, die jetzt als
beengende Last auf Sie drückt: Sie werden dann vielleicht erkennen, wie Sie schon jetzt diese Macht hätten verwenden
sollen, um mächtige Zwecke zu erreichen; die Sehnsucht,
das Versäumte nachzuholen, wird Sie stacheln, und – Sie
werden dann Sich ohnmächtig fühlen! Königtum – glauben
Sie! – ist eine Religion! Ein König glaubt an Sich, oder er ist
es nicht. Wie, wenn dieser Glaube Ihnen aber nur jetzt fehlte, wenn er aber dennoch tief in Ihnen läge und erst dann
hell in Ihr Bewußtsein träte, wenn Sie die Berechtigung zu
diesem Glauben von Sich gegeben hätten? Wenn – einst die
Reue über Sie käme? – Sagen Sie, Geliebter! Wenn ich je
einen Schatten auf Ihnen gewahrte, in welches Elend würde ich mich versenkt fühlen, Ihren jetzigen Entschluß
nicht verhindert, ja – in tiefstem Grunde selbst veranlaßt zu
haben?

Gestehen Sie, Teuerster! daß ich Grund habe, Ihrem Entschlusse ein schreckliches Zagen entgegenzutragen! Sprechen Sie mir somit das Recht zu, mindestens zur höchsten
Besonnenheit zu raten und – muß es dann sein – als unerläßliche Bedingung meiner Zustimmung, wenn es sich um diese
handeln kann, die Wahrung der höchsten königlichen Bedeutung dieses Schrittes zu erbitten.

Welches könnte nun diese Bedeutung sein? – Sie wollen
mir Ihr Leben weihen? Nun denn, lassen Sie mich Ihnen
jetzt mitteilen, welches meine Wünsche und Ansichten in
betreff Unseres ferneren Zusammenwirkens sind, seitdem
ich in allem mir klar geworden bin. Bekenne ich Ihnen zuvörderst, daß ich endlich an meine Rückkehr nach München
jeden Glauben verloren hatte. Durch äußerste königliche
Machtwirkung mußte ich zwar auch diese Rückkehr und ein
erträgliches Bestehen dabei für möglich halten: da mir dieser
Ort grenzenlos verhaßt geworden ist, ich auch seine übelsten Eigenschaften, wodurch er vor allen deutschen Haupt-

städten in einem traurigen Sinne sich auszeichnet, genau studiert und erkannt habe, hätte meine Rückkehr nur die Ermöglichung des geliebten Umganges mit Ihnen zum Zweck haben können. Daß gerade dieser Umgang mit Ihnen, namentlich in München, aber nie ohne die aufreibendsten Störungen möglich gewesen wäre, liegt am Tage, und es überrascht mich nicht, daß diese Unmöglichkeit auch Ihrem Gefühle ganz deutlich geworden ist. So hatte mir denn die Not Wielandsflügel geschmiedet, und folgender Plan war in mir entstanden. Die »Meistersinger« wurden zu Rettern in der Not. Sie weisen nach »Nürnberg«, dorthin gehören sie, und dort sollen sie zuerst der Welt vorgeführt werden. Welche Schicksalsweisung! Nürnberg, der alte, echte Sitz deutscher Kunst, deutscher Originalität und Herrlichkeit, die kräftige alte Reichsstadt, wohlerhalten wie ein edler Schmuck, lebt von neuem durch den Fleiß seiner heitren, körnigen, aufgeklärten und freisinnigen Bevölkerung unter dem Schutze der bayerischen Krone auf. Dorthin, mein Geliebter, wollte ich Sie im nächsten Jahre berufen: dort sollte Sie ein Volk, verstärkt durch herbeigewanderte Freunde meiner Kunst aus ganz Deutschland, jubelnd begrüßen, welches sich hochgeehrt und glücklich geschätzt hätte, Uns in seinen Mauern bewillkommnen zu dürfen: nichts trat Uns dort entgegen; Eifer und Liebe hätten Uns getragen, denn es galt zugleich der Wiederherstellung, der Erhebung des alten teuren Nürnbergs. Unser Erfolg ist gar nicht groß genug zu bemessen: dort – aber eben nur dort – muß plötzlich ganz Deutschland das Auge darüber aufgehen, was es mit Unsren »Musteraufführungen« für eine Bedeutung habe, die nicht mehr in Reihe und Glied mit den schändlichen Repertoireleistungen Unsrer Residenztheater, sondern rein und frei von allen Schlacken der Nation als Geschenk geboten würden. Dort nun hätte man die Stadt gefragt, was sie dafür tun würde, Unsre Kunstschule in ihre Mitte zu bekommen, und dort hätte sie, ohne die ich vergebens geschaffen haben würde, ganz Deutschland zum Ruhme gegründet werden müs-

sen. Gewiß war ich, daß unter der freundlichen fränkischen
Bevölkerung meinem holden Könige es endlich besser gefallen haben würde als unter jenem von Pfaffen verhetzten
schwerblütigen Münchener Pöbel: dort in dem nahen Bayreuth hätte Er endlich seine Lieblingsresidenz gewonnen,
und – mit der Zeit – hätte Er wohl die ganze Regierung in
dieses Herz Deutschlands nach Sich gezogen, um München
denen zu überlassen, denen es schon seinem Namen nach
gehört. –

So, Teuerster, lebte und bildete es sich in mir aus, und dieser Gedanke machte mir wieder Mut: die Meistersinger er-
heiterten mich; endlich, endlich – arbeitete ich wieder mit
Lust und Liebe an diesem sonderbaren Lieblingswerke.

Dieses Werk war zugleich auf Ihre Befreiung berechnet.
Ja! die Meistersinger – »in Nürnberg« – sollten den König
von Bayern aus seiner »Münch«-residenz hinaus in das frische, freiatmige Franken entführen – in dasselbe »Franken«,
wo mein »Walther« sich heimisch weiß, da, »wo er Meister
im Haus« – und Hans »Sachs« – der Sachse – sollte den Walther in Nürnberg krönen. – Das war mein ruhig wohlwol-
lender Plan. Er hätte Bayern seinen König erhalten, auf den
alles Edle des Volkes doch einzig noch hofft. Nun verlieren
Sie aber die Geduld: mein Walther will verzweiflungsvoll
davon. Soll ich, wie Sachs, mir sagen: »Aufgepaßt! das darf
nicht sein!«? – Das wag' ich nicht, aber herzlich und freundlich teile ich Ihnen meinen Plan mit. Fühlen Sie den Mut,
ihn noch als König auszuführen – oh! es wäre vielleicht ein
großes Glück! Was es Ihnen kostete, wäre – Geduld bis zum
nächsten Frühjahr. Träte jetzt keine Art von Störung oder
Veränderung in mein so sehr lang beunruhigtes Leben, so
wäre ich mit Ende des kommenden Winters gewiß fertig.
Dann ginge ich nach Nürnberg, wo bis dahin schon die Vor-
bereitungen getroffen sein könnten. Im Herbste besuchte
ich Sie wohl einmal in Hohenschwangau, um »neu zu stärken meine Wunderkraft«. –

Fast möchte ich hier einhalten und mit der Frage, ob Sie

Sich Meister der Geduld bis nächsten Sommer fühlen, liebevollst bittend für heute schließen. – Nicht will ich Ihnen jedoch schon heute noch verhehlen, daß ich Ihrem Entschlusse auch außer Ihrer Beziehungen zu mir einen ernsten Beweggrund zuerkenne, der, wenn Sie ihn vollkommen bewußt und willensklar betonen würden, mich sofort von jedem Wunsche, diesen Entschluß geändert zu wissen, bestimmt abbringen würde. Kurz und ohne Rückhalt will ich bezeichnen, was ich meine. Der deutsche Bund hat sich elend bewährt: es kann kein wohltätiges Gefühl sein, den Fürsten dieses Bundes, die nur ihre dynastischen Interessen, nicht aber die großen Anliegen der deutschen Völker erkennen, einfach als gleich beigezählt zu sein; auf lange Zeit wird preußische Willkür Deutschland für seine Zwecke ausbeuten: bekennen Sie offen, daß die Würde des Königs des ältesten Stammlandes der Deutschen Ihnen dies nicht gestattet, so ist ein großer, hochehrender Grund angegeben. Es kann aber ferner einem begeisterten, edel fühlenden Herzen nicht gegeben sein, als König von Bayern sich zum willenlosen Werkzeuge der römischen Priesterintrigen benutzt zu wissen: seit drei Jahrhunderten ist dies aber fast ausnahmslos das oft anerkannte Schicksal der bayerischen Dynastie. München ist die weltbekannte Brutstätte dieser schmählichen Ränke: ausgezeichnete Männer (ich nenne den Wohltäter des Landes: Rumford[3]) wurden trotz aller ungemeinen Verdienste stets wieder von jener furchtbaren Pfaffenmacht unterwühlt und entfernt, von derselben Macht, die den Messerstich auf *Thiersch* leitete, als dieser den Reformplan der Schulen vorgelegt hatte,[4] die heute Schmach über mich

---

3 Der englisch-amerikanische Graf Benjamin Rumford war u. a. der Gründer von Arbeitshäusern und Initiator von Armenspeisungen in Bayern, zudem Schöpfer des Englischen Gartens in München. Die Einführung der Kartoffel in Bayern wird ebenfalls ihm verdankt.
4 Friedrich Thiersch, Philologe und Pädagoge an der Universität München, hatte die Unterrichtspläne der höheren Schulen in Bayern reformiert.

und meine Freunde häuft, weil sie weiß, daß wir ihren
Zwecken zu dienen unfähig sind. Ich verstehe jetzt den leidenden, schwierigen und ängstlichen König Max II.; mit zä-
hester Mühe und sorgenvollster Vorsicht war es ihm einzig
möglich, diese Macht begütigend und klug einigermaßen im
Zaume zu halten. Ihr gehört aber München, sie hetzt und
leitet den Pöbel, und vor ihr fürchtet sich alles – alles: keiner
wagt sie zu nennen, kein Name wird bezeichnet; nur zuckt
man scheu die Achseln. Pfistermeister kennt sie; seine Krea-
turen dienen ihr. Niemand kann sich gegen sie halten. Ich
begreife alles, und – eine freie, edle Natur, wie die meines
holden Freundes – ja, sie hat eine andre Lebensaufgabe, als
mit klug ängstlicher Sorge nach dieser Seite hin einzig sich
zu vergeuden. Diese Macht hat aber die ganze bayerische
Staatsmaschine in ihren Händen: kein Mensch wird angestellt, der ihr nicht verpflichtet ist. Hiergegen können nur
große, gründliche Umänderungen der deutschen Gesamtge-
schichte das Heilmittel bringen: der einzelne vergeudet seine
Kraft in einem nutzlosen Kampfe mit einer unnahbaren und
doch überall tätigen, finsteren Macht. Erklären Sie offen,
daß Sie auch nicht König heißen wollen, wo Sie es nicht
wirklich sein können, so haben Sie einen zweiten Grund für
Ihren Entschluß angegeben, der Ihrem Lande Heil und Ihnen Ruhm bringen wird.

Den dritten Grund, mein Geliebter, den brauchen Sie
dann nicht zu nennen: den wird die Welt erleben! Während
Deutschland politisch sich vielleicht in einen langen Winter-
schlaf unter preußischer Obhut begibt, bereiten *Wir* wohl
und ruhig und still den edlen Herd, an dem sich einst die
deutsche Sonne wieder entzünden soll. Diesen großen Sinn
könnte Ihr Entschluß, Ihre Bestimmungswahl der Welt bieten. Darum aber, damit jedes Kleinliche, Übereilte, bloß
Unmutige daraus verschwinde, beschwöre ich Sie um klarste
Besonnenheit und Vorsicht. Wir haben viel zu erwägen, im
voraus zu ordnen und vorzuzeichnen, ehe Sie Ihre Umgebung, durch Mitteilung Ihres Entschlusses, überraschen.

Hierzu Sie für jetzt veranlaßt zu haben konnte heute mein alleiniger Zweck sein! Sie kennen mich nun ganz. Ich *wünsche*, daß Sie noch ein volles Jahr Geduld hätten: können Sie dies nicht, so muß ich Sie begreifen; soll ich Sie aber stets treulich begleiten dürfen, so müssen Sie bei und nach Ihrer Thronentsagung in höchster Glorie dastehen: würden Sie Sich nur mir opfern wollen, so opferten Sie mich selbst; denn gänzlich müßte ich Ihnen entschwinden, wenn ich fürchten sollte, daß Sie je Ihren Entschluß zu bereuen Grund erhielten! –

Nun, Teuerster! Genug für heute! Ich bin sehr erschöpft und könnte nicht eine Seite mehr schreiben! – Sie wunderbar Herrlicher! holder Genius meiner Seele! Ja, ich liebe Sie! – Kein Zweifel an mir! Melden Sie mir bald Ihre gütige Antwort auf mein Schreiben! Viele herzliche Grüße dem teuren Friedrich[5]: könnte er doch jetzt für einen Tag zu uns kommen! – Treu und ewig eigen,

Luzern,	der Ihrige
24. Juli 1866	Richard Wagner

---

5 Wahrscheinlich Friedrich Thiersch.

Luzern, den 1. Februar 1867

Liebe Fräulein Bertha!

Geben Sie mir doch genau an, wieviel Geld ich Ihnen zu schicken haben würde, wenn Sie mir dagegen einen Hausrock nach der beiliegenden Angabe lieferten. Die Farbe würde *Rosa* sein, nach einem der beiliegenden Muster, welche ich mit 1 und 2 bezeichnet habe, damit Sie mir die Preise von beiden berechnen, von denen ich vermute, daß sie verschieden sein dürften. Der von Nr. 2 ist etwas steif und im Rücken gering – vermutlich österreichisches Fabrikat –, doch ist mir die Farbe angenehm. Also – genaue Berechnung.

Von dem Blau wähle ich nach dem beiliegend zurückgesandten Muster, welches hoffentlich nicht zu teuer ist. Ich brauche 18 Ellen. Wenn Sie nicht mit dem zu den neuen Auslagen bestimmten Gelde ausreichen, so schicke ich hier noch 25 Taler, welche Sie mir gefälligst verrechnen. Schicken Sie mir mit dem blauen Atlas jedenfalls noch für 10 fl. von den vergessenen ganz schmalen Blonden zu Hemdengarnituren, Sie wissen, etwa ein Zoll breit.

Frau v. Bülow erwartet ihre Rechnung für die Mappe, welche sie sogleich berichtigen wird.

Also – wieviel würde mich der beiliegend bezeichnete Hausrock kosten?

Besten Gruß. Ihr ergebener

Rich. *Wagner.*

Rosa-Atlas. Mit Eiderdaunen gefüttert und in *Karrés abgenäht*, wie die graue und rote Decke, welche ich von Ihnen habe; gerade diese Stärke, leicht, nicht schwer; versteht sich

Ober- und Unterstoff zusammen abgenäht. Mit leichtem
weißen Atlas gefüttert. Die untere Rockweite auf *sechs* Bahnen Breite, also sehr weit. Dazu extra angesetzt, *nicht* auf
das Gesteppte aufgenäht! – eine geschoppte Rüsche vom
gleichen Stoff, ringsum; von der Taille an soll die Rüsche
nach unten zu in einen immer breiter werdenden geschoppten Einsatz (oder Besatz) ausgehen, welcher das Vorderteil
abschließt.

Sehen Sie genau hiefür die Zeichnungen an: unten soll dieser Aufsatz oder Schopp, welcher besonders reich und
schön gearbeitet sein muß, auf beiden Seiten sich bis zu einer
halben Elle Breite ausdehnen und dann eben aufsteigend bis
zur Taille sich in die gewöhnliche Breite der rings einfassen-
den geschoppten Rüsche verlieren. Zur Seite des Schoppes
drei bis vier schöne Maschen vom Stoff. Die Ärmel, wie Sie
mir dieselben zuletzt in Genf gemacht haben, mit geschopp-
ter Einfassung – reich; vorne eine Masche und eine breitere,
reiche inwendig unten am herabhängenden Teil. Dazu eine
breite Schärpe von fünf Ellen Länge, an den Enden die volle
Breite des Stoffes, nur in der Mitte etwas schmäler. Die Achseln schmäler, damit die Ärmel nicht herabziehen: Sie wissen. Also unten sechs Bahnen Weite (gesteppt) und zu jeder
Seite noch eine halbe Elle weiter Schopp *vorne*. Somit unten
sechs Bahnen und eine Elle breit.

Tribschen, den 23./24. Februar 1869

Allgeliebtester holder Herr und Freund!

Heute vormittag legte ich zum letzten Male die Hand an den zweiten Akt des *Siegfried*:[1] auch dieser ist nun bereit, in Ihre königliche Freundeshand überzugehen, und fast kann ich kaum dem Gelübde widerstehen, Ihnen sofort einen Einblick in die nun gänzlich vollendeten Teile meines Werkes zu geben. Doch hätte dies keinen Sinn; denn Sie haben das Recht, das *Ganze* von mir zu fordern: und – so Gott hilft! – werde ich an Ihrem hohen Tage dieses Jahres mit Ehren bestehen können.

Es ist eben doch eine große und namentlich auch mühsame Arbeit. Warum so wenig ganz Vollendetes in der Welt zustande gekommen ist, erklärt sich zum Teil gewiß auch daraus, daß ein wahres Genie sich nicht nur in der umfassenden Schnelligkeit der Konzeption eines großen Planes, sondern namentlich auch in der – gewiß! – leidenschaftlichen, ja peinlichen Ausdauer bewährt, welche die volle Verwirklichung seines Planes erfordert. Hier ist mit flüchtigen Andeutungen nichts getan: sondern, was wie der Blitz uns durchzuckt, ist, künstlerisch betrachtet, ein wunderbar verkettetes, feingliederiges Geschmeide, an dem jeder Edel-

---

1 Neben den schwer zu verifizierenden werkinternen Gründen der Unterbrechung im 2. Akt *Siegfried* – also mitten in der *Ring*-Tetralogie – gab es auch einige praktische Anlässe, wie z. B. die Kompositionen von *Tristan* und *Die Meistersinger von Nürnberg,* von denen Wagner glaubte, daß sie schneller zu Bühnenerfolgen werden müßten als der *Ring,* den der Musikverlag Schott in Mainz nach anfänglichen Zusagen ablehnte. Wagner hatte die Arbeit am *Ring* mehr als elf Jahre lang liegenlassen, um sie jetzt wiederaufzunehmen, da sein Lebensunterhalt durch den König erneut gesichert war, sein Opus magnum also einen neuen Mäzen hatte.

stein, jede Perle, jedes Ringlein mit sorgsamem Fleiße, wie
ein Kunstwerk für sich, gefügt sein will. So bin ich denn erst
jetzt mit dieser Reinschrift für Sie (welche zugleich für das
erste als Modell einer Kopie für den Gebrauch dienen soll)
mit dem ehemalig Entworfenen gänzlich fertig geworden.

Diese Ausführungsarbeit diente denn nun aber auch dazu,
durch anhaltende Beschäftigung damit, mich gänzlich erst
wieder in den Geist meines Werkes zu versetzen und darin
mich wieder so heimisch zu machen, daß ich eben nur fortfahren kann, als ob ich nie darin unterbrochen worden wäre.
Gewiß war meine große Besorgnis natürlich, mit welcher
ich an diese Wiederanknüpfung ging. Eine Unterbrechung
von *zwölf* Jahren bei einem Werke ist gewiß unerhört in der
Kunstgeschichte: und wenn es sich nun zeigt, daß diese Unterbrechung nichts an der Frische meiner Konzeption ändern konnte, so darf ich dieses wohl als Beweis dafür anru-
fen, daß diese Konzeptionen ein ewiges Leben haben, nicht
von gestern und für morgen nur sind.[2] Die letzte sehr einge-
hende Ausarbeitung des zweiten Aktes hat mich denn oft in
einer Weise gefesselt und angemutet, daß ich im Entzücken
oft recht an mich halten mußte.[3] Doch einmal schrieb ich
der Freundin schnell nur diese Zeilen: »Der Siegfried ist
göttlich. Es ist mein größtes Werk!« – Ich will Ihnen die
Stelle bezeichnen, die mich da eben so kühn erfreuend an-
regte. Siegfried hat Fafner erlegt: das zuvor ihn anmutig fes-
selnde Waldweben wird da zum Zauber; er versteht den
Waldvogel, geht – wie gelenkt von holder Betäubung und
gleichsam nur einer Weisung gehorchend, ohne zu wissen,

2 Wagners Einlassungen in bezug auf den *Ring* waren aus künstlerischen
  Gründen nicht ganz ehrlich, denn einerseits wollte er unbeschwert daran arbeiten, andererseits nicht dessen Einzelteile – von denen er sowieso *Rhein-*
  gold und *Walküre* vorzeitig in München opfern mußte – auf der Bühne preis-
  geben, da er den zyklischen Zusammenhang besonderen Festspielaufführun-
  gen vorbehalten wollte. 1869 freilich war der *Ring* noch lange nicht fertig.
3 Am 23. Februar 1869 hatte Wagner die Partiturreinschrift des zweiten *Sieg-*
  fried-Aktes beendet.

was er damit tut – in die Höhle des Wurmes, den Schatz zu
heben; das lauernde Nibelungenpaar[4] stürzt aufeinander,
um jedes für sich den Hort dem Knaben abzugewinnen;
Zank, unerhörter Hader darum. Da tritt Siegfried, sinnend
in die Betrachtung des Ringes vertieft, wieder aus der Höhle, auf die Anhöhe davor, heraus: die Nibelungen bemerken
mit Schrecken, daß er diesen Ring von dem Horte erwählt
hat, und ziehen sich zurück, um jeder auf seine Weise dem
Ringe nachzustreben. Siegfried, den Ring und den Tarnhelm
betrachtend: »Was ihr mir nützt, weiß ich nicht.« Während
er hervortritt, hört man unheimlich (zu den Reden der beiden Nibelungen) das Motiv des Ringes durch die Begleitung
sich winden: jetzt geht es, mit höchster, geisterhafter Weichheit, in das Thema der Rheintöchter, am Schlusse des Rheingoldes – (Sie wissen dies vom letzten Abende im Residenztheater her?) – über: »Rheingold! Reines Gold! ach, leuchte-
test du noch in der Tiefe!« Dieses lassen jetzt, zu dem leisen
Zittern der Saiteninstrumente, sechs Hörner, wie aus einer
fernen Natur-Traumwelt her, vernehmen. Die bedeutungs-
volle Rührung, die uns hier erfaßt, ist überwältigend! Als
der Vogel von neuem Siegfried vor dem heranschleichenden
Mime gewarnt und dieser von ferne ihm sich nähert, überle-
gend, wer dem Knaben wohl den Ring nachgewiesen haben
könnte, hören wir leise, leise die liebevolle Sorge der Mutter
Sieglinde um den Sohn, den sie sterbend gebar, in melodi-
scher Zartheit erklingen. Der Vogel spannt fortgesetzt durch
leise Warnungsphrasen unsre Aufmerksamkeit, als Mime
sich nun schmeichelnd an Siegfried wendet. – Endlich, da
nun auch Mime erschlagen, bricht in dem bisher so übermü-
tigen Jüngling das Gefühl der gänzlichen Einsamkeit
schmerzlich hervor: nur Bär, Wolf, Lindwurm sind sein
Umgang; der Waldvogel, dessen Sprache er nun versteht, ist
ihm wie das einzige Wesen, dem er sich verwandt fühlt. Und
nun der Wonneschreck, als dieser ihm Brünnhilde verkün-

4 Alberich und Mime.

det!! Ja, und was das alles heißt? Das ist keine Familienkinderszene: das Schicksal der Welt hängt von dieser göttlichen Einfalt und Einzigkeit des furchtlosen Einzigen ab! –

Ja! – Mein Siegfried ist schön, Sie teurer Edler! Mein König! –

Am andern Morgen, 24. Febr.

Soweit noch gestern abend! – Wollte ich Ihnen heute noch vom Siegfried berichten, so müßte ich von dunklen, erhabenen, furchtbaren Schauern reden, mit denen ich in das Bereich meines dritten Aktes eintrete. Da treffen wir, wie die Hellenen in der dampfenden Erdspalte zu Delphi, auf den Mittelpunkt der großen Welttragödie: ein Weltuntergang steht bevor; der Gott sorgt für die Wiedergeburt der Welt, denn er ist der Wille der Weltwerdung selbst. Hier ist alles erhabenes Grauen, nur in Rätseln ansprechbar. Seit jener Zeit, wo ich von der wundervollen Hohenschwangau-Woche nach München zurückkehrte[5] und bange Fragen über Unser Schicksal aufzuwerfen hatte, entstand mir und verfolgt mich nun das Thema, das Uns sogleich beim Beginne dieses Aktes zu begrüßen hat und uns die Entscheidung, die letzte Frage, den letzten Willen des Weltengottes ankündigen soll. Ein Schauder hielt mich bisher ab, aufzuzeichnen, was oft auf einsamen Wanderungen bei Sturm und Wetter licht wie Blitzesleuchten in mir aufschlug. Doch auch der stolze Jubel des für den Tod vereinigten Paares fand in diesen Zeiten seine Töne: sie gleichen dem Jauchzen der Heldenbrust, die ihre Sieges-Liebes-Freude in die hohen Alpen ruft, um durch den unendlichen Widerhall sie der Ewigkeit zu überlassen.

So mußte ich denn auch, wie Wotan, die Welt des Willens

---

5 Wagner war vom 11. bis 18. November 1865 Gast des Königs auf Schloß Hohenschwangau.

hinter mir mit letztem Willen fest und unentriegelbar ab-
schließen: dies tat ich! Nichts soll mir sie wieder öffnen! Ich
litt in ihr und für sie, was ich zu leiden vermochte: nun hab'
ich das Recht erworben, ihr nicht mehr anzugehören! – Sie
werden einst, mein huldvollster Freund, begreifen, *was* ich
Ihnen hiermit sage und andeute! – Und so bin ich nun bereit, mich in dieses letzte Grauen zu werfen: denn laut höre
ich auch schon das Echo der Berge den Jubel der Erlösung
mir widertönen. – Die nahenden drei Lenzmonde, die so gewaltig sich bereits in die Welt drängen, sollen auch diesen
lang versparten Akt meines Werkes zur letzten Blüte treiben! – So steht es in den Sternen, die meinem einsamen Hause leuchten: dort links im Norden der »Wagen«, das altge-
treue Siebengestirn; hier rechts im Süden das flammende
Schwert des Orion: zwischen ihnen im Nordost: Jupiter,
einsam und strahlend. – [...]

102 AN FRANZ WÜLLNER, MÜNCHEN

Tribschen, um den 10. September 1869

Herrn KM. Wüllner.

Hand weg von meiner Partitur![1] Das rat' ich Ihnen, Herr;
sonst soll Sie der Teufel holen! – Taktieren Sie in Liederta-
feln und Singevereinen, oder wenn Sie durchaus Opernpar-
tituren handhaben wollen, so suchen Sie die von Ihrem

---

1 Da Hans Richter wegen Wagners Unbehagen, das *Rheingold* als Einzeloper
  aus dem *Ring*-Zyklus in München uraufführen zu lassen, als Dirigent zu-
  rückgetreten war, setzte der Intendant Karl von Perfall den hauseigenen Kapellmeister Wüllner ein, der auch tatsächlich die Uraufführung mit Erfolg
  über die Bühne brachte.

Freunde Perfall aus! Diesem schönen Herren sagen Sie auch,
wenn er dem Könige nicht offen seine persönliche Unfähigkeit, mein Werk zu geben, bekenne, ich ihm ein Licht an-
zünden wolle, das ihm alle seine vom Abfall der Rheingold-
kosten bezahlten Winkelblattskribenten nicht ausblasen
können sollen. Ihr beiden Herren habt bei einem Manne wie
ich erst lange in die Schule zu gehen, ehe Ihr lernt, daß Ihr
nichts versteht.

RW.

103 An Friedrich Nietzsche, Basel

Tribschen, den 4. Februar 1870

Teuerster Herr Friedrich!

Gestern abend las ich der Freundin[1] Ihre Abhandlung[2] vor.
Darnach hatte ich sie längere Zeit zu beruhigen: Sie waren
ihr mit den ungeheuren Namen der großen Athener in über-
raschender Weise modern umgegangen; ich selbst glaubte sie
daran erinnern zu müssen, daß das Vorlesungs- und heutige
elegante Buchschreibungswesen den gebräuchlichen Ausdruck gelegentlich der Besprechung unsrer großen antiken
Muster herabgedrückt und auf ein Niveau mit der Weise der
Abfertigung dezidiert moderner Erscheinungen gebracht
habe. (Mommsens – Cicero[3] als Feuilletonist mußte dabei
auftauchen.) Das ward denn bald aus einer Schwäche der
Zeit fließend begriffen und entschuldigt. Ich für mein Teil

---

1 Cosima von Bülow.
2 Friedrich Nietzsches Vorträge *Das griechische Musikdrama, Sokrates und
  die Tragödie, Die dionysische Weltanschauung* (1926–28).
3 In seiner *Römischen Geschichte* (1854–85) hat Theodor Mommsen sich auch
  mit der Person Ciceros auseinandergesetzt.

Friedrich Nietzsche. Foto

empfand zumeist einen Schreck über die Kühnheit, mit welcher Sie so kurz und kategorisch einem vermutlich nicht eigentlich zur Bildung aufgelegten Publikum eine so neue Idee mitteilen, daß man zugunsten Ihrer Absolution nur auf das gänzliche Unverständnis derselben von jener Seite zu rechnen hat. Selbst in meine Ideen Eingeweihte dürften wieder erschrecken, wenn sie mit diesen Ideen in Konflikt mit ihrem Glauben an Sophokles und selbst Aischylos gerieten. Ich – für meine Person – rufe Ihnen zwar zu: so ist es! Sie haben das Rechte getroffen und den eigentlichen Punkt aus das schärfste genau bezeichnet, so daß ich nicht anders als verwunderungsvoll Ihrer ferneren Entwicklung, zur Überzeugung des gemeinen dogmatischen Vorurteils, entgegensehe. – Doch habe ich Sorge um Sie und wünsche von ganzem Herzen, daß Sie sich nicht den Hals brechen sollen. Deshalb möchte ich Ihnen raten, diese sehr unglaublichen Ansichten nicht mehr in kurzen, durch fatale Rücksichten auf leichten Effekt es absehenden Abhandlungen zu berühren, sondern wenn Sie so tief – wie ich es erkenne – davon durchdrungen sind, sich zu einer größeren umfassenderen Arbeit darüber sammelten. Dann werden Sie gewiß auch das richtige Wort für die göttlichen Irrtümer des Sokrates und Platon finden, welche so überwältigend schöpferischer Natur waren, daß wir, obwohl uns von ihnen bekehrend, sie doch anbeten müssen. O Freund! Wo die hymnischen Worte hernehmen, wenn wir aus *unsrer* Welt auf jene unbegreiflich harmonischen Wesen blicken! Und wie hoch dann wieder von uns selbst denken und hoffen, wenn wir tief und klar fühlen, daß wir etwas können sollen und müssen, was jenen versagt war! –

Vor allen Dingen hoffe ich ganz bestimmt, daß Sie über *meine* Meinung in betreff Ihres Sokrates und and. nicht in Ungewißheit sind, denn ich sagte Ihnen soeben, wie ich darüber denke. –

Ihr
RW.

Triebschen 4. Febr. 1870.

Tribschen, den 15. Juni 1870

Mein großmütiger Herr und König!

Noch einmal beschwöre ich Sie: lassen Sie die »Walküre« *für Sich* aufführen, schließen Sie aber das Publikum aus.[1] Wählen Sie für diese Entscheidung jeden beliebigen Vorwand: lassen Sie mehrere Generalproben (für Sie allein) stattfinden, und erklären Sie dann, daß Sie – aus inneren Beweggründen – die Aufführung auf später verlegen. –

Können – oder wollen – Sie meiner Bitte keine Gewährung schenken, so werde ich – da ich die unerträglichsten Folgen voraussehe – zwar nie in Unmut verfallen, doch müßte ich auf lange Zeit vor Ihnen verstummen: denn allem kann ich wehren – alles erdulden, weil es Ihrem Wunsche gilt; dem tiefen Schmerze aber, mit welchem mich dieses unerhörte Verfahren mit meinem Werke erfüllt, kann ich unmöglich wehren: er faßt mich, trotz allem Vorsatz, weil er mächtiger als meine Besorgtheit für meine Ruhe ist. –

Der Gott, der mir mein Werk eingab, lasse Sie verstehen, was ich meine und Ihnen mitteile; dieses ist kein leerer Eigenwille![2] –

1 Auch die *Walküre* (nach dem *Rheingold*; vgl. Brief Nr. 102) hatte König Ludwig gegen den Willen des Komponisten für den 26. Juni 1870 zur Uraufführung in München bestimmt; Wüllner dirigierte wieder, und Wagner blieb wieder fern.
2 In diesem Punkt war Ludwig II. völlig anderer Ansicht als sein Künstlerfreund. Er wollte die Quelle des großen Künstlers, den er großzügig unterstützte, so weit wie möglich für seine Zwecke ausschöpfen und konnte sicherlich Wagners Vorstellung vom zyklischen Gesamtkunstwerk als Sinneinheit nicht recht nachvollziehen, zumal diese Idee auf der Opernbühne gänzlich Neuland war.

Ich hoffe auf Ihre Großherzigkeit!
Tief bekümmert, aber treu bis zum Tode:

der
Ihrige
Richard Wagner.

Triebschen
15. Juni 1870

105 An Catulle Mendès und Judith Mendès-Gautier,
Paris[1]

Tribschen, den 12. August 1870

Liebe Freunde!

Ich brauche Euch nicht zu sagen, wie sehr mich Euer Brief
betrübt. Eine wahre Tragödie spielt sich zwischen uns ab.
Ich habe Euch nichts, aber auch rein nichts darzubieten, was
wie ein Trost aussähe, da ich ja begreife, wie selbst in dem
Falle, daß es mir möglich wäre, Euch von der vollkommenen Richtigkeit meines Gesichtspunktes zu überzeugen, Ihr
doch immer in Eurer elegischen, trauervollen Seelenverfas-
sung bleiben müßtet, fest entschlossen, darin zu verharren.
Als ich solche Seelennöte durchgemacht habe, gab es
schließlich doch *ein* Ding, das mich gerettet hat. Das war
keineswegs die Berauschung an der Kunst, sondern die Kalt-
wasserkur der Philosophie. Alles, was mich so sehr verzwei-

---

1 Judith Gautier war mit Catulle Mendès und einigen namhaften Franzosen im
Sommer 1870 zu Aufführungen von Wagner-Opern nach Weimar und München gefahren; anschließend besuchte sie Wagner in Tribschen, als am 19. Juli 1870 die Kriegserklärung Frankreichs an Preußen erging. Die daraus er-
wachsenen Konflikte hat Wagner mit seinen französischen Freunden offen
brieflich ausgetragen.

feln läßt, sobald ich jetzt versuche, mich zum französischen Geiste in Beziehung zu setzen, das ist das Übermaß an Sentimentalitäten, auf das ich dabei stoße (ich meine nicht rhetorische Phrase, die leeres Stroh drischt in einem Augenblick, wo ich kalte Überlegung und strenges Denken erwarte). Es gibt da eine Art falscher Poesie, die sich recht lange in der Rolle echter Poesie behauptet hat, aber nur dank einer günstigen Zufallsfügung, die dem Geiste einer sanguinischen Nation schmeichelte. Dieser Geist kennt bloß Gegenwart, Aktualität, und daher stammt seine so peinliche Enge, die alle spüren, die sich mit ihm auseinandersetzen möchten. Der Deutsche hingegen hat die Geschichte zur Amme gehabt: Auf das Geschichtliche zurückzugehen war unser Bildungsgang, der uns Trost gab, indem er uns stark machte. Die Zustände vor zwei Jahrhunderten sind uns so gegenwärtig wie Euch kaum Eure große Revolution. Darum erscheint uns jetzt alles, was selbst Eure höchsten Geister uns zu sagen haben, als Musterstück falscher Logik, mit übel angebrachter Beredsamkeit verbrämt. Der Geist der Geschichte ist gleichsam die weltliche Gerechtigkeit. Da heißt es:
Jede Schuld rächt sich auf Erden!
Und dieser Geist erschafft sich seine Werkzeuge; kalte, schreckliche, wie Eure Dantons (wenn Ihr wollt!). Sie haben seit langem ungesühnte Verbrechen zu strafen, und diese Männer werden nach dem gleichen Naturgesetz geboren, wie Kinder manchmal Züge der Urahnen tragen.
Ihr werdet mir einwenden, jetzt sei es nicht an der Zeit, Euch solche Erwägungen ans Herz zu legen, und vielleicht habt Ihr recht; heißt mich bloß nicht grausam! Denn in eigener Verzweiflung sammle ich mich zu solchen Erwägungen, weil ich Euch doch ein Wort sagen wollte, das Euch vom Zustand trübseligen Leidens befreit, worin ich Euch erblikke. Und da ich jetzt schon nach kaltem Wasser suche, um Eure Nerven zu erfrischen, so gestatte ich mir Eure Aufmerksamkeit auf eine viel heilsamere Stütze in Eurer heutigen Lage zu lenken, als es jetzt die Tribünenredner und Ver-

fasser von Proklamationen sind, auch wenn es sich um Eure gefeiertsten Dichter handelt!

Sucht einen echten Staatsmann zu finden! Nur der geht Euch ab, der könnte Frankreich aus seiner Lage befreien. Ein Staatsmann voll echten Mutes, der der öffentlichen Meinung nicht schmeichelt, die so irregeleitet ist, seitdem sie von unwissenden Journalisten und frivolen Tribünenkomödianten regiert wird, einen Staatsmann braucht Ihr, der es vor allem verstünde, der französischen Nation zu erklären, was die deutsche Nation ist und was sie will: denn diese ist es, sie, in Unwissenheit und Selbstgefälligkeit verdächtigte, die nun an Eure Pforten pocht, und keineswegs sind es die »Preußen«, als welche man uns zu betrachten beliebt, um uns einem tief verachtenden Hasse gegenüber anzuprangern. Den Leuten, für welche jedes Gesetz nur dazu da ist, um im Sinn ihres eigenen Vorteils gedeutet zu werden, diesen Leuten laßt einen solchen Staatsmann erklären, daß jenes Gesetz von Lohn und Gerechtigkeit auch für die anderen existiert und daß es zur Rettung Frankreichs nicht ausreicht, eine nicht existierende Republik bejubeln zu lassen, bejubeln von Leuten, die noch vor wenigen Tagen alles bejubelt haben, das man sie zu bejubeln hieß, sondern daß nun vor allem Selbsteinkehr nottut, Verzicht auf einen falschen Ruhm und im Gefühle edler Sammlung ein Ergründen der wahren Kräfte einer wirklich edlen Nation!

Was taugt all das, was ich Euch da sage? Wahrscheinlich ist es nicht einmal der Mühe wert, von Euch gelesen zu werden. Dennoch wollte ich Euch aufrichten, und ich glaube es nur so tun zu können, daß ich Euch ermuntere, die Dinge als praktische Philosophen anzusehen.

Soll ich noch weitergehen und Euch eine Schwungkraft mitteilen, deren ich selber mich völlig fähig fühlte, wäre ich an Eurer Stelle? Hört mich zunächst einmal an. Jene Freundin[2], die meine Frau zu nennen mich so glücklich macht,

2 Cosima.

war erstaunt über die Ruhe, die ich ganz zu Beginn dieses
Krieges bewahrt habe; da erklärte ich ihr, in all dem, was
sich abspiele, sähe ich ein Gottesurteil, das diesmal durch
die Natur der Dinge und der Kräfte gefällt werde; in diesem
Sinne sagte ich mir: Sollten die Deutschen besiegt und vernichtet werden, so würde uns das ein Beweis sein, daß meine
auf ihr künftiges Geschick gesetzten Hoffnungen nichtig
seien und daß ich da in einem großherzigen Irrtum befangen
gewesen sei. Nichts weiter! In diesem Sinne schreibe ich
Euch jetzt: nehmt Euer Los hin, wie es geworden ist, als
ein Gottesurteil, und ergründet den tiefen Sinn dieses Ur-
teils.

Ich sehe mich – an Eurer Stelle – auf den Wällen von
Paris, und dann sage ich mir: falls diese Riesenhauptstadt
in Trümmer sinken soll, vielleicht! Doch kein Vielleicht!
Vielmehr sicherlich. Die Wiedergeburt des französischen
Volkes hätte ihren Ausgangspunkt; da dies Paris der
Abgrund gewesen ist, worin der wahre Geist einer Nation sich verlor, wie er sich immer verloren hat, sobald
er sich in eine einzige Stadt einsperrte, so wird er sich
auf sich selbst besinnen und seinem Schicksal gemäß entfalten; und von da an wird es Franzosen geben, während es
bis nun seit zwei Jahrhunderten bloß Pariser gegeben
hat!...

Das wird Euch wohl zu stark sein? Ja, es ist mehr als dies,
es ist enorm! Dennoch, das schwöre ich Euch, dies wäre
mein Empfinden an Eurer Stelle...

Und seht nur! Ich hätte so viel Gründe, lieber an Eurer
Stelle zu sein, denn dann hätte ich nicht so viel Angst und
Not um Euch. Ich will Euch nicht auf den Wällen wissen,
während ich weiß (wenigstens nach den Prophezeiungen Ihrer teuren Frau), daß ich da nicht hereinkommen würde!
Und nur eines tut mir leid, Euch nicht mit Gewalt bei uns
zurückgehalten zu haben!

Ihr aber, denket an mich, während ich mich an Eure Stelle
versetze: saget Euch, Wagner sei an Eurer Stelle, und es wird

Euch nichts zustoßen! Das ist unser einziger Wunsch, der meine wie der meiner teuren Cosima.

Seid gesegnet von Euren Freunden! Wir sind bei Euch! Auf Wiedersehen! Ganz der Eure

12 August 1870   Richard Wagner

106 AN COSIMA WAGNER, TRIBSCHEN

München, den 10. Dezember 1871

Sonntag abend.

O Liebe, Selige! Bist Du so ernst und still, wie ich Dich immer vor mir sehe? Schweigend, wehmutvoll und arbeitsam? – Als ich heute aus dem Gasthof auf den »Promenadeplatze« herauskam, ich diese Häuser und Menschen erblickte – schrie ich laut auf: »Ach! und hier hat sie es aushalten müssen!!« Die Königstochter als Gänsehirtin: Fallada![1] – Nein! Du Arme! In diese Welt gehörtest Du nicht! Verstoßene, Verbannte aus einer Heimat, die Du Beklagenswerte nie sahest. »Kennst Du das Land?«[2]

Heute früh kam mir Dein vorsorglicher Gruß, Du Liebe, Allgegenwärtige! – Ich hatte gut geschlafen, wozu vermut-

---

1 Nach dem Märchen *Die Gänsemagd* der Brüder Grimm. Wagner spielt auf Cosimas anstrengendes Leben in München als Hausfrau und Mutter an Hans von Bülows Seite an. Was Wagner seiner ersten Frau Minna jahrzehntelang selber zumuten mußte, indem er ihr nicht den bescheidensten Luxus bieten konnte, sollte jetzt an Cosima gutgemacht werden. Wagner war davon überzeugt, daß es ihm die Welt in der Person des bayerischen Königs schuldig sei, ein sorgloses Leben als Gegenwert für seine einmaligen Bühnenwerke zu ermöglichen.
2 Mit dem Zitat des Mignon-Liedes aus Goethes *Wilhelm Meister* (1795–96) spielt Wagner auf Cosimas Geburtsland Italien an.

lich die ausgestandene Kälte viel beitrug. Franz[3] kam erst
lange, nachdem ich mich ins Bette gelegt: er hatte mich immer noch an der Eisenbahn erwartet, als ihm endlich
»Schulz« (!)[4] berichtete, daß ich schon seit 2 Stunden da sei.
Zuallererst kam aber an mein Bett noch – *Lenbach* (!!!). Ich
sehe nun ein, daß ich meine List nicht länger mehr durchführen kann: Du trauest mir Armen so wenig zu, daß Du
mir jedes gute Geheimnis zunicht machst! –

Hier ist ein Brief von Marie Muchanoff an Dich, der
durch Lenbach an mich abgegeben wurde, nachdem er vorgestern sie (auf seiner Heimreise von Wien) auf jenem
Schlosse besucht hatte: natürlich wird in diesen Zeilen Dir
alles, was ich seit lange mit Lenbach schon abgemacht, wieder erzählt sein. Was hilft's – mich fortgesetzt noch verstel-
len zu wollen, um das Prinzip der Geburtstagsüberraschung
immer noch aufrechterhalten zu wollen? Zudem, *was* soll
ich Dir hier von meinem Tage berichten, wenn ich verschweigen soll, daß ich den ganzen Tag im Atelier bei Lenbach zubringe. So wisse denn, Du arme Betrogene (nämlich
um die Überraschung!), daß mein ganzer Reiseplan seit lange sich nur nach meiner Korrespondenz mit Lenbach richtete. Der verreiste Anfang Dezember auf 8 Tage nach Wien,
und diesem gemäß entwarf ich alles übrige. (Aber, wie gesagt, Du trauest mir nichts so-so-zu!) – Also nun heraus mit
dem Klatsch. – *Lenbach* kam zu mir ans Bett und machte sogleich nichts wie lauter Studien. Heute war ich von 1 bis 4
Uhr bei ihm, im üppigen Atelier, sah von Deinen Skizzen
nur eine sehr flüchtige (Profil), die – zwar noch nicht sehr
ähnlich – mich aber doch sehr ergriff. Die anderen verleug-
net er alle.[5] – Nun ging 2 Stunden lang die Jagd mit mir los,
wurde bald da, bald dorthin, bald so, bald anders gesetzt.
Porges hatte sich eingeschlichen, benahm sich aber bei der

3 Franz Mrazeck.
4 Nicht ermittelt.
5 Auch von Cosima Wagner malte Lenbach ein sehr eindrucksvolles Ölporträt
   (heute im Richard Wagner Nationalarchiv Bayreuth).

Cosima Wagner. Foto

Beurteilung der Stellungen nicht ungeschickt. Endlich kam *Böcklin*[6]; da ging nun das Stellung-Rasen los; ich wurde völlig zerfleischt: endlich aber gar noch ein junger Mensch, nach Lenbachs Versicherung der allergrößte Bildhauer (dessen Namen ich mir nicht merken konnte!). Unter wahren Schreien der Verzückung brachten diese endlich die »allergöttlichste« Stellung zurecht und schwuren sich untereinander, daß dies das merkwürdigste Porträt auf der ganzen Welt würde. Böcklin möchte auch eine Staffelei mitbringen und darneben mich auch mit malen. Der Bildhauer will mich auf der anderen Seite modellieren. – Ich konnte Dir diesen Unsinn nicht verschweigen, um Dir – der Überraschung wegen – etwas vorzulügen, was ich hier während der Zeit etwa gemacht hätte und während Du mir innerlich gram darüber gewesen wärest – wenn Du nämlich meinen Lügen geglaubt hättest. – Dann ging ich mit Lenbach zu seinem gewöhnlichen Restaurant speisen, die übrigen alle mit, um Bier zu trinken. Eine sonderbare Gesellschaft: ich kam mir plötzlich unter diesen kindischen Plastikern sehr eigentümlich vor! – Dann nach Hause, wo ich mir jeden Besuch abbestellt hatte, um einzig Düfflipp[7] zu erwarten, der seinen Diener geschickt hatte, um mir zu sagen, daß er statt um 6 Uhr erst nach 7 Uhr kommen könnte. Mir war diese Verzögerung sehr lieb: mit einem langen Seufzer streckte ich mich zu einer kleinen Ruhe aus, dachte Deiner, Du Arme Herrliche, erwachte dann aus einem tiefen Schlaf, aus welchem mich Düfflipps Umarmung riß. Gott verzeih mir's, ich muß diesen sonderbaren Menschen für meinen Freund halten! Er war ganz ergriffen, ja außer sich, mich zu sehen. Sonderbarerweise war ihm aus Hohenschwangau[8] noch nichts berich-

---

6 Der Maler Arnold Böcklin.
7 Lorenz von Düfflipp war zunächst Ludwigs II. Hofsekretär, dann Hofrat und insgesamt der Verbindungsmann zwischen dem König und seinem Künstlerfreund.
8 Ludwigs II. Aufenthaltsort, Schloß seines Vaters Maximilian II.

tet. Gott weiß, ob das Paket zur rechten Zeit noch angekommen.[9] Ich setzte mein Langes und Breites auseinander
und fand die entschiedendste Bereitwilligkeit zur Unterstützung meines Wunsches, ja, ich erhielt die Zusage, die Sache
zustande zu bringen. Nun werde ich wohl – des schwierigen
Verkehrs wegen – einen Tag länger hier warten müssen, was
Baireuth nichts schadet, aber Lenbach selig machen wird.
Ich werde demnach das Baireuther Rendezvous auf den 15.
hinausschieben, was Dir, Liebe, somit sogleich zur Notiz
diene. Jedoch – wie ich soeben berechne – wirst Du auf *diesen* Brief doch schon am sichersten nach Baireuth (Sonne[10])
dirigieren. – Düfflipps Mitteilungen trugen einen über vieles
recht beruhigenden Charakter. Eines aber: er bereute tief,
vor 3 Jahren nicht energisch auf dem Bau des Theaters bestanden zu haben; hätte er voraussehen können, *was* dagegen usw!¹¹ –

Übrigens waren die Mitteilungen namentlich beruhigend
über Gesundheit und Moralität, oft recht zart und innig.
Sonderbar! Vielleicht – noch zu hoffen. – Ich bin rechternst-
lich erheitert, da nun spät Düfflipp mich verlassen und ich
mich zum Briefe an Dich hinsetzte. –

Heute vormittag wartete mir noch die ganze Familie Mra-
zek auf: Tochter und Sohn mußten mir die »Wacht am
Rhein« vorsingen. 3 Verse – Netti¹² sehr gut aussehend! –

Lieb Weib! Lieb Weib!! – Jetzt höre! Ich schreibe Dir nun
morgen ausführlich über Deine Reise: denn (o Freude!) heute über Tage – zu dieser Stunde – habe ich Dich schon lange
wieder in meine Arme geschlossen. Auf keinen Fall darfst

---

9 Cosima hatte Kopien von der Partitur der *Götterdämmerung* hergestellt,
  um sie dem König zum Geschenk zu machen.
10 Die »Sonne« war ein Gasthof in Bayreuth, in dem Wagner damals übernachtete und wohin Cosima ihr Antwortschreiben adressieren sollte.
11 Gemeint ist hier das von Gottfried Semper bereits als Modell ausgeführte
  Münchener Festspielhaus an der Isar, dessen Bau als Objekt der Verschwendungssucht von den bayerischen Politikern hintertrieben wurde.
12 Tochter der Mrazecks.

Du früh von Luzern fortreisen; jedenfalls in Basel übernachten. – Aber, vieles, Gutes und Bittendes, füge ich dem morgen noch hinzu. –

Jetzt will ich mich noch zu Dir träumen. Wo bist Du am Abend, wenn die Kinder zu Bett sind? Bleibst Du unten? Wohl nicht. Geh, ich bitte, in das orange Gemach! – Sei gut mir, und verzeihe mir in einem fort! – Sind die Kinder artig? Hat Fidi wieder naß gemacht? Du weißt doch, wir haben einen Sohn? Einen »Sohn«?[13] Und gute, gute Töchter, von denen die eine endlich, endlich auch der *Mutter* ähnlich sieht! – Küsse sie alle, alle von mir, sie, die in Deinem teuren Mutterschoße genährt sind! – Ich liebe Dich, wie gewiß noch keine geliebt wurde. Gesegnete, Geliebte, Wunderbare! – Leb wohl, schlaf wohl, sei ruhig göttlich, wie immer, wenn Du ganz in Deinem Seelenheim bist! – Sei gegrüßt!

Sei geküßt und angebetet!

Dein
R.

---

13 In Wagners besorgter Frage nach dem Bettnässen seines Sohnes Siegfried,
   dessen Kosename »Fidi« war, klingt ein wenig der Vorwurf mit, das Kind
   werde verweichlicht.

Tribschen, den 4. Januar 1872

Lieber Freund!

Schöneres als Ihr Buch habe ich noch nichts gelesen![1] Alles ist herrlich! Nun schreibe ich Ihnen schnell, weil die Lektüre mich übermäßig aufregt und ich erst Vernunft abwarten muß, um es *ordentlich* zu lesen. – Zu Cosima sagte ich, nach ihr kämen gleich Sie: dann lange kein anderer, bis zu *Lenbach*, der ein ergreifend richtiges Bild von mir gemalt hat! –

Beachten Sie, was sie Ihnen schrieb – übrigens im Betracht der Sache Gleichgültiges. –

Adieu! Kommen Sie bald auf ein Husch herüber, dann soll es dionysisch hergehen!

Ihr

4. Januar 1872   R. W.

---

1 Am 2. Januar 1872 hatte Nietzsche dem damals noch hochverehrten Freund sein Buch *Die Geburt der Tragödie aus dem Geist der Musik* zugeschickt, das Wagner mit Begeisterung regelrecht verschlang.

Bayreuth, den 18. Mai 1872

Mein großer, lieber Freund!

Cosima behauptet, Du würdest doch nicht kommen, auch wenn ich Dich einlüde.[1] Das müßten wir denn ertragen, wie wir so manches ertragen mußten! Dich aber einzuladen kann ich nicht unterlassen. Und was rufe ich Dir denn zu, wenn ich Dir sage: komm? Du kamst in mein Leben als der größte Mensch, an den ich je die vertraute Freundesanrede richten durfte; Du trenntest Dich langsam von mir, vielleicht weil ich Dir nicht so vertraut geworden war als Du mir. Für Dich trat Dein wiedergeborenes innigstes Wesen an mich heran und erfüllte meine Sehnsucht, Dich mir ganz vertraut zu wissen. So lebst Du in voller Schönheit vor mir und in mir, und wie über Gräber sind wir vermählt. Du warst der erste, der durch seine Liebe mich adelte; zu einem zweiten, höheren Leben bin ich ihr nun vermählt und vermag, was ich nie allein vermocht hätte. So konntest Du mir alles werden, während ich Dir so wenig nur bleiben konnte: wie ungeheuer bin ich so gegen Dich im Vorteile!

Sage ich Dir nun: komm! so sage ich Dir damit: komm zu Dir! Denn hier findest Du Dich. – Sei gesegnet und geliebt, wie Du Dich auch entscheidest!

Dein
alter Freund
Richard.

Bayreuth, 18. Mai 1872.

---

1 Liszt war inzwischen von Rom wieder nach Weimar übersiedelt. Wagner glaubte, es wäre vergeblich, den wegen der Scheidung seiner Tochter von Hans von Bülow entfremdeten Freund zur bevorstehenden Grundsteinlegung des Festspielhauses nach Bayreuth einzuladen.

Bayreuth, den 24. Oktober 1872

Lieber Freund!

Das war sehr schön, daß Sie mir an Ihrem Geburtstage schrieben, an dem gleichen Tage, an welchem Ihnen meine Frau von uns schrieb. Was Sie schreiben, war sehr wohltuend, und es sprach mit angenehmen Ernste die Stimmung aus, in welcher wir uns jetzt alle zu befinden scheinen. Fast wäre es ein Bangen zu nennen, welches auf den Ekel über alles, was wir wahrnehmen, folgt und mit welchem wir dann wieder zu uns zurückkehren, etwa mit der Frage, was man denn eigentlich mit dieser skandalösen Welt zu tun habe? – Wir hatten acht Tage lang Liszts Besuch in unserm Hause:[1] wir haben ihn von neuem sehr liebgewonnen; der Abschied mußte sich wieder ganz in das Bangen auflösen. Was hatten wir durch ihn alles wieder von dieser Welt erfahren, welche man allerdings bis auf das Tauß kennt, durch deren Vorführung im Detail man aber doch immer wieder bis zum Tod erschreckt wird. Er konnte viel erzählen, da man uns mit ihm für überworfen hielt und nun dachte, mit Schlechtigkeiten Freude zu machen. Im ganzen kommt mir vorwiegend das Gefühl an, daß ich meine Mitwelt immer weniger kenne: dies mag sehr nötig sein, wenn man für die Nachwelt schaffen soll. Aber sonderbar, wie einem überwachten Neulinge wird mir oft dabei zumut! Die individuelle Einsamkeit ist grenzenlos, wenn man nur so in die Elemente hineinarbeitet. Ich mag wohl begreifen, was Sie so oft beklemmte und fast erdrücken wollte: Sie sahen sich eben noch viel um. Da

---

1 Nachdem Wagner mit seiner Frau vom 2. bis 6. September Franz Liszt in Weimar besucht hatte, revanchierte sich Cosimas Vater mit einem ersten Gegenbesuch vom 15. bis 21. Oktober in Bayreuth.

heißt es denn nun sehen und nichtsehen! Gibt man die Hoffnung auf, so ist man wohl auch die Verzweiflung los. Am Ende fühlt man, daß es das einzige Mittel ist, sich seiner bewußt zu werden, wenn man sich recht bestimmt von der ganzen Mitwelt unterscheidet, und zwar eben dadurch, daß man ihrer Schlechtigkeit strikte zu Leibe geht. Ich wenigstens bin jetzt so weit, nach gar keiner Seite zu mir ein Blatt vor das Maul zu nehmen: und käme mir die Kaiserin Augusta in den Weg, sie sollte bedient werden. Es muß endlich etwas dabei herauskommen. Denn das eine steht fest, daß an einen Kompromiß, eine Transaktion gar nicht zu denken ist: sich gefürchtet machen, da man nun einmal so sehr gehaßt ist, kann einzig etwas helfen. –

Über das »was ist deutsch?« denke ich immer mehr nach[2] und gerate endlich, an der Hand einiger neuerer Studien, in eine sonderbare Skepsis, die mir das »Deutschsein« als ein reines Metaphysikum übrigläßt, als solches mir dieses aber grenzenlos interessant und jedenfalls ganz einzig in der Weltgeschichte erscheinen läßt, vielleicht mit dem einzigen Pendant des Judentums zur Seite, wenn etwa der Hellenismus doch nicht recht passen sollte.

Nun, da blicke ich denn auf meinen Sohn, meinen Siegfried: der Junge wird täglich stämmiger und stärker und dabei mit dem Witze nicht minder schlagfertig als mit der Faust. Es ist mir ein reines Wunder, und habe ich an meines Weibes Seite die Verzweiflung verjagt, so lehrt mich der Bube von neuem die Hoffnung. So geht der alte Tanz wieder los, aber diesmal nach einem tüchtigen Takte. Der Junge weist mich nun auf Sie, Freund, und gibt mir, schon aus reinem Familienegoismus, die Sucht ein, alle meine auf Sie gegründeten Hoffnungen buchstäblich zur Erfüllung getrieben zu sehen: denn der Junge – ach! – braucht Sie! – [...]

2 Wagner dachte nicht nur über diese Frage nach, sondern hatte bereits im September 1865 in München einen Aufsatz darüber geschrieben, zu dem er jedoch immer wieder (bis 1878) neue Anmerkungen und Verbesserungen sammelte.

Bayreuth, den 24. Juni 1873

Hochzuverehrender Fürst!

Ew. Durchlaucht
würden vielleicht aus der Durchlesung der Schluß-Seiten
meiner Schrift[1] die beste Erklärung dafür gewinnen, weshalb ich es für unerläßlich hielt, wenigstens den Versuch zu
machen, Sie zur Kenntnisnahme derselben zu bewegen.
Niemand wird es besser begreifen als ich, wenn Euere
Durchlaucht selbst die soeben angedeutete flüchtige Gunst
mir nicht erweisen können; wohl aber würde es manchem
als eine bedauerliche Unterlassung meinerseits erscheinen,
wenn ich durch die Befürchtung mich davon abschrecken
ließe, irgendeinen schicklichen Weg unversucht zu lassen,
dem großen Neubegründer deutscher Hoffnungen den Kul-
turgedanken mitzuteilen, welcher mich beseelt und welchem
ich mit den angestrengtesten Bemühungen meines ganzen
Lebens einen der Nation verständlichen Ausdruck zu geben
mich angetrieben fühle. Muß mich jeder weitere Versuch,
Ew. Durchlaucht durch Überredung zu jener Kenntnisnahme zu bewegen, ebenso unschicklich als unnütz dünken, so
wünsche ich mit diesen Zeilen zunächst einzig nur die mögliche Belästigung durch meine Zusendung selbst entschuldigt zu haben. Immerhin dürfte es mir selbst in Ihren Augen
gestattbar erscheinen, mein tief beklommenes Gefühl darüber auszudrücken, daß die Ausführung eines Unternehm-
mens, wie des von mir entworfenen, ohne Teilnehmung von

---

1 Wagner hatte seine Abhandlung *Das Bühnenfestspielhaus zu Bayreuth* an
  den Reichskanzler gesandt, um offizielle Unterstützung für das Festspielhaus oder wenigstens die Zeichnung einiger Patronatsscheine zu erreichen.
  Er erhielt keine Antwort auf diesen Brief.

seiten der einzig im wahren Sinne fördernden und adelnden
Autorität, an welcher es mir im tiefsten Grunde gelegen sein
muß, sich vollziehen sollte und ich in diesem Falle mit dem
Schicksale der Neugeburt des deutschen Geistes durch unsere großen Dichter der zweiten Hälfte des vorigen Jahrhunderts mich trösten müßte, welcher der große Friedrich, obwohl der wahrhafte Held dieser Neugeburt, fremd und kalt
gesinnt blieb.

Mit dem Ausdrucke unbegrenzter Verehrung

Ew. Durchlaucht
tief ergebener Bewunderer
Richard Wagner.

111 An Johannes Brahms, Wien

Bayreuth, den 6. Juni 1875

Geehrtester Herr Brahms!

Ich ersuche Sie, mein Manuskript der von mir umgearbeiteten zweiten Szene des Tannhäuser, dessen ich zu der
Herausgabe einer Neubearbeitung der Partitur bedarf, mir
zuzuschicken. Zwar ist mir berichtet worden, daß Sie,
vermöge einer Schenkung durch Peter Cornelius an Sie,
Eigentumsansprüche an dieses Manuskript erheben; doch
glaube ich dieser Meldung keine Folge geben zu dürfen, da
Cornelius, dem ich dieses Manuskript eben nur gelassen,
keineswegs geschenkt hatte, unmöglich desselben sich an
einen Dritten entäußern konnte, welches nie getan zu haben
er mir auf das teuerste versichert hat.

Vermutlich ist es meinerseits sehr unnötig, Sie an dieses
Verhältnis zu erinnern, und es wird keinerlei weiterer Aus-

einandersetzung bedürfen, Sie zu bestimmen, dieses Manuskript, welches Ihnen nur als Kuriosität von Wert sein kann, während es meinem Sohn als teures Andenken verbleiben könnte, gern und freundlich mir zurückzustellen.

Mit größter Hochachtung

                          Ihr ergebenster

Bayreuth, 6. Juni 1875.   Richard Wagner.

112 AN JOHANNES BRAHMS, WIEN

Bayreuth, den 26. Juni 1875

Geehrtester Herr Brahms!

Ich danke Ihnen sehr für das soeben zurückerhaltene Manuskript, welches sich allerdings, da es seinerzeit in der Pariser Kopie sehr übel hergerichtet wurde, durch äußere Anmut nicht auszeichnet, mir aber – außer allen empfindsamen Gründen – deswegen von Wert ist, weil es vollständiger ist als die damals von Cornelius mit einem großen Strich versehene Abschrift.

Es tut mir nun leid, Ihnen statt der gewünschten Meistersinger-Partitur (welche mir, nach wiederholter Nachlieferung von Schott, gänzlich wiederum ausgegangen ist) nichts Besseres als ein Exemplar der Partitur des Rheingold anbieten zu können; ohne Ihre Zustimmung zu erwarten, sende ich Ihnen dieses heute zu, weil es sich dadurch auszeichnet, daß es das Prachtexemplar ist, welches Schott seinerzeit auf der Wiener Weltausstellung[1] prangen ließ. Man hat mir manchmal sagen lassen, daß meine Musiken Theaterdekorationen seien: das Rheingold wird stark unter diesem Vor-

1 Die Weltausstellung in Wien war im Jahr 1873.

wurf zu leiden haben. Indessen dürfte es vielleicht nicht un-
interessant sein, im Verfolg der weiteren Partituren des Ringes des Nibelungen wahrzunehmen, daß ich aus den hier
aufgepflanzten Theaterkulissen allerhand musikalisch The-
matisches zu bilden verstand. In diesem Sinne dürfte vielleicht gerade das Rheingold eine freundliche Beachtung bei
Ihnen finden.

Hochachtungsvollst grüßt Sie Ihr

                          sehr ergebener und verpflichteter
Bayreuth, 26 Juni 1875.   Richard Wagner.

113 AN EMIL HECKEL, MANNHEIM

Bayreuth, den 4. Februar 1876

Liebster bester Freund!

Auf die Frage »wie's uns geht« ließe sich vieles antworten!
Die Welt, und namentlich auch »Germania«, wird mir immer widerwärtiger!

Unsere Sorgen sind groß, und schließlich muß ich den
Vorsatz, die Aufführungen in diesem Jahr noch stattfinden
zu lassen, für tollkühn ansehen. Wir sind mit den Patronat-
scheinen[1] bis 490; bedürfen aber, den neuesten Berechnun-
gen nach, 1300, um auszukommen. Das ursprünglich pro-
jektierte Unternehmen ist also eigentlich vollkommen ge-

---

1 Die »Patronatsscheine« waren eine damals in Europa ziemlich fortschrittli-
 che Art von Anteilsscheinen für ein einmaliges Kulturereignis: die ersten
 Festspiele für die Bühnenwerke eines zeitgenössischen Komponisten. Durch
 den Verkauf der Patronatsscheine sollte das Kapital für den Bau und die Per-
 sonalkosten eingebracht werden.

scheitert. Nun gilt es dem Wagnis, zu sehen, was uns die Neugier schließlich noch herbeizieht. Selbst Feustel glaubt es daraufhin wagen zu können; nur sehen wir einem Fehlen des Geldes für Juni usw. entgegen, wo die Musiker und Sänger ankommen und bares Geld beziehen wollen. Ich suchte einen Vorschuß von 30 000 Th. beim Kaiser nach.[2] Was zu machen ist, will ich noch sehen, wenn ich anfangs März nach Berlin komme, um andererseits dort wiederum zu sehen, wie es mit dem »Tristan« steht, an welchen ich ebenfalls noch nicht recht glaube. – Im übrigen machen wir hier gute Miene. Alles wird fertig (auf Kredit!); die künstlerischen Details der Ausführung werden in höchster Vollendung ausgearbeitet. Brandt[3], wie immer, ausgezeichnet – meine Hauptstütze!

Von den Sängern ist mir, außer von Scaria[4], nichts Widerwilliges aufgestoßen: alles scheint mit festem Mute bei der Sache zu bleiben. Für Scaria werde ich helfen können – wenn er selbst in letzter Stunde doch nicht noch umkehrt; ganz fertig ist es mit ihm noch nicht. Sonst wenig Neues.

Grüßen Sie Frau und Freunde schönstens von mir und uns!

Können Sie etwas hexen, so soll mir das lieb sein! Immer aber bleibe ich

Ihr
herzlichst ergebener
Richard Wagner.

Bayreuth,
4. Febr. 1876.

2 Das vom deutschen Kaiser erbetene Darlehen wurde rundweg abgelehnt.
3 Carl Brandt war Maschinen- und Bühnenmeister am Hoftheater Darmstadt und wurde für die Festspiele von Wagner nach Bayreuth verpflichtet.
4 Scaria war lediglich als Reserve vorgesehen, sang aber später in der Uraufführung des *Parsifal* den Gurnemanz.

Bayreuth, den 13. August 1876

Erhabener, herrlicher, meiner Anbetung neu
gewonnener Freund und Herr!

Vielleicht glückt es mir, durch diese meiner Übermüdung
einzig abgewonnenen, wenigen und flüchtigen Zeilen, eine
Stimmung annähernd wiederzufinden, die ich seit Ihrem so
eiligen Verschwinden gänzlich verloren.[1] Als ich auf der
Treppe von meinem beglückenden Herren und Freunde Abschied genommen, überfiel mich ein heftiges Fieber, welches
mich zwang, der Sorge einiger Freunde mich zu übergeben.
Noch fühle ich mich sehr angegriffen, seit dem Augenblik-
ke, wo ich meinem Bewußtsein deutlich es vorzuführen hatte, daß nun mein höchstgeliebter Freund davongegangen sei.
Erst gestern konnte ich mich noch mit einigen Korrekturen
unserer Aufführungen, im technischen Sinne, befassen und
dem Drängen meines ganzen Künstlerpersonales nachgeben,
welches beschlossen hatte, den Kaiser, der laut angemeldet
hier erwartet wurde, am Bahnhofe zu empfangen, und mich
nicht an seiner Spitze zu wissen für eine Beleidigung anzusehen gewillt war. Der Kaiser sagte mir mit wenigen freundlichen Worten, daß er zur Eröffnung meiner Bühnenfestspiele
gekommen wäre, weil er dies als eine »nationale« Angelegenheit betrachte. Es kam mir, so gut es sicherlich gemeint
war, doch wie Ironie vor: was hat die »Nation« mit meinem
Werke und dessen Verwirklichung zu schaffen? Hierauf begab ich mich auf mein Theater, um den endlich aus London
angekommenen *Kopf* meines Riesenwurmes zu probieren.

---

1 Der König kam – nachdem er Wagner acht Jahre nicht mehr gesehen hatte
  – fast verstohlen nach Bayreuth zu den Generalproben der ersten Festspiele
  vom 6. bis 9. August; er kam allerdings nochmals zum dritten Zyklus.

Was sonst noch vorfiel, ist mir bis jetzt noch nicht zur Kenntnis gekommen. Nur das eine, wonach ich mich eifrig erkundigte, brachte ich in Erfahrung, nämlich daß Ew. Majestät gewiß gänzlich unbelästigt der *dritten Aufführung* werden beiwohnen können. Auch die regierenden Herren Patrone hat endlich doch nun die Neugierde hierhergeführt: diese sättigt sich vollkommen an den ersten beiden Aufführungen, und für die dritte (fast schon für die zweite) werden wir von dieser Seite gewiß nicht mehr in Anspruch genommen sein. So bleibt mir denn in meiner jetzt ganz erblödeten Lage und Stimmung die *eine Hoffnung,* Sie, mein göttlicher Freund und Mitschöpfer, hier vor Unserem Werke wieder zu sehen! Alles soll dann besser und schöner sein! –

Darf ich hoffen???

Tausend Seelengrüße sendet Ihnen der arme, jetzt so gequälte und entgeisterte Freund, der sich nennen darf

Ihr

Bayreuth.	Ewig zugehöriges Eigen:
13. August 1876	Richard Wagner

Alles, was Sie wünschen, legt sich bald zu Ihren Füßen!

115 An König Ludwig II. von Bayern, München

Bayreuth, den 11. September 1876

Mein hochgeliebter, angebeteter König und Freund!

Nun dünkt mich die Zeit gekommen, wo ich vor aller Schwermut, die jetzt auf mir lastet, Flucht und Befreiung suche, indem ich mich zu letzter Tröstung an das Herz meines erhabenen Schicksalsgenossen wende! Die schönste An-

leitung hierzu gibt die tief innig empfundene Nötigung, am
Schluß der »Tage« Ihnen, über alles teurer Herr und Freund,
meinen Dank
zu sagen! Meinen Dank! Und wo beginnen? Dank dafür,
daß Sie die einzige männliche Seele waren, welche so mit-
schöpferisch für mein Werk empfand, daß aus Ihrem Willen mitgeschaffen ward? Ja, Sie sind für mich und mein
Werk, was eigentlich ein ganzes Zeitalter sein sollte. In meiner Zeit stehe ich allein und habe nur Sie. Dieses »nur« wollen Wir nun aber wohl verstehen; es bezeichnet die Erhebung eines Einzigen zu einem großen Ganzen, größer, als je
ein Ganzes war! – Nichts bleibt mir jetzt als Wahrnehmung
von Eindrücken nach der Beendigung der Aufführungen als
dieses einzige innige Gefühl der Zugehörigkeit zu Ihnen,
mein allerherrlichster Freund. Der unbestreitbarste äußere
Erfolg, selbst die begeistertsten Zustimmungen vieler enthu-
siastischer Freunde, können mir einen Abgrund nicht verdecken, von welchem mir nun der letzte Schleier hinwegge-
zogen worden ist: ich und mein Werk haben keinen Boden
in dieser Zeit. Es ist nicht möglich, daß diese täglich als
nichtswürdiger erkannte Zeitumgebung, mit ihren elenden
Tendenzen und gemeinem Treiben, mich und mein Werk
sich aneignen können sollte. Nur immer größerem Verfalle
sehe ich entgegen. So will ich denn mein Werk auch nur vor
mir – vor Ihnen, mein Erhabener, retten. Ich will es noch
pflegen, bis es in allen Teilen, soweit unsere schlecht geleiteten und verwendeten Kunstmittel reichen, rein, deutlich
und mindestens korrekt dasteht, um wenigstens erst *dann*
der schönen Mitwelt zur Verstümmelung übergeben werden
zu können. So will ich für das erste abermals drei Aufführungen im nächsten Sommer veranstalten: hierzu gedenke
ich in einzelnen Teilen auch eine geeignetere Besetzung der
Rollen vorzunehmen und alles in den Aufführungen erkannte Mangelhafte und Ungeeignete durch sorgfältiges Nach-
studieren verbessern, wie denn auch die szenisch-dekorative
Ausstattung der besonnensten Nachhilfe und teilweisen Er-

neuerung bedarf. Die Mittel hierzu werden mir leicht flie-
ßen, da die Eintrittspreise diesmal bedeutend vermindert
werden können und der Zudrang aus allen Ländern, nach
der erlangten Gewißheit des großen Erfolges, voraussichtlich sehr groß sein wird, so daß ich den größten Teil der Einnahme jetzt meinen Künstlern als Lohn werde zur Verfügung stellen können.[1] Ich halte deswegen, eben weil ich es
noch nicht für vollendet gut aufgeführt halte, mein Werk
noch von aller weiteren Verbreitung zurück. Bereits hatten
sich vier Theater gemeldet, welche mich um die Überlassung
des ganzen Nibelungenringes zu vollständigen Aufführungen angingen; so hohe Preise und Einnahmen man mir auch
dafür bot, konnte mich dies doch nicht einen Augenblick
verführen, obwohl die hiesigen Aufführungen mich nur Opfer kosten, da ich meine vollendetste Uneigennützigkeit für
den Zauber halte, durch welchen ich einzig dies alles erwirken konnte.

Dieses wären denn meine äußeren Dispositionen, für welche ich mir die huldvolle Genehmigung meines Allerhöchsten Herren erbitte. Zunächst bedarf ich wohl eines großen
Vergessens, einer tiefen Beruhigung und Erholung meiner
durch fünf Jahre rastloser Anstrengung sehr ermüdeten
Nerven. Ich gedenke mit der Brenner-Bahn nächsten Donnerstag ohne Verzug nach Italien zu verreisen: mit meiner
ganzen Familie wünsche ich dort, etwa in Sorrent, den Winter bis zum Frühjahr zu verleben, um im übrigen von der
Welt, namentlich von unsren schrecklichen Operntheatern,
nichts zu hören und zu sehen![2] So, neu gestärkt, gedenke
ich im Mai nochmals die Arbeit aufzunehmen, um etwa vom
23. Juli bis 15. August die verbesserten Aufführungen vor-

1 In dieser Annahme sollte sich Wagner irren, denn die ersten Festspiele
  brachten ein unverhofftes Defizit von fast 150 000 Mark.
2 Wagner reiste mit seiner ganzen Familie am 14. September nach Italien: über
  Verona, Venedig, Bologna nach Neapel und Sorrent und über Rom und Florenz vor Weihnachten wieder nach Bayreuth zurück.

zubereiten, welchen dann hoffentlich mein erhabener
Freund und Wohltäter ungestört sämtlich beiwohnen können wird. Denn nun habe ich mir keine fürstlichen Patrone
mehr zu werben, und – ungeworben wird wohl keiner mehr
es der Mühe wert halten zu kommen. Daß Sie, mein hochgeliebter König, diesmal diese erlauchten Herrschaften, welche andererseits Ihnen den Genuß an meinem Werke verlei-
deten, auch noch so herrlich als Ihre Gäste beherbergten
und pflegten, ist so himmlisch, so tragisch schön, daß ein
Dank meinerseits dafür Ihnen wohl sehr nichtig erscheinen
müßte. Dennoch spreche ich auch hierfür meinen ehrfurchts-
vollsten Dank aus: mögen Sie gütigst fassen, *was* alles hierin ich einschließe!

Oh! Seien Sie gesegnet! Es gibt keine denkbare Heilsfülle,
die ich nicht auf Ihr göttlich teures Haupt herabbete! In diesem Gefühle lassen Sie mich ersterben als

	meines königlichen Erlösers
Bayreuth	ewiges Eigen:
11. Sept. 1876	Richard Wagner

116 An Judith Gautier, Modena

Modena, den 26. September 1876 (?)

Teure Seele! Süße Freundin! Immer noch liebe ich Sie! Immer bleiben Sie mir das, was Sie sind, der einzige Liebes-
strahl in jenen Tagen, die für manche so erfreulich und für
mich so unbefriedigend waren. Aber Sie waren für mich voll
eines so süßen, einlullenden und berauschenden Feuers!
O wie gern wollte ich Sie nochmals küssen. Teure, Süße! ...

Judith Gautier. Foto

Es tut mir leid, wie Sie leben. Aber alles muß einem leid tun. Vor allem ich mir selber, wenn ich Ihren Rat befolgen und Sie vergessen wollte.[1]

117 An Otto Eiser, Frankfurt a. M.

Bayreuth, den 23. Oktober 1877

Geehrtester Herr!

Ich mußte Ihren Brief, zu welchem ich Sie zunächst durch einen jüngeren Freund zu veranlassen mir erlaubt hatte, so lange für die Kenntnisnahme seines Inhaltes beiseite legen, bis es mir möglich sein würde, mit der gebührenden Ruhe ihn zu lesen und darauf Ihnen meinerseits mich mitzuteilen.

In der verhängnisvollen Frage, welche die Gesundheit unseres Freundes Nietzsche betrifft, drängt es mich nun, mit aller Kürze und Entschiedenheit Ihnen meine Ansicht, meine Befürchtung – aber auch meine Hoffnung mitzuteilen. Ich trage mich, für die Beurteilung des Zustandes Nietzsches, seit lange mit den Erinnerungen von gleichen und sehr ähnlichen Erfahrungen, welche ich an jungen Männern von großer Geistesbegabung machte. Diese sah ich an ähnlichen Symptomen zugrunde gehen und erfuhr nur zu bestimmt, daß Folgen der Onanie vorlagen. Seitdem ich Nietzsche, von jenen Erfahrungen geleitet, näher beobachtete, ist an allen seinen Temperamentszügen und charak-

---

1 Zwischen Judith Gautier und Wagner entspann sich damals noch eine kleine letzte Liebesromanze, die bei Judiths Besuch zu den ersten Festspielen begann. Wagner war sehr überarbeitet, so daß selbst Cosima die erotische Erfrischung ihrem Mann durchaus gönnte, zumal die junge französische Schönheit erst später, 1881, bei Besuchen in Haus Wahnfried etwas Unruhe zu stiften versuchte, die jedoch Cosima stets souverän zu schlichten wußte.

teristischen Gewohnheiten meine Befürchtung zu einer Überzeugung geworden. Hierüber glaube ich mich dem befreundeten Arzte nicht umständlicher aussprechen zu dürfen, dagegen es mir einzig daran zu liegen hat, die Aufmerksamkeit desselben auf die von mir mitgeteilte Ansicht zu lenken. Nur zur Bestätigung der großen Wahrscheinlichkeit meiner Ansicht führe ich Ihnen die auffällige Erfahrung vor, daß der eine der erwähnten jüngeren Freunde, ein vor mehreren Jahren in Leipzig verstorbener Dichter, im Alter Nietzsches vollständig erblindete, der andere, ein noch jetzt in Italien, mit jammervoll zerrütteten Nerven dahinsiechender, ebenfalls ungemein begabter Freund, im gleichen Alter in die schmerzhaftesten Augenleiden verfiel.[1] Sehr wichtig war mir nun auch neuerdings die Nachricht, daß der in Neapel vor einiger Zeit von Nietzsche konsultierte Arzt diesem vor allen Dingen anempfahl, zu – heiraten. –

Ich glaube Ihnen genug gesagt zu haben, um Sie zu ernstlicher Diagnose in der angezeigten Richtung hin zu veranlassen. Mir würde es übel anstehen, wollte ich Ihnen eine erneute Kritik der Symptome des Nietzscheschen Leidens anraten: daß äußerste Schonung gegen diese einzig ersprießlich sein kann, ist ja klar. Allein, die Nerven, das Rückenmark zu stärken, zu regenerieren, dünkt mich zu wichtig, als daß ich Ihnen meinen ernstlichen Wunsch verschweigen dürfte, daß hierfür etwas Energisches geschähe.[2] Ich ward vor Jahren von einer in zahllosen Rezidiven mir wiederkehrenden Gesichtsrose vollständig, bis zur Nie-Wiederkehr dieser Plage, durch einen geistvollen Hydropathen bei Genf geheilt: von diesem Leiden war ich auf das äußerste demoralisiert, so daß ich jeden leichten Luftzug fürchtete. Mein Arzt erklärte mir,

---

Wagner spricht offenbar von seinem Jugendfreund Theodor Apel und von Karl Ritter.

Wagner ging mit diesem Brief und seinen diagnostischen Vermutungen entschieden zu weit. Überdies erfuhr Nietzsche durch seinen Arzt von der indiskreten Einmischung.

ich sei nichts als nervös, versprach mir, in zwei Monaten mir
mein volles Vertrauen wiederzugeben, und hielt Wort. Er
wendete das so äußerst erfolgreiche kalmierende Verfahren,
durch *leichte* Einpackungen von kurzer Dauer, und abge-
schreckte Lotionen an. – Vor zwei Jahren entließ ich, nach
einem längeren Besuche, hier den Minister von Schleinitz in
einem jammervollen Zustande von Nervenzerrüttung, wie
sie sich wohl der etwas starke Lebemann in seinem bereits
hohen Alter zugezogen hatte. Sechs Wochen in Gräfenberg
stellten ihn so vollkommen her, daß ich ihn im Winter darauf und im Sommer vorigen Jahres, als ganz verjüngt, kaum
wiedererkannte. Soll ich nun diese verschiedenen Erfahrungen zusammenfassen, um sie für unsren armen Freund aus-
zubeuten, so drängt es mich mit aller Gewalt dahin, Sie inständigst zu ersuchen, das, was ich Ihnen sage, in freundliche und ernstliche Erwägung zu ziehen. Ich bin der festen
Überzeugung, daß der sehr verständige Hydropath der Grä-
fenberger Anstalt unserem Freunde gründlich helfen wird.
Möchten Sie ihm dazu raten, und – wenn nötig – sehr ernstlich, ohne Verschweigung der primären Ursache seines Leidens. Der befreundete *Arzt* hat hier gewiß eine Macht, welche dem arzenden *Freunde* nicht eingeräumt werden dürfte.

Ich preise das Glück, daß mir in Ihnen der Vermittler für
Nietzsche gezeigt worden ist. Verzeihen Sie, daß dieser
Wert, den Sie sogleich für mich gewonnen, die andere Befriedigung, in Ihnen einen so geistvollen Freund meiner
Dichtung gefunden zu haben, sofort überbot. Deshalb aber
vermisse ich heute auch diese beiden Qualitäten nicht und
behalte mir Näheres in jenem zweiten Betreff bevor, um zunächst im ersten mit Ihnen in das Klare zu kommen.

Hochachtungsvoll grüßend

Bayreuth   Ihr ergebener
23. Oktober 1877.   Richard Wagner

Bayreuth, den 11. oder 12. Dezember 1877

Aber sprechen wir von ernsten Dingen. Wie steht's mit dem Kopfweh? Und die Geschäftsgänge auf den schmutzigen Straßen? Ach, Straßenschmutz, noch auf meinem Schreibpult! Sie werden die unglückseligen Korrekturbogen des *Parsifal* bekommen haben?[1] O welch geschmackloser Druck! Ich war wütend und bestehe darauf, daß alles nochmals gedruckt wird.

Aber wir wollen uns nicht wieder auf nichtige Dinge einlassen wie Poesie, Übersetzung, Buchausgabe usw.

Ihre Zeichnungen der Flacons waren entzückend. O teure, geliebte Seele! Jetzt, was den fraglichen Flacon angeht, so will ich etwas ganz Außerordentliches. Ich möchte genauso arg über die Schnur hauen wie Cosima: sie hat mir eine unglaublich schöne Tabatiere geschenkt, aus dem Anfang des 16. Jahrhunderts, die sich im Besitz einer Altmünchner Familie vorgefunden hat. Also wählen Sie etwas sehr Schönes, aber Sie selber müssen das aussuchen: ich verlasse mich nur auf Ihren Geschmack! Ich will Ihnen weitere 500 Franken schicken, vorläufig, bis zu den nächsten Bestellungen.

Unternehmen Sie nichts wegen des Satins. Ich verzichte darauf. Ich bin vernarrt in eine gewisse Farbe, die man nicht mehr findet: was man einem anbietet, ist Chamois oder Fleischfarbe. (Ach, wär es die Farbe Ihres Fleisches, dann hätt' ich gleich das Rosa, das ich will!) Aber wenn Ihnen das Spaß macht, so trachten Sie noch einen (oder selbst zwei) solcher Stoffe (gut) à la Pompadour aufzutreiben, gestreift, wie ich sie Ihnen geschildert habe, immer je 6 Meter.

---

1 Wagner sandte Judith Gautier, mit der er schon seit 1876 korrespondierte, verschiedene Melodien aus dem *Parsifal* und auch die *Parsifal*-Dichtung.

Was die Parfümerien betrifft, *hauen Sie über die Stränge,*
ich bitte Sie, Badeessenzen usw. in reichem Schwalle, dut-
zendweis. Denn wir leben in einer von allen Grazien verlassenen Wüstenei. Soll ich Ihnen das Musterfleckchen vom Sa-
tin zurückschicken, das hinsichtlich Qualität ganz mein Fall
war? Das stimmt.

Und jetzt! Süße Freundin! Schöne, geniale Frau! Ich träume noch davon, wie ich als Flüchtling durch die schmutzigen Straßen von Paris gehe, von aller Welt verlassen! Plötzlich treffe ich Sie, ja, Ihnen begegne ich, Judith! Sie fassen
meinen Arm; Sie nehmen mich mit sich nach Hause; Sie bedecken mich mit Küssen! – Ach, es ist tief erschütternd, tief
erschütternd. O Zeit und Raum! Ihr Feinde! Damals hätt'
ich Sie finden sollen. Es ist lange her!

Ich umarme Sie.

Richard W.

Behalte ich Ihre schönen Zeichnungen?

119 An König Ludwig II. von Bayern, München

Bayreuth, den 9. Februar 1879

Mein innigstgeliebter erhabener Einsamer!

Den einzigen Genossen habe ich mir dort oben zu suchen,
wo Niemand ihn findet, ausser wer für ihn urbestimmt war!
Wenn solch ein göttlicher Brief von Ihnen[1], unsäglich theurer, herrlicher Freund, an mich gelangt, und ich mit der Einzigen, welche in schöner Einsamkeit uns zugesellt ist, voller

---

1 Dieser vermutlich Anfang Februar 1879 geschriebene Brief des Königs ist nie
  bekanntgeworden.

Erstaunen und Rührung den zarten und tiefen Sinn jedes mir geschenkten Wortes erwäge, da taucht uns denn doch zu Zeiten das erhabene Symbol der Drei-Einigkeit zur Deutung des wirklich gewordenen Unerhörten auf. Da wird denn über »Vater« »Sohn« und »Heiliger Geist« phantasiert: haben wir dann darüber zu lächeln, so fühlen wir uns doch tief erquickt und seelisch erleuchtet. Von ähnlicher Erquickung gestärkt und befeuert, sende ich dem erhabenen Einsamen meinen tiefsten Dankes-Gruss voraus: Heil und Segen dem »heilthatvoll Wissenden«[2]! –

Und nun sogleich von meinem Sohne! – Ein Brahmane hatte sich in die Waldeinsamkeit zurückgezogen, um fortan, jeder irdischen Neigung ledig, einzig der inneren Erkenntnis zu leben. Eine junge Antilope sucht, verwundet, bei ihm Zuflucht; er pflegt sie; dankbar will sie ihn nie wieder verlassen. Da seufzt er: denn nun hat er wieder Liebessorge und gehört dem Wirrsale der menschlichen Naturbestimmung an! – Wie warf ich einst Alles von mir, was irgend als Andenken an mich übrig bleiben konnte! Eine kinderlose Ehe hatte dreissig Jahre angedauert: wem hätte ich dereinst etwas zu hinterlassen gehabt? Nun rief ich eines Morgens im Hause: »ein Sohn ist da!«.[3] Wie da mit einem Male die ganze Welt anders aussah! Die glückliche Mutter erkannte sogleich, dass all meine Vergangenheit und Zukunft einen durchaus veränderten Sinn habe: »jetzt lebst du auch nach deinem Tode das Leben weiter, strebst und wirkst fort und fort.« Jetzt wurde auch jede Reliquie aufbewahrt: Briefe, Manuscripte, Bücher, die ich einst im Gebrauch hatte, jede Zeile, die ich je geschrieben, wurden aufgesucht und gesammelt; mein Leben immer sorgfältiger aufgezeichnet, von allen Orten, wo ich lebte, von den Häusern, die ich bewohnte, Abbildungen zusammengebracht. Der Sohn, so jung

2 Zitat aus der Partie des Gurnemanz im 1. Aufzug des *Parsifal.*
3 Zitat aus dem Widmungsgedicht für Cosima in der Partitur des *Siegfried-Idylls.*

noch, soll, wann er zu männlicher Reife gelangt ist, genau wissen, *wer* sein Vater war.[4] Nichts weiter: dann möge er sich entscheiden. – So ungefähr stellt sich auch unser ganzes Erziehungssystem heraus. Zu gar nichts wird der Knabe gezwungen; ganz frei unterstützen und leiten wir nur seine Neigungen. Auf den »Künstler« sehen wir es in keiner Weise ab: nur *eine* Richtung habe ich ihm durch den Namen angewiesen, welchen ich seinem Hauptnamen beilegte: zwei Namen bezeichnen ihn als meinen Sohn, – Siegfried Richard – Wagner; dem stellte ich aber noch: »Helferich« voran, d. h. der »Hilfreiche«. Hierzu wurde ich durch folgende Erwägung bestimmt. Ich sagte mir: einen *Künstler* kann ich nicht machen; den *Menschen* aber kann ich belehren. Nun waren mir aber nie im Leben verzweifelungsvollere Eindrücke gekommen, als wenn ich offene Wunden an Menschen oder Thieren sah, und mir dabei keinen Rath zur Hilfe wusste; dagegen mein oft rasendes Rufen und Toben, um Hilfe herbei zu schaffen, vom Volke oft mit Spott aufgenommen wurde. So beschloss ich, Siegfried solle Eines, selbst durch Zwang, lernen, nämlich eine Wunde zu heilen, oder doch wenigstens einen ersten Verband anzulegen; somit soll er wenigstens das Nothwendigste der Wundarzenei erlernen. Diess wird ihm Sicherheit geben, die mir so oft bereiteten martervollen Eindrücke ersparen, und – es komme dereinst in unserer staatlichen Gesellschaft zu jedem erdenklichen Aeusseren – ihn zu einem nützlichen und beliebten Menschen machen. – Wie ergriff es mich nun, bei einer Wiedervornahme des »Wilhelm Meister« Goethe in den »Wanderjahren« von dem gleichen Gedanken eingenommen zu sehen, da er seinem viel hin und her schwankenden Helden die Lancette zugeführt hat, mit welcher er seinem Sohn das Leben rettet! –

---

4 In seinen Musikdramen hat Wagner immer wieder den Helden als verwaisten Sohn charakterisiert (Siegfried, Tristan, Parsifal); auch er selbst kannte seinen leiblichen Vater Friedrich Wagner nicht, der in Richards Geburtsjahr gestorben war.

An grossem Mitgefühl und tiefer Herzens-Güte wird es
denn nun auch meinem Siegfried nicht fehlen: vielleicht wird
es auch gut sein, seine Weichheit zu stählen, was gewiss am
Besten durch Erweckung der Sicherheit in der Hilfebrin-
gung geschieht. Seinen Kopf überlasse ich ihm ganz selbst.
Rühmt man mir einen ungewöhnlichen Schädel nach, so
wird der meines Knaben geradesweges erstaunlich gefunden: Vordertheil und Hinterkopf in vollendeter Harmonie.
Hierzu der Körper elastisch und wohlgeformt; ein stets hei-
teres Temperament, fern von Eigensinn, grosse Willigkeit,
Leichtigkeit zu Allem, ein freundlicher Stolz im Ertragen
kleiner Mühsale, volle Liebe. Seine Anlage zum Witz setzt
oft in Erstaunen; wir Alle, und namentlich auch seine
Schwestern, ergetzen uns oft lange Zeit an seinen Einfällen,
die ihm wie der Blitz ankommen und leicht, wie geräusch-
los, von sich gegeben werden. Für das Lernen wird er nur
zu dem Nöthigsten ernstlich angehalten; was er aber gern
wissen will, lehrt er sich schnell selbst. Musik *hört* er vortrefflich, verräth aber noch keine Lust sie mechanisch zu erlernen. Ich bemerke diess gern; denn gelernte Musiker giebt
es genug, musikalische Seelen aber sehr wenig; der Eifer, ein
Instrument bis zur Virtuosität zu erlernen, wird gewiss nur
zum Nachtheil grösserer Anlagen vollkommen befriedigt.
Somit will ich, dass mein Sohn, ausser einem hilfreichen, besonders ein *freier* Mensch werde, d. h. ein Mensch, der sich
nie in der Nöthigung fühlt, zu lügen, sondern immer wahrhaftig bleibt. Hierfür ist es unerlässlich, dass er dereinst
nicht *für Geld* zu arbeiten habe, denn mit dieser Nöthigung
beginnt die moderne Sklaverei. Deshalb dünkt es mich
wichtig, seine Neigung zur Besonnenheit und seine Abnei-
gung gegen das Unächte zu stählen; er soll nicht verblüfft
werden, wenn er anderswo schöne Hauseinrichtungen u.
dgl. kennen lernt, wogegen es mein eigenes Schicksal für die
letzten Jahre meines Lebens mir vergönnt hat, eine angenehme Lebensweise zu pflegen, so dass er darin nichts besonders Ersehnenswerthes dereinst zu ersehen hat. Allerdings

muss ich ihn soweit versorgen, dass er nach meinem Tode
nicht in die Noth des gemeinen Gelderwerbes falle: diess gewähren mir nun die Autorenrechte für meine Werke, welche
mein Erbe bis zum dreissigsten Jahre nach meinem Tode mit
den sogenannten Tantième-Zahlungen bezieht: diese soll er
zur Hälfte verbrauchen, zur anderen Hälfte aber kapitali-
ren, um nach dem Erlöschen meiner Rechte dann von den
Zinsen des zurückgelegten Kapitales leben zu können. – Alles diess geht demnach darauf hinaus, ihm die Wege eines
wahrhaft frei gebildeten Geistes und unbekümmerten Herzens zur thätigen Ausübung der Pflichten zu ebnen, welche
ihm durch eine immer genauere Kenntniss und ein innigeres
Verständnis des Wirkens seines Vaters dereinst als zugetheilt
erscheinen dürften.

Denn dieser jetzt noch so zarte Spross ist der einzige Ge-
hilfe, den ich für jetzt noch mir zugetheilt sehe. Ich habe,
wenn ich heute mein Auge schliesse, nicht einen Menschen
auf dieser Welt, dem ich die Pflege meiner Werke vertrauensvoll übergeben könnte; – nicht Einen, dem ich etwa heute, oder auch morgen, z. B. bei der Aufführung eines meiner
Werke meine Stelle zur Vertretung übergeben dürfte: ich stehe ganz, ganz einsam.[5]

Erst neuerdings habe ich mir in Hans von Wolzogen den
Einen erworben, der die ideelle Bedeutung meines Wirkens
vollkommen ermisst und der Förderung derselben sich als
seiner einzigen Lebensaufgabe mit voller Bestimmtheit gewidmet hat. Die ästhetische und soziale Seite meines Kunst-
wirkens ist durch ihn sehr bestimmt vertreten; ich kann ihn
dereinst, wenn es sich um die Reinerhaltung meiner Tendenz handelt, getrost als mein »alter ego« fungiren lassen.
Der *Musiker* und der *Dramatiker* fehlen mir dagegen noch

---

5 Wagners Einsamkeitsgefühle ziehen sich in Schüben durch sein ganzes Leben
und lösten oft geradezu als Motivationen seine Kunstproduktionen aus. Vor
allem aber meint Wagner hier die aussichtslose Position seiner avantgardisti-
schen Kunst, die von kaum jemandem richtig verstanden wurde.

gänzlich. Ich kenne keinen Dirigenten, dem ich die richtige Aufführung meiner Musik zutrauen könnte, und keinen singenden Darsteller, dem ich, ohne ihn meinerseits selbst von Takt zu Takt, von Phrase zu Phrase anzuleiten, die richtige Wiedergabe meiner dramatischen Gestalten zumuthen würde. Die Stümperhaftigkeit auf jedem Kunstgebiete des Deutschen ist unvergleichlich, und jeder Compromiss, welchen ich zu Zeiten mit ihr einzugehen versuchte, führte dahin, wo mein erhabener Herr und hochgeliebter Freund mich an jenem Abende der letzten Aufführung der Götterdämmerung in Bayreuth[6] angekommen sah, als ich mehrere Male, hinter ihm sitzend, heftig aufzuckte, so dass ich vom Theuersten theilnahmvoll befragt wurde, was mir fehle? Es war nur in diesen Augenblicken zu demüthigend, zu gestehen, was mich so verzweiflungsvoll erregte, und hiermit zu erklären, dass es mein Entsetzen darüber sei, wahrzunehmen, wie mein Kapellmeister[7], trotzdem ich ihn für den Besten halte, den ich noch kenne, das richtige Zeitmaass – öfters schon geglückt – doch nicht festzuhalten vermochte, weil – ja! weil er eben unfähig war zu *wissen, warum* es so und nicht anders aufgefasst werden müsse. – Hierin liegt eben Alles: *zufällig* kann einmal etwas glücken, – aber Bewusstsein ist nicht da, – denn nur Ich hätte es begründen können, durch das, was ich *meine* Schule nenne. – Nun: eine Schule zu halten, ist mir erspart worden. Ich könnte es beklagen, Niemand aber darum verklagen. Die schöne Idee für München erstarb für mich eigentlich sogleich mit Schnorr's Tode: denn nur auf diesen, auf sein lebendiges Beispiel hätte ich vertrauen können; mir helfen sonst keine Klavierspieler und Fugen-Componisten. Dennoch habe ich es zu bedauern, dass die Münchener Schule in die Hände gerade eines Rheinberger[8] gera-

---

6 Die Vorstellung am 30. August 1876.

7 Dirigent war Hans Richter.

8 Joseph Rheinberger war ab 1859 Lehrer für Klavierspiel und ein Jahr später bereits Kompositionslehrer an der Königlichen Musikschule in München.

then musste, welcher es für seine Pflicht hält, in jeder
Stunde einen beleidigenden Witz über mich zum Besten zu
geben. – Das ist nun aber einmal so! Was würde ich dagegen alle diese Musikschulen, möchten sie dirigirt werden
von wem es immer sei, preisen und loben, wenn sie nur *einen* Schüler aufweisen könnten, der zu irgend etwas Anderem taugte, als eben wiederum nur ein unnützer Lehrer zu
werden. Von der wahrhaften Erbärmlichkeit unserer Sänger und Sängerinnen, welche entweder aus diesen Musikschulen hervorgehen oder unter der Direction unserer
gänzlich ignoranten Kapellmeister wild aufwachsen, kann
man sich kaum eine Vorstellung machen. In diesem Winter
meldeten sich bei mir oft dergleichen, in den Zeitungen
meistens sehr gelobte, »Gesangtalente« an, – vermuthlich
in der Voraussetzung, ich würde sie sogleich etwa für den
»Parsifal« engagiren: ich liess sie gewöhnlich die Arie der
»Agathe« aus dem »Freischütz« singen, und musste ihnen
hieran Takt für Takt nachweisen, dass sie garnicht einmal
wüssten, *was* sie sängen, geschweige dessen, *wie* sie es singen sollten. Nicht besser steht es mit den Männern: bald
taucht da oder dort einmal Einer auf; es heisst: *das* wäre
mein Mann! Sehe ich mir ihn ein wenig an, so stümpert er,
und weise ich es ihm, wie es sein soll, so erschrickt er und
erklärt, – ja, so habe er es noch nie gehört, davon wisse er
gar nichts. –

Ich erlaube mir es kurz zu sagen, theuerster Innigst-Ge-
liebter, – mit meinen Aussichten für eine Aufführung des
»Parsifal« steht es schlecht. Zur Noth weiss ich »Gurnemanz« und »Klingsor«, vielleicht auch »Anfortas« zu besetzen –: für »Parsifal« und »Kundry« habe ich aber noch keine
Ahnung! – Ach! Es braucht ja auch nicht so schnell zu sein.
Ich, und was ich schaffe, ertragen keine Hast mehr. Viel zu
schnell, viel zu viel, und viel zu früh habe ich für unsere Zeit
produzirt: alle Aufführungen davon – bis auf die Einzige,
der ich an der Seite meines erhabenen Herren dereinst bei-

wohnte[9] – sind Stümpereien geblieben. Das Schlimmste, dass mir selbst die Klage hierüber nicht mehr recht von Herzen gehen will! Ich habe eben kein Misgeschick, keine Versäumniss anzuklagen, denn ich ersehe, an dem ganzen Zustande des Bestehenden ist nichts zu bessern: er ist im tiefsten Grunde schlecht und nur das Schlechte kann in ihm gedeihen. Wem diess so trostlos hell und ersichtlich aufgegangen ist, wie mir, der kann sich keiner Täuschung mehr hingeben. Meine Bayreuther »Bühnenfestspiele« waren die letzte Frage an den »deutschen Geist«: sie ist mir beantwortet worden: der Grossherzog von Baden hat sogar einen halben Patronatschein für seinen Sohn und Thronerben bezahlt. Was will ich mehr?

Wo aber alle Hoffnung schweigt, da spricht nun wieder der – Dämon oder – Genius? Ich fühle mich glücklicher als je: meine Arbeit ist für mich der Quell eines Lebens, das in immer neuen, seelischen Bildern mich freundlich beruhigend umgiebt. Ich habe einen Freund, wie ihn keiner hat, ein Weib, wie es keinen Mann noch beglückt, und – da – da lacht muthig und lustig ein Sohn, hell wie ein Wälsung; und über alles Denken, Ahnen und Wünschen hinaus erbaut sich mir eine Welt, nicht des Hoffens, sondern des *Vertrauens*. Und wie sollte dieses Vertrauen nicht in mir leben, da ich doch täglich an einer Weltgeburt aus meinem Inneren arbeite? Gewiss! Der »Parsifal« gelingt! Meine Freude an seinem Gedeihen wächst, wie das Werk selbst. Gewahrt mein hochgeliebter Herr und Freund etwas an meiner Stimmung? Nun denn: »Kundry« ist getauft, und »Parsifal« blickt sanft entzückt auf die lachende Aue: schon ist diese vor mir aufgeblüht; an ihrem zarten Dufte will ich nun dieser Tage mich weiden; und desshalb gedenke ich heute so gern meines Glückes, des Segens, mit Ihnen, mein herrlicher Freund, mich innig vereint fühlen zu dürfen!

9 Die Uraufführung der *Meistersinger* am 21. Juni 1868.

Hinweg mit allen »Lebensfratzen«! – Es giebt ein Glück
das ohne Reu'![10] – Ach! Bitte, bitte! Einen Blick in den ersten Band meiner gesammelten Schriften: »Ein glücklicher
Abend!«[11] – Das war Jugendahnung! Sie dämmert mir als
helles Bewusstsein wieder auf, wenn ich jenes Glückes, das
mir zu Theil ward, inne werde! – Sie kennen es: in Ihrer
grossen, tiefen Seele ruht es! Es ruft Heil und Segen dem
Bunde, der Uns eint! – Heil und Segen, dem Gottgesandten,
dem reich beglückenden – erhabenen Einsamen!

In Liebe und Treue ersterbend
des Einzigen ewiges Eigen:
Richard Wagner

Bayreuth.
9 Febr. 1879.

120 An König Ludwig II. von Bayern, München

Bayreuth, den 27. März 1879

Mein allerhuldvollster Herr und königlicher
gütigster Freund!

Wohl hätte ich längst auf Ihr gnadenreiches letztes Schreiben
antworten mögen, wenn nicht eine Mitteilung an meinen so
innig geliebten königlichen Freund für mich immer den
Charakter eines allerwichtigsten Vorganges hätte, welchem
ich eine mystische Bedeutung beizulegen mich gewöhnt

---

10 Zitat aus *Lohengrin* (Elsa im 2. Aufzug, 2. Auftritt).
11 Aufsatz Wagners aus den Novellen *Ein deutscher Musiker in Paris* von
   1840.

habe. Um den Vorgang mir zum Vorhaben zu machen, suche ich meine Stimmung zuvörderst darin mir zu deutlichem Bewußtsein zu bringen, ob ich heiter oder klagend mich werde vernehmen lassen müssen, um zugleich doch immer wahrhaftig zu sein. Diesmal blieb ich lange in einem traumhaft wankenden Zustande. Ich nahe mich der Vollendung der musikalischen Ausführung meines Gedichtes[1]; während es mich unruhig drängt, meiner etwas angegriffenen Kräfte Herr zu werden, um die Vollendung der Kompositions-Skizze (womit ja die Erfindung der Musik für alle Zeiten festgestellt ist) zu fördern, hält mich ein anderes Gefühl von diesem Eifer zurück, mit welchem ich mir sage: »Tor! Bist du so eilig, die über alles Elend täuschende, tiefe Befriedigung wieder zu verscheuchen, welche während dieser Arbeit dich einzig über die Welt und ihren Jammer hinwegschwebend erhielt?« In der Tat! Nie ist es mir so nahe, als nach meinen letzten Erfahrungen, herangetreten, was es heißt, ein fertiges Werk von mir nun für das Gefallen der Welt durch öffentliche Preisgebung durch unsere erbärmlichen theatralischen Reproduktionsmittel vorzubereiten. – Ich sagte es Ihnen schon früher einmal, mein erhabener Freund, daß mit dem letzten Federstrich einer solchen Partitur ich mein Werk nun eigentlich der Hölle weihe, welche aus jedem Takte desselben ein Folterwerkzeug für mich zu schaffen versteht. Oft höre ich die teuflische Stimme mich höhnen: »warum hast du alles mit solcher Liebe und Freude gemacht? Willst du, daß du nun ewig Freude daran haben willst?« –

Ich glaube, wer mich liebt, sollte es mir gönnen, die rohen Tatzen meiner Kunstgenossen und das Gekrächze unseres vielgestaltigen Scheusals von Publikum und Öffentlichkeit mir noch recht lange, ja – wohl für immer – für dieses eine

---

1 Am 30. Oktober 1878 hatte Wagner die Kompositionsskizze zum 3. Akt des *Parsifal* angefangen und am 16. April 1879 beendet.

letzte Werk von mir fernzuhalten.[2] Es ist mir alles an meiner
Arbeit wohlgelungen: nur noch weniges habe ich hinzuzu-
fügen; ich stehe mit Amfortas vor der enthüllten Leiche Ti-
turels. Es wird mir zum Trost, dieses Wenige noch vor mir
zu haben, und – um meinem schmerzlichen Gefühle des
Scheidens von dieser Arbeit einen Ausdruck zu geben, habe
ich beschlossen, wenigstens vor dem Eintritte der milden
Jahreszeit sie nicht zu beschließen, so daß ich nach der Niederschrift der letzten Note doch mindestens die »Aue« mir
zulächeln sehen kann. Diese nun seit sechs Monaten andau-
ernde rauhe und widerwärtige Winterluft hat mich, wie
schon immer, diesmal mit abstoßendster Unfreundlichkeit
behandelt; ich glaube, daß meine Jahre sehr spärlich gezählt
sind, wenn ich nicht an eine gründliche Abhilfe gegen die
schändlichen Wirkungen dieses nordischen Klimas auf meine immer empfindlichere Natur denke. Meinem Arzte teilte
ich mit, daß wir vorhaben, uns für den schlimmsten Teil des
Winters ein ständiges Asyl am Golf von Neapel zu suchen:
darüber war der Mann so hoch erfreut, daß er aus der Ausführung dieses Vorsatzes die unbedingte Erhaltung eines
langen und rüstigen Lebens voraussagen zu dürfen glaubte.
Es ist nun beschlossene Sache: fortan werde ich jedes Jahr
mit meiner ganzen Familie nach dem Geburtstage meiner
Frau (25. Dezember) Winterquartier in Neapel beziehen,
um für den 22. Mai wieder nach der wahnfriedlichen Heimat
zurückzukehren.[3] Es wird somit immer das Schlimmste
überstanden: denn bis zu Weihnachten hält man es hier aus;

---

2 Wie man sieht, hätte Wagner sein letztes Musikdrama am liebsten ganz für
  sich behalten, und zwar in dem ihn einzig beglückenden andauernden Schaf-
  fensvorgang. Somit ergab sich zwangsläufig der Wunsch, das »Bühnenweihfestspiel« dem Bayreuther Festspielhaus vorzubehalten, ein einmaliger Vorgang, der seinen Kritikern als Anmaßung erschien, während er für den Komponisten noch nicht einmal mehr als ein Kompromiß war.
3 Dieser Wunsch Wagners hat sich nicht mehr erfüllen lassen, wohl aber ließen
  sich noch mehrmonatige Italien-Aufenthalte während der rauhen fränkischen Winter arrangieren.

Die Familie Richard Wagners auf der Gartentreppe der Villa Wahnfried in Bayreuth. Oben (von links): Blandine Elisabeth von Bülow, der Hauslehrer Heinrich von Stein, Cosima und Richard Wagner. Unten: Isolde und Daniela von Bülow, Eva und Siegfried Wagner. Sitzend: Paul von Joukowsky. Foto. 23. August 1881

von dann aber wird jeder Tag bis zu dem jämmerlich spät
und spärlich sich einstellenden Spätfrühling (vor Mitte Mai
nicht!) zur Hölle. Ich hoffe, der erhabene Herr meines Lebens stimmt diesem Vorsatze mitleidvoll gütig bei? Bei seiner Ausführung darf ich mir sonst auch manches Vorteilhaf-
te versprechen: mein »Leben« wird nur in Italien zu Ende
diktiert; weder im Winter noch im Sommer würde ich, bei
der Fortdauer meiner jetzigen Lebensweise, noch die heitere
Ruhe und behagliche Lust zu solchen Arbeiten gewinnen.
Ich habe eben in den letzten zehn Jahren meiner Nibelun-
gen-»Not«, für mein Alter und meine so lange schon an
unlohnende Unternehmungen vergeudeten Kräfte, zu viel
zugesetzt und bedarf jetzt einer, selbst gewaltsam durchge-
setzten, gänzlichen Entfernung von aller Berührung mit dieser nichtswürdigen öffentlichen Kunstwelt, in welcher mir
doch nun einmal die Mittel nicht gewährt sein sollen, mir
wenigstens eine kleine Schule für meinen neuen Kunststil
heranzubilden.

»Othellos Tagwerk ist vollbracht!« –

Amen! Mein heilig geliebter, einzig mir tief gewogener
und deshalb erhaben Einsamer! – Einsamkeit! – Ja, wenn es
nur »Waldeinsamkeit« wäre; aber Welteinsamkeit ist nicht
tröstlich, denn sie ist nur durch Trotz zu gewinnen und
durch wohlgenährte Bitterkeit festzuhalten. Mir gibt es gar
keine Genugtuung, von der Welt mich fernzuhalten; dies
wohl eher, wäre ich nur etwa Philosoph. Aber alles, was
mein Geist ersinnt, um sich der webenden Stille der Einsamkeit zu erfreuen, empfängt sogleich tausend Organe, mit denen es zur Mitteilung verlangt; und ohne diesen Trieb stillen
zu können, dünkt mich oft alle Empfängnis zur schmerzlichen Mißgeburt auszuarten. Es ist nicht schön! – Gestern
musizierten wir etwas aus »Tristan«. Und mir kam es töricht
vor, daß ich nach diesem Werke irgend etwas noch gemacht
habe. Wollte ich warten, bis – ich sage nur: – diese *Musik* gewürdigt worden wäre! Da liegt aber alles begraben, stumm
– höchstens noch einmal ein wenig verhunzt, und – »es war

einmal«! Alles schaut blöd und träge zu. – Soweit ich mich auch über alles dieses Mitwelt-Wesen hinwegsetzen will und – auch kann: erheiternd ist diese Bemühung nicht, und ich verlange nach einem tiefen Vergessen. –

———

Ich fürchte, wenn ich diesen Bogen noch vollschreiben wollte, immer wieder würde ich in unanmutige Vorstellungen und Bilder geraten, die einem so aus tiefster Seele huldvollen und mitfühlenden Freunde nicht vorgeführt werden sollen; denn vor der Klage sollte sich hüten, wer um alles in der Welt nicht anklagend erscheinen will.

Fast dürfte ich mir von jedem übelen Anscheine am füglichsten dadurch helfen können, daß ich, statt zu klagen, *be*klage. Und welcher erhabenere Gegenstand könnte sich hierfür mehr darbieten als der innigstgeliebte Wohltäter und Freund, den ich dort oben einsam weiß, wo das Auge des gemeinen Menschen nur Glanz und Macht gewahren zu dürfen wähnt? Ich weiß, was Ihnen, Allertreuerster, die »Zerstreuungen« des königlichen Hofes gewähren: wüßte ich es nicht, so hätte ich es doch mitunter der Zeitung zu entnehmen, wo ich oft eine – von mir mit heiter zweifelndem Lächeln aufgenommene – Unpäßlichkeit Seiner Majestät gemeldet sehe, welche irgendein Gala-Diner verhindert habe. Dann gewahre ich wohl unter der winterlichen Schneedecke das dem Lenze sehnsuchtsvoll entgegenkeimende Veilchen und atme ahnungsvoll den holden Duft seines Erwachens. Getrost! Noch einmal wird der Frühling kommen: oh! möge er nie enden!

Und wünsche ich so nie ein Ende meiner Arbeit, möchte ich noch einen vierten und fünften Akt des »Parsifal« vor mir haben, nur um nie sagen zu dürfen: »hier ist ein Werk; nun schändet es, wie es beliebt!« – und immer rufen: »verweile doch, du bist so schön!« – endlich, ich sehe das klar wie das Sonnenlicht voraus! – endlich kommt der »Augenblick«, dessen Verweilen ich mit rasender Hast abkürze, um auszurufen: »Vollendet – auch dieses Werk!« – Das werden

Sie auch vernehmen, mein holder König, und zwar sogleich,
telegraphisch; und – was werden Sie dann von mir sagen? –
»Daß mein heutiger Brief recht unnütz war!« –
So geht es! –
Jetzt habe ich bloß noch demütigst um Verzeihung zu flehen! Unrecht tat ich zu schreiben; wohl aber noch mehr Unrecht hätte ich getan zu schweigen! –
Also! Seien Sie grenzenlos gütig und gnädig, wie immer,
und wie Sie es in alle Ewigkeit sein werden, weil Sie von aller
Ewigkeit her gegen mich Armen es nicht anders sein können!
Weshalb denn auch aller Segen auf Ihrem teuren Haupte
ruhe, auf diesem Haupte, das für mich weit, weit über diese
Welt der Dürftigkeit hinausragt, in jene Welt, für die als Ihr
ewiges Eigen Ihnen zugeteilt ist

Ihr
in dieser Welt froh für Sie
ersterbender
Richard Wagner

Bayreuth.
27. März 1879.

121 An König Ludwig II. von Bayern, München

Neapel, den 31. März 1880

*Allerbarmherzigster, einzigst geliebter Herr und
Freund!*

[...] Diese nutzlosen Bemühungen um den Gewinn der
Mittel zu einer dauernden Stiftung, welche nun einmal der
elende Zustand der deutschen »Nation« nicht zu gewähren
vermag, machen mich endlich rasend, und ich bin entschlossen, nur um von allem diesen nichts mehr zu hören, der Sache ein gründliches Ende zu machen. Ich gedenke somit die

Aufführung des »Parsifal« von nichts anderem als der Vollendung meiner Arbeit und der Auffindung zweier geeigneter Sänger abhängig zu machen. Die bereits zusammen-
gebrachten Mittel des Patronat-Vereines sind vollkommen
ausreichend, die Direktion Ihres Hoftheaters für die besonderen Kosten einer temporären Übersiedelung des übrigen
Ausführungs-Personales in mein Bayreuther Bühnenfest-
spiel-Haus zu einer Reihe von Musteraufführungen zu entschädigen – und nur eines hält mich noch davon zurück, einen letzten Beschluß hierüber zu fassen, und dies – ohne
Scheu *muß* ich dies aussagen – ist die Person des jetzigen Ge-
neral-Intendanten dieses Theaters[1]. Ich *kann* und *will* unter
keinen Umständen mit Baron von Perfall mehr in irgendwelchen Verkehr treten: durch eine Nötigung hierzu würde
ich geradezu zugrunde gerichtet werden. Ich darf bei der
Ausführung dieser letzten meiner Kunsttaten mit keinem
Menschen zu tun haben, welcher mir mit dem Triumph des
zynischesten Undankes und gewissenlosesten Verrates ge-
genübertreten darf: dafür habe ich zuviel erlitten und
Schmach erduldet, als er sich meiner Schmach und meines
Leidens erfreuen durfte, um zu steigen.

Dies ist mein letztes Wort in dieser Sache! –

Sollte mein – ach! zu erhabener Freund – hierfür, vielleicht durch eine gelegentliche Entlassung jenes einzig mir
widerwärtigen Mannes aus dessen jetziger Stellung, einen
Ausweg finden und dafür etwa den so sehr mir geeignet
dünkenden jetzigen Hofsekretär Bürkel mit der obersten
Leitung desjenigen Institutes betrauen wollen, an welchem
wohl gerade ich keinen von mir tief verachteten und gehaß-
ten Menschen begegnen zu müssen wünschen dürfte, so
würde ich mit tief erleichtertem Herzen alsbald einer Unternehmung mich näher vertraut zuwenden, gegen welche jetzt

---

1 Karl von Perfall, der seit 1867 Intendant der Münchner Hofoper war, blieb
  in dieser Position bis 1893. Wagner hatte seine Ablösung immer erfolglos be-
  trieben.

noch mein ungeheilt leidendes Gefühl sich mit aller Kraft
sträubt.

Vielleicht errege ich hiermit Verwunderung und Befremd-
ung; es ist möglich, daß ich kleinlich erscheine: doch habe
ich mich genau erforscht und den Grund dafür erkannt, daß
ich stets wieder vor einer Gemeinschaft mit dem Münchener
Hoftheater zurückscheue. Ich kann alles, was meine idealen
Hoffnungen auf ein, für die Kunst-Welt-Geschichte wahrlich unerhört förderliches, Zusammenwirken mit dem von
Gott mir beschiedenen Retter meines Lebens vernichtete, als
eine unerläßliche Schickung betrachten: die Werkzeuge dieser Schickung kann ich aber vor meinem Gefühle und meiner Gesinnung von jedem Vorwurfe gemeiner Tücke und
Erbärmlichkeit nicht lossprechen, und daß ich dies nicht
kann, darin besteht meine Kraft, die Kraft der Wahrhaftigkeit. Nur mit Grauen bin ich in letzter Zeit wieder an die
Aufzeichnungen meines Lebens gegangen: jedes Diktat
weckt das Entsetzen über die Begegnungen, denen ich überall, überall ausgesetzt war, wach; und nähere ich mich hierbei gegenwärtig der einzigen lichtvollen Erscheinung meines
Lebens, der göttlich schönen Berufung durch meinen erhabenen Wohltäter, so dämmert mir alsbald auch das unerhört
verderbliche Truggewebe entgegen, in welches von tücki-
schen Mächten der Erlöser wie der Erlöste zu schmachvoll-
sten Leiden eingesponnen wurden. Und bis auf den heutigen
Tag habe ich jenes Schreckliche zu empfinden: denn das Un-
zulängliche ist und bleibt der Fluch aller meiner Bestrebungen! – Wie muß ich dessen wiederum innewerden, wenn ich
– um mich zu erholen – denselben Golf von Neapel überblicke, an welchem mich vor drei Jahren alle Schrecken der
Enttäuschung, aus der Heimat Tag für Tag mir nachgesandt,
im Banne der Unfähigkeit, an irgend etwas Schönem mich
zu erfreuen, festhielten. Noch ist es diesmal nicht anders.
Die Nachrichten über die Aufführungen meiner Werke machen mir nur Kummer; ich wünschte die Erlaubnis dazu
überall zurückziehen zu können und habe deshalb schon

ernstlich an eine vollständige Übersiedlung nach Amerika gedacht, weil ich dort die Mittel erhalten würde, alle zugestandenen Aufführungsrechte zurückzukaufen. Aus vielen anderen Rücksichten, namentlich auch durch meine vollständige Verzweiflung an Deutschland dazu bestimmt, muß ich auch jenes Projekt noch nicht als aufgegeben betrachten; ich erwarte klare Exposés von jener Seite, und finde ich sie befriedigend, so könnte mich schließlich nur die Rücksicht auf den bereits hohen Stand meiner Lebensjahre von der Ausführung abhalten.

In Wahrheit gibt es kein ironischeres Schicksal als das meinige! Während sich ein Dutzend armer Freunde in diesen Tagen, gelegentlich einer Versammlung in Wiesbaden, abquält, einen »Modus«! aufzufinden, um z. B. den Großherzog von Weimar und andere ihm ähnliche Glorien der deutschen Fürstenwelt zur Protektion einer Stiftung anzuwerben, deren Sinn und Absicht keiner von ihnen zu verstehen imstande ist – schickt mir ein römischer Fürst, als Syndikus von Rom, eine Deputation zu, um mich im Namen des »Senatus Populusque Romanus« zur feierlichen Assistenz einer bevorstehenden Aufführung des »Lohengrin« im Teatro Apollo einzuladen. Kein Mensch konnte meine Ablehnung begreifen, und hatte ich so heftig und lange zu perorieren, daß ich davon krank wurde. Derartige Zumutungen von Leuten, die eben gar nichts von mir wissen als die – mir zum Unglück ausschlagende – Berühmtheit meines Namens, kommen mir auch hier auf dem Posilipo so häufig zu, daß ich meiner Frau schon angeraten habe, mir in einem Nebenzimmer ein Sterbebett zu errichten, auf welchem sie mich gelegentlich präsentieren könnte. – Wirklich ist meine Stellung zu dieser Welt eine so unsinnige und lächerliche, daß das Gewahrwerden hiervon oft die einzige Veranlassung zur Heiterkeit für uns ist. Doch will meine Gesundheit dabei noch nicht gedeihen: ich lebe, bei aller aufgesuchten Zurückgezogenheit, in beständiger Aufregung, und meine armen Nerven wollen nicht zur Ruhe kommen, so daß mir

selbst das Alleinsein nicht frommt, weil dann das geplagte
Gehirn immer wieder von dem Erwägen des ewig »Unzu-
länglichen«, welches bei mir zum täglichen »Ereignis« wird,
abgequält ist.

Ein einziges Sinnen und Erwägen erfreut mich dann: mir
ist es, als ob ich der Welt durch die Resultate desselben noch
ein großes Heil zuführen könnte. Es dünkt mich nämlich,
daß ich der elend entartenden Menschheit den Grund ihrer
Entartung und ihren Erlöser *Christus* deutlich machen
könnte. In verschiedenen meiner Aufsätze für die Bayreuther Blätter hat mein huldreichster Freund wohl schon die
mich ernstlich einnehmende Neigung zur Erörterung jener
Erkenntnisse wahrgenommen, welche mir den Grund der
immer zunehmenden Entgöttlichung der Menschenwelt erschließen. Ein noch ungelöstes Problem blieb mir bisher der
Grund der, mit dem Eintritte der eigentlichen Geschichte,
an dem Menschengeschlechte wahrnehmbaren Degenerati-
on, was endlich auf einen vorgeschichtlichen Zustand hin-
deutet, in welchem sich dieses Geschlecht zu seiner wahrhaften Blüte entwickelt hatte. Diesem nachzuforschen,
nimmt mich jetzt ein; ein Aufsatz gegen die »Tierfolter« hat
mich hierzu auf die rechte Spur geleitet.[2] Ich gedenke sie zu
verfolgen, und meine Erkenntnisse sollen in einer größeren
Arbeit »über die Affinitäten der Kunst und der Religion«,
zu welcher ich jedoch schöner, tief beruhigter Tage bedarf,
niedergelegt werden.[3] Möge mein innigst-hochgeliebter
Herr und Freund dann auch huldreichst ersehen, wie und
womit ein armer »Opernkomponist« – unter Umständen –
sich zu helfen sucht! – Gewiß ist ein tiefer Trost, daß die
Welt nicht notwendig so schlecht sein muß, als sie uns endlich jetzt dünken muß! –

---

2 Im September 1879 hatte Wagner seine Schrift gegen die Vivisektion in den
   Bayreuther Blättern veröffentlicht.
3 Seine Abhandlung *Religion und Kunst,* die als Kommentar zum *Parsifal* gelten kann, hat Wagner noch auf dieser Reise, im Juli 1880 in Neapel, abgeschlossen.

Hier bin ich zu Ende! Nichts Trostreiches und Erfreuliches wußte ich sonst mitzuteilen als eben den Trost und die Freude, die mir das selige Bewußtsein, in Ihnen, mein holder Erhabener, mitleidvoll aufgenommen zu sein, unversiegbar erhält. –

Mein Herz und mein Haus grüßt in Demut und Liebe den göttlichen Freund!

Villa Angri.   In treuer Anbetung ersterbend
31. März 1880.   Richard Wagner

122 An König Ludwig II. von Bayern, München

Palermo, den 22. November 1881

Mein holder, herrlicher, stets neu mir aufgehender Königs-Stern!

[...] Eine sonderbare Fügung des Zufalles hat es bewirkt, daß ich gerade hier auch den Verfasser des Klavierauszuges von Parsifal antraf, welcher sich ebenfalls aus klimatischen Rücksichten bewogen gefühlt hatte, seinen Winteraufenthalt im Süden zu suchen. Ich arbeite ihm somit in die Hand, was die Arbeit vortrefflich fördert. Dies ist der sonderbare Joseph Rubinstein, der einst vor zehn Jahren sich an mich nach Triebschen wandte, um Rettung aus dem Judentume, dem er angehörte, mich anflehend. Ich gewährte ihm, der sonst ein vorzüglicher Musiker war, meinen persönlichen Umgang, in welchem er mir allerdings – nicht minder als der gute Levi – große Not gemacht hat. Diesen Unglücklichen fehlt eben alle die Grundlage einer christlichen Erziehung, welche uns andere, mögen wir noch so verschieden sein, unwillkürlich sich gleich geartet erscheinen läßt, was zu den peinlichsten

Seelenquälereien veranlaßt. Diesen Umständen gegenüber, in welchen sehr oft die Neigung zum Selbstmord zu bekämpfen ist, habe ich meine Geduld ungemein zu üben gehabt, und wenn von Humanität gegen die Juden die Rede ist, darf ich getrost Anspruch auf Lob erheben. Auch werde ich sie gar nicht mehr los: der Direktor Angelo Neumann hält sich für berufen, meine Anerkennung durch die ganze Welt durchzusetzen*. Ich kann gar nichts mehr dazu sagen und muß mir die Energie der jüdischen Protektion gefallen lassen, so wunderlich mir dabei zumut wird, denn – das gewogene Urteil meines erhabenen Freundes über die Juden kann ich mir doch nur daraus erklären, daß diese Leute nie Seine königliche Sphäre streifen: sie bleiben dann ein Begriff, während sie für uns eine Erfahrung sind. Der ich mit mehreren dieser Leute freundlich mitleidvoll und teilnehmend verkehre, konnte dies doch nur auf die Erklärung hin ermöglichen, daß ich die jüdische Race für den geborenen Feind der reinen Menschheit und alles Edlen in ihr halte: daß namentlich wir Deutschen an ihnen zugrunde gehen werden, ist gewiß, und vielleicht bin ich der letzte Deutsche, der sich gegen den bereits alles beherrschenden Judaismus als künstlerischer Mensch aufrechtzuerhalten wußte. –

Doch – habe ich hier in dem üppigen Griechen- und Sarazenenlande nicht eben mit frohem Seufzer vergessen, daß mich das Schicksal dort zur Welt gesetzt hat, wo der Natur nach eigentlich nur Wölfe und Bären hausen sollten? Wunderbar! Gerade hier soll mir andererseits die Bestimmung der germanischen Race so recht zu Gefühl kommen. Ich kenne nichts ernst Erhabenes wie die Werke der Normannen in Sizilien, der Hohenstaufen und ihres Geistes, der noch jüngst durch König Ludwig I. von Bayern, durch die Wie-

---

* Die Juden haben eben – vom Bilder-Juwelen-Möbel-Handel her – einen Instinkt für das Echte, dauernd zu Verwertende, welcher den Deutschen so ganz verlorengegangen ist, daß sie von den Juden sich das Unechte eintauschen. –

derherstellung beschädigter Teile der Kathedrale von Mon-
reale, sich bewährt hat. Noch ist in ganz Sizilien das Andenken des Kaisers Friedrich II. mit Enthusiasmus lebendig,
und von seinem Sohne Manfred weiß das Volk zu erzählen,
während die Erinnerung an die Herrschaft der Franzosen
nur mit finstrem Unmute erhalten bleibt. So tut es mir wohl,
mich doch gerade hier wieder als Deutscher zu fühlen, und
sollte dem herrlichen Lande und seinem Klima es gelingen,
meine so tief gesunkenen Lebenskräfte wieder für mein
Werk zu stählen, so will ich stolz dessen gedenken, daß Sizilien mir die Wohltaten vergalt, die einst hohe Ahnen ihm erwiesen. – [...]

123 An König Ludwig II. von Bayern, München

Venedig, den 18. November 1882

Huldreichster Herr und König!
Mein gottgesandter Wohltäter und Freund!

Willkommen, wie das Licht dem Blinden, kam mir Ihr über
alles teures Schreiben! Wie könnte ich Ihnen dafür danken?
Das Göttliche will empfangen, nicht bedankt sein, denn es
steht nicht in der freien Wahl Gottes, göttlich oder ungött-
lich sein zu wollen! –
    Daß die Gesundheit meines Erhabenen einigermaßen sich
hergestellt hat, dies zu erfahren war das große Labsal, das
mir zugeführt ward. Von welchem Werte dieses unschätzbare Gut ist, muß ich jetzt immer mehr in Beachtung ziehen,
wenn ich den Plan meiner etwa noch bestimmten letzten Lebensjahre mir vorzeichnen möchte: bei jedem Wunsche, der
in diesem Bezuge mir aufsteigt, bin ich genötigt, ein »wenn«
einzuschalten, das sich auf meine ungehinderte Lebenskraft

bezieht. Da nun mein allerherrlichster Freund nichts mehr
von mir erleben kann, so vermag ich höchstens nur mit »etwas Neuem« von mir Ihn zu unterhalten: also, etwa von
meinen Plänen für die Zukunft.[1] Diese haben nun jetzt eine
ganz bestimmte Gestalt bei mir gewonnen: ich wünsche
nach und nach *alle* meineWerke in unsrem Bühnenfestspiel-
hause in der Weise aufzuführen, daß diese Aufführungen als
Muster der Korrektheit meiner nächsten Nachwelt wenigstens überliefert werden können: – hiermit bedinge ich mir
noch etwa zehn rüstige Lebensjahre, während welcher zugleich mein Sohn bis zum Alter seiner vollen Mündigkeit
reift, welchem allein ich die geistig-ethische Aufrechterhal-
tung meines Werkes zutraue, während ich sonst niemand
weiß, dem ich mein Amt übergeben könnte. – Zu dem Wunsche, alle meine Werke, vom fliegenden Holländer an, noch
einmal mustergiltig der Welt vorzuführen, haben mich neuerdings wieder die verschiedensten Berichte gestimmt, die
mir über den Charakter der Aufführung derselben auf den
Theatern zukommen. Es muß mich tief schmerzen, ja zu der
Ansicht der Nutzlosigkeit all meines Schaffens drängen, diese Werke der deutschen Nation, welche sie erheben und ver-
edeln sollten, als gemeines Opern-Flickwerk zu überlassen.
Dies alles heißt nun so viel, als die Bayreuther Gründung
aufrechtzuerhalten und ihr Bestehen zu sichern. An die Aufnahme meiner älteren Werke kann ich nun vorerst nicht denken, als bis der »Parsifal«, den ich ja nun für das zahlende
Publikum gebe, uns so viel eingebracht hat, daß der Grund-
stock eines möglichst hoch anzusammelnden Fonds vorhanden ist. Ich gedenke demnach im nächsten und übernächsten
Jahre (1883 und 84) ausschließlich nur den »Parsifal« in

1 Von den folgenden, wie ein Testament vorgetragenen Wünschen Wagners
  ließen sich nicht einmal die angestrebten Musteraufführungen seiner eigenen
  Werke im Festspielhaus von Bayreuth verwirklichen. Nach seinem Tod allerdings traten zuerst Wagners Witwe Cosima und dann der Sohn Siegfried
  als kompetente Sachwalter des Gesamtkunstwerks auf.

möglichst vielen Aufführungen zu geben, in der Annahme,
daß diese Vorstellungen bei den wenigsten Kosten uns jetzt
am meisten einbringen, was allerdings aber nur dann der Fall
sein kann, wenn die für die ersten Aufführungen so groß-
mütig mir gewährten Unterstützungen meines erhabenen
Wohltäters, mindestens eben für diese beiden nächsten Jahre, mir wieder allergnädigst zugewiesen werden könnten.
Wie groß, ja einzig ermöglichend diese Hilfe war, habe ich
schätzen gelernt: das Bewußtsein davon gab mir das nötige
Vertrauen, ohne welches ich nichts mehr unternommen haben würde. Noch bin ich von der vollen Wärme des Gefüh-
les erfüllt, welches mir der schöne Eifer aller von meinem
huldreichsten Freunde mir zugewiesenen künstlerischen
Kräfte erweckte: ich fühlte mich nämlich ganz wieder, wie
sonst, an Seinem liebenden Herzen geborgen. Da wäre wohl
zu danken gewesen, wenn eben Götter sich danken ließen!
Aber – nur etwas Freude hätte Er daran haben sollen. Werde
ich noch so glücklich sein, mir damit schmeicheln zu dürfen,
daß diese Freude Ihm werde? – Ich weiß, daß ich mich bescheiden muß. Aber, wenn ich nun so meine Lebensjahre,
eines nach dem anderen, schwinden sehe und so große, lange Leeren darin unausgefüllt lassen muß, so kommt mir immer wieder die Kühnheit an, den Herren meines Lebens mit
einem Wunsche zu belästigen, z. B. mit diesem, es möge
Ihm huldreichst gefallen, aus den zwei Monaten der nächsten Parsifal-Jahres Sich die beliebigen Tage auszusuchen, an
welchen vor Ihm ganz allein die besten Aufführungen, die
ich bieten kann, stattzufinden hätten. Ach! – Nur ein Befehl!! – Mein über alles angebeteter Herr und Freund! Wie
kommt es, daß ich wieder hoffe? Fast dünkt es mich, als
überredete ich mich nur zur Hoffnung! – Mit dem nächsten
Heft der Bayreuther Blätter wird Ihnen ein neuester Aufsatz
von mir: »Das Bayreuther Bühnenweihfestspiel 1882« vorgelegt werden, in welchem ich die guten, ja schönen Erinnerungen an unser Studium des Parsifal und seine Aufführungen festhielt, um sie, im Sinne einer Didaskalie, zur

weiterer Ausbildung des hierbei von mir geförderten Stiles der Welt vorzulegen. Hierzu bewog mich besonders auch der Wunsch, allen, welche bei diesen Aufführungen mitwirkten, meine herzliche Anerkennung kundzugeben, zugleich aber auch sie in dem Bewußtsein dessen zu erhalten, was sie unter meiner Anleitung sich für die Zukunft angeeignet haben möchten. Da ich nun einmal – eben heute, da ich dies schreiben darf – hoffnungsvoll gestimmt bin, so will ich denn auch hoffen, daß der angekündigte Aufsatz meinem hochgeliebten Freunde ein wenig gefallen möge.

In derselben Nummer wird Ihnen nun aber auch ein Anderes, Tief-Wehmütiges, zur Kenntnis kommen: »Graf Gobineau, ein Erinnerungsblatt aus Wahnfried«. Dieser Freund war am 13. Oktober gestorben; was von seinem Leben und Sterben uns zur Kenntnis gekommen, wurde in diesem Erinnerungsbilde dargestellt, zu dessen Abfassung ich meine Frau bestimmte – denn nur ihr konnte ich die Befähigung dafür zutrauen. Wir mußten es als ein sehr sprechendes Zeichen unsrer Mitwelt erkennen, daß der Tod dieses seltensten aller Männer, die in dieser Zeit lebten, so vollständig unbeachtet geblieben ist, daß in seiner gänzlichen Vereinsamung, trotzdem er mitten in der Welt lebte, sich nicht ein Individuum für ermächtigt fand, die übliche Todes-Anzeige zu veröffentlichen. Allem, was ich von Interesse für meinen königlichen Freund hierüber mitzuteilen hätte, möchte ich, in Erwartung des bedeutenden Eindruckes, welchen ich mir von dem Erinnerungsbilde auf den Huldreichen verspreche, nicht vorgreifen. Wir selbst verbrachten hier längere Zeit, ohne Gobineaus Tod zu berühren, ja nur zu erwähnen: wie ernst, wie erhaben dünkte uns diese Schweigenszeit! –

Wir erwarteten Gobineau selbst für die nächste Zeit zu einem Besuch bei uns in Venedig: seit einem Monat erwarten wir aber auch Liszt, der wiederum durch Krankheit bisher von der Reise abgehalten worden ist.[2] Der allerunerwartetste Hausgast soll aber mit nächstem im Palazzo Vendramin eintreffen, nämlich kein Geringerer als Henri V von Frankreich, zur Zeit Graf von Chambord und Herzog von Bordeaux. Dieser große Herr ist nämlich gegenwärtig unser Hausherr, da er seinerzeit das Erbe seines späteren Stiefvaters, des Marchese Luchesi Pally, Herzogs de la Gracia, nämlich unter anderen auch diesen Palast Vendramin, einen der schönsten Venedigs, übernommen hatte. Durch die besondere Gunst persönlicher Umstände gelangten wir dazu, die größere Hälfte des sogenannten Mezzanin-Geschosses zur Miete zu erhalten, und haben allen Grund, mit der Unterkunft daselbst sehr zufrieden zu sein: wie die Villa d'Angri ganz Neapel war, ist Vendramin ganz Venedig. Wir sind erstaunt darüber, was den Herzog von Bordeaux bestimmt haben möge, jetzt diesen Palast wieder – wie es scheint, für längere Zeit – zu beziehen, da er seit 1848, wo ihn gewissermaßen der Pöbel daraus vertrieb, ihn nicht wieder betreten hat. Dem sei nun, wie ihm wolle: ich bin gewiß, daß wir ihn nicht genieren werden, denn der Palast ist enorm großartig, und manches verliert sich darin. Einstweilen wurden wir bereits bei jeder Heimkehr daran erinnert, daß wir bei einem Bourbon zu Gaste sind: in jeder Gestalt schmücken bereits das enorme Vestibül die bourbonischen Lilien.

Trotzdem ich nun unter dem temporären Schutze dieser ehrwürdigen Embleme mich, nach Umständen, recht gut untergebracht weiß, kämpfe ich doch immer noch mit dem oft bedenklich sich steigernden Leiden jener Brustkrämpfe, auf deren Niederhaltung ich meine ganze leibliche und seelische Lebensweise einzurichten habe. Das abnorm feindliche

2 Franz Liszt kam am Tag darauf (am 19. November) für fast zwei Monate (bis zum 13. Januar 1883) zu Besuch nach Venedig und komponierte dort sein Klavierstück *La lugubre Gondola,* ohne zu ahnen, daß er damit Wagners Leichenbegängnis musikalisch vorweggenommen hatte und den Freund nie mehr wiedersehen sollte.

Wetter dieses ganzen verlaufenden Jahres hat mich allerdings
hierbei schlecht unterstützt: daß auch Oberitalien, welches
uns sonst immer bei dem Herabsteigen von den Alpen so
freundlich begrüßte, diesmal sich ganz besonders widerwärtig zeigte, hätte mich bald an einen mir bestimmten nahen
Untergang glauben machen, wenn nicht gerade hierbei mir
sonderbarerweise ein für meine längere Erhaltung ermuti-
gendes Zeichen gegeben worden wäre. Zwei Brücken, die
Eisenbahnbrücke in Ala und die herrliche Etschbrücke in
Verona, brachen eine halbe Stunde, nachdem wir sie über-
schritten hatten, zugrunde: über die letztere ist niemand
nach uns mehr gefahren. So gelangten wir denn auch gerade
noch an diesem einzigen Tage durch die Überschwemmung
unbehindert nach Venedig, während am anderen Tage bereits aller Verkehr eingestellt war. Die Familie Schleinitz
hatte uns bei der Vorüberreise in Botzen an der Eisenbahn
begrüßt; sie wollte am anderen Tage nachreisen, blieb statt
dessen aber drei Wochen lang, unter furchtbaren Wassernö-
ten, in den Gebirgen eingeschlossen. Das schien denn für
unsre Bestimmung zu sprechen.

Diese sei nun, welche sie wolle, immer wird bestimmt
bleiben, daß meinem persönlichen Schicksale Sterne von so
edlem Glanze aufgegangen sind, wie wenigen sie erschienen
sind: wie glücklich dürfte ich zu preisen sein, die unerschüt-
terliche Freundschaft eines Königs und am Abende des Lebens ein edelstes Weib gefunden zu haben! Bei dem Durchlesen des Erinnerungsbildes an den Grafen Gobineau wird
mein Gottgesandter Wohltäter erkennen, welch andere Lose
einem allervorzüglichsten Menschen zugeteilt sein konnten!
So will ich denn, freundlich getröstet, herzlich darnach
trachten, die seltene Gunst, die mir das Schicksal erwies,
durch fortgesetzte hoffnungsgläubige Tätigkeit zu einem edlen Angedenken für meine Liebenden zu verwenden. So vieles ist um mich her zertrümmert, der allgewaltige Tod hat
fast alles hinweggerafft, was einst beziehungsvoll in mein

Leben trat: nur ein Etwas bleibt in mir jugendlich lebensvoll
wie am ersten Tage, da mir ein prophetischer Überblick meines Lebens aufging. »Noch losch das Licht nicht aus!« So
leuchtet es denn noch dankerglüht dem Gottgesandten Herren meines Lebens mit mildem Glanze zu! Segen, gött-
lichster Segen lohne dem herrlichen Geleiter meiner Lebens-
bahn.

Mit Weib und Kind, den durch Ihre himmlische Huld unsäglich Beglückten, liegt, die Gottheit verehrend, zu Ihren
Füßen das Werk Ihrer Gnade,

Venedig. 18. November	Richard Wagner,
1882.	zu ewigem Eigen.

124 AN AMALIE MATERNA, WIEN

Venedig, den 14. Januar 1883

Allerbestes Kind und liebste Freundin!

Also! Es wird wieder Ernst! Ich bin ganz Einladung und bitte Sie, mich dieses Jahr wieder zu bekundryen. Ich bekomme heuer nur den Juli zu meiner Verfügung und gedenke,
mit Einschluß der nötigen Proben, bis 30. Juli zwölf Aufführungen stattfinden zu lassen, d. h. alle zwei Tage eine.
Als Alternantin gebe ich Ihnen einzig Frl. Malten. – Im übrigen werden wir wohl so ziemlich die Alten sein.

Hat Ihnen Scaria berichtet, was ich ihm letzthin wegen
der neulichen Wiener Nibelungen-Aufführungen geschrieben? Gräfin Dönhoff hatte mir so viel Enthusiastisches auch
über Ihre Brünnhilde wieder berichtet, daß mir das Herz
davon recht voll wurde. Haben Sie Dank für Ihre so

generöse und grandiose Natur, die wie ein erfülltes Bedürfnis in mein Leben getreten ist. – Gott, wenn ich der letzten
Kundry-Abende gedenke! – Adieu! Liebe, Gute, Beste!

Herzlich grüßt Sie meine Frau und die bewundernden
Kinder, und meisterlich grüßt Sie

Venedig, Palazzo Vendramin, Canal Grande,   Ihr
14. Jan. 1883.   Richard Wagner.

Anhang

Zu dieser Ausgabe

Den Texten der vorliegenden Ausgabe sind folgende Editionen zugrunde gelegt:

Für die Briefe Nr. 1–66:

Richard Wagner: Sämtliche Briefe. Bd. 1–4. Hrsg. von Gertrud Strobel und Werner Wolf. Bd. 6ff. Hrsg. von Hans-Joachim Bauer und Johannes Forner. Leipzig: Deutscher Verlag für Musik, 1967ff.

Bd. 1. Nr. 1, 6, 9, 13, 35, 41, 46, 50, 69, 79, 86, 94, 106, 108, 113, 119, 122, 139, 170, 172. – Bd. 2. Nr. 21, 24, 33, 51, 71, 91, 128, 167, 176, 212, 227, 260, 297. – Bd. 3. Nr. 7, 22, 53, 67, 77, 82, 84, 102, 107, 130. – Bd. 4. Nr. 34, 79, 85, 118, 123. – Bd. 5. Nr. 13, 23, 56, 174, 181, 239, 308. – Bd. 6. Nr. 11, 193. – Bd. 7. Nr. 1, 27, 34, 51, 76. – Bd. 8. Nr. 16, 23, 158, 192.

Für die Briefe Nr. 67–93, 96–118, 120–124:

Richard Wagner: Briefe. Hrsg. von Hanjo Kesting. München: Piper, 1983.

Nr. 90, 92–96, 99–101, 104, 106, 109, 111, 115, 124f., 127, 129, 134, 138f., 141, 143f., 146, 149f., 153, 158f., 162f., 166, 169–174, 176, 178f., 182–184, 186, 188f., 193f., 198, 202, 204–206.

Für die Briefe Nr. 94f., 119.

König Ludwig – Richard Wagner: Briefwechsel. 5 Bde. Hrsg. von Otto Strobel. Karlsruhe: G. Braun, 1936.

Bd. 1. S. 82–84, 106. – Bd. 3. S. 144–148.

Auf die in den *Sämtlichen Briefen* verwendeten kritischen Zeichen wurde hier verzichtet. Die in eckigen Klammern oder in den Fußnoten dieser Ausgabe enthaltenen Korrekturen wurden übernommen. Im übrigen bleiben Orthographie und Interpunktion der genannten Editionen unangetastet, was dazu führt, daß die vorliegende Ausgabe teils modernisierte, teils diplomatisch abgedruckte Texte enthält.

Zeittafel

1813 Richard Wagner wird am 22. Mai in Leipzig geboren als Sohn des Polizeiaktuars Friedrich Wilhelm Wagner, der am 23. November an Typhus stirbt.

1814 Am 28. August heiratet die Mutter Johanne Rosine Wagner den Maler und Schauspieler Ludwig Geyer.

1821 Am 30. September stirbt in Dresden der Stiefvater Ludwig Geyer. Richard Wagner wird von Possendorf, wo er beim Pastor Wetzel in Schulpension war, nach Eisleben zu Geyers jüngerem Bruder, dem Goldschmied Friedrich Wilhelm Geyer, in Kost und Logis gegeben.

1822 Am 2. Dezember wird Richard unter dem Familiennamen seines Stiefvaters Geyer in die Dresdener Kreuzschule eingeschrieben.

1828 Am 21. Januar wechselt Richard in das Nikolai-Gymnasium Leipzig, in das er mit dem Namen Wagner eingeschrieben wird. Es entsteht sein Theaterstück *Leubald und Adelaide*. Um es zu vertonen, arbeitet er im Selbststudium der Musik mit dem Buch *System der Musikwissenschaft und der praktischen Komposition* (1827) von Logier und nimmt heimlich Harmonielehre-Unterricht bei Gottlieb Müller.

1830 16. Juni: Wechsel in die Thomasschule in Leipzig. Am 24. Dezember findet eine erste Aufführung seiner *Ouvertüre in B-Dur* im Leipziger Theater statt.

1831 23. Februar: Immatrikulation an der Universität Leipzig als Student der Musik. Wagner nimmt privaten Musikunterricht beim Kantor Theodor Weinlig.

1832 Im Frühsommer entsteht die große C-Dur-Sinfonie. Im Spätsommer fährt Wagner für vier Wochen nach Wien und ist anschließend fünf Wochen lang Gast des Grafen Pachta im Schloß Pravonín.

1833 Im Januar beendet Wagner die Dichtung zur Oper *Die Feen*. Mitte Januar geht er nach Würzburg zu seinem Bruder Albert, der dort am Theater engagiert ist und ihm eine Chorleiterstelle verschafft.

1834 Mitte Januar geht Wagner nach Leipzig zurück. Ende Juli tritt er seine erste Musikdirektorenstelle in Lauchstädt an, wo er Minna Planer kennenlernt. Im August entsteht die Dichtung zur Oper *Das Liebesverbot*. Mitte Oktober wechselt Wagner an das Theater in Magdeburg.

1835 Anfang Mai hat Wagner seine Stellung in Magdeburg verloren und fährt nach Leipzig zurück. Dennoch bemüht er sich – erfolgreich – um neue Sänger für das Magdeburger Theater, an dem er zum 1. September seine Musikdirektorenstelle wieder einnehmen kann.

1836 Die Uraufführung des *Liebesverbots* findet am 29. März unter Wagners Leitung am Magdeburger Theater statt. Am 7. Juli verläßt er Magdeburg in Richtung Königsberg. Am 24. November wird Wagner mit Minna Planer, die dort im Engagement ist, getraut.

1837 Am 1. April kann Wagner die Musikdirektorenstelle in Königsberg antreten. Am 31. Mai entweicht Minna heimlich mit dem Kaufmann Dietrich aus Königsberg. Am 3. Juni setzt ihr Wagner nach und findet sie bei ihren Eltern in Dresden. Das Theater in Königsberg geht bankrott. In Berlin schließt Wagner mit Karl Holtei für Riga ab. Im Juni aber hält er sich noch in Dresden auf, zieht mit Minna nach Blasewitz und liest dort den Roman *Cola Rienzi*, von Edward Bulwer-Lytton. Am 21. Juli brennt Minna erneut mit Dietrich durch. Am 12. August fährt Wagner ohne seine Frau nach Riga. Am 19. Oktober kommt Minna, mit ihrer Schwester Mathilde, zu ihm zurück.

1839 Anfang März verliert Wagner seine Stellung in Königsberg. Da er verschuldet ist, flüchtet er mit seiner Frau über die russische Grenze nach Pillau, von wo es mit dem Schiff »Thetis« nach England gehen soll. Ein schwerer Sturm zwingt den Kapitän zur Notlandung im norwegischen Sandwiken. Am 9. August erreicht Wagner die englische Küste; das Ehepaar bleibt bis 19. August in London. Am nächsten Tag ist Wagner bereits in Boulogne-sur-Mer, wo er Giacomo Meyerbeer aufsucht. Am 17. September ziehen die Wagners nach Paris.

1840 Sie beziehen am 15. April die Wohnung im Haus Nr. 25 der Rue du Helder. Bei gleichzeitiger Arbeit am *Rienzi* schreibt Wagner ab dem 12. Juli die Essays *Über deutsche Musik*. Im Sommer übergibt er dem Direktor der Pariser Oper seinen Entwurf für den *Fliegenden Holländer*. Da er in Paris als Komponist keinen Erfolg hat, verrichtet er zum Broterwerb musikalische Handlangerarbeiten, schreibt z. B. Arrangements berühmter Opernarien. Einige seiner Aufsätze publiziert die Zeitschrift *Gazette musicale*. Bis zum 19. November hat er seinen *Rienzi* vollendet und bietet die Partitur in Dresden an.

1841 Am 29. April zieht das Ehepaar nach Meudon, wo Wagner die Urschrift zum *Fliegenden Holländer* am 28. Mai beendet. Am 29. Juni wird *Rienzi* vom Dresdner Hoftheater zur Uraufführung angenommen. Am 20. November sendet Wagner die Originalpartitur seines *Fliegenden Holländer* an die Hofoper Berlin; Giacomo Meyerbeer richtet zugleich ein Empfehlungsschreiben dorthin.

1842 Am 7. April verlassen Wagner und seine Frau Paris. Am 12. April treffen sie in Dresden ein und nehmen ihre erste Wohnung in der Töpfergasse. Eine Woche später reist Wagner nach Berlin, um wegen der Aufführung seines *Holländers* zu verhandeln. Seinen ersten Kururlaub mit Frau und Mutter beginnt Wagner am 9. Juni in Teplitz. Gegen Ende des Monats schreibt Wagner auf dem Schreckenstein bei Aussig den ersten Prosaentwurf zum *Tannhäuser*. Am 20. Oktober findet die Uraufführung seines *Rienzi* als Opernsensation statt.

1843 Am 2. Januar wird *Der fliegende Holländer* in der Dresdener Hofoper uraufgeführt. Genau einen Monat später ist Wagner Hofkapellmeister in Dresden. Anfang April ist die Urschrift der *Tannhäuser*-Dichtung fertig, und am 6. Juli wird *Das Liebesmahl der Apostel*, sein einziges Oratorium, in der Dresdener Frauenkirche uraufgeführt. Am 1. Oktober beziehen Wagners eine neue Wohnung in der Ostra Allee Nr. 6, die »Kapellmeisterwohnung«.

1844 Am 7. Januar dirigiert Wagner eine Aufführung seines *Holländer* in Berlin, am 21. März den *Rienzi* in Hamburg. Die Beisetzung Carl Maria von Webers in Dresden – Wagner hatte die Überführung von London veranlaßt – findet am 14. Dezember mit Musik Wagners statt.

1845 Am 13. April ist die Partitur von *Tannhäuser* vollendet. Bei der Sommerkur in Marienbad begegnet dem Komponisten der Student Eduard Hanslick. Wagner projektiert dort ein künftiges musikdramatisches Programm vom *Lohengrin* bis zum *Parsifal*, indem er sich in die Literatur einarbeitet. Es entstehen erste Prosaentwürfe zu den *Meistersingern*

(16. Juli) und zum *Lohengrin* (3. August). Am 19. Oktober dirigiert er die Uraufführung des *Tannhäuser* im Dresdener Hoftheater.

1846 Am 15. Mai wechseln Wagner und seine Frau für drei Monate nach Großgraupa bei Dresden über. Hier besuchte ihn der 16jährige Hans von Bülow. Am 30. Juli wird die Kompositionsskizze des *Lohengrin* fertig.

1847 Neben der Arbeit am *Lohengrin* hat Wagner eine Bearbeitung von Glucks Oper *Iphigenie in Aulis* angefertigt und führt sie am 22. Februar selbst auf. Anfang April zieht er in das Palais Marcolini um.

1848 Am 9. Januar stirbt Wagners Mutter in Leipzig. Am 28. April ist die Partitur zum *Lohengrin* fertig. Die revolutionären Unruhen in Europa greifen auch auf Sachsen über. Am 11. Mai ist Wagners *Entwurf zur Organisation eines deutschen Nationaltheaters für das Königreich Sachsen* geschrieben. Im Juni verliest er in einer Versammlung des Dresdener »Vaterlandsvereins« seine Abhandlung *Wie verhalten sich republikanische Bestrebungen dem Königtume gegenüber?* Am 9. Juli fährt Wagner nach Wien, um über die Reformierung der Wiener Theater zu verhandeln. Ende August ist er zu Besprechungen mit Franz Liszt in Weimar. Inzwischen ist Wagners Studie zum späteren Nibelungendrama *Die Wibelungen, Weltgeschichte aus der Sage* entstanden. Am 4. Oktober wird der erste Prosaentwurf zur *Ring*-Dichtung fertig, *Die Nibelungensage (Mythus)*. Dann entsteht der Prosaentwurf zu *Siegfrieds Tod*, dem Kerndrama der *Nibelungen*.

1849 Die Auflösung der beiden sächsischen Kammern durch König Friedrich August II. führt zum Dresdener Maiaufstand. Da sich Wagner daran beteiligt, wird er nach dem Zusammenbruch der Revolution steckbrieflich gesucht. Franz Liszt hilft ihm mit Geld und falschem Paß zur Flucht in die Schweiz. Am 28. Mai setzt Wagner mit dem Schiff über den Bodensee nach Rorschach und fährt sofort weiter nach Zürich. Vom 2. Juni bis 6. Juli ist er in Paris. In Zürich entsteht dann die Urschrift seines Aufsatzes *Die Kunst und die Revolution*. Anfang September trifft Minna Wagner mit ihrer Tochter Natalie in Zürich ein. Die Familie bezieht eine Wohnung am Zeltweg in Hottingen. Bis zum 4. November beendet Wagner seine Abhandlung *Das Kunstwerk der Zukunft*.

1850   Zwischen dem 12. und 28. Januar entsteht die Niederschrift
von *Wieland der Schmied*, dem Text einer für Paris bestimmten Oper. Am 1. Februar trifft Wagner in Paris ein, um einen
neuen (vergeblichen) Versuch zur Aufführung einer seiner
Opern zu unternehmen. Am 14. März reist Wagner nach
Bordeaux, wo er Gast bei der Familie Laussot ist, die ihm eine jährliche Unterstützung von 2500 Francs verspricht. Im
Laufe der folgenden Wochen entspinnt sich eine Affaire mit
der Tochter des Hauses, Jessie Laussot. Minna Wagner zieht
in das Haus »Zum Abendstern« in der Gemeinde Enge bei
Zürich um. Wagner hat indessen mit der verheirateten Jessie
eine Flucht in den Orient geplant und eröffnet Minna, daß er
sich von ihr trennen wolle. Minna eilt nach Paris; Wagner
aber weicht ihr aus und fährt nach Villeneuve bei Genf. Dort
erhält er Jessies Absage. Daraufhin betreibt er den Rückzug
in seine Ehe. Am 12. Mai fährt Wagner nochmals nach Bordeaux, wo Jessie sich ihm nicht zeigt. In Villeneuve, wo er
sich mit Julie Ritter trifft, begeht er einsam seinen 37. Geburtstag. Am 3. Juli kehrt er zu Minna zurück. Am 12. August beginnt Wagner mit der Orchesterskizze von *Siegfrieds
Tod*. Gleichzeitig beschäftigt er sich mit dem antisemitischen
Aufsatz *Das Judentum in der Musik*. Am 28. August findet
die Uraufführung des *Lohengrin* durch Franz Liszt in Weimar statt. Im Brief an Ernst Benedikt Kietz vom 14. September formuliert Wagner erstmals den Festspiel-Gedanken.

1851   Am 10. Januar beendet Wagner die Urschrift zu seinem theo-
retischen Hauptwerk *Oper und Drama*. Sein *Ring*-Drama erweitert sich um das Libretto des *Jungen Siegfried* bis zum
24. Juni. Ab dem 5. Juli besucht ihn der alte Freund Theodor
Uhlig aus Dresden in Zürich. In dieser Zeit entsteht die autobiographische Schrift *Eine Mitteilung an meine Freunde*. Ab
dem 30. Juli beginnt Wagner mit Uhlig eine große Fußwanderung zu den historischen Stätten der Tell-Sage. Vom
15. September bis 23. November ist Wagner zur Kur in der
Wasserheilanstalt Albisbrunn. In seiner Abwesenheit zieht
Minna in Zürich nochmals um in den Zeltweg Nr. 11. Im
Spätherbst setzt Julie Ritter dem Komponisten eine jährliche
Rente von 800 Talern aus.

1852   Mitte Februar lernt Wagner Otto und Mathilde Wesendonck
kennen. Bis Ende März entsteht der Prosaentwurf zum

Rheingold. Am 12. Mai mieten sich Wagner und seine Frau Minna in der Pension »Rinderknecht« auf dem Zürichberg ein, wo die Dichtung der *Walküre* entsteht. Am 10. Juli bricht Wagner zur ersten Italien-Reise auf, zum Lago Maggiore. In Zürich beginnt er am 15. September die Urschrift der *Rheingold*-Dichtung. Bis zum 15. Dezember beendet er die Überarbeitung von *Siegfrieds Tod*, der späteren *Götterdämmerung*. Am 18. Dezember besucht er mit Georg Herwegh das Gut der neuen Bekannten Eliza und Dr. François Wille, bei denen er erstmals die Dichtung seines *Ring* vorliest.

1853 Mitte Februar werden die 50 gedruckten Exemplare seiner *Ring*-Dichtung geliefert, die Wagner selbst bezahlt und an Freunde verschenkt. Daraus liest er an vier Abenden vom 16. bis 19. Februar im Saal des Hotels »Baur au Lac« in Zürich vor geladenen Gästen sein »Nibelungendrama« vor. Am 15. April zieht Wagner im Züricher Zeltweg vom Haus Nr. 11 in Haus Nr. 13. Am 2. Juli trifft Liszt in Zürich ein. Er macht mit Wagner und Georg Herwegh Ausflüge in die Umgebung. Ab dem 14. Juli beginnt Wagner eine Kur in St. Moritz. Am 24. August tritt er seine zweite, von Otto Wesendonck finanzierte Italien-Reise an. Am 31. August trifft Wagner in Genua ein. Auf einem Ausflug nach La Spezia soll er die Idee zum Vorspiel des *Rheingold* gehabt haben, das aber erst zu Hause entsteht, wo er am 10. September ankommt. Am 6. Oktober fährt er nach Basel, um sich dort mit Liszt, Bülow, Joachim, Cornelius, Pohl, Pruckner und Remenyi zu treffen. Am nächsten Tag kommen noch die Fürstin Wittgenstein und ihre Tochter hinzu; mit ihnen und Liszt reist Wagner nach Paris und lernt dort Liszts Töchter kennen. Am 1. November beginnt er in Zürich die Kompositionsskizze von *Rheingold*.

1854 Die Partiturerstschrift des *Rheingold* ist am 28. Mai beendet. Am 28. Juni beginnt er die Kompositionsskizze zum 1. Akt der *Walküre*. Im Oktober lernt Wagner durch Herweghs Vermittlung das Hauptwerk von Arthur Schopenhauer, *Die Welt als Wille und Vorstellung*, kennen. Gleichzeitig notiert Wagner ein erstes Konzept zu *Tristan und Isolde*. Nebenbei entstehen die Kompositionsskizzen zu den Akten II und III der *Walküre*.

1855   Anfang des Jahres beginnt Wagner mit der Partiturerstschrift der *Walküre*. Am 26. Februar verläßt er Zürich, um über Paris nach London zu reisen, wohin er zu acht Konzerten von der Old Philharmonic Society eingeladen wurde. Am 30. Juni kehrt er nach Zürich zurück. Vom 13. Juli bis Mitte August macht Wagner mit seiner Frau Urlaub auf dem Seelisberg am Vierwaldstätter See. Im Dezember erweitert er sein *Tristan*-Konzept mit dem gralsuchenden Parzival.

1856   Am 20. März hat Wagner die Partiturerstschrift der *Walküre*, drei Tage später bereits die Zweitschrift fertig. Danach beschäftigt er sich mit der Prosaskizze zu einem buddhistischen Drama *Die Sieger*. Am 5. Juni bricht Wagner nach Genf auf, um dort für sein Leiden, eine Gesichtsrose, Heilung zu finden. Dr. Coindet schickt ihn nach Mornex, wo er seine Kur am 10. Juni antritt. Einige Tage später siedelt er in die benachbarte Wasserheilanstalt zu Dr. Vaillant über, der ihn bis zum 16. August von der Gesichtsrose befreit. Mitte September beginnt Wagner mit der Kompositionsskizze zu *Siegfried*. Am 13. Oktober trifft Liszt zum Besuch in Zürich ein, wenige Tage später die Fürstin Sayn-Wittgenstein mit ihrer Tochter Marie. Am 23. November veranstalten Wagner und Liszt ein gemeinsames Orchesterkonzert in St. Gallen, wo Liszts Symphonische Dichtungen *Orpheus* und *Les Préludes* auf dem Programm stehen.

1857   Am 20. Januar ist die Kompositionsskizze zum 1. Akt des *Siegfried* fertig; bis zum 5. Februar folgt die zugehörige Orchesterskizze. Am 10. April entsteht eine erste Prosaskizze zum vorläufig noch so bezeichneten *Parzival*. Am 28. April kann Wagner das von Wesendonck bei seiner Züricher Villa bereitgestellte Gartenhaus, das »Asyl«, als bleibendes Heim beziehen. Ab dem 18. Juni fängt Wagner die Orchesterskizze zum 2. Akt des *Siegfried* an, wobei er vermerkt: »Tristan bereits beschlossen«. Eduard Devrient ist ab dem 30. Juni Gast bei ihm in Zürich und wird als Direktor des Uraufführungstheaters für den *Tristan* in Karlsruhe ausersehen. Ab dem 20. August arbeitet Wagner am Prosaentwurf von *Tristan und Isolde*; die Dichtung wird am 18. September abgeschlossen. Am 1. Oktober beginnt er mit der Kompositionsskizze. Zwischendurch komponiert Wagner Gedichte von Mathilde Wesendonck, die *Wesendonck-Lieder*.

1858 »Nachbarliche Verwirrungen« mit den Wesendoncks müssen ausgetragen werden, weil sich Wagner in die schöne Nachbarin verliebt hat. Am 14. Januar reist Wagner deshalb für drei Wochen nach Paris. Die Partitur des 1. *Tristan*-Akts ist am 3. April fertig. Wenige Tage später öffnet Minna einen Brief ihres Mannes an Mathilde Wesendonck und beschwört dadurch den Auszug aus dem »Asyl« herauf. Am 1. Juli ist auch der 2. Akt des *Tristan* fertig. Am 17. August verläßt Wagner für immer das »Asyl«, er fährt nach Venedig. Am 30. August bezieht er dort den Palazzo Giustiniani am Canal Grande. Am 2. September verläßt auch Minna Wagner Zürich. Sie geht nach Dresden.

1859 Am 24. März reist Wagner über Mailand nach Luzern, wo er im Hotel Schweizerhof absteigt. Dort vollendet er am 6. August die Partitur von *Tristan und Isolde*. Am 10. September bricht Wagner nach Paris auf, um die Erstaufführung des *Tannhäuser* zu betreiben und Konzerte zu dirigieren (25. Januar, 1. und 8. Februar 1860). Seine Frau kommt am 17. November nach.

1860 Am 19. März fährt Wagner nach Brüssel, wo er am 24. und 28. März Konzerte gibt. Er erfährt im Juni von seiner Amnestie in Deutschland (außer Sachsen). Am 11. August fährt er nach elf Jahren erstmals wieder nach Deutschland, um Minna in Bad Soden bei der Kur zu besuchen. Mit ihr geht es weiter über Darmstadt, Heidelberg und Baden-Baden nach Mannheim, von dort nach Köln per Schiff und zurück nach Paris, zu *Tannhäuser*-Proben.

1861 Die Erstaufführung des umgearbeiteten *Tannhäuser* am 13. März endet mit einem Skandal. Wagner reist über Karlsruhe nach Wien. Am 13. Mai verhandelt er mit dem Intendanten der Wiener Hofoper über die Uraufführung des *Tristan*. Am 20. Mai verläßt er Wien und erreicht über München und Winterthur Zürich an seinem Geburtstag, dem 22. Mai. Über Karlsruhe fährt er am Tag darauf nach Paris, wo er bis Ende Juli bleibt. Am 31. Juli trifft er bei seiner Frau in Bad Soden ein. Mit ihr fährt er am 1. August nach Frankfurt und Weimar, später von Soden nach Chemnitz und wieder nach Weimar. Am 10. August fährt er mit Emile und Blandine Ollivier nach Nürnberg, um das Germanische Museum zu besuchen, und weiter nach München. Am 11. August reisen die drei nach Bad Reichenhall, wo Cosima von Bülow von der Kur abgeholt wird. Über Salzburg geht es nach Wien, um dort die Proben zum *Tristan* zu betreuen. Mitte November wird das Vorspiel zu den *Meistersingern* konzipiert; anschließend entsteht ein zweiter Prosaentwurf zu dieser Oper. Am 30. November bricht Wagner wieder nach Paris auf, ist am 1. Dezember in Mainz, wo er am 3. Dezember beim Schott-Verlag seinen *Meistersinger*-Entwurf vorliest. Noch am selben Abend fährt er wieder nach Paris.

1862 Die Reinschrift der Dichtung zu den *Meistersingern* ist am 31. Januar beendet. Am 1. Februar verläßt Wagner Paris und fährt nochmals nach Mainz, wo er im Verlagshaus von Schott am 5. Februar die *Meistersinger* vorliest. Seit 8. Februar ist Wagner in Biebrich. Am 21. Februar kommt Minna für eine kurze, heftige Zeit dorthin. Am 29. Oktober reist Wagner nach Leipzig, wo er am 1. November die Uraufführung des *Meistersinger*-Vorspiels dirigiert. Am 3. November fährt er für vier – letzte – Tage nach Dresden zu seiner Frau. Mit der Schauspielerin Friederike Meyer begibt er sich am 13. November nach Wien, wo er am 23. November die Dichtung seiner *Meistersinger* in Anwesenheit von Eduard Hanslick vorliest, der sich in der Figur des Veit Hanslich – wie damals Sixtus Beckmesser noch hieß – betroffen wiedererkennt und die Veranstaltung unter Protest verläßt.

1863 Am 13. Februar reist Wagner nach Biebrich zurück, dann über Berlin und Königsberg nach St. Petersburg, wo er am 24. Februar eintrifft und am 3. März sein erstes Konzert gibt; am 10. und 18. folgen zwei weitere, und am 19. reist er nach Moskau, wo er ebenfalls drei Konzerte gibt. Am 1. April ist er wieder in Petersburg. Am 22. April bricht er nach Berlin auf, von dort am 24. April nach Wien. Am 12. Mai bezieht er eine Wohnung in Penzing bei Wien. Da Wagner wegen seiner kostspieligen Wohnungseinrichtung in finanzielle Schwierigkeiten gerät, muß er Ende Juli erneut auf Konzertreise (nach Budapest) gehen. Zur Aufführung des *Fliegenden Holländer* am 4. November fährt er am 31. Oktober nach Prag, wo er am 5. November ein Konzert gibt, das am 8. November wiederholt wird. Bereits am 14. und 19. November gibt er Konzerte in Karlsruhe. Zwei Tage später ist Wagner in Zürich, wo er ein letztes Mal Gast bei den Wesendoncks ist. Am

26. November ist Wagner in Mainz Gast der Familie Mathilde Maiers. Am Tag darauf reist er nach Berlin, wo er mit Cosima von Bülow vereinbart, sich »einzig gegenseitig anzugehören«. Erst am 9. Dezember ist Wagner in Wien zurück.

1864 Um sich der Schuldhaft zu entziehen, muß Wagner am
23. März Wien fluchtartig verlassen. Er fährt über München
in die Schweiz und bringt sich vorerst bei der Familie Wille
in Mariafeld in Sicherheit. Auf der weiteren Flucht widerfährt ihm am 3. Mai in Stuttgart »das Wunder«, daß ihm der
bayerische Kabinettssekretär Seraph von Pfistermeister den
Ruf Ludwigs II. an den Münchener Hof übermittelt. Am
4. Mai stehen sich Ludwig II. und Wagner erstmals gegenüber. Wagner erhält zur Tilgung seiner Schulden mehr als
4000 Gulden. Am 14. Mai bezieht Wagner das vom König
angemietete Landhaus »Pellet« in Kempfenhausen am Starnberger See, in der Nähe von Ludwigs Landsitz Schloß Berg.
Am 10. Juni erhält Wagner ein weiteres Geldgeschenk von
16 000 Gulden vom König. Am 29. Juni kommt erstmals Cosima von Bülow mit ihren Kindern zu Wagner in das Haus
»Pellet«; am 7. Juli folgt Hans von Bülow nach. Ende August
mietet sich Wagner im Haus Nr. 21 an der Briennerstraße in
München ein. Am 18. Oktober schließt Wagner mit der königlichen Kabinettskasse einen Vertrag ab, wonach alle Rechte am *Ring* für 30 000 Gulden an den König von Bayern abgegeben werden. Am 20. November wird Hans von Bülow als
»Vorspieler des Königs« angestellt. Nach langer Pause beginnt Wagner am 22. Dezember wieder mit der Partitur des
2. Akts *Siegfried*. Am 29. Dezember erhält Gottfried Semper
den Auftrag von König Ludwig II., ein monumentales Wag-
ner-Festspieltheater in München zu entwerfen.

1865 Am 10. April wird Isolde, Wagners erste Tochter mit Cosima
von Bülow, geboren. Die Uraufführung von *Tristan und
Isolde* findet am 10. Juni unter Hans von Bülow im Münchener Hoftheater statt. Ab dem 17. Juli beginnt Wagner Cosima
von Bülow seine Autobiographie *Mein Leben* in die Feder zu
diktieren. Zwischen dem 27. und 30. August entsteht der erste Prosaentwurf zu *Parsifal* (damals noch *Parzival*). Ab dem
14. September schreibt Wagner für den König Aufzeichnungen mit dem Titel *Was ist deutsch?* Am 18. Oktober wird ihm
vom König ein erneutes Geschenk von 40 000 Gulden ange-

wiesen. Rückwirkend zum 1. Oktober wird Wagners Gehalt im November auf 8000 Gulden festgesetzt. Besonders scharfe öffentliche Angriffe auf Wagners Wirken in München sind die Folge. Am 2. Dezember wird die Partitur des 2. Akts von *Siegfried* vollendet. Vier Tage später wird Wagner ersucht, Bayern zu verlassen; am 10. Dezember reist er in die Schweiz. Am Genfer See mietet er am 23. Dezember das Landhaus »Les Artichauts«.

1866 Wagner nimmt am 12. Januar die Komposition zum 1. Akt der *Meistersinger* wieder auf. Am 22. Januar fährt er zur Wohnortsuche nach Südfrankreich. In Marseille erfährt er am 25. Januar vom Tod seiner Frau Minna in Dresden. Am 23. Februar ist die Partitur zum 1. Akt der *Meistersinger* fertig. Cosima – die seit dem 8. März bei Wagner in Genf ist – findet mit Wagner auf einer Fahrt über den Vierwaldstätter See das Haus »Tribschen«, das er am 4. April besichtigt, mietet und am 15. April bezieht. Cosima trifft am 12. Mai mit ihren Töchtern dort ein. Am 10. Juni kommt Hans von Bülow nach Tribschen. Am 1. September reisen Cosima und Hans von Bülow nach München. Aber am 15. September zieht Bülow nach Basel, Cosima am 28. September nach Tribschen zurück. Am 30. Oktober trifft Hans Richter als Wagners neuer Sekretär ein.

1867 Eva wird am 17. Februar als Kind von Cosima von Bülow und Richard Wagner in Tribschen geboren. Wagner bewirkt, daß Hans von Bülow ab dem 5. April zum Hofkapellmeister in München ernannt wird. Am 30. Mai bezieht Wagner das vom König zur Verfügung gestellte Haus »Prestele« bei Starnberg, doch bereits am 13. Juni kehrt er nach Tribschen zurück. Dort beendet er am 24. Oktober die Partitur der *Meistersinger*. Kurz vorher war Liszt nach Tribschen gekommen, um sich ein Bild über die Beziehung seiner Tochter zu seinem Freund zu verschaffen.

1868 Die Uraufführung der *Meistersinger von Nürnberg* findet am 21. Juni in München unter der Leitung Hans von Bülows und in Gegenwart des Komponisten statt. Vom 14. September bis 6. Oktober reisen Wagner und Cosima nach Oberitalien, über den St. Gotthard und Stresa nach Mailand und über Como nach Lugano und Bellinzona. Am 1. November fährt Wagner über München nach Leipzig zu seinem Schwager

Hermann Brockhaus, wo er am 8. November erstmals Friedrich Nietzsche begegnet. Am 16. November zieht Cosima mit ihren Töchtern für immer zu Wagner nach Tribschen.

1869   Bis zum 23. Februar hat Wagner die Partiturreinschrift des 2. Akts von *Siegfried* fertig. Am 17. Mai besucht ihn Friedrich Nietzsche erstmals in Tribschen. Richard Wagners einziger Sohn, Siegfried Helferich Richard, wird am 6. Juni in Tribschen geboren. Der Uraufführung des *Rheingold* am 22. September unter Franz Wüllner in München bleibt Wagner fern, da es unüberbrückbare Meinungsverschiedenheiten mit der Intendanz des Hoftheaters gab.

1870   In der ersten Januarhälfte arbeitet Wagner am Vorspiel zur *Götterdämmerung*. Am 5. März wird er durch einen Lexikonartikel näher mit der ihm flüchtig von einer Reise erinnerten Stadt Bayreuth bekannt. In München findet am 26. Juni die Uraufführung der *Walküre* statt; Franz Wüllner dirigiert gegen Wagners Willen diese Vorstellung auf Befehl des Königs von Bayern. An dessen Geburtstag, dem 25. August, geht Wagner mit der inzwischen geschiedenen Cosima von Bülow die Ehe in der protestantischen Kirche von Luzern ein. Am 4. Dezember vollendet er die Partitur des *Siegfried-Idylls*, das am 25. Dezember, einen Tag nach Cosimas Geburtstag, morgens im Treppenhaus von Tribschen unter Wagners Leitung uraufgeführt wird.

1871   Am 5. Februar vollendet Wagner die Partitur des *Siegfried*. Mitte April reisen Cosima und er nach Augsburg und weiter nach München, Nürnberg und Bayreuth. Am 20. April besichtigen sie das markgräfliche Opernhaus und befinden, daß es zum Festspielhaus nicht geeignet sei, wohl aber die Stadt zum Festspielort. Die Reise geht weiter über Leipzig, Dresden und Berlin, wo Wagner im Plenum der Akademie der Künste, der er seit 1869 angehört, einen Vortrag *Über die Bestimmung der Oper* hält. Am 12. Mai wieder in Leipzig, kündigt Wagner etwas voreilig für den Sommer 1873 die ersten Bayreuther Festspiele an, die erst drei Jahre später stattfinden können. Am 16. Mai sind Richard und Cosima Wagner zurück in Tribschen, wo Wagner an seinem Geburtstag das »Vorwort« zur Gesamtausgabe seiner Schriften und Dichtungen fertig schreibt. Bis zum 25. Oktober ist die Kompositionsskizze zum 2. Akt der *Götterdämmerung* vollendet. Am

14. Dezember fährt Wagner nach München und weiter nach Bayreuth, wo er am folgenden Tag einen Bauplatz für das – von der Stadt genehmigte – Festspielhaus besichtigt.

1872 Über Basel, Berlin und Weimar vom 31. Januar bis 3. Februar erneut in Bayreuth; er gründet einen Verwaltungsrat für die Festspiele, erwirbt auch einen Baugrund für sein Haus »Wahnfried«. Am 22. April verläßt er, vorerst allein, Tribschen, um nach Bayreuth zu übersiedeln. Am 30. April folgt Cosima mit ihren fünf Kindern. Seinen 59. Geburtstag verbindet Wagner mit der Grundsteinlegung zum Bayreuther Festspielhaus. Am 2. September besuchen er und Cosima nach langer Entfremdung Franz Liszt in Weimar. Ende des Monats zieht Wagner vom Hotel Fantaisie in Donndorf bei Bayreuth in die Stadtwohnung, Dammallee Nr. 7. Am 15. Oktober trifft Liszt zu seinem ersten Besuch in Bayreuth ein. Am 31. Oktober konvertiert Cosima zum Protestantismus. Am 10. November begeben sich Wagner und seine Frau auf Inspektionsreise durch Deutschland, um Künstler für die ersten Bayreuther Festspiele zu werben.

1873 Am 12. Januar fährt Wagner mit seiner Frau nach Dresden, am 15. Januar weiter nach Berlin. Dort liest er im Haus des Grafen von Schleinitz zwei Tage später seine *Götterdämmerung* vor. In Hamburg gibt er am 21. und 23. Januar Konzerte, am 4. Februar eines in Berlin, am 24. April eines in Köln. Am 3. Mai beginnt er mit der Arbeit an der Partitur zur *Götterdämmerung*. Am 2. August findet in Bayreuth die »Hebefeier«, das Richtfest, zum Bau des Festspielhauses statt. Im September besucht Anton Bruckner den Kollegen in Bayreuth und trägt ihm die Widmung seiner 3. Symphonie an, die Wagner gern annimmt. Im Dezember komponiert Wagner den *Kinderkatechismus* für vier Mädchenstimmen und Klavier. Am 25. Dezember führen ihre Kinder das Werk im (noch nicht bezogenen) Haus »Wahnfried« zu Cosimas Geburtstag, der stets einen Tag zu spät gefeiert wird, auf.

1874 Am 20. Februar stellt König Ludwig zum Weiterbau des Festspielhauses in Bayreuth einen Kredit von 100 000 Talern zur Verfügung. Wagner kann am 28. April Wahnfried beziehen, zu dessen Bau der König 25 000 Taler beigesteuert hat. Vom 27. Juni bis 23. Juli veranstaltet Wagner mit den vorgesehenen Solisten für die ersten Festspiele Vorstudien in

Wahnfried. Am 21. November ist die Partitur der *Götterdämmerung* fertig.

1875   Am 20. Februar fährt Wagner mit seiner Frau nach Wien; sie
wohnen bei Dr. Standhartner. Am 1. März gibt Wagner ein
Konzert in Wien und besucht am 3. März ein Atelierfest bei
dem Maler Hans Makart. Am 6. März fahren Wagners nach
Budapest weiter, wo Wagner zusammen mit Liszt ein großes
Konzert mit Kompositionen beider Künstler gibt. Weitere
Reisen, u. a. nach Leipzig, Hannover und wieder Wien. Am
22. Juli wird vor der Villa Wahnfried die Bronzebüste von
König Ludwig II. aufgestellt. Am 30. Oktober fährt die gan-
ze Familie nach München und weiter nach Wien, wohin
Wagner zur Einstudierung von *Tannhäuser* und *Lohengrin*
gerufen wurde.

1876   Am 1. März fährt Wagner mit Cosima nach Wien, wo Wagner am folgenden Tag in der Hofoper seinen *Lohengrin* als
Benefizvorstellung für das Chorpersonal dirigiert. Am
18. März dinieren sie bei Adolf Menzel in Berlin, und am 20.
erleben sie dort die Erstaufführung von *Tristan und Isolde*.
Inzwischen hat Wagner einen Auftrag aus Amerika zum
100jährigen Jubiläum der Selbständigkeit der Vereinigten
Staaten angenommen und ausgeführt: den *Großen Festmarsch*, für 5000 Dollar. Am 3. Juni beginnen die Proben zu
den ersten Bayreuther Festspielen, die am 13. August einsetzen mit der Uraufführung von *Der Ring des Nibelungen* in
drei Zyklen (bis 30. August). Am 18. August wird für sieben-
hundert Gäste ein Festbankett im Festspielhausrestaurant gegeben, bei dem Wagner seinen Freund Liszt als den Urheber
des Festspieltriumphs feiert. Am 14. September reist Wagner
mit seiner Familie nach München und weiter nach Verona
und Venedig, wo ihn am 19. September die Nachricht erreicht, daß die Festspiele ein Defizit von fast 150 000 Mark
hinterlassen haben. Am 26. September Weiterreise nach Bologna, Neapel und Sorrent, wo er mit der Familie sich bis
7. November erholt und ein letztes Mal mit Nietzsche zu-
sammentrifft.

1877   Die Dichtung des *Parsifal* ist am 19. April fertig. Am 30.
April fahren Wagner und Cosima nach London, wo er im
Mai acht Konzerte in der Albert-Hall gibt. Hans Richter be-
gleitet sie als alternativer Dirigent. Am 4. Juli besuchen ihn

Mathilde Wesendonck und ihre Kinder in Bad Ems, wo er mit Cosima zur Kur weilt. Am 15. September offeriert Wagner im Festspielhaus den Delegierten der Wagner-Vereine seine Idee vom »Schulplan«, der die Musteraufführungen seiner Werke vom *Holländer* bis zum *Parsifal* beinhalten soll.

1878   Wagner arbeitet am *Parsifal*. Es entstehen die Aufsätze *Modern, Das Publikum in Zeit und Raum* sowie *Ein Rückblick auf die Bühnenfestspiele des Jahres 1876.*

1879   Am 21. August kommt Liszt nach Bayreuth und spielt zum 130. Geburtstag Goethes, am 28. August, seine *Faustsymphonie* am Klavier vor. Am 29. September beendet Wagner sein *Offenes Schreiben an Herrn Ernst von Weber, Verfasser der Schrift »Die Folterkammer der Wissenschaft«*, ein engagiertes Bekenntnis seiner Tierliebe. Am 31. Dezember bricht Wagner mit seiner Familie nach Italien auf. Er feiert in München bei Lenbach das Silvesterfest.

1880   Am 4. Januar kommt Wagner in Neapel an und bezieht die am Posilipo gelegene Villa Angri. Dort spricht der russische Maler Paul Joukowsky am 18. Januar bei ihm vor; er wird sein Vertrauter in Sachen Bühnenbild für den *Parsifal*. Am 26. Mai macht die Familie einen Ausflug nach Amalfi und Ravello, in dessen Park Wagner seinen »Zaubergarten« für den *Parsifal* gefunden hat. Am 19. Juli hat Wagner die Urschrift von *Religion und Kunst* fertig. Am 7. August macht sich nach 24jähriger Pause erneut die Gesichtsrose schmerzlich bemerkbar. Die Familie verläßt Neapel und fährt nach Rom, Perugia und Siena, wo am 24. August in der Villa Torre Fiorentina Quartier gemacht wird. Am 4. Oktober kommt sie in Venedig an und zieht zwei Tage später in den Palazzo Contarini ein. Die Abreise von Venedig erfolgt am 30. Oktober; die Familie ist vom 31. Oktober bis 17. November in München und in den ersten Tagen zu Gast bei Levi. Am 12. November dirigiert Wagner für König Ludwig allein das Vorspiel zum *Parsifal*.

1881   Am 8. Januar läßt sich Engelbert Humperdinck in Bayreuth nieder, um die Originalpartitur von Wagners *Parsifal* zu kopieren. Am 25. April liegt die Partitur zum 1. Akt des *Parsifal* fertig vor, am 20. Oktober die Partitur zum 2. Akt. Die Italien-Reise dieses Jahres beginnt am 1. November; sie führt über München, Bozen, Verona und Neapel, wo mit dem Schiff noch nachts nach Palermo übergesetzt wird. Dort vollendet Wagner den 3. Akt der *Parsifal*-Partitur am 8. November.

1882 Am 13. Januar ist die Gesamtpartitur des *Parsifal* endgültig fertig. Anfang Februar zieht Wagner vom Hotel des Palmes in Palermo in ein Landhaus des Fürsten Gangi an der Piazza dei Porazzi, am 20. März nach Acireale. Am gleichen Tag beginnt er mit seiner letzten Schrift mit dem Arbeitstitel *Über das Männliche und Weibliche in Kultur und Kunst*. Am 10. April reist Wagner über Messina und Neapel nach Venedig, wo er bis zum 29. April bleibt. Über München und Nürnberg fahrend, trifft er am 1. Mai in Bayreuth ein. Am 11. Mai besucht ihn Graf Gobineau. Am 2. Juni beginnen die Proben zu den zweiten Bayreuther Festspielen mit Aufführungen allein des *Parsifal*. Liszt trifft am 15. Juli in Bayreuth ein und erlebt die Uraufführung des »Bühnenweihfestspiels« am 26. Juli mit. Zum letzten gemeinsamen Erholungsaufenthalt in Italien bricht die Familie Wagner im September auf. Am 16. kommt sie in Venedig an, am 18. bezieht sie den Palazzo Vendramin. Dort vollendet Wagner am 1. November seinen Aufsatz *Das Bühnenweihfestspiel in Bayreuth*. Vom 19. November bis zum 13. Januar 1883 ist auch Liszt in Venedig.

1883 Zu Beginn des Jahres nimmt die Familie am Karneval teil. Am 12. Februar liest Wagner in Fouqués *Undine*; Joukowsky zeichnet ein letztes Porträt von ihm. Am 13. Februar stirbt Wagner nachmittags zwischen 4 und 5 Uhr. Sein Leichnam wird drei Tage später mit dem Zug nach Bayreuth gebracht und am 18. Februar im Garten von Wahnfried beigesetzt.

Literaturhinweise

Ausgaben

Gesammelte Schriften

Gesammelte Schriften und Dichtungen. 10 Bde. Leipzig 1871–1883. [Zit. als: GS.]

Sämtliche Schriften und Dichtungen. 16 Bde. Leipzig [1911–14].

Dichtungen und Schriften. Hrsg. von D. Borchmeyer. Frankfurt a. M. 1983.

Autobiographische Schriften von Richard Wagner

Annalen 1864–1868. In: Mein Leben. S. 759–810.

Autobiographische Skizze. In: GS. Bd. 1. S. 5–24; auch in: SB. Bd. 1. S. 95–114.

Das braune Buch. Tagebuchaufzeichnungen 1865 bis 1882. Hrsg. von J. Bergfeld. Zürich / Freiburg i. Br. 1975.

Mein Leben. Vollständige, kommentierte Ausgabe. Hrsg. von M. Gregor-Dellin. München 1976.

Eine Mitteilung an meine Freunde. In: GS. Bd. 4. S. 285–418. – Auch in: Dichtungen und Schriften. Bd. 6. S. 199–325.

Die rote Brieftasche. In: SB. Bd. 1. S. 79–92.

Autobiographische Schriften von Cosima Wagner

Die Tagebücher. Ed. und komm. von M. Gregor-Dellin und D. Mack. 4 Bde. 2., durchges. und im Anh. rev. Aufl. München 1982.

Das zweite Leben. Briefe und Aufzeichnungen 1883–1930. Hrsg. von D. Mack. Zürich / München 1980.

Briefausgaben

Richard Wagner: Briefe in Originalausgaben. 17 Bde. Leipzig 1912.

Richard Wagner: Sämtliche Briefe. Bd. 1–4 hrsg. von G. Strobel und W. Wolf. Leipzig 1967–79. Bd. 6 ff. hrsg. von H.-J. Bauer und J. Forner. Leipzig 1986 ff. [Zit. als: SB.]

Altmann, W. (Hrsg.): Richard Wagners Briefe nach Zeitfolge und Inhalt. Ein Beitrag zur Lebensgeschichte des Meisters. Leipzig 1905.

– Richard Wagners Briefwechsel mit seinen Verlegern: Briefwechsel mit Breitkopf & Härtel. Leipzig 1911.

– Richard Wagners Briefwechsel mit seinen Verlegern: Briefwechsel mit B. Schott's Söhnen. Mainz 1911.

– Briefe Wagners an Editha von Rhaden. In: Die Musik 16 (1923/24) Nr. 10. S. 714–732.

Brandt, H. (Hrsg.): Meister der deutschen Musik in ihren Briefen. München 1913.

Burk, J. N. (Hrsg.): Letters of Richard Wagner: the Burrell Collection. London 1951. – Dt. Frankfurt a. M. 1953.

Chamberlain, H. S. (Hrsg.): Richard Wagners echte Briefe an Ferdinand Praeger. Bayreuth 1894. – Rev. Ausg. 1908.

Eger, M. (Hrsg.): Der Briefwechsel Richard und Cosima Wagners. Geschichte und Relikte einer vernichteten Korrespondenz. In: Festspielheft Rheingold 1979. S. 1–23, 108–119. Festspielheft Walküre 1979, S. 1–23, 108–132.

Fehr, M. (Hrsg.): Richard Wagners Schweizer Zeit. 2 Bde. Aarau/Leipzig [1934–53].

Glasenapp, C. F. (Hrsg.): Familienbriefe von Richard Wagner 1832–1874. Berlin 1907.

– Bayreuther Briefe von Richard Wagner 1871–1883. Leipzig/Berlin 1907. [2]1912.

Golther, W. (Hrsg.): Richard Wagner an Mathilde Wesendonk. Tagebuchblätter und Briefe 1853–1871. Leipzig 1904. [3]1906.

– Briefe Richard Wagners an Otto Wesendonk 1852–1870. Berlin 1904.

– Leben und Werk in urkundlichen Zeugnissen, Briefen, Schriften und Berichten. Ebenhausen 1936.

Hausegger, S. v. (Hrsg.): Richard Wagners Briefe an Frau Julie Ritter. München 1920.

Heckel, K. (Hrsg.): Briefe Richard Wagners an Emil Heckel. Zur Entstehungsgeschichte der Bühnenfestspiele in Bayreuth. Berlin 1899. [2]1911.

Heintz, A. (Hrsg.): Briefe Richard Wagners an Otto Wesendonk. Charlottenburg 1898. [2]1905 hrsg. von W. Golther.

Hueffer, F. (Hrsg.): Briefwechsel zwischen Wagner und Liszt. Leipzig 1887. [3]1910 hrsg. von E. Kloss.

Kapp, J. (Hrsg.): Richard Wagner an Mathilde und Otto Wesendonk. Tagebuchblätter und Briefe. Leipzig [1915].
– Richard Wagner und die Berliner Oper. Die Berliner Staatsoper dem Gedächtnis Richard Wagners. Berlin 1933.
Kapp, J. / Kastner, E. (Hrsg.): Richard Wagner's gesammelte Briefe. 2 Bde. Leipzig 1914.
Karpath, L. (Hrsg.): Richard Wagner: Briefe an Hans Richter. Berlin 1924.
Kastner, E. (Hrsg.): Wagneriana I. Briefe Richard Wagner's (1830 bis 1883). Wien 1885.
Kesting, H. (Hrsg.): Richard Wagner: Briefe. Auswahl. München/Zürich 1983.
– Franz Liszt – Richard Wagner: Briefwechsel. Frankfurt a. M. 1988.
Kloss, E. (Hrsg.): Richard Wagner in seinen Briefen. Stuttgart 1911.
– Richard Wagner an seine Künstler. Berlin 1908.
– Richard Wagner an Freunde und Zeitgenossen. Berlin 1909.
– Richard Wagner über die Meistersinger von Nürnberg. Aussprüche Richard Wagners über sein Werk in Schriften und Briefen. Leipzig 1910.
– Briefwechsel zwischen Wagner und Liszt. Leipzig ³1910.
Kloss, E. / Weber, H. (Hrsg.): Richard Wagner über den Ring des Nibelungen. Aussprüche des Meisters über sein Werk in Schriften und Briefen. Leipzig 1913.
Kretschmar, E. (Hrsg.): Richard Wagner, sein Leben in Selbstzeugnissen, Briefen und Berichten. Berlin 1939.
Lindner, E. (Hrsg.): Richard Wagner über Tristan und Isolde. Aussprüche des Meisters über sein Werk, aus seinen Briefen und Schriften zusammengestellt und mit erläuternden Anmerkungen versehen. Leipzig 1912.
– Richard Wagner über Parsifal. Aussprüche des Meisters über sein Werk, aus seinen Briefen und Schriften sowie anderen Werken zusammengestellt und mit erläuternden Anmerkungen versehen. Leipzig 1913.
– Richard Wagner über Tannhäuser. Aussprüche des Meisters über sein Werk, aus seinen Briefen und Schriften sowie anderen Werken zusammengestellt und mit erläuternden Anmerkungen versehen. Leipzig 1914.
Lippert, W. (Hrsg.): Richard Wagners Verbannung und Rückkehr 1849–1862. Dresden 1927.

Lipsius, M. [La Mara] (Hrsg.): Richard Wagners Briefe an August Röckel. Leipzig ²1903.

Lorenz, A. (Hrsg.): Richard Wagner: Ausgewählte Schriften und Briefe. 2 Bde. Berlin [o. J.].

Moser, H. J. (Hrsg.): Zwanzig Richard-Wagner-Dokumente. In: Deutsche Rundschau 62 (1931) H. 42. S. 133.

Neumann, A. (Hrsg.): Erinnerungen an Richard Wagner. Leipzig ³1907.

Paoli, R. (Hrsg.): Di Alcune lettere inedite di Riccardo Wagner. Bologna 1974.

Otto, W. (Hrsg.): Richard Wagner: Briefe 1830–1883. Berlin 1986.

Röckl, S. (Hrsg.): Richard Wagner in München. Ein Bericht in Briefen. Regensburg 1938.

– Richard Wagner in München. Ein Bericht in Briefen, 1864–1865. 2 Bde. München 1903–20.

Scholz, H. (Hrsg.): Richard Wagner an Mathilde Maier, 1862–1878. Leipzig 1930.

Schuh, W. (Hrsg.): Die Briefe Richard Wagners an Judith Gautier. Dt. von Paul Amann. Zürich 1936.

Schweizer, G. (Hrsg.): Richard Wagner und seine Getreuen. Erinnerungen und Briefe aus der rhein-mainischen Landschaft. Frankfurt a. M. 1940.

Seidl, A. (Hrsg.): Wagneriana. 2 Bde. Berlin/Leipzig 1901.

Sternfeld, R. (Hrsg.): Richard Wagner in seinen Briefen an ›Das Kind‹. In: Die Musik 19 (1926) H. 1. S. 1–11.

– Richard Wagner. Tagebuchblätter und Briefe an Mathilde Wesendonk 1853–1871. Berlin [o. J.].

Strecker, L. (Hrsg.): Richard Wagner als Verlagsgefährte. Eine Darstellung mit Briefen und Dokumenten. Mainz 1951.

Thode, D. (Hrsg.): Richard Wagners Briefe an Hans von Bülow. Jena 1916.

Tiersot, J. (Hrsg.): Lettres françaises de Richard Wagner. Paris 1935.

Wolzogen, H. v. (Hrsg.): Richard Wagners Briefe an Theodor Uhlig, Wilhelm Fischer, Ferdinand Heine. Leipzig 1888.

– Richard Wagner an Minna Wagner. 2 Bde. Berlin ⁵1908.

– Heinrich von Steins Briefwechsel mit Hans von Wolzogen. Leipzig 1910.

Zinstag, A. (Hrsg.): Die Briefsammlung des Richard Wagner Museums in Tribschen. Basel 1961.

Forschungsliteratur

Barth, H. / Mack, D. / Voss, E.: Wagner. Sein Leben, sein Werk und seine Welt in zeitgenössischen Bildern und Texten. Wien 1975.

Bauer, H.-J.: Richard Wagner Lexikon. Bergisch Gladbach 1988.

– Reclams Musikführer: Richard Wagner. Stuttgart 1991.

Borchmeyer, D.: Das Theater Richard Wagners. Idee – Dichtung – Wirkung. Stuttgart 1982.

Dahlhaus, C.: Richard Wagners Musikdramen. Velber 1971.* 2. Aufl. München/Zürich 1988.

Donington, R.: Wagner's ›Ring‹ and its Symbols. The Music and the Myth. London 1963.

Gregor-Dellin, M.: Richard Wagner. Sein Leben, sein Werk, sein Jahrhundert. München/Zürich 1980.

Gutman, R.: Richard Wagner. Der Mensch, sein Werk, seine Zeit. München 1968. ²1970.

Kaiser, J.: Leben mit Wagner. München 1990.

Kastner, E.: Wagner Catalog. Chronologisches Verzeichnis der von und über Richard Wagner erschienenen Schriften, Musikwerke etc. etc., nebst biographischen Notizen. Hilversum 1966.

Kirchmeyer, H.: Situationsgeschichte der Musikkritik und des musikalischen Pressewesens in Deutschland, dargestellt vom Ausgange des 18. bis zum Beginn des 20. Jahrhunderts. Das zeitgenössische Wagner-Bild. Bd. 1: Wagner in Dresden. Regensburg 1972. Bd. 3: Dokumente 1846–1850. Regensburg 1968.

Kröplin, E.: Richard Wagner. Theatralisches Leben und lebendiges Theater. Leipzig 1989.

Kröplin, K.-H.: Richard Wagner 1813–1883. Eine Chronik. Leipzig 1983.

Kunze, S. (Hrsg.): Richard Wagner. Von der Oper zum Musikdrama. Bern/München 1978.

Mack, D. / Voss, E.: Richard Wagner. Leben und Werk in Daten und Bildern. Frankfurt a. M. 1978.

Mayer, H.: Richard Wagner in Selbstzeugnissen und Bilddokumenten. Hamburg 1959.

Voss, E.: Richard Wagner. Dokumentarbiographie. Mainz 1982.

Wapnewski, P.: Richard Wagner. Die Szene und ihr Meister. München 1978.

Wapnewski, P. / Müller, U. (Hrsg.): Wagner-Handbuch. Stuttgart 1986.

Westernhagen, C. v.: Richard Wagner. Sein Werk, sein Wesen, seine Welt. Zürich 1956.

Zelinsky, H.: Richard Wagner. Ein deutsches Thema. Frankfurt a. M. 1976.

Verzeichnis der Abbildungen

Fotos:

S. 2, 11, 30, 54, 79, 196, 229, 332, 391, 404, 420, 462, 505: Nationalarchiv der Richard-Wagner-Stiftung Bayreuth

S. 92, 120, 145, 168, 277, 438, 470, 489: Verlagsarchiv

Personenverzeichnis

Mit biographischen Hinweisen versehen sind alle Briefempfänger (mit kursiven Seitenzahlen) und die für Wagner relevanten Personen.

die frivole Opernmusik eingeschwenkt, die nichts als musikalische Obszönitäten darstelle.   99, 247, 330, 383

Augusta (30. 9. 1811 Weimar – 7. 1. 1890 Berlin)
Königin von Preußen und deutsche Kaiserin, seit 1829 verheiratet mit Wilhelm I.   143, 478

Avenarius, Cäcilie
(geb. Geyer, 26. 2. 1815 Dresden – 14. 5. 1893 ebd.)
Halbschwester Wagners aus der Ehe seiner Mutter mit Ludwig Geyer. Am 5. 3. 1840 heiratete sie den Buchhändler Eduard Avenarius. Besonders in Wagners Elendsjahren in Paris kamen sich die Geschwister nahe.   49, 50, 52

Avenarius, Eduard (5. 10. 1809 Halberstadt – 20. 2. 1885 Dresden)
Buchhändler. – Chef der »Librairie allemande de Brockhaus & Avenarius« in Paris, einer 1837 gegründeten Zweigstelle des Verlagshauses, die 1850 wieder mit Leipzig vereinigt wurde. Beim Eintreffen Wagners in Paris 1839 war er mit dessen Halbschwester Cäcilie Avenarius erst verlobt; er half Wagner finanziell, aber auch in der Vermittlung zu Meyerbeer, der eine Aufführung des *Holländers* in Berlin befürworten sollte. Seit 1844 war Avenarius Verlagsbuchhändler in Leipzig und Berlin.   *49*, 143, 206, 278

Bach
Kapellmeister in Dresden.   107

Bach, Johann Sebastian (21. 3. 1685 Eisenach – 28. 7. 1750 Leipzig)
Komponist.   313

Bakunin, Michail Alexandrowitsch
(18. 5. 1814 Prjamuchino, heute Gebiet Kalinin – 1. 7. 1876 Bern)
Anarchist und Berufsrevolutionär. – Eine der Schlüsselfiguren des Dresdener Maiaufstands von 1849. Er wurde in Chemnitz verhaftet und verurteilt. Wagner war kurze Zeit in Dresden mit ihm befreundet.   136, *154*, 199

Banck, Carl (1809–1889)
Musikkritiker.   100

Barby, von
Liebhaber Minna Planers. 31, 38

Baumgartner, Wilhelm
(15. 11. 1820 Rorschach – 17. 3. 1867 Zürich)
Liederkomponist und Musikpädagoge. – Seit 1845 Klavierlehrer und
Chordirigent in Zürich; 1859 Universitätsmusikdirektor. *151*,
175, 289

Beatrice
Geliebte Dantes. 287

Beck, Johann Nepomuk oder dessen Sohn **Joseph**
Sänger. 426

Beethoven, Ludwig van
(getauft 17. 12. 1770 Bonn – 26. 3. 1827 Wien)
Komponist. 9, 35, 42, 75, 98 f., 194, 221–225, 227, 275, 308 f.,
309–314

Bellini, Vincenzo
(3. 11. 1801 Catania, Sizilien – 23. 9. 1835 Puteaux bei Paris)
Opernkomponist. 97–99, 102

Belloni, Gaetano
Sekretär von Franz Liszt. 141, 142

Berlioz, Hector
(11. 12. 1803 La Côte-Saint-André bei Vienne – 8. 3. 1869 Paris)
Komponist, Dirigent und Musikschriftsteller. – Wagner machte sich
bereits in seiner ersten Pariser Zeit durch die Aufführung der *Symphonie funèbre et triomphale*, die 1830 zum Zentenarium der Juli-
Revolution in Paris gegeben wurde, mit Berlioz' Musik bekannt.
Persönlich kennengelernt haben sich die beiden Komponisten aber
erst 1855 in England. 75–77, 318–320

Bethmann, Heinrich Eduard
(1774 Rosenthal bei Hildesheim – 8. 4. 1857 Halle a. d. Saale)
Theaterdirektor. – 1834–36 Theaterdirektor in Magdeburg, wo
Wagner am 10. 10. 1834 seinen Dienst als Musikdirektor antrat. Am

Ende der Spielzeit war Bethmann bankrott, und Wagner ging nach Leipzig zurück.   23, 33.

Bilz, Natalie (geb. Planer, 22. 2. 1826 – 1892 Leisnig bei Döbeln)
Uneheliche Tochter von Minna Planer und dem sächsischen Offizier Ernst Rudolf von Einsiedel. Sie wurde von Minna im 17. Lebensjahr unter dramatischen Umständen geboren, vor dem strengen Vater verheimlicht und stets als ihre jüngere Schwester ausgegeben. Sie lebte 1834 bei ihrer Mutter in Magdeburg; dann war sie, bis zur Flucht aus Königsberg, Mitglied der neugegründeten Familie Wagners. In Riga war sie nicht bei der Mutter, kam aber 1840 mit nach Paris. 1843 blieb sie bei Wagners Schwester Cäcilie Avenarius in Paris, während Wagner nach Dresden ging. Dann kam sie zu Minnas Schwester Charlotte Tröger nach Zwickau und wurde 1845 wieder von ihrer Mutter in Dresden aufgenommen. Im Züricher Exil machte sie sich fast die ganze Zeit im Haushalt der Wagners nützlich, ohne allerdings mit ihnen im »Asyl« gelebt zu haben. Kurz nach dem Tod ihrer Mutter heiratete sie und wurde nach dem Tod ihres Gatten von Cosima Wagner unterstützt. Ihrer Mutter gegenüber, die Natalie stets als »Schwester« erlebt hatte, fand sie nie ein böses Wort. 141

Birch-Pfeiffer, Charlotte (23. 6. 1800 Stuttgart – 25. 8. 1868 Berlin)
Schriftstellerin.   34

Bischoff, Ludwig (1794–1867)
Musikkritiker.   305

Bismarck, Otto von (1. 4. 1815 Schönhausen, Altmark – 30. 7. 1898 Friedrichsruh bei Hamburg)
Preußischer Ministerpräsident, 1871–90 Reichskanzler.   *479*

Böcklin, Arnold
(16. 10. 1827 Basel – 16. 1. 1901 San Domenico bei Fiesole, Italien)
Maler.   472

Bote & Bock
1838 gegründeter Musikverlag in Berlin.   252

Brahms, Johannes (7. 5. 1833 Hamburg – 3. 4. 1897 Wien)

Komponist – Wagner selbst hatte es nicht darauf abgesehen, als Gegenspieler von Brahms in die Geschichte einzugehen, trotz Äußerungen wie der ironischen Bemerkung: »Es ging und geht in unseren Symphonien und dergleichen jetzt weltschmerzlich und katastrophös her; wir sind düster und grimmig, dann wieder muthig und kühn; wir sehnen uns nach der Verwirklichung von Jugendträumen; dämonische Hindernisse belästigen uns; wir brüten, rasen wohl auch: da wird endlich dem Weltschmerz der Zahn ausgerissen; nun lachen wir und zeigen humoristisch die gewonnene Weltzahnlücke, tüchtig, derb, bieder, ungarisch oder schottisch, leider für Andere langweilig« (in: GS, Bd. 10, S. 229). *480 f.*

Brandt, Carl (15. 6. 1828 Darmstadt – 27. 12. 1881 ebd.)

Maschinen- und Bühnenmeister. – Brandt war technischer Leiter am Hoftheater Darmstadt und hatte 1876–81 die technische Leitung der Bayreuther Festspiele. 483

Breck

Schneiderin Richard Wagners. 292

Breitkopf & Härtel

In Leipzig 1719 gegründeter Musikverlag, seit 1798 Verlag der *Allgemeinen musikalischen Zeitung*. Zu Wagners Zeiten hatten Hermann und sein Bruder Raymund Härtel die Leitung des Verlags inne. 100, *103*, 200, 206, 208, 245, 252 f.

Brendel, Franz (26. 11. 1811 Stolberg, Harz – 25. 11. 1868 Leipzig)

Pianist und Musikschriftsteller. – Seit 1844 Redakteur der 1834 von Robert Schumann gegründeten *Neuen Zeitschrift für Musik*; mit Richard Pohl gab er außerdem 1856–61 die Monatsschrift *Anregungen für Kunst, Leben und Wissenschaft* heraus. Am Konservatorium in Leipzig war Brendel Lehrer für Musikgeschichte. 226

Brockhaus, Friedrich (23. 9. 1800 Dortmund – 24. 8. 1865 Dresden)

Verlagsbuchhändler. – Seit 1828 mit Wagners Schwester Luise verheiratet. Führte 1823–49 zusammen mit seinem Bruder Heinrich Brockhaus den Verlag. 27, 87, 379

Brockhaus, Heinrich (4. 2. 1804 Amsterdam – 15. 11. 1874 Leipzig)
Verlagsbuchhändler. – Bruder von Friedrich und Hermann Brockhaus. Zusammen mit Friedrich (1823–49), danach allein Geschäftsführer des Verlags F. A. Brockhaus. 1849 hielt er Wagners Dresdener Bibliothek als Sicherheit für Geldschulden zurück, nachdem Wagner aus Dresden geflohen war. 150

Brockhaus, Luise
(geb. Wagner, 24. 12. 1805 Leipzig – 3. 1. 1871 Dresden)
Schauspielerin. – Schwester Wagners; seit dem 16. 6. 1828 mit Friedrich Brockhaus verheiratet. Sie war in Breslau und anderen kleineren Theatern engagiert, zuletzt am Leipziger Stadttheater. 12, 87

Brockhaus, Ottilie
(geb. Wagner, 14. 3. 1811 Leipzig – 17. 3. 1883 ebd.)
Schwester Wagners; seit dem 11. 4. 1836 mit dem Leipziger Literaturwissenschaftler Hermann Brockhaus (1806–77) verheiratet. *10*, 11 (Abb.)

Bülow, Blandine Elisabeth von
Tochter von Cosima und Hans von Bülow 505 (Abb.)

Bülow, Cosima von *s.* Wagner

Bülow, Daniela
Tochter von Hans und Cosima von Bülow. 505 (Abb.)

Bülow, Eva von *s.* Chamberlain

Bülow, Hans von (8. 1. 1830 Dresden – 12. 2. 1894 Kairo)
Pianist (Schüler von Friedrich Wieck und Liszt) und Dirigent. – Heiratete 1857 Liszts Tochter Cosima. Wagner veranlaßte Bülows Anstellung als Hofpianist in München; ab 1867 war Bülow Hofkapellmeister und Direktor der Königlichen Musikschule in München. Am 10. 6. 1865 dirigierte er die Uraufführung von *Tristan* und am 21. 6. 1868 die der *Meistersinger* in München. Wegen Cosimas Liaison mit Wagner verließ er München, lebte zunächst in Florenz und reiste ab 1872 wieder als Dirigent und Klaviervirtuose; 1877–79 war er Kapellmeister des Hoftheaters Hannover; 1880–85 machte er als Hofmusikintendant das Meininger Orchester zu einem Musteror-

chester. 1882 heiratete er die Hofschauspielerin Marie Schanzer; 1886 übernahm er die »Abonnementskonzerte« in Hamburg und war gleichzeitig Dirigent der Berliner Philharmoniker.   7, 219, 236, 288, 328–331, *419*, 420 (Abb.), 423, 425, 427, 437, 440, *441*, 469, 476

Bülow, Isolde von (10. 4. 1865 München – 7. 2. 1919 ebd.)
Erstes gemeinsames Kind von Cosima von Bülow und Wagner; sie begleitete 1868 die Mutter nach Tribschen und 1872 nach Bayreuth. Nach Wagners Tod strengte sie, die 1900 den Dirigenten Franz Beidler geheiratet hatte, 1913 eine gerichtliche Klärung über die inzwischen von Cosima angezweifelte Vaterschaft Wagners und die daraus sich ergebenden Erbansprüche an. Die Zivilkammer des Bayreuther Landgerichts stellte zusammenfassend fest: »Vor Gesetz kann Richard Wagner der Vater des Kindes nicht sein.« Diese formaljuristische Feststellung bewirkte einen endgültigen Bruch zwischen Mutter und Tochter.   442, 505 (Abb.)

Bürkel, Ludwig von
Hofsekretär Ludwigs II. von Bayern.   509

Büsching, Johann Gustav Gottlieb
(19. 9. 1783 Berlin – 4. 5. 1829 Breslau)
Schriftsteller.   16

Cerf, Karl Friedrich (d. i. Karl Friedrich Hirsch, 27. 2. 1771 Unterreißheim, Main – 6. 11. 1845 Berlin)
Leiter des Königstädtischen Theaters Berlin seit dessen Gründung 1822.   36, 39, 62

Chamberlain, Eva (geb. von Bülow, 17. 2. 1867 Tribschen bei Luzern – 26. 5. 1942 Bayreuth)
Zweite (voreheliche) Tochter von Richard und Cosima Wagner. Sie heiratete 1908 den englischen Schriftsteller und Rassentheoretiker Houston Stewart Chamberlain (1855–1927).   505 (Abb.)

Chopin, Frédéric
(1. 3. 1810 Želazowa Wola bei Warschau – 17. 10. 1849 Paris)
Komponist und Pianist.   275

Cicero, Marcus Tullius
(3. 1. 106 v. Chr. Arpinum – 7. 12. 43 v. Chr. bei Formiae)
Schriftsteller und Politiker. 461

Collin, Heinrich Joseph von (26. 12. 1771 Wien – 28. 7. 1811 ebd.)
Dramatiker. 221

Cornelius, Peter (24. 12. 1824 Mainz – 26. 10. 1874 ebd.)
Komponist und Schriftsteller. – Der Neffe des Malers Peter von
Cornelius wurde 1853 mit Wagner bekannt. Er ging 1859 nach
Wien, wo er sich 1861 mit Wagner eng befreundete. Aus der vereinnahmenden Umklammerung Wagners suchte er sich immer wieder
zu lösen, um seinen eigenen Kompositionsstil zu entwickeln. Wagner berief ihn 1864 ultimativ nach München, wo Cornelius 1867 eine
Anstellung als Kompositionslehrer an der neu gegründeten Königlichen Musikschule annahm. 1873 wirkte Cornelius zum letzten Mal
an einer Geburtstagsfeier in Bayreuth mit. 304, *390*, 391 (Abb.),
415, *416*, 421, 425, 427, 480 f.

Czerny, Carl (20. 2. 1791 Wien – 15. 7. 1857 ebd.)
Pianist. 9

Damm
Posaunist der Weimarer Hofkapelle. 238

Dante Alighieri (Mai 1265 Florenz – 14. 9. 1321 Ravenna)
Dichter. 287, 302

Dedel
Berliner Bekannter Richard Wagners. 38

Devrient, Eduard (11. 8. 1801 Berlin – 4. 10. 1877 Karlsruhe)
Sänger, Theaterleiter, Regisseur und Schriftsteller. – Neffe des Berliner Schauspielers Ludwig Devrient; Bruder der Dresdner Schauspieler Emil und Karl Devrient; anfangs Sänger und Schauspieler in Berlin; er sang die Titelpartie in Heinrich Marschners Oper *Hans Heiling* (1833), für die er auch das Libretto verfaßte. 1844–52 war er
Regisseur und Dramaturg in Dresden, 1852–69 Direktor des Hoftheaters Karlsruhe. *130*

Devrient, Wilhelmine *s.* Schröder-Devrient

Dietrich
Kaufmann. – Liebhaber Minna Planers.   47

Dingelstedt, Franz von
(30. 6. 1814 Halsdorf bei Marburg – 15. 5. 1881 Wien)
Schriftsteller und Theaterleiter.   350–355

Dönhoff, Marie Gräfin
(geb. Prinzessin di Camporeale, 1848–1929)
Verheiratet mit Karl Graf Dönhoff, Erster Sekretär der deutschen
Botschaft in Wien.   521

Dolci, Carlo (25. 5. 1616 Florenz – 17. 1. 1686 ebd.)
Maler.   93

Dorn, Heinrich Ludwig Egmont
(14. 11. 1800 Königsberg – 10. 1. 1892 Berlin)
Dirigent, Musikschriftsteller und Komponist. – Stiefbruder Louis
Schindelmeissers. Ab 1833 war er Kirchenmusikdirektor und wurde
1839 Nachfolger Wagners als Musikdirektor am Theater in Riga.
Zunächst mit Wagner befreundet, entwickelte sich aus der beruflich
bedingten Konkurrenz Gegnerschaft.   13, 38, 63 f.

Dorus-Gras, Julie-Aimée Joseph (1805–1896)
Sängerin.   58

Düfflipp, Lorenz von (1821–1886)
Bayerischer Hofsekretär.   472 f.

Eiser, Otto
Dr. med. – Gründer des Frankfurter Richard-Wagner-Vereins. Bei
einer Konsultation vom 3. bis 7. Oktober 1877 stellte Dr. Eiser – mit
dem hinzugezogenen Augenarzt Dr. Krüger – an Nietzsche eine
schwere Schädigung der Netzhaut fest. Von einer Geisteskrankheit
war keine Rede.   *490*

Ellerton
Bekannter Richard Wagners in London.   287 f.

war schon irre geworden an seiner Lösung, der Trennung Elsas von Lohengrin am Schluß der Oper (in der ihn später Frau von Hülsen bestätigte). 1852 besuchte Franck Wagner in Zürich. *114*

Friedrich I. (9. 9. 1826 Karlsruhe – 28. 9. 1907 Insel Mainau)
Großherzog von Baden seit 1856. 395, 501

Friedrich II.
(26. 12. 1194 Iesi, Italien – 13. 12. 1250 Fiorentino bei Lucera)
Römisch-deutscher Kaiser seit 1220. 515

Friedrich II., der Große (24. 1. 1712 Berlin – 17. 8. 1786 Potsdam)
König von Preußen seit 1772. 362

Friedrich August II.
(13. 5. 1797 Dresden – 9. 8. 1854 Brennbüchel, Tirol)
König von Sachsen seit 1836. *69*, 101, 128, 131 f., 154, 188, 190, 192, 233, 240, 297

Fürstenau, Moritz
Flötist. 134

Gaillard, Karl (13. 1. 1813 Potsdam – 10. 1. 1851)
Schriftsteller. – Begründer der *Berliner Musikalischen Zeitung*, die er 1844–47 leitete. In einem Brief vom 30. 1. 1844 hat Wagner ihm einen höchst aufschlußreichen Einblick in seine Arbeitsweise gewährt: »Ehe ich dann daran gehe, einen Vers zu machen, ja, eine Szene zu entwerfen, bin ich bereits in dem musikalischen Dufte meiner Schöpfung berauscht, ich habe alle Töne, alle charakteristischen Motive im Kopfe, so daß, wenn dann die Verse fertig und die Szenen geordnet sind, für mich die eigentliche Oper ebenfalls schon fertig ist, und die detaillierte musikalische Behandlung mehr eine ruhige und besonnene Nacharbeit ist, der der Moment des eigentlichen Produzierens bereits vorangegangen ist.« *112*

Gautier, Judith (d. i. Louise Charlotte Ernestine Gautier, 25. 8. 1845 Paris – 26. 12. 1917 Saint-Enogat, Bretagne)
Schriftstellerin und Schauspielerin. – Tochter des Schriftstellers Théophile Gautier; 1866–74 mit dem Schriftsteller Catulle Mendès verheiratet, ab 1874 getrennt und 1894 geschieden. Sie kam erstmals

1869 in Tribschen mit Wagner zusammen. Seine kleine Liebesge-
schichte mit ihr entspann sich jedoch erst in der anstrengenden Zeit
während der Festspiele 1876 in Bayreuth; briefliche Verbindung bestand bis zum 6. 2. 1878. 1881 besuchte sie Wagner in Bayreuth, um
Notizen für ihr Buch *Richard Wagner et son Œuvre poétique* (1882;
dt. *Richard Wagner und seine Dichtung von Rienzi bis zu Parsifal*,
1883) zu sammeln. Zu den Festspielen 1882 kam sie nochmals nach
Bayreuth.   *465, 488,* 489 (Abb.), 490, *493*

Geibel, Emanuel (17. 10. 1815 Lübeck – 6. 4. 1884 ebd.)
Dichter.   364

Genast, Eduard Franz (15. 7. 1797 Weimar – 3. 8. 1866 Wiesbaden)
Sänger, Schauspieler, Komponist und Regisseur. – War 1828 Thea-
terdirektor in Magdeburg und ab 1829 in Weimar auf Lebenszeit am
Hoftheater engagiert; 1833–35 dort auch als Opernregisseur tätig.
Mit ihm besprach Wagner die Inszenierung seines *Lohengrin* für
Weimar unter Franz Liszts musikalischer Leitung.   183 f.

Genelli, Giovanni (Hans) Bonaventura
(28. 9. 1798 Berlin – 13. 11. 1868 Weimar)
Maler und Zeichner. – Sein Bild »Dionysos von Musen erzogen« erwarb Wagner von Friedrich Brockhaus. Heute ist es in der Villa
Wahnfried in Bayreuth.   379

Gerber
Bekannter Richard Wagners in London.   283 f.

Geyer, Johanne Rosine (geb. Pätz – auch Berthis, Bertz, Betz –
verw. Wagner, 19. 9. 1778 Weißenfels – 9. 1. 1848 Leipzig)
Mutter Wagners; Tochter des Bäckermeisters Johann Gottlob Pätz.
Seit 2. 6. 1798 mit Friedrich Wagner verheiratet, neun Kinder. Nach
seinem Tod Heirat mit Ludwig Geyer am 28. 8. 1814 und Umzug
nach Dresden. Das einzige gemeinsame Kind war Cäcilie. Ging als
Witwe 1827 nach Leipzig zurück.   10, 14, *25,* 60, *78,* 79 (Abb.)

Geyer, Ludwig Heinrich
(21. 1. 1779 Eisleben – 30. 9. 1821 Dresden)
Schauspieler, Porträtmaler und Dramatiker. – Wagners Stiefvater
stammte aus einer sächsisch-anhaltischen Pastoren- und Kantoren-

familie. Als Schauspieler war er in Magdeburg, Stettin, Breslau und bei Joseph Secondas Truppe in Leipzig und Dresden engagiert. Am 28. 8. 1814 heiratete er die verwitwete Mutter Wagners; er sorgte aufopfernd für die große Familie. Für die gelegentliche Behauptung, er sei Wagners Vater, fehlt jeder Beweis. Wagner hing sehr an seinem Stiefvater.   6, 69, 79

Gläser, Franz Joseph (19. 4. 1798 Obergeorgenthal, Nordböhmen – 29. 8. 1861 Kopenhagen)

Komponist und Dirigent. – 1830–42 Kapellmeister am Königstädtischen Theater Berlin und 1842 Hofkapellmeister in Kopenhagen. 37

Glover, William Howard

Londoner Musikkritiker.   280

Gluck, Christoph Willibald Ritter von
(2. 7. 1714 Erasberg bei Neumarkt, Oberpfalz – 15. 11. 1787 Wien)
Komponist.   19, 98, 122, 179, 314, 373

Gobineau, Joseph Arthur Graf
(14. 7. 1816 Ville d'Avray bei Paris – 13. 10. 1882 Turin)

Schriftsteller und Rassentheoretiker. – 1855 erschienen die 4 Bände seines *Versuchs über die Ungleichheit der Menschenrassen*, worin er die »Arier« als »Eliterasse« bezeichnet und den Untergang der weißen Rasse durch Rassenmischung prognostiziert. Er besuchte Wagner 1881 in Bayreuth zum ersten Mal. Im Aufsatz *Heldenthum und Christenthum* (1881) adaptierte Wagner einen Teil von Gobineaus Rassentheorien, setzte aber eigene Schlußfolgerungen in der »Regenerationslehre«.   518, 520

Goethe, Johann Wolfgang
(28. 8. 1749 Frankfurt a. M. – 22. 3. 1832 Weimar)
Dichter.   34, 59, 123, 144, 146, 215, 232, 270, 334–336, 358, 469, 496

Goldwag, Bertha

Putzmacherin in Wien. Wagner erteilte ihr große Aufträge, die von seinen Gläubigern als Verschwendungssucht angeprangert wurden,

Hahnemann

Pauker aus Dresden. 326

Halévy, Jacques François Fromental Elie (d. i. Elias Lévy, gen. Fromentin Halévy, 27. 5. 1799 Paris – 17. 3. 1862 Nizza)

Komponist. – 1840 wurde Wagner in Paris mit Halévy bekannt. Die Uraufführung von *La Reine de Chypre* am 22. 12. 1841 in Paris veranlaßte Wagner zu einem Aufsatz über dieses Werk. 74, 103

Hanslick, Eduard (11. 9. 1825 Prag – 6. 8. 1904 Baden bei Wien)

Musikkritiker und -wissenschaftler. – Hanslick, von Haus aus Jurist, hatte Wagner 1845 in Marienbad kennengelernt und war anfangs, gerade was den *Tannhäuser* betraf, kein Gegner Wagners. Auch später war er stets bereit, Wagners musikdramatisches Genie anzuerkennen. Die bekannte Aversion ging eher von Wagner aus und machte sich am prinzipiellen Auffassungsunterschied der »Musik als Form« (Hanslick) und der »Musik als Ausdruck« (Wagner) fest. Die »Feindschaft« zwischen beiden ist aber stets überbewertet worden. Daß Wagner in seinem dritten Wiener Entwurf zu den *Meistersingern* so weit gegangen war, die komische Figur des Stadtschreibers Veit Hanslich zu nennen, hat Hanslick sehr getroffen. Indessen ging es Wagner nicht so sehr um den Wiener Kritiker als um eine Nachzeichnung des verhaßten Berufsstandes, den er in den Nürnberger Chroniken Johann Christoph Wagenseils studiert hatte. Und Hanslick, der in seiner Kritik der Uraufführungen die *Meistersinger* und den *Ring* verriß, war, trotz bestehender Vorbehalte, später von *Parsifal* 1882 sehr angetan. 119, 121 (Abb.)

Hartmann von Aue (um 1165 – um 1215)

Dichter. 402

Hauser, Franz

(12. 1. 1794 in Krasowitz bei Prag – 14. 8. 1870 Freiburg i. Br.)

Sänger, Regisseur und Musikpädagoge. – Bereits 1834 stand Wagner mit dem weitgereisten Hauser, der 1846 Direktor des neugegründeten Konservatoriums in München wurde, im Briefverkehr. Beide pflegten auch persönlichen Umgang, obgleich Hauser sein Teil dazu beitrug, daß *Rienzi* in Leipzig nicht zur Uraufführung kam. 17

Haydn, Joseph (getauft 1. 4. 1732 Rohrau a. d. Leitha, Niederösterreich – 31. 5. 1809 Wien)

Komponist.   20

Heckel, Philipp Jacob Emil
(22. 5. 1831 Mannheim – 28. 3. 1908 ebd.)

Klavierfabrikant und Musikalienhändler. – Gründer des ersten Wagner-Vereins 1871 in Mannheim. Einer der Verwaltungsräte der Bayreuther Festspiele.   *482*

Heine, Ferdinand (1798 – 14. 10. 1872 Dresden)

Regisseur und Kostümbildner. – Mit Wagner seit der Jugendzeit befreundet. 1841 trat Wagner von Paris aus mit Heine in Dresden wegen der Aufführung von *Rienzi* in Briefkontakt, später wurde die Beziehung immer kameradschaftlicher, und besonders während Wagners Züricher Exil war Heine in Dresden ein unentbehrlicher Mittelsmann für Wagners Bühnenaktivitäten.   *74, 87 f.*

Heine, Heinrich (13. 12. 1797 Düsseldorf – 17. 2. 1856 Paris)

Dichter. –Durch die Lektüre der *Memoiren des Herren von Schnabelewopski* (1834) bekam Wagner entscheidende Anregungen für seinen *Holländer*. 1839 kam es in Paris zu persönlichen Begegnungen, wobei Wagner seinen französischen Entwurf zu *Le Vaisseau fantôme* mit dem Dichter besprechen konnte. Aus *Buch der Lieder* (1827) vertonte Wagner 1840 das Gedicht *Die Grenadiere* französisch als *Les Deux grenadiers*. 1840 beschäftigte sich Wagner mit Heines Gedicht *Tannhäuser. Eine Legende* (1844). Er bezeichnete ihn als »Gewissen des Judenthumes, wie das Judenthum das üble Gewissen unserer modernen Civilisation ist« (»*Das Judenthum in der Musik*«, in: GS, Bd. 5, S. 107).   *72*

Heinrich

Herzog von Bordeaux.   *519*

Heinse, Johann Jakob Wilhelm
(d. i. Johann Jakob Wagner Heintze, 15./16. 2. 1746 Langewiesen, Thüringen – 22. 6. 1803 Aschaffenburg)

Schriftsteller des Sturm und Drang. – Sein Werk *Ardinghello und die glückseligen Inseln* (1787) machte Anfang der 30er Jahre großen Eindruck auf Wagner. In *Mein Leben* (S. 89) merkte Wagner an, daß er Laubes *Junges Europa* (1833–37) als »eine Reproduktion des *Ardinghello* von *Heinse*« erachte. Und obgleich das *Liebesverbot* nach William Shakespeares *Measure for Measure* verfaßt wurde, sind die Einflüsse aus *Ardinghello* offenkundig, besonders in der Verherrlichung der »freien Sinnlichkeit«.   29

Hérold, Louis Joseph Ferdinand
(28. 1. 1791 Paris – 19. 1. 1833 ebd.)

Komponist. – In Deutschland wurde Hérold besonders durch seine Oper *Zampa* (1831) und durch das Ballett *La Fille mal gardée* (1828) bekannt.   29, 330

Herwegh, Emma

Frau von Georg Herwegh.   330

Herwegh, Georg (31. 5. 1817 Stuttgart – 7. 4. 1875 Baden-Baden)

Lyriker und Revolutionär des Vormärz. – War 1848 in Paris und 1849 führend beim Aufstand in Baden; floh in die Schweiz. In Zürich pflegte Wagner sehr engen Umgang mit Herwegh. 1851 faßten Wagner, Karl Ritter und Herwegh einen »Entschluß [...], der Ausgangspunkt einer neuen Wende der Weltgeschichte werden kann« (SB, Bd. 4, S. 233), aber inhaltlich nicht näher bekannt gemacht wurde. Herwegh machte Wagner mit dem Werk Schopenhauers bekannt. Am 7. 7. 1853 schlossen Wagner, Franz Liszt und Herwegh auf der Rütliwiese am Vierwaldstätter See »Blutsbrüderschaft«.   230, 240, 251, 271, 330

Heubner, Otto Leonhard

Kreisamtmann und Richter in Freiberg. – Kopf des Dresdner Aufstands von 1849.   134–136

Hogarth

Sekretär der Old Philharmonic Society in London.   279, 284

Holtei, Karl von (24. 1. 1798 Breslau – 12. 2. 1880 ebd.)

Schriftsteller, Schauspieler und Theaterleiter. – 1837–39 Theaterdirektor in Riga. Louis Schindelmeisser vermittelte im Juni 1837 ein Treffen Wagners mit Holtei in Berlin, das zu Wagners Engagement in Riga führte, nachdem das Ensemble in Königsberg aufgelöst worden war. 64

Hübsch, Anton (7. 5. 1801 St. Petersburg – 13. 10. 1850 Siegburg)
Schauspieler und Theaterleiter. – In der Spielzeit 1836/37 Direktor des Königsberger Theaters, als auch Wagner dort engagiert war. 38

Hugo, Victor (26. 2. 1802 Besançon – 22. 5. 1885 Paris)
Dichter. 34, 96, 304, 365

Humboldt, Wilhelm von
(22. 6. 1767 Potsdam – 8. 4. 1835 Tegel, heute Berlin)
Gelehrter. 271

Jachmann, Johanna (geb. von Wülfingen, 13. 10. 1826 Lohnde bei Hannover – 16. 10. 1894 Würzburg)
Sängerin (Sopran). – Adoptivtochter von Wagners Bruder Albert; seit dem 2. 5. 1859 mit dem Landrat Alfred Jachmann verheiratet. 1844–51 am Dresdener Hoftheater. Sang in der Uraufführung von *Tannhäuser* die Elisabeth. Ab 1851 war sie am Berliner Hoftheater und stieg dort zur berühmten Operndiva auf. Bei den ersten Festspielen in Bayreuth sang sie eine Walküre und eine Norne. 288

Jadin
Französischer Mietsherr Wagners. 85

Johann (12. 12. 1801 Dresden – 29. 10. 1873 Pillnitz)
König von Sachsen seit 1854. *293*, 324

Joly, Anténor
Direktor des Pariser Renaissance-Theaters. 55 f.

Joukowsky, Paul von (d. i. Pawel Wassiljewitsch Schukowski, 1845 Frankfurt a. M. – 26. 8. 1912 Weimar)
Maler. – Am 18. 1. 1880 suchte Joukowsky Wagner in der Villa d'Angri in Neapel auf. Wagner bezog den anpassungsfähigen Künstler sogleich in die bildnerische Ausstattung von *Parsifal* ein und ließ von ihm Skizzen des Doms von Siena als Vorbild zum Gralstempel

sowie für den 2. Aufzug (anläßlich eines Ausflugs nach Ravello) den Park des Palazzo Rufolo als Klingsors Zaubergarten zeichnen. Die Dekorationen zur Uraufführung von *Parsifal* wurden 1882 nach seinen Bühnenbildentwürfen gefertigt. Er begleitete die Familie Wagner auch auf die letzte Reise nach Venedig und machte am Vorabend von Wagners Tod noch eine Porträtskizze des Komponisten.   505 (Abb.)

Käthe
Bekannte Richard Wagners in Mainz.   402

Karl Alexander (24. 6. 1818 Weimar – 5. 1. 1901 ebd.)
Großherzog von Sachsen-Weimar-Eisenach seit 1853.   296, 341, 353, 355, 511

Karl August (3. 9. 1757 Weimar – 14. 6. 1828 Graditz)
Großherzog von Sachsen-Weimar-Eisenach seit 1815.   215

Kietz, Ernst Benedikt (9. 3. 1815 Leipzig – 31. 5. 1892 Dresden)
Porträtzeichner und Lithograph. – Der Schüler von Paul Delaroche lebte 1838–70 in Paris und war dort von 1839 an mit Wagner befreundeter »Elendsgenosse«. Er zeichnete Wagner und seine Frau Minna mehrmals.   60, 75, *84*, *86*, 92 (Abb.), 171, 230, 278, 327, 332

Kietz, Gustav Adolph
(26. 3. 1824 Leipzig – 24. 6. 1908 Laubegast, heute Dresden)
Bildhauer. – Freundschaftliche Verbindung mit Wagner seit 1842 in Dresden; 1873/74 war er in Bayreuth und modellierte zwei Marmorbüsten von Wagner und seiner Frau Cosima.   229

Kittl, Johann Friedrich (auch Jan Bedřich Kittl, 8. 5. 1806 Schloß Vorlík, Südböhmen – 20. 7. 1868 Lissa bei Posen)
Komponist und Dirigent. – Seit 1842 Direktor des Prager Konservatoriums. Wagner schenkte ihm das Libretto *Die hohe Braut* (nach dem Roman von Heinrich Joseph Koenig), das Kittl als *Bianca und Giuseppe oder Die Franzosen vor Nizza* (1848) vertonte; ursprünglich sollte Carl Gottlieb Reißiger den Text 1842 für eine Oper verwenden.   88

Klindworth, Georg Heinrich
Diplomat.   375

Klindworth, Karl
(25. 9. 1830 Hannover – 27. 7. 1916 Stolpe bei Oranienburg)
Klaviervirtuose, Dirigent und Komponist. – Der Schüler Liszts lebte 1854–68 in London, wo ihn Wagner während seiner ersten London-Reise 1855 zu protegieren suchte. Seinem Aussehen und seiner
Statur nach sah Wagner in ihm seinen idealen Siegfried, und er hätte
den Pianisten gern nach Deutschland entführt, wenn er eine Tenorstimme gehabt hätte. Im Sommer 1858 besuchte Klindworth Wagner
in Zürich, wo er vor namhaften Gästen am Klavier *Rheingold* und
Walküre vortrug, während Wagner alle Partien sang. Ebenso veranstaltete er im Frühjahr 1860 im Hause der Sängerin Pauline Viardot-
García eine Klavieraufführung des 2. Aufzugs von *Tristan*, um Marie
Gräfin Muchanoff Dank abzustatten, die das Defizit von 10 000
Franken für Wagners Pariser Konzerte deckte; die Gastgeberin sang
selbst die Isolde. 1868–84 lebte Klindworth meist in Moskau, gründete dann in Berlin ein Konservatorium und kam seit den ersten
Festspielen 1876 nach Bayreuth. Er war der Adoptivvater von Winifred Wagner.   287 f.

Knopp-Fehringer, Agathe Auguste (1822–1877)
Sängerin.   219

Koenig, Heinrich Joseph
(19. 3. 1790 Fulda – 23. 9. 1869 Wiesbaden)
Schriftsteller und Finanzbeamter. – Nach seinem Roman *Die hohe
Braut* (1833) schrieb Wagner 1836 einen Prosaentwurf, den er zur
Herstellung eines französischen Librettos an Eugène Scribe nach Paris sandte und später Johann Friedrich Kittl zur Komposition überließ.   43, 88

Kriete, Henriette
(geb. Wüst, 12. 12. 1816 Berlin – 14. 12. 1892 Dresden)
Sängerin (Sopran). – Ab 1843 mit dem Schauspieler Hans Georg
Kriete verheiratet. 1833–58 am Dresdener Hoftheater. Sang die Irene in der Uraufführung von *Rienzi*.   91

Küstner, Karl Theodor von
(26. 11. 1784 Leipzig – 28. 10. 1864 ebd.)

Theaterleiter. – 1817–28 Leiter des Stadttheaters Leipzig, 1833–42 des Hoftheaters München, 1842–51 des Hoftheaters Berlin. Unter seiner Leitung wurde der *Holländer* in Berlin erstmals am 7. 1. 1844 gegeben. *Rienzi* wurde erstmals am 28. 10. 1847 unter Wagners Leitung in Berlin aufgeführt, wobei Küstner jede Entschädigung für Wagners Mitwirkung an der Einstudierung des Werks verweigerte.   89

Kugler, Vincenz
Musikdirektor am Königsstädter Theater in Berlin.   37

Lang
Musikdirektor.   219

Laube, Heinrich
(18. 9. 1806 Sprottau, Niederschlesien – 1. 8. 1884 Wien)

Schriftsteller, Kritiker und Theaterleiter. – Der Dichter des Jungen Deutschland zählte zu den Jugendfreunden Wagners. In der von Laube redigierten *Zeitung für die elegante Welt* veröffentlichte Wagner am 10. 6. 1834 seinen ersten Aufsatz: *Die deutsche Oper*.   24, 29, 68

Lauer
Liebhaber Minna Planers.   31

Laussot, Jessie (geb. Taylor, 1829–1905)

Musikschriftstellerin. – In erster Ehe mit dem Weinhändler Eugène Laussot in Bordeaux verheiratet, in zweiter Ehe mit dem Historiker Karl Hillebrand in Florenz. Wagner lernte sie 1848 kennen und verliebte sich 1850 bei einem Aufenthalt in Bordeaux in sie. Er plante eine Flucht mit ihr in den Orient. Am 25. 4. sagte Jessie ab. 1876 besuchte sie den *Ring* in Bayreuth.   153, 155, 160–167, 168 f., 173 bis 175, 199

Lehrs, Samuel
(d. i. Samuel Levi, 1806 Königsberg – 13. 4. 1843 Paris)

Philologe. – Lehrs war 1839–42 in Paris einer der engsten Freunde

Wagners, der ihm in seiner Novelle *Ein Ende in Paris* als »deutschem Philologen« ein Denkmal setzte.   85 f., 93

Lenbach, Franz von
(13. 12. 1836 Schrobenhausen bei München – 6. 5. 1904 München)
Porträtmaler. – Anfang Dezember 1871 malte Lenbach in München das bekannte Profilporträt Wagners mit dem Barrett (heute in der Villa Wahnfried, Bayreuth). Anfang November 1880 entstand eine Bildnis-Rötelzeichnung.   470, 473, 475

Levi, Hermann (7. 11. 1839 Gießen – 13. 5. 1900 München)
Dirigent. – 1864–72 Hofkapellmeister in Karlsruhe, dann bis 1896 Hofkapellmeister, ab 1894 Generalmusikdirektor in München. Wagner lernte ihn 1871 kennen. Verleumdungen wegen seines jüdischen Glaubens veranlaßten Levi, noch während der Uraufführungs-Proben zu *Parsifal* abzureisen; Wagner holte ihn nach Bayreuth zurück. 1883 besuchte er Wagner noch kurz vor seinem Tod in Venedig. Er blieb bis 1894 *Parsifal*-Dirigent.   513

Lindemann
Arzt in Paris.   230 f., 278

Lindenau   101

Lindpaintner, Peter Joseph von
(9. 12. 1791 Koblenz – 21. 8. 1856 Nonnenhorn, Bodensee)
Komponist.   12

Liszt, Eduard
Dr. jur.; Landgerichtsrat. – Jüngerer Onkel von Franz Liszt.
301

Liszt, Franz
(22. 10. 1811 Raiding, Burgenland – 31. 7. 1886 Bayreuth)
Klaviervirtuose und Komponist. – In der Zeit des Exils in der Schweiz war Liszt, den er 1840 in Paris kennengelernt und seit etwa 1848 zum Freund gewonnen hatte, Wagners wichtigster Briefpartner. Abgesehen von seinem unersättlichen Mitteilungsbedürfnis liebäugelte Wagner schon damals mit dem Gedanken, der Nachwelt in Anlehnung an die Weimarer Dichterfreundschaft zwischen Goe-

the und Schiller einen ähnlich bedeutenden Nachlaß in der geistigen Auseinandersetzung mit Liszt zu vermachen. Außerdem aber erkor Wagner den Musiker und Dirigenten Liszt vor allem während der Exilzeit zum Sachwalter seiner künstlerischen Angelegenheiten in Deutschland. Es muß wohl an Liszts unendlicher Geduld und an seiner unverbrüchlichen Treue gelegen haben, daß die recht einseitig ausgenützte Freundschaft zweier so unterschiedlicher Charaktere nicht schon bald wieder zerbrach. Liszt nahm sich zeitlebens der Werke Wagners an, weil er von deren künstlerischer Beständigkeit überzeugt war. Zweimal besuchte Liszt den Exilanten in Zürich. Bei Liszts zweitem Besuch im Oktober 1856 wurde an dessen Geburtstag der 1. Aufzug der *Walküre* improvisiert: Emilie Heim sang die Sieglinde, Wagner den Hunding und Siegmund, Liszt spielte den Orchesterpart am Klavier. Außerdem kam es am 23.11. in Sankt Gallen zu einem öffentlichen Konzert, in dem Liszt seine Symphonischen Dichtungen *Les Préludes* (1854) und *Orpheus* (1854), Wagner Beethovens 3. Symphonie dirigierte. Erst unter dem Eindruck dieser lebendigen Begegnungen mit der Musik Liszts konnte sich Wagner, trotz vorheriger Notenstudiums, eine Vorstellung von den kompositorischen Neuerungen seines Freundes machen. Der Einfluß Lisztscher Musik auf Wagners Tonsatz ist eklatant. Da Liszt im August 1861 seinen Haushalt in der Altenburg auflöste und nach Rom übersiedelte, wo bereits seit 1860 die Fürstin Carolyne von Sayn-Wittgenstein lebte, trennten sich die Wege der beiden Musiker. Inzwischen hatte sich Wagner Liszts Tochter Cosima zugewandt. In den zwangsläufig folgenden familiären Auseinandersetzungen stand Liszt auf der Seite seines Schwiegersohns Bülow, nahm den Bruch mit Wagner in Kauf und besuchte weder die Uraufführung von *Tristan* 1865 noch die der *Meistersinger* 1868 in München, obwohl beide Male Bülow dirigierte. Eine Aussprache 1867 in Tribschen, die Wagner in seinen *Annalen* als »gefürchtet, aber erfreulich« bezeichnet hat, führte dennoch zu keiner echten Versöhnung. Liszt selbst und seiner Lebensgefährtin, der geschiedenen katholischen Fürstin Carolyne von Sayn-Wittgenstein, hatte Rom die Ehe verweigert, was sie als Verpflichtung empfanden, fortan allein zu leben. Liszt empfing 1865 die niederen Weihen eines Klerikers und wandte sich verstärkt der Komposition sakraler Musik zu. Seit 1869 verbrachte er wieder regelmäßig einen Teil des Jahres in Weimar. Wagner schickte dem inzwischen zu seinem Schwiegervater gewordenen Liszt 1872 eine herzliche Einladung zur Grundsteinlegung des Festspielhauses in Bayreuth. Liszt war zwar verhindert und bedankte sich mit einem Glückwunschschreiben, aber dem Besuch des Ehepaars Wagner im September ließ er dann doch einen ersten Gegenbesuch im Oktober 1872 in Bayreuth folgen. Im April 1873 trafen sich die beiden alten Freunde in Leipzig, und im Mai besuchten Cosima und Wagner eine Aufführung von Liszts Oratorium *Christus* (1872) in Weimar. Liszt kam am 2. 8. 1873 zum Richtfest nach Bayreuth sowie 1876 und 1882 zu den Festspielen. Er starb während der Festspiele von 1886. 7, 138, *141*, *144*, 145 (Abb.), *177*, 198 f., 201, *206*, *216*, *233*, *238*, *247*, *249*, 255, 272 f., *285*, 296, *298*, 304–310, 312, 315, 318–323, 329, *350*, *352*, 364 f., 417, 439, *476*, 477, 518 f.

zu entheben. Manche Versprechen, wie den Bau eines Wagner-Theaters in München, konnte der König nicht einlösen; dafür wären Wagners Festspielhaus in Bayreuth sowie die Festspiele von 1876 und 1882 ohne die Unterstützung des Königs nicht denkbar gewesen. *7*, *253*, *407*, 408, 410–413, 415, 419, 421, 425, *427*, *432*, *435*, *437*, 438 (Abb.), 441, *445*, *456*, *464*, 469, 472, *484 f.*, *494*, *502*, *508*, *513*, *515*

Lüders

Bekannter Richard Wagners in London. 287

Lüttichau, August von
(15. 6. 1785 Ulbersdorf bei Pirna – 16. 2. 1863 Dresden)

Hofbeamter und Theaterintendant. – Als Intendant des Dresdener Hoftheaters berief er Wagner 1843 zum Hofkapellmeister. Für die Reformpläne des noch unbekannten Komponisten zeigte er jedoch kein Verständnis. Nach Wagners politischen Aktivitäten 1848 verbot er Ende Oktober 1848 die geplante Aufführung von *Lohengrin* und setzte *Rienzi* vom Spielplan ab. Wagners Gesuche um Amnestierung 1859 an ihn und den sächsischen Justizminister Johann Heinrich August von Behr blieben erfolglos. 71, 81, 90, *104*, *125*, 187

Maier, Mathilde (1833 Mainz – 29. 6. 1910 ebd.)

Sie war 29 Jahre alt, als Wagner ihr im Haus des Verlegers Franz Schott in Mainz begegnete. Er hat ihr mehrmals, zuletzt im Juni 1864, den Antrag gemacht, ihm den Haushalt zu führen – sie lehnte stets ab, um sich nicht zu kompromittieren. Ihre Bemühungen, nach Wagners Flucht aus Wien einen neuen Wohnsitz am Rhein ausfindig zu machen, blieben erfolglos. Aus der Schweiz teilte Wagner der Freundin am 5. 4. 1864 einen visionären Traum mit: »Die Nacht träumte ich (im Fieber), Friedrich der Große hätte mich zu Voltaire an seinen Hof berufen.« Genau einen Monat später empfing sie die freudige Mitteilung, daß König Ludwig II. ihn nach München gerufen habe. *398*, *403*, 404 (Abb.), *422*, *424*

Malten, Therese (21. 6. 1855 Insterburg, Ostpreußen – 2. 1. 1930 Gut Neu-Zschieren bei Dresden)

Sängerin (Sopran). – Am Dresdener Hoftheater engagiert. In der Uraufführung von *Parsifal* sang sie alternierend mit Marianne Brandt und Amalie Materna die Kundry. 521

Manfred (1232 – 26. 2. 1266 Benevent)
König von Sizilien seit 1258.   515

Marbach, Rosalie
(geb. Wagner, 4. 3. 1803 Leipzig – 12. 10. 1837 ebd.)
Schauspielerin. – Älteste Schwester Wagners, seit 1836 mit Oswald
Marbach verheiratet. In Wagners Jugend war sie seine engste Vertraute, die seinen künstlerischen Ehrgeiz weckte. 1820 wurde sie
Hofschauspielerin in Dresden. 1828 ging sie nach Leipzig und hatte als Gretchen in der ersten Leipziger Aufführung von Goethes
Faust großen Erfolg. Wagner wurde dadurch·zu einem nicht erhaltenen Entwurf einer phantastischen *Faust*-Oper angeregt. Zuletzt
am Leipziger Theater engagiert, starb sie bei der Geburt einer
Tochter.   12, 13, 15, 25, 28, 82

Maria, Haushälterin
Wagner hatte seine Haushälterin in Penzing bei Wien (1863/64)
in Ermangelung einer präsentablen Ehefrau zum zeitweiligen
»Schatz« seiner Hauswirtschaft gemacht und ging ziemlich vertrau-
lich mit ihr um, so daß Eduard Hanslick in ihr eine »niedliche
Ballettänzerin« vermutete, die Wagners »Gästen die Honneurs
gemacht« habe (Glasenapp, Bd. 3, S. 440). Zwei weitere Bediente,
Anna und Franz Mrazeck, gab es damals zusätzlich in diesem Haushalt.   406

Maria Pawlowna (1786–1859)
Großherzogin von Sachsen-Weimar-Eisenach.   138, 143, 150

Marschall von Bieberstein, Hermann Freiherr   333

Marschner, Heinrich (16. 8. 1795 Zittau – 14. 12. 1861 Hannover)
Opernkomponist und Dirigent. – Wagner komponierte eine Einla-
gearie zu Marschners Oper *Der Vampyr* (1828). Die Romanze der
Emmy im *Vampyr* »Sieh, Mutter, dort den bleichen Mann« kann direkt als Vorform zu Wagners Ballade der Senta gelten. Aus Marschners *Hans Heiling* (1833) hat Wagner das Erscheinen der Königin
»Aus der Klüfte Schlund« für seine »Todverkündigung« im 2. Aufzug der *Walküre* aufgegriffen.   12, 20–22, 38, 98

Materna, Amalie (verh. Friedrich, 10. 7. 1844 Sankt Georgen an der Stiefing, Steiermark – 18. 1. 1918 Wien)

Sängerin (Sopran). – Die Wiener Hofopernsängerin war bei den Bayreuther Festspielen 1876 die erste Brünnhilde und 1882 die erste Kundry. *521*

Maximilian II. Joseph (28. 11. 1811 München – 10. 3. 1864 ebd.)

König von Bayern seit 1848.   433, 452, 472

Meck, Karl von

Russischer General. – Ehemann von Amalie Planer.   47

Mendelssohn Bartholdy, Felix (3. 2. 1809 Hamburg – 1847 Leipzig)

Komponist und Dirigent. – In den 40er Jahren begegneten sich beide Komponisten mehrmals in Leipzig und Dresden. 1844 dirigierte Wagner Mendelssohns *Musik zu »Ein Sommernachtstraum«* (1843) im Dresdener Hoftheater, der seinerseits am 12. 2. 1846 Wagners *Tannhäuser*-Ouvertüre im Gewandhaus dirigierte. Auch in seinen Londoner Konzerten von 1855 hatte Wagner mehrmals Werke Mendelssohns auf dem Programm, mißgönnte ihm aber seinen Ruhm bei den Engländern. Wagner verbarg jedoch nie sein Gefallen an dessen Musik, besonders nicht an der *Hebriden-Ouvertüre* (1832).   *95,* *96, 100f., 106, 123, 227, 275, 281, 286, 288*

Mendès, Catulle (22. 5. 1841 Bordeaux – 8. 2. 1909 bei Saint-Germain-en-Laye bei Paris)

Schriftsteller und Musikkritiker. – Der Ehemann von Judith Gautier setzte sich als Mitarbeiter der *Revue wagnérienne* (1885–87) und seit 1893 des *Journal* vehement für Wagners Musik ein.   *465*

Mendès-Gautier, Judith *s.* Gautier

Meser, Carl Friedrich (gest. 1850)

Musikalienhändler und Verleger in Dresden. – Wagners erster Verleger, bei dem *Rienzi, Holländer* und *Tannhäuser* erschienen. Der Kommissionsvertrag Wagners mit dem Verlag vom 25. 6. 1844 brachte nichts als Schulden ein, die sich bis 1848 auf 20 000 Taler beliefen.   *110*

Metternich, Pauline Fürstin (geb. Gräfin Sándor von Slavnica, 25. 2. 1836 Wien – 18. 9. 1921 ebd.)

Frau des österreichischen Gesandten Richard Fürst Metternich. »Die entscheidende Veranlassung«, die Kaiser Napoleon III. bewog, die Aufführung von *Tannhäuser* 1861 in Paris anzuordnen, hatte nach Wagners Beschreibung in *Mein Leben* Fürstin Metternich, die das Werk in Dresden gesehen hatte, gegeben. Als die Aufführung am 13. 3. 1861 einen Theaterskandal auslöste, wurde besonders die Fürstin in den offenen Hohn einbezogen. Dennoch setzte sie sich gerade für dieses Werk weiterhin ein, wofür ihr Wagner mit einem Albumblatt seinen Dank abstattete.　376

Meyerbeer, Giacomo (d. i. Jakob Liebmann Meyer Beer, 5. 9. 1791 Tasdorf bei Berlin – 2. 5. 1864 Paris)

Komponist. – Wagners Wandlung vom Opernkomponisten zum Musikdramatiker ist dafür verantwortlich, daß er anfangs den erfolgreichen Opernkomponisten, dessen Protektion er gesucht und erhalten hatte, verehrte, später aber Meyerbeers Opernästhetik verwarf und seinen Erfolg als Effekthascherei verhöhnte. Daß Wagner auch den Menschen Meyerbeer diffamierte und sein Judentum angriff, steht auf einem anderen Blatt. Wagner warf ihm vor, den schlechten Geschmack des Publikums zu bedienen, um finanziellen Nutzen daraus zu ziehen. Außerdem sprach er ihm jegliche Originalität ab.　21, *42*, 50, *53*, 54 (Abb.), 64, 66, 70, 73, 80, 89 f., 99, 123 f., 298

Michaelson, Hermann

Theateragent Richard Wagners.　252

Mitterwurzer, Anton
(12. 4. 1818 Sterzing, Südtirol – 2. 4. 1876 Döbling, heute Wien)

Sänger (Bariton). – 1839–70 am Dresdener Hoftheater. In der Uraufführung von *Tannhäuser* am 19. 10. 1845 sang er den Wolfram. 70, 426

Möller, Abraham

Kaufmann in Königsberg. Er unterstützte Wagner und half ihm 1839 bei seiner Flucht über die russisch-ostpreußische Grenze.　48

Mommsen, Theodor
(30. 11. 1817 Garding – 1. 11. 1903 Charlottenburg, heute Berlin)
Historiker.   461

Monnais, Edouard (1798–1868)
Direktor der Pariser Großen Oper.   56 f.

Moritz, Heinrich (1800–1868)
Schauspieler.   28

Moscheles, Ignaz (30. 5. 1794 Prag – 10. 3. 1870 Leipzig)
Pianist und Komponist.   298

Moy, Ernst von (1799–1867)   440

Mozart, Wolfgang Amadeus
(27. 1. 1756 Salzburg – 5. 12. 1791 Wien)
Komponist. – Wagner hat Mozart ein allzu naives Verhältnis zum
Text seiner Opern nachgesagt; Mozart sei zu sehr und ausschließlich
Musiker gewesen, um sich Gedanken über die Qualität und Eignung
von Libretti zu machen. Nach Wagners Ansicht hätte bereits Mozart
Dramen komponieren können, »wenn eben der Dichter ihm begegnet wäre, dem er als Musiker gerade nur zu helfen gehabt haben
würde« (*Oper und Drama* in: GS, Bd. 3, S. 306). Die *Zauberflöte*
(1791) schätzte Wagner als »die erste große deutsche Oper« auf der
Grundlage des Singspiels ein. An Mozarts Ouvertüren rühmte Wagner, daß dort nie beabsichtigt wurde, die Handlung vorwegzuneh-
men, sondern jeweils ein »musikalisch verklärtes Gebilde« entstand,
das nur gefühlsmäßig auf die Handlung vorbereitet. An Mozarts
Symphonien schließlich bemerkte Wagner die kühnen Modulationen
und schönen Instrumentalstimmen, denen er »den sehnsuchtsvollen
Athem der menschlichen Stimme« (*Das Kunstwerk der Zukunft* in:
GS, Bd. 3, S. 109) einzuhauchen wußte.   75, 122, 275

Mrazeck, Anna
Ehefrau von Franz Mrazeck.   406 f., 473

Mrazeck, Franz (1828–1874 München)
Diener Wagners 1863–67 in Penzing (bei Wien) und in der Brienner
Straße 21 in München; danach Diener in der königlichen Musikschu-
le München.   406 f., 470, 473

Mrazeck, Netti
Tochter von Franz und Anna Mrazeck.   473

Muchanoff, Marie Gräfin
(geb. Gräfin Nesselrode, 7.8.1822 Warschau – 22.5.1874 ebd.)
Pianistin. – Lebte in Paris, war Schülerin von Frédéric Chopin und
mit Hector Berlioz, Eugène Delacroix, Heinrich Heine, Théophile
Gautier und Franz Liszt befreundet. Sie unterstützte Wagner 1860
in Paris mit 10000 Francs zur Deckung eines Konzertdefizits. 1863
heiratete sie den Russen Sergei Graf Muchanoff, der 1868–80 Intendant des kaiserlichen Theaters in Warschau war. Sie besuchte Wagner in Tribschen und freundete sich mit Cosima Wagner an. 1869
widmete ihr Wagner seine Schrift *Aufklärungen über das Judenthum
in der Musik*.   470

Müller
Leutnant. – Geliebter von Wilhelmine Schröder-Devrient.   88

Müller, Alexander (1808 Erfurt – 28.1.1863 Zürich)
Musiklehrer und Dirigent. – Mit Wagner war Müller seit 1833 von
Würzburg her befreundet; er lebte seit 1834 in Zürich.   141, 152

Müller, Christian Gottlieb
(6.2.1800 Niederoderwitz bei Zittau – 29.6.1863 Altenburg)
Orchestermusiker und Dirigent. – Das ehemalige Mitglied des Leipziger Gewandhausorchesters war 1828–31 Theorielehrer Wagners;
1831 Dirigent der Konzerte der Leipziger Musikgesellschaft »Euter-
pe« und ab 1836 Stadtmusikdirektor in Altenburg.   10, 17 f.

Napoleon III.
(20.4.1808 Paris – 9.1.1873 Chislehurst, heute London)
Französischer Kaiser 1852–70. – Im Frühjahr 1860 ordnete er auf
Betreiben der Fürstin Pauline Metternich die Aufführung von *Tannhäuser* in Paris an, die 1861 zu einem Skandal führte.   283, 373, 376

Nau, Maria (18.3.1818 New York – Januar 1891 Levallois bei Paris)
Sängerin (Sopran). – 1836–41, 1844–48 und 1851–53 an der Grande
Opéra; Gastspiele in der französischen Provinz, in Brüssel, London
und den USA.   57

Neumann, Angelo (18. 8. 1838 Wien – 20. 12. 1910 Prag)

Sänger (Tenor, später Bariton) und Theaterleiter. – Als Theaterdirektor führte er 1878 den *Ring* in Leipzig auf. Ab 1882 spielte er mit seinem wandernden »Wagner-Theater« 135mal den *Ring* unter Anton Seidls musikalischer Leitung in ganz Europa.   514

Ney, Jenny (21. 12. 1824 Graz – 7. 5. 1886 Dresden)

Sängerin (Sopran). – Seit 1845 in kleineren Rollen an der Wiener Hofoper; über Chemnitz, Olmütz und Lemberg kam sie 1853 nach Dresden, wo sie bis 1867 die großen Sopranpartien sang. 1860 plante Wagner einen Zyklus von Musikvorstellungen mit ihr.   284

Niemann, Albert
(15. 1. 1831 Erxleben bei Magdeburg – 13. 1. 1917 Berlin)

Sänger (Tenor). – 1856–66 war er in Hannover, 1866–89 an der Hofoper Berlin engagiert. 1861 sang er die Titelpartie in der Pariser Erstaufführung von *Tannhäuser*, 1876 den ersten Siegmund bei den Bayreuther Festspielen.   *380*

Nietzsche, Friedrich Wilhelm
(15. 10. 1844 Röcken bei Lützen – 25. 8. 1900 Weimar)

Philosoph. – 1869 folgte der Philosoph Wagners Einladung und wurde bald freundschaftlich in das Hauswesen Wagners aufgenommen. Er erhielt für beliebige Besuche zwei Zimmer in der Tribschener Villa zugewiesen. Zu Weihnachten 1869 bekam er in Tribschen den Entwurf zu *Parsifal* vorgelesen, konnte also später davon keineswegs überrascht werden. Mit Rohde, der den Besuch bei Wagner den Höhepunkt seiner Europareise nannte, genoß Nietzsche vom 11. bis zum 13. 6. 1870 wieder Wagners Gastfreundschaft. Mitte Juli war Nietzsche mit seiner Schwester Elisabeth Förster-Nietzsche erneut am Vierwaldstätter See. Nietzsche sollte 1870 Trauzeuge bei Richard und Cosima sein, mußte aber durch Hans Richter ersetzt werden, weil er als freiwilliger Sanitätssoldat erkrankt war. Im Sommer 1871 war er wieder zu Besuch in Tribschen und las Teile aus seinem neuen Buch *Ursprung und Ziel der Tragödie* vor. Den inzwischen im Privatdruck erschienenen *Sokrates und die Tragödie* hatten die Wagners mit leiser Skepsis gelesen, so daß sich Nietzsche genötigt fühlte, in die erstere Schrift eine Verherrlichung des Wagnerschen Musikdramas nachträglich einzuarbeiten; 1872 erschien dieses

Werk unter dem Titel *Die Geburt der Tragödie oder Griechentum und Pessimismus*. Wagner konnte nicht ahnen, wie viele kritische Gedanken Nietzsche bereits unterdrücken mußte, um sein Bild von ihm nicht schon jetzt zu zerstören. Zur Grundsteinlegung des Festspielhauses, am 22.5.1872 in Bayreuth, war Nietzsche mit einigen »Angeworbenen« angereist und gab in seinem Bericht *Richard Wagner in Bayreuth* Rechenschaft über dieses Ereignis. Einer Einladung Wagners zu Neujahr 1873 folgte Nietzsche nicht und zog sich prompt den Unwillen des Meisters zu. Umgekehrt verteidigte Nietzsche öffentlich Wagner gegen jenes Pamphlet eines Irrenarztes aus München, der Wagner ferndiagnostisch zum Pathologen gestempelt hatte. Dennoch stellten sich im gegenseitigen Umgang Verstimmungen ein. Da Nietzsche glaubte, Wagners Kunst könnte den Deutschen ihr »abgestandenes Christentum« verleiden, ohne eine Ersatzreligion durch diese Kunst etablieren zu müssen, sah er die Möglichkeit, in die antike Welterfahrung mittels deutscher Mythologie zurückzuführen. Dennoch gestand sich Nietzsche bereits 1874 in Notizen ein, was ihm alles an Wagner fremd sei. Vor allem verstärkte sich bei ihm die Ablehnung des genüßlichen Wagner-Kults durch die Wagnerianer. Noch vor der ersten Generalprobe zu den Festspielen 1876 entwich er in den Bayerischen Wald, nach Klingenbrunn, um dort erste Aufzeichnungen zu *Menschliches, Allzumenschliches* zu notieren. Er schickte seine Schwester nach Bayreuth und ließ sich dann doch durch Wagners Drängen darauf ein, für zehn Tage in die Festspielstadt zu kommen, um *Rheingold* zu sehen; die Karten für die übrigen *Ring*-Aufführungen allerdings verschenkte er an Verwandte, blieb aber noch bis zum Ende der Festspiele. Danach fühlte sich Nietzsche krank. In Sorrent begegneten sich die beiden genialen Männer im Winter 1876/77 zum letztenmal. Der innere Abschied war schon lange vorbereitet, aber erst 1888 in seiner Schrift *Nietzsche contra Wagner. Aktenstücke eines Psychologen* (1910) ausformuliert worden: »Schon im Sommer 1876, mitten in der Zeit der ersten Festspiele, nahm ich bei mir von Wagner Abschied. Ich vertrage nichts Zweideutiges; seitdem Wagner in Deutschland war, condeszendierte er Schritt für Schritt zu allem, was ich verachtete – selbst zum Antisemitismus.« (*Nietzsche's Werke*, Abt. 1, Bd. 8, Leipzig 1919, S. 200.) *Parsifal* war also nicht Auslöser, sondern letzte Bestätigung und Begründung für Nietzsches Bruch mit Wagner.   *461, 462* (Abb.)*, 475, 477, 490–492*

Oberländer, Martin
Sächsischer Innenminister. Ihm hatte Wagner seinen *Entwurf zur Organisation eines deutschen National-Theaters für das Königreich Sachsen* (1849) überreicht.　187 f.

Oehlenschläger, Adam Gottlob (14. 11. 1779 Vesterbro, heute Kopenhagen – 20. 1. 1850 Kopenhagen)
Schriftsteller.　10

Oehlenschläger, Charlotte
Tochter von Adam Gottlob Oehlenschläger.　10, 13

Ollivier, Blandine Rachel
(18. 12. 1835 Genf – 11. 9. 1862 Saint-Tropez)
Tochter von Franz Liszt und der Gräfin Marie d'Agoult, Cosimas ältere Schwester. Heiratete 1857 den französischen Journalisten und Politiker Emile Ollivier, der unter Kaiser Napoleon III. Informationsminister war. Mit beiden besuchte Wagner 1861 das Germanische Museum in Nürnberg.　329 f.

Ollivier, Emile
Politiker, Rechtsanwalt und Journalist in Paris. – Ehemann von Blandine Ollivier.　325, 330

Orell & Füssli
Verlag in Zürich.　151

Otterstedt von
Liebhaber Minna Planers in Lauchstädt; er porträtierte sie.　38, 277

Pachta, Johann Joseph Graf (1756 – 17. 4. 1834 Prag)
Zur Zeit Wagners Vorsteher des Prager Konservatoriums. Siehe auch *Raymann*.　15

Pecht, Friedrich (2. 10. 1814 Konstanz – 24. 4. 1903 München)
Maler, Kritiker und Kunstschriftsteller. – Wie Ernst Benedikt Kietz Schüler von Paul Delaroche in Paris; seit 1855 in München. 1864/65 malte er das für König Ludwig II. zum Geschenk bestimmte Porträt Wagners (Metropolitan Museum, New York).　427

Perfall, Karl von (1824–1907)
Intendant des Münchner Hoftheaters.   460 f., 509

Pfistermeister, Franz Seraph von
(14. 12. 1820 Amberg – 2. 3. 1912 München)
Kabinettssekretär König Ludwigs II. – Er überbrachte Wagner am
3. 5. 1864 in Stuttgart dessen Berufung an den Hof des Königs von
Bayern. Wagner verfeindete sich später mit ihm und verlangte seine
Abberufung, die jedoch erst am 5. 10. 1866, nach Wagners eigenem
Abgang aus München, ausgesprochen wurde.   407, 410, 412, 452

Pixérécourt, Guilbert de (22. 1. 1773 Nancy – 27. 7. 1844 ebd.)
Schriftsteller.   215

Planer
Eltern von Minna Planer.   158

Planer
Mutter von Minna Planer.   33, 102, 158

Planer, Amalie
Sängerin. – Schwester von Minna Planer.   34, 47 f.

Planer, Minna *s.* Wagner

Poniatowski, Jósef Fürst (7. 5. 1863 Wien – 19. 10. 1813 bei Leipzig)
General und napoleonischer Marschall.   373

Porges, Heinrich (15. 11. 1837 Prag – 17. 11. 1900 München)
Chordirigent und Musikschriftsteller. – Ab 1863 Redakteur der
Neuen Zeitschrift für Musik, ab 1867 bei der *Süddeutschen Presse* in
München. Er protokollierte 1876 das Bühnengeschehen der ersten
Bayreuther Festspiele; 1882 war er musikalischer Assistent bei den
Parsifal-Aufführungen, deren Probenverlauf er aufzeichnete; 1889
bis 1891 Chorleiter der Festspiele.   416, 470

Pusinelli, Anton (1815 – 31. 3. 1878 Dresden)
Arzt. – Wagners Freund und Hausarzt, der ihn mehrfach finanziell
unterstützte.   110

Racine, Jean (getauft 22. 12. 1639 La Ferté-Milon bei Soissons –
21. 4. 1699 Paris)

Dichter.   122

Raff, Joachim
(27. 5. 1822 Lachen, Schwyz – 24. 6. 1882 Frankfurt a. M.)

Komponist und Musikschriftsteller. – War 1849–53 Assistent bei
Franz Liszt in Weimar. Anhänger der Neudeutschen Schule.   395

Raphael
Lohndiener Richard Wagners in Genua.   246

Raupach, Ernst Benjamin Salomon
(21. 5. 1784 Straupitz bei Liegnitz – 18. 3. 1852 Berlin)

Dramatiker.   13, 69

Raymann (Reimann), Familie
Prager Familie, die mit Wagner seit dem Engagement seiner Schwester Rosalie (Marbach) in Prag bekannt war. Auguste und Jenny
Raymann waren die unehelichen Töchter des Grafen Pachta (s. dort)
und lebten bei ihm. Bei Wagners Besuch 1826 in Prag schwärmte er
für die Schwestern, und bei einem weiteren Aufenthalt 1832 auf
Schloß Pravonín, dem Wohnsitz des Grafen, erlebte er eine unglückliche Liebe zu Jenny.   15

Reißiger, Carl Gottlieb
(31. 1. 1798 Belzig bei Potsdam – 7. 11. 1859 Dresden)

Komponist und Dirigent. – Nachfolger Carl Maria von Webers 1826
als Musikdirektor, später Hofkapellmeister in Dresden.   66, 77,
88 f.

Rheinberger, Joseph (17. 3. 1839 Vaduz – 25. 11. 1901 München)

Komponist.   499

Richter, Hans (4. 4. 1843 Györ, Ungarn – 5. 12. 1916 Bayreuth)

Dirigent. – Als Musikdirektor der Münchener Oper erbat er zusammen mit Hans von Bülow im August 1869 seine Entlassung wegen
der gegen Wagners Willen angesetzten *Rheingold*-Aufführung. In
Wien wurde am 22. 11. 1875 unter seiner Leitung die sogenannte
Wiener Fassung von *Lohengrin* (ohne Abschluß der Ouvertüre,

sonst wie die Pariser Fassung) in Wagners Anwesenheit aufgeführt.
Richter war 1876 der erste *Ring*-Dirigent in Bayreuth, wo er bis
1912 den *Ring* und die *Meistersinger* leitete.   460, 499

Röckel, August (1. 12. 1814 Graz – 18. 6. 1876 Budapest)
Dirigent, Komponist und politischer Schriftsteller. – Röckel war 1838–43 Musikdirektor in Weimar, anschließend bis 1849 in Dresden, wo Wagner gleichzeitig als Hofkapellmeister tätig war. In dieser Zeit entstand eine enge Freundschaft mit Wagner, der sich von Röckels sozialrevolutionären Ideen beeinflussen ließ. In den von ihm herausgegebenen *Volksblättern* ließ Wagner z. B. seinen Artikel *Die Revolution* (1849) abdrucken. Wegen seiner Beteiligung am Maiaufstand wurde Röckel verhaftet und zum Tode verurteilt, dann zu lebenslanger Haft begnadigt und schließlich nach 13 Jahren Zuchthaus in Waldheim 1862 entlassen.   105 f., 109, *154, 195,* 196 (Abb.), *241, 255*

Röckel, Eduard (1816–1899)
Pianist. – Bruder von August Röckel.   197

Rossini, Gioacchino (29. 2. 1792 Pesaro – 13. 11. 1868 Paris)
Komponist.   99, 245, 375 f.

Royer, Alphonse (1803–1875)
Direktor der Pariser Großen Oper.   374, 376

Rubinstein, Josef
(8. 2. 1847 Staro Konstantinow – 15. 9. 1884 Luzern)
Pianist. – Bei Wagner führte sich Rubinstein mit dem Bekenntnis ein: »Ich bin ein Jude. Hiermit ist für Sie alles gesagt.« Wagner nahm den ausgezeichneten Pianisten, der glaubte, im Dienst Wagners sein Judentum reinigen zu müssen, 1872 in seine Bayreuther Nibelungenkanzlei auf. Rubinstein fertigte die Klavierauszüge vom *Siegfried-Idyll* und von *Parsifal* an. Nach Wagners Tod sah er seine Lebensaufgabe als beendet an und beging Selbstmord.   513

Rumford, Benjamin Thompson Graf von (26. 3. 1753 North Woburn, Massachusetts – 21. 8. 1814 Auteuil, heute Paris)
Physiker.   451

Sabouroff
Direktor des Russischen Theaters in St. Petersburg.   376

Schlesinger, Maurice (d. i. Mora Abraham Schlesinger, 3. 10. 1797 Berlin – 25. 2. 1871 Baden-Baden)

Musikverleger. – Gründete als Sohn des Berliner Musikverlegers Adolph Martin Schlesinger 1821 in Paris ein Sortiment, das er zum Verlag ausbaute. Er verlegte u. a. Meyerbeer, Halévy und Donizetti. Herausgeber der *Gazette musicale de Paris* (ab 1835 *Revue et gazette musicale de Paris*). In seinen Pariser Hungerjahren mußte Wagner Lohnarbeiten für ihn ausführen, konnte aber auch einige Aufsätze in Schlesingers Zeitschriften veröffentlichen. 56, 58, 72 f., 81

Schmitt, Friedrich (18. 9. 1812 Frankfurt a. M. – 17. 1. 1884 Berlin)

Sänger (Tenor) und Gesangspädagoge. – Vom Magdeburger Theater, wo er ihn kennenlernte, holte ihn Wagner an das Theater in Königsberg nach. Später ging Schmitt nach Leipzig und Dresden. Wagner vermittelte ihm noch die Gesangslehrerstelle an der Königlichen Musikschule München. 426

Schnorr von Carolsfeld, Ludwig
(2. 7. 1836 München – 21. 7. 1865 Dresden)

Sänger (Tenor). – Sohn des Malers Julius Schnorr von Carolsfeld. War 1854–60 in Karlsruhe, dann in Dresden engagiert. Seine Frau Malwine und er sangen die Hauptrollen in der Uraufführung des *Tristan* 1865. Er starb kurz danach, wahrscheinlich an Typhus oder Meningitis. 399, 426, 428, 437, 439 f., 499

Schnorr von Carolsfeld, Malwine
(geb. Garrigues, 7. 12. 1825 Kopenhagen – 8. 2. 1904 Karlsruhe)

Sängerin (Sopran). – Malwine und ihr Mann Ludwig studierten 1862 bei Wagner in Biebrich die Titelpartien von *Tristan und Isolde* für die Uraufführung 1865 ein. Nach dem Tod ihres Mannes glaubte sie, Wagner heiraten zu müssen, weil ihr Mann ihr eingeredet hatte, daß Wagner sich um sie kümmern werde. Ludwig II. wies sie aus Bayern aus, da sie sich mit ihren Intrigen seinen Unmut zugezogen hatte. 426, 428, 437, 439 f.

Schober, Franz von
Lyriker. 146

Schopenhauer, Arthur
(22. 2. 1788 Danzig – 21. 9. 1860 Frankfurt a. M.)
Philosoph. – Schopenhauers Hauptwerk *Die Welt als Wille und Vorstellung* erschien 1819, wurde aber erst 1853 in einer 2. Auflage allgemein bekannt. Wagner ist 1854 durch Georg Herwegh auf das Buch aufmerksam geworden und machte es bald zur geistigen Grundlage seiner eigenen Kunstphilosophie. Er verschaffte sich durch Schopenhauer die Überzeugung, daß die musikalische Kunst gegenüber den übrigen Künsten sich wie die Religion zur Kirche verhalte. Bereits 1858, während der Komposition an *Tristan,* suchte Wagner allerdings Schopenhauers Pessimismus theoretisch und künstlerisch zu überwinden; in die Tagebuchblätter an Mathilde Wesendonck trug er unter dem 1. 12. 1858 ein: »Beruhigung des Willens durch die Liebe«, soll heißen: durch die »aus dem Grunde der Geschlechtsliebe, d. h. der Neigung zwischen Mann und Weib keimende Liebe.« 266, 274 f., 343, 427

Schott, Betty (geb. Edle von Braunrasch, 1821 – 5. 4. 1875)
Pianistin. – Frau des Musikverlegers Franz Schott. Ihr widmete Wagner 1875 das *Albumblatt Es-Dur* zum Dank für die Rückgabe des Manuskripts seines Klavierauszugs der *9. Symphonie* von Beethoven, das Wagner bereits 1831 dem Verlag eingereicht hatte. 9, 396

Schott, Franz (30. 7. 1811 – 8. 5. 1874 Mailand)
Musikverleger, seit 1855 alleiniger Inhaber des Verlags B. Schott's Söhne in Mainz. 396

Schott's Söhne, Verlag B.
Musikverlag in Mainz. Zu Wagners Lebzeiten war zunächst Franz Schott Inhaber der Firma, dem 1875 Ludwig Strecker folgte. Verlag der *Meistersinger,* des *Ring* und von *Parsifal.* Als Wagner 1830 erstmals mit dem Musikverlag in Verbindung trat, um seinen Klavierauszug der *9. Symphonie* von Beethoven anzubieten, erhielt er eine unverbindliche Antwort. Erst nachdem Wagner 1861 im Verlag eine Vorlesung seines neuen *Meistersinger*-Entwurfs veranstaltet hatte, wurden im folgenden Jahr die Dichtung zu diesem Werk und die *Wesendonck-Lieder* verlegt. Der von Carl Tausig angefertigte Klavierauszug der *Meistersinger* erschien 1868. Für den *Großen Fest-*

marsch erhielt Wagner 1876 ein Honorar von 9000 Mark. Die *Parsifal*-Dichtung wurde 1877 bei Schott veröffentlicht. Für die *Parsifal*-Partitur erzielte Wagner 1882 sogar ein Honorar von 100000 Mark.   *9*, 104, 390, 395, 481

Schröder-Devrient, Wilhelmine
(6. 12. 1804 Hamburg – 26. 1. 1860 Coburg)
Sängerin (Sopran). – Die Tochter der Tragödin Sophie Schröder wurde 1822 in Wien als Leonore in Beethovens *Fidelio* schlagartig berühmt und war 1823–47 als hochdramatische Sopranistin am Hoftheater Dresden engagiert. 1823–28 war sie mit dem Dresdener Schauspieler Karl Devrient verheiratet. Wegen ihrer Teilnahme am Dresdener Maiaufstand von 1849 wurde sie für kurze Zeit aus Sachsen ausgewiesen. Sie sang in drei Uraufführungen: 1842 in *Rienzi* den Adriano, 1843 die Senta im *Holländer* und 1845 die Venus in *Tannhäuser*. Seit der Zeit, als Wagner sie in einem Gastspiel in Leipzig als Fidelio erlebt und ihr einen enthusiastischen Verehrerbrief geschrieben hatte, war sie das Ideal der von ihm für seine Werke gewünschten Sängerdarstellerin. Sie war es, die im Dezember 1842 Franz Liszt mit Wagner bekannt machte und im darauffolgenden Jahr dem verschuldeten Wagner ein Darlehen von 1000 Talern gewährte.   66, 70, 82, 87 f., 90, 96 f.

Schubert, Louis (1828–1884)
Musikdirektor in Königsberg.   38

Schumann, Clara (13. 9. 1819 Leipzig – 20. 5. 1896 Frankfurt a. M.)
Pianistin. – Ehefrau von Robert Schumann.   97, 100

Schumann, Robert
(8. 6. 1810 Zwickau – 29. 7. 1856 Endenich, heute Bonn)
Komponist. – Schon im November 1834 erschien Wagners Aufsatz *Pasticcio von Canto Spianato* im 1. Jahrgang von Schumanns *Neuer Zeitschrift für Musik*. Schumann schätzte Wagner als bloßes Bühnentalent, weniger als Musiker. Wagner, der Schumanns Oper *Genoveva* (1850) für unzeitgemäß hielt, glaubte, es mit einem gescheiterten Opernkomponisten zu tun zu haben, dessen »Musik voller Meyerbeeriaden, Marschner (in schlechten Momenten) ja Reißiger« sei (Tagebuch vom 10. 4. 1875).   *72, 94, 96*

Schwabe
Kaufmann aus Magdeburg.   35, 38, 39

Scribe, Eugène (24. 12. 1791 Paris – 20. 2. 1861 ebd.)
Bühnenschriftsteller. – An ihn schickte Wagner 1836 seinen Prosaentwurf der Oper *Die hohe Braut.* Er versuchte 1837 mit Scribe in
Kontakt zu kommen. 1840 und während seines ersten Aufenthalts
in Paris pflegte Wagner dann auch Umgang mit dem berühmten Librettisten (z. B. Meyerbeers), *der* Autorität auf dem Gebiet der
Operndichtung, damals auf dem Höhepunkt seines Ruhms.   43 f.,
46, 56 f., 88

Seidelmann, Eugen
(12. 4. 1806 Rengersdorf bei Glatz – 31. 7. 1864 Breslau)
Dirigent und Komponist in Breslau.   231

Semper, Gottfried (29. 11. 1803 Hamburg – 15. 5. 1879 Rom)
Architekt. – Wegen seiner Teilnahme am Dresdener Maiaufstand
mußte er über London nach Paris flüchten. 1855–71 war er durch
Vermittlung Wagners Professor für Baukunst am Polytechnikum in
Zürich; danach ging er nach Wien. Mit Wagner war er schon in
Dresden eng befreundet und traf auch häufig in Zürich mit ihm zusammen. Für das von König Ludwig II. geplante Münchener Fest-
theater fertigte er ein Modell, das nicht mehr als Wagner-Theater
realisiert werden konnte.   359, 367, 426, 473

Shakespeare, William
(getauft 26. 4. 1564 Stratford-upon-Avon – 23. 4. 1616 ebd.)
Dichter.   34, 318 f.

Simrock, Karl (28. 8. 1802 Bonn – 18. 7. 1876 ebd.)
Sprachforscher.   402

Singer
Schriftsteller.   63

Skariatine, A. von
Russischer Gesandter in Rom.   247

Sokrates (um 470 v. Chr. Athen – 399 v. Chr. ebd.)
Philosoph. 463

Sophokles (497/496 v. Chr. Athen – 406/405 v. Chr. ebd.)
Dramatiker. 463

Spohr, Louis (d. i. Ludewig Spohr, 5. 4. 1784 Braunschweig – 22. 10. 1859 Kassel)
Violinvirtuose, Komponist und Dirigent. – Wagner lernte Spohr 1846 in Leipzig persönlich kennen. Er versuchte 1855 über Spohr bei König Georg V. von Hannover die Amnestie für eine Rückkehr nach Deutschland zu erreichen. Daß nicht nur in Spohrs Oper *Jessonda* (1823) der Tristanakkord vorkommt, sondern auch in *Alchimist* (1830) Sequenzen davon zu hören sind, wie bereits im *Klarinettenkonzert Nr. 1 c-Moll* (1808), gibt Auskunft darüber, daß selbst Wagners revolutionärste Komposition nicht nur zufällige Vorläufer kennt. 98, 275

Spontini, Gaspare (14. 11. 1774 Maiolati, heute Maiolati Spontini bei Ancona – 24. 1. 1851 ebd.)
Komponist. – Bei seinem ersten Besuch 1836 in Berlin war eine Aufführung von Spontinis *Fernand Cortez* (1809) für Wagner der »wichtigste künstlerische Eindruck« durch die Anlage des Werks, das ihm »eine neue Ansicht von der eigentümlichen Würde großer theatralischer Vorstellungen« vermittelte. 99, 122

Spyri, Johann Bernhard (1821–1884)
Rechtsanwalt und Journalist. – Züricher Freund Wagners, mit der Schriftstellerin Johanna Spyri verheiratet. 152

Stegmayer, Ferdinand (25. 8. 1803 Wien – 6. 5. 1863 ebd.)
Kapellmeister. 23

Stein, Heinrich von (Pseudonym Armand Pensier, 12. 2. 1857 Coburg – 20. 6. 1887 Berlin)
Philosoph und Schriftsteller. – Malwida von Meysenburg vermittelte Stein als Hauslehrer Siegfried Wagners 1879–81 nach Wahnfried. 505 (Abb.)

Sulzer, Johann Jakob (23. 12. 1821 – 27. 6. 1897)
Politiker. – Sulzer war 1847–52 1. Staatsschreiber des Kantons Zürich, später u. a. Nationalrat, 1869–78 Ständerat, 1876 dessen Präsident. Er gehörte zu Wagners engsten Freunden in Zürich. Wagner übertrug ihm die Angelegenheiten seiner Finanzen als »Vormund«, um der überhandnehmenden Schulden Herr zu werden. Sulzer mußte gelegentlich Defizite in der Haushaltsführung Wagners selbst ausgleichen. Nach Wagners Züricher Exil besuchte Sulzer den Freund auch in Tribschen und 1882 zu den zweiten Bayreuther Festspielen.   152 f., 253, 289

Tausig, Carl
(auch Karol Tausig, 4. 11. 1841 Warschau – 17. 7. 1871 Leipzig)
Pianist. – Schüler Franz Liszts. Mit Wagner gut befreundet, fertigte Tausig 1869 einen Klavierauszug der *Meistersinger* an und war erster Organisator des Patronatsvereins.   417

Taylor, Ann
Mutter von Jessie Laussot.   163, 168 f., 174 f.

Tedesco, Fortunata (geb. 1826)
Sängerin.   381

Thalberg, Sigismund (7. 1. 1812 Genf – 24. 7. 1871 Neapel)
Pianist.   247

Thiersch, Friedrich (1784–1860)
Pädagoge.   451, 453

Tichatschek, Joseph (11. 7. 1807 Oberwekelsdorf, heute Teplice u Broumova, Ostböhmen – 18. 1. 1886 Blasewitz, heute Dresden)
Sänger (Tenor). – 1839–72 an der Dresdener Hofoper engagiert, der erste, der Wagners Vorstellungen von einem Sängerdarsteller entsprach und deshalb in den Uraufführungen von *Rienzi* 1842 und von *Tannhäuser* 1845 sowie in der Dresdener Erstaufführung von *Lohengrin* 1859 die Titelpartien sang. Ende Mai 1856 machte Tichatschek einen zwölftägigen Besuch bei Wagner in Zürich. Als 1867 *Lohengrin* erstmals in München mit dem inzwischen 60jährigen auf-

geführt werden sollte, kam es zu Verstimmungen zwischen Wagner und König Ludwig II., der sich einen jüngeren Helden in der Rolle des Schwanenritters wünschte und schließlich für die Premiere Heinrich Vogl durchsetzte. 66, 70, 82, 90 f., 96, 232, 299, 384 f., 388

Todt, Karl
Dresdner Revolutionär. 134

Truhn, Friedrich Hieronymus
(17. 10. 1811 Elbing – 30. 4. 1886 Berlin)
Komponist. 288

Tzschirner, Samuel Erdmann
Dresdner Revolutionär. 134

Uhlig, Caroline
Frau von Theodor Uhlig, mit der sich Wagner noch nach dessen Tod über die Herausgabe seiner Schriften verständigte. *237*

Uhlig, Theodor
(15. 2. 1822 Wurzen bei Leipzig – 31. 1. 1853 Dresden)
Geiger, Komponist und Musiktheoretiker. – Uhlig war seit 1841 Mitglied der Dresdener Hofkapelle. Ihm vertraute sich Wagner besonders offen und freundschaftlich an. 7, 185, *193, 202, 221, 228, 229* (Abb.), 237 f.

Vaez, Gustave 142

Victoria (24. 5. 1819 Kensington Palace, heute London – 22. 1. 1901 Osborne House bei Cowes)
Königin von Großbritannien und Irland seit 1837. 289–292

Vieuxtemps, Henri
(17. 2. 1820 Verviers – 6. 6. 1881 Mustafa bei Algier)
Geiger und Komponist. 76

Wagner, Albert (2. 3. 1799 Leipzig – 31. 10. 1874 Berlin)
Sänger, Schauspieler und Regisseur. – Ältester Bruder Wagners, verheiratet seit 1828 mit der Schauspielerin Elise Gollmann. Er studier-

te einige Zeit Medizin, anschließend Gesang. Mit seiner Adoptivtochter Johanna (Jachmann) übersiedelte er nach Dresden und Berlin, wo er unter Botho von Hülsen als Regisseur tätig war. Wagner traf ihn 1833 in Würzburg. Später entfremdeten sich die Brüder, da Albert der revolutionären Gesinnung und dem extravaganten Lebenswandel seines Bruders keine Sympathie abzugewinnen vermochte.   20–22, 82f.

Wagner, Cäcilie *s.* Avenarius

Wagner, Cosima (24. 12. 1837 Como – 1. 4. 1930 Bayreuth)
Tochter der Gräfin Marie d'Agoult und Franz Liszts, seit 18. 8. 1857 mit Hans von Bülow verheiratet. In Berlin kam es auf einer Spazierfahrt am 28. 11. 1863 zwischen ihr und Wagner zu dem »Bekenntnis, uns einzig anzugehören«. Am 10. 4. 1865 wurde Isolde (von Bülow) als erstes gemeinsames Kind des unverheirateten Künstlerpaars in München geboren, am 17. 2. 1867 Eva (Chamberlain). Nach einer gemeinsamen Reise im September 1868 nach Italien und ins Tessin übersiedelte Cosima am 16. 11. 1868 endgültig zu Wagner nach Tribschen, wo am 6. 6. 1869 Wagners einziger Sohn Siegfried zur Welt kam. Der Tod Minna Wagners und Cosimas Scheidung von Bülow am 18. 7. 1870 ermöglichten schließlich die eheliche Verbindung am 25. 8. 1870 in Luzern. Noch bevor das Ehepaar nach Bayreuth übersiedelte, hatte Cosima bereits die Diktate zu Wagners Autobiographie *Mein Leben* aufgenommen, dann selbst in detaillierten Aufzeichnungen Tagebücher geführt und vielfach Wagners Korrespondenz übernommen. Nach Wagners Tod übernahm sie ab 1884 auch Regieaufgaben in Bayreuth. Sie inszenierte 1886, im Jahr ihrer offiziellen Übernahme der Festspielleitung, *Tristan* und 1888 die *Meistersinger* in Bayreuth. 1891 folgte *Tannhäuser* und 1894 *Lohengrin*, schließlich 1901 eine Neuinszenierung des *Holländers,* bevor sie im Dezember 1906 das Erbe an Siegfried abtrat, der die Festspielleitung offiziell 1908 übernahm.   9, *328,* 401, 419, 421, 423, 425, 434, 442, *443,* 446, 454, 461, 467f., *469,* 471 (Abb.), 476f., 490, 493, 495, 504, 505 (Abb.), 511, 516, 518, 520–522

Wagner, Eva *s.* Chamberlain

Wagner, Franziska *s.* Ritter

Wagner, Friedrich (18. 6. 1770 Leipzig – 22. 11. 1813 ebd.)

Polizeiaktuar. – Richard Wagners Vater, verheiratet seit 1798 mit Johanne Rosine Pätz (später Geyer), war ein Theaterliebhaber, der auch selbst Theater spielte. E. T. A. Hoffmann erinnerte sich an ihn: »Ein exotischer Mensch, der Opitz, Iffland pp. kopiert, und zwar mit Geist.« (Tagebuch, 17. 6. 1813.) Im Geburtsjahr Wagners starb er an Typhus.   6

Wagner, Johanna *s.* Jachmann

Wagner, Johanne Rosine *s.* Geyer

Wagner, Klara *s.* Wolfram

Wagner, Luise *s.* Brockhaus

Wagner, Minna (geb. Planer, 5. 9. 1809 Oederan bei Chemnitz – 25. 1. 1866 Dresden)

Schauspielerin. – Seit dem 24. 11. 1836 mit Wagner verheiratet. Ihre schwere Jugend als Tochter des Mechanikers und ehemaligen Stabstrompeters Gotthelf Planer kulminierte in einer Verführung des 15jährigen Mädchens durch den Gardehauptmann Ernst Rudolf von Einsiedel. Die Schwangerschaft mußte vor dem Vater verheimlicht werden, und das Kind Natalie (Bilz) wurde zeitlebens als Minnas jüngere Schwester ausgegeben. Minna hat sich dem Drängen des jungen Kapellmeisters keinesfalls verweigert; gleichzeitig ließen weder sie noch er andere Liebeshändel aus. Dennoch verlobte sich Wagner in der Nacht vom 3. 2. 1835 mit Minna Planer. Nachdem sich am 5. 5. 1835 das Magdeburger Theater wegen Verschuldung auflösen mußte, kehrte Wagner zu seiner Familie zurück. Minna besuchte ihn drei Tage in Leipzig und hoffte, bald erneut mit Wagner ein Engagement in Magdeburg antreten zu können, wo auch tatsächlich eine weitere Spielzeit angesetzt wurde. Minna suchte dann aber den Absprung an das Königstädtische Theater Berlin, bewarb sich jedoch in Königsberg, als das Magdeburger Theater erneut bankrott ging. Am 7. 7. 1836 reiste Wagner mit geliehenem Geld nach Königsberg. Schon damals kam es zu heftigen Streitereien. Seine Anstellung als Königsberger Musikdirektor erhielt Wagner erst am 1. 4. 1837. Minna brannte am 31. 5. 1837 mit dem Kaufmann

Dietrich durch. Wagner eilte ihr mit Extrapost nach, derweil sich der
Entführer aus dem Staub machte und Wagner seine Frau in Dresden
bei ihren Eltern aufspürte. Wagner versprach, seine bürgerliche Exi-
stenz zu sichern, indem er sogleich in Berlin mit dem Direktor des
Rigaer Theaters verhandelte und seine dortige Anstellung abschloß.
Minna brannte dennoch mit Dietrich erneut durch, diesmal nach
Hamburg. Damit schienen jetzt für Wagner die Grenze des Erträg-
lichen und das Ende seiner Ehe gekommen zu sein. Wagner hatte inzwischen seine Stelle in Riga angetreten, wo Minnas Schwester
Amalie ihm den Haushalt führen sollte, als unerwartet ein Reuebrief
Minnas eintraf. Wagner nahm sie wieder auf. Die Flucht aus Riga
1839 wurde ein Abenteuer, bei dem Minna wahrscheinlich eine
Fehlgeburt erlitt. Die folgenden Elendsjahre in Paris stand Minna
mit aufopfernder Geduld durch. In der größten Not schrieb Minna
nach Wagners Diktat dramatische Briefe an Theodor Apel, indem sie
schilderte, daß ihr Mann im Schuldgefängnis säße, wofür aber keine
Beweise erbracht werden konnten. In Dresden begann Minnas
Herzleiden, das sie immer wieder zu Erholungsreisen zwang. Das
bürgerliche Glück, das der Erfolg des *Rienzi* begründet hatte, glaubte Minna mutwillig durch ihren Mann bei den Maiaufständen 1849
aufs Spiel gesetzt. So folgte sie dem verbannten Gatten mit Tochter,
Hund und Papagei erst Anfang September 1849 in die Schweiz. Am
17. 9. bezog die Künstlerfamilie eine Parterrewohnung der hinteren
Escherhäuser am Zeltweg in der Zürcher Gemeinde Hottingen.
Während eines neuerlich erfolglosen Besuchs in Paris 1850 mit Ab-
stechern nach Bordeaux entspann sich Wagners Abenteuer mit Jessie
Laussot, das als Flucht mit ihr in den Orient geplant war, aber kläglich endete, nachdem Minna am 16. 4. bereits einen Abschiedsbrief
erhalten hatte. Sie eilte nach Paris, wo sich Wagner durch seinen
Freund Ernst Benedikt Kietz verleugnen ließ, und kehrte unverrich-
teter Dinge nach Zürich zurück. Da Jessie absagte, mußte auch Wagner in die Schweiz zurückkehren, setzte sich aber, um Minnas Eifersuchtsszenen aus dem Weg zu gehen, erst einmal nach Villeneuve am
Genfer See ab. Hier besuchte ihn Julie Ritter, der er sein Herz aus-
schütten konnte und die ihm zur Rückkehr zu Minna riet. Nach gemeinsamen Wanderungen auf den Rigi verbrachte das Ehepaar den
Tag der Uraufführung des von Franz Liszt in Weimar geleiteten *Lohengrin* im Luzerner Hof Zum Schwanen, wo Wagner das Geschehen in Weimar mit der Uhr und der Partitur in der Hand nachzuvoll-
ziehen suchte. Während Wagner ab dem 15. 9. 1851 eine Kur in der

Wasserheilanstalt Albisbrunn antrat, bewerkstelligte Minna den Umzug in eine komfortablere Wohnung in die vorderen Escherhäuser. Um mit seiner Arbeit an der *Walküre* durch einen Ortswechsel besser voranzukommen, zog Wagner mit Minna am 12. 5. 1851 in die Pension Rinderknecht auf dem Zürichberg. Im Sommer 1852 unternahm Wagner eine Fußwanderung nach Oberitalien und ließ Minna mit der Postkutsche nach Lugano nachkommen. Dennoch verstärkte sich die innere Entfremdung der Eheleute immer mehr, je weiter Wagner seine künstlerischen Vorstellungen in Richtung des Musikdramas vorantrieb. Wagner zog bald das Interesse kunstbeflissener Züricher auf sich, u. a. von Otto und Mathilde Wesendonck, während Minna sich mit weiteren Kuren ablenkte. Außerdem unternahm sie 1854 eine mehrmonatige Reise nach Deutschland zu Verwandten. Nach dem Einzug in das von Otto Wesendonck zur Verfügung gestellte Fachwerkhäuschen bei seiner Villa, das »Asyl«, am 28. 4. 1857 verstärkte sich der vertrauliche Umgang Wagners mit seiner schönen Nachbarin Mathilde, so daß Minnas Eifersucht bald lichterloh brannte. Wagner tat das Seinige dazu, indem er die Arbeit am *Ring* einstellte und statt dessen *Tristan* begann, dessen unverhohlene Huldigung an die Liebe mit Mathilde als Muse ihr nicht verborgen bleiben konnte. Durch das Abfangen einer »Morgenbeichte«, die als briefliche Entschuldigung für Mathilde bestimmt war, löste sie den Eklat aus. Die Scheidung wollte sie jedoch nicht, da sie als geschiedene Frau einen sozialen Abstieg befürchten mußte. Sie ging nach Brestenberg zur Kur und kehrte am 15. 7. 1858 nach Zürich zurück, wo die nachbarlichen Verwirrungen nochmals geschlichtet werden sollten, jedoch ohne Erfolg. Am 17. 8. nahm Wagner Abschied von seinem Asyl, während Minna noch blieb, um den Haushalt aufzulösen und die Möbel zu verkaufen. Sie kehrte nach Dresden zurück. Als Wagner im September 1859 einen erneuten Anlauf machte, seine Werke in Paris durchzusetzen, versprach er Minna, sie nach Paris nachkommen zu lassen, um seine Ehe wenigstens nach außen zu retten. Durch den Arzt Anton Pusinelli ließ Wagner allerdings seine Bedingung geschlechtlicher Enthaltsamkeit übermitteln. Offenbar akzeptierend, traf Minna am 17. 11. 1859 mit Hund und Papagei in Paris ein, begann aber sofort über den verschwenderischen Luxus zu zetern, den sich Wagner leistete. Einen letzten Versuch ehelichen Zusammenlebens machte Wagner, als Minna am 21. 2. 1862 ohne Ankündigung in Biebrich auftauchte, wo sich Wagner inzwischen wegen des Verlags seiner *Meistersinger* angesiedelt hatte. Der Zufall wollte es, daß verspätete Weihnachtsgeschenke von »diesem Mistweibe« (wie Minna an ihre Tochter über Mathilde Wesendonck schrieb) aus Zürich eintrafen. Die Reibereien wurden so unerträglich, daß Minna am 3. März nach Dresden abreiste. Die letzte Begegnung der Eheleute anläßlich eines Konzerts am 1. 11. 1862 in Berlin dauerte nur wenige Stunden, verlief aber ohne Streit. Mag man nun Wagner für die häufigen Verbalauseinandersetzungen und auch für die oft darauf folgenden Trennungen die Schuld geben, den Vorwurf, seine Frau finanziell vernachlässigt zu haben, kann man ihm nicht machen, zumal er von den unregelmäßigen und oft genug geborgten Einkünften noch Minnas mittellosen Eltern abgab. Und als König Ludwig II. seinen Lieblingskomponisten großzügig wie einen Ministerialrat besoldete, gab Wagner auch davon ein Viertel an Minna weiter. Den Anwürfen, Wagner würde seine Frau in Dresden dem Elend aussetzen, während er selbst in München im Luxus schwelge, hat Minna selbst eine öffentliche Erklärung entgegengesetzt, um der »Wahrheit die Ehre« und ihrer Empörung über die Verleumdungen Ausdruck zu geben (Burk, 1953, S. 565). Zwei Wochen nach diesen letzten Aufregungen um Wagner erlag Minna am 25. 1. 1866 einem Herzschlag. Wagner war gerade auf Reisen und erfuhr in Marseille vom Tod seiner Frau, so daß er nicht zum Begräbnis nach Dresden kommen konnte.   6 f., *23,* 29, *32, 35, 46,* 50, 60, 63, 67 f., 85–87, *101,* 125, 128, 130, 133, 141 bis 144, 150, 152 f., *156,* 160, 164 f., 169–175, 194, 238, *245, 274, 276,* 277 (Abb.), 282, 286, *289,* 298, *325,* 328, 331, *337,* 340, 344–347, 351, 390, 392–396, 399, 411, 414, 442, 469

Wagner, Ottilie *s.* Brockhaus

Wagner, Rosalie *s.* Marbach

Wagner, Siegfried
(6. 6. 1869 Tribschen bei Luzern – 4. 8. 1930 Bayreuth)

Komponist, Dirigent und Regisseur. – Der einzige Sohn Wagners, noch vor dessen Eheschließung mit Cosima geboren, wurde von Anfang an für das Erbe von Bayreuth erzogen, erhielt seine musikalische Ausbildung bei Engelbert Humperdinck in Frankfurt a. M. und bei Felix Mottl in Karlsruhe. Wegen seiner zeichnerischen Begabung wollte er zunächst Architekt werden, entschied sich aber 1892 auf einer Orientreise für die musikalische Laufbahn und dirigierte

1896 erstmals den *Ring* in Bayreuth. 1908 übergab Cosima offiziell ihrem Sohn die Festspielleitung.   474, 478, 481, 495–498, 505 (Abb.), 516

Weber, Carl Maria von (d. i. Carl Friedrich Ernst von Weber, 18./19. 11. 1786 Eutin – 5. 6. 1826 London)
Komponist. – Wagner veranlaßte die Überführung der sterblichen Überreste Webers, seines großen Vorbildes, nach Dresden. Die von Wagner eigens für die Beisetzung komponierte *Trauermusik* über zwei Motive aus Webers *Euryanthe* wurde während des Leichenzugs am 14. 12. 1844 durch Dresden gespielt. Nach einer Ansprache Wagners am Grab erklang nochmals eine Komposition Wagners, *An Webers Grabe,* eine Trauerode für Männerstimmen. In Webers Musik sah Wagner den natürlichen Quell volksverbundener Kunst erhalten, der andernorts durch die künstlichen Essenzen französischer Melodien z. B. bei Rossini überwuchert zu werden drohte. Webers allgemeine Popularität schildert Wagner in seinem Aufsatz *»Der Freischütz«. An das Pariser Publikum* (1841): »Der österreichische Grenadier marschirte nach dem Jägerchor, Fürst Metternich tanzte nach dem Ländler der böhmischen Bauern, und die Jena'er Studenten sangen ihren Professoren den Spottchor vor. Die verschiedensten Richtungen des politischen Lebens trafen hier in einen gemeinsamen Punkt zusammen: von einem Ende Deutschlands zum anderen wurde der ›Freischütz‹ gehört, gesungen, getanzt.« (GS, Bd. 1, S. 266).   97 f., 106, 122 f., 275

Weber, Johann Jakob
(3. 4. 1803 Siblingen bei Schaffhausen – 19. 10. 1889 Leipzig)
Verleger. – Inhaber des 1834 gegründeten Verlags J. J. Weber in Leipzig. Wagner veröffentlichte 1863 bei ihm sein *Vorwort zur ersten öffentlichen Ausgabe der ›Ring‹-Dichtung mit einem ausführlichen Festspielplan* und 1868 die Buchausgabe von *Deutsche Kunst und Deutsche Politik.*   200

Weiher
Architekt in Straßburg.   326

Weinlig, Theodor (25. 7. 1780 Dresden – 7. 3. 1842 Leipzig)
Organist und Komponist. – Seit 1823 Thomaskantor in Leipzig, ab Herbst 1831 Kompositionslehrer Wagners.   10, 12 f., 18 f.

Werthmüller, Elise

Sängerin.   102

Wesendonck, Mathilde (geb. Agnes Luckemeyer, 23.12.1828 Elberfeld, heute Wuppertal – 31.8.1902 Traunblick, Salzkammergut)

Das Ehepaar Mathilde und Otto Wesendonck (16.3.1815 Elberfeld bis 18.11.1896 Berlin) lebte seit April 1851 in Zürich. Die erste private Begegnung mit Wagner fand früh im Jahr 1852 statt. Beim Konzert Wagners vom 16.3. konnte Mathilde bereits die Proben besuchen, die sie als »Offenbarung« erlebt hat. Die äußerst fruchtbare und schnelle Arbeit vom 1.11.1853 bis zum 14.1.1854 an der Komposition des *Rheingold* machte Wagner bei abendlichen Besuchen bei Mathilde am Klavier offenkundig. Mit einer von ihr geschenkten goldenen Feder fertigte er im Sommer 1854 eine Abschrift der *Rheingold*-Partitur an. Im Frühjahr 1857 zog Wagner in das Fachwerkhaus (das »Asyl«) ein, das ihm Otto Wesendonck neben seiner im August des gleichen Jahres bezugsfertigen neuen Villa zur Verfügung gestellt hatte. Am 18.9. übergab Wagner seine *Tristan*-Dichtung der inzwischen ins Herz geschlossenen schönen Nachbarin, die ihm anläßlich dieser Übergabe erstmals auch ihre Gefühle zu erkennen gab. Des 18.9. wurde von Wagner mit der Komposition des ersten der *Wesendonck-Lieder* gedacht; es hat den Titel *Schmerzen*. Und an Mathildes Geburtstag, am 23.12., erschien Wagner mit acht Züricher Musikern im Vestibül der Villa, um der Hausherrin – in Abwesenheit ihres Mannes – sein instrumentiertes Lied *Träume* darzubringen. Wesendonck muß Wagner nach der Rückkehr sehr bestimmt entgegengetreten sein, denn Wagner erbat am 26.12. in aller Eile von Franz Hagenbuch einen Paß, um nach Paris zu fliehen. Der Paß war zwar innerhalb weniger Tage verfügbar, Wagner hatte aber kein Geld für die Reise, er richtete einen Hilferuf an Franz Liszt. Als er am 16.1.1858 in Paris eintraf, hatte sich der Sturm in der Villa Wesendonck gelegt. Mathilde engagierte Anfang 1858 Francesco De Sanctis als Italienischlehrer und versuchte ihn mit Wagner bekannt zu machen. Der schöne Neapolitaner jedoch konnte mit Wagners Kunst und Theorie nicht das geringste anfangen und brachte ihn als Rivale nur gewaltig in Harnisch. Und nach einem mißmutigen 5.4.1858, der Wagner wegen einer Italienischlektion Mathildes gänzlich verdorben wurde, brach er mit ihr eine hitzige Debatte über Goethes *Faust* vom Zaun, die ihm am folgenden Tag aus Reue jene »Morgenbeichte« eingab, die von Minna abgefangen wurde und eine Katastrophe auslöste. Minna stellte ihren Mann zur Rede und benutzte die nächste Gelegenheit, der schönen Nachbarin ins Gesicht zu schleudern, daß sie ihr den Mann abspenstig machen wolle. Minna verließ am 15.4. den Schauplatz nach Brestenberg. Sie blieb dort ein Vierteljahr, während Wagner hoffte, die Angelegenheit wieder in Ordnung bringen zu können. Da Minna jedoch auch nach ihrer Rückkehr ihre Eifersuchtsszenen fortsetzte, sah sich Wagner gezwungen, den nachbarlichen Kontakt völlig einzustellen. Vermittlungsversuche von dem Ehepaar Bülow und Eliza Wille scheiterten. Wagner verließ am 17.8. Zürich, fuhr zunächst nach Genf, wo Karl Ritter zu ihm stieß. Dann reisten beide nach Venedig. Nach Paris und der Flucht aus Wien gewährte Otto Wesendonck ihm eine finanzielle Zuwendung von 100 Franken, als Wagner nicht gerade mit offenen Armen bei Willes in Mariafeld aufgenommen wurde. Die Beziehung zu Mathilde war inzwischen völlig erkaltet. 1868 ließ sich nur Otto Wesendonck bei der Uraufführung der *Meistersinger* in München sehen. Seine Frau war inzwischen Verehrerin von Johannes Brahms geworden und lud nun ihn in das Landhäuschen ein, das früher Wagners »Asyl« war.   274 f., 282, 284, 287, 292, *324*, 325, *331*, 332 (Abb.), 337 f., *339*, 344–349, *357*, *359*, *365*, *371*, 378, 393 f., *397*, 414 f., 426, 434

Wesendonck, Otto (16.3.1815 Elberfeld – 18.11.1896 Berlin)

Kaufmann.   245, 253, 274, *279*, 292, 324 f., 333, 338, 340, 346, 371, 380, 393

Wigand
Verleger in Leipzig.   185

Wilhelm I. (22.3.1797 Berlin – 9.3.1888 ebd.)
Deutscher Kaiser seit 1871.   483 f.

Wille, Eliza (geb. Sloman, 9.3.1809 Itzehoe bei Hamburg – 23.12.1893 Gut Mariafeld bei Zürich)

Schriftstellerin. – Sie kam 1852 mit ihrer Familie in die Schweiz, wurde noch im selben Jahr durch den Germanisten Ernst Moriz Ettmüller auf Wagner aufmerksam, durch Georg Herwegh mit ihm bekannt gemacht und gehörte bald zu Wagners engerem Freundeskreis. Hans Bélart stellte fest, daß Wagner charakterliche Züge von ihr in die Figur Frickas in der *Walküre* hat einfließen lassen. Als sich

Wagners Beziehungen zu Mathilde Wesendonck ab 1856 intensiver gestalteten, stellte er zwar die Besuche in Mariafeld weitgehend ein, machte aber bald Eliza Wille zur Vertrauten. Noch als er nach Venedig geflohen war, hat Eliza seine Briefe an Mathilde weitergeleitet. Ihr schrieb er 1863, daß seine Liebe zu Mathilde der Höhepunkt seines Lebens gewesen sei. Was sich in Mariafeld zwischen ihm und Eliza im März/April 1864, als sie den aus Wien Geflohenen aufnahm, in Abwesenheit von François Wille abgespielt hat, ist nur zu vermuten. Als der Ehemann zurückkam, sann Wagner abermals auf schnelle Flucht; er wendete sich nach Stuttgart. Mit Eliza Wille stand Wagner bis zu seiner Hochzeit mit Cosima weiter in lebhaftem Briefverkehr.   338, 407, *408 f.*

Wille, François
(20. 1. 1811 Hamburg – 8. 1. 1896 Mariafeld bei Zürich)

Journalist. – Seit 1845 mit Eliza verheiratet. 1848 Abgeordneter im Vorparlament zu Frankfurt a. M. 1851 zog er mit seiner Frau nach Mariafeld. Als Freund Herweghs und Vertrauter Otto Wesendoncks stand er Wagner nahe. Später wandte sich Wille an Wagner mit der Bitte, seinen Einfluß auf König Ludwig II. für dessen Vermittlung zwischen den beiden Großmächten Österreich und Preußen im Auftrag Otto von Bismarcks zu nutzen. Wagner lehnte jedoch ab. 338, 408

Winkler, Karl Gottfried Theodor (Pseudonym Theodor Hell, 9. 2. 1775 Waldenburg bei Zwickau – 24. 9. 1856 Dresden)

Theaterschriftsteller und Herausgeber. – Über ihn suchte Wagner *Rienzi* in Dresden, wo Winkler Hoftheatersekretär war, unterzubringen, schickte ihm aber auch zur Veröffentlichung in der *Abendzeitung*, die Winkler herausgab, den Bericht über die Aufführung von Webers *Freischütz* in Paris, da Winkler als Vormund der Kinder Webers sich dafür interessiert hatte. Auch die Beethoven-Novelle *Eine Pilgerfahrt zu Beethoven* erschien 1841 in der *Abendzeitung*. Winkler, der inzwischen Vizedirektor des Hoftheaters geworden war, fiel am 2. 2. 1843 die Aufgabe zu, Wagner die Ernennungsurkunde zum Dresdener Hofkapellmeister auszuhändigen.   81

Wittgenstein s. Sayn-Wittgenstein

Wohlbrück, Wilhelm August
Librettist.   38

Wolfram, Heinrich
(16. 2. 1800 Neustrelitz – 25. 10. 1874 Chemnitz)

Sänger (wahrscheinlich Tenor). – Seit dem 23. 10. 1828 mit Wagners Schwester Clara verheiratet. Er war mit ihr zusammen nach anderen Engagements 1835/36 am Magdeburger Theater. Später gab er die Sängerlaufbahn auf und wurde Kaufmann in Chemnitz.   28

Wolfram, Klara
(geb. Wagner, 29. 11. 1807 Leipzig – 17. 3. 1875 ebd.)

Sängerin (wahrscheinlich Sopran). – Die künstlerisch vielleicht begabteste Schwester Wagners, die schon mit 17 Jahren erfolgreich auftrat, in Augsburg, Nürnberg und Magdeburg engagiert war, dann aber den Glanz ihrer Stimme einbüßte und sich, seit 1828 mit dem Sänger Heinrich Wolfram verheiratet, ins Privatleben zurückzog.
28, 133, *344*

Wolfram von Eschenbach (um 1170/80 – um 1220)

Dichter.   117, 361, 362–364

Wolzogen, Hans von (13. 11. 1848 Potsdam – 2. 6. 1938 Bayreuth)

Schriftsteller und Philologe. – 1876 besuchte Wolzogen die ersten Festspiele in Bayreuth, nachdem er bereits den *Thematischen Leitfaden durch die Musik zu Richard Wagner's Festspiel »Der Ring des Nibelungen«* (1877) sowie *Der Nibelungenmythos in Sage und Literatur* (1876) veröffentlicht hatte. Wurde 1877 von Wagner nach Bayreuth berufen und ab 1878 mit der Redaktion der *Bayreuther Blätter* beauftragt. Seine rege schriftstellerische Arbeit bezog sich zu einem großen Teil auf Wagners Leben und Werk. Er erfand zwar nicht den Begriff Leitmotiv, führte ihn aber in mehreren Arbeiten zu Musikdramen Wagners ein. Nach Wagners Tod wurde Wolzogen in Bayreuth eine unentbehrliche Figur und bestimmte (nächst Cosima Wagner) die Hauspolitik in Wahnfried.   498

Wüllner, Franz
(28. 1. 1832 Münster, Westfalen – 7. 9. 1902 Braunfels a. d. Lahn)

Dirigent. – Nachfolger Hans von Bülows an der Hofoper München. Dirigierte die Uraufführung des *Rheingold* am 22. 9. 1869 sowie die der *Walküre* am 26. 6. 1870 in München.   *460, 464*

Inhalt

Anhang